고린도후서 주석

C. K. 바레트 (Charles Kingsley Barrett, 1917-2011)

영국 더럼대학교의 교수(1945-1982)이자 70년 동안 감리교 목사였다. 사도행전과 주요 바울 서신 주석을 집필하였으며, 20세기 영국의 대표적인 신약학자로 평가받는다. 한국어로는 한국신학연구소에서 『요한 복음』, 『고린도전서』, 『고린토후서』가 번역 출간되었다. 이 주석서들은 알맹e를 통해서 모두 복간되었다.

고린도후서 주석

고린토후서 성경 주석 (BNTC)

알맹e 크리티카 성경 주석 시리즈

옮긴이 한국신학연구소 번역실
펴낸이 김진실, 맹호성
펴낸곳 알맹e
등록 제25100-2014-000047호(2014년 7월 25일)
주소 서울특별시 노원구 동일로 1700, 1031호 (파르코오피스텔) 01624
e우편 rmaenge@rmaeng2.com
웹집 rmaenge.com
얼굴책 facebook.com/rmaenge

발행 2025년 9월 22일
종이책 ISBN 9791191822861
종이책 세트 ISBN 9791191822847
PDF 전자책 ISBN 9791191822885

고린도후서 주석

고린도후서 성경 주석 (BNTC)

C. K. 바레트 지음

한국신학연구소 번역실 옮김

알맹e

이 책은 1986년에 한국신학연구소에서 국제성서주석 시리즈 제36권으로 출간된 적이 있습니다. 이 한국어판은 한국신학연구소의 이용 허락을 받았으며, 이전 판을 스캔하여 그대로 출간하되, 이전 판에는 없던 원서의 색인을 추가하고, 본문에는 원서의 쪽수 정보를 추가하였습니다. 스캔한 원고는 OCR(광학문자인식) 처리를 했지만, 전자책에서 검색 결과가 완벽하지 않을 수 있습니다.

표지 전반에 이용된 여러 색은 세계적인 명문 신학 출판사 Mohr Siebeck를 오마주하는 의미에서 가져왔습니다.

뒤표지 이미지: 사도 바울과 그의 제자들(Plaque with Saint Paul and His Disciples)
1160-1180년, 영국, 구리, 에마뉴 샹플르베. 미국 뉴욕시 Metropolitan Museum of Art 소장 작품. 공유 저작물(CC0 1.0 DEED)이며 무상으로 사진을 제공받아 가운데 부분을 이용함. Ad CHORINT [CHORINTHOS] 는 바울이 자기가 쓴 편지의 수신자인 "코린토스(고린도)인들에게"를 뜻한다.

목차

서론

본문과 주석

색인

일러두기

1. 이 한국어판은 원서의 각주 번호 체계와는 다르게 각 섹션 별로 번호를 이어서 붙이고 있습니다. 색인은 원서의 색인 방식을 그대로 사용했기 때문에 각주 번호는 위치를 확인하는 정도로만 활용할 것을 참고하기 바랍니다.
2. 각 쪽 상단에 있는 한국어판 쪽수 정보 아래에 /123/과 같은 방식으로 원서 쪽수를 표기했습니다.
3. 성경의 각 책의 표기와 기타 약어는 이어서 나타나는 약기표를, 성경 인용에 대한 설명은 약기표 19쪽의 범례를 참고하기 바랍니다.

머 리 말

A.&.C. Black 신약성서 주석 시리즈 중에서 내가 맡은 주석서는 세 권이었는데 그 중 로마서 주석(1957년 발행)과 고린토전서 주석(1968년 발행)은 이미 출간되었으며, 이제 마지막으로 고린토후서 주석을 내놓게 되었다. 내 생애에서 이 주석서들을 집필하는 동안 만큼 신약성서 학자로서의 영감이 번득이던 시기는 없었다고 생각한다. 따라서 나는 그 어느 한 순간에 대해서도 크게 후회하지 않는다. 단 과거로 돌아갈 수만 있다면 로마서를 다시 써보고 싶은 아쉬움은 남아 있다. 주석작업을 해나가는 동안 나는 방법적인 것을 습득하게 되었으며, 바울로에게서는 지금도 바라는 바이지만, 그리스도교 신앙을 이해할 수 있게 되었다. 대다수 사람들처럼 나도 때로는 그리스도교가 참 진리인지 의문스러웠다. 하지만 내가 믿어 의심치 않는 점은, 그리스도교가 진리라면 바울로와 어거스틴, 루터, 칼빈, 바르트와 같은 바울로에 대한 해석자들이 그 진리를 가장 진실되게 표현했다는 점이다. 그리고 그들의 글을, 특히 바울로의 글을 읽을 때면 또 다시 내 죄를 깨닫게 되고, 여러 문제들이 많음에도 불구하고 은혜가 더욱 풍성해진다.

상당히 논쟁적이면서도 하나의 서신 그 이상의 의미를 지닌 이 서신을 주석하는 과정에서 나는 다른 저자들도 매우 자유롭게 인용했다. 또한 이 주석서에 언급되지 않은 책들 중에서도 도움이 될 만한 책들이 있다. 예컨대 칼 프륌(Karl Prümm)이 쓴 방대한 책인 *Diakonia Pneumatos*(1960, 1962)가 있으며, 분량이 작으나 실용적이면서 깊이 있는 내용의 발터 뤼터(Walter Lüthe)의 글들(*Der Apostel*: 발행연대는 나와 있지 않으며, 1958년 10월 16일~1960년 7월 24일에 한 설교들을 기초로 한 것이다), 게르하르트 프리드리히(Gerhard Friedrich)의 *Amt und Lebensführung*(1963), 모어튼(A.Q. Morton)과 맥레만(J. McLeman) 공저인 *St Paul, the Man and Myth*(1966), 또한 *Religion in Geschichte und Gegenwart*(IV. 17—23) 3판에 실린 딩클러(E. Dinkler)의 논문과 *Die Schriften des Neuen Testaments*(3판, 1917)에 실린 부세트(W. Bousset)의 주석 등이 있다. 이러한 책들이 앞서 말한 대로 도움이 될 만한 책들이다. 또한 중요한 책들이면서도 출판이 늦어 참고하지 못한 책들이 두 권 있는데 베츠(H.D. Betz)의 책, *Der Apostel Paulus und die sokratische Tradition*(1972)과 꼴랑쥐(J.F. Collange)의 책, *Énigmes de la deuxième Épître de Paul aux Corinthiens*(1972)가 그것이다. 주로 이 서신 후반부를 다루고 있는 베츠 박사의 책은 그 주제들을 내가 원하는 대로 서술하거나 논의하지는 못했지만 특별한 부분들에서는 상당히 자주 인용할 수 있었다. 또한 2장 14절—7장 4절을 다루고 있는 꼴랑쥐 박사의 책을 언급한 곳은 본 주석서에서 몇군데 되지 않지만, 그 책을 높이 평가하지 않아서가 아니라는 점을 독자들은 이해해주기 바란다. 인용한 저자들은 물론, 인용되지 않았거나 나와 견해를 달리한 저자들 중에서도 나는 적지 않은 사람들에게 신세를 졌다. 이제 그들 모두에게 감사를 드리고 싶고 동시에 그들에게 바라건대, 내가 혹시 그들의 글을 잘못 이해했거나 그래서 그것들을 잘못 제시했다 하더라도 용서해 주었으면 한다.

다른 어떤 서신들보다도 고린토후서에 바울로의 그리스도교 신자로서의 고민이 가장 잘 드러나 있는데, 그 고민은 단지 한 가지 이유 때문만은 아니다. 그는 자신이 순수한 처녀로 그리스도와 약혼시켰던 교회가 타락하는 것과 미혹당하는 것을 목도해야만 했다. 그러나 문제는 단순히 관례나 교리에 있어서 그들이 어떤 실수를 범했다는 것이 아니라, 옳은 것과 그른 것, 진리와 거짓, 선과 악을 구별하는 그들의 판단기준이 모두 왜곡되어 있었다는 점이다. 선교의 출발지, 곧 그로부터 그리스도교가 세상에 널리 전파되었던 곳이 타락의 근원지로 화하고 말았다는 사실을 인정해야만 했다. 사탄이 빛의 천사의 탈을 쓰고 의의 선교사와 그리스도의 일꾼의 모습으로 가장한 자신의 종을 내보내고 있었다. 그리스도의 교회는 진리에 대한 흠없는 증인이 되기는 커녕, 도리어 마음에 거짓을 품고 있었다. 이보다 더욱 안타까운 것은 바울로가 지혜를 위해서 어리석음을 행하고, 선을 위해서 악을 행할 수밖에 없는 상황에 처해 있었다는 사실이다. 그는 모든 그리스도교인들 중에서 최초로, 교회의 영원한 딜레마, 즉 "그리스도의 나라 한가운데에 죄가 있으며, 그 나라가 있는 곳이면 어느 곳에나 죄가 있다. 왜냐하면 그리스도는 다윗의 가문에 죄가 있도록 하셨기 때문이다"*는 문제를 경험하였다. 스스로 자신이 옳고 우월하다는 확

* 바르트(K. Barth)의 저서 *The Epistle to the Romans* (E.T., 1933), 263

신에 차 있는 교회에 직면해서 그는 자신이 선택하고 싶지 않았던 무기를 사용해야 했으며 스스로 그리 탐탁하게 여기지 않았던 논증을 구사해야만 했다. 그리고 고린토인들과는 달리 바울로는 자신이 하고 있는 일이 무엇인지를 알고 있었다. 즉 그는 "사기꾼처럼 보이면서도 진실된 인간으로서" 행동했던 것이다. 고린토후서를 써나가면서 바울로는 거의 상심에 빠지게 되었음이 틀림없으며, (내가 고린토전서 주석 서문에서 암시했듯이) 그를 생각하며 읽고 이해할 준비가 되어 있는 교회도 역시 스스로가 깨어져 나가는 아픔을 경험했을 것이다. 그러나 그러한 보물을 담고 있는 질그릇은 깨질 염려가 없다. 그리스도의 죽음을 짊어지고 다니는 것이 사도로서의 직분이며, 또 그러한 직분을 받아들이는 자는, 그들 자신을 신뢰하지 않고 죽은 자를 살리는 분을 신뢰하는 것을 배우게 되므로 죽음이 승리로 바뀌게 되는 것을 체험하게 된다. "모든 무상(無常)한 것은 단지 하나의 영상(映像)일 뿐이다." 바꿔말해 교회와 그리스도인들의 존재의 형태는 불가시적이고 영원한 세계가 아니라 가시적이고 잠정적인 세계에 속해 있다. 그러나 물론 그것은 거짓된 영상이 아니라 참된 영상이어야 하며, 또 고난도 참된 고난이어야 하고 위안도 참된 위안이어야 한다.

1972년 11월, 더럼에서

C.K. 바레트

에 인용된 루터의 말이다.

略記表

〈구약성서〉

창세	창세기
출애	출애굽기
레위	레위기
민수	민수기
신명	신명기
여호	여호수아
판관	판관기
삼상	사무엘상
삼하	사무엘하
열상	열왕기상
열하	열왕기하
이사	이사야
예레	예레미야
에제	에제키엘
호세	호세아
요엘	요엘
아모	아모스
오바	오바디야
요나	요나
미가	미가
나훔	나훔
하바	하바꾹
스바	스바니야
하깨	하깨
즈가	즈가리야
말라	말라기
시편	시편
욥기	욥기
잠언	잠언
룻기	룻기
아가	아가
전도	전도서
애가	애가
다니	다니엘
에스	에스델
에즈	에즈라
느혜	느헤미야
역상	역대기상
역하	역대기하
에스	에스델(그리이스어)
유딧	유딧
토비	토비트
마상	마카베오상
마하	마카베오하
지혜	지혜서
집회	집회서
바룩	바룩서
예편	예레미야의 편지

〈신약성서〉

마태	마태오의 복음서
마르	마르코의 복음서
루가	루가의 복음서
요한	요한의 복음서
사도	사도행전
로마	로마인들에게 보낸 편지
고전	고린토인들에게 보낸 첫째 편지
고후	고린토인들에게 보낸 둘째 편지
갈라	갈라디아인들에게 보낸 편지
에페	에페소인들에게 보낸 편지
필립	필립비인들에게 보낸 편지
골로	골로사이인들에게 보낸 편지
데전	데살로니카인들에게 보낸 첫째 편지
데후	데살로니카인들에게 보낸 둘째

	편지	야고	야고보의 편지
디전	디모테오에게 보낸 첫째 편지	베전	베드로의 첫째 편지
		베후	베드로의 둘째 편지
디후	디모테오에게 보낸 둘째 편지	요일	요한의 첫째 편지
		요이	요한의 둘째 편지
디도	디도에게 보낸 편지	요삼	요한의 세째 편지
필레	필레몬에게 보낸 편지	유다	유다의 편지
히브	히브리인들에게 보낸 편지	묵시	요한묵시록

〈참고문헌〉

Adam — C.K. Barrett, *From First Adam to Last*, 1962.

Allo — E.B. Allo, *Saint Paul: Seconde Épître aux Corinthiens* (*Études Bibliques*), 1956.

Bachmann — P. Bachmann, *Der zweite Brief des Paulus an die Korinther*, third edition, 1918.

Background — C.K. Barrett (ed.), *The New Testament Background: Selected Documents*, 1956.

Barth, *C.D.* — K. Barth, *Church Dogmatics*, 1936—1969.

Bauer[1] — W. Bauer, *Griechisch-Deutsches Wörterbuch zu den Schriften des Neuen Testaments und der übrigen urchristlichen Literatur*, 1952.

B.D.[2] — F. Blass, *Grammatik des neutestamentlichen Griechisch*, revised by A. Debrunner, 1949.

Beginnings V — *The Beginnings of Christianity, Part I*, edited by F.J.F. Jackson and K. Lake; Volume V, edited by K. Lake and H.J. Cadbury, 1933.

Bengel — J.A. Bengel, *Gnomon Novi Testamenti*, 1862.

Benoit, I, II — P. Benoit, *Exégèse et Théologie*, two volumes, 1961.

Betz — H.D. Betz, *Der Apostel Paulus und die sokratische Tradition*, 1972.

Betz, *Lukian* — H.D. Betz, *Lukian von Samosata* (*Texte und Untersuchungen*, 76), 1961.

Beyer — K. Beyer, *Semitische Syntax im Neuen Tes-*

1) W.F. Arndt와 F.W. Gingrich의 영어판(1957)도 참조하라.
2) 이것은 R.W. Funk의 영어판(1961)에도 해당된다.

	tament I, 1962.
Black, *Scrolls*	M. Black, *The Scrolls and Christian Origins*, 1961.
Bonsirven, *Ex.*	J. Bonsirven, *Exégèse rabbinique et Exégèse paulinienne*, 1939.
Bornkamm ii	G. Bornkamm, *Studien zu Antike und Urchristentum, Gesammelte Aufsätze II*, 1959.
Bornkamm, "Vorgeschichte"	G. Bornkamm, "Die Vorgeschichte des sogenannten Zweiten Korintherbriefes", in *Sitzungsberichte der Heidelberger Akademie der Wissenschaften, Phil.-hist. Klasse*, 1961 : 2.[3]
Bousset-Gressmann	W. Bousset, *Die Religion des Judentums im späthellenistischen Zeitalter*, third edition by H. Gressmann, 1926.
Braun	H. Braun, "Qumran und das Neue Testament", in *Theologische Rundschau* N.F. 29.3 (1963), reprinted separately, 1966.
Bultmann, *Exeg.*	R. Bultmann, *Exegetica*, edited by E. Dinkler, 1967.
Bultmann, *E.&.F.*	R. Bultmann, *Existence and Faith*, edited by S.M. Ogden, 1961 (paperback, 1964).
Bultmann, *Probleme*	R. Bultmann, *Exegetische Probleme des zweiten Korintherbriefes*(*Symbolae Biblicae Upsalienses*, 9), 1947.
Bultmann, *Theol.*	R. Bultmann, *Theologie des Neuen Testaments*, 1948—1953 ; E.T.: *Theology of the New Testament*, 1965.
Calvin	J. Calvin, *The Second Epistle of Paul the Apostle to the Corinthians and the Epistles to Timothy, Titus and Philemon*, translated by T.A. Smail, 1964.
C.A.H.	*The Cambridge Ancient History.*
"Cephas and Corinth"	C.K. Barrett, "Cephas and Corinth", in *Abraham unser Vater, Festschrift für Otto Michel* (ed. O. Betz, M. Hengel, P. Schmidt), 1963, pp.

3) 이 논문은 *N.T.S.* viii, 258—64에 영역되어 있다.

	1—12.
Cerfaux, *Christ*	L. Cerfaux, *Le Christ dans la Théologie de Saint Paul*, 1951 ; E.T.: *Christ in the Theology of Saint Paul*, 1959.
"Christianity at Corinth"	C.K. Barrett, "Christianity at Corinth", in *Bulletin of the John Rylands Library* xlvi (1964), pp. 269—97.
Collange	J.F. Collange, *Énigmes de la deuxième Épître aux Corinthiens*, 1972.
Conzelmann, *Theologie*	H. Conzelmann, *Grundriss der Theologie des Neuen Testaments*, 1967.
1 *Corinthians*	C.K. Barrett, *A Commentary on the First Epistle to the Corinthians* (Black's New Testament Commentaries), 1968.
W.D. Davies,	W.D. Davies, *Paul and Rabbinic Judaism*, 1948.
W.D. Davies, *C.O.J.*	W.D. Davies, *Christian Origins and Judaism*, 1962.
Denney	J. Denney, *The Second Epistle to the Corinthians* (Expositor's Bible), 1894.
Dibelius	M. Dibelius, *Paulus*, completed by W.G. Kümmel, 1951.
Dinkler	E. Dinkler, *Signum Crucis*, 1967.
Dodd, *A.S.*	C.H. Dodd, *According to the Scriptures*, 1952.
Dodd, *B.G.*	C.H. Dodd, *The Bible and the Greeks*, 1935.
Dodd, *Studies*	C.H. Dodd, *New Testament Studies*, 1953.
E.T.	English Translation.
"Flase Apostles"	C.K. Barrett, "*ΨΕΥΔΑΠΟΣΤΟΛΟΙ* (2 Cor. 11. 13)", in *Mélanges Bibliques en hommage au R.P. Béda Rigaux* (ed. A. Descamps and A. de Halleux), 1970.
Friedrich, "Gegner"	G. Friedrich, "Die Gegner des Paulus im 2. Korintherbrief", in *Abraham unser Vater* (see above), pp. 181—215.
Georgi, *Gegner*	D. Georgi, *Die Gegner des Paulus im 2. Korintherbrief*, 1964.
Georgi, *Kollekte*	D. Georgi, *Die Geschichte der Kollekte des*

	Paulus für Jerusalem, 1965.
Goppelt	L. Goppelt, *Christentum und Judentum im ersten und zweiten Jahrhundert*, 1954.
Goudge	H.L. Goudge, *The Second Epistle to the Corinthians* (Westminster Commentaries), 1927.
Güttgemans	E. Güttgemans, *Der leidende Apostel und sein Herr*, 1966.
Hatch, *Essays*	E. Hatch, *Essays in Biblical Greek*, 1889.
Héring	J. Héring, *La Seconde Épître de Saint Paul aux Corinthiens* (Commentaire du Nouveau Testament VIII), 1958 ; E.T.: 1967.
Hughes	P.E. Hughes, *Paul's Second Epistle to the Corinthians*, 1962.
J.T.S.	*Journal of Theological Studies.*
Käsemann I	E. Käsemann, *Exegetische Versuche und Besinnungen*, Erster Band, 1960 ; E.T.: *Essays on New Testament Themes*, 1964.
Käsemann II	E. Käsemann, *Exegetische Versuche und Besinnungen*, Zweiter Band, 1964 ; E.T.: *New Testament Questions of Today*, 1969.
Käsemann, *Freiheit*	E. Käsemann, *Der Ruf der Freiheit*, 1972 (Endgültige Fassung); E.T.: *Jesus means Freedom*, 1969.
Käsemann, "Legitimität"	E. Käsemann, "Die Legitimität des Apostels," in *Z.N.T.W.* xli (1942), pp. 33—71 ; reprinted as a separate work, 1956.
Kasting	H. Kasting, *Die Anfänge der urchristlichen Mission*, 1969.
Knox, *H.E.*	W.L. Knox, *Some Hellenistic Elements in Primitive Christianity* (Schweich Lectures, 1942), 1944.
Knox, *P.G.*	W.L. Knox, *St, Paul and the Church of the Gentiles*, 1939.
Kümmel	See Lietzmann.
Kümmel, *Introduction*	W.G. Kümmel, *Introduction to the New Testament*, 1966.

Kümmel, *Theologie*	W.G. Kümmel, *Die Theologie des Neuen Testaments*, 1969.
L.S.	H.G. Liddell and R. Scott, *A Greek-English Lexicon*, new edition by H.S. Jones and R. McKenzie, n.d.
Lietzmann	H. Lietzmann, *An die Korinther I, II* (Handbuch zum Neuen Testament 9) fifth edition with supplements by W.G. Kümmel, 1969.
Lindars	B. Lindars, *New Testament Apologetic*, 1961.
T.W. Manson, *P.&.J.*	T.W. Manson, *On Paul and John*, 1963.
Moule, *Birth*	C.F.D. Moule, *The Birth of the New Testament*, 1962.
Moule, *Idiom*	C.F.D. Moule, *An Idiom Book of New Testament Greek*, 1953.
M.i	J.H. Moulton, *A Grammar of New Testament Greek*, Volume I, Prolegomena, 1908.
M.ii	The Same: Volume II, Accidence and Word-Formation, by J.H. Moulton and W.F. Howard, 1929.
M.iii	The Same: Volume III, Syntax, by N. Turner, 1963.
M.M.	J.H. Moulton and G. Milligan, *The Vocabulary of the Greek Testament*, 1914—1929.
Munck, *Paulus*	J. Munck, *Paulus und die Heilsgeschichte*, 1954 ; E.T.: *Paul and the Salvation of Mankind*, 1959.
New Testament Essays	C.K. Barrett, *New Testament Essays*, 1972.
N.T.S.	*New Testament Studies.*
Nickle, *Collection*	K.F. Nickle, *The Collection*, 1966.
Nov. T.	*Novum Testamentum.*
O.G.I.S.	W. Dittenberger, *Orientis Graeci Inscriptiones Selectae*, 1903, 1905.
P.&.Q.	J. Murphy-O'Connor (ed.), *Paul and Qumran*, 1968.
"Paul's Opponents"	C.K. Barrett, "Paul's Opponents in II Corinthians", in *N.T.S.* xvii (1971), pp. 233—54.

Plummer	A. Plummer, *A Critical and Exegetical Commentary on the Second Epistle of Saint Paul to the Corinthians* (International Critical Commentary), 1915.
Radermacher	L. Radermacher, *Neutestamentliche Grammatik* (Handbuch zum Neuen Testament 1), 1911.
Reicke, *Diakonie*	B. Reicke, *Diakonie, Festfreude und Zelos*, 1951.
Richardson, *Theology*	A. Richardson, *An Introduction to the Theology of the New Testament*, 1958.
Rissi	M. Rissi, *Studien zum zweiten Korintherbrief*, 1969.
Robertson	A.T. Robertson, *A Grammar of the Greek New Testament in the Light of Historical Research*, 1919.
Romans	C.K. Barrett, *A Commentary on the Epistle to the Romans* (Black's New Testament Commentaries), 1962.
	A. Schlatter, *Paulus der Bote Jesu*, 1962.
Schmithals	W. Schmithals, *Die Gnosis in Korinth*, 1956.
Schoeps, *Paulus*	H.J. Schoeps, *Paulus*, 1959 ; E.T.: *Paul*, 1961.
Schoeps, *T.G.J.*	H.J. Schoeps, *Theologie und Geschichte des Judenchristentums*, 1949.
Schürer	E. Schürer, *The Jewish People in the Time of Jesus Christ*, 1885—1896.
Schweizer, *Beiträge*	E. Schweizer, *Beiträge zur Theologie des Neuen Testaments*, 1970.
Schweizer, *C.O.N.T.*	E. Schweizer, *Church Order in the New Testament*, 1961.
S.J.T.	*Scottish Journal of Theology.*
Sevenster, *Seneca*	J.N. Sevenster, *Paul and Seneca*, 1961.
Signs	C.K. Barrett, *The Signs of an Apostle*, 1970.
Signer	S. Singer (tr.), *The Authorised Daily Prayer Book of the United Hebrew Congregations of the British Empire*, 1912.
Stauffer, *Theol.*	E. Stauffer, *Die Theologie des Neuen Tes-*

	taments, 1945 ; E.T.: *New Testament Theology*, 1955.
Strachan	R.H. Strachan, *The Second Epistle of Paul to the Corinthians* (Moffatt New Testament Commentary), 1946.
S.B.	H.L. Strack and P. Billerbeck, *Kommentar zum Neuen Testament aus Talmud und Midrasch*, 1922—1961.
Studia Paulina	*Studia Paulina in honorem J. de Zwaan* (ed. J.N. Sevenster and W.C. van Unnik), 1953.
St. Th.	*Studia Theologica.*
Stuhlmacher, *Gerechtigkeit*	P. Stuhlmacher, *Gerechtigkeit Gottes bei Paulus*, 1965.
Syll.	W. Dittenberger, *Sylloge Inscriptionum Graecarum*, 1915, 1917, 1920, 1924.
"The Injury"	C.K. Barrett, "'Ο 'ΑΔΙΚΗΣΑΣ (2 Cor. 7. 12)," in *Verborum Veritas: Festschrift für Gustav Stählin* (ed. O. Böcher and K. Haacker), 1970, pp. 149—57.
T.W.N.T.	*Theologisches Wörterbuch zum Neuen Testament*, ed. by G. Kittel and G. Friedrich, 1933.[4]
Thrall	M.E. Thrall, *Greek Particles in the New Testament*, 1962.
"Titus"	C.K. Barrett, "Titus", in *Neotestamentica et Semitica: Studies in Honour of Matthew Black* (ed. E.E. Ellis and M. Wilcox), pp. 1—14.
Turner, *Insights*	N. Turner, *Grammatical Insights into the New Testament*, 1965.
J. Weiss, *History*	J. Weiss, *The History of Primitive Christianity* (completed by R. Knopf), 1937.
Wendland	H.D. Wendland, *Die Briefe an die Korinther* (Das Neue Testament Deutsch 7), 1946.
Wilckens, *Weisheit*	U. Wilckens, *Weisheit und Torheit*, 1959.
Windisch	H. Windisch, *Der Zweite Korintherbrief* (Kritisch-exegetischer Kommentar über das Neue

4) 영어로 번역중에 있다(Grand Rapids, Michigan: Eerdmans).

	Testament—Meyer), 1924.
Z.N.T.W.	*Zeitschrift für die neutestamentliche Wissenschaft und die Kunde der älteren Kirche.*

〈凡 例〉

* 성서의 章節 표기는 아래와 같이 통일한다.

  1장 1—10절=1, 1—10

  1장 1절—2장 1절=1, 1—2, 1

  1장 1절, 10절, 20절=1, 1·10·20

* 성서 본문은 구약은 공동번역, 신약은 새번역을 참조하고 저자의 사역을 충분히 고려하였다.
* 지명, 인명은 공동번역을 따랐다.

서 론

1. 고 린 토[1)]

고린토는 지금의 그리이스 본토와 펠레폰네소스를 연결하는 지협의 서남단에 위치하고 있었다. 그곳은 북쪽 1.5마일 지점에 있는 고린토 만(灣)의 레카이움과 동쪽으로 7.25마일 떨어진 사로닉만의 겐크레아(로마 16,1)를 포함한 복잡한 지역에 속해 있었다. 이 지역은 토지가 비옥하지는 않았지만 그 경제적 이점은 대단했다. 그곳은 남북으로는 육지와 연결되어 있고 동서 양 옆구리에 바다를 끼고 있어서, 북쪽과 남쪽을 잇는 육로를 관장하고 있었을 뿐만 아니라 동서를 뚫는 고린토 운하 —네로 황제에 의해 착공되었다가 곧 중단되었던 것인데 1893년에야 완성되었다— 가 개통되기까지는 양 해로를 연결하는 요충지였다. 때때로 선박들의 화물운송을 통제하는 것은 군사적으로 매우 중요했으며[2)] 일찌기 호머가 '부유한 고린토' (*Iliad*, ii. 570 ; 참조. xiii. 664)라고 말했을 정도로 상업상으로도 매우 중요했음이 분명하다. 고린토는 평지에 위치하고 있었는데, 해발 1857 피이트의 아크로 고린토 언덕이 흡사 성곽처럼 그 주위를 내려다보고 있다. 이처럼 경제적으로나 군사적으로 고린토는 유리한 조건에 있었다.[3)] 이렇게 보면 그곳이

---

1) 이 章은 *I Corinthians*, 1—5(國際聖書註釋, 『고린토전서』, 17—23면, 한국신학연구소 간행 : 이하 『고린토전서』로 표기한다)에 기초하고 있으며, 거기에 실린 내용을 상당 부분 그대로 서술하고 있다.

2) 예를 들어 Thucydides viii, 7을 참조하라 : "스파르타인들이 세 명의 완전 시민들(Spartiatae)을 고린토로 파견한 것은, 지협 건너편에 정박해 있는 배들을 가급적 빨리 그쪽 바다로부터 아테네쪽 바다로 보내기 위해서는 그 배들에게 카이오스로 항해하라는 전갈을 보내야만 했기 때문이다.

3) 예를 들어 Plutarch, *Aratus* XVI, XVII(1034)를 보라 : "……그리이스 한

고대세계에서 왜 그토록 유명했던가를 이해할 수 있을 것이다. 그러나 놀랄 만한 사실은 고린토보다 더 뛰어난 도시가 있었다는 것이다.

B.C. 146년에는 고린토의 역사에 중요한 분기선이 그어지는데, 그것은 로마가 아카이아 연맹(Acacan League)을 해체시켰기 때문이다. 고린토 지협의 류코페트라에서 결정적인 교전이 있은 뒤, 집정관 루시우스 뭄미우스(Lucius Mummius)는 힘들이지 않고 고린토를 점령할 수 있었다. 시민들은 학살당하거나 아니면 노예로 팔려갔다. 도시는 파괴되었고 재건은 금지되었다. 이후로 고린토의 영토는 대부분이 로마의 공유지가 되었고, 그 중 일부만이 인접 속주인 씨시온(Sicyon)에게 주어졌는데 그것은 이제부터 고린토 대신에 씨시온이 체육제전(Isthmian Games: 옛날 고린토 지협에서 2년에 한번씩 열렸던 경기로서 올림픽경기와 더불어 고대 그리이스의 4대 경기 중의 하나였다)을 담당한다는 것을 조건으로 한 것이었다. 고린토는 그후 100년 동안 폐허가 된 채로 있다가 후에 줄리우스 씨이저에 의해 로마의 식민지로 재건되었다.

재건된 새 고린토는 당연히 옛 고린토의 지리적 특징을 그대로 지니고 있었다. 그러나 그밖의 점에서는 새 도시는 옛 도시와 별로 관계가 없었다. 오늘날 여행자들은 그리이스 도시의 모습은 거의 볼 수 없고 아폴로 신전의 여섯 돌기둥만을 볼 수 있을 뿐이다. 지금은 로마의 주춧돌이 훨씬 두드러지게 눈에 띈다. 그러나 이 점은 파우사니아스(Pausanias)[4]의 시대에도 이미 그러하였다. 파우사니아스는 옛 고린토와 새 고린토를 대조시켜 표사하면서 이를테면 다음과 같이 말했다. "그들에 대한 존경의 표시로 매년 드리는 희생제물 의식이 제정되었고, 공포(δεῖμα)의 상(像)이 세워졌다. 이 공포의 상은 오늘날까지도 남아 있다.…… 그러나 로마인들이 고린토를 파괴하고 고대 고린토인들이 사라져 버린 이후로는 식민지 개척자들은 더 이상 제사를 드리지 않았고, 아이들이 머리털을 자르거나 검은 옷을 입지도 않게

북판(즉 펠로폰네소스와 에피루스 사이)에 치솟은 매우 높은 산 아크로고린토에는 수비대가 주둔해 있었는데, 그 산은 길을 가로막고 있어 자연히 통상과 운송과 전투에 있어서 지협 내의 모든 육로를 막고 육로든 해로든 모든 교통을 차단시켰으므로, 그 산을 지배하고 통제하는 사람이 수비대 대장이 되었다. ……그 산은 항상 모든 왕들과 통치자들이 쟁탈전을 벌렸던 곳이다.

4) G. Roux, *Pausanias en Corinthe*(1958), 29에는 고린토에 대해 기술하고 있는 파우사니아스의 두번째 책의 연대가 155년~170년로 제시되어 있다.

되었다"(Pausanias, Ⅱ, iii. 7). 고린토의 전통에 대해 거의 아무런 의미도 느끼지 못하는 새 이주자들이 로마제국의 여러 지역에서 속속 들어 왔다. 그들 대다수가 제대한 군인들이었을 것이다. 그들 가운데 그리이스인들도 있었음이 분명하긴 하지만 바울로 당시 고린토가 어떤 면에서건 뚜렷이 그리이스적이었다고 볼 수는 없다. 고린토에 유다인들이 있었다는 사실은 한 비문[5]을 통해 알 수 있는데, 그 글자들이 훼손되어 확실하게 보이지는 않지만 '유다인의 회당'([Syn]agogue of the Hebr(ews)...1ΓΩΓΗ EBP...)이라고 씌어진 것 같으며 이것은 회당문의 상인방돌(lintel)의 일부분으로 생각된다. 이 비문의 연대를 정확하게 말할 수는 없지만 그것은 사도행전 18장 4절("그는 안식일마다 회당에서 변론하였다")을 충분히 확증해준다. 새 고린토는 이렇게 세계적인 도시였던 것이다. 한 세기가 지난 당시의 새 고린토에 대해, 부도덕하다는 옛 고린토에 대한 평판을 그대로 적용할 수 없게 되었다(고린토라는 이름에서 파생된 말들은 옛 희곡에서 "간음하다," "포주" 등의 의미로 사용되었던 것으로 보인다). 하지만, 그렇다고 하여 이 새 도시가 옛날의 오명에서 벗어나서 좋은 평판을 얻었다고 말할 수도 없다. 바울로 시대의 고린토는 그 시대의 어느 다른 큰 항구나 무역 중심지에 비해 평판이 썩 좋지도 썩 나쁘지도 않은 정도였다.

바울로가 처음 고린토를 방문했을 때(고전 2,3) 그를 두렵게 한 것은, 그 도시의 좋지 않은 평판이 아니라 아마도 자신의 직분과 책임감이었을 것이다. 그는 그리스도께서 십자가에 못박히셨다(고전 2,2)는 것 이외에는 설교하지 않았고 이 주제를 설명하는 데 있어서 어떤 인간적인 기교도 구사하지 않기로 결심하였다(고전 1,17 ; 2,1). 이러한 결심에도 불구하고 (어쩌면 바울로 자신이 말한 바와 같이 바로 이러한 결심 때문에) 그의 설교를 듣고 많은 고린토인들이 개종하게 되었는데, 그들 가운데 최초의 개종자들 —적어도 아카이아에서의 최초의 개종자들, 혹은 고린토보다 먼저 복음화된 도시 아카이아에 대해 우리가 아는 바가 없다는 것을 전제한다면 아마 고린토에서의 최초의 개종자들— 은 스데파노와 같은 세대였다(고전 14,15). 바울로는 그리스도교 교회를 위해서 오직 하나의 기초를 놓았는데 그 유일한 기초는 바로 예수 그리스도였다(고전 3,10—11). 다른 사람들은 이 기초 위에 건물을 세워야 했는데 그 위에 세워진 건물은 그것을 받치고 있는 기초만큼 만족스럽지 못하다는 사실이 드러났다. 고린토에 있는

5) *Background*, 50을 참조하라.

/4/

하느님의 교회도 흠이나 주름잡힌 데가 전혀 없지는 않았다. 이렇게 된 부분적인 이유는 아마도 다종다양한 수많은 건축자들이 그 건물을 지은 데 있었던 것 같다. 아폴로는 분명히 고린토에서 활동하고 있었다(고전 3,6). 베드로도 이와 같이 활동했을 것 같기는 하지만 확실하지는 않다.[6] 교회 성원들은 창설자들의 다양성 때문에 또한 분명히 그들 자신이 신앙적으로 완전하게 성숙하지 못했기 때문에, 비록 칼로 잘라내듯 그렇게 분명하게 분열되지는 않았지만, 각기 그리스도교 지도자의 이름을 내세워 파당을 짓는 경향이 있었다(고전 1,11—12). 고린토전서가 씌어질 당시에도 이미 고린토교회의 생활에 또 다른 오점들이 있었다. 주의 만찬을 남용하는 일이 생겨나기도 했으며(고전 11,18—22) 악명높은 부도덕한 사례가 발생하기도 했고(고전 5,1—5), 성도들 가운데 공적 소송이 제기되는가 하면(고전 6,1—8), 우상 앞에 놓았던 음식을 먹어도 되는지에 대해 논쟁이 일어나기도 했고(고전 8,1—13 ; 10,14—11,1), 결혼 예법에 관한 의견의 불일치도 있었으며(고전 7,1—40), 혼외 성관계를 가져도 좋은지에 대한 문제가 제기되기도 했다(고전 6,12—20). 그리스도교의 부활 교리는 부인된 것처럼 보였고(고전 15,12), 바울로의 사도직분이 의심을 받기도 했다(고전 4,3—15 ; 9,1—2).

한동안 바울로는 고린토를 떠나 있었으나 그곳의 교회와는 계속 접촉을 했다. 그는 글로에의 집 사람들을 통하여 교회 내에 파당들이 생겼다는 사실을 알게 되었다(고전 1,11). 스데파나와 포르두나도와 아카이고는 사실상 교회의 대표자로서 바울로를 방문했고(고전 16,17—18), 아마도 고린토전서 7장 1절(이에 대한 주석 참조)에서 언급했던 편지를 전해주었을 것이다. 고린토전서 5장 9절(이에 대한 주석 참조)은 바울로가 고린토교회에 이미 편지를 썼던 사실을 언급한다. 흔히 "이전의 편지"라 불리우는 이 편지는 완전히 분실된 것 같다. 그 편지의 어떤 한 부분, 혹은 몇몇 부분들이 고린토전서에서 발견된다는 견해에 대해서는 『고린토전서』, 30—35면을 참조하고, 편지의 일부가 고린토후서 6장 14절—7장 1절에 포함되어 있다는 견해에 대해서는 이 책 33—35·37—38·49 이하·249면 이하를 참조하기 바란다.

그러므로 바울로가 첫번째 편지를 쓰기까지의 고린토교회와 바울로의 관계에 대한 역사적인 이야기는 오직 확실히 바울로가 쓴 순수한 그 자신의 저작들에 근거해서만 서술할 수 있다. 이것은 빼놓을 수

6) 고린토전서 9장 5절을 보라. 또한 "Cephas and Corinth"를 참조하라.

없는 중요한 기초를 이룬다. 그러나 사도행전에서 말하고 있는 내용도 그러한 서술과 일치한다. 사도행전에 따르면 바울로는 아테네를 방문한 후에 고린토에 도착했다(사도 18, 1). 그는 아퀼라와 브리스킬라를 만났으며(사도 18, 2—3. 그러나 고린토전서 16장 19절에는 부인의 이름이 브리스카로 되어 있다), 회당을 이용했는데 실라와 디모테오가 그와 합류했을 때는 좀더 자유롭게 회당을 이용했다(사도 18, 4—5). 유다인들과의 어려움 때문에 그의 선교는 특별히 이방인, 특히 회당과 이방 세계 사이의 중간 위치에 있던 "하느님을 경외하는 자들"을 향하게 되었다(참조. 사도 18, 7. 이 귀절을 보면 바울로가 하느님을 경외하는 자였던 디디오 유스도의 집에서 활동하고 있다). 그런데 회당장 그리스보(비교. 고전 1, 14)가 개종하게 되었다(사도 18, 6 이하). 바울로는 하느님의 도우심에 힘입어서 열여덟 달 동안 선교활동을 계속하였다. 사도행전 18장 12—17절은 A.D. 51년(?) 여름부터 아카이아 지방 총독이었던 갈리오[7] 앞에 등장한 바울로에 대해 이야기한다. 바울로가 50년 3월경에 고린토에 도착해서 51년 9월까지 그곳에 머물렀다고 추정하는 것은(비록 그 연대가 1년 정도는 오차가 생길 수 있다 하더라도) 타당하다. 오래지 않아서 바울로는 고린토를 떠나 시리아로 향했다(사도 18, 18). 에페소에 이른 그는 돌아오리라는 약속을 하고서 그곳을 떠났다(사도 18, 19 이하). 이로써 그는 소위 2차 전도여행을 끝냈다(사도 18, 22—23). 그 뒤를 이어 사도행전은 아폴로를 언급하면서 그가 브리스킬라와 아퀼라에게서 가르침을 받은 일과 아카이아로 여행한 일 등을 함께 언급하고 있는데, 아카이아로 가는 도중에 그는 분명히 고린토를 방문했을 것이다(18, 24—28 ; 19, 1). 사도행전 19장에 따르면 바울로는 다시 에페소에 돌아왔다. 그리고 그곳에서의 2년 3개월 간(19장 8·10절을 보라. 그러나 20장 31절에 3년으로 되어 있다해서 이 기록과 모순되는 것은 아니다)의 선교활동이 사도행전 19장 1절—20장 1절에 나와 있다. 그 동안에 바울로는 디모테오와 에라스도를 마케도니아에 보낸 것으로 되어 있으며(사도 19, 22), 한편 그 자신 역시 그곳으로 여행할 계획을 세웠다고 한다(19, 21). 이런 여행들이 고린토전서 16장 5·10절에서 말하는 여행들과 일치한다고 생각해도 될 것이다. 만일 그렇다면, 그리고 사도행전이 전하는 연대들이 신빙성이 있는 한, 우리는 고린토전서의

7) 갈리오 총독이 재임했던 기간에 관해서는 델피에서 발견된 비문에서 밝혀졌다. *Background*, 48f.와 *Romans*, 4f.를 참조하라.

연대를 추정할 수 있는 꽤 정확한 단서를 갖고 있는 셈이다. 바울로가 안티오키아에 얼마 동안 머문 것과 "북부지역"을 여행한 것(사도 19, 1)을 감안한다면, 그는 52년 늦여름에 다시 에페소에 도착했을 것이다. 그가 예루살렘에서 보내게 되기를 갈망했던 오순절(20, 16)은 55년의 오순절이었을 것이다. 고린토전서 16장 8절에 나오는 오순절은 53년이거나 아니면 더 그럴법하게는 54년의 오순절이었을 것이다. 그러므로 고린토전서의 가장 그럴 듯한 저작 연대는 54년 초나 어쩌면 53년 말경일 것이다.

고린토전서의 연대를 측정하는 이러한 논증은 서신 전체의 통일성을 전제로 하는 것이다. 만일 이 편지가 바울로가 고린토에 보낸 둘 이상의 서신들의 일부를 편집하여 작성한 문서라고 본다면 연대를 추정하는 것은 훨씬 더 복잡한 문제가 될 것이다. 그러나 이 책에서는 고린토후서의 분석과 관련된 것을 제외하고는 고린토전서의 작성에 관한 문제를 더 이상 논의할 필요가 없다. 첫번째 서신이 통일성이 있다는 데 대해서는 고린토전서 주석에서 논의했고(특히 『고린토전서』, 30—35면, 또한 145·225—226·237면), 여기서도 이 결론을 전제하고 있다. 우리는 앞으로 고린토후서에서 제기되는 문제들을 논의할 때 다음과 같은 사실들을 전제하고 진행할 것이다. 즉 바울로가 50년 봄부터 51년 가을까지 고린토에 있었으며(이것은 물론 확실치 않으며 독단적으로 주장해서는 안 되지만 실제로 이 가정은 매우 개연성이 있다), 그로부터 얼마 안 있어 첫번째 편지를 썼고(52년이나 혹은 53년이라고 추측할 수 있을 것이다), 53년 말이나 혹은 보다 그럴법하게는 54년 초에 실제로 오늘날 우리가 읽는 것과 같은 형태의 고린토전서를 썼다는 것이다.

Ⅱ. 고린토전서 이후의 고린토

ㄱ) 고린토전서가 씌어진 이후 고린토에서 무슨 일이 일어났는가, 그리고 바울로는 거기에 어떻게 대응했는가, 바울로와 그의 동역자들은 어디 어디를 방문했으며 바울로는 또 어떤 편지를 썼는가, 고린토를 방문한 또 다른 방문객들은 누구인가, 그리고 바울로는 그들을 어

떻게 생각했는가? 이상과 같은 문제들은 오직 고린토후서 자체로부터만 추론할 수 있다. 사도행전은, 비록 우리가 그 문서의 역사적 신빙성에 대해 의문의 여지 없이 확신하여 그 내용들을 사용할 수 있다 할지라도 이상의 문제에 대해서는 거의 아무런 정보도 제공해줄 수 없다. 더구나 우리들의 유일한 자료인 고린토후서는 매우 어려운 문학적 문제들을 많이 안고 있기 때문에 순환논법으로—역사적 재구성에서부터 문학적 가설로, 그리고 문학적 가설로 소급해서 역사적 재구성으로— 논증을 전개하게 될 심각한 위험이 뒤따른다. 고린토전서 이후의 고린토의 상황을 재구성하는 일은 사실들보다 이론들이 차지하는 범위가 훨씬 더 많고, 사실과 이론 둘 사이를 분명히 구별하기가 어려운 분야이다. 만일 내가 주석서를 쓰는 동안 다루게 되는 여러 사건들과 문학적 관련성들에 대한 나의 견해를 설명하고 세부적인 사항들을 언급한 후 (지면이 허락하는 한), 다른 사람들의 견해를 서술하고나서, 마지막으로 자료들과 다른 사람들의 견해를 참조하여 나 자신의 재구성이 정당함을 밝힐 수만 있다면, 이 작업을 통해 다른 점들은 물론이고 위에서 언급한 점 역시 더욱 분명해지기를 바란다. 다음의 몇 가지 진술들은 그 진술들에 담긴 내적 일치성을 무시한 어떤 권위를 주장하려는 것은 아니라는 것, 또한 어떠한 독단적인 면이 보인다 하더라도 그것은 단순히 간결함과 확실성을 얻고자 하는 시도에서 기인한 것임을 독자들은 분명히 이해해야 할 것이다. 고린토인들의 상황을 진지하게 연구해 본 사람은 어느 누구도 자신이 진리를 독점하고 있다고 확신하지는 못할 것이다.

바울로는 고린토전서를 A.D. 54년 초에 썼으며, 추측컨대 자신이 거기서 고린토의 문제를 적어도 당분간은 해결할 수 있기를 바랐다. 사실 그는 이에 대해서 완전히 확신할 수는 없었고, 그가 손에 채찍을 쥐고 고린토를 방문할 가능성은(고전 4, 21) 여전히 있었다. 그러나 그는 고린토에 상당히 오랜 동안 머무르기를(고전 16, 5—9) 고대했으며 그 기간 동안 예루살렘에 있는 가난한 신도들을 위한 모금을 끝낼 수 있기를 원했다(고전 16, 1—4). 그 기간의 마지막에 그는 몸소 고린토의 대표자들을 데리고 예루살렘으로 여행했을 것이다.

이 첫번째 서신은 "성공적인 문서가 아니였다."[8] 적어도 그것은 완벽하게 성공적이지는 못했다. 아마도 몇 가지 문제점들은 해결이 되었던 듯하다. 우리는 (고린토후서에서) 부활이라든가 우상에게 바친

8) 『고린토전서』, 22면.

떤 음식을 먹는 것에 관한 논쟁을 더 이상 들을 수 없고, 영지(Gnosis)나 지혜에 대한 언급도 고린토전서에서보다 훨씬 드물게 접하게 되는데 그것은 영지주의의 위협이[9] 약화되었기 때문일 것이다. 그러나 만일 바울로가 고린토교회로부터 더 이상의 말썽이 생기지 않을 것으로 기대했다면, 그는 몹시 실망했을 것이다. 비록 새로운 문제의 원인들이 밖으로부터 고린토로 들어온 것처럼 보이기는 하지만 말이다.

고린토전서가 쓰어진 직후에 어쩌면 그 이전에, 고린토에는 스스로가 그리스도의 사도요 훌륭한 그리스도의 종이라고 떠들고 다니며 또 그렇게 받아들여졌던 일군의 사람들이 들어왔다. 그들은 자신들의 주장을 옹호하기 위하여 예루살렘 교회가 발부한 추천서를 가지고 있었다. 이 문서들이 '기둥들'(갈라 2,9)에 의하여 인정된 것인지에 대해서는 확실히 알 수 없지만, 비록 그렇지 않다 하더라도 그 문서를 가져온 사람들이, 예루살렘에서 나온 것이면 무엇이든지 그 배후에 '육을 따라서' 예수를 알았던 최초의 사도집단의 권위가 있다고 주장하기는 쉬웠을 것임에는 틀림없다. 이러한 "사도들"은 지금까지 그리스도를 알지 못했던 사람들에게 그리스도 신앙을 전하기 위해 비그리스도교적 세계에 들어가는 사람들이라는 의미에서의 "선교자들"은 아니다. 그들은 히브리어 shaliaḥ의 일반적인 의미에서의 사도들이다. 즉 그들은 자신들을 위임한 사람들의 대리인들이었다. 그들은 이방세계에 세워진 교회들을 예루살렘 교회에 연결시키는 (아마도 복종시키는) 직무를 맡고 있던 예루살렘 교회의 대표자들이었다. 적어도 이러한 의미에서 그들은 유다화시키려는 사람들이었다. 이들이 갈라디아의 유다주의자들처럼 율법에 대한 전반적인 존경심은 물론이고 할례까지도 요구했는지에 대해서 우리는 확실히 알 수 없다. 바울로가 이 문제에 대해 언급하지 않는 것으로 보아 아마도 그들은 그렇게 하지는 않았을 것이다. 보다 설득력 있는 견해는 그들이 소위 사도행전 15장 20·29절에 나온 (이방인들에 대한) 법령이나 노아의 계명(the Noachian Precepts : 참조. 출애 9,4 이하)[10]과 같은 율법 요약문들로 자신들의 입장을 삼았으리라는 것이다. 그들은 바울로의 사도직을 인정하지 않았다. 그는 아무런 추천서도 가져오지 않았으며, 율법의 행위와는 상관

9) 『고린토전서』, 77면 이하를 참조하라. 영지주의자들(Gnostics), 영지주의(gnosticism), 지식(knowledge), 영지(γνῶσις).

10) *S.B.*, iii. 37—8 ; *Adam*, 23—6.

없이 오직 믿음에 의하여 의롭게 된다는 그의 복음은 의심을 받았기 때문이다. 아마도 처음부터 그러지는 않았겠지만 나중에 그들은 그를 가리켜 자격도, 권위도 없는 거짓 사도라고 말했을 것이다(바울로 자신이 11장 13절에서 거짓 사도라는 말을 사용한 것은 이에 대한 맹렬한 반격일 것이다). 그와는 대조적으로 그들은 자신들이 확실하게 주장했던 권위를 버리고, 공격적이고 권위주의적인 태도로 행동했다.

고린토전서 16장 5절(비교. 4,19 이하)에서 바울로가 말했던 대로 고린토를 실제로 방문했을 때 이 사람들은 이미 고린토교회를 장악하고 있었다. 위의 귀절에서 바울로는 마케도니아로 설교여행을 할 때 고린토를 방문하겠다는 뜻을 밝히고 있다. 말하자면 그는 에페소로부터 마케도니아로 갔다가 그 곳을 지나 고린토로 가겠다고 제안하고 있는 것이다. 그는 아마도 고린토 사람들에게 두번 방문의 기쁨을 주기 위해서 자신의 계획을 바꾸었던 것 같다. 그는 맨먼저 아카이아로 갔다가 마케도니아로 가고, 그리고 나서 아카이아를 거쳐 에페소로 돌아오려고 했다. 이처럼 두 번 방문함으로써 그는 (고린토전서 16장 1—4절에서 말하는대로) 헌금 문제를 처리하려고 했다. 그러나 이러한 계획은 고린토에서 그를 기다리고 있던 예기치 못했던 돌발사태로 인해 좌절된다. 아버지와 자녀들 사이에는 행복한 재결합이 이루어지지 않았다(4,14—15). 헌금 문제를 꺼내는 것은 불가능했다. 얼마나 많은 "거짓—사도들"(바울로가 11장 13절에서 사용한 말)이 있었는지 우리는 알지 못한다. 어쩌면 그러한 사람들의 집단이 있었을 수도 있다. 이 사건에서 어느 한 사람이 바울로를 공격하고 모욕하는 데 특별히 지도적인 역할을 담당했을 것이다. 고린토 사람들은, 그들 중 많은 사람들이 그러한 불화에 참으로 당황하였으므로 어떻게 행동해야 할지 알지 못했다. 아뭏든 그들은 바울로의 적대자의 편에 분명히 서지는 않았지만 바울로가 기대했던 만큼 바울로의 편을 들지도 못했다. 적어도 당분간은 견딜 수 없는 상황이었기 때문에 바울로는 고린토를 거쳐서 돌아가려 했던 계획을 포기하고 마케도니아와 에페소를 향해서 떠났다. 이런 상황에서 두번째 방문을 한다면 그것은 아무런 유익이 되지 못할 것이고, 서로를 비난하고 분노에 찬 언쟁을 유발하게 될 뿐이라고 그는 생각했을 것이다. 그가 고린토 사람들에게 퍼붓고 싶은 비난이야 무척 많았겠지만, 그것을 절제하는 것이 오히려 더 나았을 것이다.

상황이 고통스럽기는 했지만 그렇다고 전혀 희망이 없는 것은 아니었다. 비록 바울로가 아카이아를 거쳐 돌아가지 않기로 결정한 것이, 변덕스럽다는 비난을 듣게 되는 계기가 되었다는 점에서 실수이긴 했지만 말이다. 그는 자신이 한 약속을 지키지 않았으며, 자기 마음대로 계획을 바꾸었다. 고린토인들의 충성스럽지 못한 행위를 나무랄 필요가 있었으나 그것은 단지 편지로도 가능했으며, 또한 헌금계획을 수행하는 것도 필요했으나 그 일은 바울로가 신임했던 동역자 디도도 할 수 있었다. 그래서 바울로는 고린토에 보내는 편지를 써서 그것을 디도에게 맡겼다. 그런 류의 편지를 쓴다는 것은 많은 눈물을 흘려야만 하는 힘든 작업이었다. 자기 자신의 자녀를 나무라는 것은 결코 쉬운 일이 아니기 때문이다. 그러나 그들은 성숙해가야만 했다. 그들은 자신들의 종들, 곧 사도들을 평가할 줄 알아야 했던 것이다. 이전에 고린토를 방문한 적이 없었던 디도는 이 직무를 받아들였다. 이것은 아마 틀림없이 54년 한여름에 일어났을 것이다. 바울로가 오순절까지(고전 16,8) 에페소에 머무르려고 했던 계획을 그대로 실행하지 않았다고 추정할 만한 뚜렷한 이유가 없으며 그가 그보다 훨씬 더 오랫동안 거기 머물렀다고 가정할 만한 이유도 없다. 실제로 그는 그렇게 할 수 없었을 것이다. 에게해를 건너는 데는 그리 오랜 기간이 걸리지 않았고, 고린토에서의 소란은 아마도 6월 초에 일어났을 것이다.

디도는 (현재 남아 있지 않은) 편지를 가지고 고린토로 향했다. 남아 있던 바울로는 매우 걱정에 싸여 있었다. 그는 고린토인들에 대해서는 그리 큰 걱정을 하지 않았다. 그들은 이제 정신을 곧 차리게 될 테니까. 그러나 디도에 대해서는 염려가 되었다. 그것은 부분적으로는 디도가 몰래 침입한 "사도들"을 상대해야 되고 또 부분적으로는, 만일 모든 일이 잘 되면 그가 상당한 액수의 돈을 바울로에게 가져오게 될 것이기 때문이었다. 바울로는 어느 누구보다도 '로마제국의 평화(pax romana)'에도 불구하고 그 당시 노상(路上) 여행자들을 위협하는 강도들의 소행을 잘 알고 있었던 것이다. 그는 마냥 에페소(이곳 역시 어려움이 많았다)에서 기다리고 있을 수만은 없었다. 그래서 디도를 마중하기 위해 트로아스로 출발했다. 그의 목적은 단순히 디도를 마중하는 것뿐만이 아니라 트로아스에서 복음을 전도하려는 것이기도 하였다. 그리고 복음을 전도할 호기가 주어졌는데 바울로는 다른 상황에서였다면 즐겨 그 일을 했겠지만 디도를 만나기까지는 평정을 찾을 수 없었기 때문에, 서둘러 (육로로 갔는지 해로로 갔는지 우리는 알 수 없으나) 마케도니아로 달려갔다. 거기서 두 사람은 다시 만났고, 바울로는 디도가 가져온 소식에 기뻐하였다. 고린토 사람들은 전적으로 바울로의 편이었다. 그의 편지는 그가 의도했던 대로 그들의 마음을 상하게 했다. 그러나 그렇게 하여 그들은 회개하게 되었고, 비록 그들이 자신들이 마땅히 해야 하는 만큼 효과적으로 바울로에 대한 충성심을 보여주지는 못했을지언정 이제 자신들이 항상 변함없이 그에게 충성스러웠음을 보여주고자 애쓰고 있었다. 그들은 그때까지 그렇게 하지 못했던 것을 뉘우쳤다. 더우기 그들은 (적어도 그들 중 대다수는) 바울로를 공격했던 주모자를 처벌하기로 결정했다. 사실 모금하는 일을 완전히 마무리짓지 못했으나 바울로가 마케도니아 사람들과의 대화에서 과장하여 말하고 있듯이 시작은 좋게 이루어졌다. 그리고 중요한 점은, 바울로가 디도에게 장담한 것처럼 고린토 사람들이 옳은 편에 섰다는 사실이었다.

바울로는 이러한 새로운 상황에 대해 즐거워하면서 고린토에 보내는 또 하나의 편지 —네번째 편지— 를 썼다. 이것이 고린토후서 1—9장에 실려 있다. 비록 성격이 다르기는 하지만 나무라는 편지와 마찬가지로 이것도 두 가지 목적에서 써어진 것이었다. 그 하나는 모금하는 일에 관한 것이고 다른 하나는 사도직에 관한 것이다. 모금하는 일은 여전히 끝을 맺어야 하는 일이었다. 그래서 디도는 두 형제들의 협력을 받아 그가 시작했던 일을 완수하려고 했다. 이 일은 조심스럽게 이루어져야 했다. 왜냐하면 지금 고린토 사람들을 고무하기 위해서 마케도니아 사람들을 모범으로 이용한 바울로는, 일찌기 마케도니아 사람들을 격려하기 위해서 고린토 사람들을 이미 모범으로 내세웠던 적이 있으므로, 그는 고린토에 도착한 마케도니아 사람들이 자신들이 기대했던 것보다 일이 진척되지 못했다는 것을 알게 될까 두려웠기 때문이다. 또한 사도직에 대한 일반적인 의문도 제기되고 있었다. 고린토 사람들은 (디도가 바울로에게 말했듯이) 열광적으로 바울로의 편에 서서 공격자들을 지나칠 정도로 가혹하게 벌하려고 했으나 바울로는 그렇게 하는 것을 제지하였다. 일반적으로 회개를 하는 분위기에서는 서로간의 사랑이 중심이 되어야 한다. 바울로는 그들의 열광주의나 또 그들의 선한 의도에 대한 확신에도 불구하고 사도직과 복음에 대한 고린토 사람들의 신학적 판단을 참으로 신뢰하지는 않았던 것으로 보인다. 사도들은 진실로 그들의 종이었고, 그리스도인으로서 진리가 어디에 있는지를 판단해야 할 책임이 있었다. 그러나 사도들은 자신들 앞에 놓여 있는 문제에 적용할 적절한 기준을 마련할

/10/

기 위해 많은 가르침을 받을 필요가 있었다(고린도후서 1—7장으로부터 그렇게 추론할 수 있을 것이다).

디도와 그의 동료 두 사람은 편지를 가지고 떠났다. 그들의 귀환이 좌절됨으로써, 혹은 어떤 다른 통로를 통해서, 바울로는 디도가 전에 고린토의 상황에 대하여 잘못 판단했었고 잘못 전해주었다는 사실을 뒤늦게 알았다. 그러한 상황이 디도가 그 도시를 떠난 직후 곧바로 급속하게 바뀐 것이 아닌 한 말이다. 바울로가 아니라 몰래 들어온 거짓 사도들이 판을 치고 있었다. 그들의 우두머리는 부재중인 바울로를 마음대로 모욕하고 있었고 그 집단은 아카이아 선교 지역에 대한 예루살렘의 관할권을 주장했다. 고린토 사람들은 사도들의 주장의 정당성을 평가할 그들 나름의 기준을 발전시켜 나갔다. 그리고 거짓 사도들은 이러한 기준들을 만족시킬 수 있었다. 그들은 추천서를 이용하여 매우 거만하게 행동했을 뿐만 아니라, 환상과 계시를 본다고 공언했으며 지식을 소유하고 있고 영감을 받아 말을 한다고 장담했다. 또한 그들은 바울로에 대해서 말하기를, "그는 편지는 제법 쓰지만 언변은 형편없으며, 외모 역시 보잘 것 없고 인상도 그다지 좋지 않았으므로 교회의 지지를 받을 만한 권리를 행사하지도 못했고, 또 그러한 권리를 소유하지도 못했다. 그래서 그는 가난한 사람들을 위한 헌금이라는 명목을 내세워 그 돈을 훔침으로써 그런 자신의 약점을 보상하려 하였다. 간단히 말해서 그는 하잘 것 없는 존재였던 것이다. 그는 그리스도를 직접 알지도 못했으며 그리스도가 그 안에서 말씀하신 적도 없다"고 했다.

이왕이면 다음과 같은 사실에 주목하는 것도 좋겠다. 즉 이상과 같은 상황은 새로운 부류의 그리스도교적 유다인—이들은 예루살렘에서 발생하였고 율법을 고수하기로 했으나 고린토의 이방 그리스도인들이 사용하는 헬레니즘적 혹은 영지주의적 표준에 적응하려고 하는 부류의 사람들이었다—을 탄생시켰던 것이다. 이러한 사태는 그리스도교적 영지주의의 성장에 있어서 중요한 한 단계를 특징짓는다.

바울로는 단호한 행동을 통해서만 상황이 회복될 수 있다고 보았다. 그는 우선 편지를 썼다. 이 내용은 (전체가, 혹은 그 일부가) 고린토후서 10—13장에 실려 있다. 이 편지는 자신의 사도 신분에 대한 당당한 옹호와 자신이 사도직을 어떻게 이해했는가에 대한 상세한 설명, 그리고 거짓 사도들에 대한 신랄한 풍자적 공격으로 특징을 이루고 있다. 이것 역시 쓰기 힘든 편지였다. 왜냐하면 바울로는 세 부류의 사람들을 염두에 두고 있었기 때문이다. 첫째 부류는 그가 이제 맹렬하게 싸울 준비를 하고 있는 거짓 사도들이고, 둘째 부류는 예루살렘 사도들이었다. 그런데 바울로는 이 예루살렘 사도들로부터 아무런 감명도 받지 못했고, 자신이 이들과 동등하다는 것을 알고 있었지만 그렇다고 이들에 대해 불만을 가지고 있지도 않았으며, 다만 그들이 거짓 사도들과 확실하게 관계를 끊기를 원하고 있었다. 마지막 부류는 고린토 사람들이었는데 바울로는 이들이 자기 자신에 대한 충성심뿐만이 아니라 그리스도에 대한 충성으로부터도 멀어질 위험에 처해 있다고 판단했지만 여전히 그는 그들을 자신이 돌보아야 할 자녀로서 극진히 사랑하고 있었다. 그는 편지에서 고린토를 세번째로 방문할 것을 약속했다. 그리고 그는 이번에는 용서치 않으려 하였다. 그렇게 하는 것이 아무리 그 자신에게나 또 다른 사람들에게 고통스러운 일일지라도 그는 필요한 행동을 감행하려 하였다.

그 편지는 전해졌고(이것이 고린토의 공문서 보관소에 들어와 있었던 것을 보면 그것은 확실하다) 방문도 행해졌다. 만일 사도행전 20장 1—2절의 진술을 받아들인다면 바울로는 마케도니아를 한번 더 통과해서 여행했다. 그는 에게해를 거쳐 해로로 편지를 보냄으로써 그 편지가 자기보다 먼저 도착하도록 했을 것이다. 마케도니아를 여행한 후에 바울로는 55년 초 그리이스에서 3개월 간을 보냈다(사도 20, 3). 우리가 로마서 15장 26절로부터 아카이아 사람들이 모금에 헌신적이었음을 알 수 있는 것 외에는 사도행전도, 또 바울로도 무슨 일이 일어났는지를 말해주지 않는다. 위의 보도로부터 우리는 바울로가 예전에 직면했던 상황만큼이나 힘들고 위험한 상황에 대처하는 데 성공했음을 추론할 수 있을 뿐이다.

여기서 한 가지, 보다 상세하게 지적할 수 있는 것은 고린토전서와 고린도후서의 일부를 쓰는 데는 12개월이 채 못 걸렸다는 것이다. 이 짧은 기간 동안에 바울로의 사상에 있어서 어떠한 눈에 띄는 발전이 일어났다고 볼 수는 없다.[11]

(ㄴ) 고린토전서가 씌어진 시기와 바울로가 세번째로 고린토를 방문한 시기 사이에 일어난 사건들에 대한 위의 설명은, 난해하기로 유명한 많은 문학적, 역사적 문제들은 다루지 않고 지나쳐버렸다. 그리고 문제가 되는 사건들에 대한 어느 한 견해를 서술하는 데 있어서

11) 여기서 제시된 연대는 S. Dockx의 바울로의 연대기에 관한 최근의 논의에서 채택된 것과 유사하다: S. Dockx, *Nov.* T. xiii, 261—304.

다른 견해들에 대해 전혀 언급하지 않았는데 그러한 견해들 중에는 매우 널리 알려진 견해들도 있다. 이제 나는 우선 문학적인 문제들과 이론들을 다루려 한다.

고린도후서는 수많은 단락들로 이루어져 있는데 독자들은 몇몇 단락들이 앞뒤 본문과 잘 연결되어 있지 않고, 또 서투르다는 사실에 놀라지 않을 수 없을 것이다. 가장 눈에 띄는 것은 다음과 같은 것들이다.

(a) 2장 13—14절과 7장 4—5절. 이 각각의 귀절들의 쌍은 잘 이어지지 않는다. 그러나 2장 13절과 7장 4—5절은 잘 연결된다. 2장 12—13절에서 바울로는 간절히 그가 디도를 기다리고 있으며, 디도가 고린토로부터 가져올 소식을 기대하고 있다고 서술한다. 그는 에페소에서 기다리려고 하지 않고 트로아스로 옮겨 갔다. 트로아스에서는 복음을 전도할 수 있는 좋은 기회가 주어졌지만 바울로는 그 일을 맡을 수 없었고 계속해서 마케도니아로 여행했다. 여기서 바울로는 갑자기 자신의 근심에 찬 여행에 관한 이야기를 중단하고 하느님에 대해 찬양하기 시작한다: "그러나 그리스도 안에 있는 승리의 행진에서 언제나 우리 보다 앞서 나아가시는 하느님께 감사드립니다." 7장 2—3절에서 바울로는 자신에게 우호적으로 대해주기를 간청하지만 5절에서는 마케도니아의 여행을 얘기한다. 그러나 거기서도 하느님이 디도를 오게 함으로써 그를 위로하기까지는 걱정에서 벗어나지 못했다. 이러한 사실들에 비추어볼 때 당연히 2장 14절—7장 4절은 본래는 2장 13절에서 7장 5절로 이어졌던 문서에 삽입되었으며, 문맥을 혼란시키거나 주제에서 벗어나는 일 없이, 디도가 돌아오기를 바랐던 바울로의 갈망을 서술하고 있다고 주장할 수 있다.

(b) 6장 13—14절과 7장 1—2절. 여기서도 한 쌍의 불연속성 속에 중간에 끊어진 전후연결이 감추어져 있는 것으로 보인다. 6장 11절 이하에서 바울로는 고린토 사람들에게 그들에 대한 자신의 애정에 반응을 보여주기를 부탁한다. 7장 2—3절에서 그는 같은 부탁을 반복한다. 그러나 6장 14절과 7장 1절까지 이어지는 귀절들에서 그는 세상과 관계를 깨끗이 끊어야 할 필요성을 그들에게 분명하게 권고하고 있다. 그러므로 6장 14절—7장 1절이 삽입문이라고 주장하는 것은 자연스럽다(만일 방금 언급한 2장 14절—7장 4절에 대한 견해를 받아들인다면 이것은 삽입문 안에 있는 삽입문인 셈이다).

(c) 8장과 9장. 8장에서 갑자기 바울로는 자신이 예루살렘의 가난

한 그리스도교인들을 위해 시도했던 헌금에 관해 말하기 시작한다. 이러한 갑작스러움은 전혀 이상할 것이 없다. 이 문제는 어느 단계에선가는 꼭 말해야 할 내용이기 때문이다. 그러나 이 장에서 바울로는 마케도니아에 있는 그들의 형제들을 본보기로 보여줌으로써, 그리고 우리 주 예수 그리스도의 은혜(8, 9)에 근거한 신학적 동기부여를 통해 고린토 사람들에게 관대함을 보여주기를 권장할 뿐만 아니라 디도와 두 형제들이 한 선교까지도 포함하여 상세한 계획을 전해주기도 한다. 그리고 나서 그는 계속해서 성도들을 위한 봉사에 관하여 자신이 그들에게 글을 쓰는 것은 불필요하다고 하면서(9, 1) 관대한 마음으로 헌금을 하도록 하기 위하여 새롭게 성서를 들어 논증한다(9, 7·9—10). '헌금 이야기는 마치 앞에서 언급된 적이 없었던 것처럼 9장 1절에 도입되었음을 쉽게 알 수 있다. 그러므로 8장이 9장보다 더 먼저 나와서는 안 된다. 틀림없이 9장은 7장에 이어지며 8장은 그 결론이 삭제되어 있는 전적으로 독립된 문서이다. 그것은 디도와 익명의 두 형제들을 고린토의 교회에 추천하는 편지이다. 그것은 분명히 교회와 바울로 사이에 논쟁이 있기 전에 작성되었을 것이다. 왜냐하면 그는 8장 7절에서 믿음과 언행, 지극한 열성, 그리고 바울로에 대한 사랑에 있어서 고린토의 교회가 적극적임을 칭찬하고 있는데, 그 칭찬의 어조는 불화가 있었던 동안이었더라면 —혹은 불화가 일단 해결된 이후였다할지라도— 도저히 그럴 수 없을 정도로 아주 자연스럽게 되어 있다.'[12]

(d) 10—13장. 고린토후서를 읽는 독자는 누구나 틀림없이 9장 15절("말로 다할 수 없는 선물을 주시는 하느님께 감사합니다")과 10장 서두와의 사이에 확연한 단절이 있음을 발견하게 될 것이다. 10장에서 바울로는 고린토 내에 퍼져 있는 자신에 대한 좋지 못한 평판을 암시하면서 자신의 독자들에게 이제는 대담하게 그들을 바로잡을 것이라고 경고하고 있다. 시제와 태(態)가 갑자기 변한다는 사실을 어느 누구도 부인할 수 없을 것이다. 그리고 적지 않은 사람들이 1—9장과 10—13장은 두 개의(혹은 그 이상의) 서로 다른 편지들로 짜여진 것임에 틀림없다는 견해를 받아들인다.

자료에 대해서도 다룰 것이 많다. 그러한 자료들에 기초해 있고 또 위의 Ⅱ장 (ㄱ)에서 설명한 가설과는 다른 가설들에 대해 이미 암시한 바 있는데 이제 그것들을 보다 충분하게 서술하고자 한다.

12) J. Weiss, *History*, i. 353.

/13/

바울로가 서신 왕래한 것을 매우 평범하게 재구성한 것 중에서 가장 간단한 형태에 의하더라도 1—9장과 10—13장의 순서가 간단히 뒤바뀐다. 바울로가 많은 눈물을 흘려가면서(고후 2,4 ; 7,8—12) 고통스럽고도 준엄한 편지를 고린토에 썼다는 것은 확실하다. 오늘날 바울로 자신이 한 서술과도 잘 부합되지 않는 고린토전서에 이 편지가 들어 있다고 보는 사람은 거의 없다. 여기서 다루려고 하는 견해에 의하면 10—13장에 그 편지가 혹은 그 일부가 들어 있다. 이 장들의 내용을 쓴다는 것은 결코 쉽지 않았을 것이며, 당연히 그것을 읽는 독자들도 고통스러웠을 것이다. 바울로가 디도로부터 기쁜 소식을 들은 것은 이 편지를 보내고 난 후였다. 그리고 나서 그는 자신의 기쁨과 안도감을 나타내는 1—9장을 썼다. 이 가설은 여러 쌍의 단락들에 의해 입증되는데 이 단락들에서 나중에 보낸 편지(1—9장)는 먼저 보낸 편지(10—13장)의 단락들을 다른 어조로 거듭하여 말한 것으로 생각된다. 그것은 다음과 같다.

10장 2절 : "…내가 과감하게 ～할 수 있다고 생각하는 확신에 찬 담대함(πεποίθησις)…"

8장 22절 : "…여러분에 대하여 큰 신뢰를(πεποίθησις)…"

10장 6절 : "…여러분이 완전히 복종하게 될 때에는 벌써 모든 복종하지(ὑπακοή) 않는 자를 처벌할 준비가 되어 있을 것입니다."

2장 9절 : "…내가 그 편지를 쓴 것은 여러분이 모든 일에 있어서 얼마나 내 교훈에 순종하는가를(ὑπήκοοι) 알아보기 위한 것이었읍니다."

12장 1—5절 : "바울로는 하늘까지 끌려 올라갔다."

5장 13절 : "만일 우리가 미쳤다면…"

12장 16절 : "내가 간교한 속임수로(πανοῦργος) 여러분을 붙잡았다고 말합니다."

4장 2절 : "우리는 교활한 길을(πανουργία) 걷지 않으며…"

12장 17절 : "내가 여러분에게서 사취한 일이(πλεονεκτεῖν) 있읍니까?"

7장 2절 : "우리는 아무에게서도 사취한 일이(πλεονεκτεῖν) 없읍니다."

13장 2절 : "내가 이번에 가면 그들을 용서(φείδεσθαι) 없이 대할 것입니다."

1장 23절 : "내가 아직 고린토에 가지 않은 것은 여러분을 아끼기(φείδεσθαι) 때문입니다."

Ⅱ13장 10절 : "내가 떠나 있는 동안에 이렇게 편지하는 것은 내가 가서 너무 엄하게 되지 않도록 하려는 것입니다."	2장 3절 : "그래서 내가 그 편지를 쓴 것입니다. 말하자면 내가 그리로 가게 될 때 내가 마음 아픈 일을 당하는 일이 없도록 하려는 것입니다."

위의 예들에 덧붙여서 위의 두 부분들이 동일한 편지에 속하는 것이라는 견해와 명백히 모순된다고 할 만한 것들을 첨가할 수 있을 것이다.

Ⅱ13장 5절 : "여러분은 자기가 믿음 안에 있는지 스스로 반성하고 자기를 시험해보아야 할 것입니다."	1장 24절 : "여러분은 믿음에 의해 서 있읍니다."
Ⅱ12장 20—21절 : "내가 염려하는 것은 내가 가서 여러분을 만나볼 때 여러분이 혹시 내가 원하는 대로의 여러분이 되어 있지 못하거나… 그 많은 사람 때문에 슬피 울게 되지 않을까 염려하고 있는 것입니다."	7장 16절 : "나는 여러분을 온전히 신뢰할 수 있게 된 것을 기뻐합니다."

1—9장, 10—13장의 순서를 뒤바꾸며, 후자의 부분에 '더 준엄한 편지'가 (혹은 그것의 일부가) 들어 있다고 보는 이러한 간단한 가설은 두 가지 점에서 좀 더 복잡해진다.

첫째로 6장 14절—7장 1절은 바울로의 호소를 나타내는 문장의 중간에 끼어들어 문맥을 단절시키고 있으며, 그러므로 삽입문으로 간주해야 한다는 것이다. 이러한 견해를 주장하는 사람들 중 대부분이 이 삽입된 단락이 '먼저 보낸 편지'의 일부라고 생각해 왔다.[13] 고린토전서 5장 9—10절에 따르면 바울로는 고린토 사람들에게 편지를 썼는데 그들은 그 편지를 바울로가 부도덕한 사람들과는 어떠한 접촉도 해서는 안 된다고 말하는 것으로 오해했다—이것은 고린토에서는 불가능한 요구였다. 고린토후서 6장 14절—7장 1절은 사실상 교회와 세

13) 『고린토전서』, 20—21·161면.

상의 분리를 요구하고 있다. 비록 실제로 이것은 먼저 보낸 편지가 오해받았던 것처럼 오해받을 여지는 거의 없긴 하지만 말이다. 최근에는 6장 14절—7장 1절과 쿰란 문헌 사이의 유사성이 지적되었다.[14] 그리고 이 단락은 상실된 쿰란문헌의 일부인데 그것이 바울로의 글 안으로 들어왔다고 주장하는 사람도 있다.

고린토후서를 분석하는 데 있어서 두번째 발전단계는 2장 13절과 14절이, 그리고 7장 4절과 5절이 어색하게 연결되어 있는 반면, 2장 13절과 7장 5절이 명백하게 잘 연결된다는 사실에 기초하고 있다. 2장 14절—7장 4절은 삽입문으로 간주되어왔다. 아니 그보다는 2창 14절—6장 13절, 7장 2—4절이 삽입문이고, 6장 14절—7장 1절은 삽입문 안에 들어 있는 또 다른 삽입문으로 주장되었다. 주된 삽입문은 대개 '준엄한 편지'로서 10—13장과 결합되었다.

이제 앞서 언급한 8장과 9장 사이의 단절을 기억해야 한다. 우리가 살펴본 대로 봐이스(J. Weiss)는 8장을 삽입문으로 간주하고, 9장은 7장과 연결되어야 한다고 생각하였다. 또 다른 학자들은 8장과 9장이 원래는 둘 다 분리되어 있던 주들이었으며, 고린토후서의 어떤 중심적인 부분과도 연결되지 않았다고 생각한다.

마지막으로 고린토후서의 통일성과 전일성(全一性 : integrity)에 대한 옹호자들이 결코 없지는 않았다는 점을 기억해야 할 것이다. 특히 아래에서 인용한 W.G. Kümmel(17—18), Hughes(특히 21—35), W.H. Bates, "The Integrity of II Corinthians", *N.T.S.* 12, 56—69 등이 있다.

(ㄷ) 일련의 역사적 문제들과 이론들은 위에서 서술한 문학적 문제들이나 이론들에 상응하며, 부분적으로는 중첩된다. 서신의 중요한 역사적 비평들에 대해서는 이제 정리할 것이며, 위에서(Ⅱ의 ㄱ항) 약술한 이론들 외의 몇 가지 다른 이론들에 대해서도 서술할 것이다. 위에서 언급한 귀절들에 의해 제기되는 문제들은 대부분 주석에서 보다 상세하게 밝혀질 것이다.

1장 8절 : 아시아에서 바울로에게 어떠한 어려움이 있었는지를 묻는 것은 흥미있는 일이다. 그러나 엄격히 말하자면 이 문제는 바울로와

---

14) J. Gnilka, "2 Cor. vi, 14—vii, 1 in the light of the Qumran texts and the Testaments of the Twelve Patriarchs", in *P. and Q.*, 48—68 ; J.A. Fitzmyer, "Qumran and the interpolated paragraph in 2 Cor. vi, 14—vii, 1" in *Essays on the Semitic Background of the New Testament*(1971), 205—17.

고린토교회와의 관계에 대한 문제를 해명하는 것과 관련성이 없다.

1장 15—16절 : 바울로는 마케도니아로 가는 길에, 그리고 또 거기서 다시 돌아오는 길에 고린토에 들러서 고린토를 두 번 방문하려고 했었다.

1장 23절 : 사실상 그는 고린토 사람들을 용서하기 위해서 두번째 방문을 그만두었다.

2장 1—4절 : 그는 고린토 사람들의 마음을 상하게 하고 싶지 않았기 때문에 고린토를 방문하지 않았다. 그러나 대신 그는 많은 눈물을 흘리며 편지를 썼다.

2장 5—11절 : 바울로뿐만이 아니라 어느 정도로는 전체 교회까지도 고통을 겪게 한 사람이 있었다. 고린토 사람들의 대다수가 이 사람을 견책하기로 결정했다. 그러나 이제 그는 용서받을 것이다. 고린토 사람들이 그를 용서하면 바울로도 그를 용서할 것이다.

2장 12—13절 : 바울로는 복음을 설교하기 위해서 트로아스에 왔다. 그러나 그는 거기서 디도를 발견하지 못했기 때문에 걱정스러웠고 그를 만나기 위해서 마케도니아로 떠났다.

2장 17절 : 하느님의 말씀에 잡것을 섞어 품위를 떨어뜨리는 사람들이 많이 있었다.

3장 1절 : 다른 사람들과는 달리 바울로는 추천서를 필요로 하지 않았다.

7장 5절 이하 : 결국 마케도니아에서 바울로는 디도를 만났고 그를 만났다는 사실로 인해서 뿐만 아니라 사도들에 대한 고린토인들의 태도에 관해서 그로부터 좋은 소식을 들었으므로 위안을 받았다.

7장 8—12절 : 이것이 바울로가 쓴 편지의 결과였다. 그것은 고린토 사람들의 마음을 상하게 하기는 했지만 좋은 결과를 가져왔다. 그들은 이제 자신을 변호하면서 자신들이 결백하다는 것을 보여주었다. 바울로가 편지를 쓴 목적은 그가 설명하는 바와 같이, 남에게 불의를 행한 사람 때문이거나 불의를 당한 사람 때문이 아니라 고린토 사람들로 하여금 이러한 자기변호의 태도를 명백히 보여 줄 기회를 갖게 하기 위해서 그랬던 것이다.

7장 13—16절 : 바울로는 디도에게 고린토인들을 자랑했다. 그리고 그들의 반응은 그의 자랑을 정당화해주었다.

8장 1—24절 : 바울로는 헌금하는 일을 끝마치기 위해서 디도와 두 형제들을 보냈다. 디도는 이미 그 일을 시작했었고, 고린토 사람들은

'지난 해'에 기꺼이 그렇게 할 용의를 보여주었었다.

9장 1—15절 : 헌금을 위한 보다 간절한 호소.

10장 1—11절 : 바울로는 편지에서는 그렇지 않지만 겁장이이고 영적 능력이 없으며 약한 사람이라고 심한 공격을 받았다. 그는 직접 자신이 방문하면 사실은 전혀 그렇지 않음이 입증될 것이라고 위협한다.

10장 12절 : 거기에는 자신을 자랑하는 또 다른 사람들이 있다.

11장 1—4절 : 고린토 사람들은 다른 곳으로부터 고린토로 들어온 어떤 사람들이 설교한 거짓복음에 의해 나쁜 길로 인도될 위험에 처해 있었다.

11장 5절 : 바울로는 '위대하다는 사도들'에 대해서 언급하며, 그들에 비해 자신이 결코 뒤떨어지지 않는다고 주장한다.

11장 7—11절 : 바울로는 고린토사람들에게 복음을 전할 때 아무런 보수를 받지 않았고 다른 교회로부터 도움을 받아서 일을 하였다고 말하면서 그들을 공격했다.

11장 12—15절 : 고린토교회에 거짓 사도들이 침입했는데 그들은 비록 가장을 하기는 했지만 사실은 사탄의 부하들이었다.

11장 20절 : 고린토교인들은 '사도들'이 그들을 못살게 굴어도 참아내었다.

11장 23—33절 : 다마스커스에서의 탈출까지도 포함하여 바울로가 겪었던 초기의 모험들은 고린토에서 일어났던, 그리고 고린토와 관련된 사건들을 재구성하는 것과 아무런 관련이 없다.

12장 2—10절 : 그가 세째 하늘에 올라갔던 일을 말하는 것도 아니며, 자기 몸에 있는 가시를 없애달라고 기도한 것을 말하는 것도 아니다.

12장 13절 : 11장 7—11절과 비교하라.

12장 14절 : 바울로는 이제 고린토를 세번째 방문하려고 한다.

12장 16절 이하 : 바울로는 고린토 사람들로부터 그의 헌금을 몰래 훔쳤다고 비난받았다.

12장 20—21절 : 바울로는 다음에 방문했을 때 고린토인들이 자신이 기대했던 대로가 아니거나 마찬가지로 바울로 자신도 고린토인들이 기대했던 바와 달라서 그들에게 놀라움이나 안겨주지 않을까 근심하고 있다.

13장 1절 : 바울로는 고린토를 세번째 방문하려 하고 있다.

아마도 이러한 단락들에서 언급한 사건들을 가장 일반적으로 재구성한 것은 다음과 같은 것이리라. 이것은 봐이스의 견해[15]인데 고린토전서의 재구성에 관한 (가)에서 (바)항까지는 『고린토전서』, 31—32면에 실려 있다.

(사) 디모테오는 고린토로부터 나쁜 소식을 가지고 왔다.

(아) 바울로는 고린토로 '중재 여행'을 떠났으나 좋지 못한 결과만을 얻었다.

(자) 돌아오겠다고 약속하며 아마도 마케도니아를 거쳐서 트로아스를 향하여 서둘러 떠난다.

(차) 그 대신에 격렬한 '중재편지'(C)를 쓴다 : 고린토후서 2장 14절—16장 13절 ; 8장 2절 이하 ; 10—13장.

(카) '중재편지'가 도착한 후에 그 사이 마케도니아에 있었던 디도가 직접 온다. 그는 고린토에서 편지가 목적했던 바를 달성했음을 입증하고 이것을 트로아스에 있는 바울로에게 알리라는 책임을 맡는다.

(타) 바울로는 마케도니아에서 그와 합세하기 위해 서두르며, 거기서 그를 만나고 마지막 편지를 쓴다(D) : 고린토후서 1장 1절—2장 13절 ; 7장 5—16절 ; 9장.

(파) 바울로는 마케도니아 사람들과 고린토로 여행한다(사도 20, 2).

이러한 사건들의 재구성은 위에서 서술한(이 책 33—35면) 서신분석과 밀접히 관련되어 있으며, 그에 따라서 문학적 가설들과 역사적 가설들이 성립되거나 성립되지 않거나 한다. 역사적 재구성의 몇 가지 특징들은 명백히 서신의 본문들에 기초하고 있으므로 거의 의심의 여지가 없다. 바울로는 틀림없이 (중재하기 위해) 두번째로 고린토를 방문했을 것이다. 그는 디도를 보냈다. 고린토에서는 불행한 사건들이 일어났는데 아마도 그것은 결국 바울로 자신에게 상처를 입혔을 것이다. 그러나 아직도 많은 것에 대해 더 고려해 보아야 한다.

고린토후서가 단일한 서신이라는 믿음에 기초한 약간 다른 견해가 큄멜(W.G. Kümmel)에 의해 제시되었다. 여기서 그것을 인용하는 것이 가장 좋을 것이다.[16]

15) *History*, i. 357.
16) *Introduction*, 210.

디모테오를 고린토에 보낸 것은 완벽하게 성공을 거두지는 못했던 것으로 보인다(고전 4, 17 ; 16, 10). 오히려 디모테오는 고린토로부터 나쁜 소식을 그에게 전해주었을 것이다. 고린토전서조차도 영속적으로 바울로의 권위를 세워주지는 못했다. 그래서 바울로는 고린토전서를 쓴 직후에 질서를 세우기 위해 에페소를 거쳐 고린토로 갔다. 그러나 그는 크게 실망했다. 거의 그에 대해 반기를 들 태세에 있었던 교회를 방문함으로써 그는 깊은 슬픔에 잠기게 되었고, 특히 한 고린토 사람이 그에게 불의를 행하고, 교회는 그러한 일이 일어나도록 수수방관하는 것을 보며 더더욱 고통스러웠다. 그는 결코 그 상황을 좌우할 수 없었다. 불만과 슬픔에 싸여서 그는 방문을 취소하고 에페소로 돌아왔다. 그러나 곧 고린토에 다시 돌아오겠다고 약속했다. 그는 고린토 사람들을 생각해서 새로 방문하는 것을 그만두기는 했지만 디도를 설득하여 교회의 질서를 회복하라는 책임을 맡게 했고 그에게 준엄한 편지, 즉 '눈물의 편지'를 주었다. 디도가 보는 앞에서 고린토에서는 갑작스러운 변화가 일어났다. 회중들의 다수가 자신들의 완악한 행동에 대해서 자복하고 회개했다. 바울로는 불안감에 가득 차서 디도를 만나기 위해 길을 떠났고 마케도니아에서 그와 합세했다. 선교활동이 훌륭하게 성공을 거두었다는 사실은 그를 기쁨과 만족감으로 충만케 했다. 그리고 그는 자신이 고린토에 도착하기 전에 헌금사업을 열성적으로 완수하도록 하기 위해서 디도를 다시 고린토로 보냈다. …바울로는 자신이 가기 전에 먼저 고린토후서를 디도에게 주었다(고후 12, 20 ; 13, 2).

이러한 재구성과 뷔이스의 재구성, 그리고 Ⅱ의 (ㄱ)항에서 약술한 재구성에는 당연히 공통적인 것이 많이 있다. 가장 중요한 몇 가지 차이점들에 대해서는 이제 Ⅱ의 (ㄹ)항에서 논의할 것이다.

(ㄹ) 고린토후서를 분석해서 바울로가 교회 문제를 다룬 데 대한 기록들을 찾아내려는 모든 시도들은 서신 속의 상호관련 부분들을 어떻게 주석하느냐에 달려 있다. 지면이 허락하는 한, 이러한 문제들은 주석의 본론 부분에서 충분히 다룰 것이다. 그러나 이러한 주석들을 서론에서 모두 재차 언급할 필요는 없다고 생각한다. 다음의 논의에서는 몇 가지 중요한 점들을 짚고 넘어갈 것이다. 본문 주석과 서론에 나오는 몇가지 특수한 해설들에 대해서 상세한 언급이 있어야 하

겠기 때문이다(Ⅲ의 ㄴ. ㄷ. ㄹ항).

고린토후서의 배후에 있는 사건들을 재구성하려고 하는 사람들이 마주치게 되는 최초의 문제는 문학적인 문제들과 역사적인 문제들을 서로 분리할 수 없다는 점이다. 우선 한 가지 문제를 해결하고나면 다른 문제의 해결은 훨씬 쉬워질지도 모른다. 그러나 그렇게 할 수는 없다. 어떠한 문학적인 가설을 받아들일 경우 반드시 그렇지는 않더라도 거의 대부분의 경우 역사적 결론들이 뒤따라나온다. 그리고 사건들의 일정한 순서를 가정할 경우에는 그에 상응하는 문학적인 현상에 대한 견해를 다소간 받아들이게 된다. 이러한 이유에서 고린토후서의 문제들에 접근하는 가장 좋은 방법은 특정한 문제들을 확고히 붙잡고 역사적이고 문학적인 두 측면에서 가능한 한 세부적으로 천착해들어가는 것이다. 서론에서는 이러한 시도를 한 소수의 논문들을 언급하는 정도에 그치게 될 것이다.[17] 여기서 그 논문들에서와 같이 세부적으로 다루게 되면 서론부분이 지나치게 길어지고 그 논문들을 되풀이하는 셈이 되며, 본문 주석에서 다루어야 할 많은 내용들을 중복하는 셈이 될 것이다. 여기서는 고린토의 역사를 재구성하려는 모든 시도들에 있어서 결정적으로 중요한 논쟁점인 디도의 역할에 집중하는 것이 좋을 것이다.

고린토전서를 쓴 후에 바울로가 비탄에 잠겨 고린토를 방문했고, 비통한 편지를 썼다는 것은 확실하게 가정할 수 있으며 거의 이론의 여지가 없다. 마찬가지로 고린토전서에서는 언급되지 않았던 디도가 조정작업을 하고 헌금을 모금하고 전달하기 위해서 후에 보내졌다는 사실도 분명하다(Ⅲ의 ㄴ항). 그러나 정확하게 디도가 한 일은 무엇이었는가?

바이스의 견해에 따르면 디도는 무엇보다도 그 준엄하고 비통에 찬 편지의 결과를 관찰하고 보고하기 위하여 고린토에 파견되었다. 이 견해를 변형시켜서 디도 자신이 편지를 전했다고 주장하는 경우도 있다. 그러나 바이스에 의하면 그러한 주장은 고린토후서 7장 15절에 의해 배제되는 것으로 보인다. 왜냐하면 말을 잘 듣지 않았던 그 교회가 편지를 읽기도 전에 편지를 가져온 사람 앞에서 '두려워하고 떨었을' 리는 없기 때문이다(앞 책 345). 디도가 바울로를 만나러 간 것은 그가 전해야 할 소식이 있었기 때문이고, 또한 바울로가 그의 적

17) "Christianity at Corinth"; "Cephas and Corinth"; "Titus"; "False Apostles"; "The Injury"를 참조하라.

때자들에게 이미 가해진 처벌에 대해서 만족하는지를 묻기 위해서였다. '바울로는 몹시 긴장한 채로 아시아에서 그를 기다렸고, 그를 만나기 위해 트로아스까지 마중을 나갔다(고후 2,12—13). 그리고 디도가 아직 거기에 도착하지 않았다는 것을 알자 바울로는 계속해서 마케도니아까지 갔고(7,5), 마침내 거기서 좋은 소식을 가지고 나온 디도를 만났다'(앞 책). 바울로가 마지막으로 그 온화한 편지를 쓴 것은 이러한 일이 있은 이후의 일이었다(봐이스에 따르면 그 온화한 편지는 1,1—2,13 ; 7,5—16 ; 9장에 있다). 고린토후서 8장은 보다 초기의 사건에 속하는 것이며, 바울로와 교회 사이에 논쟁이 있기 전에 디도와 익명의 두 형제들을 고린토에 소개하고 있다. 봐이스는 이 일이 무척 초기에 일어난 것으로 본다. '디도를 보낸 것은 디모테오가 나쁜 소식을 가지고 돌아오기 전의 일이었을 것이다. 그리고 추측컨대 글로에의 집 사람들(고전 1,11)이 파당 논쟁에 관한 소식을 가지고 도착하기 전이었을 것이다'(앞 책 353). '〔바울로로 하여금〕 새로운 정력을 가지고 고린토에서 그 문제를 추진해나가도록 촉구한 것은 마케도니아 사람들의 자발적인 열성이었다. …〔고린토 사람들은〕 이미 일 년 전부터 마케도니아 사람들보다 먼저 이 일을 시작했고, 단지 "원했을" 뿐만 아니라 실제로 그 일을 했다(8,10). 그들은 이제 그들의 계획을 완성해야 했다'(8,11 : 앞 책 355). 봐이스는 10—13장이 준엄한 편지의 일부라는 견해 위에서 12장 17—18절에 의해 생긴 난점을 이러한 방식으로 해결하려고 한다. 여기서 '바울로는 성도들을 위한 헌금 사업을 위해 당시에 그리고 그 이전에 디도와 그 형제를 보냈던 사실, 즉 이 파견이 이루어졌던 때의 일을 기록하고 있는 8장의 사건을 언급한다'(앞 책 353).

이것은 문학적 가설들과 역사적 가설들을 매우 교묘하게 결합시킨 것이지만 충분한 설득력을 가지고 있지는 못하다. 디도가 첫번째 모금을 위하여 고린토를 방문한 것이 고린토전서 16장 1—4절 이전이었을 가능성은 희박하다. 왜냐하면 거기서는 그가 언급되지 않았을 뿐만 아니라 바울로는 고린토인들의 질문에 응하여 처음으로 그들에게 권면하고 있기 때문이다(참조. 『고린토전서』, 438면). 이러한 관찰은 봐이스가 슬쩍 얼버무리고 넘어가고 있는 또 다른 문제를 설명해 준다. 고린토후서 8장 10절에서 바울로는 고린토인들이 (헌금을) '원하기' 시작했을 뿐 아니라 '하기' 시작했다고 말하지 않는다. 그는 놀랍게도 고린토인들이 '하기' 시작했을 뿐만 아니라 '원하기' 시작했다고 말한다. 이에 대한 설명은 주석을 참조하라. 이것은 본래는 고린토 사람들이 자발적으로 참여했다는 사실을 강조한다. 헌금사업을 위해서 맨처음 디도를 보낸 것은 바울로가 비통한 마음으로 고린토를 방문한 뒤였고, 아마도 그는 슬픈 내용의 편지를 전해주는 사람으로서 파견되었을 것이다(참조. 이어지는 내용과 이 책 32—36면에서의 '디도'). 이러한 관점에서 볼 때에만 디도의 활동에 관한 많은 점들이 잘 맞아 들어간다. 그리고 그것은 중요한 결과를 가져온다. 즉 그것은 그 슬픔에 찬 방문이 때때로 사람들이 생각하는 것만큼 그렇게 슬프지는 않았음을 의미한다. 고린토 사람들은 그들이 마땅히 했어야 할 만큼 바울로를 지지하지 못했으나, 그들이 거짓 사도들의 편에 서서 아주 그를 저버린 것은 아니었다. 바울로는 그들에 대한 확신을 잃지 않았다. 만일 그렇지 않았다면 그는 모금을 위해서 디도를 보내지도 않았을 것이며, 분명히 그의 동료에게 그들에 대해서 자랑하지도 않았을 것이다(7, 14). 이것은 트로아스로의 자신의 여행과 마케도니아에서 디도와 만난 데 대한 바울로의 설명을 의미 있게 해준다. 바울로에 대해서 그가 자신과 고린토교회와의 관계에 대해서 불안에 차 있었고, 에페소에서 소식을 기다리고만 있을 수 없어서 고린토인들의 반응에 대한 소식을 좀 더 빨리 듣기 위해서 트로아스로 갔으며 결국에는 똑같은 이유에서 마케도니아로 서둘러 달려갔다고 말하는 것은 옳지 않다. 바울로는 그리스도의 복음을 선포하기 위해서 즉 복음 전도 사업을 수행하기 위해서 트로아스로 갔다(2, 12). 단지 그는 트로아스에서 디도를 만나기를 바랐을 뿐이고, 거기서 그를 보지 못했기 때문에 걱정했을 뿐이다. 그러나 그가 걱정했던 것은 주로 디도에 대해서였다. 그것은 부분적으로는 디도가 상당한 양의 돈을 지니고 있을 것이므로 그가 강도들의 희생물이 될지도 모른다고 바울로가 생각했기 때문이다. 따라서 디도가 도착하자 바울로는 안심하였다(7, 6). 또한 이에 덧붙여서 "여러분에게서" 디도가 위로를 받았다는 말을 듣고 그는 위로를 받았다(7, 7). 비록 바울로가 자신이 고린토인들의 선함에 대해 자랑했던 것이 사실로 입증된 것을 알고 기뻐하기는 했지만 이것은 특별한 일이었다(7, 14). 바울로는 디도에게도 다음과 같은 말을 했었음에 틀림없다 : '고린토 사람 은 근본적으로 좋은 사람들이며, 정말로 나를 지지하고 있다. 그들은 나를 공격했던 사람(그는 고린토인이 아니었다)에게 일시적으로 속기는 하였지만(내가 그들에게 전해달라고 당신에게 부탁하는) 이 편지는 그들에게 자신들이 얼마나 나를 열심히 지지하고 있는지를 보여줄 수 있는 기회를 제공해줄 것이다.' 그리고 결국 디도가 전해준 소식은 이런 것이었다: '당신이 옳았다. 그들은 열광적으로 당신을 지지하고 있으며, 당신이 공격받을 때 공개적으로 지지하지 못한 데 대해서 후회하고 있다. 이제 그들의 대부분이 공격자들을 엄하게 벌하고 싶어 한다.'

이때는 디도가 헌금운동을 시작했을 무렵이었다(8, 6). 그는 서둘러서 바울로에게 고린토인들의 열광적인 지지에 대해 보고하려 했으므로 모금운동을 마무리짓지 못했다(그리고 어쩌면 고린토인들은 행동보다는 말에 열심이었으므로). 바울로는 보고를 받고나서 그가 시작했던 일을 마무리짓도록 하기 위해 디도를 다시 보냈다. 어려운 문제가 발생하고 또 더욱 심해졌던 것은 바로 이때였다(참조. 이 책 32면). 그 이야기를 듣고 나서 바울로는 10—13장을 썼다. 그리고 세번째 방문을 했다. 이 주석에서 설명한 견해가 지니는 최소한의 이점은 바울로가 다스릴 수 없었던 상황을 결국은 디도가 바로 잡게 되었다고 가정할 필요가 없다는 점이다. 디도는 의심의 여지없이 좋은 사람이었다. 그러나 그는 고린토 사람들의 태도를 충분히 이해하지 못했다. 결국 질서와 규율을 세우고, 예루살렘을 위한 기부금을 얻은 사람은 바울로였다(로마 15, 26).

1—9장과 10—13장을 간단히 구분하여 사건의 순서를 이해하는 이와같은 견해는 12장 17—18절의 문제를 없애준다. 이것은 불필요한 가설들(가령 디도가 방문하여 좋지 않은 소식을 보고했다는 가설—우리는 이에 대한 아무런 증거자료도 가지고 있지 않다)을 필요로 하지 않는다. 그리고 여러 가지 증거들을 상당히 자유롭게 다룬다. 이 견해는 서론의 다음 장에서 논의할 몇 가지 특수한 문제들을 상세하게 다룬다는 점에서, 그리고 또 그렇게 할 수 있다는 점에서 널리 지지를 받고 있다. 보다 상세하게 나누는 이론들에 대해서는 아래 Ⅲ의 ㄱ항을 참조하라.

Ⅲ. 특수한 문제들

(ㄱ) 서신의 역사. 2세기 말 경 로마에서 작성된 무라토리 정경에서

도 고린토인들에게 보낸 두 통의 편지가 있다는 사실이 인정되고 있다:

> 고린토인들과 데살로니카인들은 책망하는 진리(의 말씀을 담은 편지)를 두 차례 받았으며, 비록 온 세상에 흩어져 있지만 교회는 하나라는 사실을 알게 되었다(Verum Corinthiis et Thessalonicensibus licet pro correptione itretur, una tamen per omnem orbem terrae ecclesia diffusa esse dinoscitur).[18]

이때부터 고린토전후서 두 서신은 아무 의심 없이 받아들여졌다. 반 세기 전에 마르씨온은 고린토후서를 자신의 신약성서 정경에 포함시켰었다. 테툴리안은 이에 대해 다루면서(*Adversus Marcionem* V, 11, 12) 마르씨온 자신이 바울로로부터 유래한 것이라고 인정하는 재료들만을 사용하며, 아주 짧게 1·3·4·5·7·11·12·13장으로부터 인용하고 있다. 이레니우스는 고린토후서를 인용할 뿐만 아니라 그 명칭까지도 말하고 있다. 보다 더 일찌기 서신을 사용한 데 대해서는 입증할 수 없다. 때로는 폴리캅이 고린도후서를 알고 있는 것으로 보인다고 주장되기도 했다. 그러나 끌어대고 있는 귀절들(Polycarp, *ad Phil.* ii. 2; iii. 2; v, 1; vi. 2; xi, 3)은 설득력이 없다. 이것은 이 편지의 저자에 대해 어떤 의문스러운 점이 있다는 뜻은 아니다.[19] 외적 증거들은 비록 고린토전서만큼 초기의 것은 아니지만 훌륭하며, 내적 증거들도 결정적이다. 1세기 50년대의 상황은 어떠한 경건한 소설가도 결코 도달할 수 없는 그런 방식으로 기술되었으며, 보다 중요한 것은, 있는 그대로 솔직하게 —그 솔직함에 대해서는 오직 바울로만이 책임을 질 수 있다— 사도의 모습이 그려졌다는 점이다.

고린토후서가 (고린토전서와 비교하여) 일반적으로 비교적 늦게 사용되었다는 사실은 이것이 두 개나 혹은 그 이상의 특징적인 편지들의 일부를 편집하여 작성한 것이라는 생각을 확증해준다고 주장되었다. 보른캄(G. Bornkamm)[20]은 위와 같은 사실에 주목하며, 또 로마의 클레멘트가 아직도 불화를 일으키고 있는 고린토교회를 훈계하면서 교인들에게 축복받은 사도 바울로의 (단 하나의) 편지를 상기시키

18) B.F. Westcott, *The Canon of the New Testament*(1896), 546에서 재인용.
19) 6장 14절—7장 1절의 저자 문제에 대해서는 이 책 249—261면을 참조하라.
20) "Vorgeschichte", 33f.

고 있다는(*I Clement* 47, 1) 점에 주목한다. 아마도 고린토후서를 인용하는 것이 더 유리했을 터인데도 클레멘트가 그렇게 하지 않은 것은, 고린토후서가 아직 잘 알려지지 않았기 때문이거나, 어쩌면 아직 함께 편집되지 않았기 때문일 것이다. 보른캄은 다음과 같이 결론짓는다: '그러므로 나는 고린토후서는 고린토전서가 널리 유포되기 전까지는 함께 모아져서 편집되지 않았으며, 또 단지 제한된 집단을 제외하고는 일반사람들에게는 알려지지도 않았다고 생각한다. 그러나 편집상의 특징들은 확실히 사도 시대 이후, 즉 사도행전과 목회서신들이 작성되던 시대(1세기 말이나 아니면 2세기 초)를 가리킨다' (앞 책 34).

고린토후서가 고린토전서보다 후기에 일반적으로 사용되었다는 것은 아마도 사실이리라. 그러나 이것은 고린토후서가 편집된 작품이라는 확신과 상호일치성을 갖기는 하지마는 그 사실을 입증해주지는 못한다. 이 문제는 다른 논증들에 의해 입증해야 한다. 고린토후서의 편집과정이 어떠했건간에 고린토후서의 출판을 보류한 데에는 그럴 만한 이유가 있었다.

고린토후서의 작문에 관한 일반적인 이론들과 그러한 이론들이 기초하고 있는 관찰들에 대해서는 이미 설명했다. 그러한 이론들에 대해서 결코 반증할 수는 없을 것이다(그러나 만일 보다 최근의 여러 저자들과 같이 우리가 2장 14절—7장 4절을 10—13장에 덧붙여서 '준엄한 편지'로 재구성한다면, 두 부분들에는 서로 상응하는 단락들이 있기 때문에 10—13장이 1—9장보다 앞에 나와야 한다는 논증이 심각한 타격을 받는다는 사실에 주목해야 할 것이다). 그러나 이러한 이론들에 반해서 세 가지 점을 더 지적할 수 있다.

(a) 단락이 바뀌는 귀절들(2, 13/14 ; 6, 13/14 ; 7, 1/2 ; 7, 4/5 ; 9, 15/10, 1)이 지니게 마련인 주석학적 난점들을 지나치게 강조했다. 그리고 갑작스럽게 단락이 바뀌는 귀절들 자체도 (위의 마지막 것을 제외하고는) 충분히 잘 설명될 수 있다. 이에 대해서는 주석서의 해당부분을 참조하라.

(b) 2장 14절—7장 4절 ; 10장 1절—13장 13절. 이 귀절들은 준엄한 편지의 내용들로 예상되는 것과 일치하지 않는다. '고린토후서 2장 3—5·9절에 의하면 중재하는 편지에서 다루었던 사건이 10—13장에서는 다루어지지 않고 있다. 반대로 고린토후서 2장 3절 이하와 7장 8절 이하에서는 10—13장에 나오는 "위대하다는 사도들"에게 반기를 든 논쟁에 대해 회중이 어떤 반응을 나타냈는지 전혀 말하지 않고

있는데, 이것은 만일 10—13장이 중재 편지에 속하는 것이었다면 결코 생략되지 않았을 것이다.'[21]

(c) 마지막으로 이 서신이 왜, 혹은 어떻게 보다 정교한 문학적 가설들이 전제로 하는 복잡한 방식으로 한데 모아졌는지가 분명하지 않다. 이 반론은 1—9장과 10—13장이 본래 분리된 서신들이라는 견해에 대해서는, 특히 (이 책에서와 같이) 1—9장이 10—13장보다 초기의 것(단지 약간 이른 것)이라고 주장할 경우, 강력하게 적용시킬 수 없다. 그 편지들은 아마도 편의상 한데 합쳐졌을 것이다. 아니면 그 편지들 중의 하나에서 편지 서두와 결미가 분실되었기 때문에 합쳐졌을 것이다. 그러나 왜 편집자가 1—9장의 틀 속에 먼저 2장 14절—6장 13절, 7장 2—4절, 8장을 삽입시키고 다음에 그가 삽입시킨 것 속에다 6장 14절—7장 1절을 삽입시켰는지, 그리고 왜 매 귀절을 삽입할 때마다 주의를 기울였는데도 불구하고 논리를 깨뜨렸으며, 전혀 불가능하다고 생각되는 연결을 남겨놓았는지에 대한 이유가 제시되지 않았다. 책임있는 편집자가 그런 어리석은 일을 범했다고 보기는 어렵다. 보른캄은 편집자의 동기와 방법을 설명하려고 한다. 그는 먼저 거짓 예언과 가르침은 종말의 표징이라는 초기 그리스도교인들의 잘 알려진 믿음에 주목하고, 또 거짓 예언자들과 이단 교사들의 말, 그리고 그들에 대한 경고가 특별한 저작들과 장들의 마지막 부분에 자주 나온다는 사실에 주목하면서 서신의 끝부분에 예리하고, 논쟁적인 10—13장을 배열한 데 대해서 설명한다(앞 책 25). 위의 사실들이 편집자가 10—13장을 배열할 때 영향을 끼쳤다는 것이다. 우리는 바울로 자신이 이 장들을 그와 같은 이유에서 이 위치에 배열했다고 볼 수 없는데, 그 이유는 이 장들에서는 유별나게 묵시문학적인 언어들을 사용하지 않으며, 또 거짓 사도들을 마지막 때의 무시무시한 인물들(Schreckgestalten)로 말하고 있지 않기 때문이다.

2장에서 갑작스럽게 전환되는 데 대한 보른캄의 설명은 다음과 같다. '이 예기치 못한 전환은 후대의 편찬자와 편집자의 개념에는 잘 맞는다(내게는 그렇게 보인다). 편집자는 에페소에서 트로아스를 거쳐 마케도니아로 간 바울로의 여행조차도 이방인들의 사도가 이룬 승리의 행진이라는(2, 15) 빛에서 회고하면서 보는데, 이것은 결코 바울로 자신의 입장에서는 생각할 수 없는 것이다. 이 점은 편찬자에게는 최초의 변론을 위한 직접적인 서론에 적절한 것으로 보였고, 위에서

21) Kümmel, *Introduction*, 213.

인용한 바울로의 마지막 담대한 말이(7,4) 그로 하여금 7장 4절에서 5절로의 이행에서 중단된 이야기를 쉽게 계속할 수 있도록 해주었다' (앞 책 30—31).[22]

이러한 설명들이 설득력이 있다고 말할 수는 없다. 결과적으로 보른캄은 10—13장에 관한 자신의 논증을 스스로 무너뜨리고 있다. "이 장들은 마지막 날에 일어나리라고 예상되는 일들에 대한 묵시문학적인 경고가 아니라 동시대인들에 대한 직접적인 공격이다.' 그것은 (사도행전 20장 29—30절과 비교하여) 교훈적인 경고가 아니라 논쟁들이다. 그리고 사실 2장 12—13절을 어떻게 승리의 행진에 대한 서술로 볼 수 있었는지도 이해하기 힘들다. 만일 편집자가 여기에다(2,12—13) 7장 6절을 부가했다면 논증은 보다 설득력 있게 되었을 것이다. 그러나 이 귀절은 그 '삽입문' 다음에 위치해 있고 그 바로 앞에는 바울로가 몹시 초조해서 그가 계획했던 복음전도를 위한 좋은 기회가 있었는데도 불구하고 그 계획을 실천할 수 없었다는 말이 나온다.

편집자가 잘못했을 가능성은 얼마든지 있으며 항상 편집자의 동기를 이해할 수 있다고 기대할 수도 없다. 그러나 무질서한 단편들로부터 고린토후서를 작성하게 된 과정에 대해서는 아직 좋은 설명이 제시되었다고 할 수 없다. 이 사실은 분리 이론들에 대한 결정적인 반증은 아니지만 의미있는 반증임에는 틀림없다.

(ㄴ) 헌금. 바울로가 예루살렘의 가난한 성도들을 위해 헌금을 모은 연대에 대해서는 8장과 9장에 대한 주석에서 논의할 것이다. 이 주석서에서 채택한 견해는 다음과 같은 것이다.

(a) 고린토 사람들은 그 계획에 대해서 들었고 그에 관해서 물었다.

(b) 바울로는 고린토전서 16장 1—4절에서 미리 이 문제에 대하여 지시한 바 있다.

(c) 바울로는 (고린토전서 16장 5—9절에 제시된 바와 같이) 그가 고린토를 방문했을 때 그 문제를 스스로 완수하는 대신, 디도에게 준엄한 편지를 전달할 때 헌금 문제도 역시 다루어달라고 부탁하였다.

---

22) 6장 14절—7장 1절의 삽입에 대해서 보른캄은 아무런 설명도 하지 않으며, 단지 이렇게 말할 뿐이다 : '갑작스럽게 도입되어서 연결을 깨뜨리는 짤막한 묵시묵학적 권면인 6장 14절—7장 1절은 바울로가 쓴 것이 아닌 단일한 단편으로 이해되어야 한다. 쿰란 본문들에는 바울로적이지 않은 이 언어와 사상에 대한 놀랄 만한 병행구들이 들어 있다'(앞책, 32).

(d) 디도는 일을 끝마치지 않은 채로 고린토를 떠났다. 그래서 바울로는 그 일을 결말짓도록 그에게 두 형제들과 함께 다시 돌아갈 것을 부탁하였다.

(e) 그 일은 고린토후서 10—13장에 반영되어 있는 문제들로 인해 방해를 받았다.

(f) 그러나 이 일은 사도행전 20장 3절에서 언급된 3개월 동안의 그리이스 방문 기간에 바울로 자신에 의해서 성공적인 결말을 맺게 되었다. 로마서 15장 26절은 고린토나 혹은 그 근처에서 씌어진 것으로서, 아카이아 사람들이 이 모금운동에 참여했다는 사실을 말해준다.

아직도 헌금의 목적과 의미에 대해서 더 연구해야 한다. 고린토 서신들 외에 고려해야 할 증거들은 다음과 같다.

사도행전 11장 27—30절 ; 12장 25절 : 안티오키아에서 예루살렘을 도와줌.

사도행전 24장 17절 : 바울로는 회심을 한 지 여러 해 뒤에 그의 민족을 위한 헌금을 전하기 위해 예루살렘으로 갔다고 말한다.

로마서 15(16)장 25—28·31절 : 로마에 편지를 쓴 뒤에, 그리고 로마와 스페인으로 여행하기 전에 바울로는 가난한 성도들을 위해 마케도니아와 아카이아 사람들이 기부한 기부금을 가지고 예루살렘으로 가려고 한다.

갈라디아 2장 10절 : "우리가 가난한 사람들을 기억해야 한다"는 데 대해서는 바울로와 예루살렘의 기둥이 되는 사도들이 일치했다. 그는 이 일을 하는 데 열심이었다.

헌금에 대해서는 최근에 죠지(D. Georgi)와 니클(K.F. Nickle)이 논의했는데 이들은 각기 독립적으로 연구했는데도 상당히 일치하는 결과를 얻었다.[23] 여기서 이 세부적인 연구들을 요약하는 것은 불가능하다. 두 사람의 연구 모두를 주의깊게 살펴야 한다. 다음의 해설은 두 연구들에 힘입은 것이다. 그러나 중요한 점들에서는 그것들과 다르다.

바울로의 모금이 유다교적 관행과 전혀 무관하게 진행된 것은 아니

23) Georgi, *Kollekte;* Nickle, *Collection;* K. Holl, "Der Kirchenbegriff des Paulus in seinem Verhältnis zu dem der Urgemeinde", *Gesammelte Aufsätze zur Kirchengeschichte* II(1928), 44—67. 특히 58—62 ; Munck, *Paulus,* 277—302(영어번역판, 282—308).

다. 니클은 이에 대한 증거로서(앞 책 74—99), 반 세겔의 성전세지역 공동체 내의 가난한 사람들을 위한 제반 자선금, 족장세(patriarchal tax: 사도들이 걷었으나 너무 후대의 일이라서 직접적인 관련성이 있다고 볼 수는 없다), 그리고 쿰란 종파의 공동생활의 여러 특징들에 대해서 말한다. 그는 바울로가 그의 헌금운동을 조직화하기 위해서 주로 유다교의 성전세로부터 많은 것을 모방했다고 결론짓는다(앞 책 99). "바울로의 예루살렘 헌금을 예루살렘 교회의 지도자들에 의해 바울로와 그의 이방인 공동체들에 부과된 세금으로 해석하려고 할 경우"(앞 책 90)—니클이 주의하는 바와 같이—중요한 차이점이 있다. 그는 분명하게 다음과 같은 점들을 지적한다. (a) 유다교의 세금은 주로 제의적인 목적에서 부과되었으나 바울로의 헌금은 가난한 사람들을 구제하기 위한 것이었다. (b) 유다교의 세금은 모세에게까지 소급된다고 주장되었고 바울로도 자신이 모금하는 헌금과 관련해서 구약성서를 인용할 수는 있었으나(고후 8,15·21 ; 9,7·9·10) 거기에 어떠한 법적 근거를 부여하려고 하지는 않았다. (c) 세금은 고도로 조직화되었으나 바울로는 임기응변식으로 각 지방에서 헌금을 모아들였다. (d) 세금은 해마다 유다교의 종교적 역법에 따라 지정된 때에 거두어졌으나, 바울로의 계획은 효력을 발휘하기에는 몇 년이 걸리는 독립된 계획이었다. (e) 성전세는 지정된 만큼 지불할 것을 요구하고 있으나, 바울로는 각 기부자들이 자신이 낼 양을 자유롭게 결정하도록 내버려 두었다. (f) 유다인들 모두는 아니지만 그들 중 어떤 사람들은[24] 세금을 낼 의무가 있었고 만일 불이행했을 경우 취해질 조처도 있었으나, 바울로의 헌금에 기부해야 할 의무는 아무에게도 없었다.

이러한 차이점들은 중요하며, 갈라디아서 2장 10절을 새로운 그리스도교적 '성전세'의 부과로 볼 수 없게 한다. 비록 예루살렘에는 헌금을 그와 같은 시각에서 이해하려는 사람이 있었으리라는 것이 전혀 불가능하지는 않지만 적어도 바울로는 자신의 헌금을 이러한 시각에서 보지 않았다.

의심할 여지없이 바울로가 판단했을 때 헌금의 일차적 의미는, 부자는 아니었지만(고전 1,26 ; 고후 8,2) 비교적 좀 여유가 있었던 이방 그리스도교인들로부터 예루살렘의 가난한 유다인 그리스도교인들에게 재정적인 도움을 제공한다는 데 있었다. 이러한 설명은 이 주제에 기초해서 세워진 몇 가지 가설들에 비해서 그다지 두드러진 관찰

24) 여자들, 노예들, 미성년자들은 면제되었다.

은 아니지만, 바울로가 말하는 것과 일치하며 그의 그리스도교적 사유 전체와 잘 조화된다는 이점이 있다. 그는 그리스도교의 진리를 제의적으로 표현하는 데는 그다지 관심이 없었고, 궁핍한 사람들에게 봉사하는 데 큰 관심을 가졌다(로마 13, 8 이하 ; 고전 13장 등등). 다른 문제들에서와 마찬가지로 이 점에서도 그는 예수 자신을 가장 잘 이해했던 것으로 보인다. 헌금은 봉사의(διακονία ; 참조. 8, 4 ; 9, 1·12·13) 행위이며 보다 근본적으로는 은혜의 행위이며(χάρις ; 8, 1·6·7·19 ; [9, 14]) 따라서 그것은 예수 그리스도 자신의 은혜와 관련된 것이기도 했다(8, 9).

바울로와 예루살렘 교회, 그리고 그 대표자들 사이의 관계에 대해서는 아래(Ⅲ의 ㄹ항)에서 논의할 것이다. 그 관계는 결코 한결같이 좋지만은 않았다. 그리고 바울로가 예루살렘에 봉사한 것도 기본적인 그의 선의를 보여주기 위해서였고(로마 9, 1 이하 ; 10, 1) 그리하여 화평한 관계를 유지하기 위한 것이었다는 견해도 아마 맞을 것이다. 이방인 교회는 유다인들의 교회에 결코 갚을 수 없는 빚을 지고 있다. 최초의 그리스도교인들은 유다인들이었고, 복음을 이방인들에게 전해준 것도 그들(물론 두드러지게는 바울로 자신)이었다. 이러한 봉사에 대해서는 결코 적절하게 보상할 수 없었다. 그리고 확실히 이방인들에게 그들이 영적으로 빚진 자들에게 물질적인 선물을 하도록 요구하는 것이 지나친 것은 아니리라(로마 15, 27). 비록 은혜를 베푼 사람들 중 몇 사람은 그들의 수혜자들에게 결코 은혜를 베풀 생각이 없었더라도 말이다. 이것은 우애(κοινωνία ; 참조. 8, 4, ; 9, 13)와 평등(ἰσότης: 8, 13—14 ; 이 말에 대한 죠지의 견해에 대해서는 이 책 226—7면을 보라)의 문제였다. 갈라디아서 2장 9절부터 바울로는 교회의 두 진영 즉 유다인과 이방인의 두 진영을 각기 분리해서 발전시키는 방안에 대해 어느 정도 수긍하는 것으로 보인다. 비록 이 분리된 발전이 거의 불가피하게 어려움들을 초래했고(갈라 2, 11), 실제에 있어서 지속되지도 못했지만 말이다. 어쨌든 그것은 항상 실천적인 사랑으로 연결되어야 했는데 가령 그것은 헌금에서 표현되었다.

로마서의 내용들에서는 헌금은 마지막 날 일어날 사건들에서 중요한 역할을 하기 위한 것이라고 말한다(*Romans*, 278). 그리고 이 주제는 죠지와 니클 모두에 의해 보다 상세하게 다루어졌다. 로마서 11장 31절에서 바울로는 이방인들의 개종이 이스라엘의 개종을 위한 것이라고 본다. 예루살렘에 주는 그들의 기부금은 단순히 그들이 실제로 개종했다는 데 대한 구체적인 증거일 뿐만이 아니라 그것을 전해준 사람들은 '예루살렘을 향한 이방 그리스도교인의 종말론적 순례자로 생각될 수 있었을 것이다. 또한 이를 통해서 유다인들은 하느님의 구원의 은총의 선물이 이방인에게 주어졌다는, 부인할 수 없는 현실과 직면하게 될 것이며 따라서 그들 스스로가 질투심을 느끼게 되어 결국에는 복음을 받아들이게 될 것이다' (Nickle, *Collection*, 142). 죠지도 이와 같은 헌금의 자극적 성격에 대해서 비슷하게 말한다(*Kollekte*, 84 이하). 그리고 그것을 로마서 전체의 목적과 관련시킨다. 그것은 서쪽으로 더 나아가는 복음의 발전에 기여할 것이다. 이러한 주장들은 비록 좀 지나치게 강조하기는 했지만 올바른 입장에 서 있다. 바울로에게 있어서 이보다 훨씬 더 중요하고 그 자신이 분명하게 밝혔던 한 가지 사실은 헌금이 물질적인 궁핍에 처해 있던 사람들을 돕기 위한 사랑의 행위였다는 사실이다.

(ㄷ) **거짓 사도들.**[25] 고린토후서에서 바울로의 적대자들이 누구인지를 밝히려는 시도들에 대해 훌륭하게 요약해서 설명한 것으로는 프리드리히(G. Friedrich, 앞 책 192—6 ; George, *Gegner*, 7—16도 참조하라)에 의한 것이 있는데 그는 여러 해석들을 세 종류로 구별하고 있다.

(a) 어떤 학자들(주로 바우어, 빈디쉬, 케제만, 컴멜)은 바울로의 적대자들 가운데 팔레스틴의 유다교적 그리스도교인들의 집단이 있다고 본다. 거짓 사도들이 '최고의 사도들'(Baur)로부터 실제로 위임받지 않았더라도 그들은 적어도 최고의 사도들로부터 권위를 끌어내어 자신들을 내세웠으며(Käsemann), 사실 예루살렘교회는 이방 선교 교회를 자신의 이 권위 아래 있도록 하라는 책임을 그들에게 맡겼다. 그들도 역시 그들이 역사적 예수를 직접 안다는 이유로 그들에게 주어진 권위를 주장했다. 그리고 바울로가 이러한 지식을 소유하지 못했다는 이유로 그를 무시했다. 이 사람들의 근본주의적 유다주의는 스스로가 영감을 받았다고 자랑하는 영지주의 집단과 결속함으로써 아마도 수정되었을 것이다(Windisch).

프리드리히는 이러한 규명에 대해 비판한다. 고린토의 적대자들은 갈라디아의 적대자들과는 전혀 달랐다는 것이다. 전자는 할례와 안식일을 지키는 것, 그리고 제의적인 정결에 대해 별다른 관심을 보이지 않는다. '그들은 바울로의 반율법주의를 고발하지 않으며, 바울로

25) "Christianity at Corinth", "False Apostles", "Paul's Opponents"; Käsemann, "Legitimität" ; Friedrich, "Gegner" ; Georgi, *Gegner*를 참조하라.

도 그들의 행위로 인한 의(work-righteousness) 사상을 그들의 잘못된 신학의 주된 징표라고 공격하지도 않는다. 방탕한 영지주의자들과 엄격한 율법주의자들이 결속했다고 생각하기는 어렵다. '그리스도의 종'이라는 명칭과 기적과 환상에 대한 선호경향은 그들이 팔레스틴 유다인들이 아님을 말해준다. 예루살렘에서 발생한 라삐적 유다주의 그리스도교는 환상에 관심이 있었던 것이 아니라 성문화된 율법을 지키는데 관심을 가졌다' (앞 책 192—3).

(b) 두번째 견해는 고린토의 적대자들이 동방에 기원을 둔 영지주의 운동의 대표자들이었다는 것이다. '…그들이 보여주는 자신감이나 성령을 소유하고 영감을 받아 말을 하는 것과 황홀경의 경험 등을 강조하는 것은 당연히 고린토전서에 나오는 바울로의 적대자들과 고린토후서에 나오는 바울로의 적대자들 사이에 연속성이 있다는 인상을 받게 할 것이다' (앞 책 193).

그러나 이 규명도 정당한 것으로 입증되지 못할 것이다. 고린토후서에서는 고린토전서의 '영적' 적대자들이 주장하는 바와 같은 다양한 은사(charismata)에 대해서 더 이상 언급하지 않는다. 그리고 바울로는 더 이상 고린토전서에 명백히 나타나는 방종주의와 싸울 필요가 없다. 영지주의적 부활 이해와 영지주의적 구원자 신화로 언급되지 않는데 고린토후서 12장에 나타나는 것도 여러 종교유형들과 공통적이며 특별히 영지주의적인 것은 아니다. '영지는 이제 고린토전서에서처럼 자랑과 교만의 원인이 되지 못한다. 그리고 바울로의 적대자들이 영지주의자들이었다는 가설에서는 어떻게 그들이 추천서를 가질 수 있었느냐는 문제가 여전히 불확실한 채로 남는다' (앞 책 193).[26]

(c) 이것은 세번째 가능성을 열어놓는데 프리드리히는 보른캄과 죠지를[27] 따라 이 가능성을 받아들인다. 즉 적대자들은 유다인들이기는 했지만 헬레니즘적 유다인들이었으며, 그들은 헬레니즘 세계의 영감을 받은 인물들이 사용했던 선전 양식을 모방했다는 것이다. '행동과 설교 양식에 있어서 그들은 순회하는 방랑 예언자들, 마술사들, 티아나의 아폴로니우스(Apollonius of Tyana), 아보뉴테코스의 알렉산더(Alexander of Abonuteichos), 그리고 페레그리누스 프로테우스(Peregrinus Proteus)에 의해 대표되는 구원자들의 유형에 속하는데 이 유형의 구원

26) 앞 책 194면 이하의 슈미탈스의 입장에 대한 공격을 주의깊게 보라.

27) M. Rissi, *Studien zum zweiten Korintherbrief* (1969)에서는 비슷한 견해를 채택하고 있는데 다른 주장을 덧붙이지 않았다.

자들은 스스로를 하느님의 사절로 자처하면서 계시와 기적들에 의해 스스로를 찬양하려고 했다(앞 책 196 ; 비교. Collange, 예를 들어 84). 프리드리히는 거짓 사도들과 헬레니즘적 그리스도교인인 스테파노에 의해 시작된 운동과의 관계를 밝힘으로써 이러한 규명을 더욱 발전시킨다(사도 6·7장).

앞의 주 25에서 언급한 논문들과, 관련된 단락들에 대한 이 주석서의 해설에서는 지금까지 약술한 여러 가능성들에 대해서 상당히 길게 다루고 있다. 필자는 이 책에서 프리드리히(다른 사람들은 말할 것도 없고)의 논증이 고린토전서에서는 물론이고 고린토후서에서도 바울로가 영지주의자들과 대면하게 되었다는 입장을 취할 수 없게 만들었다는 견해를 받아들였다(비록 우리가 고린토전서에서 전제하고 있는 상황이 완전히 종식되었을리는 없고, 새로운 적대자들이 형성되는 데에도 영지주의적 요소가 들어왔으리라고 보게 되더라도 말이다). 적대자들은 확실히 유다인들이었다. 더우기 그들은 유다화시키는 영향력을 발휘했던 팔레스틴 출신의 유다인들이었다. 이러한 견해는 바울로가 그들과의 논쟁에서 할례와 안식일에 대해 아무 말도 하지 않는다는 논증에 의해 반박될 수 없다. 유다주의자들이 있었고, 그들 중에서는 안티오키아의 베드로(갈라 2, 11)가 가장 두드러진 모범적 인물이었는데 그들은 율법주의적 입장을 견지했으면서도 이러한 것들을 드러내기를 고집하지는 않았다. 고린토후서 11장의 주제는 바울로가 자신의 적대자들 중 누구에도 뒤떨어지지 않는 훌륭한 유다인이라는 것이다. 그것은 유다인들이었음에 틀림없고 그것도 자신들이 유다인임을 고집하는 유다인들이었다. 그러나 그들은 고린토에서 이방인들이 사도들의 주장들에 대해 근본적으로 이방적인 판단을 하고, 누가 사도이며 누가 사도가 아닌지를 결정하는 데 헬레니즘적 표준들을 적용시키는 상황에 자신들이 처해 있음을 알았다. 이러한 상황에서 그들은 헬레니즘적 특징들을 받아들였으며 그것들 중 몇 가지를 프리드리히는 정확하게 지적했다.

동일한 논쟁적 상황이 바울로로 하여금, 케제만이 고린토후서에 관한 논문 제목("Die Legitimität des Apostels")으로 삼았던 문제, 곧 "사도적 정당성"에 관한 문제를 다루도록 하였다.[28] 이 문제를 다루는 것이 고린토후서의 일차적인 동기이자 그것의 대부분의 내용을 형성하고 있으며 이 서신에 매우 중요한 가치를 부여해준다. 사도의 정당성

28) 주 25를 참조하라. 나는 *Signs*에서 비슷한 문제를 다루었다.

은 그 사람의 인격의 능력에서 나타나는 것도 아니며, 그의 영적 경험이나 그가 교회의 올바른 권위자들에 의해 위임받았다는 사실에서 나타나지도 않는다. 그것은 오직 그의 삶과 설교가 십자가에 못박힌 예수를 어느 정도 드러내느냐에 따라 나타난다.

(ㄹ) **바울로와 예루살렘**. 여기서 매우 중요한 문제는 바울로가 "거짓 사도들"(*ψευδαπόστολσι*: 11, 13)과 "위대하다는 사도들"(*ὑπερλίαν ἀπόστολοι* 11, 5 ; 12, 11)이라는 말을 동일 집단을 언급하는 말로 사용했는지 아니면 서로 다른 두 집단을 지칭하는 말로 사용했는지에 관한 것이다. 만일 그것들이 동일집단을 지칭한다면 바울로가 "사탄의 부하들"(11, 15)이라고 묘사한 사람들은 단지 고린토의 그의 선교 영역으로 침입한 사람들일 뿐이다. 그들은 예루살렘의 사도들일 리가 없다. 이 견해에 따르면, 바울로는 고린토후서에서 예루살렘 사도들에 대해 결코 직접적으로 말하지 않았다. 그리고 만일 그 말들이 서로 다른 두 집단을 지칭한다면 "거짓 사도들"은 침입한 자들일 것이고, "위대하다는 사도들"은 아마도 예루살렘의 집단일 것이다.

학자들의 대다수가 "거짓 사도들"과 "위대하다는 사도들"을 동일시하는 것 같다. 이렇게 동일시하는 데 유리한 중요한 논증은 11장 5절에 기초하고 있는데 여기서는 와서 우리가 전하지 않은 다른 예수를 전하는 사람에 대해 이야기한 직후에 바울로는 "나는 저 위대하다는 사도들보다 조금도 못할 것이 없다고 생각합니다"라고 덧붙인다. 얼핏 보기에 이것은 그가 고린토에서 다른 복음을 설교한 사람들을 가리켜 말하는 것으로 보인다. 그러나 이것은 이 주석서에서 보여준 바와 같이 잘못된 해석이다. 그리고 사탄의 부하들이라고 서술한 사람들에 대해 "나는 그들보다 못하지 않다"고 말했을 리는 없다는 케제만의 주장[29]에 담긴 설득력을 부인하기는 어렵다. 두 집단이 존재한다는 것이 암시되고 있다. 한 집단에 대해서 바울로는 갈라디아서 2장 4절의 거짓 사도들에 대해서와 같이 공격한다. 다른 한 집단에 대해서 그는 갈라디아의 동일한 상황에서 기둥과 같다는 평가를 내렸던 사람들에 대해서와 마찬가지로 부드러운 반어법을 구사하여 다룬다(갈라 2, 6·9). 그는 결코 그들을 공격하지는 않지만 그들이 자기보다 우월하지는 않다는 사실을 분명히 한다. 그리고 그는 자신의 사도직이 그들에게 빚진 것도 아니고, 또 그들에게 복종할 의무가 있는 것도 아니라고 분명히 밝힌다. 그들은 아마도 세 기둥들과(야고보, 게

29) "Legitimität", 42/21를 참조하라.

바, 요한) 동일시되거나 아니면 보다 큰 집단인 열 둘(혹은 그보다는 생존해 있는 그 집단의 구성원들)과 동일시될 수 있을 것이다. 그들은 개인적으로나 교회의 고위 성직자로서 바울로에게는 거북한 사람들이었다. 그들 자체만으로도 그에게는 어려운 사람들이었고, 그의 직접적인 적대자들이 그들을 가리켜 자신들의 후원자라고 주장하고 있다는 점에서도 그랬다. 그러한 주장의 정당성을 확실히 하기는 틀림없이 불가능했을 것이다. 예루살렘의 지도자들이 고린토교회를 파멸로 이끌었던 사람들에게 정말로 권위를 부여했겠는가? 이에 대해서는 아마도 문서화된 증거가 있었던 것으로 보인다. 그러나 만일 그들이 권위를 부여했다 하더라도 바울로의 적대자들이 실제로 하고 있는 것과 같은 행동을 허락하는 식으로 그들에게 권위를 부여했겠는가? 아니면 침입자들이 월권행위를 했던 것인가? 분명히 바울로는 그들이 월권행위를 하고 있는 것이기를 원했고, 또 그렇게 믿었다. 갈라디아서 2장에서 바울로는 그와 예루살렘의 당국자들이 일치점에 도달했던 것에 대해 이야기한다. 그리고 이것은 안티오키아에서 베드로가 위반했던 일이 있다고해서 완전히 무효화된 것은 아니다. 헌금을 모금했다는 사실은 바울로가 계약에서 자신의 의무를 이행하려고 했다는 것과, 만일 그가 예루살렘과 어떠한 종류의 잠정적인 협정을 맺을 수 있다면 그것을 유지하려고 했다는 것을 보여준다. 그러나 그렇게 하려고 했기 때문에 그는 고린토에서 불리한 입장에 서서 싸워야 했다. 예루살렘과의 관계를 포기했더라면 그는 얽매이지 않고 자유롭게 침입자들과 싸울 수 있었을 것이다. 11장 4절에 나오는 다른 복음이라는 말은 갈라디아서 2장 7절의 할례의 복음과 무할례의 복음 사이의 구별을 상기시킨다. 바울로가 거짓 사도들과의 싸움에서 그렇게 자유롭게 싸우지 않고 예루살렘과 화평을 유지하는 어려움을 감수했다는 사실은 그가 예루살렘 사도들이 본심으로는 건전한 사람들이며, 또 자신의 신학이 나자렛 예수와 관계를 갖지 않을 수는 없다고 생각했음을 보여준다.

그들이 믿음으로는 건전한 사람들이었을 수 있으나 사도직에 대한 그들의 이해는 바울로와 달랐다.[30] 예수의 대리인들로서[31] 그들은 팔레스틴에서의 예수의 사역을 공고히 다지는 것을 자신들의 과제로 삼았

30) *Signs*, 특히 35—46, 68—69를 참조하라.
31) shaliaḥ에 대해서는 *Signs*, 12—13를 참조하라. 그리고 특별히 거기서 언급된 K.H. Rengstorf의 책과 논문을 참조하라.

던 것으로 보이며, 또 스스로 자청해서 나온 이방인들을 그때그때 가까이 만나려고 했던 예수의 뜻을 이어받아, 우연히 생겨난 이방 교회들과 관계를 맺으면서 공고히 다지는 것[32]을 자신들의 과제로 삼았던 것으로 보인다(비교. 사도 8,14 ; 11,22). 바울로에게 있어서 예수는 보편적인 의미를 지녀야 했다. 그는 제 2의 모세라기보다는 제 2의 아담이었다. 그렇게 하여 그는 이방인들을 향해 선교했으며 이 이방인의 선교를 이스라엘을 향한 선교로 통합시킬 수 있었다(참조. 이 책 27—28면).

바울로와 예루살렘과의 관계는 부분적으로는 일치하고 부분적으로는 불일치하는 관계요, 거북하기도 하고 어느 정도 마찰도 있었던 관계였으며 또한 충성스러운 관계이기도 했다. 이 주석서에서 받아들인 입장은 근본적으로 갈라디아인들에게서 나타났던 것과 동일한 상황을 밝혀줄 것이며, 모호한 주제에 상당한 빛을 던져줄 것이다. 그러나 만일 이 견해가 잘못된 것이고, 거짓 사도들이 '위대하다는 사도들'과 동일시되어야 한다면 고린토후서는—헌금과 관련된 중요한 증거들은 제외하고—이 문제에 거의 도움을 주지 못할 것이다.

(ㅁ) 한 인간으로서의 바울로. 바울로는 고린토후서만큼 사적 편지를 또 쓴 적이 없다. 이렇게 말한다고 해서 이 편지를 심리학적 해석에 맡기려는 것은 아니다.[33] 왜냐하면 그가 이보다 더 신학적인 편지를 쓴 적은 없다고 말하는 것도 마찬가지로 옳기 때문이다. 또한 이것은 그가 자신의 생각을 솔직히 표현한 편지이며, 아무런 주저없이 그의 감정이나 분노, 고통을 숨기지 않고 말한 편지이다. 그는 시종일관 신학적인 사람이었다. 왜냐하면 그는 자신의 모든 일들과 감정들을 하느님과 관련해서 보았기 때문이다. 그러나 그는 동시에 인간적인 사람이기도 했으며, 그가 신학적인 사람이었다고 해서 비인간적이지는 않았다.

고린토후서에서는 바울로의 소명만큼 감동적으로 나타나는 것이 없다. 바울로로서는 감사할 줄 모르고 무법하며 사랑이 없고 무식한 고린토 사람들을 포기하고 그들의 운명대로 내맡겨두는 것이 당연했을지도 모른다. 그러나 그의 마음 속에 이런 생각이 한번이라도 떠올랐

32) J. Jeremias, ***Jesus' Promise to the Nations***(1958), 28—37.
33) 다드(C.H. Dodd)가 ***Studies***, 79—82에서 "자랑"의 주제를 "두번째 회심"과 관련하여 다룬 것을 참조하라. 여러 면에서 이것은 시사적이다. 그러나 거기서는 증거들을 충분히 제시하지 못했다(참조. 이 책 104면).

다는 암시는 전혀 없다. "여러분은 우리 마음 속에서 죽음과 삶을 언제나 함께 하고 있읍니다"(7, 3). 모든 교회들을 돌보는 일과 그에 수반되는 걱정(11, 28)은 바울로가 기꺼이 짊어지려고 했던 짐이었다. 만일 그가 다른 사람들이 그의 사도직에 대해서 의심을 품었던 것처럼 스스로도 그렇게 생각했다면 틀림없이 마음이 홀가분해졌을 것이다. 그러나 그는 그리스도의 종이었다(로마 1, 1 ; 필립 1, 1). 이것은 그로 하여금 그리스도의 백성들의 종이 되게 하였다(4, 5). 그리고 그는 이처럼 봉사의 사명으로부터 결코 벗어날 수는 없었다. 그는 그리스도가 자신 안에서 말씀하신다는 것을 알고 있었으며(13, 3), 복음의 진리를 어디서나 드러내신다는 것도(2, 14) 알고 있었다. 만일 이것이 보편적으로 받아들여지지 않는다면, 그리고 때때로 그것이 죽음에 이르게 하는 죽음의 냄새로 된다면(2, 16) 그것은 이 세대의 신(4, 4)이 활동하고 있기 때문이다. "우리는 사탄의 책략을 알고 있다"(2, 11). 바울로는 이러한 사실을 받아들이기를 꺼려하는 사람들에게 이 모든 것들을 입증할 수 없었다(참조. 11, 16 ; *Signs*, 41—42). 어떤 의미에서 그는 자기 자신에 대해서조차도 그러한 사실을 입증할 수 없었다. 왜냐하면 그는 자신에게 그런 일을 할 수 있는 자격이 있다고 생각하지 않았기 때문이다(3, 5). 그러므로 오히려 더더욱 담대하게 그는 자신의 사역에 전념할 수 있게 되었다.

고린토후서 11장 23—33절의 간략하고 암시적인 이야기들은 도덕적으로는 물론이고, 신체적으로도 바울로가 감수해야 했던 장애들과 의욕을 꺾는 점들을 어느 정도 지적해주며, 동시에 사도행전 4장 8절 이하에 나오는 바울로의 생애에 대한 기록의 부족한 점들을 지적해준다. 그리고 고린토후서 6장 4—10절은 보다 덜 명시적인 형태로(비교. 고후 4, 9—13) 이 기록을 보충해줄 것이다. 바울로가 겪었던 어려움들과 형벌을 조금만 겪었더라도 아마 사람들은 진작 쓰러졌을 것이다. 그러나 그는 버티어 살아남았고, 앞으로도 수년 간 위험스러운 삶을 능동적으로 살아가려 하고 있다. 의심할 여지 없이 바울로는 '상당히 강인한 사람이었음에 틀림없다' (C.H. Dodd, *Studies*, 67). 그리고 그는 어떤 신체적 질병으로 고통을 당했다. 그러나 모든 귀절들이 —이 문제와 관련된 것으로 생각되었던 고린토후서의 모든 귀절들까지도— 동일한 질병을 말하는 것으로 가정해서는 안 된다. 사람들은 바울로의 육체의 가시가 아마도 그의 화술의 약점이리라고 주장해왔으며 그 약점으로 인해 그처럼 유창한 편지를 썼던 그가 편지만큼 유창하게 말하지는 못했으며, 사실 인간적인 외모로 따지자면 하잘것 없었다고 주장했다(참조. 12장 7절에 대한 주석). 1장 8절은 아마도 어떤 질병을 가리키는 것이리라(참조. 주석). 그는 질병이 많았으나 이번에 아시아에서 고통당했던 질병은 이제까지는 그에게 없었던 질병이었다. 그의 평소건강과 관련해서 그를 괴롭혔던 질병이 어떤 것인지를 추론할 수는 없다. 확실히 이것은 대개의 경우 바울로가 건강하고 활동적인 사람이 아니었다고 생각할 만한 이유가 되지는 못한다.

고린토후서는 바울로를 신비가, 혹은 환상가로 그릴 수 있는 토대가 될 만한 증거들을 제공한다. 그러나 그 증거들은 별로 설득력이 없다. 12장 2절 이하는 사실 바울로가 하늘로까지 끌려올라가서 다른 동료들에게는 허락되지 않은 말들을 자신은 들었다는 경험에 대해 서술하고 있다. 이 한 가지 예보다 더 중요한 것은 이어지는 언급이다(12, 7). 즉 그의 몸에 가시가 박히게 된 것은 그가 너무나 놀라운 환상을 보았으므로 교만하게 되지 않도록 하기 위해서라고 한다. 여기서 주님의 환상과 계시들의 적절하고 인상적인 예들을 보는 것 또한 중요하다(12, 1). 그는 14년을 거슬러 올라간다(12, 2). 그러한 황홀경은 그에게 그렇게 자주 일어나지는 않았다. 틀림없이 바울로는 동방적인 그리이스인이었거나 아니면 그리이스적인 동방인이었을 것이다. 그런 사람으로서 그는 종교적 흥분 상태에 빠지기가 상당히 쉬웠을 것이다. 그러나 고린토의 누구보다도 그가 방언을 많이 한다는 것은(고전 14, 18) 좀 지나친 주장이다. 그러나 방언과 환상은 둘 다 개인에 대해서가 아니라 교회에 대한 가시와 관련해서 평가되어야 한다고 그는 주장했다. 그리고 바울로는 계속해서 신중하게 행동했으며 교회도 확고해지기를 요구했다(고전 13, 1 이하). 보이는 것이 아니라 보이지 않는 것을 바라보라는 요구는(4, 18) 신비주의적 관심에서 일상생활을 포기하라는 것을 뜻하지 않으며, 오히려 올 세대의 빛에서 이 세대의 사건들을 보라는 것을 뜻한다(비교. 16절과 그에 대한 주석). 바울로에게 있어서 영적 세계는 분명히 현실적인 것이었으며, 때때로 그는 황홀경에 빠짐으로써 그러한 영적 세계를 경험했다. 그러나 그는 전혀 이러한 경험을 개발시키려 하지 않았으며, 오히려 그것을 가볍게 여겼다. 그리고 그가 복음을 설명하고 변호할 때에도 그것에 큰 비중을 두지 않았다.

대부분의 다른 서신들보다도 고린토후서는 바울로가 깊은 감성의 소유자임을 보여준다. 고린토인들에 대한 그의 사랑은 그것이 오해받았다는 사실로 인해 약해지기는 커녕 오히려 더욱 선명하게 드러난다. 그리고 그의 사랑이 오해받고 무시당했을 때, 때때로 그가 냉정한 어투로 준엄하게 나무랐다는 사실에 의해서도 그의 사랑은 더욱 분명해진다. "여러분은 내가 왜 나의 선교활동에 대한 댓가를 받기를 거절했다고 생각합니까? 내가 여러분을 사랑하지 않거나 여러분을 믿지 않기 때문입니까? 내가 여러분과 나의 책임을 함께 나누기를 원치 않기 때문입니까? 하느님께서는 알고 계십니다"(11, 11). 그는 고린토 사람들을 사랑했다. 그가 원했던 것은 그들의 재산이 아니라 오직 그들 자신이었다(12, 14). 그는 스스로 그들의 종이 되었다(4, 5). 그러나 그는 그들이 스스로 거짓 사도들에게 굴종하는 것을 목도해야만 했다. 그 거짓 사도들은 교회의 성도들을 자기들의 손아귀에 집어넣으려는 교만함 때문에 그리스도의 종이라기보다는 사탄의 종임이 드러났던 사람들이었다(11, 20). 바울로는 고린토인들을 위하여 고통을 겪었는데 그것은 마치 자기 딸을 가장 훌륭한 남편감과 약혼시켰는데 그 딸이 이기적이고 파렴치한 난봉군과 바람이 나서 실제로 그녀 자신의 품위를 떨어뜨리고, 행복과 자기 자신까지도 파괴시키는 것을 지켜보는 아버지가 겪는 고통과 맞먹는 것이었다(11, 2—3). 그럼에도 불구하고 그들은 바울로가 필요없다고 하면서 자기들만의 의를 주장하고 자만에 차 있었으므로 이러한 그들의 태도로 해서 그는 더욱 마음을 상하게 되었다. 그때 디도가 고린토 사람들은 정말로 그의 편이며 미혹자들에게 결코 속지 않았다는 좋은 소식을 가지고 나타났을 때 그는 몹시 기뻐했다.

오! 만일 고린토로부터[34] 온
한 영혼이 하느님의 오른편에서 나를 만난다면,
임마누엘의 땅에서
나의 하늘은 둘이 되리라.

"우리는 약하더라도 여러분이 강하면 그것으로 우리는 기뻐합니다"(13, 9). 바울로는 고린토에 들어온 침입자들에 대해서는 이러한 감정

34) 나는 "사무엘 루더포드의 마지막 말"의 Anne Ross Cousin에 의한 운문판에서 안보트(Anwoth)를 고린토로 바꾸었다. Rutherford의 말에는 바울로에 관한 것이 적지 않다(서신들에 덧붙여서). Alexander Whyte, *Samuel Rutherford and some of his correspondents*(1894)를 참조하라.

을 느끼지 못했다. 바울로는 그들이 복음의 미명 하에서[35] 잘못된 것을 전파하고 있으며, 또 고린토 사람들을 타락시키고 있다는 두 가지 이유에서 가차없이 그들을 공격한다. 그들은 천한 사도들이며, 다른 사람들의 고통이나 수고로부터 이득을 취하려 하고, 하느님이나 혹은 사람들에게 봉사하는 것보다는 무엇을 얻을까에 더 많은 관심을 가진 사람들이었다. 그는 갈라디아의 거짓 형제들이나(갈라 2,4 ; 5,12) 로마(로마 3,18 ; 16,17—18)와 필립비(필립 3,2—3·17 이하)의 유다화시키려는 적대자들에 대해서 말했던 것과 같이 그들에 대해서 말한다.

바울로는 변덕스럽게 행동하고, '예'와 '아니오'를 동시에 말했다는 이유로 비난받았다(1,17). 그러한 비난거리에는 적어도 우리가 한 인간으로서의 바울로의 모습을 그리는 데 있어서 무언가 기여할 만한 것이 있다. 그는 고린토를 방문하겠다고 제안했었다(고전 16,5—9). 그리고 나서는 두 번 방문하겠다고 약속했다(고후 1,15—16). 그러나 첫 번 방문이 좋지 않게 끝나자 그는 자신의 계획을 바꾸었으며, 그가 뜻했고 그렇게 하겠다고 말한 대로 다시 돌아오지 않았다. 이처럼 계획을 바꾼 이유는 확실히 고린토인들에게 있었던 것이 사실이며, 또 바울로의 동기가 정당했다는 것도 사실이다. 즉 그는 고린토인들 자신을 위해서 다시 돌아가지 않는 것이 좋다고 생각했던 것이다. 이 점에서 그가 잘못했는지에 대해서는 논의의 여지가 있다. 고린토인들 자신이 매우 변덕스러웠고, 또 논쟁에서는 절대적으로 확고한 입장을 견지하는 것이 좋았을지도 모른다. 그의 행동은 분명히 오해의 여지가 있었다. 그리고 반드시 그들을 '용서'하는 것이 버릇없는 아이를 길들이는 가장 좋은 방법이었던 것도 아니다. 상황은 아마도 이러했을 것이다. 바울로는 그렇게 하는 것이 옳을 수도 있고 잘못된 것일 수도 있지만, 자발적으로 행동했다. 그리고 자신의 마음 속에 있는 생각과 느낌들을 그대로 드러내는 것이 그의 성격이었던 만큼 그와 같이 행동한 것도 그의 성격대로였다. 이것은 변덕스럽게 보일 수도 있었다. 그리고 악의를 가진 사람에게는 그것이 변덕스럽게 보이기가 쉬웠을 것이다. 그러나 그것을 그의 융통성에서 기인한 것으로 이해하는 것이 보다 관대한 것일 뿐만 아니라 보다 정확한 것이다.[36] 우리는 이미 바울로의 확신과 소명감이 지니는 그 엄청난 추진력을 보았다. 이러한 힘은 바울로가 옳은 것을 판단하는 방향으로 민감하게 영향을 끼쳤으며,

35) "False Apostles", 383—4를 참조하라.
36) H. Chadwick, "All Things to All Men", *N.T.S.* i. 261—75를 참조하라.

/37/

그가 융통성 있게 자주 그의 계획을 바꿀 수 있게 했다. 절대적인 권위를 위한 유일한 지침은—이것 역시 바울로를 최종적으로 한 인간으로 그리는 데 도움을 준다—고린토전서 9장 23절에 이미 제시되었다. "나는 이 모든 일을 복음을 위하여 하고 있읍니다." 여기에다 우리는 단지 빈디쉬의 말을 덧붙일 수 있을 뿐이다(290). '서신의 이 부분에서(고후 10—13장) 바울로는 진노하고 벌하며, 심판하면서도—그를 그렇게 힘들게 하고 어려움에 처하게 했던—피조물에 대한 사랑을 포기하지 못하는 성서의 하느님 "상"(εἰκών)을 보여주고 있다.'

Ⅳ. 고린토교회의 신학

(ㄱ) **고린토교인들의 신학.** 이 말을 쓴 전례가 없었던 것은 아니지만[37)] 고린토에서 일관된 하나의 단일한 신학이 발전되었다거나 전체 교회가 한 가지 단일한 신학을 주장했다는 의미로 이 말을 받아들여서는 안 된다. 고린토교회의 가장 큰 특징은 분열이었다. 그리고 비록 고린토교회의 몇 가지 일반적인 경향들을 가려내는 것이 가능하다 할지라도 비바울로적 입장을 띤 파당들은 바울로에 대해서 뿐만 아니라 자기들 서로간에도 일치하지 않았음이 분명하다. 많은 교리들이 항구들에 쏟아져 들어왔고, 고린토의 거리에도 범람했다. 그리고 그런 상황 속에서 미성숙한 그리스도교인들이 올바른 길을 걷기란 매우 어려운 일이었음에 틀림없다. 이 도시는 비록 새로운 도시이기는 했지만 로마에 의해 건설된 도시로서 헬레니즘 세계의 한가운데에 놓여 있었다. 그리고 대중적인 회의주의는 물론이고 대중적인 철학과 경건성이 널리 유포되어 있었다. 영지주의가 탄생하는 데 있어서 철학과 종교(경건성)가 어느 정도 적절한 비율로, 그리고 어떠한 관련성 안에서[38)] 결합되었는지를 여기서 검토할 필요는 없다. 회당이 있었는데(참조. 이 책 23면) 추측컨대 이 회당은 헬레니즘계 유다인들의 회당이었으며 유다교 신앙이 헬레니즘 세계 속으로 파고들어갈 수 있는 발판을 제공했다(비교. 사도 18,4). 고린토에는 틀림없이 바울로 외에도 다른 방

37) 특히 A. Schlatter, *Die korinthische Theologie*(1914)를 참조하라.
38) R. McL. Wilson, *Gnosis and the New Testament*(1968), 10를 참조하라.

문자들이 있었을 것이다. 그들 중 어떤 사람들은 똑같은 복음을 설교했지만 어떤 사람들은 그렇지 않았다. 고린토전서의 서두 부분은 이 교회가 설립된 직후에 곧 분열되는 경향을 나타내었음을 분명히 보여주고 있다. 바울로당과 아폴로당, 게바당, 그리스도당의 교의와 구성에 대해서는 여기서 다룰 수 없다(참조. 『고린토전서』, 64—67면). 고린토교회는 단지 위의 네 당파로만 분열된 것이 아니었다(고전 11, 18). 그들은 신학적인 사유에 있어서 두드러지게 특징적인 방향들을 보여주지도 못했다. 어쨌든 이러한 문제들은 가령 알렉산드리아에서의 아폴로의 교육에 대해서 고찰하는 것보다는 바울로의 반응과 대답들을 관찰함으로써 더 잘 알 수 있다.

고린토전서에 대한 연구 결과, 우리는 바울로가 염두에 두고 있는 사람들 중에 적어도 몇몇은 틀림없이 "지식"(γνῶσις)이나 "지혜"(σοφία)와 같은 주제들에 기초한 사변적인 신학에 빠져 있었다는 사실을 쉽게 알 수 있다('지식', '지혜'와 같은 말들의 용법에 대해서는 『고린토전서』, 37·52면 이하를 참조하라). 바울로가 사변적인 체계가 지니는 모든 것에 대해 반대했다고 주장할 수는 없다. 가령 그는 거기서 유일신론 같은 것을 받아들였다(고전 8, 6). (바울로가 보았을 때) 사변적인 체계의 잘못은 그것이 물질적인 측면을 경시한다는 데 있었으며 그 체계의 실천가들 전부는 아닐지라도 그들 중 몇몇이 그로부터 이끌어내는 윤리적인 결론들이 잘못되었다는 데 있다. 이 체계의 중요한 전제들을 볼 때 아마도 이것은 그리스도교 영역 밖에서 생겨난 것 같다. 그리고 이 체계가 사도의 복음과 접하게 되었을 때 그것은 사도의 복음이 지니고 있는 종말론적 언어들을 미래적인 성취와는 관련시키지 않은 채 해석해버렸다. 의심할 여지 없이 고린토에는 이미 하느님 나라에 들어갔다고 주장하는 사람들이 있었다. 그들은 충만했으며 부유했다(고전 4, 8). 달리 표현하자면 이것은 부활이 이미 일어났음을 의미한다. 만일 그렇다면 앞으로 일어날 부활은 없는 셈이 된다. 그러나 고린토전서 15장에서 바울로는 미래에 대한 그리스도교 묵시문학적 견해를 변호하고 있다. 그리스도 자신도 아직 그의 나라를 완전히 성취하지는 않았다(고전 15, 25). 원수인 죽음이 아직도 지배하고 있다(15, 26). 그것이 멸망하게 되리라는 것은 확실하지만 죄가 남아 있는 한 죽음의 가시로 남아 있다(15, 56). 고린토 사람들이 자신들이 누리고 있다고 믿었던 부활한 주권적인 생명이 세례 시에 그들에게 주어진다고 생각했는지의 여부는 분명하지 않다. 만일 그들이 그렇게 생각했다면 이것은 고린토전서 1장 13—17절의 세례에 대한 바울로의 언급을 설명하는 데 도움을 줄 것이다. 비록 그 귀절이 세례자에 대한 과장된 존경심을 반영하는 데 불과하다고 할지라도 말이다. 그들에게 있어서 세례는 주의 만찬에 참여하는 것과 함께 죄와 그 죄에 따르는 벌을 면제받게 해준다고 믿는 경향이 있었음은 분명하다(고전 10, 1—13). 그들은 그리스도인으로서 자신들은 물질적인 것들에는 이제 관심이 없다고 확신했으므로 제사 음식(εἰδωλόθυτα)을 먹는 것 자체가 아무런 해가 되지 않는다고 믿었을 뿐만 아니라(이것은 바울로도 그렇게 생각했다) 우상 예배에 기꺼이 참가하게 되었고, 약한 양심을 지닌 형제들을 무시하게 되었는데 바울로는 이러한 경향들에 대해서 나무랐다(고전 10, 14 ; 8, 13). 마찬가지로 성적 문제에 있어서도 역설적으로 두 가지 태도가 나타났다. 한편으로 그들은 결혼은 피해야 할 것이지만 이미 결혼을 했다면 파혼하거나 육적인 요소들을 배제해야 한다고 생각했다. 다른 한편으로 창녀와 성관계를 가져도 아무런 해가 될 것이 없다고 생각했다. 고도로 영적인 영지자는 마음대로 음식을 먹을 수 있으며(왜냐하면 위도, 음식도 영속적으로 존재할 수는 없기 때문이다), 성적인 욕구나 그것의 충족도 그와 마찬가지이다(고전 7, 1 ; 6, 12—13).

고린토의 모든 그리스도교인들이 이러한 형태의 신앙과 생활태도를 함께 견지했을 것 같지는 않다. 예를 들어서 어떤 집단은 성적인 관계에 대해서 금욕적인 태도를 취했고, 또 어떤 집단은 방탕한 태도를 취했던 것 같다. 비록 일종의 배출구로서 간음 행위와 영적인 결혼이 결합되는 경우가 전혀 불가능하지는 않았더라도 말이다. 가시적인 성령의 선물, 특히 방언의 은사에 대한 강조점이 만일 정말로 결합이 되었다면 어떻게 위의 마지막 단락에서 말한 관심들과 결합되었는지 분명하지 않다. 방언을 말하는 것이 예루살렘 교회의 특징이었는지, 그리고 여행을 하고 다니던 예루살렘 교회의 대표자들이 그것을 순수한 그리스도교의 표징이라고 주장했는지의 여부에 대한 논쟁적인 문제에 대해서는 여기서 규명할 필요가 없다.

어쨌든 방언은 바울로가 고린토의 그리스도교인들을 다루는 과정에서 겪었던 어려운 문제들 중의 두드러진 한 예였다. 방언은 실로 성령의 선물이었고 바울로 자신은 누구보다도 방언을 더 많이 말할 수 있었다(고전 12, 10·28·30 ; 14, 18). 그러나 방언은 예수가 주임을 증언하는 것으로서는 그다지 중요하지 않았다(고전 12, 3). 그리고 그것은 교회를 세우는 데 별 도움이 되지 못한다(고전 14, 2—5). 이러한 이유에서 바울로는 그가 방언으로 일만 마디 말을 하는 것보다도 이성으로 다섯 마디 말을 하는 것이 더 낫다고 생각한다(고전 14, 19). 고린토인들의 생각이 전적으로 잘못된 것은 아니지만 그들은 도를 지나쳤다. 예를 들어서 우상은 결코 실제로 존재하지 못한다는 확고부동한 유일신론보다 형제에게 사랑과 관심을 가지고 대하는 것이 바울로에게는 더 중요했다. 이것은 그의 사도직에 대한 설명에서도(고전 4, 9—13 ; 9, 15—23) 중요하게 나타나는데(앞으로 우리가 살펴보게 될 것이다) 거기서 그와 고린토 사람들 사이의 차이가 가장 분명하게 드러난다.

신앙의 근거로서, 그리고 하느님과의 연합의 토대로서 인간의 지혜를 강조하고(고전 2, 4—5) 세례와 같은 의식 자체가 효력을 발휘한다고 생각한 고린토 사람들은 공적을 강조하는 유다교—바울로는 다른 곳에서는 이를 상대로 싸웠다—와 매우 유사한 점이 있다. 그리고 고린토에서 만개한 영지주의를 이룩한 헬레니즘과 동방사상, 유다교, 그리스도교의 조류들이 합류한 초기 형태를 고린토에서 발견하기란 아마도 용이할 것이다.

고린토전서에서 직접, 간접으로 발견할 수 있는 고린토인들의 모든 잘못들이 그들이 그 편지를 읽자마자 곧 사라졌으리라고 가정하는 것은 확실히 잘못이다. 고린토 사람들은 결코 쉽게 마음을 고쳐먹지는 않을 것이다. 어쨌든 우리가 살펴본 바대로 고린토인들의 잘못 중에서 많은 것들이 바울로 자신이 주장했던 견해를 편협하게 발전시킨 결과였다. 즉 그는 '성숙한 사람들 가운데서는 우리가 지혜를 말한다'(고전 2, 6), '우상은 존재하지 않는다'(8, 4), '특정하게 매우 좁은 범위 내에서는 남자가 여자에게 접근하지 않는 것이 좋다'(7, 1), 방언이나 지혜, 혹은 지식(γνῶσις)의 말이(비록 그것들이 유일하거나 혹은 가장 큰 성령의 선물은 아니었다 하더라도) 하느님의 성령의 선물이라는 것(12, 8 이하 ; 28 이하), '죽은 자의 부활은 자연적인 몸의 부활을 의미하는 것이 아니라 변형도 포함한다는 것'(15, 42—53), '축복의 잔은 그리스도의 피에 동참하는 것이며 함께 나누는 떡은 그의 몸에 동참하는 것이다'(10, 16) 등등과 같은 사실들에 대해서는 그들과 일치하였다. 이러한 것들은 항상 오해받을 가능성이 있는 교리들이었고, 사실 그들은 줄곧 그것을 오해했던 것이 분명하다. 마찬가지로 다음과 같은 사실도 분명하다. 즉 부분적으로는 증거가 부족하기 때문에 그리고 또 부분적으로는 겉보기에는 서로 다른 두 집단들 사이에서 이러한 오해가 일어났지만 사실 그들은 상당한 정도의 신학적인 통일성을 함께 가지고 있었기 때문에 그런 오해의 본질을 밝히기란 상당히 어렵다는 것이다. 유다교와 초기의 영지주의 모두가 바울로의 신학에 반응하는 데 있어서는 신적인, 혹은 영적인 행동들을 인간적인 통제 하에 두려고 했다. 한편으로 하느님의 사자들은 인간적인 권위에 의해 위임을 받음으로써 정당화되었으며, 음식예법과 같은 율법에 복종할 것을 요구받았다. 다른 한편으로 그들은 영감에 의한 웅변을 통해 인정받으려고 했으며, 하느님은 성례전적이고 영적인 수단들을 통해서 이미 사람들 가운데서 활동하고 있으므로 인간은 영원한 구원을 보장해주는 확실한 변화를 받을 수 있고 또 이미 받았다고 가르쳤다. 사실 이것은 매우 개략적으로 일반화시킨 것이며 왜곡될 경우에는 심각한 문제를 일으킬 수도 있다. 더우기 그러한 일반화는 어느 정도는 고린토후서로부터 추론한 것이다. 그러나 이것은 어느 정도 용납될 수 있는데 왜냐하면 그것은 고린토후서의 매우 다른 현상이 고린토의 상황과 어떻게 관련되어 있는지를 밝히려는 의도에서 비롯된 것이기 때문이다.

이미 지적한 바와 같이(이 책 55—56면) 고린토후서는 고린토전서에 비해서 지혜나 지식에 대한 관심을 적어도 명시적으로는 훨씬 덜 보여 주고 있다. 그리고 다음과 같은 기본적인 역사적 고찰도 이미 한 바 있다. 즉 고린토는 비바울로적인 새로운 사도들의 선교지가 되었는데(그러나 이 말은 사실과 완전히 부합되는 말은 아니다. 그것은 다른 사람들이 이미 기초를 놓은 위에서 이차적으로 선교한 것이었다) 그들은 예루살렘으로부터 왔으며, 근본적으로 유다교적이거나 유다화하는 경향이 있었지만 바울로와는 달리 주로 이방인들이었던 고린토의 교회가 제안하고 요구한 사도직에 대한 표준에 기꺼이 자신을 맞추려는 사람들이었다(참조. 이 책 57—58면). 우리가 고린토후서에서 주목해야 할 사실은 유다화운동을 적어도 부분적으로는 헬레니즘적인 특징을 지닌 운동으로 억지로 바꾸려 하는 경향이다. 그와 같은 것이 가능했다는 데 대해서는 위의 마지막 단락에서 살펴 보았다. 사실 바울로는 유다교 사람들이건 헬레니즘계 사람들이건 자기들 종교의 중심에 서고 싶어하고, 또 그것을 지배하고 싶어하지만 보는 것으로 살지 않고 믿음으로 사는 것이 무엇인지를 아직 알지 못하는 사람들을 모두 다루고 있었다(고후 5, 7).

이러한 관찰은 11장 4절의 "다른 복음"이 인간적인 행위에 미친 결과들과 관련해서 서술되어야 함을 의미한다. "다른 복음"이라는 말 자체는 갈라디아서 1장 6절 이하를 상기시킨다. 그리고 거기 함께 나오는 다른 말들(다른 예수, 다른 영)은 비록 중요하기는 하지만 바울로가 염두에 두고 있는 것은 본질적으로 유다교적 메시지 곧 예수 안에서의 하느님의 행위에 기초한 자유와 은혜와 믿음의 복음을 율법에 종속시키려는 사상이었다는 사실을 흐리게 해서는 안 된다. 할례에 대해서 언급하지 않는다는 사실은 놀랄 만하지만 유다교적 메시지가 항상 갈라디아에서와 같은 형태를 띠었다고 가정해서는 안 된다. 고린토후서 3장의 모세에 대한 논의와 율법의 쇠퇴에 대한 논의가 이 서신의 핵심이다. 그것은 그리스도인의 자유를 매우 분명하게 확증해 주고 있으려(3,17) 다른 경쟁적인 설교자들이 복음을 거짓되게 한다고 비난하는 이야기에서와 같이 논쟁적인 의도가 결코 없었을 리가 없다 (2,17 ; 4,2 ; 참조. 해당귀절에 대한 주석). 그러한 설교자들은 예루살렘에서 발부한 것으로 보이는 추천서들을 가지고 고린토에 도착했으며, 예루살렘 교회의 우두머리인 "기둥들"(갈라 2,9)과 관련이 없었을 리가 없다. 이 사실은 그들의 유다교적이고 유다화되어가는 배경을 확증해줄 뿐만 아니라(비교. 11,22), 그들이 그리스도교를 위계질서적으로 이해하는 경향이 있음을 보여준다. 이러한 사실은 그들이 예루살렘의 권위자들의 편에 서서 바울로적인 교회들에 대해 일종의 종주권을 주장한다는 사실에서도 나타난다(10,12—16). 그들의 사도직은 "사람으로부터 나오고 사람을 통한"(비교. 갈라 1,1) 것이었으며 그것은 교회의 구조에 관련되어 있었으므로 교회의 복음의 내용에 대해서도 의미가 있는 것이었다. 바울로는 어떤 권위에 근거해서(그는 확실히 이 권위를 가지고 있다고 주장했지만) 복음을 전하지 않았다. 복음은 복음을 통해 역사하는 성령의 활동에 의해 스스로를 전한다.

이러한 '영적 추천'은 겉보기에, 단지 겉보기에만 바울로의 적대자들이 (아마도 고린토인들의 요구에 응하여) 주장하는 권위의 다른 측면들과 유사할지도 모른다. 그들은 권위있게 행동했으며, 그것은 그들의 청중들을 매료시켰다(11,20). 그들은 환상을 보았고 계시를 받았다 (12,1 ; 참조. 해당 주석). 바울로는 영감받은 말을 하는 데 능하지 못했지만 그들은 그런 말을 하는 데 능했다(10,10 ; 11,6). 그들은 기적을 행했다(12,11—12 ; 참조. 해당 주석). 여기서 이러한 경쟁적인 선교자들의 특징들에 대해서 반드시 언급하고 넘어가야 할 것은 그러한 특징들은 스스로를 추천하지 못하며, 인간적인 노력에 의존하는 복음의 기능들이라는 사실이다. 그것은 한편으로는 교회와 설교자 사이의 관계에 대한 바울로의 이해와 완전히 반대되는 것이며 다른 한편으로는 진리의 말씀과도 반대되는 것이다. 4장 7—18절과 6장 3—10절, 그리고 이에 대한 주석들을 참조하라.

"다른 복음"을 설교하는 낯선 사람들은 "다른 예수"를 선포했다. 그리고 이것이 그리스도론에 있어서의 근본적인 차이를 의미한다고 주장하는 것도 결코 틀리지 않다(참조. 이 책 276—277면). 11장 4절 외에 두 귀절을 더 말할 수 있을 것이다.

전에는 우리가 육적 표준을 따라
그리스도를 알았지만
이제는 그렇지 않습니다(5, 16).
그들이 그리스도의 일군입니까?
내가 정신빠진 사람같이 말합니다만
오히려 내가 그리스도의 일군입니다(11, 23).

후자의 귀절은—그 귀절 자체가 반드시 그런 것은 아니지만—바울로가 말하고 있는 사람들이 자신들은 예수의 선교 활동 기간 중에 그의 제자들이었으므로 특별한 지위를 차지하고 있다고 주장했음을 의미할 수도 있다. 전자의 귀절은 바울로가 '역사적 예수'의 중요성을 경시한 것으로(주석 참조) 이해된다. 그런데 '역사적 예수'에 대해 바울로의 적대자들은, 예수의 지상 생애 동안 그와 직접 접촉할 수 있었다는 사실을 지나치게 강조한 결과라고 바울로가 생각한 바를 전제로 한다. 이에 대한 바울로 자신의 입장들과 그것들이 그의 그리스도론에서 차지하는 위치에 대해서는 이하(이 책 75면 이하)와 주석을 참조하라. 그러나 바울로가 '역사적 예수'의 중요성을 경시했다는 것은 옳지 않다. 하지만 고린토의 반대자들이 예수, 그리고 예수와 자신들과의 관계를 그릇된 방식으로—사실은 "육에 따라"—판단하여 우쭐댔다는 것은 사실이다. "육에 따른" 판단이 정확히 무엇인지를 지금 말하기는 불가능하다. 왜냐하면 바울로가 그에 대해 말해주지 않기 때문이다. 그러나 바울로가, 단순히 예수의 활동기간 중에 그를 알았다는 것을 근거로 우월감, 권위, 혹은 하느님과의 특권적인 관계를 주장하려는 시도나 예수의 역할을 탁월한 라삐로 보건, 새로운 모세로 보전간에 그를 새로운 율법주의의 기초를 형성하는 새로운 율법의 원천으로 생각하는 모든 경향을, 육을 따라 취해진 행동이라고 비난하려 했다는 것은 분명하다.

지금 이보다 더 상세한 것을 설명할 수는 없다. 사변적 그리스도론이 생겨날 단계에 있었고 정통과 이단을 선명하게 구별할 수 있는 구분점이 없었다. 고린토후서에는 바울로가 원칙에 따라 자신이 비판해야 한다고 느꼈을 만한 사변의 흔적이 보이지 않는다. 바울로는 예수가 주님보다 못하다거나 혹은 주님이 십자가에 못박힌 예수가 아닌 다른 사람인 것처럼 보려는 태도에 대해 심한 반대를 표명했는데, 그 이유는 바로 그러한 태도가 또 다른 사이비 복음을 만들어내게 된다고 생각했기 때문이다. 설교로 보나 신학으로 보나 혹은 윤리로 보나 그러한 복음은 예수를 잘못 전했다. 바로 이 점이 비난받아야 할 점이었다.

(ㄴ) 고린토를 배경으로 한 바울로의 신학. 여기서 바울로의 신학에 대하여, 또 고린토 서신들 전체에 걸쳐 흩어져 있는 풍부하기는 하지만 체계화되어 있지는 않은 그의 신학적인 소재들에 대해서 자세한 설명을 하려는 것은 아니다.[39] 바울로의 신학이 구체적인 상황 속에서 사건들, 특히 논쟁들의 자극을 받으며 발전되었음을 인정한다고 해서 그것이 성서가 영감을 받아서 씌어졌다는 정당한 교리를 부인하는 것은 아니다. 바울로의 생애에서 고린토교회와 대항해서, 또 고린토교회를 위해서 싸웠던 때보다 더 파란만장하고 논쟁적이었던 상황은 아마 없었을 것이다. 그리고 거짓 사도들이 득세하고 선교했던 고린토에서만큼 그로 하여금 사도직에 대한 자신의 이해를 분명하고도 강력하게 표명하도록 한 적도 없었다(11, 16—30과 해설 ; *Signs*, 35—46). 또 거짓 사도들이 설교한 '다른 복음'만큼 그로 하여금 강력하고 정열에 찬 확신을 가지고 보고, 말하고, 자신의 복음을 적용하도록 바울로를 자극한 것은 거의 없었다(그러나 갈라디아에서의 논쟁과 로마서를 쓴 일은 거기에 견줄 만하다). 그러므로 이 서론을 바울로의 신학에 대한 간략한 연구로 끝맺는 데에는 타당한 이유가 있다. 그러나

---

39) 이러한 면에서 주석서는 다른 책들과 다르다고 지적해야 할 필요는 없을 것이다. 서론에서는 마땅히 저자의 사상에 대해서 간략하고도 체계적으로 설명할 수도 있다. 그러나 주석자는 저자로 하여금 스스로 설명해나가도록 해야 하며, 주석자 자신은 단지 보충 설명만을 하고 저자가 하는 대로 따라가야 한다. 주석은 결코 독백이 아니다.

그것도 그의 신학 전체를 체계적으로 연구하는 것이 아니라 바울로서신의 몇몇 특징들이 고린토의 서신들에서 두드러지게 나타나게끔 하는 그런 방식으로 간략하게 살펴보는 정도이다.

다른 곳에서와 마찬가지로 고린토에서도 바울로는 십자가에 달린 예수 그리스도, 겉보기에는 약하고 어리석어 보이지만 구원의 길에 있는 사람에게는 하느님의 능력이요, 지혜인 그 그리스도를 설교하였다(고전 1, 23—24). 바울로의 복음을 받아들인 사람들은 주 예수의 은혜의 의미를 안다. "그는 그들을 위하여 가난하게 되셨으며 그의 가난을 통하여 그들이 부요하게 되도록 하셨다"(고후 8, 9). 그들은 비록 죄인이었지만 하느님과의 관계에서 의로운 자리를 차지하게 되었으며 그것은 오직 죄없는 예수가 문자 그대로 정죄당하기를 스스로 감수했기 때문에 가능했다(5, 21). 하느님이 보시기에 그들이 의로와진 것은, 그들은 그리스도 안에 있었고(고전 1, 2), 세례를 받음으로써 집단적으로 그리스도의 몸이 되었으며(고전 12, 27), 동시에 성령을 받았고(고전 12, 13), 그리하여 그들이 기쁨으로 충만하여 "예수는 주님이시다"라고 증거하였기 때문이다(고전 12, 3). 그리스도교인들에 의해 이미 받아들여졌던 하느님의 아들 예수 그리스도의 주(主)됨은 그가 그의 모든 적들—궁극적으로는 죽음까지도 포함하여—에 대해 승리를 거둠으로써 우주적인 사실로 성취되어야 했다(고전 15, 25—26).

우리가 본 바대로 이러한 종류의 그리스도교적 확신은 고린토에서 여러 측면으로부터 도전을 받았다. 그리고 이러한 도전은 바울로로 하여금 그의 가르침을 발전시키고 명료화하도록 했다. 대부분의 특별한 예들은 고린토전서에서 찾아야 한다. 그러나 그것들은 고린토후서에서는 그다지 중요한 자리를 차지하지 못하므로 여기서는 간단히 언급하는 것만으로도 충분할 것이다. 그러나 그렇게 간단히 언급하는 것도 고린토후서에서 보이는 신학자로서의 바울로에 대한 중요한 도전과 그에 대한 바울로의 응답을 이해하는 데 도움을 줄 수 있을 것이다.

예를 들어서 세례와 주의 만찬에 관한 거짓된 개념들에 대해 바울로가 어떻게 반대하는가를 알아보는 것은 쉬운 일이다. 그러나 그가 그것들에 대해 어떤 반응을 취하며, 그러한 거짓된 개념들 대신 그가 말하는 내용은 무엇인가를 알아보는 것은 결코 쉬운 일이 아니다. 세례에 대한 그의 이해가 어떠했는지는 사실 로마서를 살펴보지 않는 한 거의 알 수 없다(*Romans*, 121—30). 고린토서신들에서 세례에 대한 가장 중요한 귀절은 고린토전서 12장 13절이다. "우리는 유다 사람이든 헬라 사람이든 종이든 자유인이든 한 성령으로 세례를 받아 한 몸이 되었읍니다." 세례는 한 성령에 의해 알려지는 사실인 그리스도의 한 몸이라는 데 대한 표징이다. 이것은 우리로 하여금 바울로가 그리스도의 몸, 성령이라는 말로 뜻한 바가 무엇인지를 묻게 한다. 주의 만찬도 마찬가지이다(참조. 고전 10,16—17). "우리가 축복하는 축복의 잔은 그리스도의 피에 동참하는 것이 아닙니까? 우리가 떼는 떡은 그리스도의 몸에 동참하는 것이 아닙니까? 떡이 하나이므로 우리가 여럿일지라도 한 몸입니다. 그것은 우리가 다 한 떡덩이에 함께 참여하였기 때문입니다." 세례와 성만찬은 둘 다 그리스도의 몸과 관련되었다. 성만찬에서는 몸을 살게 하는 피가 흘려졌으므로 그리스도의 몸이 죽임을 당했다는 사상(로마서 6장의 보다 상세한 논의는 세례에 대해서도 똑같은 사상이 타당함을 보여준다)을 분명하게 하는 데 기여한다. 예수의 죽음과의 관련성은 고린토전서 11장에서 더욱 분명하게 나타난다. 주의 만찬의 기원은 그가 죽임을 당했던 날 밤에 있다(11,23). 먹고 마시는 것과 함께 주님의 죽음을 선포하는 것이 수반되었다.[40] 바울로는 심판의 주제를 계속 전개시켜 나가며, 몇몇 고린토인들은 먹고 마시면서 그리스도의 몸을 깨닫지 못하므로 죽음의 잠에 빠져 있다고 단언한다. 세례와 주의 만찬에는 십자가에 관한 말씀을 선포하는 일이 수반되었으며, 또 그것 자체가 십자가에 관한 말씀을 선포하는 것이기도 하였다. 그것들은 죄와 심판으로부터의 자유를 보장해주는 것이 아니라 부활을 통해 영원하게 된 예수의 죽음에 동참하는—신체적인 동참—것이었다. 성령의 열매는 모든 종류의 헌신이다(갈라 5,22—23). 사람들은 이러한 영으로 세례를 받는 것이다.

이러한 관찰을 통해서 모든 그리스도교인들이 여러가지 형태로 소유하게 되는(고전 12,7) 성령의 선물에 대한 바울로의 가르침에로 나아가게 될 것이다. 고린토 사람들은 방언으로 말하는 것과 같은, 눈으로 볼 수 있는 선물들을 가장 좋아했던 것 같다(참조. 『고린토전서』, 56-57면). 바울로에게 있어서 가장 훌륭한 길은 사랑이었다. 그리고 사랑의 가장 두드러진 특징은 자기 이익을 구하지 않는다는 것이었다(고전 13,5). 고린토전서 13장은 아마도 고린토전서에 들어오기 전에 씌어졌을 것이다(『고린토전서』, 343·345·362면). 그러나 그것은 고린토전서에 포함되게 되었고 그렇게 포함된 것은 고린토의 상황에서 이루어졌던

40) 그렇게 많은 예전주의자들이 성만찬은 무엇보다도 부활에 관한 것이라고 생각하는 점은 좀 미심쩍다.

신학적 발전의 일부이다. 바울로가 모든 그리스도인들의 행동을 포함하는 포괄적인 말인 사랑에서부터 원칙적인 진술들과 더불어 마찬가지로 필요하다고 생각한 보다 구체적인 윤리적 가르침으로 넘어간 것은 자연스러운 일이다. 예를 들어 결혼을 경시하는 고린토의 상황에서 바울로는 결혼에 대한 그 자신의 신념을 발전시켰다. 그에 따르면 결혼은 마지막 날에 여러 복잡한 문제들을 일으키게 될 것이므로 결코 바람직스러운 것은 못되지만 그것은 두 종류의 성이 결합된다는 점에서 신적 질서에 속하며(고전 11,11), 하느님의 구원하는 능력이 효력을 발휘할 기회를 제공해준다(고전 7,16).

결혼에 대한 논의는 종말론적 윤리에 대한 바울로의 가장 예리한 진술로 이끌어지며 또 그것을 포함한다(고전 7,29 이하). "이 세상의 눈에 보이는 형태는 사라지고 말 것이므로 아내 있는 사람은 없는 사람같이 하고 우는 사람은 울지 않는 사람같이 하며 기쁜 사람은 기쁘지 않은 사람같이 하고 무엇을 산 사람은 그것을 가지고 있지 않은 사람같이 하며, 세상을 잘 이용하는 사람은 그렇지 않은 사람같이 해야 한다." '그러므로 세상과 떨어져서 하느님께 봉사하며 살 수 있는 사람은 자유로운 사람이다……그의 자유는 스토아학파의 자유와 같은 것이 아니라……그리스도의 종의 자유이다'(비교. 7,22 ; 『고린토전서』, 213—214면). 이것은 마지막 날의 종말론적 영향력 하에서 그리스도 안에서 하느님께 복종하는 삶이며 참으로 자유로운 삶이다. 바울로의 "마치 아닌 것 같이"(ὡς μή)는 허구도 아니며 세상으로부터의 도피도 아니다. 단지 그것은 우리가 알고 있는 세상은 종말을 향해 움직여가고 있으며, 결과적으로 보이는 것들은 일시적이지만 보이지 않는 것은 영원하다는 사실을 인식하는 것이다(고후 4,18). 이러한 종말론적 상황에 대한 인식은 체념이나 혹은 신비적인 사변에로 인도하는 것이 아니라 불안으로부터 벗어난 삶, 따라서 봉사에로 열려진 삶으로 인도한다.

왜냐하면 만일 어떤 사람이 눈에 보이는 것들을 잊어버리고 몽롱한 미래의 영광 속에서 살고 싶어 한다면 그는 바울로의 편이 아니라 바울로의 적대자일 것이고 바울로는 그를 신랄하게 풍자했을 것이기 때문이다. "여러분은 벌써 배불렀읍니다. 벌써 부자가 되었고 우리를 제쳐놓고 왕이 되었읍니다. 여러분이 진정 왕이 되었으면 좋겠읍니다. 그렇게 된다면 우리도 여러분과 함께 왕이 될 수 있겠읍니다"(고전 4,8). 사도들은 그렇지 않았다. "우리는 지금에 이르기까지 이 세상의 속죄양같이, 이 땅의 찌꺼기 같이 살아왔읍니다"(4, 13). "마치 아닌 것같이"는 환상이 아니라 진리다. 그러나 그것은 가시적인 진리는 아니다. 그리고 이 점에 관하여 바울로는 종말론에 관한 장인 고린토전서 15장에서 다음과 같이 주장하고 있다. 그리스도는 죽은 자들 가운데서 살아나셨으며, 마지막으로가 아니라 제일 첫 열매로서 살아나셨다. 나머지 사람들에게 있어서 부활은 선취될 수는 있었겠지만 아직 완성되지는 못했다. 마지막 원수인 죽음이 아직도 권세를 잡고 있으므로 그리스도 자신은 그의 원수가 거꾸러지고 굴복할 때까지 기다린다(고전 15, 25—26).

부활에 관한 장의 핵심인 이러한 주장은 예수의 상에 단지 2차적인 의미만을 부여하는 데 불과한 것으로 보인다. 확실히 이것은 바울로의 의도는 아니었으며, 두 서신들을 결합시키고 매우 다양한 내용들에 통일성을 제공한 것은 그리스도론이었다. 고린토전서의 그리스도론은 예수는 만유의 주이며(12, 3) 처음부터 끝까지 그의 아버지에게 복종했다(15, 28)는 이중적인 진술로 요약될 수 있었다. 바울로는 두 진술들을 모두 진지하게 고수한다. 그리고 그 둘의 결합은 모든 훌륭한 그리스도론적 사고의 기반이 되었다. 거듭해서 예수는 하느님과 동일하게 간주되었고, 인간 경험을 통해서 알 수 있는 다른 어떤 질서보다도 우월한 하느님과 동일한 존재 질서에 분명히 속하고 있다. "많은 '신들'과 많은 '주들'이 있지만 우리에게는 아버지되시는 한분 하느님이 계실 뿐이며, 만물은 그에게서 생겼고 우리도 그를 향하여 나아가고 있읍니다. 그리고 우리들 자신도 포함하여 만물이 존재하게 한 주 예수 그리스도 한 분만이 계십니다"(고전 8, 5—6). 특히 이러한 주 예수 그리스도는 그의 몸인 교회의 주이기도 하다. 혹은 그는 그리스도교적 건물을 세울 수 있는 유일한 기초이다(고전 3, 11). 그러나 그리스도는 십자가에 못박힌 자로서, 이 세대의 통치자들에 의해 십자가에 못박힌 영광의 주로서(고전 2, 8) 바울로의 설교의 유일한 주제이다(고전 2, 2). 부활하셔서, 그리스도교의 설교를 하는 과정에서 하느님의 능력과 지혜가 되시는 분은 바로 십자가에 못박힌 분이다.

지혜라는 말을 적용하고, 부활교리를 바로잡아야 할 필요성은(이것은 마지막 아담으로서의 그리스도라는 개념으로 발전하였다) 고린토전서에서 그리스도론이 어느 정도 발전할 수 있는 계기를 이루었다(『고린토전서』, 36면 이하). 그러나 고린토후서의 배후에서 알 수 있는 갖가지 고통이 바울로의 매우 놀라운 몇몇 그리스도론적 진술들 가운데서 표현되어 있다. 그것들은 동일한 관점을 유지하고 있다. "그리스도는 주님이시며, 그는 자신이 주임을 아버지에 대한 희생적인 순종에서 나타냈다." 이것은 모든 서신들 가운데서 바울로의 그리스도론이 근본적으로 주장하는 바이지만 그가 고린토후서에서만큼 자신이 주장하는 바에 대해서 인간적이고 실존적인 견해를 보여주는 경우는 거의 없다.

신약성서 중 어떠한 부분도 예수는 구약성서의 성취임을 이처럼 힘있고 포괄적으로 단언하지는 못했다 : "하느님의 많은 약속들이 있었지만 그것들이 그에게서는 모두 '예'가 되었다"(1, 20). 율법의 수여에도 커다란 영광이 뒤따랐지만, 그것은 성령 안에서 새로운 자유의 계약이 성립될 때 수반되었던 영광에 비하면 아무 것도 아니었다(3, 17). 그 영광은 하느님의 형상이며, 보이지 않는 하느님이(비교. 골로 1, 15) 보이게 되는 수단인 예수 그리스도의 얼굴에 나타난 하느님의 영광(4, 4)이었다. 이 말에서 이미 바울로는 유다교 지혜 사변의 그리스도론적 유용성을 충분히 끌어내었으며, 제 4 복음서의 로고스 그리스도론의 윤곽을 미리 그려주고 있다. 최초의 그리스도교인들의 종말론적 확신 — "보시오, 지금은 은혜의 때요 지금은 구원의 날입니다"(6, 2) — 은 이미 적어도 형이상학으로 발전되어 가는 단계의 그리스도론을 탄생시켰다. 그러나 종말론도 결코 상실되지는 않았다. 즉 바울로의 그리스도는 시간을 통해 움직이는 분이며, 시간 안에서의 그의 움직임과 변화에 대한 그의 수용은 은혜의 척도이다. 그리고 복음을 구성하는 것은 형이상학이 아니라 은혜인 것이다. "여러분은 우리 주 예수 그리스도의 은혜를 알고 있읍니다. 그리스도는 부요하나 여러분을 위하여 가난하게 되셨읍니다. 그것은 그가 가난하게 되심으로 여러분을 부요하게 하시려는 것입니다"(8, 9). 하느님의 형상을 닮았다는 것은 단순히 아버지와 정태적으론 내향적인 관계 속에 있는 것을 뜻하지는 않는다 : "'어둠 속에서 빛이 비쳐 나오라'고 말씀하시고 우리 마음 속에 빛을 비추셔서 그리스도의 얼굴에 나타난 하느님의 영광을 아는 지식을 우리에게 주신 분은 하느님이다"(4, 6). 그러므로 하느님은 바로 창조해가는 은혜라는 영광된 진리를 전하는 복음은 세상 어디서나 승리의 행진을 하고 있다(2, 14). 그러나 정말로 눈이 멀어서 그것을 이해할 수 없는 사람들이 있다(4, 3). 또 그것을 "다른 복음"으로 바꾸는 사람들도 있는데(11, 4) 그들은 하느님의 손으로부터 주도권과 책임성을 취해서 그것을 감당할 수 없는 인간의 영역에 두려고 한다(참조. 이 책 69면 이하).

하느님의 아들(1, 19)이 시간 안으로, 이 세대 안으로 들어오고, 그럼으로써 올 세대의 능력이 이 세대 안에서 활동하게 한 것은 주도권을 쥐고, 책임을 감당하기 위한 것이었으며, 또 반드시 그렇게 주도권을 쥐고 책임을 져야 할 자리에서 그렇게 하기 위한 것이었다. 그분은 가난하게 되었으며(8, 9) 연약함과 죽음이라는 극단적인 궁핍을 경험하셨다. 또한 그 분은 그의 약함으로 인해 십자가에 달려 죽었다(13, 4). 바울로는 이 사실을 결코 잊지 않으며, 그의 독자들도 이것을 잊지 않도록 한다. 5장 16절의 "이제는 그리스도를 육에 따라 알지 않겠다"는 진술은 육체를 지닌 한 인간으로서 살다가 죽은 그리스도에 대해 아무런 관심도 없다는 뜻은 결코 아니다(해설 참조). 바울로가 뜻했던 바는 그는 이제 그리스도로 인해 삶과 죽음을 새로운 방식으로 이해하게 되었다는 것이다. 삶과 죽음은 모두 그가 —육에 따라— 생각했던 것보다 훨씬 두렵고 동시에 영광스러운 것이었다. 그가 의미했던 죽음은 그리스도께서 우리를 위해 죄 가운데로 들어오셨다는 것이고, 그 결과 우리는 그리스도 안에서 의로운 자리에 서게 되었으며, 하느님과도 마땅히 항상 맺어야 할 올바른 관계를 맺게 되었다. 그리스도는 그 안에서 우리가 존재하게 된 포괄적인 인간이었다. 그가 우리의 죄를 지고 우리의 죄를 자신의 죄로 삼았으므로 우리는 그의 의를 받아서 우리의 의로 삼고 모든 성도들과 함께, 하느님의 거룩한 사람들인 교회와 함께 마지막 날의 메시아적 고통들을 너머 있는 장차 올 세대로 들어가게 된다(참조. *Romans*, 122).

삶과 죽음, 죄와 의의 이러한 역설적 교체는 이 세상에서는 변증법적인 삶으로 표현될 수밖에 없었다. 십자가 처형은 예수 이야기의 마지막 말이 아니었다. 그는 지상에서 그의 연약함 가운데서 십자가에 못박혔으나 하느님의 능력에 의해 살아있다(13, 4). 그는 현재 살아 있으며 세상을 심판할 것이다(5, 10). 이것은 그리스도교인들이 신앙에 의해 선취하게 되는 총체적이고 종말론적 계획이었다. 그러나 현재에 있어서는, 그리고 신체적인 죽음이라고 하는 측면에서는 그것은 이미 축복받은 결말에 도달한 완성된 과정으로서가 아니라 약함과 강함, 죽음과 삶의 교체로 나타난다. "그리스도와 연합한 우리도 약합니다만 우리는 하느님의 권능으로 그와 함께 살 것입니다"(13, 4). 이 귀절이 보여주듯이 강함과 생명은 특징적으로 미래에 속한다. 그러나 이어지는 말—"여러분과의 관계에서"— 은 미래가 단순히 현재,

의 경험 너머에 있는 것이 아님을 보여준다. 그러나 복음의 모습이 가장 분명하게 드러나는 것은 인간의 약함 속에서이다 : "내 은혜가 네게 충족하다. 내 권능은 약한 데서 완전해지기 때문이다. 그러므로 그리스도의 권능이 내게 머무르게 하기 위하여 나는 오히려 기쁜 마음으로 나의 약한 것들을 자랑하려 합니다"(12, 9). 그리고 바울로는 예수의 죽음을 항상 그의 몸에 짊어지고 다니는데 그것은 그 자체가 목적이 아니라 그리스도의 생명이 나타나게 하기 위한 것이다(4, 10). 그러므로 인간적인 연약함은 단순히 너그럽게 묵인하거나 또 묵인해야만 할 것이 아니다. 바울로는 오히려 그것을, 자신이 그리스도교인이며, 십자가에 못박힌 주 그리스도의 대리인이라는 데 대한 확실한 증거로 삼고 자랑한다. 그리고 그가 주가 된 것은 '십자가에 달렸음에도 불구하고'가 아니며, '십자가에 달린 대가'도 아니고 "그리스도가 십자가에 달렸기 때문에", "하느님의 아들이 나를 사랑했고 나를 위해 자신을 내어주었기 때문에" 가능했으며(갈라 2, 20), 그것이 바로 하느님이 '주님이시라'는 말의 의미였다.

바울로가 거짓 사도들과 싸우고, 고린토 교회를 위해 싸운 배후에는 이와 같은 사실이 놓여 있다. 고린토 사람들이 그를 이해하지 못한 것은 그들이 예수를 이해하지 못했음을 의미한다. 그들은 바울로와 예수를 똑같이 "육에 따라"(5, 16) 평가했다. 겉보기에는 변덕스러워 보이는 바울로의 굴종("우리 자신들은 여러분들의 종입니다" : 4, 5)과 자신의 권리와 지위에 대한 완강한 주장(예. 고전 9, 1—2 ; 고후 10, 11 ; 13, 10), 오히려 자기 자신을 추천하는 것처럼 보이는 자기추천에 대한 거부(3, 1 ; 5, 12 ; 10, 12 ; 12, 19), 아주 자연스럽고 서로간의 사랑에 대한 적절한 표징으로 보일 때에도 고린토인들로부터 선물받기를 거절하는 점(11, 7—11 ; 12, 13), 스스로 어리석은 행동인 줄을 매우 잘 알면서도 환상과 계시에 대해 어리석은 행동을 하는 것(12, 1·11), 성공적이지 못한 선교과정 속에서도(2, 14) 승리에 대한 환상을 보는 점, 바울로 스스로도 하느님의 대언자라고 생각했던 모세보다 자신이 우월하다고 생각한 점(3, 13), 무엇보다도 자신의 선교활동에 대한 그의 역설적인 묘사 —"우리는 영광도 받고 수치도 당합니다. 우리는 비난도 받고 칭찬도 받습니다. 우리는 놀리는 자 같으나 진실합니다. 이름 없는 자 같으나 유명합니다. 죽은 것 같으나, 보시오, 살아 있읍니다. 벌받은 것 같으나 죽는 데까지는 이르지 않았읍니다. 슬퍼하는 것 같으나 늘 기뻐합니다. 가난한 것 같으나 많은 사람을 부요하게 합니다. 아무 것도 없는 것 같으나 모든 것을 가지고 있읍니다"(6, 8 이하). 이 모든 것들은 주님이신 십자가에 달린 그리스도의 빛에서 볼 때에만 의미 있게 된다. 바울로의 사도로서의 행동은 그의 그리스도론적 성찰을 반영한다.[41)]

거짓 사도들의 행동은 그들의 그리스도론, 즉 "다른 예수"에 대한 그리스도론을 반영했을 수 있다(11, 4). 그들은 아마도 자신들의 자랑을 당연하게 해주고(5, 12 ; 10, 16—17), 자신들의 공격적인 행동을(11, 20) 정당화해주는 영광의 신학을 주장했을 것이다. 우리는 이 문제에 대해서 적절한 정보를 지니고 있지 못하며, 따라서 성급히 결론으로 넘어가서는 안 된다. 그들의 행동은 확실히 바울로의 그리스도론을 반영한 것이 아니다. 따라서 바울로의 심한 반대를 받는다. 이 사람들이 '그의' 교회 안에서 교묘하게 환심을 사게 되었을 때 그가 개인적으로 전혀 마음이 상하지 않았다거나 그의 반대는 주로 신학적인 것이었고, 그의 비판은 예수에 대한 그 자신의 이해에 기초하고 있다고 주장하는 것은 불합리하다(비교. 고전 11, 1). 그는 고린토교회, 즉 자신이 책임을 크게 느끼고 있고, "여러분을 세우기 위한"(10, 8 ; 13, 10) 그의 권위에 따라 성립된 그 교회가 자신의 원칙에 따라 행동해야 한다는 데 보다 큰 관심을 가지고 있었다. 그리고 거짓 사도들에게 빠지는 것은(11, 20) 그리스도인의 행동의 관점에서 볼 때 거짓 사도들의 교만함과 마찬가지로 잘못된 과오였다. 고린토인들과의 서신왕래가 끝났을 때에도 고린토교회는 그리스도교 신앙의 가장 어려운 교훈을 여전히 배우지 못하고 있었다. 즉 그들은 교회가 주(主)로 선포하는 그리스도가 십자가에 달린 그리스도이며 그는 부활한 주로서 여전히 십자가에 달려 있고, 상처를 그대로 지닌 채 부활했다는 사실(비교. 요한 20, 25—29), 그리고 그리스도인들은 보는 것으로가 아니라 믿음으로 산다는 사실을 그들은 아직 깨닫지 못했던 것이다(고후 5, 7). 이러한 진리는 그의 모든 서신들에 선포되었으며 적용되었다. 작게는 방언과 예언의 상대적 가치에서(고전 14, 4—5), 크게는 사랑의 가치에서(고전 13), 근본적으로는 그리스도의 존재와 업적에 대한 설명에서(고후 5, 11—21) 그러한 진리가 선포되고 적용되었다. 비단 고린토교회뿐만이 아니라 대부분의 교회들은 이 진리를 잊어버릴 위험성이

41) 바울로가 오늘날과 같은 형태의 복음서 전승을 알았건, 몰랐건간에 그의 행동은 복음서 전승도 역시 반영한다. *Sings*, 78—81를 참조하라. 10장 1절의 그리스도론적 형식에 대한 주석도 참조하라.

완전히 사라져버릴 정도로 이 진리를 그렇게 확고하게 깨닫지도 못했고 깨달을 수도 없었다. 그리고 어떤 면에서 고린토 서신들은 매우 잊기 쉬운 이러한 진리에 대해서, 겉으로 보기에 부유하고 영적이며 성공적이나 사실상 이 진리를 잊고 있는 교회의 비참한 운명에 대하여, 그 뿐만 아니라 그리스도교 교회의 정당성[42]에 대한 유일한 증거는 교회가 예수의 죽음과 부활에 대한 약속을 늘 간직하는 것이라는 사실에 대하여, 신약성서의 어떤 다른 서신보다도 가장 분명하고 절박하게 상기시켜주는 서신이라 할 수 있다.

---

42) 나는 여기서 케제만의 논문 제목인 "Legitimität"를 암시하고 있다. *Signs*, 85—114도 참조하라.

본문과 주석

I. 서　언　　　　　　　　　I장 I—II절

1. 인 사 말　　　　　　　　　1장 1—2절

1 하느님의 뜻으로 그리스도 예수의 사도가 된 바울로와 형제 그리스도
교인인 디모테오는 고린토에 있는 하느님의 교회와 온 아카이아에 있는 모
든 성도에게 편지합니다. 2 우리 아버지 하느님과 주 예수 그리스도로부터
오는 은혜와 평안이 여러분에게 임하기를 빕니다.

그리이스 편지의 관례적인 서두 형식과 바울로가 그 형식을 그리스도교적으로 수정하고 확대시킨 데 대해서는 *Romans*, 15—23와 *I Corinthians*(國際聖書註釋, 『고린토전서』, 49—54면)를 참조하라. 여기서도 다른 서신들에서와 마찬가지로 바울로의 이름 앞에 사도직에 대한 언급이 나오고, 편지를 받는 사람들이 그리스도교인으로 정의되며, 인사가 그리스도교의 기도문처럼 나온다. 로마서에서와는 달리 이 서신에서는 고린토전서에서처럼 편지를 쓰는 사람과 읽는 사람들이 또 다른 사람에 의해 연결된다.

[I] 바울로는 자신을 하느님의 뜻으로 그리스도 예수의 사도가 되었다고 기술한다. 바울로의 사도직에 대해서는 로마서 1장 1절과 고린토전서 1장 1절 외에 *Signs*, 35—46, 이 책 서론 59—60·79—80면을 참조하라. 여기서 사도라는 말에 대해서 보다 상세하게 주석하는 것은 별 도움이 되지 못할 것이다. 왜냐하면 이 서신은 바울로가 사도직이라는 말로 의미했던 바가 무엇인지를 매우 상세하고 열정적으로 설명하고 있기 때문이다. 그런데 이 사도직이라는 말은 옛 계약 하에서의 모세의 사역과 관련하여, 또한 바울로와 똑같이 사도라는 명칭과 직무를 —혹자는 바울로보다 나을 것이 없는 권리를 가지고, 혹자는 전혀 아무런 권리도 가지지 않은 채— 주장하는

사람들과 관련하여 그 의미가 자명해진다. 관련된 귀절들에 대해서는 적절한 곳에서 논의할 것이다. 이러한 사실들을 염두에 둘 때 "그리스도 예수의"(바하만Bachmann이 지적하는 바와 같이 이 소유격은 창조자에 대한 소유격이다)와 "하느님의 뜻으로"라는 말이 보다 분명해진다. 제 정신을 가진 사람이라면 어느 누구도 바울로가 산 것과 같은 삶, 곧 신체적인 위험과 고난에 그대로 노출되어 있을 뿐만 아니라 모욕당하고 이용당하며, 고독과 근심, 투쟁으로 일관된 삶을 선택하지는 않았을 것이다. 바울로는 사도와 설교자를 스스로 원해서 된 것은 아니다(참조. 고전 9,16 이하). 그러나 사도직을 수행하기도 힘든 일이었겠지만 하느님이 그에게 촉구하는 데도 침묵한다면 그것은 더 큰 고통이었을 것이다. 바울로로 하여금 고린토교인들에 대해서 특별한 권위를 행사(이 목적은 바울로에 의하면 "여러분을 넘어뜨리려 한 것이 아니라 세우기 위함"이다 : 10,8 ; 13,10)할 수 있게 했던 힘은 하느님의 뜻에 따라 그가 선택되었다는 사실이었다. 이 사실을 이해하지 못한 고린토교인들이 단지 자신의 의지와 스스로의 선택, 추천 등에 근거해서만 사도로서의 권위를 지니게 된 사람들에게서 더욱 큰 영향을 받았다는 것은 어쩌면 당연한 일일지도 모른다. 바울로의 사도적 권위는 결코 인간으로부터 나온 것이 아니며, 그러한 까닭에 그는 학식에 능했음에도 불구하고(11,6) 자신의 사도권을 나타내기 위하여 영지주의의 신비주의적 언어를 사용하지 않았고, 그의 선교활동 중에 여러 기적들이 일어났는데도 불구하고(12,12) '신적 인간'(θεῖος ἀνήρ)의 인상적인 행위를 과시하지도 않았으며, 예루살렘교회의 특사라고 주장했던 사람들이 지녔던 것과 같은 서면 신임장을 사용하지도 않았다(참조. 예를 들어 3,1). 그의 권위는 그가 선포하도록 위임받은 말씀의 진리성 —이것은 자기확증적이고 나아가서는 성령에 의해 확증된다(비교. 고전 2,4)— 과 그의 삶과 활동에 인찍혀 있는 죽음과 부활에 근거하고 있다(예. 고후 4,10).

고린토전서 1장 1절에서처럼 바울로는 결코 혼자가 아니다. 고린토전서의 소스테네스와 마찬가지로 여기서 디모테오는 실제로 사도가 아니다. 그는 부활한 예수를 보지 못했던 것이다(비교. 고전 9,1 ; 15,8). 그러나 그는 **형제** 그리스도교인이었다. 말 그대로 형제였다. 이 말에 대한 논의는 『고린토전서』, 50면을 참조하라. 이 말은 종교적인 동료에 대한 새로운 용어는 아니지만 복음이 이 말에 새로운 의미를 부여했다. 디모테오에 대해서, 그리고 고린토교회와 그와의 관계에 대해서는 고린토전서 4장 17절, 16장 10—11절과 그에 대한 주석을 참조하라. 그는 고린토후서 1장 19절에서도 언급되는데 이 귀절로써 그가 고린토 사람들에게 알려져 있었다는 사실을 알 수 있다. 이것은(1장 19절의 실루아노와 동일인임이 거의 확실한) 실라에 대해서도 언급하고 있는 사도행전 18장 5절과 일치한다. 바울로가 첫번째로 고린토를 방문한 이후에 디모테오가 고린토에 있었는지를 판단하는 것은 결코 쉬운 일이 아니다. 그는 고린토로 파견되었고(고전 4, 17), 고린토 사람들은 만일 (이 말의 중요성에 대해서는 『고린토전서』, 443면 참조) 그가 도착하면 그를 어떻게 대해야 할지에 대해서 이야기를 들었다. 이 방문에 대해서 우리가 알 수 있는 확실한 증거는 없다. 사도행전 19장 22절에서 디모테오와 에라스투스는 에페소로부터 마케도니아로 파견된 것으로 나와 있다. 이 여행이 그리이스로까지 계속되었으리라는 것은 전혀 불가능하지는 않다. 사도행전 20장 4절에 의하면 디모테오는 (다른 사람들과 함께) 그리이스에서 시리아로 가는 바울로의 여행에 동반한다. 그러나 이것은 고린토후서를 쓴 이후의 일이다. 고린토전서를 쓴 후에 바울로가 고린토의 타락한 일들에 대한 나쁜 소식에 접해 거기서 일어나는 무질서한 일들에 대해 들었다는 것은 거의 분명한 것 같다. 이 때 디모테오가 소식을 전해주었을 가능성이 있으며, 전혀 확실하지는 않고 어쩌면 그렇치 않을 수도 있지만, 그가 방문했을 때 무례한 대우를 받았을 가능성도 있다. 만일 그랬다면 그가 바울로와 함께 고린토교회가 잘 되기를 바라는 기도를 했다는 사실은 보다 큰 중요성을 지니게 된다. 빈디쉬는 이 때에 디모테오와 고린토 사람들 사이에 아무런 갈등이 없었다고 결론내린다. 이것은 디모테오가 그들을 자극하지 못했다는 사실을 반영한다기보다는 그의 아량이 넓다는 사실을 반영한다.

바울로와 디모테오는 고린토에 있는 하느님의 교회에 편지를 썼다. 같은 말이 고린토전서 1장 2절에 나온다. 이에 대하여는 『고린토전서』, 52면과 (교회에 대한 보다 상세한 해설은) 같은 책, 304—305·333—342면을 참조하라. 고린토후서에서 교회(ἐκκλησία)라는 말은 그렇게 자주 나오지 않는다 : 모두 아홉 번 나온다. 나머지 여덟 개의 귀절들에서(1, 18·19·23·24 ; 11, 8·28 ; 12, 13) 이 말은 복수로 사용되었다. 여기서 우리는, 적어도 바울로의 생애에 있어서 이 시기에는 이 말이(비록 지역적인 집단들이 함께 속해 있었음을 분명히 보여주는 귀절이 있긴 하지만 : 예. '모든 교회들' : 11, 28) 일차적으로 지역적인 그리스도교

개개 공동체를 의미했음을 분명히 암시받을 수 있다. 이 말이 언급된다는 사실에서 우리는, 사도직의 문제를 예리하게 제기하는 이 서신이 교회의 문제도 역시 제기하며, 또 교회가 존재하는 데 핵심이 되는 문제, 곧 교회를 세우는 복음, 교회가 서 있는 권위, 그 구성원들의 삶, 교회가 직면하고 있는 위험들과 같은 문제들을 철저하게 드러낸다는 점을 어렴풋이나마 짐작할 수 있다. 인용한 귀절들에 대한 해설을 참조하라. "하느님의"라는 소유격은 소유를 뜻하는 것이다.

바울로는 고린토전서에서는 전체 그리스도교인들("우리 주 예수 그리스도의 이름을 부르는 각처에 있는 모든 사람" : 고전 1,2. 이 말은 반드시 모든 그리스도교인들을 가리키는 것이 아니라 고린토에서 몇몇 집을 중심으로 모이던 모든 집단들을 가리킬 수도 있다)을 가리켜서 말한 반면, 여기서는 인사말에 보다 구체적인 첨가문인 아카이아에 **있는 모든 성도들에게**라는 말을 덧붙인다. 아마도 이 모든 사람들이 서신의 내용을 알 기회를 얻었을 것이다. 헤링(Héring)에 따르면 돌려가면서 읽은 하나의 편지를 가정해도 좋다. 그러나 고린토가 중심도시였고, 그 곳의 교회에 보낸 편지가 특정한 과정을 거쳐서 변경에 있는 그리스도교인들에게 전해졌으리라고 보는 것이 더 낫다. "성도들"이란 교회를 말하며, 하느님에 의해 선택받고, 부름받은 자들, 즉 자신을 위하여 봉사하도록 하느님이 구분해놓은 사람들을 말한다. 그들은 모두가 사도들인 것은 아니지만(고전 12,29) 하느님의 목적 안에서 각자의 위치를 지키고 있으며, 자신들에 맞는 적절한 은사와 역할을 지니고 있다(고전 12,7). 아카이아(참조. 고전 16,15 ; 사도 18,12·27 ; 19 ; 21 ; 로마 15,26 ; 데전 1,7·8)는 로마 시대 이전에는 펠로폰네소스의 북쪽해안 지역으로서 서쪽으로는 엘리스, 동쪽으로는 시시온, 남쪽으로는 아르카디아와 경계를 이루고 있다고 기술되었다. 그 당시에는 고린토가 아카이아에 포함되지 않았다. B.C. 27년에 그리이스 전역 —펠로폰네소스와 섬들, 데살리, 아이토리아, 에피루스의 일부 지역, 아티카, 보에티아— 이 아카이아라는 이름으로 로마의 영토가 되었다. 바울로가 이처럼 광범위한 정치적 의미로 이 말을 사용했으리라고 가정해서는 안 된다. 제정 초기에는 아카이아에 행정구역상 상당한 변화가 있었을 것이고 그때까지는 아마 성도들이 넓은 지역에 흩어져 있지는 않았을 것이다. 이 점은 고린토전서 16장 15절에 약간 암시되어 있는데 그 귀절을 보면 고린토에 사는 스테파노의 집 사람들이 아카이아에서는 최초의 그리스도교인들이었다고 한다. 사도행전 17장 34절에,

따르면 비록 수는 적었지만 아테네에도 개종자들이 있었는데, 여기서 아테네는 (바울로의 용법에 의하면) 아카이아에 포함되지 않았다.

[2] **우리 아버지 하느님과 주 예수 그리스도로부터 은혜와 평안이 여러분에게 임하기를 빕니다.** 같은 말이 고린토전서 1장 3절에 나온다(참조. 『고린토전서』, 54면). '은혜는 모든 그리스도인의 존재근거인 하느님의 선재적인 존재이자 행위이다(참조. 고전 15,10). 화평은 하느님의 구원행위의 결과이며, 인간이 허락받은 전적으로 행복한 상태를 말한다(참조. 로마 5,1). 만일 그리스도교인이 은혜를 갈망하고, 다른 사람들과 화평한 관계를 갈망한다면 그는 자신이 이미 받고 있는 하느님의 은혜와 또 자신이 이미 누리고 있는 화평이 보다 풍성해지기를 기도할 것이다. 은혜와 화평은 모두 아버지 하느님과 주 예수 그리스도로부터 온다. 아버지는 은혜와 화평의 근원이시고 그리스도가 그것의 수단이며, 이루는 자이다.' 바울로가 두 분을 나란히 배열하고, 한 분이 다른 한 분과는 다른 존재 질서에 속한다고 말하지 않은 점은 주목할 만하다. 은혜와 평안은 바울로의 도식화된 표현이며, 고린토서에서 자주 사용되기는 했지만 고린토의 상황에 적용시키기 위해서 생각해낸 말은 아니다. 그러나 그것은 화해의 열매인 평안이 절실히 요청되었던(참조. 5,19—20) 상황에 특별히 적절한 말이었다.

2. 감 사 말 1장 3—11절

3 우리 주 예수 그리스도의 아버지 하느님, 자비로우신 아버지, 모든 위로를 주시는 하느님께 찬양을 드립니다. 4 그 분은 모든 환난 가운데서 우리를 위로해 주십니다. 그래서 우리도 하느님께로부터 받은 위로를 통하여 어떠한 환난 가운데 있는 사람들도 위로할 수 있게 하십니다. 5 그것은 그리스도의 고난이 우리에게서 차고 넘친 것같이 그리스도를 통하여 받는 우리의 위로도 여러분에게 차고 넘치기 때문입니다. 6 우리가 환난을 당한다면 그것은 여러분의 위로와 구원[1]을 위한 것이며 우리가 위로를 받는다면 그것은 여러분의 위로를 위한 것입니다. 말하자면 여러분도 위로를 받아 우리가 당하는

1) 사본들에는 6b·7절의 어순의 많은 변형들이 나온다. 그러나 이것은 이 귀절의 전반적인 의미에 대해서는 별다른 영향을 주지 않는다.

것과 같은 환난을 당할 때에 견딜 수 있는 힘을 얻게 하려는 것입니다. 7
여러분에 대한 우리의 희망은 흔들리지 않습니다. 그것은 여러분이 우리의
환난에 함께 참여하는 것같이 우리의 위로에도 함께 참여하고 있다는 것을
우리가 알기 때문입니다. 8 형제들이여, 우리가 아시아에서 당한 환난을
여러분이 모르기를 원치 않습니다. 우리는 우리의 힘으로 감당할 수 없을
만큼 심한 환난에 눌려 마침내 살 희망마저 끊어져 버렸었읍니다. 9 그렇
습니다. 우리 자신은 마음 속으로 사형선고를 받아들였읍니다. 마침내 우리
는 우리 자신을 의지하지 않고 죽은 자를 다시 살리시는 하느님을 의지하게
되었읍니다. 10 하느님께서는 그렇게까지 심한 죽음의 고비에서 우리를 건
져주셨고 앞으로도 우리를 건져주실 것입니다. 그 하느님은 우리가 그분 안
에서 희망을 가지게 되는 분이다. 그리고[2] 그는 앞으로도 우리를 건져주실
것입니다. 11 여러분이 기도를 통하여 우리와 협력해준다면 많은 사람[3]의
기도를 통해서 우리에게 주어지는 은혜의 선물에 대하여 많은 사람으로부터
하느님께 감사가 드려지게 될 것입니다.

로마서와 고린토전서에서 보았던 것과 같은 형태가 여기서도 이어진다. 대부분의 그리이스 편지에서처럼 여기서도 관습적인 인사말 뒤에 감사의 말이 뒤따라나온다(참조. *Romans*, 23—4 ;『고린토전서』, 55면). 그러나 바울로의 서신들 중 어느 것도 관습적인 인사말이 그처럼 깊은 감정을 담고 있는 것은 없다. 바울로는 전반적인 복음의 보급에 대해 감사할 뿐만 아니라 특별히 자신이 최근에 죽음으로부터 구원을 받은 사실에 대해 감사하고 있다. 그는 이 경험을 복음의 보급과 관련시켜서 보고 있다. 그러나 그 자신에게 있어서 그것은 사형선고와 마지막 순간의 유예 —사도적 복음을 드러낼 수 있도록 하는 계기— 를 의미했다. 그는 유다교의 예전적 용법을 어느 정도 모방한 형식으로 감사의 말을 한다.

---

2) 나는 P^{46} B D 1739 Or와 함께 ὅτι를 생략한다. 만일를 집어넣는다면 이 문장은 앞 귀절에 의존하게 된다. 그리고 다음과 같이 번역해야 할 것이다 : "그가 앞으로도 건져주시리라는 희망을 우리는 가지고 있읍니다." 이것은 여기서 채택한 옛 권위자들의 본문보다 어색하며, 반복되는 문체이다.

3) 대부분의 사본들에 이와 같이 되어 있다. 소수의 (P^{46}을 포함하여) 사본들에 προσώπῳ로 되어 있다. 그 의미는 분명치 않다. 잘못 입증된 독법이나 추측에 대해서는 별달리 말할 필요가 없다. 그 경우 둘 다 교회의 "전체 모임"을 의미한다. 그러나 헤링은 그러한 독법과 추측을 받아들인다.

[3] **하느님께 찬양을 드립시다.** 바울로의 이 말(εὐλογητός)은 구약성서에서 자주 사용되었으며, 시편에도 적지 않게 나오는데 히브리어 baruk을 번역한 것이다. 이것은 후기 유다교의 예전적 자료들에서 나타나는데 특히 회당 예배의 열 여덟 개의 축복문에서 두드러지게 나타난다. 그 중에서도 첫번째 것에서 잘 예증된다.

> 우리들의 하느님이시자 우리 조상들, 아브라함과 이삭, 야곱의 하느님이신 주님께 찬양을 드리며(baruk 'attah), 위대하고 전능하시며 경외로우신 하느님께 찬양을 드립니다. 그분은 사랑과 자비를 베푸시며 모든 것을 소유하고 계신 분이십니다. 그분은 또한 조상들의 경건한 행동들을 기억하고 계시며, 당신의 이름을 위해서 그들의 후손들에게 사랑으로 구원자를 보내주실 것입니다(*Singer*, 44).

헬레니즘계 회당에서도 틀림없이 이와 일치하는 그리이스어 편지형식을 사용했을 것이다. 병행구들은 바울로 자신의 경건한 유다교적 배경을 나타낼 뿐만 아니라 바울로의 문장(그리이스어로는 동사가 없는 문장이다)을 직설법(하느님께 찬양합니다)으로 보아야 하는지, 아니면 희구법으로(하느님께 찬양합시다)으로 보아야 하는지를 밝히는데 매우 중요하다(컴멜에게 있어서도 그렇다). 언어상으로는 대체로 후자를 선택하게 되지만(바흐만과 빈디쉬도 후자를 선택한다) 전자가 더 적합하다. 직설법에 대해서는 로마서 1장 25절(비교. 9,5)과 Robertson, 396을 참조하라. 어느 정도로는 이 둘을 구별할 필요가 없을 것이다. 찬양하기를 기원하는 것이 곧 찬양이기 때문이다.

하느님께 찬양을 드립니다는 순전히 유다교적인 표현일 수도 있다. 바울로는 그 다음 말로써 이것을 그리스도교적 의미로 한정시킨다. **하느님은 우리 주 예수 그리스도의 아버지이시다.** 직역하면 이 절은 하느님과 우리 주 예수 그리스도의 아버지께 찬양합니다로 되어 있는데 이것은 "우리 주 예수 그리스도의 하느님(예수가 인정하고 또 그를 위해 봉사한 하느님)이시며 우리 주 예수 그리스도가 알아본 아버지이신 분께 찬양을 드립니다"라는 의미로 이해될 수 있었고, 또 그렇게 이해되었다. 그러나 여기에는 무언가 미흡한 감이 없지 않다. 바울로는 예수의 개인적인 종교에 대해서는 아무런 관심도 보여주지 않는다. 그는 하느님을 개인적으로 아빠(참조. 로마 8,15과 해설 ; 갈라 4,6)라고 부르지만 그것은 아마도 그 말이 이미 그리스도교적 용어의 하나가 되었기 때문일 것이다. 아마 이 절은 '하느님께 찬양을 드립니다'라는 유다교 찬양문의 그리스도교적 형태라고 보는 것이 더 나을 것이다. 그러나 구약성서의 하느님, 우리 조상들의 하느님은 이제 우리들에게 그가 세상에 보낸 아들인 예수 그리스도의 아버지로 알려졌다(갈라 4,4). 또 다른 두 명(만일 에페소서를 쓴 사람이 바울로라면 한 명)의 신약성서 저자들이 이와 똑같은 말을 쓰고 있다는 사실(에페 1,3 ; 베전 1,3)을 고려한다면 이 표현이 예배나 기도에서 매우 널리 사용되었음을 알 수 있다. 이것은 결코 놀랄 만한 일이 못되는데 왜냐하면 이 말은 예수가 구약성서나 유다교의 신앙과 대립하지 않고, 오히려 그 신앙을 성취했다는 기본적인 확신을 표현하고 있기 때문이다. 예수 그리스도에 대한 언급은 하느님은 어떠한 방식으로 하느님이 되시며, 또 어떠한 방식으로 아버지가 되시는지를 모두 규정한다(Bachmann). 마찬가지로 중요한 것은 예수 그리스도 자신을 우리 주(참조. 로마 10,9 ; 고전 12,3과 해설)라고 기술했다는 사실이다. 주(κύριος)라는 말은 분명히 관용적인 말로 사용되었지만 예수의 절대적인 권위를 나타내며, 비록 그보다 어린 형제들이긴 하지만(로마 8,29) 또한 그의 종들(로마 1,1)이기도 한 사람들에게 무조건적인 복종을 요구할 수 있는 그의 권리를 나타낸다.

바울로는 그가 감사를 드리지 않을 수 없었던 상황에 찬양문을 적용시킴으로써 이제 자기 자신의 입장에서 진술하기 시작한다. 하느님은 자비로우신 아버지다. 지혜서 9장 1절("자비로우신 주님"κύριος τοῦ ἐλέους)을 참고하라. 그러나 이 말은 유다교의 예전적 언어이기도 하다. 회당 예배에서 사용되던 쉐마의 기도문('ᵃhabah rabbah: '풍성한 사랑으로')은 '오, 우리 아버지, 자비로우며(ha'ab ha-raḥᵃman) 관대하셨던 아버지여, 우리를 불쌍히 여기소서'로 시작된다. 감사의 시편 10편 14절, 자비의 하느님('el ha-raḥᵃmim)을 참조하라. 그리고 다른 병행구들에 대해서는 J. Jeremias, *Abba* (1966), 30 주 62를 참조하라. 예레미아스에 의하면(앞책, 30—1) 여기서는 형용사 소유격을 사용해서 하느님을 자비로운 아버지로 부르고 있는 것이 아니라, 위에서 언급한 품성—즉 '자비의 화신이신 당신'이라는 품성—을 실제로 각 개인들에게 부여하는 말로 '아버지'라는 말을 쓰고 있다. 빈디쉬도 이와 비슷하게 하느님은 '창조자이시며 자비의 원천'이라고 말한다. 신약성서에서 "자비"(οἰκτιρμοί)라는 말은 주로 바울로 특유의 언어이며 거의 대부분(로마 12,1 ; 고후 1,3 ; 필립 2,1 ; 히브 10,28 ; 예외는 골로 3,

12) 복수로 사용되었는데 아마도 그것은 칠십인역에서 히브리어 복수(raḥᵃmim)를 번역한 말로 사용되었기 때문이리라. 바울로는 자기 자신의 상황과 하느님이 그를 위하여 인도해주었다는 것을 서술할 때(참조. 8절 이하) 이러한 구약성서적 배경을 끌어들이고 있다. 예를 들어 시편 39(40)편, 12절(14절의 동사 ῥύεσθαι "건져주다"는 고린토후서 1장 10절에서 사용되었다), 68(69)편, 17절(θλίβεσθαι "환난을 당하다"는 고린토후서 1장 6절에서 사용되었다), 78편(79), 8절(다음 귀절에도 ῥύεσθαι "건져주다"가 나온다)을 참조하라. 하느님은 자신의 의무로 환난당하는 자들을 건져주시는 것이 아니라 오직 자비와 사랑으로 그들을 환난에서 건져주신다. 하느님을 모든 (환난에서) 위로를 주시는 하느님이라고 서술한 것은 그러한 사상을 자비라는 하느님의 내적 속성으로부터 외적 행위로 한 걸음 더 발전시킨 것이다. 동일어원의 동사(παρακαλεῖν)와 함께 사용되는 이 명사(παράκλησις "위로")는 고린토후서에서 상당히 자주 나온다. 이것은 단 하나의 번역어로는 그 의미를 충분히 전해줄 수 없다. 8장 4·17절(명사), 2장 8절, 5장 20절, 6장 1절, 8장 6절, 9장 5절, 10장 1절, 12장 8·18절(동사)에서 그 의미는 이 단락의 동사(이것과 2,7 ; 7,4·6·7·13 ; 13,11 비교)와 명사가 지니는 의미와 전혀 다르다. 명사와 동사를 서로 뒤바꾸는 것은 다소 거슬리기는 하지만(특히 2장 7절과 8절) 전혀 불가능하지는 않다. 그리이스어 단어는 문맥상 필요한 여러가지 의미를 지닐 수 있다. 여기서 문맥은 환난, 위험, 구원에 대한 것으로 이어지므로 이 말(παράκλησις, παρακαλεῖν)의 의미는 위로라고 결론지을 수 있다. 이 말은 다수의 중요한 구약성서 귀절들, 특히 이사야 40장 1절, 51장 3·12·19절에 나온다. 이처럼 구약성서에서도 이 말을 사용했고, 이 말에 해당하는 히브리어(niḥam)와 동일어원의 말이 거의 메시아적 전문용어로 사용되었다는 점에서, 바울로가 자신에 대한 위로와 구원을 특별히 자신을 위해서 취해진 하느님의 행위라고 보지 않고 총체적인 메시아적 구원과 위로의 일부로 보았다고 생각할 수 있다. 이것은 그가 4·6·7절에서도 계속해서 이 말을 사용했다는 사실에 의해 확증된다. "위로"는 바울로가 환난 가운데서 위안을 받았음을 뜻하는 것이 아니라 그가 그러한 환난으로부터 건져졌음을 의미함이 분명하다.

〔 4 〕 하느님은 모든 위로의 행위의 궁극적인 원천이지만 바울로는 곧 일반적인 이야기(이것은 기존의 표현형식이 3절 끝까지 계속되는 것을 말한다)로부터 특수한 이야기로 넘어간다.

그 분은(Who: 이 관계대명사는 아마도 이유를 나타낼 것이다—"그가 위로하기 때문에" ; 칼빈도 이렇게 본다) 모든 환난 가운데서 우리를 위로해주십니다. 바울로가 말하는 환난에 대한 세부적인 서술은 8—9절에 나온다(또한 7장 6절과 11장 23—27절의 보다 길고 명시적인 환난들의 목록과 비교해 보라). 곧 이어지는 귀절들뿐만 아니라 전체 서신이, 사도의 삶에서 가장 분명하게 드러나는 그리스도인의 실존은 환난과 위로의 역설적인 결합 안에 있음을 보여준다. 그리고 이 환난과 위로는 둘 다 개인적인 문제에 국한되는 것이 아니라 보다 폭넓은 범위에 적용시켜야 한다. 복수 우리는 이러한 확대된 적용을 나타낸다. 바울로는 첫번째 예로 자기 자신에 대해 말하지만 그의 일이 순전히 사적인 것만은 아니다. 이 점은 서신의 여러 곳에서 기억해야 할 사실인데, 거기서 단수와 복수를 함께 사용함으로써 종종 적지 않은 문제들이 야기되고 있다. 바울로가 위로를 받은 목적은 우리도 어떠한 환난 가운데 있는 사람들도 위로할 수 있게 하기 위함이다. 이 귀절에서는 그리이스어 단어 하나(πάσῃ)가 '모든'에서 '어떤……도, 무엇이든'(any)으로 의미가 바뀌었다. 후자의 용법은 셈어의 영향을 받은 것이 아니라 아마도 단순한 반복으로 인한 것이리라(Beyer, 190). 사실 이것은 거의 설명을 필요로 하지 않는다(*M.* iii, 200 ; *B.D.* §275.3). 사도는 특이한 위치에 서 있는데 그것은 그의 위치가 하느님의 특이한 구원행위의 관계에 의해 규정되어 있기 때문이다. 원시 그리스도교의 사도직 개념이 발전되는 데에 여러가지 요소들이 작용했으리라는 것은 사실이지만—가령 유다교의 shaliaḥ, 철학적이고 영지주의적인 선교자, '신적 인간'—그러나 바울로가 자신의 선교를 이해하는 데 있어서 이것들 중 어느 것도 십자가에 못박히고 부활한 그리스도의 종말론적 사건에 대한 그의 특수한 관계만큼 근본적인 영향을 끼친 것은 없다. 그리고 이러한 특수한 관계는 그가 예수의 죽음을 짊어지고 다니고(4, 10), 죽음으로부터 건짐을 받은 데에서도(10절) 마찬가지로 나타나며 이를 통하여 죽은 자를 일으키는 하느님에 대한 믿음이 가시적이고 역사적 형태를 띠게 되었다. 그의 개인적인 장점이 아니라 바로 이러한 일들이 그를 모범적인 인물로 만들었으며, 그가 받은 단련과 위로를 보편적인 것으로 만들었다. 그러므로 여기 나타나는 사상은 알로가 버질을 인용하여 말하는 비그리스도교적 병행구보다 훨씬 더 심오하다. Virgil, *Aeneid* i. 630 ; "악한 사람들의 무지는 곤궁에 처해 있는 사람에게 도움이 되지 못하는 것으로 나는 알고 있다"(non ignara mali miseris succurrere disco: Schlatter도 이와 비슷하게 Ketuboth 8b를 인용한다. 빈디쉬는 이보다 더 많은 예들을 들고 있다). 바울로는 자기 자신의 군센 성품을 통해서가 아니라 우리도 하느님께로부터 받은 위로(παράκλησις: 동작명사 : nomen actionis)를 통하여 다른 사람들을 위로한다(참조. 7,6: 그러나 이것은 다른 사건에 대해 언급하는 것이다).

[5] 바울로는 자신의 고난과, 약간 미심쩍기는 하지만 다른 그리스도교인들의 고난에도 의미를 부여하는데 그것은 그러한 고난들이 그들 자산만의 고난이 아니기 때문이다. 그리스도의 고난이 우리에게서 차고 넘친 것같이(즉 우리를 향해서, 우리에게까지도 도달할 정도로 풍성하게. 영어로 차고 넘친다는 은유는 이러한 의미를 표현할 수 있을 만큼 강한 어조의 말은 아니다) 그리스도를 통하여 받는 우리의 위로도 여러분에게 차고 넘치기 때문입니다("여러분에게"는 그리이스어 본문에는 없지만 의미를 완전하게 하기 위해서는 필요하다 : 이하 참조). 그리스도의 고난은 아마도 두 가지 방식으로 이해될 수 있을 것이다. 이 두 가지 방식은 모두 옳고 서로 결합될 수밖에 없을 것이다. (ㄱ) 고난은 그리스도가 이미 경험했던 고난이다. 그리고 이 고난은 다른 사람들에게도 전해지고 그들도 함께 동참하도록 확대되었다. (ㄴ) 이 구는 '메시야의 고난'(ḥeble ha-mashiaḥ)이라는 히브리어와 매우 유사한데 이 말은 메시야가 개인적으로 받은 고난을 의미하는 것이 아니라(그러므로 우리는 구지Goudge와 같이 '그리스도의 고난'이라고 번역해서는 안 된다), 그와 연관되어 있는 고난들, 즉 영원한 축복에 앞서는 재난의 때에 메시야의 시대를 알리는 '메시야적 고난들'을 의미한다. 아마도 그리스도교 신앙에서 받아들인 예수의 죽음에 대한 가장 원시적인 형태는 그가 스스로 그러한 고난을 감수했고, 선택받은 자들을 위하여 그것을 견디었다는 것이다. 바울로 자신이 이러한 자료로부터 속죄에 대한 교리를 발전시켰다(*Romans*, 122). 예수의 죽음과 부활 이후에도 그리스도인들이 이 세상에서, 좋지 못한 상황 가운데서 삶을 계속한다는 사실은, 그리스도의 고난들 중 일부가 그의 추종자들에게도 미쳐서 그들이 그것을 감내해내야만 하도록 되어 있다고 가정할 경우에 가장 잘 설명될 수 있었다. 비록 골로사이서 1장 24절은 바울로가 쓴 것이 아니라고 판명되긴 하였지만, 이 귀절에 담긴 견해를 바울로 역시 갖고 있었고, 전반적인 그의 일들은 물론 자신의 고난이 종말론적 의미를 지닌다고 생각했었음은 거의 의심할 여지가 없다. 그에게 있어서 고난은 묵시

/63/

문학적 사변의 문제가 아니라 역사적 사실의 문제였다(4,8 이하 ; 6,4 이하 ; 11,23 이하). 이것은 어느 정도로는 교회 전체에 대해서도 마찬가지로 타당하다. 교회가 존재한다는 것은 그러한 고난으로 점철되는 것을 뜻한다. '거룩한 십자가'(루터)야말로 교회의 상징이다.

[6] 위로도 마찬가지이다. 바울로의 위로는 고린토인들에게 차고 넘친다(참조. 4,12 : "죽음은 우리 안에서 일하고 생명은 여러분 안에서 일합니다"). 예수의 고난은 구속적인 것이다. 사도의 고난도 그보다는 못하지만 마찬가지로 구속적인 것이며, 개종자들에게 위로를 가져다 준다. 그가 한 경험들 중에서 교회에 이득이 되지 못하는 것이라고는 없다(참조. 5,13). 우리가 환난을 당한다면 그것은 여러분의 위로와 구원을 "위한 것이며"(ὑπέρ ; *B.D.* § 231,2 ; Moule, *Idiom*, 65 : '~할 목적으로')—왜냐하면 우리가 환난을 받음으로써 여러분을 위로하게 되며, 이렇게 하여 우리는 이 위로를 여러분과 함께 나누기 때문입니다. 그리고 우리들이 함께 받는 위로는 인간적인 유쾌함이 아니라 마지막 날을 특징짓는 죽음에서 삶으로 가는 전체 움직임의 한 측면입니다. 보다 분명하게 말하자면 우리가 위로를 받는다면 그것은 여러분의 위로를 위한 것입니다. 만일 고린토 사람들이 바울로가 경험한 것과 같은 고난을 경험하고 견뎌내지 못했다면 바울로가 받은 것과 같은 위로를 고린토의 그리스도교인들이 받았다고 말하는 것도 무의미하리라. 그러나 우리는 이러한 고난들이 어떤 것이었는지를 단지 추측할 수 있을 뿐이다. 여러분도 위로를 받아 우리가 당하는 것과 같은 환난을 당할 때에 견딜 수 있는 "힘을 얻게"(동사 ἐνεργεῖσθαι에 대해서 예를 들어 4장 12절과 갈라디아서 5장 6절을 참조) 하려는 것입니다. 바울로는 자신의 특수한 사도 직분을 깊이 의식하고 있지만 자기 자신과 사도가 아닌 일반 그리스도교인들 사이를 절대적으로 구별하지 않는다. 사도들에게 있어서 특별한 것이란 일반 그리스도교인의 유형이 그에게서 상당히 예리하게 나타난다는 것이다. 고난과 위로, 죽음과 부활의 이러한 유형은 불운이나 혹은 행운의 문제가 아니라 하느님의 뜻과 관련된 것이다.

[7] 따라서 여러분에 대한 우리의 희망은 흔들리지 않습니다라고 한다(일반적인 거래용어인 형용사 "흔들리지 않는" βέβαιος에 대해서는 다음을 참조하라 : 로마 4,16 "약속이 보장되게 하기 위하여" ; 1,21의 동일어원의 동사). 그것은 하느님의 자비에 기초하고 있으며, 현재의 사실에 의해 확증된다. 그것은 여러분이

우리의 환난에 함께 참여하는 것같이 우리의 위로에도 함께 참여하고 있다는 것을 우리가 알기 때문입니다(주격 분사 "알다" εἰδότες는 이 문장에서 적절하게 쓰이지 않았는데 그것은 이것이 주절의 주어를 가리키지 않기 때문이다. 이 분사는 문장의 한 변형 형태와 일치하며 원인을 나타내는 것이다: '우리는 알기 때문에 ……을 기대한다.' 바울로서신들과 고전문헌들, 비문들과 파피루스들에는 많은 병행구들이 있다. 예를 들어 Bachmann을 참조하라). 마지막 절(이 절에는 동사가 나타나 있지 않다)은 현재 시제대신 미래 시제로 이해할 수도 있다: '여러분이 환난에 참여하는 것같이 위로에도 참여하게 될 것입니다.' 만일 그렇게 이해한다면 ~때문에를 생략하고 우리가 안다(정형동사 대신 분사를 씀으로써 이상하게 표현되었다)는 우리의 희망을 반복하는 것이라고 가정해야 될 것이다: '우리의 희망은 흔들리지 않습니다. 우리는 여러분이 … 함께 참여하리라는 것을 알고 있읍니다.' 그러나 어떻게 설명하든지 이 귀절을 이런 식으로 생각하는 것은 개연성이 적다. 환난과 위로는 동시에 경험되는 것들이다. —비록 이것이 미래의 구원에 대한 사상을 완전히 배제하는 것은 아닐지라도 말이다.

[8] 3—7절에서 말하고 있는 것, 특히 6절a의 진술로부터 볼 때, 바울로의 고난은 그의 개종자들에게는 힘의 원천이 되어야 한다는 결론이 나온다. 그는 마치 고난이 실패와 패배의 상징이기라도 한 것처럼 그것들을 감출 필요가 없었다. 형제들이여(이 부름에 대해서는 8장 1절, 13장 11절, 그리고 1장 1절에 대한 해설을 참조하라), 우리는 (이 귀절들에서 1인칭 복수형은 1인칭 단수형과 거의 차이가 없다) 우리가 아시아(즉 수도는 에페소였던 로마 영토)에서 일어난(여러 사본들에서 '우리에게'를 첨가하고 있는데 이것은 확실히 의미를 분명하게 해준다) 환난에 "대해서" (잘 쓰이는 전치사 ὑπέρ의 다른 용법—비교. 6·7절 ; Moule, *Idiom*, 65, 그리고 8,23 ; 12,8) 여러분이 모르기를 원치 않습니다(참조. 8,1. 그리고 보다 긴밀한 병행구로는 로마 1,13 ; 11,25 ; 고전 10,1 ; 12,1 ; 데전 4,13). 이것은 특별한 사건이나 아니면 일련의 사건들을 가리키는 것임에 틀림없다. 그러나 구체적으로 어떤 사건을 가리키는지 확실히 밝힐 수는 없다. 이것이 고린토전서 15장 32절에서 언급한 사건일 리는 없다. 왜냐하면 바울로는 그 귀절에서 처음으로 고린토 사람들에게 그 사건에 대해 알리고 있는 것으로 보이기 때문이다(그러나 슐라터에 의하면 거기에 세부적인 서술이 부족하다는 사실은 바울로가 생각하고 있는 바를 고린토 사람들

이 이미 알았음을 뜻한다). 만일 이 귀절이 사도행전 19장 23—40절의 소란을 언급하고 있는 것이라면 이것은 바울로의 생애에 있어서 사도행전이 우리에게 보여주는 것보다 훨씬 위험한 일이었음에 틀림없다. 이러한 추측은 물론 가능하다. 우리는 11장 23절 이하의 수많은 위험들을 상기하게 된다. 바울로가 몹시 앓았으리라는 것도 다른 추측 못지 않게 그럴 듯한 추측이다. 클라비어(Clavier, *Studia Paulina*, 77)는 이 이야기에서 외부보다는 내부로부터 일어나는 위험을 암시하는 것들에 주목한다. 알로(Allo)도 비슷한 결론에 도달한다. 왜 스트라챤(Strachan)이 신체적 폭력행위, 아마도 사형(私刑)을 생각하게 되었는지 분명하지 않다. 전제되어 있는 바울로의 질병이 어떤 것인지에 대해서 여러가지 추측들이 나왔다(참조. 12,7과 해설). 그러한 것들은 모두가 단지 추측일 뿐이다. 그러나 바울로의 생애가 그 다음 말들이 분명히 보여주듯이 심각한 위험에 처해 있었음은 확실하다. 우리는 우리의 힘으로 감당할 수 "없을 만큼"(καθ' ὑπερβολήν: 명사와 그 동일어원의 말들을 사용하는 것은 특별히 고린도후서의 특징이다—1, 8 ; 3, 10 ; 4, 7·17 ; 9, 14 ; 11, 23 ; 12, 7. 신약성서의 나머지 부분에서는 모두 다섯 번 나온다) 심한 환난에 눌려(너무 많은 짐을 실은 배와 같이) 마침내 살 희망마저 "끊어져 버렸읍니다"(ἐξαπορηθῆναι ; 참조. 4, 8. 그리고 구문에 대해서는 Dionysius of Halicarnassus, *Ant. Rom* 7, 18, 2에 나오는 ἐξαπορεῖσθαι ἀργυρίου "돈이 없어 쩔쩔매다"를 참조하라). 이 경험의 목적에 대해서는 이미 지적했었다(6절).

[9] 그렇습니다(ἀλλὰ. 앞서 뜻한 바에 대한 반대 의미 : '우리는 살 희망마저 끊어져 버렸읍니다. 그러나 그런 가운데서도……)', 우리 자신은(이것은 이제 곧 사용할 재귀형을 강화시키고 있다. 참조. 10, 12과 *B.D.* §283. 4) 우리들 자신의 마음 속으로 사형 선고를 받아들였읍니다(received 혹은 accepted. 즉 그에 반대해서 더 이상 싸우지 않기로 했다. Héring도 마찬가지로 본다). 동사(ἐσχήμαμεν)는 기대된 바대로 단순과거형이 아니라 완료시제인데 그것은 어쩌면(*M.*i. 145 ; 참조. 248) 단순과거형(ἔσχον)이 대개의 경우 동작의 시작을 나타내기 때문일 것이다. 그러나 *B.D.* §342. 2(참조. Allo)에서는 여기서(비록 서신 내에서 완료형이 사용된 곳 모두가 그런 것은 아니지만) 완료형을 쓸 타당한 이유가 있다고 생각한다. 이 말은 사형선고가 즉시 집행되지는 않았지만 여전히 효력이 있었으므로 바울로가 자신의 유일한 희망은 부활에 있다는 것을 알았음을 뜻한다. 만일 여기서 말하는

위협이 질병이라면 위와 같이 보는 것이 가장 자연스럽다. 선고는 아마도 호의적인 황제의 결정들에 대해서 자주 사용되었던 것으로 보이는 말(ἀπόκριμα)을 여기서 개연적으로 해석한 것이리라. *M.M.*(해당란)에서는 이 의미를 발전시키고 있다 : '디텐베르거는 이것들(ἐπιστολαί, ἀποκρίματα, διατάγματα)을 문맥에 따라 훌륭하게 정의하고 있다(참조. *O.G.I.S.* 494. 19—20(〔Ⅱ 131〕). 즉 그는 지방총독이 황제나 원로원 등에 보내는 급보, 또는 황제가 지방 대표단에게 주는 답변, 혹은 개인이 아니라 많은 사람들에게 전하는 포고문이나 문서로 정의한다…… 바울로에게 있어서 이것은 그가 하느님을 향해서 괴로움에 찬 호소를 했으며, 그의 마음 속에는, 이미 이에 대한 답변이 주어져 있었음을 의미한다.—즉 우리가 재구성할 수 있듯이, 그 답변이란 "너는 죽게 될 것이다. 그러나 죽음이 오히려 이득이 될 것이다"(ἀποθάνῃ· τὸ δὲ ἀποθανεῖν κέδρος)이다. 위와 같이 생각하는 것은 흥미있기는 하지만 어디까지나 그것은 상상이다. 선고는 이 문맥에서 올바른 번역이다(Lietzmann의 테오도레트로부터의 인용문을 참조하라). 바울로는 로마서 8장 1절을 고려하여 보다 뚜렷하게 정죄를 나타내는 말(κατάκριμα "정죄")을 사용할 수 없었을 것이다. 헤링에 따르면 바울로가 두려워한 것은 죽음 자체가 아니라 그의 이방 선교가 채 완성되기도 전에 끝나버리게 되는 것이었다. 그러나 바울로가 계속해서 말하는 것은 이것이 아니었다.

다음 절은 일반적으로 목적을 나타내는 말(ἵνα)에 의해 도입되는데, 비록 과거의 사건들에서 성취된 목적이 결과, 곧 의도했던 결과일 수도 있지만 (몇몇 사람들이 그러듯이) 여기서 이 말이 결과를 나타낸다고 가정할 필요는 없다. 환난과 구원이 일어난 것은 우리가 우리 자신을 의지하지 않고(부정어와 함께 사용되는 완료 가정법—πεποιθότες ὦμεν "우리가 의지하다"—은 기존의 조건이 계속되지 않음을 나타낸다) 죽은 자를 다시 살리시는 하느님을 의지하도록 하기 위한 것이었다. 죽음은 인간 존재의 한계를 나타낸다. 죽음으로 한정된 영역 안에서 인간은 스스로를 신뢰할 수 있는 일정한 영역을 갖는다. 적어도 그러한 영역을 갖는 것으로 보인다. 그러나 바울로가 그랬듯이, 그러한 경계선(죽음)에 접근하는 것은 단순히 자신의 한계를 깨닫는 것일 뿐만 아니라 그러한 자기 신뢰의 궁극적인 기만성을 깨닫는 것이기도 하다. 이 편지가 인간의 모든 안전성에 대해 끊임없이 의문을 제기하고, 또 그만큼 읽기에 거북한 내용을 담고 있는 것은 이 편지 전체가 이러한 선상에서 전개되고 있기 때문이다. 그러나 이 편지에서 인간의 모든 위로와 안전, 자랑을 거부하는 것은 오직 참된 위로와 안전성, 자랑을 위한 것이다. 즉 그것은 죽은 자를 일으키는 하느님을 위한 것이다(참조. 신명 32,39; 삼상 2,6). 이 말은 유다교의 일반적인 상투어이다. 이에 대해 라삐 요하난은 이렇게 말한다: '하느님에게는 어떤 대리인에게도 맡기지 않은 세 개의 열쇠가 있다. 그것은 비가 오게 하는 열쇠(신명 28,12)와 자궁의 열쇠(창세 30,22)와 죽은 자를 소생시키는 열쇠(에제 37,13)이다' (*Taanith* 2a. 여러 병행구들에 대해서는 *S.B.*i. 523 참조. 그리고 열 여덟 개의 축복문 중 두번째 것과 비교: '오, 주님이시여, 당신은 영원히 전능하시며, 죽은 자를 살리시며, 구원의 능력을 가지고 계십니다' : *Singer*, 44). 로마서 4장 17절을 참조하라. 그러나 바울로가 단순히 친숙한 어구를 인용하고 있는 것은 아니다.

> 죽는다는 것은 존재하지 않음을 의미한다. 존재하지 않는 사람들은 의지를 가질 수도 없고 행할 수도 없으며 또한 아마도 다른 사람들의 의지나 행위의 대상이 되지도 못할 것이다. *ἀνάστασις ἐκ νεκρῶν*("죽은 자들의 부활")은 다른 여러 가능성들 중의 한 가지 가능성이 아니다. 이 일이 일어날 때에는 하느님, 오직 하느님만이 활동하신다. 죽은 자를 일으키고(*ἐγείρειν*) 죽은 자에게 생명을 불어넣는 것(*ζωοποιεῖν*)은 존재하지 않는 것을 존재하게 하는 창조적인 부름과 마찬가지로 전적으로, 또 오로지 하느님만이 하실 수 있는 일이며 하느님 외의 다른 어떠한 요소도 이 일에 함께 끼어들 수 없는 일이다(히브 11,19; 고후 1,9; 로마 4,7)(Barth, *C.D.* Ⅳ i, 301).

신체적인 질병, 죽음의 그림자, 고린토에서의 활동의 실패는, 육에 있어서 신뢰할 만한 것을 많이 가지고 있는 그 어떠한 사람보다도 신뢰할 만한 것을 더 많이 가지고 있는 바울로(필립 3,4; 비교. 고후 11,22—23)조차도 좌절에 빠지게 할 수 있는 요인들 중에 속한다. 고린토 교회는 다른 많은 교회들과 마찬가지로 환난을 당하지 않고 위로를 받을 수 있다고 생각했다. 이 서신의 주제는 이러한 일이 불가능하다는 것이다(비교. 사도 14,22). 사도나 교회 전체를 위한 그리스도교적 훈련이란 인간의 본능적인 자기 자랑을 점진적으로 약화시키는 것을 의미한다. 그리고 그러한 자기 자랑의 귀결인 낙담을 하지 않고 하느님에 대한 근본적인 믿음을 성장시켜가는 것을 의미한다.

[10] 하느님에 대한 믿음은 그 분의 구원하시는 능력을 경험함으로써 성장해간다. 하느님께서는 그렇게까지 심한(직역하면 '그렇게 큰'. 그러나 이렇게 무미건조한 형용사는 여기서 영어로 적절하게 표현될 수 없을 것이다. 오히려 '그렇게 두려운'이 더 나을지도 모른다) 죽음의 고비(Bachmann과 Kümmel은 P[46]과 다른 몇몇 사본들의 독법인 복수형을 받아들였다)에서 우리를 건져주셨고(비교. 로마 7,24 ; 15,31 ; 골로 1,13 ; 데전 1,10 ; 데후 3,2) 앞으로도 우리를 건져주실 것입니다(많은 사본들에 현재시제 *καὶ ῥύεται* "지금도 건져주십니다"로 되어 있는 것을 볼 수 있으며, 소수의 사본들에는 이 말이 생략되어 있는데 그것은 아마도 이 귀절의 뒷부분에 미래형이 나오기 때문일 것이다. 지금도 알로가 그렇게 생각하고 있듯이 그 당시에도 과거, 현재, 미래의 순서로 나오는 것이 적절한 순서로 생각되었을 것이다). 하느님은 (아마도) 신체적인 죽음으로부터 바울로를 건져주셨을 것이다. 바울로는 상황이 그처럼 자신을 위협할 때마다 항상 하느님이 건져주리라고는 확신하지 못했다. 그는 차라리 육신을 떠나 주와 함께 살기를 원했다(5,8). 현재의 하느님의 구원행위는 바울로로 하여금 고린토 사람들에게 위로를 전할 수 있게 해주었고, 그가 자기 자신을 신뢰하는 데서부터 벗어나서 하느님을 신뢰할 수 있게 했다. 미래의 건져주심이 무엇인지는 오직 미래만이 보여줄 수 있을 것이다. 그러나 하느님은 우리가 그분 안에서 희망을 가지게 되는 분이라고 정의할 수 있다. 문장은 여기서 끝난다(참조. 88면의 주 2). 희망은 미래와 특별히 관련된 것으로 이해된 (하느님에 대한) 신뢰를 말한다(참조. 로마 4,18— 로마서의 이 귀절에서는 죽음으로부터 생명을 가져다주는 하느님에 대한 신뢰라고, 비슷하게 규정할 수 있는 문맥에서 사용되었다).

[10—11] 10절의 마지막 말은 11절에 귀속시켜야 하며, 그 본문(참조. 88면의 주 2,3)과 구문(Moule, *Idiom*, 108)은 의심스럽고 불투명하다. 바울로는 우선 구원자로서의 하느님에 대한 자신의 신뢰를 다시 한번 확언한다 : 그는 앞으로도 우리를 건져주실 것입니다. 하느님은 그 분의 백성의 기도를 통하여 활동하시며, 만일 그(바울로)가 그 분의 백성들에게 위로를 전해줄 수 있다면, 그 백성들도 역시 기도를 통해 바울로에게 하느님의 (은혜의) 선물을 확보해준다는 점에게 바울로에게 봉사하는 셈이 되어 결국 그들도 하느님이 주시고 행하시는 감사의 합창을 함께 할 수 있게 된다는 사실을 기억

한다. 시작되는 절(속격 절대구문)은 매우 분명하다 : 여러분이 기도를 통하여 우리와(아마도 '나와 함께'. 어쩌면 '서로'일지도 모른다. 슐라터에 의하면 '하느님과 함께'이다) 협력해 준다면. 이 기도는 중보기도의 의미로 보는 것이 가장 자연스럽다. 그리고 이것이 (이 귀절의 후반부가 그러하듯이) 감사를 가리킨다는 컴멜의 주장은 그 자신이 인용하고 있는 신명기 3장 24절에 대한 해석인 시프르 신명기(*Sifre Deut.*: 할라카식 미드라쉬—신명기의 단편적 율법—역자주) 27(71a)에 의해서도 잘 입증되지 않는다(여러 사람을 위한 한 사람의 기도가 그러하다면 한 사람을 위한 여러 사람의 기도는 그보다 훨씬 더할 것이다). 중보기도는 하느님의 행위가 일어나도록 (바울로가 계속해서 설명하고 있는 방식으로) 돕는다. 그리고 다음에 이것은 감사로 이어진다. 이것이 바로 이어지는 마지막 절(ἵνα에 의해 도입된다)의 의미이다 : 많은 사람의 (마치 바울로가 —데네이 Denney가 지적하듯이— τὸ διὰ πολλῶν "그 많은 사람을 통하여"라고 하는, 그의 특유한 어법을 사용한 것처럼 번역되었다. 만일 관사 없는 본문을 그대로 받아들인다면 διὰ πολλῶν "많은 〔사람들을〕 통하여"는 ἐκ πολλῶν προσώπων "많은 사람들로부터"를 중복한 것이 된다 ; Moule, *Idiom*, 108. 모울은 문법적인 문제를 매우 분명하게 설명하고 있다) 기도를 통해서 우리에게 주어지는 "은혜의 선물"(χάρισμα. 이 말은 여러가지 의미를 지니고 있다. 참조. *Romans*, 113, 134, 237 그리고 『고린토전서』, 58면. 여기서 이 말은 일차적으로 구원의 행위를 가리킨다)에 대하여 많은 사람으로부터 하느님께 감사가 드려지게 될 것입니다("하느님께"라는 말은 본래 그리이스어 본문에는 없다. 그러나 이러한 의미를 뜻했음이 분명하다. 그리고 영어로는 이 말을 명시적으로 집어넣는 것이 의미상 더 나아 보인다. 많은 사람으로부터. 바울로는 이 귀절에서 대명사를 쓰는 것만으로(ἐκ πολλῶν) 만족할 수도 있었을 것이다. 그가 첨가한 명사(προσώπων: "얼굴")가 헬레니즘시대의 그리이스어에서 일반적으로 '사람'이라는 뜻으로 사용되었음은 사실이다. 그러나 그가 이 말을 첨가한 이유를 이러한 의미로 설명할 수는 없다. 그는 이 말을 '얼굴'이라는 본래의 의미로 사용했을 것이다. 많은 얼굴들이 기도 가운데 하느님께로 향한다. 아니면 바울로는 연극에서 사용되는 이 말의 의미를 생각했을지도 모른다. 연극에는 서로 다른 여러 인물들이 나오지만 그들은 모두가 동일한 결말에 이르기 위해 협력하며, 그 결말이 이루어졌을 때에는 다같이 감사를 드린다. "감사드리다"(εὐχαριστεῖν)라는 동사는 (여기서처럼) 거의 수동형으로는 쓰이지 않는다. 큄멜에 의하면 이 귀절에 대한 적절한 병행구는 Justin, *I Apology* lxv, 5 ; lxvi. 2이며 또한 Hermas, *Similitude* 7,5와 비교하라. 여기서 능동형 동사는 직접목적어를 가지고 있다. 유딧서 8장 25절은 '기도하다'라는 의미를 거의 입증해주지 못한다 (Héring)

바흐만에 의하면 바울로는, 이 서신에서 논의되고 있는 이야기들이 진행되던 시기에 일어난 최초의 사건이었던 환난에 대해서 언급함으로써 고린토 사람들과의 논쟁을 시작한다. 여기서부터 7장까지 바울로는 연대기적으로 자신의 논의를 전개시킨다. 이것은 1—7장의 구조를 어느 정도 지나치게 단순화하는 것일 수도 있으나 크게 잘못된 것은 아니다.

Ⅱ. 바울로의 고린토 방문 계획
1장 12절—2장 13절

3. 바울로의 자랑 1장 12—22절

12 우리가 세상에서, 특히 여러분에 대하여 인간적인 지혜로가 아니라 하느님의 은혜로, 그리고 하느님께서 주신 솔직함[1]과 진실함으로 행했다는 것은 우리의 양심이 증거하는 것입니다. 13 우리는 진실합니다. 사실 우리는 여러분이 읽고 참으로 깨달은[2] 것과 다른 것을 여러분에게 쓰고 있지 않기 때문입니다. 14 지금도 여러분이 부분적으로나마 우리를 이해하고 있느니만큼 결국에는 온전히 이해하게 되어 우리 주 예수의 날에 우리가 여러분의 자랑이 되듯이 여러분도 우리의 자랑이 되기를 바랍니다. 15 이런 확신이 있기 때문에 나는 우선 여러분에게로 가서 두번째의 은혜[3]를 나누고 16 거기서 마케도니아로 갔다가 돌아오는 길에 다시 여러분에게 들러서 여러분의 도움을 받아 유다로 갈 작정이었읍니다. 17 그렇다면 내가 이렇게 결정한[4] 것이 변덕스럽게 행동한 것이라고 생각합니까? 그래서 내 육적인 욕구를

---

1) "솔직함"은 D G lat sy 본문의 ἁπλότητι를 번역한 것이다. P^{46} B ℵ 사본까지도 포함하여 다른 사본들에는 ἁγιότητι("거룩함")라고 되어 있다. 특히 언셜체로 씌어진 말들은 매우 비슷하다(*ΑΠΛΟΤΗΤΙ*: *ΑΓΙΟΤΗΤΙ*). 그 때문에 쉽게 혼동이 일어날 수 있다. "솔직함"을 택한 이유는 주석에서 제시될 것이다. 리츠만도 참조하라.

2) "참으로 깨달은"은 아마도 동음결미로 인해서 P^{46} B 사본에서는 생략되었다.

3) 거의 모든 사본들에서 이와 같다. B 사본에는 "기쁨"(χάριν 대신 χαράν)으로 되어 있다. 이것은 아마도 실수로 인한 것이리라. 의미상의 차이는 대수롭지 않지만 기쁨이 보다 원래적인 것인데 보다 친숙한 신학적인 언어로 그것을 대치했다고 주장되었다.

4) D it sy 사본에는 "내가 이 계획을 세운 것이"(βουλόμενος 대신 βουλευόμενος)라고 되어 있다. 아마도 이 귀절 후반부에 동화된 것이리라.

따라 '예', '예'하고 동시에 '아니요', '아니요'[5] 한 것이었겠읍니까? 18
하느님은 신실하십니다. 그리고 그는 우리가 여러분에게 '예'하고 동시에
'아니요'하지는 않았음을 증거해주실 것입니다. 19 우리가, 즉 나와 실누아
노와 디모테오가 여러분에게 전한 하느님의 아들 그리스도 예수는 '예'도
되고 동시에 '아니요'도 되는 분이 아니었기 때문입니다. 반대로 그리스도
안에는 궁극적인 '예'가 있을 따름입니다. 20 하느님의 모든 약속이 그에게
서 '예'가 되었기 때문입니다. 그래서 우리는 역시 그의 안에서 '아멘'하며
하느님께 영광을 돌리는 것입니다. 21 여러분과 우리를 함께 그리스도 앞에
서 보증해주시고 또 기름부어주신 이는 하느님이십니다. 22 하느님께서는
또한 우리가 그의 것임을 확인하시려고 우리에게 인을 치셨으며, 성령으로
우리의 축복 가운데 제일 첫 몫을 우리 마음 안에 주셨읍니다.

앞에서(1,3—11) 바울로는 진지하게 감사를 드렸다. 그는 선천적으로 자신이 뜻하지 않는 것을 말하지 못하는 사람이므로 자신이 말하는 바와 의미하는 바가 일치하는 저자이다. 그러나 그는 확실히 상황을 가능한 한 나쁘게 보지 않고 좋게 볼 수 있었으며, 훨씬 더 나쁜 동기들을 발견할 여지가 있을 때에도 가장 훌륭한 동기들을 발견할 수 있었다. 그는 고린토 사람들이 자신의 경험을 통해서 받은 위로에 대해서 말했으며, 자신을 위한 그들의 중보기도, 그리고 그들의 기도가 그를 위해서 은혜의 선물을 받게 되었음을 알고 그들이 드리게 될 감사에 대해서 말했다. 그러나 바울로는 고린토에 다른 분위기가 조성되고 있거나, 혹은 조성되었다는 것을 알았음에 틀림없으며, 자신이 경솔하고 변덕스럽다고 해서, 또한 편지를 쓸 때와 말할 때, 행동할 때가 각기 다르다는 이유로 그곳에서 비난받고 있다는 사실도 알고 있었다. 고린토에는 바로잡아야 할 무엇인가가 있었는데, 그는 그것을 바로잡고자 노력한다.

[12] 그는 비난받기는 커녕 자랑거리가 있었다. 우리의 자랑은 이렇습니다. "자랑"이라는 어근을 가진 말들(*καυχᾶσθαι*: "자랑하다"; *καύχημα*, *καύχησις*: "자랑")은 고린토후서에서 특히 자주 나온다. 이 말들은 고린토후서에서 모두 29회 나온다. 로마서에서는 8회, 고린토전서에서는 9(10)회, 갈라디아서에서는 3회, 필립비서에서는 3회, 데살로니카전서에서는 1회 나오며 순수한 바울로

5) P^{46}과 불가타역에는 단순히 "예"와 "아니오"라고만 되어 있다. 큄멜은 그것을 택한다. 그러나 Dinkler, 100, 주 3을 참조하라. 짧은 본문은 아마도 18절과 19절에 동화된 것이리라.

의 서신들 중 다른 곳에서는 전혀 나오지 않는다. 이처럼 고린토후서에 비교적 자주 나오는 데에는 특별한 이유가 있음에 틀림없다. 다드(C.H. Dodd, *New Testament Studies* [1953], 73—82)는 바울로가 자랑할(καύχημα) 이유가 있다고 생각하게 된 심리학적인 필연성과 관련시켜서 그의 내적 발전과정을 설명한다. 바울로의 이러한 내적인 발전과정은—그가 고린토후서 10—13장을 쓰고 나서 1—9장을(관련된 서신에 대한 비판적인 견해에 대해서는 서론 12—3·19—25면 참조) 쓰기 전에 일어났으며, 1장 8절에 나오는 환난으로 인해 일어난— '제2의 회심'이었는데 이로 인해 그는 정신적이고 영적인 억압으로부터 해방되었다는 것이다. 이처럼 사건들을 재구성함으로써 생겨나는 문학적이고 역사적인 문제들을 도외시하더라도 이러한 설명은 문제가 되고 있는 말들(καυχᾶσθαι, καύχημα, καύχησις)이 나오는 분포도와 잘 조화되지 않는다. 동사(καυχᾶσθαι)는 1—9장보다 10—13장에 더 자주 나오며, 두 개의 명사들(καύχημα, καύχησις)은 1—9장에서 더 자주 나온다. 구약성서에서는 이 말들이 좋은 의미로 쓰였음을 기억해야 할 것이다(예. 시편 31[32], 11 : "자랑하라καυχᾶσθε, 너희 마음이 바른 사람들이여"). 그리고 구약성서에서 그릇된 자랑을 하지 말도록 권고할 때에는 올바른 자랑을 하도록 권장한다는 사실에 대해서도 기억해야 할 것이다(예레 9, 22—23 ; 고전 1, 31 ; 고후 10, 17에서 인용되었다). 위의 마지막 귀절은 바울로가 고린토의 상황에서 (그가 보기에) 그릇된 방식으로 자랑하는 사람들을 다루어야만 했음을 보여준다. 어느 정도로는 무의식적인 반작용에 의해서, 또 어느 정도로는 일을 바로잡기 위해서 바울로는 자랑(혹은 '영광되게 하다, 뽐내다'—영어로 이 말을 일관성 있게 번역하기란 힘들다)이라는 말을 자주 하게 되었다. 이것이 가장 타당한 설명으로 보인다. 바울로가 자랑하는 근거는 그의 행동의 진실성과 순수성이다.

그의 자랑은 우리의 양심이 증거하는 데 있다. 다시 말해서 그는 이어지는 내용을 거의 양심이 증거한다고 자랑할 수 있다. 양심(συνείδησις)에 대해서는 4장 2절과 5장 11절을 참조하라. 로마서 2장 15절에서처럼 이 말은 '자기 자신으로부터 거리를 두고, 자신의 성격과 행동에 대해 객관적으로 관찰할 수 있는 인간의 능력을 의미한다. 따라서 인간은 자신을 위하는, 혹은 자신에 반대하는 증인으로서 행동할 수 있게 된다. 인간의 양심은 그의 행위를 판결하는 법정이라기보다는 각 경우에 따라 어느 편에도 설 수 있는 중요한 증인이다' (*Romans*, 53).

Sevenster, *Seneca*, 92—3, 99 이하, 특히 양심에 대한 바울로와 스토아 학파의 이해 사이의 차이를 참조하라. 그리고 빈디쉬가 인용한 스토아 학파의 말들도 참조하라. 바울로의 양심은 우리가(바울로는 주로 자기 자신에 대해서 말하지만 19절은 그의 동료들도 마음 속으로는 마찬가지였음을 보여준다) 세상에서, 특히 여러분에 대하여 인간적인 지혜로가 아니라 하느님의 은혜로, 그리고 하느님께서 주신 솔직함과 진실함으로 (비교. 필립 1,10의 동일어원의 형용사 : 직역하면 '하느님의 솔직함과 진실함으로'이다. 속격 τοῦ θεοῦ는 창조자를 나타내는 것임에 틀림없다. '솔직함과 진실함으로'의 ἐν은 원인을 나타내는 것이다—슐라터) 행했다는 것을 증거한다.

이 귀절의 본문상의 문제는(참조. 102면의 주 1) 해결하기 어렵다. "거룩함"(ἁγιότης)은 바울로가 다른 곳에서는 사용하지 않는 말이지만 (그는 로마 1,4 ; 고후 7,1 ; 데전 3,13에서 ἁγιωσύνη "거룩"을 사용한다) 아마도 적절할 것이다. 그리고 현재의 문맥에서는 보다 특수하게 윤리적인 개념이 어울리는 것 같다. 바울로는 자신이 표리부동하다는 비난에 대해서 스스로를 변호하고 있는데, 자신은 마음 속으로부터 성실했다는 그의 호소도 적절한 것이다. 그러나 만일 여기서 바울로가 "거룩"이라는 말을 썼다면 그는 이 말에 윤리적인 의미를 두고 썼을 것이며, 그러므로 이러한 변형이 주석상으로는 별 차이가 없을 것이다. 바울로는 어떠한 방식으로든 고린토 사람들을 기만하려는 의향이 전혀 없었다. 그에게 그러한 의향이 전혀 없었다는 사실은 멀지 않아 밝혀질 것이다. 사실 그는 아무도 기만한 적이 없었다. 세상에서 그가 활동하면서 내보이는 두드러진 표지는 성실함이었다. 그러나 왜 하필이면 고린토에 대해서만 특별히 그것을 언급했는가? 단지 그가 고린토에 편지를 쓰고 있기 때문에 그런 것인가? 그러나 바울로는 적어도 한 가지 측면에서는 고린토를 특수한 경우로 다루었던 것 같다. 즉 바울로는 특별히 고린토, 좀더 광범위하게 말하자면 아카이아에서는 자신이 세운 교회로부터 보수받기를 거절했다(비교. 예. 11,8: "내가 다른 교회 것을 빼앗아다가 여러분을 도운 셈입니다"). 바울로에게는 고린토교회를 특별하게 돌볼 만한 이유들이 있었다. 바울로가 고린토의 개종자들 가운데 앞으로의 문제의 씨가 배태되어 있음을 알았다고 가정하는 데에는 별 무리가 없다. 그러므로 바울로가 신중하게 행동했는데도 불구하고 당연히 문제가 발생했다.

그가 말하는 첫번째 요지는 윤리적인 것이었다. 그는 솔직하고 진실하게 행동했다. 다음 절은 보다 신학적인 각도에서 그의 활동을 기술하고 있다 : 인간적인 지혜로가 아니라 하느님의 은혜로. 이에 대해서는 고린토전서 2장 5절과 비교하라 : "그것은 여러분의 믿음이 인간의 지혜에 근거한 것이 아니라 하느님의 능력에 근거한 것이 되게 하기 위한 것이었읍니다." 지혜(*σοφία*)는 고린토후서에서는 여기에서만 나오고 전서에서는 자주 나온다(참조. 『고린토전서』, 17—18면). 전서에서 "인간적인 지혜"는 예를 들어 "세상 지혜"(1, 20 ; 2, 6, ; 3, 19), "인간의 지혜"(2, 5)라는 말과 병행이 된다. 이러한 종류의 지혜는 고린토교회가 직면했던 특수한 위험이었다. 고린토 사람들 자신은 그들이 자신들의 지혜에 의해서, 그리고 자신들의 뜻대로 구원을 이룰 수 있다고 생각했다. 바울로는 처음부터 이러한 위험에 대해 방어했으며, 그가 고린토후서에서는 이에 대해 다시 언급하지 않고 그보다는 밖으로부터 고린토를 위협하는 위험들을 다루고 있다는 사실을 볼 때, 적어도 어느 정도로는 이러한 위험이 극복되었다고 할 수 있다(그러나 고린토전서에서도—아마도 지혜에 대한 이전의 관심과 결코 관련이 없지 않은—내부로부터의 위험들의 여운을 어렵지 않게 발견할 수 있음은 분경하다). 다음에 인간적인 지혜라는 말을 정의하는 데 도움을 주는 이 말의 댓귀는 하느님의 은혜이다. 은혜(*χάρις*)는 바울로의 모금에 대해서 말하고 있는 8장, 9장에서 잘 설명된다. 그것은 자유롭고, 능동적인 사랑을 뜻한다(비교. *Romans*, 76과 여러 곳 참조). 이 말은 바울로가 사도적 선교활동에 적합한 사람이 되도록 하고 또 그러한 활동을 하도록 준비시켰던 특별한 은사들에 대해서도 사용되었으며(예. 로마 12, 3), 그리스도교인이 되게 하는 특별한 신적 행위와 선물(고후 6, 1), 그리고 그리스도교인의 삶을 지속할 수 있게 해주는 하느님의 끊임없는 배려에 대해서도 사용되었다. 그러나 빈디쉬가 그랬듯이 이것과 하느님의 능력을 거의 동의어로 보는 것은 좀 지나치다. 바울로의 행동에 있어서 결코 지혜가 모자라지 않다. 왜냐하면 그의 행동에는 십자가 메시지의 어리석음과 역설적으로 일치하는(고전 1, 18) 하느님의 지혜가 있고, 하느님의 은혜 안에서 형성되고 또 거기에 의존하며 그것을 모방하는 사고방식이(따라서 그 행동방식도) 내포되어 있기 때문이다. 바울로가 거부하는 지혜는 인간적인(*σαρκικός*) 지혜이다. "인간"(혹은 육 *σάρξ*)의 의미에 대해서는 *Romans*, 157—8을 참조하라. 은혜는 은혜로운 분에게 다른 사람이 주장할 수 있는 정당한 주장과는 아무런 상관이 없이, 이타적으로 다른 사람을 집중적으로 보살피고, 그들에게 주의를 기울이는 것을 뜻한다. 한편 육(flesh)은 육적인 사람이 (하느님이나 그의 이웃에 대해서가 아니라) 자기 자신에게 내적으로 집착하는 것을 뜻한다. 그것은 인간의 어느 한 부분, 혹은 혼이나 영에 대립되는 신체적인 존재를 가리키는 것이 아니라 그릇된 방향으로 정향된 전 인간, 즉 하느님이 아닌 다른 것에 마음을 둔(로마 8, 5 이하) 전인간을 의미한다.

그리고 바울로는 고린토인들과의 관계에서 양심을 지켰으며, 비록 이것이 자신을 의롭게 해주지는 못한다는 것을 알고는 있었지만(고전 4, 4) 그러한 사실에 대해서 자랑할 수 있었다. 하느님의 은혜의 신학으로부터, 하느님 자신의 선물로서 솔직함과 진실함이라는 윤리적인 품성이 생겨났을 것이다. 이것은 이 단락에 나오는 바울로의 논증의 토대이다. 그리고 고린토인들 자신들도 이것을 깨달아야 한다.

[13] 우리는 진실합니다(이 말은 그리이스어 본문에는 나와 있지 않지만 앞절과의 연결을 나타내는 데 도움을 준다). 사실 우리는 여러분이 읽고 참으로 깨달은 것과("참으로 깨닫다"라는 말은 몇몇 옛 사본들에서는 생략되어 있는데 이에 대해서는 102면 주 2 참조) 다른 것을 여러분에게 쓰고 있지 않기 때문입니다(비교. 10, 9 이하에 나타나는, 바울로의 서신들과 그가 직접 방문하는 것의 차이). 여러분이 읽은 것은 여러분이 완전히 이해한 것이라고 번역할 수도 있다 (ἀναγινώσκετε의 ἀνα에 강의어적 의미가 들어 있다고 볼 경우에 그렇다 : Moule, *Idiom*, 89). 그렇다면 그 의미는 '나는 전혀 새로운 것을 말하고 있는 것이 아니라 여러분이 이미 알고 있는 것을 다시 환기시키고 있을 뿐입니다'이다. 그러나 문맥을 살펴보면 고린토 사람들이 바울로가 자신들을 속였다고 비난하고 있음을 알 수 있다. 따라서 그가 다음과 같이 말했으리라고 보는 것이 아마도 가장 좋을 것이다 : '내 편지에는 달리 숨겨진 의미가 전혀 없읍니다. 그리고 내가 쓴 글 배후에서 읽어낼 만한 의미라고는 없읍니다. 내가 말하고자 한 바는 누구라도 그 글에서 직접 읽을 수 있읍니다.'

[14] 그의 편지들로부터 고린토 사람들은 그의 의도의 성실성과 계획의 솔직함을 깨달을 수 있을 것이다—그리고 사실 깨달았다. 그러나 그들의 깨달음에는 그 이상의 것이 있어야 했다. 지금도 여러분이 부분적으로나마 우리를 이해하고 있느니만큼(빈디쉬는 "부분적으로" ἀνὰ μέρος라는 말이 인식의 정도를 한정짓는 것임을 보여준다) 결국에는 온전히 이해하게 되어 우리 주 예수의 날에 우리가 여러분의

자랑이 되듯이(비교. 예레 17,14 ; 신명 10,21 ; 유딧서 15,9—슐라터) 여러분도(비교. 5,12 ; 바울로는 그들을 자신과 동일한 위치에 둔다) 우리의 자랑이 되기를 바랍니다. 고린토 사람들은 이러한 사실을 어느 정도로는 인식할 수밖에 없었을 것이다. 만일 "결국에는"(ἕως τέλους)을 완전히라는 의미로 이해한다면 그것은 "부분적으로"에 대응하는 말이 될 것이다 : '여러분은 부분적으로 이해하고 있읍니다. 나는 여러분이 완전히 이해하게 되기를 바랍니다.' 이 구는 위와 같은 것을 의미할 수도 있다. 그리고 알로(Allo)도 그렇게 이해했다. 그러나 이 구문의 의미는 주 예수의 날에 대한 언급에 의해 규정된다. 그것은 미래를 지시한다. 바울로는 이러한 깨달음이 잊혀지지 않기를 바란다. 비록 그가 그렇게 되지 않을까 염려할 만한 이유는 있었지만 말이다.

그는 먼저 우리가 여러분의 자랑의 근거라는 확신에 대해서 말한다. 고린토 사람들이 바울로의 자랑이었던 것만큼 바울로가 그들의 자랑이었던 것 같지는 않다(비교. 고전 4,8—13). 고린토전서 9장 2절과 고린토후서 13장 5절을 비교하라. 바울로와 고린토 교인들은 각기 서로의 그리스도교인으로서의 신분을 확증해준다. 고린토 서신에는 고린토 사람들이 쉽게 바울로를 무시했지만 그들의 신앙은 바울로에게 힘입은 바가 컸고, 따라서 그들이 그의 사도적 직무나 혹은 그러한 활동의 결과를 무시할 수는 없었다는 데 대한 많은 증거가 들어 있다(예. 2,1 ; 3,1 ; 4,4—10 ; 10,1—16 ; 11,1 ; 12,11·16 이하 ; 13,3). 바울로로서는 그들이 자신의 활동의 결실이라고 자랑할 수 있었다. 우리 주 예수의 날은 모두가 다 그리스도의 심판대 앞에 나타나게 될(5,10) 심판의 날이다. 이 표현은 바울로의 서신들에 자주 나온다(고전 1,8 ; 5,5 ; 필립 1,6·10 ; 2,16 ; 데전 5,2 ; 데후 2,2). 그리고 이것은 한 가지 이상의 의미를 지니고 있으며, 하느님의 행위가 더 이상 감추어져 있지 않고 드러나게 될 때를 가리키는 구약성서의 "주의 날"에 기초하고 있다. 신약성서의 시대에 이 말은 묵시문학적 의미로 이해되었다.

마지막 세 귀절은 일반적으로 말하고 있다. 그러나 고린토 사람들은 바울로의 진실함에 대해 구체적으로 공격했다. 그리고 그러한 공격은 구체적인 답변을 필요로 했다. 그들은 말하기를 바울로가 자신들을 방문하겠다던 계획을 이행하지 못했다고 했다. 바울로는 이러한 비난에 대해 해명하기 시작한다. 그러나 그는 이것을 신학적인 사고방식에 따라 해나간다. 그는 1장 23절의 비난으로 되돌아가서 사실상 그것을 인정하지만 자신의 동기는 선했고, 고린토 사람들에 대한 관심에서 그렇게 했다고 주장한다. 1장 15—24절의 논증에 대해서는 주석에 덧붙여서 W.C. van Unnik, *Studia Paulina*, 214—34를 참조하라.

[15] 여러분과, 또 우리 사이의 관계에 대한 이런 확신이 있기 때문에 나는 우선 여러분에게로 가서 두번째의 은혜를 나누기로 작정했읍니다. 이 단락에 나오는 바울로의 말들로부터 정확히 그가 계획했던 일이 무엇이며, 또 그가 하지 못한 일과 결국에는 한 일이 무엇인지를 밝히기란 결코 쉬운 일이 아니다. 그는 편지의 독자들이 —비록 오해하고, 또 어쩌면 그것을 잘못 말했을지도 모르지만— 적어도 개략적으로는 사실을 알고 있으리라고 생각했기 때문에 암시적으로 글을 썼다. 이 귀절은 바울로의 계획의 목적을 말하고, 다음 귀절은 그것의 세부적인 점들에 대해 말한다. 바울로는 마케도니아로 가는 여행 길에(아마도 에게해의 맞은편 해안으로부터, 에페소나 혹은 아시아 지역의 다른 곳으로부터 마케도니아로 가는 여행), 그리고 또 거기서부터 돌아올 때 고린토를 두 번 방문하기로 작정했다(βούλεσθαι에 강한 의미를 부여하고 있다. 이것은 의지에 따른 행위, 즉 결단을 의미한다). 이러한 계획은 "우선"(여기서는 이 말이 '앞서서', 혹은 '두 번의 기회 중에서 먼저 번에'라는 말보다 더 적절하다)이라는 말을 "작정했다"가 아니라 "가서"에 연결시켜야 함을—비록 어순상으로는 전자가 더 맞지만 말이다— 보여준다. 두번째 가기로 한 방문은 두번째의 은혜(χάρις ; 참조. 12절)라고 서술되어 있다. 이 말은 다양한 의미로 사용되었는데 특히 이 서신에서는 하느님의 풍요로움(예. 8,9)과 인간의 풍요로움(예. 8,6)에 대해서 사용되었다. '호의'라는 번역어는 은혜를 베푸는 것을 의미하겠지만 아마도 바울로는 이것을 의도하지는 않았을 것이다. 지나치게 구체적인 의미로 이해하지 않을 경우라면 '선물'로 번역하는 것이 좋은 번역이리라 : '고린토인들에 대한 그의 존경의 두번째 표시'(Allo).

[16] 그리고 바울로의 의도는 먼저 고린토를 방문하고 거기서 마케도니아로 갔다가 돌아오는 길에 다시 여러분에게 들러서 여러분의 도움을 받아 유다로 가려는 것이었다. 이 계획은 아마도 고린토전서 16장 5절 이하에 나와 있는 계획을 발전시킨 것 같다. 고린토전서 16장의 계획을 수정했기 때문에 불평이 생겼다고 보기보다는 위와 같이 보는 것이 더 좋다. 사실 바울로의 의도로는 고린토 사람들을 지나가는 길에 잠깐 보지 않고 그들과 얼마 동안 함께 지내기를

원했으므로 그는 마케도니아로 가는 길에는 고린토에 들르지 않으려고 했던 것으로 보인다. 그러나 아마 그는 생각을 바꾸어 유다로 돌아올 때는 물론이고, 마케도니아로 가는 길에도 들러서 고린토를 두 번 방문하기로 작정했을 것이다. 사도행전 20장 1절 이하에 따르면 에페소로부터 먼저 마케도니아로 갔다가 다음에 그리이스로 가서 마지막으로는 동쪽으로 되돌아오는 이 여행은 이보다 후에 이루어진다. 그러나 이것은 단지 유다로 가는 여행이(아마도 이 여행에서 바울로는 가난한 성도들을 위한 헌금을 전하려고 했을 것이다) 에페소와 고린토에서 일어난 문제들로 인해 미루어졌음을 의미할 뿐이다.

[17] 그렇다면(이것은 σύν…μήτι ἄρα의 의미를 나타내려고 쓴 말이다) 내가 이렇게 결정한 것이(어쩌면 고린토를 한 번 더 방문하기로 작정한 것을 가리키며, 아니면 보다 가능한 것은 고린토와 마케도니아 모두를 여행하기로 한 것을 가리킨다) 변덕스럽게 행동한 것이라고("변덕"이라는 말에는 관사가 붙어 있으므로 어쩌면 '여러분이 나에 대해서 비난하는 변덕'일 수도 있다—Windisch) 생각합니까? 물론 그가 그렇게 결정한 것이 문제는 아니었다. 고린토 사람들은 그가 그들을 방문하기로 한 것이나 혹은 이 계획을 바꾸어서 한 번이 아니라 두 번 방문하기로 한 데 대해서 반대한 것이 아니라 그가 알렸던 방문, 혹은 방문들을 취소한 데 대해서 반대했던 것으로 보인다. 바울로가 쓴 글 배후의 의미들을 읽어본다면 그는 이렇게 말하고 있는 것 같다: '나는 마케도니아로 가는 도중에 있읍니다. 어떻게든 내가 고린토를 거쳐서 갈 필요는 없지만 사실 나는 도중에 여러분을 방문하기로 했읍니다. 그리고 또 두 번 방문하려던 나의 계획을 바꾸었읍니다. 이것이 내가 여러분에게 소홀히 대했다는 것을 뜻합니까?' 그러나 그는 곤경에 처하게 되었다. 왜냐하면 그의 동기가 아무리 훌륭하다 할지라도 그는 자신의 계획을 바꾸었기 때문이다. 물론 이것은 그가 그렇게 할 만한 타당한 이유가 없었음을 뜻하지는 않는다. 내가 "이 계획을 세운"(바울로는 여기서 관련이 있기는 하지만 다른 동사인 βουλεύεσθαι를 쓰고 있다. 이것은 아마도 동의어일 것이다. 그러나 나는 그가 의미상 약간 차이를 두고 있다고 생각한다) 것이 내 육에 따라(육 σάρξ라는 말에 대해서는 1장 12절과 해설을 참조하라) 세운 것이어서 '예', '예'하고 "동시에"(이 말은 논쟁에 있어서 필수적인 말이므로 본문에 도입된 말임에 틀림없다) '아니요, 아니요' 한(*M.* i 210에서는 ἵνα를 목적의 의미로 보지만 결과를 나타내는 부정법이다:

비교. *B.D.* §391.5와 루가 9,45) 것이겠읍니까? 자기중심적으로 사는 사람은 결코 신뢰할 수가 없다. 그는 그렇게 하는 것이 자신에게 유리하다고 판명될 때에는 어느 때라도 자신의 생각과 계획을 바꿀 것이다. 바울로는 자신이 계획을 바꾼 것은 자신의 이익 때문이 아니었음을 잘 알고 있다. 그러나 그는 1장 23절 이전에는 이 문제에 대해서 설명하지 않는다. 그의 "예, 예"와 "아니요, 아니요"는 (이것은 야고보서 5장 12절과 마태오복음 5장 37절을 —비록 여기서 바울로의 의도는 다르지만— 상기시킨다) 그가 신학적인 논의로 이탈하도록 한다. 그러나 이것은 확고한 그의 메시지에 그의 행동이 기초하고 있다는 기본적인 사실을 분명히 한다는 점에서 결코 이탈이 아니다.

〔 18 〕 바울로만이 그 자신의 진실성에 대한 증인인 것은 아니다. **하느님은 신실하십니다**(van Unnik는 20절 이하와 연결짓는 히브리어 "신실하다" ne'eman를 비교한다). 그리고 그는 우리가 **여러분에게 '예' 하고 동시에 '아니요'를 말하지는 않았음을 증거해 주실** 것입니다(이 말 —"증거해주실 것입니다"— 은 그리스어 본문에는 없지만 문장의 의미를 통하게 하기 위해서는 필요하다. "하느님은 신실하십니다"에 대해서는 고전 1,9 ; 10,13 ; 데전 5,24 ; 데후 3,3를, 증인으로서의 하느님에 대해서는 1,23 ; 11,31 ; 로마 1,9 ; 필립 1,8 ; 데전 2,5·10을 참조하라. 이 두 말은 함께 일종의 맹세를 뜻하기도 한다). "우리가 한 말"은 '우리가 우리의 계획에 대해서 했던 말'이나 '우리의 설교'를 뜻한다. 후자의 주제는 이미 제시되었으므로 바울로는 그것을 발전시키지 않을 수 없었다. 이 귀절은 그리스도교의 메시지를 변증법적인 것으로 서술할 수 있는지에 대한 물음을 논의할 근거를 제공해주지 않는다(Stauffer, 137—8 : 영어번역판, 158에도 불구하고). 바울로가 의미하는 바는 단순히 그리스도교의 메시지에는 애매한 점이 없다는 것이다. 하느님의 약속은 쉽게 이해할 수 있으며, 그는 자신이 약속한 것을 실행한다. 그에게는 변덕스러움이 없다. 그러므로 '신학에는 모순이 없다' (Bengel). 그리고 예수 그리스도는 복음의 주제이므로 그에게도 분명히 변덕스러움이 없다.

〔 19 〕 **우리가**(무울에 따르면 15—24절에서는 일인칭 단수와 복수 사이를 주의깊게 구별하고 있다. 확실히 여기서 복수는 그것의 구성원들을 구별할 수 있다. 말하자면 이것은 순수한 복수형이다. Moule, *Idiom*, 119), **즉 나와 실루아노와 디모테오가**(왜 아폴로는 언급되지 않았는가? 칼빈은 이렇게 묻고 바울로와 실루아노, 디

모테오가 더 많이 비난받았기 때문이라고 대답한다. 우리는 아폴로의 설교가 고린토 사람들에게 더 강한 호소력이 있었으리라는 추측을 할 수 있을 것이다) 여러분에게 전한 하느님의 아들 그리스도 예수는 '예'도 되고 동시에 '아니요'도 되는 분이 "아니었기"(ἐγένετο. 아마도 단순히 '아니었다'를 뜻할 것이다) 때문입니다. 예수는 하느님의 아들로서 아버지의 존재와 목적에 대해 확증한다. 사도행전 18장 1—4절에 의하면 바울로는 혼자 고린토에 도착해서 설교하기 시작한다. 18장 5절에서 그는 실라와 디모테오와 합세하고 그들은 그의 일을 함께 한다. 실라와 실루아노가 동일인물임은 거의 의심할 여지가 없다. 18장 5절은 사도행전에서 13(12)회 나오는 실라에 대한 언급들 중 맨 마지막 것이다. 데살로니카전서 1장 1절과 데살로니카후서 1장 1절에서 실루아노는 바울로, 디모테오와 합세한다. 디모테오는 바울로와 함께 이 서신의 공동저자로 일컬어졌다. 1장 1절과 그에 대한 해설을 참조하라. 이들은 모두 똑같은 복음을 설교했고, 이 복음은 그리스도였다. 이 메시지는 성령과 능력이 증거함으로써 고린토 사람들에게까지 다가왔다(고전 2,4). 그리스도 안에는 전혀 모호한 것이 없다. 반대로 그 안에는 "궁극적인"(이 형용사는 완료형 γέγονεν의 의미를 드러내기 위해 삽입했다) '예'가 있을 따름입니다. 이 예의 의미는 다음 귀절들에서 드러난다(Cerfaux, *Christ*, 334 : 영어번역판, 446). 그것은 인간의 욕구들이나 혹은 인간에게 필요하다고 생각되는 것들을 확증하는 말이 아니라 하느님의 계획을 확증하는 말이다. 그리고 하느님께 '예'라고 말하는 것은 아마도 인간에 대해서 '아니요'라고 말하는 것을 뜻할 수도 있다.

[20] 바울로가 뜻한 바는 이전에 구약성서에서 말했던 하느님의 목적이 예수 그리스도 안에서 성취되었다는 것이다. 하느님의 모든 약속이 그에게서 '예'가 되었기 때문입니다. 말하자면 하느님이 약속한 모든 것이 그리스도 안에서 이루어졌다는 것이다. 이것은 제일 먼저 인격적으로 이해된다. 예수 자신은 다윗 가문의 약속된 아들이고(로마 1,3 ; 9,5), 시온으로부터 올 구원자이다(로마 11, 26). 그러나 바울로의 생각은 이보다 훨씬 더 깊고 섬세하다. 그는 구약성서의 권위를 끌어대는 단순한 '증거'방법을 거의 사용하지 않는다. 예수는 아담에 상응하는 사람이며(로마 5,14 ; 고전 15, 22·45—49), 아담의 모습이 단지 지시할 수 있었던 것의 성취이다. 그는 약속받았던 아브라함의 자손이다(갈라 3,16). 그는 지혜이며 율법이다. 그는 이스라엘의 전 역사가 지시했던 목적을 이룬다. 그는 의롭

다함을 얻게 하려고 율법의 마지막이 되었다(로마 10,4). 그 자신이 하느님의 의의 선물이며, 율법은—비록 그것 자체는 실제로 의롭게 하는 생명을 주는 힘을 가지고 있지 못하지만(갈라 3,21)— 의의 필요성을 보여줄 수는 있다. 하느님은 아직 활동을 끝내지 않았다(이 서신에서 예를 들어 1,14 ; 4,14·18 ; 5,1—10 ; 11,15 ; 13,4 참조). 그러나 그가 앞으로 해야 할 일은 예수를 통해서 할 것이다. 그래서 우리는 역시 그의 안에서(혹은 '역시 그래서 그를 통해서.' 그러나 이것은 연결이 잘 안 된다) '아멘' 하며(van Unnik가 지적하듯이 '예'와 같은 말이다) 하느님께 영광을 돌리는 것입니다. 고린토전서 14장 16절과 비교하라. '아멘'은 제의적인 상황을 암시한다(참조. Moule, *The Phenomenon of the New Testament* [1967], 54,68). "하느님의 아들 예수 그리스도를 통해" 라는 말에 대해 회중은 '아멘'이라고 말한다('의례적인 아멘'— Plummer는 관사에 주의한다). 확실히 아멘(예수의 말을 도입하는 데 사용되었던 유례없는 용법을 제외하고는)은 유다교에서도 사용되었고, 구약성서에까지 거슬러올라가는 제의적인 용어이다(예. 신명 27,15—26 ; 예레 11,5 ; 시편 41,14). 그리고 이 말은 그리스도교 예배에서도 사용되었으며, 따라서 바울로의 머리 속에도 이 말이 떠 올랐을 것이다. 더 이상의 설명은 필요하지 않으며 또 개연성도 없다. 몇몇 학자들이 종도의 규례(*1QS*) 10장 1—4절에서 발견하는—m—n 이합체 (*이합체 : 각 행의 처음과 끝의 글자를 맞추면 어구가 되는 형식의 시—역주)가 여기서도 나타나는지는 의심스러우며 마찬가지로 그에 대한 메시아적 해석도 의심스럽다(Braun). 하느님의 목적이 성취되었다는 사실은 일차적으로 예수의 인격과 활동이 확증하며, 그리스도교인들에 의해서 재차 확인된다. 그러나 그들은 예수를 통해서 그 사실을 재확인하며 또한 예수 안에서 하느님과 그분의 목적에 관련되었다(참조. 고전 1,30 ; Barth, *C.D.* IV iii, 12). 그의 '예'와 마찬가지로 그들은 '아멘'이라고 말했을 뿐만 아니라 그렇게 행동했다. 하느님은 그의 백성들이 순종하는 가운데 영광을 받는다. 아멘이라는 말의 제의적인 암시점은 우리가 상당히 큰 그리스도교 공동체를 가리킨다는 사실을 보여준다. 그러나 19절의 우리는 바울로와 실루아노, 디모테오에게 있어서 사도집단을 의미하며, 21절에서 우리는 여러분과 구별된다. 바울로의 사도로서의 노력이 하느님에 대한 그리고 그의 영광에 대한 뚜렷한 아멘을 뜻함은 사실이다. 그러나 그것은 바울로가 특별히 헌신적인 그리스도교인이었기 때문이 아니라 그의 사도직이 자신의 약속에 대해 성실하며, 또 그것을 성취시키는 하느님의 복음에 의해 성립되었기 때문에 그런 것이다(비교. 로마 1,2 이하). 그러나 여기서 (22절에서와 마찬가지로) 바울로가 동료 그리스도교인들과 자신을 연결시키고 있음은 타당성이 있어 보인다.

[21] 히브리어 어근 —m—n에 기초하고 있는 아멘이라는 말은 견실함과 확고함을 나타낸다. 반 우니크는 이 말의 중요성을 강조하는데 그의 논문에 대해서는 이미 언급한 바 있다. 바울로는 비난받고 있는 자신의 성실함의 근거를 그리스도 안에서의 하느님의 성실하심에 둔 다음, 잠시 동안 변경시킨 계획에 대한 문제는 미루어 놓고 (이것은 23절에서 다시 나올 것이다) 주제를 신학적으로 발전시킨다. 하느님의 신실하심에 대해서는 의문의 여지가 없다. 그러나 그것은 어떻게 사람들에게 전해지는가? 사도와 백성들을 견실하게 해주는 것은 바로 하느님 자신이다. 여러분과 우리를 함께 그리스도 앞에서 보증해주시고 또 기름부어주신 이는(비교. 요일 2,20·27) 하느님이십니다(혹은 "…보증하시는 하느님은…인을 치는 분이기도 합니다"라고 번역할 수도 있으나 앞의 번역보다는 훨씬 적절하지 못하다). 1장 7절과 해설을 참조하라. "보증하다"(βεβαιοῦν)는 그 파생어들과 함께 상업적이고 법적인 파피루스들에서 자주 나온다. 이 말은 칠십인역에서는 자주 나오지 않는다. 이것은 언어적으로가 아니라 의미상으로 20절과 연결시킨다. 왜냐하면 우니크(227)가 지적한 심마쿠스(Symmachus)역본의 몇몇 귀절들은 단절된 부분을 연결시킨다고 하기 어렵기 때문이다. 그러나 이 말은 바울로의 말이다. 이에 대해서는 고린토전서 1장 6절 이하가 특히 중요하다. 하느님은 설교자와 청중들 모두에게 복음의 약속을 성취시킴으로써 복음을 증거하고 확증한다. 그들은 하느님 자신에 의해서 그리스도의 것으로 보증되었으며, 하느님의 존재와 신실하심은 그들을 보증한다. 하느님은 기름부음 받은 자인 그리스도의 기름부음에 우리도 동참하게 하셨다. 여기에는 그리이스어의 언어유희가 있는데(*Χριστός* … *χρίσας*) 영어로는 이것을 단지 서투르게밖에 표현하지 못한다. 그것은 결코 우연한 것일 리가 없다. Cerfaux, *Christ*, 374(영어번역판, 498)을 참조하라. 이방문헌들의 병행구들은 (Firmicus Maternus, *de Err. prof. Rel.*, 22—"그의 그리스도는 귀신들렸다") 비교적 중요하지 않다. 메시야, 혹은 그리스도의 기름부음은 하느님이 그를 그러한 직무와 기능에로 선택하셨음을 뜻하며, 그가 부름받은 일을 수행할 만한 능력을 갖추었음을 뜻한다 —소명에

때한 확증과 궁극적으로 성공적인 선교에 대한 보증. 그리스도 안에 있는 그리스도교인들은(바울로가 여기서 "그리스도 안에" ἐν Χριστῷ가 아니라 "그리스도 안으로" εἰς Χριστόν이라고 쓴 것은 아마도 상업적인 은유에 의한 것이리라. 말하자면 우리는 그리스도의 계좌로 들어왔다는 것이다) 그의 직무와 활동에 동참하고, 기름부음받은 자들로서 그들 자신의 신앙의 확고함이나 혹은 그것에 수반되는 감정적인 열정에 의해서가 아니라 하느님 자신에 의해서 이러한 사실을 확증받는다. 이러한 보증이 주어지는 방식에 대해서는 이하 116—117면을 참조하라. 데네이(Denney)는 기름부음은 사도직을 위한 것이었다고 생각한다. 고린토 사람들은 특별히 보증받은 사람들에 포함되었고, 따라서 그들은 '기름부음'받은 자들에 속하지는 않게 된다. 그러나 기름부음을 받게 되는 '우리'가 앞절의 우리와 여러분을 모두 포함한다고 보는 것이 더 좋을 것 같다.

[22] 바울로는 한번 상업적 유비를 사용하자 계속해서 그것을 충분히 구사한다. 하느님은 우리에게도 인을 치셨다. *M.M.*(해당란 ; G.A. Deissmann, *Bible Studies* [1901], 238—9도 참조하라)에서는 헬레니즘 세계에서 "인치다"라는 말의 용법에 대해서 풍부한 증거들을 인용하고 있다. 찍혀진 채로 그대로 있는 봉인은 서류가 변조되지 않았다거나 혹은 수송 중에 물건이 변경되지 않았다는 증거이다. 그것은 동시에 소유권의 표시이기도 하다. 그리고 성령으로 인침을 당한 (다음 귀절이 보여주듯이) 그리스도교인들은 하느님의 소유물로 눈에 보이게 표시되고, 심판의 날에 심문을 감당할 수 있게 된다(비교. 에제 9, 4 ; 제4에즈라 6, 5 ; 8, 57 이하).

기름부음(비교. 이사 61, 1)과 인침을 모두 성령과 관련해서 말하는 것은 자연스럽다. 그러나 직접적으로 성령에 대해서 말하면서 바울로는 보다 상업적인 은유를 구사한다. 필로에 의해서도 이것은 "안전"(βεβαιότης)과 관련되었다(*De Fuga et Inventione* 150—1, 그러나 여기서 그 의미는 다르다. 참조. Windisch). 하느님은 성령으로 우리의 축복 가운데 제일 첫 몫을 우리 마음 안에 주셨다. 직역하면 그는 우리 마음 속에 성령의 보증(ἀρραβών: Earnest)을 세우셨다. Earnest는—오늘날에는 이런 의미로 사용되지 않는 것 같은데—지불한 돈, 전체 내야할 돈의 제일 첫번째 분납금, 특정한 기간에 걸쳐 내야 할 총액, 혹은 서약금의 일부를 뜻한다. 바울로가 그리이스어 단어를 이러한 의미로 사용한 데 대해서는 *M.M.*(해당항목)을 참조하라. 성령의라는 속격은 여기서는 동격으로 간주해야 한다(Robertson, 498 ; *M.* iii. 214) : 성령으로 이루어지는 보증. 이것을 부분을 나타내는 속격으로 볼 수도 있을 것이다 (N.Q. Hamilton, *The Holy Spirit and Eschatology in Paul* [1957], 32. 로마 8, 23) : 전체 성령의 첫번째 보증. 그러나 이것은 그 자체로서는 가능한 것 같지 않다(바울로는 성령을 부분적으로 주어지는 것으로 보지 않았다). 그리고 그 경우 필요한 미래적인 관련성을 여기서도, 5장 5절(5장 5절에서는 같은 말이 사용되었다 : 참조. 해설)에서도 찾을 수 없다. 성령은 부활(1, 9)과 '종말론적인 실존', 올 시대의 생명을 현재에 실현시키는 하느님의 대행자이다. 달리 말하자면 성령 안에 있는 생명이란(비교. 로마 8, 1—13과 해설) 자기 자신이나 혹은 인간에 중점을 둔 생명이 아니라 하느님에게 중심을 둔 생명이다. 이것이 인류의 미래의 궁극적인 운명이다. 그리고 이것은 올 시대가 도래하기 전에 이미 선취되었다.

21—22절에서 바울로는 네 가지의 상을 구사한다. 보증, 기름부음, 인침, 첫번째 몫이 그것이다. 이것들은 그리스도가 하느님의 모든 약속들에 대한 궁극적인 확증이며, 믿는 자들이 이러한 선포를 그리스도 안에서 '아멘'하며 받아들인다는 사실을 선언하는 설교 요약문 뒤에 나온다. 우리가 본 바대로 아멘은 그 자체가 제의적인 성격을 지니고 있으며, 믿는 자들의 신앙을 하느님이 확증하는 것을 바울로는 예전적인 언어로, 특히 세례와 관련시켜서 설명했다고 자주 주장되었다(특히 Dinkler, 99—117 참조). 바울로가 사용하는 네 개의 동사들 중에서 지금 나오는 βεβαιοῦν "보증하다"는 세례 사건의 전체 행위를 나타내는데, 이것의 특수한 측면들과 동기들은 단순과거형으로 이어지는 세 개의 동사들로 서술되었다. 바울로가 말하려고 한 것은 세례는 새로 세례받은 사람을 이미 세례받은 나머지 사람들과 결합시키는 일종의 법적 처리 방식이라는 것이다. 그로써 하느님 자신이 그들을 그리스도 안에 세우며, 그리스도교인이—χαρίσματα("영적인 선물들")를 받은 사람들—끊임없이 새롭게 견지해야 할 과정을 시작하신다(Dinkler, 115 ; G.W.H. Lampe, *The Seal of the Spirit* [1951] 3—7도 참조하라). 이러한 견해는 매우 타당하다. 그러나 이것은 지나치게 과장된 것으로 보인다. 맨 처음에 나오는 분사(보증해주시는)가 현재형으로 되어 있으므로 세례에 관한 암시가 있다고 보기 힘들다('하느님은 우리를 보증해 주신다…왜냐하면 우리는 그가 우리의 세례 가운데 기름부었으며, …인쳤으며…주셨음을 기억할 수 있기 때문이다'라고 말하려 하지 않은 한

그렇다). 이 네 개의 말을 사용했다는 데서 세례에 관련된 요소를 발견할 수는 있다(Dinkler는 자신있게 그러한 요소들을 찾아낸다). 그러나 거기에는 다른 요소들도 있다. 그러므로 "보증하다"는 고린토전서 1장 6·8절, 골로사이서 2장 7절의 세례와 약간의 관련성이 있을지도 모른다. 그러나 로마서 15장 8절에서는 전혀 다르게 사용되었다. 같은 어원의 형용사(βέβαιος)는 로마서 4장 16절에서도, 고린토후서 1장 7절에서도 세례와 관련되지 않았다. 동일어원의 명사(βεβαίωσις)는 필립비서 1장 7절, 한 곳에서만 사용되었는데 이것은 세례와는 아무런 관련이 없다. "기름붓다"는 바울로에 의해서 다른 곳에서는 전혀 사용되지 않았다. "인치다"(σφραγίζειν)는 로마서 15장 28절에서는 세례와 아무런 관련이 없다. 에페소서 1장 13절, 4장 30절에서는 세례와 관련이 있지만 이것들은 바울로 이후의 것으로 간주해야 한다. 같은 어원의 명사(σφραγίς)는 로마서 4장 11절과 고린토전서 9장 2절에서 전혀 다른 방식으로 할례를 가리키는 것으로 사용되었다. "보증을 세우다"(ἀρραβῶνα διδόναι)는 바울로 이후의 글인 에페소서 1장 14절에서는 세례와 관련되었다. 이것은 고린토후서 5장 5절에서도 그렇게 관련되었을 수 있지만 이 귀절이 속해 있는 단락의 주된 관심사는 세례가 아니라 미래의 생명이다. 나는 여기서 관련된 가장 중요한 바울로의 병행구들만을 다루었다. 다른 병행구들을 포함시키더라도 그다지 큰 차이는 없을 것이다. 바울로 자신이 이 문제에 직접적인 관심을 가지고 있었던 것은 아니지만 대부분의 고린토인 개종자들은 이미 세례를 받았다(『고린토전서』, 69면 이하). 그들의 세례는 그들이 가지게 된 신앙에 외적인 표현을 제공했으며, 틀림없이 성령의 활동이 그들과 그리스도와의 관계를 확증하는 한 계기가 되었을 것이다. 그러나—만일 바울로가 그의 독자들에게 이 특별한 사건을 상기시키고자 했더라면 쉽게 그 말을 쓸 수 있었을텐데도— 세례라는 말이 나와 있지 않은 이 단락은 그들이 그리스도교적 삶의 전 과정 안으로 들어가게 되는 것을 나타내고 있다. 즉 회심, 신앙, 세례, 성령을 받음이 그것이다. 헤링도 이와 비슷한 견해를 취하는데 그는 적절하게 크리소스톰을 인용한다: '그가 기름부으셨고, 그가 인치셨다는 말은 무엇을 뜻하는가? 그것은 그가 성령을 주셨다는 것이다.'

플루머와 휴즈는 21—22절의 삼위일체론적 의미를 지적한다.

4. 바울로의 계획은 바뀔 수도 있지만 그의 목적은 바뀔 수 없다. 1장 23절—2장 13절

1,23 나는 이 말의 진실성에 대해서 하느님을 내 마음의 증인으로 세웁니다. 내가 아직 고린토에 가지 않은 것은 여러분을 아끼기 때문입니다. 24 우리는 여러분의 믿음을 지배하려는 것이 아닙니다. 우리는 다만 여러분을 기쁘게 하기 위하여 여러분과 함께 일하는 사람일 따름입니다. 왜냐하면 여러분은 이미 믿음으로 서 있기 때문입니다. 2,1 그러나[6] 나는 여러분에게 또 다시 아픈 마음을 가지고 가지 않기로 결심했읍니다. 2 내가 여러분을 마음아프게 했다면 나 때문에 아픈 마음을 가진 그 사람밖에 누가 나를 기쁘게 해주겠읍니까? 3 더우기 그래서 내가 이 편지를 쓴 것입니다. 말하자면 나를 기쁘게 해야 할 바로 그 사람들에게서 내가 마음아픈 일을 당하는 일이 없도록 하려는 것입니다. 나는 여러분 모두에 대해서는 나의 기쁨이 곧 여러분 모두의 기쁨이라고 확신합니다. 4 나는 큰 괴로움과 걱정에 눌리는 마음으로 많은 눈물을 흘리면서 여러분에게 그 편지를 썼읍니다. 그러나 그것은 여러분을 마음아프게 하려고 한 것이 아니라, 내가 얼마나 여러분을 극진히 사랑하고 있는가를 여러분에게 알려주기 위하여 그런 것이었읍니다. 5 어느 누가 누구를 마음아프게 한 일이 있다면 그것은 나를 마음아프게 한 것보다 어느 정도—결코 과장이 아니라 여러분—전체를 마음아프게 한 것이 됩니다. 6 문제를 일으킨 사람은 이미 주류에 의하여 이 질책을 받았으니 7 이제는 반대로 여러분이 그가 너무 심한 슬픔에 빠지지 않도록 그를 용서하고 위로해야 합니다. 8 그래서 나는 여러분이 그를 위한 여러분의 사랑을 확인해주기를 권합니다. 9 왜냐하면 내가 그 편지를 쓴 것은 여러분이 얼마나 시험에 잘 견디는가를 알아보기 위한 것이었읍니다. 여러분이 모든 일에 있어서 순종하는가를.[7] 10 그러나 여러분이 어떤 잘못한 사람을 용

6) "그러나"($\delta\grave{\epsilon}$)대신에 P[46] B 69 사본에는 "왜냐하면"($\gamma\acute{\alpha}\rho$)으로 되어 있다. 만일 이것을 1장 24절과 연결되는 것으로 본다면 논증의 흐름이 뒤바뀐다. 그러나 그렇게 본다면 이것은 삽입구로서 1장 23절과 24절에 연결되는 것이리라 : '나는 여러분을 아끼기 위해서 그렇게 행동했읍니다……왜냐하면 나는……마음먹었기 때문입니다.' 이것이 원래적인 의미이며 독법일 수도 있다(참조. Kümmel).

7) $\epsilon\hat{\iota}$(……하는가를)의 자리에 B A 사본에는 그리이스어 문자 η가 나와 있다. 이것은 $\epsilon\hat{\iota}$의 변형된 철자이거나 아니면 관계 대명사의 여성 단수

서하면 나도 그를 용서합니다. 정말로 내가 용서한 것은—내가 어떤 사람을 용서했다면—여러분을 위하여 그리스도 앞에서 용서한 것입니다. 11 그것은 우리가 사탄에게 속아 넘어가지 않게 하기 위한 것입니다. 왜냐하면 사탄의 책략을 우리가 모르는 것이 아니기 때문입니다. 12 그러나 내가 그리스도의 복음을 선포하려고 드로아에 갔을 때 주 안에서 내게 문이 열려 있었지만 13 내 형제 디도를 만나지 못했기 때문에 나는 마음이 놓이지 않아서 그 기회를 충분히 활용하지 못하고 그들을 작별하고 마케도니아로 갔읍니다.

1장 15절에서 바울로는 고린토 사람들에 대한 자신의 계획이 어떤 것이었는지, 그리고 왜 그가 그 계획을 바꾸었는지에 대해서 설명하기 시작했었다. 자신의 순수성을 변호하기 위해 바울로는 그러한 계획을 세우도록 지시했던 복음과, 복음 그 자체인 그리스도에 대해서 말했다. 이러한 깊은 사상적 연관성에 비추어 보더라도 여기서 바울로는 그 자신의 주제로부터 벗어나지 않았다. 그러나 오로지 핵심적 문제로 되돌아와야 하며, 왜 그가 고린토 사람들에게 하겠다고 말했던 일을 실행하지 못했는지를 설명해야 할 중요한 과제가 남아 있다. 우리는 바울로가 그와 같은 일의 중요성을 인지하고 있었다는 사실을 이 단락이 시작되는 말들에서 추측할 수 있다(이 단락 전체에 대해서는 Schweizer, *C.O.N.T.*, 721를 보라).

[I, 23] 나는(이 대명사는 강조하기 위한 것이다. 플루머는 바울로가 여기서 실라와 디모테오를 염두에 두고 있지는 않다고 결론짓는다) 이 말의 진실성에 대해서 하느님을 내 마음(나 자신—Bultmann, *E.&.F.*, 153 ; 내 생명—Moule, *Idiom*, 185)의 증인으로 세웁니다(슐라터는 Josephus, *Antiquities* i, 213과의 긴밀한 언어적 병행성을 지적한다). 비슷한 단어들이 11장 31절과 12장 19절에도 나온다(비교. 로마 9,1 ; 갈라 1,20). 바울로는 로마서 1장 9절과 필립비서 1장 8절, 데살로니카전서 2장 5·10절에서 하느님을 증인으로 부르고 있다. 이 귀절들은 바울로의 정열적인 어투와, 열정적인 성격, 그리고 그에게서 흔히 볼 수 있는 수사학적 특징을 반영한다(참조. Betz, *Lukian*, 117). 그러나 이것들은 자신의 생명이 하느님 앞에 밝히 드러나 있다는 그의 확신과 일치한다(비교. 5,11 : "우리는 하느님 앞에 밝히 드러나 있읍니다"). 마음까지도 살피시는 하느님은 바울로의 참된 동기를 고린토

여격(ὑμῖν)일 것이다 : '여러분이 순종하는.' Robertson, 194 ; *M.* ii. 72를 참조하라.

사람들보다 더 잘 아신다. 그리고 바울로는 자신의 증거를 그들의 증거보다 우위에 둔다. 만일 거짓을 말한다면 그는 하느님의 벌을 받을 준비가 되어 있다. 바울로가 계획했던 고린토 방문을 연기한 것은 욕에 따라서, 혹은 경솔하게(1,17) 계획을 세웠기 때문이 아니었다. **내가 아직 고린토에 가지 않은 것은 여러분을 아끼기 때문입니다.** 그의 '의도'는 만일 미래분사형(φεισόμενος)을 썼더라면 보다 자연스럽게 표현되었을 것이다. 그러나 바울로는 현재형(φενδόμενος)을 사용했으며, 따라서 '내가 다시 가지 않은 것은 여러분을 아꼈기 때문이었읍니다'로 번역할 수 있다. 그러나 이것은 아끼려는 의도를 뜻할 것이다. 바울로가 '아끼다'라는 말로 무엇을 뜻했는지는 2장 2절에서 분명해질 것이다. 즉 그가 왔더라면 그는 자신이 고린토 사람들을 마음 아프게 했음을 깨닫게 되었으리라는 것이다. 그는 그렇게 하고자 원하지 않았다. 흥미있는 병행에 대해서는 휴즈(Hughes)가 인용한 Augustine, *Epistle* CCXI. 2를 참조하라. 반복시제의 동사와 함께 사용되었을 경우, '더 이상…않다'(οὐκέτι. 번역에서는 아마도 변형인 οὐκ가 나타날 것이다)는 당연히 '더 오지 않았다', 즉 '오기를 포기하였다'를 뜻할 것이다. 그것이 단순과거형(ἦλθον)과 함께 사용되었을 경우에는 '특별한 경우에 다시 오지 않았다'를 뜻한다. 이 특별한 경우가 무엇인지를 밝히려는 시도는 1절에 대한 해설을 할 때까지 미루어야 한다. 즉 바울로가 눈을 돌려서 —계획해서 실행하고, 또 실행하지 못했던— 사도적 방문의 의미를 생각할 때까지 기다려야 한다. 그것들은 어쩌면 그가 —자신이 계속해서 교회의 삶에 대해서 명령하는 것이 바람직하다고 믿는— 전제적인 영적 지도자였음을 보여줄지도 모른다.

[24] **그러나 그렇지 않았다 : 우리는 여러분의 믿음을 지배하려는 것이 아닙니다.** 아마도 독자들은 '우리는 여러분을 지배하려는 것이 아닙니다'라는 말을 기대했을 것이다(Lietzmann). 개인적인 지배는 거부되었으며, 아니 4장 5절처럼(참조. 해당 귀절의 해설) 그와는 정반대로 되었다. *Signs*, 41—44와 비교하라. 그리고 데네이의 말과도 비교하라 : '복음을 받아들인 사람들은 성숙한 인간이 지게 되는 모든 책임을 진다 : 그들은 거의 모두가 영적 존재로 된다. 그들은 다른 사람들의 독단적이고 무책임한 간섭에 굴복하지 않는다.' 여기서 데네이는 칼빈의 지침을 (틀림없이, 의식적으로) 따르고 있다('이것은 항상 변치 않는 원칙이다—즉 목회자들은 사람들의 양심에 대해서 특별한 지배권을 가지지 못한다는 것이다. 왜냐하면 그들은 지배자가 아니라

봉사하는 사람이며, 돕는 사람들이기 때문이다). 그러나 이것들은 모두 베드로전서 5장 3절을 따르고 있다. 알로는 '신앙의 문제에 있어서 여러분들의 스승'이라고 번역한다. 그러나 이 번역은 속격(τῆς πίστεως: 신앙의)에 잘 맞지 않는다. 신앙에 대해서 언급하는 것은 적절한데 그것은 여러분은 이미 믿음으로 서 있기 때문이다. 말하자면 신앙 안에 있는 그리스도교인으로서의 "여러분"의 존재는 인간에 의해서가 아니라 오직 하느님에 의해서 규정된다는 것이다. 사도적 선포는 신앙을 불러일으킨다. 그러나 신앙을 다스릴 수 있는 사도적 지배권은 없다. 신앙은 "선택을 통해서 생기지 결코 지배를 통해서 생기지 않는다" (Anselm: Goudge가 인용했다). 사도가 할 수 있는 것이란 여러분을 기쁘게 하기 위하여 여러분과 함께 일하는 것뿐이었다. 직역하면 '우리는 여러분이 기뻐하는 동역자들입니다'이다. 그리이스어로는 여러분과 함께라고 표현되어 있지 않기 때문이다. 바울로가 아마도 '우리, 즉 바울로와 실루아노, 디모테오는 서로 서로 함께 일합니다'를 뜻했을 수도 있다. 혹은 그는 자신을 하느님과 함께 일하는 자로 생각했을 수도 있다(비교. 고전 3,9—술라터도 마찬가지이다). 그러나 이러한 진술은 "여러분의 믿음을 지배하려는 것이 아닙니다"를 달리 말한 것이며, 아마도 고린토 사람들과의 특정한 관계(주인과 노예의 관계는 아니다)를 뜻할 것이다. 기쁨은 아끼다라는 말에서 암시된다: '만일 우리가 아끼기 때문에 그렇게 행동한 것이 아니었다면, 결과는 결코 기쁨에 찬 것이 아니었을 것입니다.' 바울로는 결코 사람들을 두려움에 떨게 하는 폭군이 아니었다. 그는 그들과 함께 일함으로써 그들이 신앙 안에 스스로의 힘으로 서고(칼빈) 기쁨을 누리도록 했다. 신앙과 기쁨과의 관계에 대해서는 필립비서 1장 25절, 로마서 14장 17절, 15장 13절, 갈라디아서 5장 22절, 골로사이서 1장 11절, 데살로니카전서 1장 6절을 참조하라. 바울로는 여기서 '여러분은 교리적으로 건전합니다'라고 말하는 것이 아니라 '만일 여러분이 그리스도교인으로서 이미 서 있다면 그것은 믿음에 의해서입니다', 즉 "여러분은 믿음에 의해서 서 있읍니다"라고 말한다.

[2, 1] 바울로는 다시 자신의 계획을 검토한다. '나는 여러분의 신앙을 지배하지 않으며, 여러분에게 무엇을 하고 무엇을 믿을지를 명령하지 않습니다.' 반대로 나는 여러분에게 "또 다시" (πάλιν) 아픈 마음을 가지고 가지 않기로 결심했읍니다(ἔκρινα—"결심에 도달했읍니다"). "또 다시"는 불확실한 위치에 나와 있으며, 위의 번역

에서도 그리이스어 원문의 불확실함을 그대로 드러내고자 했다(영어 번역으로는 I made up my mind to this, that I would not come to you *again* in sorrow로 되어 있다 : 역주). 바울로는 아마도 다음과 같은 것을 의미했을 것이다 : '나는 그러한 상황에서는 여러분에게 다시는 가지 않음으로써 그런 경우 내가 간 것이 슬픔을 불러일으키지 않도록 작정했읍니다.' 혹은 '나는 이전에 슬픔에 차서 여러분을 방문한 적이 있었읍니다. 그래서 나는 그러한 방문을 되풀이하지 않기로 결심했읍니다.' 후자가 더 가능한 해석이다(πάλιν "또 다시" 바로 뒤에 ἐν λύπῃ "아픈 마음을 가지고"가 뒤따른다). 전자의 해석을 전적으로 도외시할 수는 없지만 애석하게도 이 해석에서는 고린토후서의 배후에 있는 사건들을 재구성할 가능성을 발견할 수가 없다. (전자의 해석에 의하면) 바울로의 말은 그가 첫번째로 고린토를 방문한 이후의 어느 시점이건 가리킬 수 있다. 그는 단순히 고통스러운 마음으로 고린토를 방문하지는 않겠다고 결심했을 뿐이다. 만일 후자의 해석을 채택한다면 우리는 이미 바울로가 아픈 마음으로 고린토를 방문한 적이 있었다는 사실을 알게 된다. 그리고 이 방문이 결코 교회의 기초를 놓기 위한 최초의 방문은 아니었을 것이다. 틀림없이 이 방문에는 결코 어려움이 없지 않았을 것이다(사도행전 18장 1—18절을 아무리 의심스러운 것으로 간주한다해도 그것은 이러한 면에서 전혀 틀린 이야기를 하고 있는 것 같지는 않다). 그러나 이 방문이 전체적으로 슬픈(ἐν λύπῃ) 것이었다고 규정할 수는 없다. 고린토전서도 이 방문이 슬픈 방문이었다는 데 대해서는 아무런 암시를 주지 않는다. 따라서 고린토전서를 쓴 뒤에 바울로는 다시 고통스러운 상황에서 고린토를 방문했다. 두번째 방문에 관해서는 우리는, 바울로의 다음 방문이 그의 세번째 방문이 되리라는 것을 암시해주는 귀절들(참조. 12, 14 ; 13, 1과 해설)과 실제로 바울로가 고린토에 있을 때 그에게 가한 상처에 대해서 말하는 귀절들(5—11절 ; 7, 9·12 ; 10, 10)에서 추정할 수 있다. 그러므로 두번째 방문은 고린토전서를 쓰고 나서 고린토후서를 쓰기 전까지의 시기에 있었을 것이다. 우리는 바울로가 고린토전서 16장 5절 이하(비교. 4, 18—21)를 썼을 때 고린토를 방문하기로 계획했다는 사실을 알고 있다. 그리고 지금 이 단락에서는 왜 그가 계획했던 고린토 방문을 실행하지 못했는지에 대해서 설명하고 있다. 이것은 (비록 의도하기로는 두 번의 방문으로 확대되었지만) 고린토전서 16장 5절 이하와 매우 유사하므로 두 귀절들이 모두 동일한(의도적으로 동일한 것으로 만든) 사전을 가리킨다고 가정해야 한다. 이제는 다음의 두 가지 가능성들 중에서 하나를 선택해야 할 것이다. 첫째, 고린토전서를 쓴 뒤에 바울로는 한 번 더 고린토를 방문했다(이 방문에 대해서는 언급되지 않았다). 이 방문은 불행한 결과를 초래했고, 바울로는 고린토 사람들을 아끼려는 의도에서 계획했던 (두 번의) 방문을 포기했다. 둘째, 바울로가 고린토에서 어려운 문제에 말려들게 되었던 것은 추측할 수 있는 두 번의 방문 중에서 첫번째 방문 때였다. 따라서 그는 다음번의 방문을 포기했다. 두 가지 추측이 모두 가능하지만 두번째 추측이 더 그럴 듯한데 그것은 두번째 추측이 단순히 더 실속있기 때문만이 아니라 23절의 "또 다시 하지 않다"(말하자면 "더 이상～하지 않다" οὐκέτι)와 잘 부합하며, 바울로가 자신을 정당화하는 것과도 잘 드러맞기 때문이다. 그는 마케도니아에서 에페소로 돌아가는 길에 방문하겠다고 고린토 사람들에게 약속했다(고전 16,5 이하). 오직 순수하게 친절한 마음에서(χάρις. 1,15과 해설) 그는 자신의 여행경로를 바꾸었고, 마케도니아로 가는 길에 그들을 방문했으며, 다시 돌아가는 길에도 그들을 방문하기로 작정했다. 그러나 그가 돌아가는 여행 길에 다시 방문하지 않은 것은 오직 고린토에서 일어난 일 때문이었다. 그러므로 그들은 방문을 약속받았고, 그들이 기대하기도 전에 한 번 방문받았다. 만일 바울로가 그들로부터 좋지 못한 대우를 받았기 때문에 그들을 한 번 더 방문하지 않은 것이라면 그들은 아무런 불평할 권리를 가지고 있지 못했다. 그것은 특히 이러한 상황에서는 방문하는 것이 바울로에게나 고린토 사람들에게나 마찬가지로 고통스러웠을 것이기 때문이다. '마음 아픈 방문' 때에 일어난 일들에 대한 보다 상세한 논의에 대해서는 서론 29—30·43면을 참조하라. 이어지는 귀절들에서 우리는 잘못이 전적으로 고린토 사람들에게만 있지는 않았음을 추측할 수 있다.

[2] "내가 여러분을 마음 아프게 했다면"—내가 그때에 여러분을 방문했다면 여러분을 마음 아프게 했을 것이다— 여러분도 그렇듯이 나 때문에 아픈 마음을 가진 그 사람밖에 누가 나를 기쁘게 해주겠읍니까? 이 귀절은, 바울로가 자신과 전혀 어울리지 않게 아첨의 말을 하고 있는 것이 아닌 한 그 자신과 고린토 사람들 사이의 관계가 근본적으로 좋았고, 그것은 편지를(이것은 아마도 1—9장과 10—13장의 순서를 뒤바꾸어야 잘 설명할 수 있을 것이다: 참조. 이 책 서론 35면 이하·306—310면) 쓸 때뿐만이 아니라 여기서 문제되고 있는

때에도 마찬가지로 좋았음을 의미함에 틀림없다. 만일 바울로가 이미 방문했었다면, 그리고 방문을 연기함으로써 오해와 불만을 야기시켰다면, 그의 신앙으로 말미암아 바울로가 기쁨을 느꼈던 대표적인 고린토 사람은(단수형 분사에 주목하라—ὁ εὐφραίνων "기뻐하는 자"과 ὁ λυπούμενος "슬퍼하는 자"—고린토에서의 특별한 바울로 옹호자도 아니고 또 메네이가 생각하는 것과 같은 회개한 공격자도 아니다) 마음에 상처를 받았을 것이다. 즉 고린토에는 어떤 문제가 있었는데 이 대표적인 고린토 사람은 거기에 대해 책임이 없었다는 것이다. 이 사실은 이 귀절 끝에 나오는 말에 의해서 확인되는데 여기서 그 말은 '나 때문에 아픈 마음을 가진 그 사람'이라고 번역되었다. '나 때문에'의 '때문에'(영어로는 by—역주)는 일반적으로 이 경우에 쓰이는 전치사(ὑπό)를 번역한 것이 아니라 대개 '~로부터를' 의미하는 전치사(ἐξ)를 번역한 것이다. 그리고 비록 위의 사실에 근거해서 다음과 같은 주장을 하는 것이 어리석은 일이기는 하지만, ἐξ라는 전치사를 선택한 것은 '직접 나의 행동으로 인해 일어난 슬픔'이 아니라 '나로부터, 나로 인해 생겨난 슬픔, 내가 있음으로 인해서라기 보다는 내가 있는 것이 계기가 된 슬픔'을 나타낸다. 이것은 바울로에게 상처를 주었던 사람이 본래 고린토 사람이 아니라 방문자였다는 견해와도 일치한다(이 책 272면 이하를 참조하고 "The Injury", 155을 참조하라).

〔 3 〕 사실 상황은 고린토를 방문하는 것도 해를 끼치고(실제로 방문하지 않음으로써 좋지 않은 결과를 가져왔듯이), 방문하지 않는 것도 해를 끼치는 상황이었을 것이다. 바울로는 편지를 씀으로써 이처럼 어려운 상황을 타개해 나가려고 했다. 비록 편지를 쓰는 것이 그로 하여금 많은 고통을 느끼게 했지만 말이다. 그가 편지를 쓰면서 고통을 느낀 까닭은 적어도 부분적으로는 분노 때문이 아니라 그가 무슨 말을 쓰든지 오해받으리라는 생각 때문이었다. **더우기 내가 편지를 쓴 것은 바로 ~때문입니다**(Moreover, I wrote to just this effect…). 동사 뒤에 이어지는 말들을 어떻게 이해해야 할지가 불확실하다(*τοῦτο αὐτό*: 번역에서는 "~때문입니다"로 되어 있다 : 역주). 세 가지 이해가 가능하다. 첫째, 그 말은 부사적인 것이고(부사어로 쓰이는 대격, 혹은 존경을 나타내는 대격 ; 비교. Plato, *Protagoras* 310E) 다음과 같이 번역될 수 있다 : '나는 바로 이러한 이유를 위해서 편지를 썼읍니다.' 그리고 나서 이어지는 마지막 절에서 그 이유로 말한다 : "말하자면 내가 ~하지 않도록 하려는 것입니다." 이러한 해석은

논리적으로는 이 말이 중복되게 하지만(왜냐하면 바울로가 말하는 것은 '~을 위해서 편지를 썼읍니다'가 전부가 되기 때문이다) 문장에 힘과 생동감을 더해준다(*B.D.* §290.4 ; 참조. Robertson, 699). 둘째, 이 말은(*τοῦτο αὐτό*) 내가 썼읍니다의 직접목적어이고 마음 아픈 편지로부터의 인용문을 가리키는 것일 수 있다. 만일 이 견해를 받아들인다면 인용문은 '내가 고린토를 다시 방문하지 않은 것은 여러분을 아끼기 때문이었읍니다'(23절)이거나 아니면 '나는 여러분에게 또 다시 아픈 마음을 가지고 가지 않기로 결심했읍니다'(1절), 혹은 더 나아가서 '나는 내가 감으로써 마음 아픈 일이 일어나지 않도록 하기 위해서 편지를 쓰고 있읍니다'일 것이다. 세째, 이 말(*τοῦτο αὐτό*)은 편지의 내용을 요약하는 것일 수 있다 : '나는 바로 이러한 결과를 얻기 위해서 편지를 썼읍니다.' 이 견해에 의하면 전후의 귀절들은 편지의 말을 인용한 것이 아니라 편지의 전체적인 취지를 반복한 것으로 받아들여야 한다. 세번째의 견해가 문제의 말을 이해하는 가장 좋은 길인 것 같다(예를 들어 바호만도 그렇게 본다). 위의 두번째 이해에서 언급한 인용문들은 방문하는 것을 대신하여 썼던 편지의 상황과 관련되기 보다는 고린토후서의 상황(바울로가 고린토를 방문하지 않음으로 인해서 불만이 야기된 상황)과 관련될 것이다. 바로 이러한 결과에 대해서 설명할 필요는 전혀 없었다. 고린토 사람들은 이미 편지를 읽었고, 그 안에 어떤 내용이 담겨 있는지를 알고 있었다.

바울로는 나를 기쁘게 해야 할 바로 그 사람들에게서 내가 마음 아픈 일을 당하는 일이 없도록 하기 위해서(2절에서 그는 마음 아픈 일이 일어날까 두려워하고 있다. 틀림없이 그러한 일이 일어난 결과는 양쪽 모두에게 미쳤을 것이다) 편지를 썼다. 24절 이후에서 이 말은 고린토 사람들이 생각했던 만큼 자신에게 순종적이지 못하고, 동시에 그로 인해 자신의 위신이 손상되는 것을 보게 되지나 않을까 바울로가 두려워했다는 것을 의미하지 않는다. 그가 마음아파 했던 것은 그들이(거짓 사도들에게 인도되어 : 참조. 11,13), 거짓 복음을 받아들이고 그리스도교인으로서 사는 데 실패했기 때문이었다. 상황은 상당히 미묘했는데 그것은 자신의 방문이 마음 아픈 일을 초래할지도 모른다는 그의 두려움과 (전체 고린토교인들에 대한) 확신이 뒤얽혀 있었기 때문이다. 바울로는 자신의 편지가 의도했던 성과를 거두리라고 믿고 있었다. **나는 여러분 모두에 대해서는**(충성스러운 소수에 대해서가 아니라) **나의 기쁨이 곧 여러분 모두의 기쁨이라고 "확신합니다"**(분사 *πεποιθώς*의 원인을 나타내는 용법). 말하자면 '내가 기쁘면 여러분도 기쁘며 사실상 우리는 복음 안에서 공동의 기쁨을 나누어야 한다'는 것이다. 편지를 쓸 때 가졌던 이러한 확신은 고린토에서 일어난 불행한 사건과 고린토 교회와 바울로와의 관계를 논의할 때 분명히 고려해야 한다. 고린토에는 문제를 야기시키는 사람들이 있었지만 전체적인 교회구성원들은 ("여러분 모두"는 아마도 호의적인 과장일 것이다. 참조. 5—6절) 건전했다.

〔 4 〕 바울로는 고린토 사람들 자신들에 대해서는 확신하고 있었지만 상황은 매우 심각했다. 나는 큰 괴로움(1장 8절의 말)과 걱정에 눌리는 마음으로 많은 눈물을 흘리면서 여러분에게 그 편지를 썼읍니다. 그러나 그것은 여러분을 마음아프게 하려고(직역하면 여러분을 슬프게 하려고) 한 것이 아니라 내가 얼마나 여러분을 극진히 사랑하고 있는가를(이 말〔사랑〕은 매우 강조하는 위치에 나와 있다) 여러분에게 알려주기 위하여 한 것이었읍니다. "나는 썼읍니다"(ἔγραψα)는 현재를 가리키는('나는 지금 씁니다'—지금 이 편지에서) 편지들의 단순과거가 아니라는 사실은 7장 8절에 의해 알 수 있으며, 동시에 이 귀절은 —비록 바울로가 의도했던 것은 아니었지만— 고린토 사람들이 그가 쓴 내용으로 인해 슬픔에 빠졌음을 보여준다. 지금 고린토 사람들은 자신들이 정당하게 대우하지 못했던 바울로에게서 끊임없는 사랑과 확신을 보게 되는데(바울로가 7장 9절에서 말하듯이) 이것은 그들에게 유익하기는 하지만 고통스러운 일이었다. 중상행위를 한 것은 고린토를 방문했던 사람이었던 것 같다(참조. 이 책 124면). 그리고 바울로의 슬픈 편지의 내용은 단지 추측할 수 있을 뿐이지만 거기에는 고린토 사람들이 실제로 바울로의 적대자를 지지했고, 앞으로도 계속 지지하리라는 것을 결코 믿을 수 없다는 확신과 자신은 아직도 고린토 사람들을 사랑한다는 내용이 담겨 있었을 것이다. 이러한 확신은 그들의 양심을 찔렀을 것이다(참조. 7,9 이하). 바울로가 문제가 있는 고린토 사람들을 특히 더 사랑했으리라는 것도 전혀 불가능하지는 않다. 즉 종종 문제아들을 더 사랑하는 경우가 있듯이 말이다. 바울로가 고린토에서 보수받기를 거절한 것과 비교하라(참조. 특히 11,11).

〔 5 〕 아마도 바울로는 고통스러운 상황에 처해 있었을 것이다. 그 고통의 실제적인 원인은 고린토에서 문제를 일으켰던 (것으로 보이는) 사람이었다. 바울로는 이 문제를 단순히 개인적인 문제로 간주하려 하지 않았다. 그러나 일반적인 표준들에 의하

면 (리츠만이 지적하듯이) 이 문제는 분명히 개인적인 문제로 간주될 것이다. 그러나 바울로는 교회에 대하여 공격한 것으로 생각하며, '형제를 얻는' 데 관심을 갖는다(마태 18, 15 ; 비교. Dodd, *Studies*, 59). 어느 누가 누구를 마음 아프게 한 일이 있다면 그것은—여러분이 추측하듯이—나를 마음 아프게 한 것보다 "어느 정도"(ἀπὸ μέρους: 상처를 받은 사람들의 수를 제한하는 말이 아니라—리츠만에 반대해서 컴멜이 주장하듯이—상처를 받은 정도를 제한하는 말이다)—과장이 아니라(이 번역은 그를, 혹은 여러분을 '무겁게 압박하려고'라는 번역보다 낫다)—여러분 전체를 마음 아프게 한 것이 됩니다. 이 귀절에서는 누구를 언급하고 있는 것인가? 그리고 그는 어떤 일을 했는가? 이 질문들에 대해서는 결코 확실하게 답할 수 없는데, 그 까닭은 실제로 같은 사건을 말하고 있는 7장 12절을 포함시킨다 해도 증거가 너무 불충분하기 때문이다. 우리는 그러한 증거들을 있는 그대로 수집해야 한다(참조. 이 책 93·212면 이하의 요약). 우리는 이 귀절로부터 겉으로 보기에는 바울로가 공격받은 것 같지만 사실은 바울로가 보기에는 교회가 공격받았다는 사실을 알 수 있다. 이러한 사실은 여기서 고린토전서 5장 1절에서 언급된 근친상간의 예를 소급해서 지시하고 있다는 가능성을 배제한다(그러나 이미 터툴리안도 그러한 가능성을 보았다 : *De Pudicitia* 13). 그리고 만일 디모테오와 같은 그의 통역자 중 한 사람이 공격을 받음으로써 바울로의 지위와 권위가 간접적으로 공격을 받았다면, 그는 결코 이런 식으로 편지를 쓰지 않았을 것이다. 우리는 아마도 두번째 방문 기간 중에 일어났던 사건, —마음 아픈 방문(비교. 1절)— 즉 바울로가 모욕을 당하고, 그의 권위가 희롱당한 사건에 대해서 생각해야 할 것이다. 그것은 바울로의 복음에 기초하고 있는 교회 전체에 대한 공격이었다. 그러면 공격을 감행한 것은 누구였는가? 우리는 아직 이 질문에 대해 대답할 단계에 있지 않다. 그러나 엄밀하게 말하자면 여러분 모두라는 말은, 공격을 감행한 사람이 고린토 교회의 구성원이 아닌 사람이었음을 시사해준다. 지금 이 단계에서는 이러한 결론을 강요할 수는 없다. 만일 공격자가 외톨이로 있었고, 그의 행동이 모든 다른 그리스도교인들로부터 반대를 받았다면 여러분 모두라는 말은 결코 한 사람을 제외한 '여러분 모두'를 지나치게 과장한 말이라고 할 수 없을 것이다. 나머지 사람들은 모두가 그들 중 한 사람이 그렇게 행동했다는 사실에 대해 슬퍼했다. 그러나 위의 제안은 단지 있을 수 있는 결론일 뿐이지 결코 가장 좋은 결론은 아니다.

[6] 여러가지 개연성들을 종합해볼 때 공격자는 외부 사람이었을 가능성이 크다. 그러나 이러한 결론은 종종 다음 귀절과 일치하지 않는 것으로 생각되었다. 왜냐하면 교회의 구성원일 경우에만 교회로부터 벌을 받았을 것이기 때문이다(예. Kümmel, *Introduction*, 208). 그러나 이 귀절에는 여러가지 난점이 있으며 결론을 내리기 전에 그러한 난점들을 반드시 고려해야 한다. 공격자에게는 질책이 가해졌다(그리이스어 본문에는 아무런 동사도 나와 있지 않다. 질책을 내리기로 '결정되었다'고 번역할 수도 있다). 질책(reproof. ἐπιτιμία)이라는 말은 흔히(예. 흠정본, 개정본, 개정표준본, 예루살렘 성서, *New English Bible*에는 penalty "처벌"이라고 되어 있다. 비교. Hatch, *Essays*, 4) '징계'(punishment)라고 번역되었다. 그러나 이처럼 자주 '징계'라고 번역하는 것이 옳은지는 문제시해야 한다. 그리이스어 성서에서 이 말(ἐπιτιμία)은 단지 이 곳과 지혜서 3장 10절에만 나온다. 불가타역에서는 이 말을 objurgatio("꾸짖다")로, 지혜서 3장 10절은 correptio("비난하다")로 번역하는데 이 중 어느 것도 '징계'라는 의미를 반영하지는 않는다. '징계'라는 의미로 *L.S.*에서 인용한 유일한 다른 자료는 *O.G.I.S.* 699. 43(Ⅱ. 402)이다. 같은 어원의 동사(ἐπιτιμᾶν)가 다른 여러 의미들과 함께 '어떤 사람에게 징계를 하다'라는 의미를 지니고 있으며, 같은 어원의 명사들(ἐπιτιμή, ἐπιτίμημα, ἐπτίμησις)이 종종 그러한 의미를 반영한다는 것은 사실이다. 그러나 이러한 일군의 말들의 일차적 의미는 결코 '징계'가 아니다. 그리고 이 말들에 '시민권과 자유의 향유'라는 의미 외에 다른 새로운 의미가 덧붙여졌을 때에도 자주 '징계'라는 의미 못지않게 '비난'이라는 의미가 덧붙여졌다. 이것은 일반적으로 신약성서에서 이 동사(ἐπιτιμᾶν)를 어떻게 사용하느냐에 의해서, 이 동사는 30(29)회 사용되었지만 단 한군데(유다서 9장)에서만 '징계를 하다'를 의미할 수 있을 뿐이다. 그리고 바울로가 현재의 상황을 처리하는 데 대한 중요한 병행을 보여주는 루가복음 17장 3절(비교. 마태 18,15과 동사 ἐλέγχειν "책망하다")에 의해서도 확인된다. 공격을 했던 형제는 비난, 혹은 책망을 받아야 한다. 그리고 가능하면 곧 용서받아야 한다. 그러므로 이 말은 '징계', 혹은 '벌'이 아니라 '질책'으로 번역해야 한다.

바울로는 이 질책이라고 말한다. 이 지시 형용사("이")가 무엇을 가리키는지는 분명치는 않지만 방금 우리가 취했던 견해를 확인해주는 것 같다. '이 징계'라고 썼을 경우 '이'라는 지시형용사가 무엇을 가리키는지 알 수 없게 되는데 그렇게 쓸 수는 없었을 것이다. 그리고 그것은 (리츠만과 같이) 더도가 바울로에게 무는 일이 일어났는지를 이야기했음에 틀림없고(7,13), 바울로가 자신이 무엇을 의미하는지를 고린토 사람들이 알고 있다고 가정했다는 사실을 인정할 경우라도 마찬가지이다. 그러나 안타깝게도 '이 책망'이라는 말도 역시 뭔가 미진한 점이 있기는 하지만, 고린토 사람들이 단순히 자신들을 공격자의 행동으로부터 떼어놓고 공격자를 책망했으므로 문맥상 이 책망이라는 말이 함축되어 있다고 주장할 수 있다.

바울로는 이 책망이 교회의 주류에 의해 가해졌다고 덧붙여 말한다. 그리이스어 ὑπὸ τῶν πλειόνων을 달리 번역한다면 '대다수에 의해' (혹은 '상당수에 의해'라고도 번역할 수 있을 것이다. 빈디쉬가 그렇게 번역하는데 그는 그 말에서 선거를 위한 교회의 모임을 추론해낸다 : *B.D.* §244,3 ; 비교. 9,2)로 번역할 수 있다. 이 번역은 공격자의 편에 서 있던 소수나 아니면 보다 엄한 조처를 취하기를 원했던 소수를 전제한다. 그리고 위의 두 소수파나 어쩌면 주류를 이루는 전체 구성원 중에서 한편의 소수파를 전제한 수도 있다. 고린토 교회(이 교회는 다른 방식으로 분열된 것으로 알려져 있다)는 그런 방식으로 분열되어 있었을 수도 있다. 그러나 여기서 사용된 말들에서 이런 결론을 내리기는 어렵다. 바울로는 때때로 어떤 문제에 대해 관심을 가지고 있는 주류를 이루는 사람들(이 경우 반드시 그들이 소수라는 의미를 내포하지는 않는다)을 나타내는 데 이 말을 사용했다(그리이스어 용법에 대해서는 *L.S.* 해당란 πλείων Ⅰ, 2을 참조하라). 그러나 주류는 때때로 그들의 지도자들과는 구별되었다. 이 말(πλείων)은 쿰란 문헌에서 공동체에 대해 '다수'(ha-rabbim)라는 말을 사용한 것을 반영할지도 모른다(이 용법은 매우 자주 나온다—Kuhn의 해당란, 그리고 예를 들어 *CD* xiii, 7를 참조하라. *War* ii. 146에 나오는 요세푸스의 에쎄네파에 대한 해설과도 비교하라). 그러나 바울로는 쿰란 종파로부터 이 용법을 빌리려 하지는 않았다(비교. Black, *Scrolls*, 177 ; Delcor, *P.&.Q.*, 79—80). 이 말의 근원은 이미 구약성서에서 또 발견된다(참조. 특히 다니 12,3). 바울로와 쿰란 종파도 틀림없이 구약성서로부터 이 용법을 빌어왔을 것이다(참조. Braun). 그러므로 다음과 같이 결론내릴 수 있다. 즉 고린토 그리스도교인들의 주류가 비록 그 당장은 아니더라도 얼마 후에 교회를 위압하려 했던 자칭 지도자들에 반대하여 바울로의 편에 섰다고. 이와 같은 것이 아마도 지나치게 호의적이고 낙관적인 디도의 보고였다(참조. 7,7—11과 해당 주석). 이러한 결론은 전체가 아니라 대다수에 의해서 질책하는 것이 승인되었다는 견해와 결코 형식적으로 모순되지 않는다. 그러나 어디까지나 강조점은 다르다.

[6—7] **문제를 일으킨 사람은**(직역하면 "그 사람은" : 비교. 7절) **충분한**(중성으로 씌어진 이 형용사는 여성인 실명사와 일치하지 않는다. 이 사실은 *M.* iii. 311에서 지적되기는 했지만 자세히 설명되지는 못했다. 휴즈는 이것을 라틴어 satis로 생각한다. '～은 ～에 대한 충분한 처우입니다'라고 번역하는 것도 결코 틀리지는 않다) **질책을 받았읍니다.** 바울로는 곧 만족했으며, 공격자의 이름을 기록하고 싶어하지 않았다(본래 여기에 이름이 씌어 있었는데 고린토의 편집자가 그것을 지워버린 것으로 가정하지 않는 한 아마도 그랬을 리는 없을 것이다). 이제 책망할 때는 지나갔다. 그러므로 반대로 **여러분이 그를 "용서하고"**(χαρίζεσθαι는 보통 "주다"를 의미하며, "용서하다"는 바울로의 특수한 용법이다 : Windisch) **위로"해야 합니다"**(δεῖν "～해야 한다"를 보충해 넣어야 한다 : 참조. Moule, *Idiom*, 144. 비교. 루가 17, 3 : "네 형제가 죄를 짓거든 책망하고 회개하거든 그를 용서하라"). 바울로는 자신이 예수 자신의 말을 빌어서 권고하고 있음을 깨닫지 못하고 있는 것 같다(비교. 로마 13,8 이하와 주석). 바울로는 권위를 내세우는 대신 그가 방금 권한 대로 행동해야 할 이유를 말한다. **그가**(또 다시 직역하면 "그런 사람" ὁ τοιοῦτος) **너무 심한 슬픔에 빠지지 않도록.** 그는 이미 책망을 받았으며(Lietzmann), 슬픔으로 인해 놀라고 후회해서 자신의 신앙과, 동료 그리스도교인들과의 관계를 모두 포기해버릴지도 모른다. 11절과 비교하라.

[8] 바울로는 다시 말한다. **그래서 나는 여러분이 그를 위한 여러분의 사랑을 "확인해 주기를"**(κυρῶσαι. 이 법적 용어에 대해서는 갈라 3,15과 비교하라) **권합니다**(바로 앞에서 "위로하다"로 번역되었던 것과 같은 동사, 즉 παρακαλεῖν이다. 이렇게 번역하는 것은 드문 일이긴 하지만 타당하다). "그를 위한"(for him. εἰς αὐτόν)이 "확인하다"(confirm)에 연결되는 것으로 보고 "그에게"로 번역할 수도 있다. 로마서 5장 8절에도 이와 비슷한 두 가지 가능성이 나온다(참조. *Romans*, 106—7). 바울로의 용법은 위에서 제시한 번역을 결정적으로 입증해준다. 바흐만은 법적인 확인과 법적이지 않은 사랑 사이의 대조에 주목한다. 아마도 여기서는 바울로가 말하리라고 고린토 사람들이 기대했을 것과 —'판결을 확인하라'— 주의깊게 대조시키고 있는 것일

수도 있다. 데네이는 여기서 '어떤 공적인 행위'를 생각한다.

[9] 이러한 명령은 바울로의 이전 편지의 어조(참조. 7,8)와 일치하지 않는 것으로 보일지도 모른다. 그러나 결코 그렇지 않다. 왜냐하면 내가 그 편지를 쓴 것은 공격자를 확실하게 벌하려고 한 것이 아니라 여러분이 얼마나 시험에(직역하면 '여러분에 대한 시험', δοκιμή : 참조. *Romans*, 104) 잘 견디는가를 "알아보기" 위한(동작의 시작을 나타내는 단순과거형 γνῶ—"알게 되다") 것이었읍니다. 이 목적은 공격자가 고린토 사람이 아니었다는 주장과 일치한다. 바울로는 (비록 그가 문제를 일으켰다 해도) 공격자보다는 고린토 사람들에게 더 큰 관심을 가졌다. 그는 그들에 대해서 "여러분이 모든 일에 있어서 순종하는가를" 알아보려고 했다. 바울로는 고린토 사람들이 누구에게 순종해야 하는지를 말하지는 않는다. 그러나 1장 24절 이후에서부터는 바울로가 자신에 대한 순종을 말할 수 없었을 것이다. 단지 그는 자신 안에서 그리스도의 권위가 교회에 나타난다고 말했을 것이다.

[10] 그러나 지금 가장 중요한 것은 용서다. 그리고 바울로는 용서하는 일을 결코 미루려고 하지 않았다. 여러분이 어떤 잘못한 사람을 용서하면 나도 그를 용서합니다. 바울로(사도적인 '주'가 아니라—1, 24)는 이 문제에 있어서(분명히 그는—7절—그들이 그 사람을 받아들여 주기를 희망한다) 고린토 사람들의 판결을 받아들일 것이다. 그러나 사실 그는 그들을 결코 기다리지 않았다. 왜냐하면 정말로 내가 용서한 것은—내가 어떤 사람을 용서했다면(비교. 5절—바울로는 공격이 자신에 대한 것이 아니라 교회에 대한 것임을 암시한다)— 여러분을 위하여(즉 여러분의 선을 위하여) 그리스도 앞에서 용서한 것입니다(이 동사는 그리이스어 본문에는 없지만 반드시 보충해 넣어야 한다). 말하자면 바울로가 용서를 한 것은 첫째, 어색한 상황을 타개하고 적들과 화해함으로써 자신이 편해지기 위해서가 아니라 고린토교회를 세우기 위해서였으며(비교. 10, 8 ; 13, 10), 둘째, 무책임해서가 아니라 그리스도가 있는 앞에서(ἐν προσώπῳ에 대해서는 잠언 8, 30과 비교. 4장 6절에서의 의미는 다르다), 그리고 그의 심판 아래서(그리스도를 증인으로 세운다—Windisch) 취한 행동이었다.

[11] 바울로는 다시 그가 용서할 것을 주장하는 이유들에 대해서 말하며(비교. 7절) 그 이유들을 발전시킨다: 그것은 우리가(아마도 바울로—휴즈는 바울로로 본다. 그러나 바울로

와 교회를 함께 가리킬 가능성이 더 크다) 사탄에게(로마 16, 20 ; 고전 5, 5 ; 7, 5와 주석들 ; 고후 11, 14 ; 12, 7. 바울로는 데살로니카전서 2장 18절과 데살로니카후서 2장 9절에서도 이 말을 사용한다) "속아 넘어가지 않게"(πλεονεκτεῖν. 같은 어원의 명사에 대해서는 로마 1, 29 ; 고전 5, 10—11 ; 6, 10과 주석을 참조하라) 하기 위한 것입니다. 사탄의 목적은 그리스도교 신자를 잡아서 자신의 것으로 만들려는 것이다. 만일 공격했던 사람이 너무 심한 슬픔에 빠져서 낙담해 있다면 사탄은 자신의 목적을 달성할 수 있다. 그리고 바울로와 고린토 사람들이 용서하지 않을 경우에도 마찬가지이다. 그러나 사탄은 결코 그렇게 하지 못할 것이다. 왜냐하면 우리가 사탄의 책략을 모르는 것이 아니기 때문입니다. 사탄이 무슨 일을 하려 하고 있으며, 그의 목적을 달성하기 위해서 어떤 계획을 세우고 있는지를 알고, 따라서 사탄이 이런 일을 이루지 못하도록 막는 것은 바울로의 사도로서의 직무였다(비교. Allo). 그러나 여기서 우리는 순전히 사도만을 가리키는 '우리'는 아니다. 모든 그리스도교인들이 어느 정도 사탄에 관한 것을 알고 있다.

이 귀절이 지니고 있는 중요한 역사적 주제들 중에서 몇 가지는 7장을 주석할 때 다시 다룰 것이다(참조. 이 책 272면 이하 ; 이 책 서론 29—30면). 지금으로서는 다음과 같은 사실들에 주목하는 것이 중요하다. 첫째, 바울로의 적대자가 (바울로처럼) 아마도 고린토를 방문한 사람이었고 둘째, 바울로는 고린토교회가 근본적으로 자기 편이라고 알고 있으며 세째, 그는 어떤 행동을 취해야 할지를 명령하는 데 있어서 자신의 사도적 권위를 내세우기보다는 고린토 사람들 스스로 행동을 하도록 자신은 고린토를 떠났으며, 후에 그들이 어떻게 했는지 소식을 듣고나서 그들에게 충고하는 것으로 만족했다. "열쇠를 쥐고 있는 것은 교회다"(Ecclesia gerit claves: : Bengel의 6절 해설).

〔12—13〕 다음의 두 귀절들은 바울로가 자신의 여행 계획을 바꾼 데 대해 설명한 내용의 일부이므로 이 단락에 포함된다. 이것은 그리이스어 본문에는 드로아에 관사가 있다는 사실에 의해서도 확증된다. 비록 1장 23절에서 언급하지는 않았지만 아마도 드로아(Troas)를 염두에 두고 있기 때문일 것이다(*B.D.* § 261. 1 ; 바울로가 "드로앗 Troad"을 뜻했다고 보는 것보다 이렇게 보는 것이 더 낫다). 그러나 내가 그리스도의 복음을 선포"하려고"(εἰς : 직역하면 "~위하여." 바울로의 목적은 고린토로부터의 소식을 들으려는 데 있는 것이 아니라 설교하는 데 있었음에 주목하라) 드로아에 갔을 때 주 안에서(복음을

전도하는 일에서 바울로가 성공한 것은 주님의 덕택이었다—Schlatter) 내게 문이 열려 있었지만(완료시제. 이 은유에 대해서는 고전 16, 9 참조. 거기서는 복음 전도의 기회가 있었다) 나는 마음이 놓이지(즉 스스로 안도하지) 않았읍니다(1장 9절의 "우리는 ~을 각오했읍니다"와 같은 시제이다. Robertson, 900—1의 긴 해설을 참조하라. 아마도 바울로는 디도가 도착하기까지 계속 자신이 불안해 했다는 사실을 강조하려고 했을 것이다. 그러나 Moule, *Idiom*, 14 참조—"각오했읍니다"는 단순과거형 "갔읍니다"와 병행을 이룬다). 바울로가 spirit("영")를 이렇게 (마음으로) 사용한 것은 드물다(그러나 참조. Bultmann. *E.&.F.*, 154). flesh("육")라는 말을 분명히 이와 같은 의미로 쓰고 있는 7장 5절과 비교하라. 그리고 spirit("영")와 flesh("육")가 나란히 함께 사용된 7장 1절을 참조하라. 바울로는 계속해서 그의 불안의 원인에 대해서 이야기한다(바울로 자신이 부정사의 주어이기는 하지만 놀랍게도 그는 대격과 부정사 구문을 사용한다) : **내 형제 디도를 만나지 못했기 때문입니다** ("형제"라는 말의 그리스도교적 용법에 대해서는 1장 1절과 해당 주석을 보라. 디도에 대해서는 "Titus"를 참조하라).

아마도 바울로가 고린토를 방문하지 않았을 때 디도는 고린토를 방문해서 바울로가 많은 눈물을 흘리며 쓴 편지(4절)를 전해주었을 것이다. 추측컨대 바울로는 에페소로 돌아갔으며 (두번째 고린토 방문을 하지 않고) 다시 그 곳을 떠났다. 자신이 고린토로 가는 길인지의 여부에 대해서 바울로는 말하지 않는다. 확실히 (바울로가 드디어 디도를 만난 후에 쓴 : 7, 6) 그 편지는 그가 거기에 도착하기 전에 씌어졌다. 그가 디도에게서 고린토로부터의 소식을 듣기를 갈망하지 않았다고 추측하는 것은 매우 부자연스러울 것이다. 그러나 바울로는 항시 긴장해 있었지 특별히 이 때만 더 긴장해 있었던 것은 아니다(비교. 7, 5 : 안에는, 아마도 고린토와 관련되었을 두려움이 있었고, 밖에는 싸움이 있었다. 그런데 이 싸움은 고린토의 적대자들에 반대하는 싸움은 아니었을 것이다). 그리고 바울로는 자신이 긴장한 것은, 헌금 일에 종사하고 있고 강도들의 위협 가운데 처하게 될지도 모르는 (비교. "Titus", 9—10, 13) 디도가 도착하지 않았기 때문이라고 분명히 말한다. '교회에 대한 걱정이 그를 몰고 갔다'는 벤드란트의 주장은 입증될 수 없다. 바울로가 직면했던 고린토의 문제는 이 단계에서 종종 지나치게 과장되었다. 그는 고린토에서 다른 여행 설교자(11장 13절을 고려한다면 아마도 거짓 사도라고 말할 수 있을 것이다)로부터 공격을 받았던 것으로 보인다(비교. "The Injury," 155). 그는 더 이상의 문제를 일으키지 않기 위해서 두번째 고린토 방문을 취소했다(이렇게 하려는 생각은 좀 때늦은 생각이었다). 그리고 그는 교회가 여전히 충성스러우리라고 믿으면서, 혹은 적어도 기대하면서 교회의 태도를 시험하기 위해 편지를 썼다. 디도가 (아마도 편지를 가지고) 헌금 사업을 위해 고린토로 떠날 때 바울로는 이례적으로 고린토 사람들은 아주 좋은 사람들이라고 그에게 말한다(7,14). 그리고 고린토 사람들은 그를 실망시키지 않았다. 적어도 실망시키지 않았던 것으로 보였다. 그러므로 거짓 사도들에게 고린토 사람들이 미혹되었다는 사실이 분명해졌을 때(예. 11,4·20) 바울로의 충격은 훨씬 더 컸다.

지금 디도는 나타나지 않고 있다. 그래서 그는 불안 가운데 있었으므로 그 기회를 충분히 활용하지 못하고(그리이스어 ἀλλά의 의미를 표현하기 위한 보충어), 그들을(즉 드로아의 그리스도교인들—지금, 그리고 사도행전 16장 8절에서는 바울로는 어느 정도 자신의 기회를 활용했다) 작별하고 마케도니아로 갔읍니다. 그가 마케도니아로 간 것은 현명하지 못한 행동이었을 수 있다. 바울로는 드로아에서 배를 타고 에게 해를 곧바로 건너 네아폴리스, 암피폴리스, 혹은 데살로니카를 거쳐서 아니면 보다 먼 육로를 택해서 바다의 북쪽 끝을 돌아 마케도니아로 갈 수 있었을 것이다. 그가 어떻게 이 길에서 디도를 만나리라고 확신할 수 있었겠는가? 디도와는 아마도 미리 약조가 되어 있었을 것이다. 그러나 실제로 그들이 약조를 했는지, 그리고 바울로가 어느 길을 택했는지가 우리에게는 알려져 있지 않다. "Titus"를 보라. Knox, *P.G.*, 144에는 다음과 같이 기술되어 있다. '바울로는 디도가 마지막 배를 놓쳤다는 사실을 알게 되었을 때…드로아를 떠났음에 틀림없다. 그리고 그는 마케도니아를 거쳐서 가야 했을 것이다.' 이 사실에서 우리는 이 사건이 가을에 일어났음을 알 수 있다.

Ⅱ. 선교와 목회 활동의 목적

2장 14절—7장 4절

5. 그리스도교 선교와 하느님의 도움

2장 14절—3장 3절

2,4 그러나 그리스도 안에서 언제나 우리를 승리의 행진에 인도하시며, 어디서나 우리를 통하여 자신을 아는 지식을 마치 향기처럼 나타내게 하시는 하느님께 감사합니다. 15 우리는 구원을 얻는 사람들에게나 멸망을 당하는 사람들에게나 하느님 앞에서 그리스도로부터 나는 희생의 향긋한 냄새입니다. 16 멸망하는 사람에게는 죽음에 이르게 하는 죽음으로부터 나온[1] 냄새가 되고, 구원을 얻는 사람에게는 생명에 이르게 하는 생명으로부터 나온 향기가 됩니다. 이런 일을 누가 감당할 수 있겠읍니까? 17 우리는 다른 많은 사람처럼[2] 하느님의 말씀에 물을 타는 사람이 아닙니다. 우리는 하느님 스스로 보내신 사람으로서 진실을 가지고 하느님 앞에서와 그리스도 안에서 말하는 것입니다. 3,1 그러면 우리가 새삼스럽게 자신을 추천하려고 하는 것입니까? 아니면 (어떤 사람들처럼) 여러분에게 보내는 추천장이나 여러분으로부터의 추천장을 필요로 하겠읍니까. 2 우리의 추천장은 바로 여러분 자신들입니다. 그것은 여러분[3] 마음들에 씌어져 있으며, 모든 사람에게 알

---

1) "~로부터 나온"은 전치사 ἐκ를 번역한 것인데 이것은 D G와 대다수의 사본들에서 생략되었다. 전치사가 없는 본문은 훨씬 간단하다: '죽음(생명)의 냄새는 죽음(생명)으로 인도합니다.' 보다 긴 독법은 해석상(주석 참조) 난점이 있기는 하지만 바울로적이며(참조. 3,18) 그것이 채택되어야 한다.

2) "많은 사람들"(οἱ πολλοί; 주석 참조) 대신에 여러 사본들(P^{46} D G도 포함)과 마르씨온에는 "나머지 사람들"(οἱ λοιποί)로 되어 있다. 의미상으로는 별 차이가 없다. 이 독법은 채택한다 해도 "많은 사람들"이라고 했을 때의 심한 비난의 의미가 거의 약화되지 않는다.

3) "여러분의"는(ℵ 33에 의해서) 잘 입증되지 않는다. "우리의"(많은 권

려지고 또 읽혀지는 추천장입니다. 3 왜냐하면 여러분은 우리를 통하여 전달되는 그리스도의 편지임이 드러났기 때문입니다. 이 편지는 잉크로 쓴 것이 아니라 살아계신 하느님의 영으로 쓴 것이요, 돌비에 쓴 것이 아니라 인간의 마음비에[4] 새겨진 것입니다.

이 서신은 우리가 사본들에서 읽을 수 있듯이 여기서 극적 전환을 이루고 있음에 틀림없다. 바울로가 근심에 차서 디도를 기다렸다는 이야기는 갑자기 중단되고, 2장 12—13절과 비슷한 언어로 7장 5절에서 다시 그 이야기가 시작될 때까지는 우리는 거기에 대해 더 들을 수 없다. 이처럼 극적인 전환을 이루고 있다는 사실은, 2장 14절—7장 4절(아니면 보다 엄밀하게 말하자면 2, 14—6, 13 ; 7, 2—4. 왜냐하면 2장 14절—7장 4절이 삽입문이라고 주장하는 사람들은 대부분 6장 14절—7장 1절이 삽입문 내에 들어있는 또 하나의 삽입문이라고 생각하기 때문이다)이 아마도 많은 눈물을 흘리며 쓴 '준엄한' 편지의 일부인 10—13장과 함께 1장 1절—2장 13절, 7장 4절—9장 13절의 편지와는 다른 편지의 단편으로 보게 한다(참조. 이 책 서론 34—35면). 서로 다른 편지의 단편들이 하나의 단일한 문서로 결합되어서는 안 된다는 원칙적인 이유는 없다. 비록 왜 혹은 어떻게 그렇게 결합되었는지를 아는 것도 결코 쉬운 일은 아니지만 말이다. 이 문제에 대한 가설들이 타당한지 타당하지 못한지는 이 전환을 이해할 수 있는가 없는가에 의해서, 그리고 이 귀절의 내용이 어떠한 문맥과 관련해서 볼 때 더 적절한가에 의해서 결정되어야 한다. 그러므로 근본적으로 이 문제는 주석상의 문제이다. 그리고 서론에서 이미 여러 논증들을 개괄하기는 했지만 이 문제는 주석에서 더욱 상세하게 다룰 것이다.

바울로가 왜 드로아의 상황에 대한 서술을 그만두고(2, 12—13) 갑자기 자신도 함께 참여하는 그리스도의 승리의 행진에 대해서 말하는

위있는 사본들이 이 독법을 채택했다)는 아마도 7장 3절에 동화된 것이리라. "여러분의"는 고린토인들 자신이 —비록 그들이 원하는 바는 아니지만— 바울로의 추천장이라는 여기서 요구되는 의미를 제공하며, 동시에 논증의 다음 단계로 인도한다(이에 대해서는 주석 참조). Bultmann, *Theol.*, 218(영어번역판, i. 222)을 참조하라.

4) 여기서는 본문상 혼동이 일어나고 있다. 어떤 학자들(예. *M.* iii. 214)은 *καρδίαις*보다 *καρδίας*를 채택하며, 또 어떤 학자들은 단지 추측을 할 뿐이다(예. Bultmann, *Theol.*, 218 : 영어번역판 i. 222). 본문의 서투른 그리이스어는 아마도 구약성서를 암시하기 위한 것이리라. 해당 주석을 참조하라.

가 하는 것이 가장 중요한 문제일 것이다. 편집자가 여기서 두 개의 문서를 서로 결합시키고 있다고 가정하는 것은 매우 타당하다. 그러나 반드시 그랬다고 볼 수는 없다. 디도에 대한 언급은 바울로가 이 편지를 썼을 때와 또 편지를 보낸 후에도 계속되었던 의심과 불확실성, 불안감을 강조한다(참조. 7,8). 그러나 이미 앞 단락에서부터 바울로가 이제 (아마도 너무 일찍) 느끼게 된 안도감이 나타나 있으며, 거기서 이미 바울로는 용서와 사랑에 대해서, 그리고 고린토 교회 전체에 대한 자신의 확신에 대해서 이야기하고 있다. (적어도 몇몇 학자들에게 있어서) 이 이야기가 바울로가 행복해 한 이유인 디도의 귀환에 대한 설명으로 끝나는 것은 매우 자연스러웠다. 그러나 바울로가 (디도가 바울로에게 어떤 소식을 전했는지를 고린토인들이 알고 있으므로 이미 고린토인들이 당연히 알고 있는) 중간 단계들을 거치지 않은 채 결론으로 비약했을 수도 있으며, 자신과 그의 개종자들 사이에 수립된 새로운 관계들의 토대를 신학적으로 표현하기 시작했을 수도 있다("잘 알려진 본문 이탈"—Bengel). 갑자기 찬양문(빈디쉬에 따르면 찬송)이 쏟아져나오는 것은 (2장 14절—7장 4절을 포함하는) '준엄한 편지'와는 전혀 어울리지 않는다는 점을 주목해야 한다. 알로는 바울로가 마케도니아(그리고 마케도니아의 신실한 그리스도교인들)에 대해서 언급하다가 흥분해서 갑자기 찬양문을 쓰게 되었으리라고 생각한다. 헤링은 2장 13—14절이 본래는 7장 5절 바로 앞에 있었는데 현재의 위치로 잘못 배열되었다고 주장한다. 그는 2장 11절과 2장 14절이 잘 연결된다고 지적한다.

[2,14] "그러나"(불변화사 δέ의 반의어적인 의미를 아마도 강조할 수 있을 것이다 : 비교. Hughes & T.W. Manson, *Studia Paulina*, 161) 모든 두려움과 걱정, 문제들, 그리고 좌절에도 불구하고 **그리스도 안에서 언제나 우리를 승리의 행진에 인도하시는 하느님께 감사합니다.** 의미는 분명하지 않다. 바울로가 쓴 동사는("승리로 인도하다" θριαμβεύειν. Georgi, *Gegner*, 225는 바울로가 아마도 그의 적대자로부터 이 말을 빌어왔을 것이라고 한다) 라틴어 triumphus에서 나온 말이며, "승리를 축하하다"를 의미한다. 이 말은 직접목적어와 함께 사용되었을 때에는 '～에게 승리하다'(골로 2,15에서 이러한 의미로 쓰였다), (전쟁의 포로인 ～를 끌고) '승리의 행진을 하다', 따라서 '～를 수치스럽고 망신스럽게 하다'를 의미한다. 몇몇 번역자들이 주장하듯이 이 말이 '승리를 거두게 하다'를 의미한다고 볼 수는 없다.

이러한 의미들 중 어떤 것도 여기서 꼭 들어맞는 것은 없다. 바울로는 자신이 그리스도의 노예(예. 로마 1, 1), 혹은 실제로 전쟁 포로와 같은 사람이라고 생각한다(로마 16, 7 ; 골로 4, 10 ; 필레 23절). 그러나 그는 이 귀절에서 자신과 동료들이 하느님과 협력하는 것으로 기술하며, 하느님의 도움으로 수치를 당하지 않는다고 기술한다. 내세울 만한 사전적인 증거들이 부족하기는 하지만 *L.S.*와 알로, 그리고 컴멜을 따라서 다음과 같이 이해하는 것이 좋다. 바울로는 승승장구하는 장군의 한 병사로서 장군의 승리의 영광에 자신도 참여하는 것으로 스스로를 서술하고 있다는 것이다. 그러나 여기에는 하나의 역설이 있다. 즉 바울로는 자신이 잘못된 편에서 싸웠다는 것, 그런데 승리의 행진에 참가하게 된 것은 은혜로 말미암아 자신이 수고를 쏟는 방향이 정반대로 바뀌었기 때문이라는 것을 결코 잊지 않았다(고전 15, 9 ; 갈라 1, 13·23). "나는 하느님의 은혜로 지금의 내가 되었읍니다. 내게 베푸신 하느님의 은혜는 헛되지 않았읍니다. 오히려 나는 어느 사도들보다 더 많이 수고했읍니다. 그러나 이것은 내가 한 것이 아니라 나와 함께 하신 하느님의 은혜로 한 것입니다"(고전 15, 10).

사상이랄까 심상이 갑자기 바뀐다. 우리를 자신의 승리의 행진으로 인도하는 하느님이 우리를 통하여 어디서나 자신을 아는 지식을 마치 향기처럼(직역하면 '자신을 아는 지식의 향기를, 다시 말해 자신을 앎으로써 나는 향기를.' 그러나 영어의 관용구로는 이것을 거의 표현할 수 없다. 이러한 비유에 대해서는 Betz, *Lukian*, 41 참조) 나타내신다(이 말은 후각이 아니라 시각에 의해 인지되는 사물을 나타낸다). 이처럼 새로운 비유를 구사한 데 대한 가장 좋은 설명은 관례적으로 승리의 행진, 혹은 승리에 준하는 행진에서는 왕궁에서 행해질 경우건, 종교적인 행사이건간에 향을 피웠다는 것이다(Windisch & Lietzmann: 참조. Knox, *P.G.*, 129와 중요한 참고문헌들). 구지(Goudge)는 바울로와 같은 유다사람들도 이러한 관습을 행했는지에 대해서 의문을 제기한다. 그러나 위의 설명보다 더 설득력이 있는 설명을 기대하기는 어렵다. 사도의 행진은 세상의 구경거리이다(고전 4, 9). 그러나 이 행진은 그 향기를 통해서 알려진다. 더 상세한 것에 대해서는 이 책 139—141면을 참조하라. 사실 바울로와 그의 동료들이 퍼뜨린 것은 하느님을 아는 지식이었다. 고린토후서에서 지식(γνῶσις)이라는 말이 나오는 매 귀절들마다(2, 14 ; 4, 6 ; 6, 6 ; 8, 7 ; 10, 5 ; 11, 6) 그것은 좋은 의미로 사용되었고, 애초에 그 말이 지니고 있던 나쁜 의미(참조. 『고린토전서』

56 • 177—178 • 225—227면)는 사라졌다. 이것은 고린토의 상황과 문제들이 그동안 변했음을 알려준다. 이제 바울로는 그리스도의 인격 안에서 하느님의 계시에 대해 말한다. 하느님은 십자가에 못박힌 그리스도 안에서(참조. 고전 1, 18•23—24 ; 2, 2) 자신을 알리셨으며, 십자가에 못박힌 자가 동시에 부활하고 올리운 자라는 사실은 하느님의 존재의 역설적인 성격을 나타낸다. 어디서나 계시는 표명되었다. 같은 말(ἐν παντὶ τόπῳ)이 고린토전서 1장 2절에도 나온다(주석 참조). 그러나 여기서 같은 의미를 부여할 수는 없다. 이 말은 앞 귀절의 언제나에 상응한다. 하느님은 항상, 어디서나 사도의 선교에서 활동하신다. 이러한 제안은 보다 상세한 설명이 필요하다.

[15] 하느님을 아는 지식은 그리스도 안에서(비교. 4, 6) 나타났지만 우리를 통해서 나타났다. 왜냐하면 우리는 하느님 앞에서 그리스도로부터 나는 희생의 향긋한 냄새이기 때문입니다. 14절에서 암시되었던 향에 대한 표상은 이제 바울로가 향기(odour)대신 새로운 말을 사용함으로써 발전되었다. 여기서 그 말은 '희생의 향긋한 냄새' (sweet savour of sacrifice)로 번역되었다. 이 말은 대체로 구약성서에서 희생을 기술할 때 사용되었다(창세 8, 21 ; 출애 29, 18 ; 레위 1, 9 ; 민수 15, 3 ; 에제 6, 13 ; 다니 4, 34. 벤드란트는 집회서 24장 15절, 39장 14절의 '지혜의 향기'를 지적한다 : 비교. 제2바룩서 67, 6). 그리고 신약성서에서도 은유적으로 사용되었다(에페 5, 2 ; 필립 4, 18). 이 말의 의미는 여기서 희생 외의 다른 것일 리가 없다. 그리고 이러한 이유에서 희생이라는 말을 번역상 집어넣었다. 바울로의 그리이스어 본문은 단수 속격(Χριστοῦ "그리스도의")과 여격(τῷ θεῷ "하느님께")을 모두 포함한다. 그리고 사람들은 바울로가 뜻했던 바를 "사도들은 하느님 앞에서 그리스도의 희생으로부터 나온 연기이며, 그 연기는 십자가에서 전해진 하느님을 아는 지식에까지 이르게 되자 세상에 퍼졌다" 라고 이해함으로써 그 표상을 완성시킬 수밖에 없었던 것 같다. (라삐 문헌들과 약간의 유사성이 있는—*S.B.* iii, 497) 이 희생의 상은 바울로의 시대에는 우리 시대에서보다 폭력적인 의미가 훨씬 적었던 것으로 보인다.[5] 그리고 (슐라터와 같이) 바울로가 자신과 또 다른 사람들

5) (틀림없이 일깨우고 자극하기 위한 말인) E.C. Hoskyns의 말 한 가지를 떠올릴 수 있을 것이다 : "……신학생들로 하여금 구약성서의 '희생제사'라는 말의 의미를 이해할 수 있게 하기 위해 1년에 한 번씩 무더운 여름날에 희생제사를 지낼 수 없다는 것은 유감스럽기까지 하다"(*Cambridge*-

을 하나의 희생제물로 말하는 로마서 12장 1절, 15장 16절, 필립비서 2장 17절과 비교할 수도 있다. 이 말의 의미는 내용상 매우 분명하다. 첫째, 복음을 설교하는 것은 복음 자체에 속한다(비교. *Romans*, 28). 십자가 처형과 예수의 부활에서 시작되는 행진은 그에 대한 사도의 증거로 계속된다. 둘째, 십자가에 달리고 부활한 예수에게서 보는 것과 바울로가 본 것은 원칙상 동일한데 그것은 바울로가 항상 자신의 몸에 예수의 죽음을 지니고 다니기 때문이며, 예수의 생명도 역시 그 안에서 나타나기 때문이다(4, 10). 바울로는 예수가 죽으신 모양대로 되었다(필립 3, 10 ; 참조. *Signs*, 80—1). 바울로가 살았던 고난과 하느님께 헌신하는 삶은 (예수의 생명을 이차적으로 연속시킴으로써) 하느님의 본성과 목적을 드러낸다. 바울로의 선교가 이루어지는 곳에서는 그리스도의 희생의 연기가 피어오른다. 그것은 하느님에게까지 이르며, 하느님을 매우 기쁘게 한다. 그리고 동시에 사람들에게 진리를 전한다. 여기서도 바울로는 대부분의 경우들에서와 마찬가지로(참조. Käsemann, *Freiheit*, 201 : 영어번역판, 112) 제의적인 언어를 삶과 설교에 적용시킨다. 사제들, 희생제사, 향기, 이런 말들은 통례적인 제의적 의미로는 그에게 거의 관심거리가 되지 못했거나 아니면 전혀 관심 밖이었을 것이다(참조. 이 책 서론 27면).

하느님을 아는 지식이 나타났다는 것은 만인이 당장 그러한 지식을 받고, 하느님을 알게 되며, 따라서 생명과 구원을 얻게 됨을 뜻하지는 않는다. 하느님을 아는 지식은 **구원을 얻는 사람들에게나 멸망을 당하는 사람들에게나** 모두 나타났다. 여기 나오는 단어들은 고린토전서 1장 18절의 단어를 반복하고 있다. '두 집단들은 모두 현재분사로 기술되었다. 그리고 후자는 완료화시키는 전치사가 붙은 복합동사(ἀπολλυμένοις: "멸망을 당하는 사람들에게" : 참조. *M*. i. 114—5)로부터 나온 말이지만 전자건 후자건 완성된 것으로 생각할 수는 없다. 그러나 컴멜이 (필립 1, 28와 로마 8, 24를 비교하면서) 지적하듯이 두 말들이, 그리고 두 집단 사이의 구별이 종말론적인 것[6]임은 분명하다. 멸망과 구원(비교. 로마 1, 16•18)은 마지막 날(비교. 로마 9, 22 ; 13, 11)에 완성된다' (『고린토전서』, 73면). 현재의 귀절은 단순히 두 집단이 존재한다는 사실과 그 둘 사이의 차이를 관찰하고 있을 뿐이며, 그러한 관찰은 바울로의 선교 경험에 기초하고 있다. 똑같은 복음에 대한 똑같은 설교를 어떤

Sermons [1938], xxiii).

6) Wilckens, *Weisheit*, 22—3과도 비교하라.

사람들은 받아들이게 되고, 어떤 사람들은 조롱하며 비웃는다(비교. 사도 17,32 이하). 그러나 바울로와 같은 신학자가 자신의 글에 선택한 언어들을 보면, 그러한 관찰이 단순히 경험적인 것만은 아님을 알 수 있다. 구원하는 자도 하느님이고 멸망시키는 자도 하느님이다. 즉 구원하고 멸망시키는 것이 그의 의지와 독립해서 일어날 수는 없다. 그러나 바울로는 다음 귀절에 가서야 이러한 사실을 표현하고 있다. 그리고 거기서도 그는 이 사실을 거의 설명하지 않고 자신의 은유를 확대시키는 것으로 만족하고 있다.

[16] **멸망하는 사람에게는 그것은 죽음에 이르게 하는 죽음으로부터 나온**(본문에 대해서는 이 책 135면 주 1 참조) **냄새** (바울로는 14절에서 썼던 단어를 다시 쓴다 : ὀσμή)**가 되고 구원을 얻는 사람에게는 생명에 이르게 하는 생명으로부터 나온**(본문에 대해서는 이 책 135면 주 1 참조) **향기가 됩니다.** 똑같은 한 가지 향기가, 똑같이 설교된 메시지가 두 가지 냄새로 화한다. 죽음의 악취는 질병을 낳고, 죽음을 부른다. 그러나 생명의 숨은 창조하며 소생시킨다. "~로부터 나온"은 전치사 "~로부터"(ἐκ)를 번역한 것인데 슐라터가 말하듯이 여기서 이 말은 원인적인 의미를 지니고 있다. 바울로가 이해하듯이 복음은 그것 자체가 역설적으로 생명의 장이자 원천인 죽음의 장으로부터 나온다. 구원을 얻는 사람과 멸망하는 사람 사이의 구별을 전자는 예수의 부활을 승인하고, 후자는 예수의 부활을 승인하지 않는다는 식으로 말하는 것은 문제를 지나치게 단순화시키는 것이 된다. 오히려 그것은 보다 복잡한 구별을 위한 정당한 암시점을 제공해줄 것이다. 만일 예수를 죽은 유다인에 불과하다고 생각한다면 그에 관한 메시지 자체도 거부될 것이고, 따라서 그 메시지를 거부하는 사람들은 그들이 예수가 죽었다고 생각하듯이 그들 자신들도 죽음에 이르게 된다. 그러나 만일 그가 '그리스도 예수' —죽은 아니 그보다는 부활한 분, 하느님 우편에 있는 분, 실제로 우리를 위하여 대신 간구해 주는 분(로마 8, 34)— 임을 깨닫는다면 그는 생명의 원천이 된다. 어떤 청중에게 있어서 동일한 한 사람이 죽은 예수냐 아니면 살아 있는 예수냐 하는 문제는 심오한 예정의 신비이다. 왜냐하면 이 문제는 하느님의 앎과 의도를 떠나서는 생각할 수 없기 때문이다(*Romans*, 170—1, 220—1, 227). 바울로는 이 주께로 다시 돌아갈 것이다(예. 3,16—17).

유다인으로서 바울로는 치유할 수도 있으면서, 동시에 해가 될 수도 있는 메시지에 대한 개념에 익숙해 있었다. 여러 문헌들에서 토라를 그와 같이 묘사하고 있다. 세부적인 것들에 대해서는 T.W. Manson, *Studia Paulina*, 155—62를 참조하라. 예를 들어 *Deuteronomy Robbah* 1장 6절에서는(맨슨은 1장 6절이라고 한다. 그러나 이것은 1장 5절에도 나온다) 신명기의 맨 첫부분에 나오는 말을 가지고("이것은~한 말들이다" 'elleh ha-d^{e}barim) 언어유희를 한다 : '꿀벌(d^{e}borah)이 자신의 주인을 위해서는 꿀을 간직하고 다른 자들을 위해서는 침을 간직하듯이 토라의 말들은 이스라엘에게는 생명의 약(sam ḥayyim)이고, 세상 민족들에게는 죽게 하는 독약(sam ha-maweth)이다' (Manson의 번역). 히브리어 단어 sam은 영어의 drug(약, 혹은 마약)가 지닌 모호함을 지니고 있다. 다른 곳에서(맨슨은 안식일 규례 88b, *Yoma* 72b, *Taanith* 7a를 인용한다. *S.B.* iii, 498—9에는 다른 귀절들도 실려있다. 단지 *Taanith* 만을 인용하는 슐라터에게서도 비슷한 논증을 발견할 수 있다)는 토라가 생명을 주는 사람과 죽음을 불러일으키는 사람 사이의 구별이 (위의 *Deuteronomy Rabbah*에서 그랬듯이) 민족적인 토대 위에서 이루어지지 않고, 개인적인 이유들에 근거해서 이루어진다. 즉 개인은 자신을 위해서 토라를 복종하는 마음으로 받아들이고 연구해야 한다는 것이다. 어떠한 귀절에서건 토라의 상반된 이중 효과는 바울로가 복음에 대해서 말하는 것과 중요한 병행을 이룬다. 맨슨은 보다 더 진전시켜서 sam이 '향수', 혹은 '향료'를 의미하기도 한다는 사실을 관찰하고, 그것을 내용적인 면에서뿐만 아니라 구상적인 면에서도 고린토후서의 이 귀절과 관련시킨다(비교. Stumpff, *T.W.N.T.* ii. 809—10). 컴멜은 sam이 향기가 아니라 약을 뜻한다는 근거에서 위의 주장을 반박한다. 이것은 컴멜이 두드러지게 언급하는 *Yoma* 72b와 일반적으로 성서 이후의 히브리어에 대해서도 타당하다. 그러나 구약성서에서 이 말은 기름부을 때의 기름(예. 출애 25, 6)과 향(예. 출애 30, 7)에 대해서 사용되었으며, 아마도 이것이 바울로로 하여금 이렇게 관련시키도록 했을 것이다. 그리이스어 병행구들도 역시 인용할 수 있다. 빈디쉬는 다음의 귀절들을 인용한다 : Aristotle, *De Mirab. Auscult.* 147(845b) ; Aelian, *Hist, Animal.* Ⅲ 7.

바울로가 구사한 은유의 기원을 찾는 일은 흥미있기는 하지만 그가 말하고 있는, 두려움에 떨게 만드는 진리와 비교해볼 때 그다지 중요하지는 않다. 그는 복음을 설교함으로써 어떤 사람들을 생명에로 인도하고 동시에 다른 사람들에게는 죽음을 선언한다. 그가 이어서 이런 일을(즉 기술된 바와 같은 책임들을 짊어지고, 수행하는 일) 누가 감당할"(ἱκανός) 수 있겠읍니까?라고 묻는 것도 별로 놀랄 만한 일이 못된다. 이 질문은 문맥상 자연스럽게 나온다. 그러나 '감당할 만하다'—사도직을 감당할 만한 능력—라는 개념은 고린토후서에서 특징적이다. 이 형용사(ἱκανός)는 이곳과 3장 5절에 나온다. 명사 ἱκανότης는 3장 5절에, 동사 ἱκανοῦν은 3장 6절에 나온다. 바울로의 다른 서신들 중에 나오는 유일하게 비교할 만한 귀절은 고린토전서 15장 9절이다. 죠지(Gegner, 220—5)는 빈디쉬와 마찬가지로 이 이행이 갑작스럽다고 생각하며, 바울로가 이러한 질문을 하고 나서 곧 이어 17절에서 자신을 다른 사람들과 비교한다고 지적하는데, 그는 바울로의 적대자들이 '우리는 충분하다'(감당할 만하다)고 말했음에 틀림없다고 결론짓는다. '이런 자신에 찬 단언에 대해서 바울로는 비판적인 질문을 던진다……아마도 적대자들은 매우 자신있게 자신들의 충분함(부요함, 감당할 만함)에 대해서 말했고, 이것을 하느님과의 직접적인 관계로 인한 것이라고 말했을 것이다'(224). 이러한 관찰은 바울로의 적대자들이 '신적인 인간'(θεῖοι ἄνδρες; 참조. 이 책 서론 55면과 "Paul's Opponents", 234)으로 간주되었다는 죠지의 논증의 일부를 이룬다. 이러한 주장들은 어느 정도 정당화될 수는 있지만 제한을 받아야 한다. 우리가 본 바와 같이 16절a는 16절b의 질문을 쉽게 이해할 수 있도록 해준다. 바울로의 적대자들이 자신들의 부요함에 대해서 자랑했다는 사실(이것은 의심의 여지없이 타당하다)은 그들이 스스로를 '신적인 인간'으로 규정했다거나 혹은 다른 사람들이 그들을 '신적인 인간'으로 규정했음을 입증해주지 않는다. 그러나 죠지가 그들에 대한 바울로의 반응을 분석한 것은 훌륭하며, 또 '이 일을 누가 감당할 수 있겠읍니까?'라는 질문이 '아무도—나도 물론—감당할 수 없다'는 대답을 내포하고 있다고 본 것도 옳다.

[17] 이 사실은 17절의 서두를 잘 이해할 수 있게 해준다. 나는 나 자신이 감당할 수 있다고 주장하지 않습니다. **우리는 다른 많은 사람처럼 하느님의 말씀에 물을 타는 사람이 아닙니다.** 모든 것을 자신의 힘으로 해낼 수 있다고 자만할 수 있는 사람은 오직 하느님의 말씀에 "물을 타는" 사람들뿐이다. "물을 타다"(watering down)라는 말을 쓴 것은 바울로가 사용한 동사의 두 가지 측면을 표현하기 위해서였다(καπηλεύειν: 칼빈과 슐라터는 다음에 제시된 두 가지 의미들 중 첫번째 것만을 알고 있다). 바울로가 쓴 동사는 첫째, 하느님의 말씀을 설교함으로써 이익을 얻게 되는 행동과 둘째, 하느님

의 말씀의 질을 떨어뜨리는 것을 나타낸다. *καπηλεύειν*이라는 말은 특별히 포도주 판매에 대해 사용되었는데 (꼭 이에 대해서만 사용된 것은 아니다) '물을 타다'라는 말은 질을 떨어뜨리는 것과 과도한 이익을 취하는 것 모두를 의미했다. 그리고 바울로가 이 말을 사용한 배후에는 오랜 철학적 용법의 전통이 있는데 이 경우 소피스트들은 자신의 지적 상품들을 돈으로 판다고 비난받았다(비교. 예. Plato, *Protagoras* 313 CD; Philostratus, *Life of Appolonius* i. 13). 그리고 여기에 포함되는 것으로 보이는 두 사상들은 Lucian, *Hermotimus*, 59에 모두 나와 있다. 철학자들은 포도주 장사들처럼(*κάπηλοι*) 많은 사람들이(*οἱ πολλοί*) 자신들의 생산물을 물과 섞어 그 "질을 떨어뜨리고"(*δολώσαυρες*; 비교. 4, 2), 저울을 속여서(비교. "False Apostles", 384—5) 자신들의 가르침을 판다. Betz, *Lukian*, 114도 참조하라. T.R. Golver (*Paul of Tarsus* [1925], 103)는 Aristotle, *Politics* i. 9, 2(1257B)를 비교한다. i. 9(1257AB 1258A) 전체를 읽는 것이 좋다. 스트라챤(Strachan)은 루시안의 *Peregrinus*, 13과 비교한다. 그러나 그는 문제의 사람들이 돈을 얻으려고 그렇게 애쓰지는 않았으리라고 덧붙인다. '그들은 아마도 다른 사람들의 삶을 지배할 수 있는 능력을 좋아했을 것이다. ……그들은 아마도 자신들의 지적 능력에 대해서 찬양받고자 했을 것이다.' 데이비스(W.D. Davies, 133)는 바울로가 선교를 하면서 장사하는 유다교 상인들의 활동을 암시한 것일 수도 있다고 생각한다.

바울로는 설교자 중 많은 사람들(*οἱ πολλοί*—'권위있는 사도들의 적은 수와 비교할 때 많은'이라고 이 말을 설명하는 것은 만족할 만하지 못하다' : Hughes. 본문에 대해서는 이 책 135면 주 2 참조)이 이런 행동을 했다고 말한다. 이처럼 놀라운 고발은 혹독하게 비난하는 단락에서는 나오지 않고, 우연히 다른 설교자들에 대해 언급하는 귀절들에서 나온다. 분명히 바울로는 숫자적으로 정확하게 기술하고 있는 것이 아니며, 특별히 고린토의 상황에 대해서 생각하고 있다. 그러나 고린토를 방문한 설교자들(비교. 11, 4)은 다른 곳들도 역시 방문했을 것이다. (바울로와 모세를 비교하는) 3장 4—18절은 문제의 설교자들이 유다 그리스도교인임을 암시해주지만—이것은 그들이 설교를 한데 대해 보수를 받는다는 사실로도 확인된다— 고린토전서 9장 5—14절은 이것이 게바와 같은 유다적 사도들의 관례였음을 말해준다. 그러나 현재의 단락에서 그들이 누구인지를 밝힐 만한 것은 거의 없다. 고린토를 방문하고 바울로에 대해 적대적인 활동을 했던 설교자들이 누구인지에 대해서와, 또 그들이 어떤 활동을 했는지에 대해서는 이 책 55면 이하와 "Paul's Opponents"를 참조하라.

많은 설교자들이 어떻게 행동했건간에 바울로는 그러한 행동들과는 어떠한 관련도 맺지 않으려고 했다. 오히려(ἀλλά) 우리는 하느님이 스스로 보내신 사람으로서 진실을 가지고(비교. 1,2) 하느님 앞에서와 그리스도 안에서(비교. 12,19) 말하는 것입니다. 이 구는 바울로의 설교를 그의 경쟁자들의 설교와 대조하여 기술하고 있다. '능력'의 주제는 여기서 다시 결정적으로 언급된다기 보다는 약간 암시된다(Georgi, *Gegner*, 222은 결정적으로 언급된 것으로 본다). 그러나 3장 5절과 비교하는 것은 옳다. 바울로가 어떠한 '능력'(감당할 만함)도 자신으로부터 나온 것으로 생각할 필요가 없었고, 또 그렇게 하려고 하지도 않았던 것은 그가 하느님이 보낸 사람으로서 말하기 때문이다. 진실함이란 1장 12절이 보여주듯이 하느님의 선물이지만 두드러진 신적 특징은 아니다. 바울로는 결코 '신적 인간'이 아니다. 자신과는 전혀 다른 존재인 하느님이 그의 말에 영감을 준다. 그러나 그는 자신을 신과 동일시하지 않으며, 하느님 앞에서, 하느님이 계시는 가운데, —즉 하느님이 하고 심판하시도록— 행동한다고 고백한다. 무엇보다도 그는 그리스도 안에서, 즉 그리스도교인으로서, 자신에 의해서가 아니라 하느님에 의해서 스스로의 행동을 결정하는 사람으로서 말한다. 자주 나오는 특징적인 이 구문에 대해서는 *Romans*, 127, 236를 참조하라. "그리스도 안에서" 말하는 것은 '영으로' 말하는 것에 해당한다(비교. 고전 12,3)는 빈디쉬의 제안은 매우 개연성이 있기는 하지만 꼭 들어맞는 말은 아니다.

죠지(Georgi)는 바울로가 자신의 설교를 하느님의 계시 행위(Offenbarungsgeschehen) 자체로 말한다는 점에서 그가 2장 14—17절에서 영지주의적, 묵시문학적 모티프들을 사용하고 있다고 생각한다(*Gegner*, 225). 죠지는 영지주의적 모티프들에 대해서 다음과 같이 말한다: (ㄱ) 계시의 보편적 성격(θριαμβεύειν "승리로 인도하다"도 계시 개념으로 이해한다). (ㄴ) 계시의 상징(Kennzeichen), 그리고 "영적인 예배"(λογικὴ λατρεία)의 상징으로서의 향기. (ㄷ) 계시 사건과 선포 사건의 동일시. (ㄹ) 운명으로서의 계시. (ㅁ) 이원론적 모티프들. (ㅂ) 방향을 나타내는 개념(ἐκ—εἰς "~로부터 ~로"). 이것은 결코 믿을 만한 모티프들은 못된다. (ㄱ)과 (ㅂ)항은 분명하지 않다. (ㄴ)는 증거를 필요로 한다. '향기'가 영지주의의 고유하고도 특징적인 은유라는 데 대한 증거를 제시하지 못하고 있다. 그리고 로마서 12장 1—2절은 바울로가 영지주의로 규정될 수 없는 맥락에서 (제의적 언어와 상징들을 바꾸어서 사용하기도 했으며) 비제의적인 예배 개념을 발전시킬 수 있었음을 보여준다. (ㄷ)과 (ㄹ), (ㅁ)항에서는 영지주의와 병행하는 것들을 볼 수 있다. 그러나 그 자체는 바울로에게 영향을 준 영지주의적 모티프들이라고 쉽게 생각해버리기에는 지극히 바울로적이다. 바울로가 부분적으로 영지주의적 환경에서 살았고 사고했다는 것은 옳다. 그리고 그러한 사실은 이 단락에서도 반영된다. 그러나 영지주의적 요소는 다른 많은 단락들에서도 똑같은 정도로 나타나므로 이러한 고찰은 설득력을 잃게 된다. 죠지는 문서문학적 모티프에 대해서는 단지 두 가지 언급한다. '그리스도' (Χριστός) 칭호와 미래적으로 이해되어야 하는 반대의 쌍(σωζόμενοι—ἀπολλύμενοι: 구원을 얻을 사람들과 멸망받을 사람들)이 그것이다.' 전자는 그다지 중요하지 않다. 바울로에게 있어서 '그리스도'는 자주 쓰이는 칭호이기 때문이다. 그러나 후자는 중요하며, 위에서 이미 지적한 바 있다(이 책 140—141면). 이것은 이 단락에 암시되어 있을 수도 있는 영지주의적 이원론의 요소를 수정할 결정적인 가능성을 제공한다. 왜냐하면 믿는 자들과 믿지 않는 자들 사이의 구별은 그들의 존재가 아니라 그들의 결단에서 나타나기 때문이다. 또한 그러한 구별은 궁극적으로 (사람들의 결단이 아니라) 하느님의 결단에 근거하고 있으므로 현재에 확실하게 드러나는 것이 아니라 심판의 날을 위해 대기하고 있다. 여기서 내려야 할 결론은 (결코 죠지와 완전히 반대되는 입장은 아닌 바), 바울로는 고린토라는 특수한 상황을 다루고 있으며, 그것을 (그가 말하는 대로) 그리스도 안에서, 말하자면 (단지 영지주의적 모티프들에 의해서 약간 영향을 받았을 뿐) 근본적으로 그리스도교적 통찰과 모티프들로 다루고 있다는 점이다. 그리고 그의 적대자들은 영지주의적이라기보다는 유다교적이다. '유다교적'과 '영지주의적'이라는 두 말은 상호 배타적인 것으로 간주되어서는 안 된다. 아마도 각각의 고유한 특징들이 결합되었을테지만, 전자가 더 비중이 크다. 2장 전체에 대해서, 그리고 이것과 예레미야 31장과의 관계에 대해서는 Dodd, *A.S.*, 45를 참조하라.

〔 3, 1 〕 바울로는 계속해서 고린토에 있는 자신의 적대자를 언급한다. 그들은 아마도 거짓 복음을 가지고 설교했을 것이다. 그들은 훌륭한 추천서를 갖추고 있었다. 그러나 바울로에게는 그러한 추천서가 없었다. 그리고 그는 스스로 추천한다는 비난을 받

기 쉬운 처지에 있었다. **그러면 우리가 새삼스럽게 자신을 추천하려고 하는 것입니까?** 혹은 '그러면 우리가 자신을 새삼스럽게 추천하려고 하는 것입니까?'일 수도 있는데 의미상 거의 차이는 없다. 바울로는 방금 자신에 대해서 진실하게, 하느님의 능력 안에서, 하느님 앞에서 책임있게, 그리고 그리스도 안에서 행동한다고 얘기했다. 이것은 어쩌면 자화자찬으로 보일 수도 있다. 그러나 바울로의 의도는 그런 것이 아니었다. 추측컨대 그는 이전에 일어난 일에서 스스로를 추천한다는 고발을 당했던 것 같다. 우리는 그 때가 언제였는지 알 수 없다. 어쩌면 마음 아픈 방문, 혹은 준엄한 편지를 받았을 때일 수도 있다(슐라터도 그렇게 본다). 그러나 고린토전서 4장 4절을 참조하라. 하느님 앞에서(2, 17)를 중요하게 받아들인다면 자기 자랑이라고 볼 수는 없다. 마찬가지로 다른 사람들의 칭찬이나 추천도 부적절한 것이 된다. 한편으로 그러한 칭찬이나 추천은 하느님의 승인과 경쟁할 수 없으며 다른 한편으로는 깨끗한 양심 외에 다른 어느 것도 하느님 앞에서 그것을 정당화할 수 없기 때문이다. 그러나 바울로는 행동을 선택할 수도 없었고, 행동의 자유도 없었다. '자기 변호는 대체로 스스로를 추천하는 일을 수반할 수밖에 없다. 고린토에 있는, 성 바울로의 적대자는 바울로가 어쩔 수 없이 자기 변호를 하도록 만들어 놓고는 오히려 바울로가 스스로를 추천한다고 비난했다' (Goudge). **아니면 어떤 사람들처럼 여러분에게 보내는 추천장이나 여러분으로부터의 추천장을 필요로 하겠읍니까?** 추천장을 사용하는 것은 오늘날과 마찬가지로 고대에도 널리 행해지던 일이었다. 바울로의 어법에 대한(형용사 *συστατικός* "추천하는", 그리고 동사 *συνιστάνειν* "추천하다") 광범위한 증거들은 *M.M.* 여러 곳에 제시되어 있으며, 이 실예에 대한 증거들은 빈더쉬의 글에 제시되어 있다. 이러한 편지 내용은 다이스만이 인용한 라틴어 파피루스에서 잘 예증된다(*Light from the Ancient East* [1927], 197→200 ; P. Oxy, I 32) : '벌써 몇 년 전에도(iam…et pristine) 나는 당신에게 나의 친구 데온을 추천했읍니다(commendaverum). 그리고 나는 이제 다시 당신께 간청합니다. 당신 앞에 있는 그 사람을 나로 생각해 주십시요. 그는 당신에게 사랑받을 만한 사람이기 때문입니다. 그는 자기 민족과 자기 관심사, 그리고 사업을 떠나서 저를 따라왔으며, 모든 면에서 나를 안전하게 지켜주었읍니다. 그러므로 나는 그가 당신에게 가까이 갈 수 있기를 바랍니다. …' 유다인들도 역시 이런 편지를 썼다. *S.B.* ii. 689와 Schoeps, *Paulus*, 70(영어번역본, 75)를 참조하라. 바울로는 전혀 그런 편지를 필요로 하지 않았다. 그러나 그것 자체로서는 유용하게 쓰일 수도 있는 이 관습에 반대하지도 않았다. 그는 기꺼이 추천서를 써주기도 했다. 로마서 16장 1—2절과 해설을 참조하라. 고린토전서 16장 3(참조. 해설)·10—11절을 참조하라. 고린토후서 8장 22—23절, 골로사이서 4장 7절 이하는 비록 특징적인 용어가 사용되지는 않았지만 비슷한 추천서들이다.

어떤 사람들이라는 말은 선교자들을 암시하는데 이들은 바울로와는 아무런 관계없이 고린토에 도착했고, 권위있는 자들로부터 받은 추천장에 힘입어 확고한 위치를 굳히고 있었다. 동시에 그들은 고린토 교회로부터도 추천장을 받아서 다음 번 그들이 여행할 때 가져가려고 했다. 우리는 이 귀절에만 근거해서는 이들이 누구인지를 추측할 수 없으며, 또한 리츠만과 같이 고린토 사람들은 바울로가 아무 추천서도 보여줄 수 없다는 데 대해 불평했다는 식의 결론을 내릴 수도 없다. 4장 2절에 대한 주석도 참조하라. 이 책 서론 32면 이하의 요약도 참조하라. 비록 확실하지는 않지만 추천서를 소지한 사람들이 17절의 많은 사람들과 같다고 볼 수도 있다. 말하자면 바울로는 단순히 그들과 자신을 (그는 그들이 받는 것과 같은 지지를 받을 필요가 없다) 구별할 뿐만 아니라 그들은 거짓이 섞인 메시지를 팔았다고 생각한다. 그러나 그의 어조는 아직 10—13장에서와 같이 준엄하지는 않다. 만일 10—13장에서 그가 동일한 사람들에 대해 말하고 있는 것이라면 상황이 많이 악화되었음에 틀림없다.

〔 2 〕 그러나 만일 바울로가 고린토에서의 자신의 위치를 밝혀주는 추천서를 가질 필요가 없었다면, 혹은 다른 곳에 그를 추천해주는 고린토의 도움이 필요 없었다면 그는 어떤 권위에 의해 승인을 받았는가? 사실 바울로도 추천서를 받을 수 있었다. **우리의 추천장은 바로 여러분 자신들입니다. 그것은 여러분**(본문에 대해서는 135면 주 3 참조) **마음들**(만일 '여러분' 대신 '우리의'라고 본다면 복수형 '마음들'은, 반드시 그런 것은 아니지만 난점을 제기할 것이다) **에 씌어져 있으며, 모든 사람들에게 알려지고 또 읽혀지는**(혹은 '분명하게 알려지는.' 1장 13절에 대한 주석 참조. 거기서도 같은 말을 쓰고 있다) **추천장입니다.** 고린토전서 9장 2절과 비교하라 : "여러분이 주 안에서 내가 사도라는 확실한 표현입니다." '고린토교회가 바울로를 사도로 만든 것도 아니며, 그의 사도직이 고린토교회에 의거한 것도 아니다(그렇다고 예루살렘 교회에 의거한 것도 아니다 : 비교. 갈라 1,1). 그러나

고린토교회의 존재는 그의 사도직에 대한 가시적인 표징이다'(『고린토전서』, 239면). 고린토후서 13장 5절과 해당주석을 비교하라. 위의 귀절에서 두드러진 특징은 바울로가 다른 사람들이 사용한 추천서들에 대해 말하고 나서 고린토인들이 개종자들의 마음에 씌어 있는 추천서에 의해 자신의 사도됨을 증거한다고 기술한 점이다. 이러한 추천서는 모든 사람들이 알 수 있는 것이다. 고린토에서 활동하던 바울로의 경쟁자들은 고린토 교인들의 추천을 신뢰할 만한 것으로 간주했을 것이다. 어쨌든 펜과 잉크로 쓴 추천장은 단지 제한된 수의 사람들만 읽을 수 있다.

바울로는 이 귀절에서 다음 단락에서 취할 방향으로 사고를 전개시키고 있다. 그의 추천서는 파피루스 위에 잉크로 쓴 것이 아니었다. "그것은 여러분 마음에 씌어져 있다"고 말하는 것은 자연스럽다(비교. 로마 2,15 ; Philo, *Spec. Leg.* iv. 149 ; Knox, *P.G.*, 130). 그러나 이것은 새 계약(예레 31,33 : "나는 그들의 가슴에 내 법을 새겨주고, 그들의 마음에 내 법을 쓸 것이다". 비교. 에제 11,19 ; 36,26)을 암시해주며, 이 새 계약은 모세에게 주어지고 돌판에 씌어진(출애 31,18 ; 32,15—16) 율법과 대조되며, 따라서 옛 계약과 새 계약을 대조시킨다. 새 단락(3,4—18)에는 다른 구약성서 귀절들과 성서 외의 암시점들, 병행구들, 그리고 다양한 사상조류들이 나온다. 이런 것들에 대해서는 적당한 곳에서 설명할 것이다. 그러나 여기서는 바울로의 생각이 3장 1—2절의 인간적인 논증으로부터 이어지는 신학적 해설로 얼마나 자연스럽게 전개되었는지를 관찰해두는 것이 좋다.

〔 3 〕 바울로는 여러분은 우리를 통하여 전달되는 그리스도의 편지임이 드러났기 때문에 독자들에게 여러분이 우리의 추천장입니다라고 말할 수 있었다. 위의 귀절을 직역하면 '여러분이 ~하다는 사실이 "드러났기"(φανερούμενοι: 헤링은 이것을 중간태로 보며, '여러분이 추천장이라는 사실이 드러났읍니다'고 번역한다) 때문입니다'이다. 이것은 영어로는 좋지 못한 문장이므로(Since you are manifested that you are…) 의역해야 한다. 그러나 분사는 이 사상이 2절a로부터 계속됨을 보여주며, 여러분의라는 독법(위 참조)을 약간이나마 확인해준다. 그리스도 안에 있는 고린토의 그리스도교인들은 그리스도가 세상에 전한 소식이며, 인류를 위한 그의 목적의 현시이다. 이 소식은 이차적으로 바울로를 그리스도의 말씀을 전해주는 신뢰할 만한 사람으로 추천하는 효과를 지닌다. 여기서 바울로는 자신에게 적용시

키기에는 좀 지나친 은유를 사용하기 시작한다. 왜냐하면 어떤 의미에서 방금 그가 말한 것은 그가 스스로 자신의 추천서를 썼음을 뜻하기 때문이다. 이것은 이제 그가 하는 기이한 말을 설명해줄 것이다 : 추천서는 그리스도의(주격의 의미를 지닌 속격) 것이지만 우리를 통하여 "전달된다"(διακονηθεῖσα: 번역에 대해서는 *L.S.* 해당 부분 참조). 바울로는 다른 곳에서는 자신의 헌금 운동에 대해서만(8, 19·20 ; 로마 15, 25) 이 동사(διακονηθεῖσα)를 쓴다. 그러나 고린토후서에서 특별히 자주 나오는(12회. 기존하는 바울로서신들에서 7회, 에페소서에서 1회, 목회서신들에서 3회 나온다) 같은 어원의 명사(διακονία)는 바울로의 사도 활동 일반을 나타내며(예. 4, 1), 실제로 대개는 그리스도교적 섬김을 의미한다(예. 로마 12, 7 ; 고전 12, 5). "쓰다"와 "전달하다"(리츠만의 주장이며 컴멜은 다르다)는 모두가 이 말의 의미를 나타내기에는 협소한 말이다. 바울로는 그리스도의 추천서가 있게 된 것은 자신의 활동을 통해서였음을 나타내고자 한다(그리고 명료하게 하기 위해서 사상을 심하게 압축시키고 있는 것 같다). 사실 이것은 전체 논증의 일부에 불과하다. 바울로의 선교활동은 그가 한 말에 의해서, 그리고 그 말을 들은 사람들 가운데서 맺은 결실에 의해서 정당화된다.

바울로를 추천한 추천서와 다른 선교자들을 추천한 추천서의 구별은 성서적인 관련성 안에서 그로 하여금 다음 단락의 논증을 매우 자연스럽게 하도록 한다. 이 편지는 잉크로 쓴 것이 아니라 살아계신 하느님의 영으로 쓴 것입니다. 고린토 사람들이 회심을 하도록 한 것은(이 주제는 뒤에서 발전되는데 3장 6·8·17·18을 참조하라) 영이었기 때문이다. 그것은 돌비에 쓴 것이 아니라 인간의 마음비에 새겨진 것입니다(본문에 대해서는 이 책 96면 주 4 참조). 마지막 절에 나오는 대조는 에제키엘 11장 19절, 36장 26절의 대조를 연상시킨다. 그러나 이것과 완전히 동일하지는 않다. '알아차릴 수 없게 내용이 또 다시 약간 변했다. 왜냐하면 이제 새겨진 것은 추천서가 아니라 율법에 맞서 있으며, 성령을 통해서 사람들의 마음 속에 새겨져 있는 복음이기 때문이다' (Lietzmann). '마음에 있는 율법'에 대해서는 W.D. Davies, 225를 참조하라.

6. 옛 계약과 새 계약, 옛 선교활동과 새 선교활동 3장 4—18절

4 우리는 그리스도를 통하여 하느님 앞에서 그렇게 주장할 수 있는 확신
을 가지고 있읍니다. 5 이런 일의 어느 한 일부라도 우리로부터 나오는 것
이라고 우리가 스스로 생각하는 것은 아닙니다. 그보다 우리의 자격은 하느
님께로부터 옵니다. 6 그는 우리에게 새 계약의 일군이 되기 위한 자격을
주신 분입니다. 이 새 계약은 글로 씌어진 것이 아니라 영으로 된 것입니
다. 기록된 것은 사람을 죽이고 영은 생명을 줍니다. 7 그러나 돌비에 새겨
지고 죽음에 이르게 하는 직분을 가진 율법도 이런 영광 가운데 주어져서
그 영광은 사라졌으나 모세의 얼굴에 비친 그 영광의 광채 때문에 이스라엘
사람들이 그의 얼굴을 똑바로 쳐다볼 수 없었읍니다. 8 하물며 성령의 직분
은 이보다 더 영광스럽게 되지 않겠읍니까? 9 정죄하는 직분[7]에 영광이 있
다면 의의 직분에는 더욱 풍성한 영광이 있을 것입니다. 10 이런 의미에서
지금의 영광과 비교해볼 때 과거에 있었던 영광은 전혀 영광받지 못했던 것
입니다. 11 없어져버릴 것도 영광을 받았다면 영존할 것은 더욱 영광 안에
있을 것입니다. 12 그렇기 때문에 우리는 이런 희망을 가지며 훨씬 더 대담
해집니다. 13 그리고 우리는 그 없어질 것의 마지막을 이스라엘 백성에게
보이지 않으려고 얼굴에 너울을 쓴 모세처럼 행동하지 않습니다. 14 그러나
그들의 마음은 완고해졌읍니다. 왜냐하면 바로 오늘날에 이르기까지도 옛
계약을 읽을 때에 그 너울이 벗겨지지 않고 있기 때문입니다. 왜냐하면 그
것은 그리스도 안에서만 사라지는 것이기 때문입니다. 15 그러나 오늘날까
지도 모세의 글을 읽을 때마다 너울이 그들의 마음을 가리웁니다. 16 그러
나 주님께로 돌아설 때마다 주께서는 그 너울을 벗겨주십니다. 17 이제 '주'
는 곧 영이십니다. 그런데 주의 영이 계신 곳에는 자유가 있읍니다. 18 그

7) B it 사본과 대다수의 사본들에서 주격, ἡ διακονία("직분")라고 읽는다 (P⁴⁶ ℵ D G를 포함하는). 많은 훌륭한 사본들에 여격인 τῇ διακονίᾳ로 되어 있으며, 이것은 다음과 같이 번역된다 : '만일 영광이 정죄하는 직분에 있다면……에는 더욱 많습니다. 의미상으로는 차이가 없다. 이 변형에 의하면 구문은 훨씬 좋아지고, 또한 이것은 강력히 뒷받침된다. 그러나 이것은 본문을 개선하기 위한 2차적인 변형으로 간주되어야 한다.'

리하여 우리는 다같이 너울을 벗은 얼굴로, 거울을 보듯이 주의 영광을 들여다보면서 영이신 주로부터 오는 그 영광을 통하여 똑같은 형상으로, 영광에서 영광으로 변화되었읍니다.

우리는 바울로가 이 앞 단락 마지막 몇 귀절에서, 고린토의 그리스도교인들이 바로 (종이 위에 잉크로 쓴 것이 아니라 하느님의 영으로 그들의 마음 속에 쓴) 추천서라는 사고를 전개한 다음, 다음과 같은 인식으로 넘어가는 것을 이미 살펴본 바 있다. 즉 바울로는 이것이 단순히 개인적인 추천서가 아니라, 새로운 계약 아래서 돌비가 아닌 사람들의 마음 속에 하느님의 말씀이 씌어지리라는, 다시 말해 실제로 복음과 복음의 결과들이 그 자신을 권위있게 하리라는 예언의 성취임을 인식했던 것이다. 이러한 밀접한 관련성은 다음의 견해들과도 결코 일치하지 않은 것은 아니다. 데이비스(*C.O.J.*, 175)는 바울로가 여기서 쿰란 종파를 비판적으로 보고 있다고 주장하며, 무울(Moule, *Birth*, 54)은 바울로가 여기서 회당 설교를 모방하고 있다고 주장한다. 그러나 이러한 견해는 설득력을 잃어가는 경향이 있다. 바울로가 아직도 2장 16절—3장 3절에서 사용한 언어로 사고하고 있음은 5절과 6절을 통해서도 알 수 있다.

[4] 그러므로 우리는 4절을 다음과 같이 이해할 수 있다. '우리가 방금 말한 것은 그리스도교인으로서의 여러분의 존재가 우리의 사도직에 대한 확실한 표징(고전 9, 2)이며, 율법판을 새로운 계약에 대한 새로운 증거로 대신한다는 주장과 같습니다.' **우리는 그리스도를 통하여 하느님 앞에서 그렇게 주장할 수 있는 확신을 가지고 있읍니다**(직역하면 '우리는 그런 확신을 가지고 있읍니다'). "하느님 앞에서"(πρὸς τὸν θεόν을 번역한 말이다)라는 말은 '하느님 안에서'를 뜻할 것이다. 확실히 바울로는 그의 확신은 자기 자신의 확신이 아님을 말하고 있다. 그 확신은 결코 그 자신의 성결이나 재능에서 나온 것이 아니다. 그것은 그리스도를 통해서, 즉 그리스도와 그와의 관계를 통해서, 그리스도가 그를 통해서 한 활동을 통해서(비교. 3, 3: "우리를 통하여 전달되는") 그에게 심어진 것이다. 그리고 만일 그가 하느님 앞에서 그러한 확신을 가지고 있다면 그것은 동시에 하느님 안에서의 확신이다(비교. 1, 9. 이 귀절에서 바울로는 여기서 사용된 명사 πεποίθησις "확신"과 같은 어원의 동사인 πεποιθότες ὦμεν "우리가 의지하다"를 쓰고 있다).

[5] 5절a는 위의 진술에 대한 부정적인 생각을 드러내며, 5절b와 6절은 긍정적인 측면을 드러낸다. 이런 일(직역하면 '어떠한 것' τι. 그러나 바울로는 논의하고 있는 주제들에 한해서만 기술하고 있다)의 어느 한 일부라도 우리로부터 나오는 것이라고(비교. 2, 16), 따라서 우리들에게 의존하는 것이라고 우리가 스스로 생각하는 것은 아닙니다. 이 문장은 중첩되어 있다. 바울로는 '우리는 우리가 가지고 있는 자격의 어느 한 부분도 우리들 자신으로부터 나왔다고 생각하지 않는다'는 것을 분명히 밝히고자 한다. 어떠한 것도 우리들 자신의 자랑거리는 아니다. 이 귀절에 상응하는 부분이 다음과 같이 이어진다. 그보다 우리의 자격은 하느님께로부터 옵니다. 말하자면 사도의 선교(2장 16절에 대한 주석 참조)활동에 의해 부과되는 책임을 질 수 있는 능력과, 선교 자체를 수행할 수 있는 능력은 하느님께로부터 온다는 것이다. 이러한 사상은 이해할 수 있으며, 그 자체는 독립되어 있는 사상이다. 그러나 이 사상은 칠십인역에서 하느님의 이름, 혹은 칭호로 사용된 '자족자' (Sufficient One. ὁ ἱκανός) —이 말은 (잘못된 것이기는 하지만 자주 통용되는 어원론에 의해) 히브리어 이름 엘 사다이(El Shaddai)를 나타낸다—에 의해 그 형태가 미리 주어졌다. 이 사상이 필로에서도 나온다고 지적하는 녹스(Knox, *P.G.*, 131)를 참조하라(비교. *Leg. Alleg.* i. 44 ; *De Cher.* 46 ; *De Mut, Nom.* 27, 46). 다드(*B.G.*, 15)는 더 나아가서 '자격'이라는 말을 사용한 사실에서 다음 귀절에서 말하는 계약의 주제와의 관련성을 본다. 그러나 이것은 매우 미심쩍다. 어떠한 경우든 구약성서와의 언어상의 연결은 주제상의 관련성만큼 중요하지 못하다. 구약성서와 신약성서에서 하느님은 자신의 말에 대해 궁극적으로 책임을 진다. 바울로가 여기서 결과적으로 2장 16절의 질문에 대해 "우리들입니다"라고 대답하고 있음은 사실이다. 그러나 이것을 '자족함' (Schmithals, 151)이라고 기술하는 것은 바울로가 뜻했었을 의미와는 거리가 멀다.

[6] 어떠한 관련성을 가지고 있건간에 바울로는 자격의 사상을 새 계약과 관련해서 다시 표현하고 있다. 자격은 하느님께로부터 온다. 그는 우리에게 새 계약의 일군이 되기 위한(명사 διακόνους: 3장 3절에서 "전달하다"로 번역된 동사와 같은 어원의 말이다) 자격을(바울로는 2장 16절와 3장 5절a에서 형용사를 사용하고, 3장 5절b에서는 명사를 사용한 다음 이 귀절에서는 동사 ἱκανοῦν을 사용하고 있다. 그러나 '우리를 자격 있게 하셨다'는 번역은 여기서 제

시된 번역보다 서투르다. 이러한 사상에 대해서는 디전 1,2 비교)"
주셨읍니다(혹은 '주시기도 했읍니다.' 그러나 만일 리츠만과 또한 '참으로'로 번역하는 알로가 생각하는 바와 같이 καί가 단순히 이어지는 동사를 강조하는 것이 아니라면 이 문장은 조잡스럽게 반복하는 셈이 된다). 이 귀절에 담긴 사상은 2장 14절 이하로 되돌아가고 있다. 어떠한 인간도, "죽음으로부터 나와서 죽음으로 인도하는 냄새이면서 동시에 생명으로부터 나와서 생명으로 인도하는 냄새인" 복음을 선포하는 일을 감당할 수 없다. 오직 하느님만이 사람들로 하여금 그러한 일을 감당할 수 있게 해주신다. 이제 새 계약의 일군들(종들, 대리인들)의 일로 정의(定義)된 것은 바로 이 직무이다. 뒤집어서 말하면 일군들, 선교자들의 주된 직무는 말씀을 선포하는 일이다.

아마도 자격이라는 개념은 계약의 언어를 암시할 것이다(위를 참조하라). 그러나 이 개념은 마음에 씌어진 율법에 대한 예언이며(예레 31,31—34), 그리스도 안에서 완성되는 예언인 예레미야의 새 계약 예언을 암시한다. 계약(διαθήκη)의 의미는 그 말 자체로부터는 추론해낼 수 없고 오직 성서적인 용법으로부터만 추론해낼 수 있다. 일반적으로 이 말은 '유훈'을 의미한다. 그러나 일방적인 조처, 처리(참조. G. Quell & J. Behm. *T.W.N.T.* ii. 106—37 ; Kümmel)를 가리킬 수도 있다. 그리고 이런 의미에서 이 말은 일반적으로 '계약'이라고 번역되는 히브리어 bᵉrith에 해당하는 말로 사용되었다. 이것은 하느님이 시작하고 결정하신 하느님 자신과 그의 백성 사이의 관계이다. 따라서 자연히 봉사와 관련된다(Wendland). 구약성서에는 다양한 계약들이 있었다(참조. 로마 9,4과 해당주석 ; 바울로가 로마서에서와는 달리 고린토후서에서 새 계약에 대해 언급하는 것은 그가 여기서 유다주의자들을 다루고 있기 때문이다. 바흐반과 메네이도 그렇게 본다). 그리고 우리는 신약성서(특히 히브리서 8장)에서 일반적으로, 새롭고 더 좋은 계약에 대한 예언이 예수 안에서 성취되었으며, 성만찬의 포도주에서 증거되었다는(마태 26,28 ; 마르 14,24 ; 루가 22,20 ; 고전 11,25) 주장에 접하게 된다. 바울로 역시 로마서 9장 4절과 11장 27절, 갈라디아서 3장 15·17절에서 이 말을 사용했다(비교. 에페 2,12). 그러나 이 귀절에서 그 말의 의미는 귀절 자체에서 찾아야 한다. 이 계약은 글로 씌어진 것이 아니라 영으로 된 것입니다. 바울로가 생각하고 있는 구별이 어떤 것인지에 대해서는 논의가 많았다(참조. *Romans*, 60,138). 문맥과 관련해서 연구하는 것이 가장 좋다. 3장 3절에서 바울로는 고린토 사람들 자신이 잉크가 아닌 살아계신 하느님의 영으로 씌어진 그리스도의 추천서라고 말했다. 이 진술에서 그는 추천서들을 대조시키고 있다. 즉 바울로의 경쟁자들이 그들의 권위를 입증하기 위해 지니고 다니는, 사람들이 펜과 잉크로 써준 추천서에 대해, 바울로가 유일하게 의존할 수 있는 권위이자 동시에 고린토의 개종자들의 마음 속에서 활동하는 하느님의 영의 활동이 대조된다. 결국 인간적인 견해나 행위에 대해 영에 의한 하느님의 활동이 대조된다. 글과 영 사이의 대조도 본질적으로는 비슷하다. 바울로는 결코 구약성서의 율법이 인간적인 도구라고 주장하려는 의도는 없었다. 반대로 그것은 영적인 것이며, 하느님의 영에 의해 영감을 받은 것이다(로마 7,14). 그러나 율법은 쉽게 잘못 사용될 수 있었다. 유다인들은 단순히 자신들이 율법을 가지고 있다는 이유만으로 다른 인간들보다 우월하다고(로마 2, 17 이하) 쉽게 주장했으며, 그것을 하느님의 선출(로마 9,4)로서가 아니라 인간적인 성취의 한 표시로 다루었다. 사실 율법 자체는 그것이 지닌 교훈적인 성격으로 인해 이러한 측면을 나타내며, 이 점은 예레미야의 새로운 계약에 대한 예언에서도 지적되었다(그래서 빈니쉬는 이 절을 예레미야 31장에 대한 註로 본다). 따라서 글은 (바울로의 견해에 의하면) 수많은 유다인 동료들이 자신들의 종교의 기초인 율법을 이해했던 방식 자체를 가리키며, 동시에 이에 따라 율법주의적이건, 반율법주의적이건, 신비주의적이건간에, 인간이 만들어낸 종교 일반을 가리킨다(비교. Bultmann. *E.&.F.*, 159 ; Käsemann, I, 222 ; Stuhlmacher, *Gerechtigkeit*, 93). 이에 반해 영은 그리스도 안에서의 하느님의 새로운 행위를 가리킨다. 그리스도 안에서 신앙을 붙들게 된 사람들은 하느님의 창조 행위 앞에서 더 이상 자기 힘을 내세워 대항하려 하지 않는다. 칼빈은 글과 영 사이의 대조는 알레고리와는 아무런 관련이 없다고 주장하는데 그것은 옳다. '그는 말하기를, 글이란 사람의 마음을 움직이지 못하는 외적인 설교를 뜻하며, 영이란 성령의 은혜를 통해서 사람들의 마음 속에 실제로 작용하는, 곧 생명을 제공하는 가르침을 뜻한다고 했다.'

글과 영이라는 말을 각기 인간적인 행위와 신적인 행위로 이해할 경우, 다음 절로 자연스럽게 넘어갈 수 있다. 기록된 것은 사람을 죽이고 영은 생명을 줍니다. 로마서 8장 2절(그리스도 예수 안에서 가능하게 된 종교, 말하자면 생명을 주는 영의 종교)과 그 주석을 비교하라. 로마서 8장 6절과도 비교하라("육을 따라 살려는 마음은 죽음에 이르고,

영을 따라 살려는 마음은 생명과 평안을 누립니다"). 로마서 7장 11절을 참조하라(Benoit, Ⅱ, 20 ; A. Feuillet, *Mélanges Bibliques en hommage au R.P. Béda Rigaux* [1970], 340—5). 인간에 중심을 둔 삶은 참된 생명의 원천으로부터 멀리 떨어져 있으므로 죽음에 이르지 않을 수 없다. 그러나 하느님을 중심으로 한 삶은 그 분을 통해서 생명을 얻는다. 휴즈가 지적하듯이 율법을 완벽하게 그대로 다 지킬 수는 없으므로 율법에 의해 사람이 죽임을 당한다는 것은 옳다. 여기서 글이라는 말이 무엇을 의미하건간에 그것은 문맥상으로 어딘지 모르게 비난받고 있는 것 같다. 한편 바울로에게 있어서 율법은 그 자체로서는 선하다(로마 7,12·14). 계약의 주제는 쿰란 문헌들의 특징이지만 바울로와는 거의 유사성이 없는 것 같다. 데이비스(W.D. Davies 앞의 인용문 참조)는 쿰란 종파가 계약을 글과 영에 관련시켜 해석했던 것으로 보인다고 한다. 또한 바울로가 쿰란 종파의 영향이 고린토 교회에 미치는 데 대해서 싸웠다는 주장에 대해 브라운은 비판하는데 그것은 옳다.

바울로는 이제 매우 간단한 말로 표현했던 대조를 출애굽기 34장 28—35절에 대한 미드라쉬(해석)로 발전시켜서 상세하게 설명한다. 여기서 바울로가 그가 회당에서 했던 설교문을 인용하고 있다는 주장에 대해서는 위에서 언급한 바 있다(Moule, *Birth*, 54). 바울로가 이 귀절에서 기존의 미드라쉬를 수정하고 있다는 견해는 그보다 설득력이 없는 것 같다(S. Schulz, *Z.N.T.W.* xlix, 1—30 ; 이와 다른 견해로는 Collange, 67—8 참조). 출애굽기 34장 28절에 의하면 모세는 거룩한 산에서 하느님과 함께 40일 동안을 금식하면서 지낸 다음 "돌비에 계약의 말씀을 썼다"(칠십인역. "이 말들을 계약의 돌비 위에"—"계약의" *τῆςδιαθήκης*). 히브리어 성서와 칠십인역의 이 귀절에는 모두 바울로 자신이 그 말씀들을 썼다고 되어 있다. 그러나 이것은 우리가 고린토후서 3장 3전에서와 같이 하느님이 모세의 "도움을 받아서"(*διακονηθεῖσα*) 썼다고 생각하지 않는 한, 출애굽기 31장 18절("하느님의 손가락으로 씌어진")과 32장 16절("그 판은 하느님께서 손수 만드신 것이었다. 그 판에 새겨진 글자도 하느님께서 손수 새기신 것이었다")에 일치하지 않는다. 모세(출애 34,29)는 하느님과 대화를 했기 때문에 자신의 얼굴이 빛나고 있다는 사실을(칠십인역 : '그의 얼굴 모습이 영광스럽게 되었다'—*δεδόξασται*: Sifre Numbers 140 [27, 20] 52b] ; '모세의 얼굴은 태양과 같았다') 알지 못한 채 손에 그 판을 들고 산에서 내려왔다.

아론과 이스라엘의 모든 자손들(칠십인역 : "장로들")이 모세에게 가까이 가기를 두려워했다(34,30). 그러나 모세는 그들을 불러서 하느님이 그에게 준 계명들을 전해주었다. 그는 그들과 이야기하기를 마치자 자신의 얼굴 위에 "수건을 썼다"(κάλυμμα. 아마도 34장 33절 이전에서는 수건을 쓰지 않았을 것이다). 그러나 모세는 다시 하느님과 말하기 위해서 들어갈 때(34,34) "수건을 벗고는"(περιῃρεῖτο) 나올 때까지 (그가 언제 수건을 다시 썼는지에 대해 구약성서가 말해주지는 않지만 추측컨대 아마도 그는 이때 수건을 다시 썼을 것이다) 쓰지 않았다. 그리고 나서 그는 계명들을 이스라엘 사람들에게 전해주었다. 이제 의외로 34장 35절이 계속된다 : "그리고 이스라엘 자손들은 모세의 얼굴이 빛나는 것을 보았다"(칠십인역 : "영광스럽게 되었다" δεδόξασται). 이것은 모세가 그들과 말했을 때 수건을 쓰지 않았음을 암시한다. 그리이스어로는 과거완료의 의미로(그들은 보았었다—처음 만났을 때) 이해할 수도 있다. 그러나 히브리어(Wera'u)상으로는 그렇게 번역할 수 없으며, 그보다는 오히려 항상 보는 것을 뜻한다. 결국 이야기의 맨 마지막인 이 귀절에서는 모세가 하느님과 말하기 위해서 들어갈 때까지 "수건을 (다시) 썼다"(περιέθηκεν)고 말한다. 여기서 우리가 얻을 수 있는 가장 훌륭한 결론은 (앞서 지적한 히브리어 동사와는 잘 부합되지 않지만) 모세가 하느님께로부터 백성들에게 돌아왔을 때 잠깐 동안 백성들이 두려움에 떨면서 그의 영광스러운 얼굴을 보았고, 다음에 모세가 혼자 하느님과 대화하러 가기까지 자신의 얼굴 위에 재빨리 수건을 썼다는 것이다. 그의 얼굴에서 광채가 사라졌다는 데 대해서는 아무 말도 없으며, 전혀 암시하고 있지도 않다. 그리고 한 유다교 전승에 의하면 그의 얼굴의 광채는 그가 죽을 때까지 계속 남아 있었다고 한다(*S.B.*iii. 515 ; Targum Onkelos, 신명 34,7 : 모세는 120세 때 죽었다. 그의 눈빛은 그때에도 흐려지지 않았고, 그의 얼굴에서 빛나던 광채도 [ziw yeqara] 변하지 않았다). *S.B.*에서는 계속해서 다음과 같이 말한다(iii, 516) : '우리는 옛 라삐 문헌들에서 모세의 수건에 대해서 언급하는 귀절들을 찾지 못했다.' 그리고 바울로의 주석은 (모세의 빛나는 얼굴에 대한 구약성서의 설명을 제외하고) 전통적인 유다교의 주제들에 기초한 것이 아니라 새로운 그리스도교적 해석인 것 같다. 유다교화시키려는 위협에 저항하려는 논쟁적인 의도에서 바울로 자신이 이 귀절을 썼다고 보지 않을 이유는 없다(참조. 이 책 서론 56면).

[7] 이제 해석은 시나이 사건에 대한 유다교적 이해와는 모순되는 바울로의 설명으로 시작한다. 유다교적 이해에 따르면 율법은 **죽음에 이르게 하는 직분** (형리의 직분—Windisch)을 가진 것이 아니라 생명을 주는 것이다. 이에 대한 예로는 *Exodus Rabbah* 41,4(97c)를 들 수 있다 : '하느님은 그들에게 생명을 주기 위해서 판을 새겼다' (*S.B.*iii. 502에는 다른 귀절들도 인용되어 있다. 생명의 근원으로서의 율법에 대해서는 요한복음 5장 39절을 참조하라. 또한 로마 7,10과 이에 대한 주석 참조 : 비교. 갈라 3,21). 직분에 대해서는 3장 3·6절을 참조하라. 바울로는 일종의 직분, 혹은 "봉사"(διακονία)로서 자신의 일을 시작했고, 이러한 이유에서 모세의 활동에 대해서도 동일한 언어로 기술한다. 모세의 직분은 율법이 돌비에 글로 새겨졌기 때문에 위에서 기술한 대로(6절) 기록된 것은 사람을 죽인다는 의미에서 죽음에 이르게 하는 직분이다. 원래 하느님이 율법을 줄 때 의도했던 바는 이것이 아니었다. 그러나 "생명으로 인도해야 할 계명이 도리어 나를 죽음으로 인도했다"(로마 7,10). 그리고 사실 그렇게 된 것은 죄로 인해서(로마 7,13)였지만 궁극적인 결과는 선했다. 왜냐하면 "나는 하느님을 향하여 살기 위해서 율법에 대해서는 이미 율법에 의하여 죽었기"(갈라 2,19) 때문이다. 모세의 직분은 죽음을 가져오는 율법의 효력을 드러내는 것이었다. 그러나 그것은 **영광 가운데 주어져서 모세의 얼굴에 비친 그 영광의 광채 때문에 이스라엘 사람들이 그의 얼굴을 똑바로 쳐다볼 수 없었다**(J. Jervell, *Imago Dei* [1960], 176—7에 따르면 영광은 권위와 결합되었다. 단락 전체에 대해서는 앞 책 176—80 참조. J.A. Fitzmyer, *Mélanges Rigaux*, 422 이하는 영광을 성령과 능력에 연결시킨다). 여기서 바울로는 단순히 구약성서의 이야기를 요약하고 있을 뿐이다. 바울로가 이 이야기를 인용한 배후에는 율법은 하느님의 법이기 때문에(참조. Wendland) 그밖에 뭐라고 말할 수 있건간에 '거룩하고 의로우며 선하다' (로마 7,12)는 확신이 있었다. 그러나 그는 이 진술을 한정시키지 않은 채 그대로 내버려두지는 않았다. 즉 그 **영광은 "사라져가는" 것이었다**(직역하면 "없어져가고 있었다" καταργουμένην). 이 말은 바울로가 자주 사용하는 말인데 다른 저자들은 거의 사용하지 않는다. 그는 여기서 자신이 쓰고 있는 이야기가 영광이 사라지는 데 대한 내용(이러한 내용이라면 오히려 다른 말로 더 잘 표현할 수 있었을 것이다)을 담고 있기 때문에 "사라졌다"는 말을 쓴 것이 아니다. 오히려 그가 논증하는 중심주제는, 율법(적어도 기록된 것이라는 의

미로 이해할 수 있는 율법)과 율법에 기초한 계약은 사라져가고 영에 기초한 새로운 계약이 그 자리를 대신한다는 내용이기 때문에 그런 것이다(참조. 11·13·14절). 그러므로 이 귀절들에서는 단어들을 상세히 설명할 필요가 있다.

[8] 우리가 위에서 살펴본 바와 같이 바울로의 논증에는 부정적인 요소가 있기는 하지만 전반적인 흐름은 긍정적이다. 만일 율법의 계약이 신적인 영광의 현시를 수반한 것이었다면 이것은 하물며 성령의 직분(참조. 9절에 나오는 의의 "직분")은 이보다 더 영광스럽게 된다는 것을 의미하지 않겠읍니까? 소전제로부터 대전제를 추론해내는(a fortiori) 논증의 주석학적 근거에 대해서는 11절을 참조하라(Bonsirven, *Ex.*, 317). "영광스럽게 되다"의 미래형은 시간적인 미래가 아니라 논리적인 미래이며, 내림을 지시하는 것이 아니다. 영의 직분은 이미 활동하고 있다(참조. 1, 21—22과 그에 대한 주석). "성령의"는 주어를 뜻하는 속격이 아니다. 그 의미는 7절에 나오는 "죽음의 직분"과 유사하다. 율법 안에서의 모세의 활동이 갖는 특징은 바로 죽음이다. 그러나 복음 안에서의 바울로와, 그의 동료들의 활동은 성령에 의해 특징지어진다(비교. 3절). 성령은 복음의 메시지를 받아들이는 자들에게 주어지며, 그들 안에서 하느님에게 중심을 둔 삶이 이루어진다.

[9] 이제 그러한 대조가 다른 언어로 반복된다. 정죄하는 직분에 영광이 있다면 의(이 말에 대해서는 *Romans*, 29—30, 73 등을 보라)의 직분에는 더욱 풍성한 영광이 있을 것입니다. "죽음에 이르게 하는 직분"과 "영의 직분"은 이제 각기 "정죄하는 직분"과 "의의 직분"으로 되었다. 율법은 하느님의 요구와 그 요구를 이행하지 못하는 인간의 태만함을 나란히 놓고 정죄한다(비교. 로마 3,19—20). 이 귀절에서 "의"는 "정죄"와 대조되는 것으로 규정되었다. "의"란 죄를 사면해주는 것, 의롭게 하는 것을 의미하며, 하느님이 인간으로 하여금 자신과 올바른 관계에 설 수 있도록 하는 행위를 뜻한다. 바울로의 다른 서신들에서도 대개 그렇듯이(비교. 21절) 이 말은 윤리적인 의미의 말이 아니라 관계를 나타내는 말이다. 그러나 이 말은 6절에 나오는 "영"과 병행하는 말로 규정되어야 한다. 즉 "의"는 단순히 기계적으로 관계를 재수립하는 것이 아니라 신적인 능력을 뜻한다는 것이다. 케제만은 이 귀절과 6장 7절, 로마서 5장 21절, 6장 19—20절, 10장 3절을 인용하고 나서 다음과 같이 기술한다(Ⅱ, 186:

영어번역판, 174). '여기서 부여된 은사는 결코 그것을 준 분과 분리되지 않으며, 또 분리될 수도 없다. 이 은사는 그 안에서 하느님 자신이 등장하고 또 함께 머물러 있는 한, 그것 자체가 능력의 본질을 지니고 있다. 그러므로 요구와 의무, 봉사가 은사와 뗄래야 뗄 수 없게 결합되어 있다.' 그러나 이러한 케제만의 말이 (일반적인 관찰로서는 올바른 것이지만) 직분이라는 말의 의미도 올바로 포착한 것인지는 의심스럽다. 그리고 이 말(직분)은 스툴마허(*Gerechtigkeit*, 158)가 사해사본들(1*QS* iv. 9 ; 1*QH* vi. 19 ; 'ᵃbodath ṣedeq)에서 인용한 귀절들에 의해서도 충분히 설명되지 못했다. 바울로는 죽음과 정죄, 영이 섬김의 대상임을 뜻하지 않았던 것과 마찬가지로 의가 섬김의 대상임을 뜻하지는 않았다. 그보다는 이러한 것들(죽음, 정죄, 영)이 특징적인 모습으로 나타나는 섬김의 종류(모세의 섬김, 그리고 사도적인 복음 설교자들의 섬김)에 대해서 말하고 있는 것이다. 스툴마허는 다음과 같이 말함으로써 지나치게 많은 부분을 생략하고 있다(Stuhlmacher, 76) : '다른 모든 세계들과 마찬가지로 교회의 새로운 세계는 바울로에게 있어서 능력에 의해 다스려지는 세계였다. 그리고 이 세계를 규정하는 능력을 바울로는 "하느님의 의"(δικαιοσύνη θεοῦ)라고 일컬었다.' 그리고 그는 계속해서 "의"와 "영" 사이에 본질적인 관계를 형성시키는 것으로서 고린토후서 3장 8—9절을 인용한다. 스툴마허가 바로 앞에서 이렇게 말하는 것은 옳다 : '법적인 상황("하느님의 의"라는 말이 내포하는 상황)은 자유라는 말로 특징지을 수 있는 새로운 세계, 새로운 창조에 이르는 길이다.' "의"는 하느님의 행위이다. 그러나 적어도 여기서 바울로가 관심을 가지고 있는 것은 이러한 행위의 결과, 즉 의롭게 하는 것과 또 의롭게 함으로써 인간에게 부여된 의로운 신분이다. 이것은 복음의 객관적인 측면이다. "영은 인간을 재창조하는 데 있어서의 복음의 주관적인 수용을 가리킨다. 모세는 자신의 민족을 의롭게 할 수 없었고(출애 32,32—33), 단지 주께서 그의 영을 그들 모두에게 주시도록 기도할 수 있을 뿐이었다(민수 11,29). 따라서 새로운 직분은 모든 면에서 더욱 영광스러운 것이었다.

[10] 바울로는 새 계약의 우월성이라는 주제를 계속 전개시킨다. 이런 의미에서(καί는 번역을 하지는 않았지만 강조하는 의미를 덧붙인다) 지금의 영광, 다시 말하자면 복음에 수반하는 영광과 비교해볼 때(직역하면 '이러한 측면에서, 즉 ~에 관한 한') 과거에(영어 문장을 분명하게 하고, 그리스어 분사의 시제를 드러내

기 위에서 보충한 말이다) 있었던 영광은(모세의 얼굴뿐만이 아니라 옛 계약의 전반적인 배경) 전혀 영광받지 못했던 것입니다. 그리이스어 본문은 여기서 제시한 번역보다 어딘가 서투르다. 그러나 그 의미는 매우 분명하다. 그것 자체로 본다면 시나이 산은 영광이 나타난 장소이지만 복음 안에서 하느님의 뜻이 분명히 계시된 것에 비교한다면 아무 것도 아니다. 이러한 율법에 대한 경시는 비록 상대적인 것이기는 하지만 직접 유다인에 의한 것이라는 점에서 놀랄 만한 관찰이며, 율법에 대한 바울로의 태도를 이해하는 데 있어서 결정적으로 염두에 두어야 할 사항이다. 슐라터는 직역한 '이러한 측면에서'(혹은 '이 부분에서는', ἐν τούτῳ τῷ μέρει [우리말 번역에서는 "비교해 볼 때"라고 번역했다—역주])라는 말을 좀 더 세밀하게, 어쩌면 지나칠 정도로 세밀하게 설명한다: '모세가 영광을 통해서 받은 것은 "이러한 면에서"이며, 이러한 면에만 한정된다. 말하자면 모세는 영과 의의 직무를 받지는 못했고 정죄와 죽음의 직무만을 부여받았다는 것이다.'

[11] 다음 귀절에서는 좀더 심하게 대조를 시키고 있다. 없어져버릴 것도(비교. 7절) 영광을 받았다면(διὰ δόξης '영광을 통하여'. 그러나 바울로가 이 귀절과 7·8절에서 ἐν δόξῃ "영광 안에서" 외에 다른 것을 의미했는지는 의심스럽다. 비교. 6,8; Moule, *Idiom*, 58) 영존할(그리이스어 본문에는 동사가 나와 있지 않지만 지속적인 상태를 표현하기 위해서 동사가 필요하다) 것은 더욱 영광 안에 있을 것입니다. 율법은 과거의 시대에 속하는 것으로서 일시적인 것에 불과하다. 로마서 10장 4절, 갈라디아서 3장 19—25절과 비교하라. 그리고 *Adam*, 65에 나오는 언급들을 참조하라. 새 계약, 즉 복음은 영속하는 것이다. 그것은 하느님의 마지막 말이자 행동이다. 그리고 그것은 결코 다른 것에 의해 대체될 수 없다(비교. 마르 13,31).

[12—13] 위에서 서술한 사실들로 인해서 모세와 바울로의 행동에 차이점이 생긴다. 이 단락의 나머지 부분들과 12—18절에 대해서는 우니크(W.C. van Unnik)의 논문 "With Unveiled Face" (*Nov. T.* vi. 153—69)를 참조하라. 그렇기 때문에(새로운 발전, 혹은 실제적인 적용—Windisch—은 방금 말한 내용에 근거하고 있다) 우리는 이런 희망(새 계약의 영속하는 영광에 기초한 희망)을 가지며, 훨씬 더 "대담해집니다"(παρρησία "대담"에 대해서는 W.C. van Unnik, *The Christian's Freedom of Speech in the New Testament* [1962], 그

리고 또 다른 그의 논문 "De Semitische Achtergrond van *ΠΑΡΡΗΣΙΑ*", *in het Nieuwe Testament* [1962]과 H. Schlier, in *T. W. N. T.* v. 869—84를 보라. 참조. 빈더쉬의 긴 해설). 즉 우리는 아주 솔직하게 고린토교인 여러분에게 설교하고 말할 수 있읍니다. 그리고 우리는 얼굴에 너울을 쓴 모세처럼 행동하지 않습니다. 이 귀절을 직역하면 '모세처럼 얼굴에 너울을 쓰지는 않습니다'이다. 여기서는 내용적인 연결을 좀 더 이해하기 쉽게 하려면 분명히 보충해줄 말이 필요하다. 반 우니크가 말하듯이(*Nov. T.* vi, 159) 여기서 바울로는 비약을 하고 있다. 그러나 우니크가 생각하듯이 바울로가 여기서 그렇게 대담한 비약을 하는 것 같지는 않으며, 또 여기서 보충한 말에 의해 암시되는 주석이 단순한 추측인 것만도 아니다. *B.D.*, §482에서는 비교를 할 때에는 일반적으로 생략을 하는 경우가 많다고 지적한다. 그리고 여기서 바울로가 쓴 것과 같이 *οὐ καθάπερ* (not as: "∼처럼 〔하지〕 않는")가 나오는 문장은 '모세가 한 일을 우리는 하지 않습니다"라는 의미 이상을 지닐 것이다. 그러나 여기에 분명히 비약이 있는 것은 사실이고, 반 우니크는 아람어 관용구인 "얼굴, 혹은 머리를 드러내다"(galleh 'appin, rosh)라는 말에 주의를 기울임으로써 이 문장을 좀 더 이해하기 쉽게 만들었다. '"얼굴을 가리다"는 수치와 슬픔의 표시이며, "얼굴을 드러내다"는 자신감과 자유를 나타낸다. 타르굼에서 가령 "얼굴을 드러내고" 같은 말은 "자유롭게"와 같은 의미를 지닌다.' '"머리, 혹은 얼굴을 드러내다"라는 말은 개방성(원문 그대로 인용한 것임), 자신감, 대담함이라는 뜻도 포함한다' (169). 18절과 비교하고 그에 대한 주석을 참조하라. 모세는 바울로가 고린토 사람들을 향해서 아주 솔직하게 대했던 것처럼(바울로의 이러한 주장에 대해서는 예를 들어 1, 18—19; 6, 11 이하 참조) 이스라엘 자손들을 향해서 솔직하게 대하지 않았다. 이 점을 분명히 하기 위해서 바울로는 출애굽기의 설화에서 거기에 명시적으로 드러나 있는 의미 이상을 읽어낸다. 사실 출애굽기에서는 모세가 백성들이 두려워할 것을 감안해서 그의 얼굴에 너울을 썼다고 말한다(출애 34, 30). 그러나 바울로는 그 없어질 것의 마지막을 이스라엘 백성에게 보이지 않으려고 모세가 그렇게 했다고 말한다. 즉 이 말을 아주 단순한 의미로 이해한다면 '그들이 영광이 사라지는 것을 보지 않도록, 그래서 일시적인 중요성밖에 지니지 못한 인물로 모세를 무시하지 않도록 하기 위해서'라는 것이다. 이것은 리츠만이 지적하듯이 '의심할 여지 없이 구약성서의 문구 자체와 절대적으로 모순되는 것은 아니지만 구약성서 설화자의 의도와는 모순된다.' 확실히 여기서 바울로가 기술하고 있는 것과 같은 논리 전개는 아주 명쾌하지는 못하다. 그렇지 않으면 우리는 여기서 바울로가 말하는 것과 같은 의도를 지닌 것이 모세가 아니라 하느님이었다고 생각해야 할 것이다. 그러나 바울로는 모세를 도덕적으로 고발하려는 데 관심을 갖지는 않았다(그리고 거의 확실히 그런 것을 의도하지는 않았다). "없어질 것"(τοῦ καταργουμένου, 중성—아마도 남성일 것이다. 그러나 이 말의 의미를 분명히 하기는 힘들다)은 모세의 얼굴에 나타났던 "영광"(δόξα : 여성)이 아니었다. 아마도 10·11절의 중성 분사로까지 소급해 들어가야 할 것이다. 그리고 여기서 옛 계약에 대한 언급과 이스라엘이 하나의 민족을 형성한 토대인 율법의 수여, 또 율법의 종교적인 틀 전반에 대한 언급을 보아야 한다. 모세와는 다른 바울로의 행동이 율법이 아니라(비교. 1,19) 복음에 기초한 새 계약의 상이한 종교적인 틀에 그 근거를 가지고 있는 것과 마찬가지로 모세의 행동은 옛 계약의 종교적인 틀에 근거한 것이다. 이렇게 본다면 바울로의 생각은 일관성이 있는 것 같다. 그러나 그는 자신의 생각의 신학적인 측면과 도덕적인 측면, 혹은 행동이라는 측면을 표현하는 데 동일한 상들을 사용하기 때문에 사실상 모호해진다. 헤링은 "마지막"(τέλος)이라는 말은 로마서 10장 4절에서와 같이 '목적'이라는 의미로 해석되어야 한다고 생각한다. 그러나 여기서 이것이 적절한 의미인 것 같지는 않다. 브링(Ragnar Bring, *St. Th.* xxv. 35)은 마지막이 '가장 빛나는 광채'를 의미한다고 본다(비교. *St. Th.* xx, 13). 그러나 그의 견해는 설득력이 없다. 이러한 논증은 바울로가 너울이라는 상을 계속해서 새로운 방식으로 사용함에 따라 더욱 복잡해진다.

[14] 그러나 그들의 마음(이 말은 2장 11절에 나오는 말 νοήματα와 동일하다. 그러나 여기서는 다르게 번역되어야 한다)은 완고해졌읍니다. 즉 무뎌져서 이해를 못하게 되었다. 이사야 6장 9—10절(Lindars, 159—67)과 비교하라. "그러나"는 실제로 반의적인 의미를 지닌 "그러나"이다. 모세는 진실을 감추기 위해서가 아니라 이스라엘 백성을 설득시켜서 그들로 하여금 진실을 받아들이도록 하기 위해서 그렇게 행동했던 것이다. 그들이 영광의 마지막을 보지 않는다면 그들은 좀 더 쉽게 진실을 받아들이게 될 것이다. "그러나"—모세가 좋은 의도를 가지고 했던 행동은 다른 너울이 더 덮였기 때문에 실패했다. 그래서 구경하던 사람들의 깨닫는 능력도 줄어들었

다. 신약성서보다 분명하지는 않지만 구약성서도 순수한 하느님의 계시이다. 청중들 자신들이(참조. 그러나 4,3—4) 구약성서가 자체의 목적을 달성하지 못하게 되는 한 요인이 되었다. 이것은 처음에는 직접적인 언어들로 기술되었는데 바울로는 너울의 표상을 다시 구사한다. 이것은 토라 두루마리에 너울을 씌우거나 혹은 기도할 때 탈리트(tallith)로 머리를 가리는 것과 같은 회당 관습들에 의해서 시사를 받은 것 같다(Bachmann). 왜냐하면 바로 오늘날에 이르기까지도 옛 계약(이스라엘 백성이 깨닫지 못한 것은 옛 계약이 옛 것이라는 사실이다—Wendland)을 읽을 때에 그 너울이(아마도 '분명하게 보고 이해하는 것을 막는다'는 의미에서 모세의 얼굴을 가렸던 너울과 같은 것이리라) 벗겨지지 않고 있기 때문입니다(이것은 어떻게, 왜 '그들의 마음이 완고해졌는지'를 설명한다). 왜냐하면 그것은 그리스도 안에서만 사라지는 것이기 때문입니다.이 문장은 매우 불분명하며 모호하다. 그리고 여기에 제시된 번역도 확실하고 정확하다고 볼 수 없다. 즉 "읽을 때에"(ἐπὶ τῇ ἀναγνώσει)를 "읽는 내용 위에"(upon the reading)로 볼 수도 있다. '율법 위에 너울이 덮여 있다'(원래 율법을 전해준 사람의 얼굴 위에 너울이 덮여 있었던 것처럼 : 참조. Knox, *P.G.*, 131 ; 비교. Bornkamm, *Paulus* [1969], 131). 그러나 15절에서 바울로는 "너울이 그들의 마음을 가리웁니다"라고 기술한다. 그리고 아마도 이것이 여기서의 의미를 규정하는 것으로 보아야 할 것이다. 번역된 본문에서 "벗겨지지 않고 있읍니다"는 부정어와 함께 나온 분사들(μὴ ἀνακαλυπτόμενον)을 나타낸다. 이 분사는 중성이며 여기서는 "너울"(κάλυμμα)에 일치시킨 것으로 보아야 할 것이다. 너울은 벗겨지지 않은 채 그대로 있다. 이것은 다음 절의 번역에까지 이어진다. '왜냐하면(ὅτι) 그것은 그리스도 안에서만 사라지기 때문입니다'(빈디쉬도 이렇게 번역한다). 그러나 여기에는 몇몇 주석자들로 하여금 (예를 들어 플루머) 이러한 구문의 번역을 거부하게 하는 난점이 있다. 즉 너울이 사라져가는 것이기 때문에 너울이 그대로 남아 있다고 볼 수는 없다는 것이다. 그리고 사라져가는 것은 율법, 혹은 율법의 영광이 아니냐는 것이다. 또한 너울은 벗겨졌다는 것이다(16절). 이 반론에 대해서는 "그리스도 안에서"라는 말을 강조함으로써 답변될 수 있다 : 이스라엘 백성이 회당에서 율법을 들을 때에는 불신앙의 너울이 그대로 있다. 왜냐하면 그리스도 안에서, 오직 그리스도 안에서만 너울이 벗겨지기 때문이다. 만일 이 대답만으로 충분치 못하다면 또 다른 대답으로서 분사를 독립적인 것으로 간주할 수 있다(Allo). 즉 '그것(율법 : 율법의 영광이나 율법의 지배)은 그리스도 안에서 사라져간다는 사실이 드러나지 않았으므로(즉 그것이 드러나지 않았기 때문에 ὅτι가 지닐 수 있는 또 다른 의미이다) 그 너울은 그대로 있다. 이것은 문법적으로는 잘 맞지 않지만 가능하다. 이것은 분사("드러나지 않았으며")를 '그들에게'라는 말로써, 혹은 그와 비슷한 방식으로 한정시킬 경우에만 내용상으로 타당하다. 지금 그것은 믿지 않는 유다인들이 아니라 믿는 그리스도교인들에게만 벗겨졌다. 그래서 율법은 그리스도 안에서 성취되었다가 사라졌다는 사실도 그리스도교인들에게만 알려졌다.

옛 계약은 구약성서를 가리키며, 그렇게 번역할 수도 있다(이 단락 전체와 성서의 영감에 관한 교리와의 관련성에 대해서는 Barth, *C. D.* I ii. 514—5를 보라). 그러나 바울로는 시나이산에서 성립되었던 계약을, 돌판에 새겨져 모세에게 주어진 계명들과 관련하여 특별히 언급하고 있다. 바울로가 여기서 '새 계약'(고전 11,25)이라는 말을 쓰지는 않았지만 이 말이 암시되어 있다. 율법의 옛 계약은 회당에서 설교되었다. 바울로는 의롭게 하는 하느님의 의와 영의 새 계약을 설교한다. 이것은 (옛 율법주의적인 의미에서의) 율법의 소멸을 수반한다.

[15] 바울로는 현재의 상황을 보다 명시적으로 서술한다. 그러나(이 반의어는 앞 귀절의 마지막 말과 반대되는 것으로 보는 것이 가장 자연스럽다 : 율법은 그리스도 안에서 사라졌다. 그럼에도 불구하고……) **오늘날까지도 모세의 글을 읽을 때마다**(회당에서 유다인들에 의해 공적으로 읽혀지거나 연구되었다. 그러나 Reicke, *Diakonie*, 288—9에서는 바울로가 유다교적 그리스도교 구약성서 해석을 공격하고 있다고 본다) **너울이 그들의 마음을 가리웁니다.** 어떤 학자들은 "그러나"를 강조하는 말로 간주한다 : '그렇습니다. 오늘날까지도…….' 리츠만은 율법에 덮인 너울로부터 이스라엘 사람들의 마음에 덮인 너울로 옮겨간 데(참조. 이 책 164면) 강조가 있는 것으로 본다. 토라를 읽는 것은 모든 회당 예배의 한 순서였다. 특히 P. Billerbeck, "Ein Synagogengottesdienst in Jesu Tagen", *Z.N.T.W.* iv 143—61을 참조하라. 토라는 진리를 담고 있다. 그러나 그것은 너울을 뚫고 듣는 사람들의 마음에까지 파고들 수는 없다.

[16] 그러나 그 너울은 벗겨질 수 있다(바울로는, 하느님이 자신에게 그의 아들을 계시해주셨기 때문에—갈라 1,16

—이것을 알고 있다). 그러나 그것이 (15절의 마음을 가리키거나, 아니면 이스라엘, 모세, 혹은 다른 어떤 사람을 가리킬 것이다) 주님(이 말이 그리스도를 가리키는 것으로 해석하는 데 대해서는 Bousset, *Kyrios Christos*[1913], 122, 145)께로 돌아설 때마다 그는 그 너울을 벗겨주십니다. 성서 전체의 의미는 주(즉 그리스도) 안에서 분명해진다(Calvin). 이 귀절이 출애굽기 34장 34절의 언어와 유사하다는 사실은 이 귀절을 모호하게 하지만 동시에 그것을 해석하는 데 필요한 실마리를 제공한다. 구약성서의 귀절에는 이렇게 되어 있다: "그러나 모세는 주님과 대화하기 위하여 그의 앞으로 나아갈 때마다 너울을 "벗었다"(περιῃρεῖτο)." 여기서 너울을 벗은 것은 모세임에 틀림없다. 그리고 동사(히브리어 yasir를 번역한 동사)는 중간태로 보아야 한다: '그는 스스로 너울을 벗었다.' 그러나 바울로는 이제 모세를 생각하고 있는 것이 아니라 이스라엘의 회심을 생각하고 있다(궁극적으로는 이스라엘 전체의 회심이지만 여기서는 ~때마다가 보여주듯이 로마서 11장 26절과 관련해서보다는 로마서 11장 14절과 관련해서 생각하고 있다. 비교. 고전 9, 20). 그래서 바울로는 '주님의 앞으로 가다'를 "주께로 돌아서다"로 바꾸었다. 그리고 조건절에서 모세가 언급되지 않으므로 귀결절에서도 모세가 나올 수 없다. 대부분의 주석자들은 이 사실을 깨닫고 동사를 수동형으로 보며, '너울은 벗겨졌읍니다'라고 번역한다. 그러나 형식상으로는 중간태로 볼 수도 있으며, 칠십인역은 실제로 중간태임을 시사해준다. 이렇게 보면 "그는 너울을 벗겨줍니다"라고 번역하게 되는데 여기서 주어는 앞 절의 주 외에 다른 것일 수가 없다. 물론 수동형 동사로 볼 경우에도 이 행위를 하는 자가 누구인지가 암시된다. 그러나 여기서 번역한 것과 같이 중간태 동사로 볼 경우에 다음 귀절로의 이행이 좀더 쉬워지며, 이 귀절이 안고 있는 난점을 해결하기도 쉬워진다. 사람들의 마음을 복음에로 개방시키는 것은 하느님 자신이다. 회심은 궁극적으로 하느님의 자비에 근거한다(비교. 예를 들어 로마 9, 16). '구약성서의 영향 아래 있는 경험적 유다교로부터 벗어나서 살아계신 주로 알려져 있는 십자가에 달린 분에 근거해 해석된 존재는……그리스도교를 존재하게 하는 영속적인 토대가 된다' (Goppelt, 111).

[17] 이제 '주'는 곧 영이십니다. 번역문에서 인용부호를 찍은 것은 "주" 앞에 나오는 관사(ὁ κύριος)가 이 말이 앞에 이미 나온 말임을 가리키며(참조. Turner, *Insights*, 126; Kümmel, *Theologie*,

149), 또 독자들의 주의를 16절의 주에로 향하게 하는 것이라는 사실을 분명히 하기 위해서이다. 이것은 실제로는 구약성서로부터 인용한 인용문이다. 바울로는 이 말을 그리스도와 관련해서 해석한다(어딘지 모르게 쿰란의 p^esharim과 같은 방식으로 해석한다. 예를 들어 1 *QpHab* xii. 7 : '그 도시는 예루살렘이다' ha-qiryah hi' y^erushalaim: 비교. 갈라 4,25 ; 고전 10,4—p^echarim: '주석'이라는 뜻의 히브리어). "주"는 우리가 알고 있듯이 단순히 회개한 이스라엘이 다시 향하는 신적인 분이 아니라 그들의 마음으로부터 너울을 벗겨서 이처럼 그들이 돌아설 수 있게 하는 분이기도 하다. 후자의 기능은 바울로의 이해에 의하면 특별히 성령의 활동인데 성령은 사도의 설교에 함께 하며, 설교에 능력을 부여해서 단순히 그것이 인간적인 말이 아니라 하느님의 말이 되게 하고(데전 2,13 ; 비교. 고전 2,4), 따라서 새 계약의 복음이 지니는 진리를 믿는 자들의 마음 속에 새긴다(3,3). 이러한 견해가 옳다고 해도 바울로가 여기서 고양된 그리스도와 성령을 동일시하고 있으며, 따라서 삼위일체론적인 하느님 교리를 배제하고 유니테리안적인 교리를 가르치고 있다고 결론내릴 만한 이유는 없다. 바울로에게 있어서 주이신 그리스도와 영이신 그리스도는 서로 긴밀하게 관련되어 있어서 둘 중의 어느 하나를 다른 하나와 분리시켜서 생각할 수 없다. 왜냐하면 그리스도 안에 있는 존재의 객관적인 신분은 특별한 은사들에서 현시되는(예. 고전 12,7) 성령을 주관적으로 받아들이는 일을 수반하기 때문이다. 그러나 바울로는 가령 '그리스도의 영'(로마서 8,9)이라는 말에서와 같이 그것들을 구별할 수 있었다. 주라는 말과 영이라는 말이 동일시되는 것은 인격(혹은 실체—리츠만이 말하듯이)이라기보다는 행위의 영역(비교. 고전 15,45)에서이다. 이 장의 앞 부분에서 영은 잉크(3,3)나 글(3,6·7·8)과 대조되었다. 영의 활동은 기록된 율법의 권위(가령 *κύριος* "주")를 대신하는 것이며, 따라서 사람들의 마음에 씌어져 있는 율법에 대한 예레미야의 '새 계약' 예언을 성취시킨다. 이 문장에 대한 여러가지 해석들을 상세히 설명한 것으로는 Allo, 94 이하, 107—11을 참조하라. 알로 자신은 바흐만과 마찬가지로 6절의 글과 영의 대조를 강조하는데 바흐만도 역시 여러가지 해석들에 대해서 상세하게 설명한다. 이외에도 W.D. Davies, 196 ; J.D.G. Dunn, in *J.T.S.*xxi, 309—20을 참조하라. 이들도 여기서 제시된 것과 비슷한 결론에 도달한다.

그러므로 영은 곧 지배할 권리를 가진 주이시다. 그런데 주의 영이 계신 곳에는 자유가 있읍니다. 기록된 율법의 지배가 끝나는 것은 자유를 의미한다. 자유는 고린토전서의 중요한 주제인데(9,1·19 ; 10,29 및 해당 주석) 고린토후서에서는 이 곳에서만 언급된다. 로마서 6장 18·22절, 8장 2·21절(그리고 해당 주석), 갈라디아서 2장 4절, 4장 22—31절, 5장 1·13절을 참조하라. 그것은 율법과 죄, 죽음으로부터의 자유이다. Käsemann I, 21(영어번역본, 119)에서는 자유를 주는 주와 Ἀναγκή("운명의 신")를 대조시킨다. 이 문맥에서는 12절("자유" παρρησία)을 얼핏 시사하기도 하고, 또 바울로의 사도 활동을 특징짓는 담대함에 대해서 언급하기도 하지만 시나이산의 모세에 대해 상세하게 이야기하는 이 문맥은, 여기서 바울로가 염두에 두고 있는 것이 율법으로부터의 자유임을 보여준다. 진리와 자유, 담대함(ἀλήθεια, ἐλευθερία, παρρησία)이 함께 나오는 Lucian, *Piscator* 17(Bachmann에 의해 인용되었다)을 비교하라. 자신들의 마음 속에 영으로 새겨진 하느님의 율법을 가지고 있는 그리스도교인들은 율법적인 종교에 얽매이지 않는다. 영의 능력 안에서 활동하는 사도는 자신의 설교나 교회와의 관계를 근시안적으로, 편리위주로 처리하거나 또는 유화시키는 방식으로 처리함으로써 한정시킬 필요가 없다. 이 자유는 하느님의 뜻과는 상관없이 무엇이든 원하는 대로 행동할 수 있다는 방종은 분명히 아니므로 다음과 같은 터너의 주장은 어느 정도 설득력이 있다 : '이 문장의 맨 처음에 나오는 말(여기서는 "~곳에는" οὗ라고 번역되었다)은 다르게 써야 하며, "~아니다"로 번역해야 한다. 그러면 이 문장은 영은 주로부터 독립한 것(the independence of, 자유로운 것 freedom from)이 아니다를 의미하게 된다' (*Insights*, 126 이하). 그러나 이 주장은 언어학적으로 설득력이 없다. 바울로는 '~로부터의 자유'라는 말을 표현할 때 속격을 쓰지 않으며(터너는 of를 써서 번역했다), 전치사(ἀπό. 로마 6,18·22 ; 7,3 ; 8,2·21 ; ἐκ. 고전 9,19)나 여격을 사용한다. 그리고 '독립된 것'은 정확한 번역이 아닌 것 같다. 이 귀절에 대한 일반적인 번역을 그대로 두는 것이 좋다. 그러므로 본문을 '영이 지배하는 곳에는'(κυρίου 대신 κύριον이라고 읽는 독법)이라고 수정할 필요는 없다. 혹은 본문을 개정하고 구둣점을 달리 찍어서 '주가 계시는 곳에는(οὗ δὲ ὁ κύριος) 영이 계시다. 영이 계신 곳에는 주의 자유가 있다(οὗ δὲ τὸ πνεῦμα, κυρίου ἐλευθερία)'라고 번역하는 헤링을 따를 필요도 없다.

[18] 단락을 끝맺으면서 바울로는 모세의 활동과 대조되는 (J. Jeremias, in *T.W.N.T.* iv. 872—3) 사도의 활동이라는 중심 주제로부터 모든 그리스도교인들에게 공통적인 주제로 옮겨간다. **그리하여 우리는 다 함께**(모세와 같은 단순한 한 개인이 아니며, 사도들만도 아니다). 유다인들도, 이방인들도 주께로 돌아섰으며, 영에 의해 창조된 자유를 얻었읍니다. 그래서 우리는 **너울을 벗은 얼굴로**(주께서 곧 영이 너울을 벗겼으므로—van Unnik의 논문을 참조하라. 이 논문은 118면에서 언급되었다) **거울을 보듯이 주의 영광을 들여다 보면서.** 또 다른 번역은 '거울처럼 주의 영광을 나타낸다'이다. 그러나 이 번역은 별로 좋지 않다. 이 동사(κατοπτρίζεσθαι "거울로 비추어 보다")는 자주 나오는 동사가 아니며 따라서 그 용법이 분명하지 않다. 크리소스톰은 두 가지 해석을 결합시키는 것으로 보인다(Denney). 그러나 고대의 역본들은 '나타낸다'보다는 '들여다보다'를 뒷받침해주며, "우리가 나타낸다"라는 번역은 그리스도교인들과 너울 때문에 보지 못하는 유다인들 사이의 대조를 표현하지 못한다(Kümmel; 빈디쉬도 이와 비슷하게 말한다 : 비교. Wilckens, *Weisheit*, 74).

주의 영광을 들여다보고 그에 대한 지식을 받는 것이(비교. 4, 6) 변화되는 것이다. 이러한 주장과 영지와의 관계에 대해서는 4장 6절에 대한 주석을 참조하라. 이러한 변화의 결과가 신격화는 아니지만(Bousset, *Kyrios Christus* [1913], 203) 결코 그러한 신격화로부터 거리가 멀지는 않았다. 그러나 큄멜(Kümmel, *Theologie*, 199)은 여기서 나타나는 사상이 본래 신비주의적인 것은 아니라고 주장하는데 이것은 옳다. 믿는 자는 여전히 하느님과는 다른 존재이다. **우리는 영광에서 영광으로, 똑같은 형상으로 변형되었읍니다**(Betz, *Lukian*, 132). "형상"이라는 말이 갑자기 나온다(참조. 로마 8, 29 ; 고전 11, 7 ; 15, 49. 이 각각의 귀절에 대한 주석들). 골로사이서 1장 15절(*Adam*, 86)도 참조하라. 고린토후서 4장 4절과 비교하라. J. Jervell, *Imago Dei*(1960), 173—6에 따르면 3장 18절—4장 6절은 창세기 1장 26—27절에 대한 주석이다. 그러나 이 형상이라는 말은 지혜 사상 영역의 거울을 본다는 데 대한 언급에서 더 잘 시사된다(참조. 특히 지혜 7, 26). 그리스도교인들은 직접 하느님을 본 것이 아니다. 이 세상에서는 이처럼 직접 볼 수가 없다. 그들은 마치 거울을 보듯이 그의 영광을 본다. 실제로 그들이 깨달은 것은 예수 그리스도의 얼굴에 나타난 하느님의 영광에 대한 지식이었다(4, 6). 달리 말하자면 그들은 하느님을 보는 것이 아니라 하느님의 형상인 그리스도(즉 보이지 않는 하느님이 보이게 되는 수단, 사변적인 지혜의 실체가 아니라 예수의 역사적 인격)를 본다. 그리고 하느님의 형상인 그리스도를 봄으로써 그들은 신격화되는 것이 아니라 똑같은 형상으로, 그들이 그와 함께 점점 더 많이 누리게 되는 영광으로 변화된다(영광에서, 말하자면 한 단계의 영광에서, 영광으로, 즉 더 높은 단계의 영광으로). 제2바룩서 li, 3. 7. 10과 비교하라('……그들은 아름다움에서 사랑스러움으로, 빛에서 영광의 광채로…… 변화될 것이다'). 또 어떤 학자들은 현재의 영광이 미래의 영광에 자리를 내주는 것이라고 생각하기도 한다. 슐라터는 다음에 나오는 "～로부터"(주로부터)에 주목하면서 둘 다 원인적인 것이라고 본다 : '영광은 영광으로부터 온다' (비교. Collange, 123).

변화는 영이신 주로부터 일어난다. 마지막 몇 절에서 바울로는 영지주의의 언어를 상당히 많이 받아들인다(바울로가 여기서 창세기 1장에 대한 미드라쉬를 제공하고 있다는 제벨의 견해에 대해서는 앞부분과 이하의 132—5면을 참조하라). 바울로는 여기서 이 단락의 끝부분을 서두의 말과 연결시킨다(3, 3·8) : '변화시키고 영광스럽게 하는 분은 영이다.' 인간의 본성이 거듭나는 데에는 영이 관련되어 있음이 분명하다. 그러나 여기서 바울로가 의미하는 바는 꼭 그러한 것이 아니다. "～로부터"라는 전치사 뒤에는 속격이 나란히 두번 나온다(ἀπὸ κυρίου πνεύματος). 17절 서두에서 두 개의 명사를 동일시한 것은 아마도 그것들이 여기서 동격이라는 견해를 정당화해줄 것이다 : 주, 즉 영으로부터. 달리 가능한 것들은 주의 영, 영의 주, (두 말들에 모두 관사가 없으므로 κυρίου를 형용사적으로 볼 경우. 참조. Knox, *P.G.*, 131—2) 지배하는 영 등이 그것이다. 바울로가 여기서 이 일은 하느님이 하는 것이라고 단언하려 한다고 가정하는 것이 아마도 가장 좋을 것이다. 그리고 하느님은 우리가 그를 아버지로 생각하건, 아니면 아들, 혹은 영으로 생각하건간에 주이다. 그리고 바울로가 여기서 신적인 변형의 활동은 실제로 이들 중에서 영의 활동에 속하는 것이라고 덧붙여 말하려고 한다고 가정하는 것이 좋다.

'바울로는 18절에서 참으로 많은 것들에 대한 입증을 끝냈다' (Lietzmann). 리츠만은 바울로가 자신의 사도직은 존귀하며, 그것 자체로서 충분하다고 주장함으로써 이 단락을 시작했다고 말한다. 즉 그는 추천서를 필요로 하지 않는다는 것이다. 그리고 바울로는 사도들의 신분이 아니라 모든 그리스도교인들의 신분에 대해서 말함으로써,

이 단락을 끝맺었다는 것이다. 이것은 맞는 말이다. 이러한 이행은 바울로가 본래 의도했던 것이다. 사도로서 그는 권위를 가지고 있다(10, 8 ; 13, 10). 그러나 그는 특별히 우월한 그리스도교인이 아니다. 어느 면에서 이처럼 뒤집어 말하는 것은 타당하다(고전 4, 8 이하). 그리고 바울로가 여기서 영광의 환상과 신자들의 변화에 대해서 말하는 내용들도 4장과 6장(비교. 고전 4, 11 이하)에 서술된 사도적 삶의 비천한 모습과 단지 피상적으로만 모순되어 보일 뿐이다. 하느님의 모습을 보는 것은 여전히 제한되어 있다(5, 7). 미래에 속하는 영광을 완전히 실현시키지는 못하지만 선취하는 것은 제일 첫 보증인 성령이다(1, 22 ; 5, 5). 바울로에게는 결코 영광의 신학(Theologia gloriae)이 없는 것이 아니며(*Signs*, 105), 실제로 그는 역설적인 방식으로 '승리'를 말하고 있다(2, 14).

7. 선교활동과 그것을 통해 전해지는 보물
4장 1—6절

1 이와 같이 우리는 하느님의 자비하심을 힘입어 이 직분을 맡았으므로
우리 직무를 게을리 하지 않습니다.[8] 2 오히려 우리는 우리에 관한 한에 있
어서는 수치스러운 숨은 일들을 버렸읍니다. 우리는 교활한 짓을 하지 않으
며, 하느님의 말씀을 비뚤어지게 하지 않습니다. 오히려 우리는 진리를 밝
히 드러냄으로써 하느님 앞에서 우리 자신들을 모든 사람의 양심에 추천합
니다. 3 나아가서 우리의 복음이 가려져 있다면 그것은 멸망하는 자들에게
가려진 것입니다. 4 이처럼 멸망하는 자들 안에서 이 세상의 신이 믿지 않
는 자들의 마음을 어둡게 하여 하느님의 형상인 그리스도의 영광스러운 복
음의 빛을 보지[9] 못하게 했읍니다. 5 왜냐하면 우리가 전하는 것은 우리들
자신이 아니라 주되시는 그리스도 예수이기 때문입니다. 그리고 우리들 자

8) 많은 사본들에 "직무를 게을리하다"(ἐγκακοῦμεν) 대신 "피곤해하다"(ἐκκακοῦμεν)로 되어 있다.

9) 이 귀절에 대한 주석을 참조하라. 여러 사본들과 역본들에서 이 동사는 대명사 αὐτοῖς가 첨가됨으로써 "빛나다"라는 의미로 규정되었다. 그러나 보다 옛 사본들에는 대명사가 나오지 않는다. 그리고 아마도 이 동사를 잘못 해석함으로 인해 대명사를 첨가하게 되었을 것이다.

신은 예수를 위하여 여러분을 섬기는 종들입니다. 6 그것은 "어둠 속에서 빛이 비쳐[10] 나오라"고 말씀하신 하느님께서[11] 우리 마음 속을 비추셔서 그리스도의 얼굴에 나타난 하느님의 영광을 아는 지식에 있는 빛을 비쳐주셨기 때문입니다.

앞 단락에서는 모세의 직무와 바울로(사도직의 대표)의 직무를 대조시켰다. 즉 사라져가는 율법의 영광과 변화시키는 영의 능력을 대조시켰는데, 전자는 사람들이 그것을 통해 하느님과 관계를 맺게 되기를 바랐지만 사라져버렸는데 반해서 후자는 율법이 단지 헛되이 요구할 수 있을 뿐이었던 영광스러운 하느님의 형상을 실제로 사람들 속에서 창조한다. 모세는 율법의 일을 하는 사람이었고, 바울로는 복음의 일을 하는 사람이었다. 즉 '그리스도의 영광이 빛나는 복음'(4절에 대한 Calvin의 해설)의 일을 하는 사람이었다.

[I] "이와 같이", 복음은 하느님의 영광에 대한 기쁜 소식이기 때문에(만일 διὰ τοῦτο가 뒤에 나오는 내용을 가리킨다면 '다음 절에서 말하는 내용 때문에'를 뜻할 수도 있다), **우리는 하느님의 자비하심을 힘입어 이 직분—생명, 영광, 영의 직분—을 맡았으므로 우리 직무를 게을리하지 않습니다.** 이것은 의역한 것인데 '이 직분을 맡았고'라는 절과 '자비하심을 받아서, 혹은 자비로운 대우를 받아서'라는 절을 결합시킨 것이다. 후자(καθὼς ἠλεήθημεν: "자비하심을 힘입어")는 뒤따라 나오는 내용과 더욱 밀접하게 연결시킬 수 있을 것이다: '하느님이 우리를 자비롭게 대해주셨으므로 우리도…….' 그러나 아마도 바울로는 의역에 나와 있는 내용을 단지 보다 강조해서 말하고 있는 것 같다. 박해자였던 그가 선교자로 부름을 받게 된 것은 오직 하느님의 자비에 의한 것이었다(참조. 고전 15, 9—10; 갈라 1,13; 디전 1,15—16; 고전 7,25).

"우리는 우리 직무를 게을리하지 않습니다"(참조. 이 책 171면의 주 8: 비교. 4,16; 루가 18,1; 특히 갈라 9,9). 위의 각 절들에서는 동일한 본문변형이 일어나고 있다. 단지 그리이스어 단어들이 비슷할 뿐만이 아니라 사상적으로도 관련되어 있다. 왜냐하면 낙심은 쉽게 직무태만의 원인이 될 수 있기 때문이다. 녹스(W.L. Knox, *P.G.*, 133)는 '불성

10) P⁴⁶ B ℵ* A D*에 "빛이 비쳐 나오라"(λάμψει)로 되어 있다. λάμψαι는 아마 창조설화(창세 1,3)에 동화된 것이리라.

11) D* G it Marcion에서는 아마도 문장을 보다 부드럽게 하기 위해서 관계대명사(ὅς)를 생략했다.

실하게 행동하다'로 보는데 이것은 이 말의 일반적인 의미가 아닌 것 같다. "우리 직무"는 분명히 순수하고 능력있는 복음을 선포하는 것이다. 이 사상은 자연스럽게 다음 귀절로 이어진다.

〔 2 〕 우리에 관한 한에 있어서는(이 말은 〔특이하게〕 중간태 ἀπειπάμεθα "버렸읍니다"를 사용한 의미를 드러내주기 위해서 집어 넣었다) **수치를 가리는 행동들을**, 직역하면 수치스러운 숨은 일들을 **버렸읍니다**(문맥상으로 이 말이 바울로가 전에 그런 행동을 했었다는 것을 의미하기는 어렵다). 바울로는 여기서 사람들이 하기는 하지만 반드시 감추고서 하는 일들, 그래서 드러났을 경우에는 수치스러운 일들에 대해서 말하고 있다. 그는 다음 절에서 정죄받은 행동들을 염두에 두고 있다. 중간태 동사의 의미는 어떤 사람에게 제공된 것을 거절하는 것을 말한다. 이 경우 바울로는 전적으로 자신이 할 수도 있었으나 스스로 거절했다고 기술한 일들에 대해서 생각했을 것이다. **우리는 교활한 짓을 하지 않습니다**. 바울로의 말(πανουργία "교활한 짓"; 비교. 12,16의 형용사가 사용된 곳)은 직역하면 '어떤 일, 대개는 나쁜 일을 할 용의'를 뜻한다. 즉 우리가 흔히 하는 말로 '무슨 짓도 서슴치 않다'를 뜻한다. 뒤따라 나오는 내용을 감안한다면 갈렌과 또 다른 학자들이 약의 품질을 떨어뜨린다는 의미로 이 말과 동일 어원의 말들을 사용한 것은 중요하다. 그러므로 바울로가 **우리는 …하느님의 말씀을 비뚤어지게 하지 않습니다** 라고 계속하는 것은 덧붙여 말하는 것이라기 보다는 구체화해서 말하는 것이다. 2장 17절과 비교하라. 2장 17절에서와 마찬가지로 여기에도 두 가지 의미가 함축되어 있다. 첫째, 바울로는 (이방인 개종자들까지도 포함하여 모든 사람들에게 모세의 율법을 준수하도록 요구하지 않음으로써) 복음의 질을 떨어뜨린다는 비난을 받았었다. 둘째, 바울로의 견해에 의하면 하느님의 말씀을 그릇되게 한 그리스도교 설교자들이 있었다. 이것은 11장 13절(참조. 해당 주석과 "False Apostles")—이 귀절에서 바울로는 그의 경쟁자들 중 몇몇 사람들에 대해서 거짓 사도라고 기술하고 있다—의 (서로에 대한) 비난이 이미 떠돌고 있었음을 의미한다. 다음의 몇 귀절들(참조. 주석)은 분명히 논쟁적인 상황을 전제한다. 그러나 바울로가 염두에 두고 있는 적대자들이 누구였는지를 서술할 수 있을 정도로 분명하지는 않다. 그러나 2절b는 그들이 추천서를 지니고 있었던 사람들(참조. 3,1—2의 주석)과 같은 인물들임을 암시한다. 그리고 3절은 바울로가 가려진 복음을 설교한다고 비난받았음을 시사해준다. 그는

유다주의자들로부터 율법에 순종할 것을 요구하지 않음으로써 복음을 비뚤어지게 한다고(Schoeps, *T.G.F.*, 68) 비난받았을 뿐만 아니라 그리스도교의 메시지를 오직 소수의 영지자들만이 알 수 있게 영지주의적인 방식으로 설교한다고 비난받았다. 이러한 비난은 다음 절에서 반박된다.

다른 사람들은 복음을 그릇되게 하기도 한다. 그리고 그들은 우리에게 그런 비난을 한다. 그러나 사실은 진리를 밝히 드러냄으로써, 즉 복음, 하느님의 말씀(참조. Bultmann, *Exg.*, 143)을 밝히 드러냄으로써 하느님 앞에서 오직 그의 심판만이 중요하다(참조. 고전 4,4). 우리 자신들을 —유다주의자들처럼 편견에 호소하는 것이 아니라— 모든 사람들의 양심에(직역하면 사람들의 모든 양심에. "모든"πᾶσαν은 강조하기 위해 앞에 나왔다) 추천합니다. 이 문장의 거의 모든 단어들이 긍정적인 의미에서나 부정적인 의미에서 중요하다. 바울로는 고린토의 사건들에서 분명히 매우 중요한 역할을 했던 추천서에 관한 주제를 아직 끝맺지 않았다. 바울로가 자신은 스스로를 추천하지 않으며, 또 그렇게 하지도 않겠다고 말하는 다른 귀절들과 이 귀절 사이에는 단지 겉보기에만 모순이 있을 뿐이다. 바울로가 스스로를 추천하는 것과 그의 경쟁자들이 스스로 추천하는 것의 차이는, 바울로는 "하느님 앞에서" 그렇게 한다는 점에 있다. 그리고 그는 양심에 호소한다. 이 말(συνείδησις "양심")에 대해서는 *Romans*, 53와 『고린토전서』, 129—130·282—285면을 참조하라. 그리고 C. Maurer, in *T.W.N.T.* vii, 897—918과 Bornkamm, ii, 111—18도 참조하라. 바울로는 여기서 —그가 그리스도교인들은 물론이고 비그리스도교인들도 지니고 있다고 말했던— 도덕적인 판단능력에 대해서 말하고 있는 것이다(Windisch). 바울로의 사도로서의 신실성을 받아들이지 않는 자는 결국에는 진리를 인정하지 않았기 때문에 스스로를 정죄하게 될 것이다. 바울로의 호소는 일반적이다. 이것은 바울로가 소수의 당파들로부터 승인을 얻으려 하고 있다는 의혹을 전혀 불러일으키지 않는다. 양심이 있는 사람이면 누구나 바울로의 훌륭한 믿음을 깨달을 수 있어야 한다. 왜냐하면 그는 "진리를 밝히 드러냄으로써" 양심에 호소하고 있기 때문이다(참조. 11절). 항상 그렇듯이(비교. 갈라 1,8—9 ; 참조. *Sings*, 85—6) 바울로는 자신이 선포하는 복음에 의해 그의 활동이 정당화된다고 —결코 그 반대는 아니다— 본다. 그러나 복음이라는 말보다 훨씬 광범위한 의미를 지닌 진리를 선택한 것은 중요하다. 바울로는 자기 자신의 중요성에 대해서 이야기함으로써가 아니라 단순히 진리를 말함으로써 스스스로를 추천한다. 12장 6절과 비교하라. 직역하면 "진리를 밝히 드러냄으로써"라는 이 구에 대한 병행구는 *CD* ii, 12—13에서 찾아볼 수 있는데 뷰로우즈는 그것을 다음과 같이 번역했다(Millar Burrows, *The Dead Sea Scrolls* [1956], 350) : '그는 자신이 기름부음받음으로써 그들로 하여금 그의 성령과 진리의 계시를 알게 했다.' 그러나 이 독법은 불확실하다. Murphy-O'Connor, in *P.&.Q.*, 198—9에 나오는 논의를 참조하라. 아마도 로제(Lohse)의 독법을 따라서 Wᵉḥoze 'ᵉmet "진리를 보는 자들", 즉 "참되게 보는 자들"이라고 하는 것이 가장 좋을 것이다. 진리라는 말에 대한 바울로의 용법의 기원을 쿰란 종파에서 찾을 필요는 없다. '진리'는 사람들이 믿는 '참된 메시지'에 대한 매우 적절한 용어이다.

[3] 바울로가 방금 말한 것은 모든 사람들이 그가 전하는 메시지를 믿으며, 따라서 바울로 자신을 참되고 신실한 사신으로 받아들인다는 것을 의미할 것이다. 그러나 사실은 그렇지 않았다. 가장 분명하게 그 사실을 깨닫고 기꺼이 받아들였어야 할 유다인들조차도 그렇지 않았다. 그들의 마음에는 너울이 씌어 있었던 것이다(3, 15). 그러나 바울로의 복음이 거부당했다고 해서 그것이 곧 그 복음 자체의 그릇됨을 입증하지는 못한다. **나아가서**(혹은 ~일지라도) **우리의 복음이** —어떤 사람들이 말하듯이— **"가려져 있다면"**(ἔστιν κεκαλυμμένον은 완곡법적인 완료형, '가려져 왔다'를 의미할 수도 있다. 그러나 아마도 이것은 현재적인 서술어이리라 : 비교. Moule, *Idiom*, 18), **그것은 멸망하는 자들"에게"**(바울로가 사용한 ἐν은 아마도 '가운데서'로 번역해야 할 것이다. 그러나 여기서는 단순히 대격을 대신하는 것이리라 : *B.D.* § 220. 1 ; *M.* iii. 264) **가려진 것입니다.** 2장 15—16절과 비교하고 해당 주석을 참조하라. 고린토전서 1장 18절, 마르코복음 4장 11—12절도 참조하라. 앞장에서와 마찬가지로 여기서도 바울로는 복음에 대한 사람들의 반응은 궁극적으로 하느님 자신의 결단에 달려 있다고 본다. 리츠만에 의하면 바울로는 지금 자신의 적대자들, 자신의 복음이해를 받아들이기를 거부했던 11장 13절의 거짓 사도들에 대해서 말하고 있다. 그러나 그런 것 같지는 않다. 이곳과 다음 귀절("믿지 않는 자들")에서 바울로는 일반적으로 거짓 형제들에 대해서가 아니라 그리스도교 공동체 밖에 있는 사람들에 대해서 썼던 언어를 사용하고 있다. 그는 아직 —로마서 9—11장에서 그랬던 것처럼— 복음에 대해 부정적으로 응답하는 것을 하느님이 어떻게 이용하는가

에 대한 자신의 사상을 발전시키지 않았다. 불신앙은 악마의 활동으로 인한 것이다.

[4] 이처럼 멸망하는 자들 안에서('~사람들의 경우에'라고 번역할 수도 있으며 그것은 확실히 좀 어색한 이 문장의 나머지 부분과 더 잘 어울린다) 이 세상의 신(사탄에 대한 거창하면서도 위험스러운 표현—Bengel)이 믿지 않는 자들의 "마음"을(νοήματα. 2장 11절이 아니라 3장 14절에서와 같다) 어둡게 하였읍니다. "이 세상의 신"은 악마(비교. 고전 2,8)에 대한 대담한 표현이며, 현 시대에는 악마가 하느님의 권위를 찬탈했고 동료 반역자들에 의해서 신으로 인정되었다는 묵시문학의 일반적인 전제에 기초하고 있다. 오직 올 세대에만 하느님은 그의 나라를 세우시며, 그때 악마는 쫓겨날 것이다. 예수의 삶과 죽음, 부활은 사탄과 그의 부하들에게 결정타의 일격을 가했다. 그러나 그들은 아직 완전히 정복당하지 않았으며, 완전히 화해하지도 않았다. 그들은 그리스도교인들을 공격하며(*Romans*, 174·244—5;『고린토전서』, 277면 이하·407—408면), 동시에 사람들이 그리스도교인이 되는 것을 막는다. 데살로니카후서 2장 9—10절과 비교하라(문제의 다른 측면에 대해서 말하는 다음 귀절도 참조하라: "하느님은 미혹하게 하는 힘을 그들에게 보내셨읍니다"; 참조. *Adam*, 13—14). 마르코복음 16장 14절의 소위 Freer 로기온과 비교하라. '멸망하는 자들'은 사탄의 제물들이다. 그리고 동시에 그들은 믿지 않는 자들이기도 하다("믿지 않는 자들" ἄπιστος라는 말은 고린토전서에 12회 나오며 고린토후서에 3회, 그리고 바울로서신 중 다른 곳에서는 나오지 않는다—고린토서는 분명히 교회 밖의 세계와의 관련성을 특히 중요시했다). 즉 그들을 멸망의 구렁텅이로 빠뜨리는 잘못은 다름아닌 그들 자신의 잘못이다. 이에 대해서는 Conzelmann, *Theol.*, 216—7에 나오는 흥미있는 해설을 참조하라. 이 역설을 해결하는 길은 오직 하느님에게만 있다. 그러나 위에서 지적했듯이 바울로는 여기서 이 문제를 다루고 있지는 않다. 사실 어떤 학자들은 "이 세상의 신"이 한 분이신 참된 하느님을 뜻한다고 보았다. 오직 한분 하느님만이 계시므로 이 세대의 하느님은 모든 세대의 하느님이라는 것이다. 그러나 바울로가 의미한 것은 이것이 아닌 것 같다. 그의 언어는 겉보기에 이원론적이다. 그러나 그것은 겉보기에만 그런 것이다. 악의 천사는 그 자신의 뜻과는 반대로 하느님에게 봉사하게 되며, 그래서 실제로 이원론은 배제된다(Lietzmann). Irenaeus, *Against Heresies* Ⅲ 7.1에서는 "이 세상의"를 "믿

지 않는 자들의 마음"에 연결시킴으로써 난점을 피하나 동시에 핵심을 놓친다(Bousset, *Kyrios Christos* [1913], 234·244 ; N. Brox, *Z.N.T.W.* lix. 259 이하).

사탄은 이러한 사람들의 마음을 어둡게 하여 그리스도의 영광스러운(이처럼 속격을 계속해서 사용한 것〔원문에는 '그리스도의, 영광의'로 되어 있다 : 역주〕은 유다적인 그리스어 용법이다 : Shoeps, *Paulus*, 26 ; 영어번역본 36) 복음의(기원을 나타내는 속격 : 참조. *B.D.* §168—2 ; *M.* iii. 218) **빛을 "비추지"**(αὐγάζειν의 이러한 의미는 Sophocles, *Philoctetes* 218와 Philo, *De Vita Mos.* ii. 139에 분명히 나타난다. 이 책 127면의 주 9를 참조하고 3장 13절과 3장 18절의 κατοπτρίζεσθαι와 비교하라) **못하게 했읍니다.** 이 문장에서 사용된 언어들 대부분은 6절에서 보다 분명하게 다시 나온다(참조. 6절에 대한 주석). 바울로는 영지주의의 언어를 채택하고 있지만(γνῶσις "지식" : 6절), 복음을 받아들이지 않는 자들은 본성에 따라 복음을 받아들이지 않기 때문에 거부당하지는 않는다는 점을 분명히 밝힌다. 그들은 외부의 세력에 의해 보지 못하게 되었다. 빛은 바울로가 설교하는 복음으로부터 나오는데, 그 이유는 복음의 주제는 그리스도이며(다음 귀절 참조), 하느님의 영광을 전하는 그리스도 자신이 영광스러운 분이기 때문이다. 신적인 "영광"은 일반적으로 성서와 다른 곳에서 빛과 관련된 언어로 표현되었다(예. 이사 60, 1 ; 사도 22, 11). 따라서 성서적 상징과 영지주의의 상징이 결합될 수 있었다. 그러나 이러한 결합은 영지주의의 빛과 어둠에 관한 본질적인 이원론이 결단의 이원론으로 되는 방식으로 이루어졌다(H. Conzelmann, in *T.W.N.T.* ix. 337).

신적인 영광은 그리스도 안에서 나타난다(따라서 3차적으로는 복음 안에서 나타난다). 왜냐하면 그리스도는 **하느님의 형상이기** 때문이다. 3장 18절에 대한 주석을 참조하고, 히브리서 10장 1절과 비교하라. 제벨(Jervell, *Imago Dei* [1960], 209 ; 참조. 194—7, 214—18)에 의하면 여기서는 필립비서 2장 6—11절과 골로사이서 1장 15—20절에 인용된 것과 같은 그리스도론적 찬양문을 인용하고 있지는 않지만 은연중에 암시되어 있다. 그리스도가 하느님의 형상(하느님의 형태대로)이라는 것은 그러한 찬양문의 일반적인 구성요소이다(참조. 요한 1, 1·18 ; 히브 1, 3 ; 그리고 Bultmann, *Theol.*, 131 : 영어번역본, i. 132). 이것은 영지주의적인 형상 개념과 형식상으로 관련이 있는데 거기서는 형상이 실제로 하느님, 즉 계시된 하느님이며 천적인 인간 안에 성육한다(Jervell, 215). 그러나 언어상의 유사점들에도 불구하고 바울로의 하느님 개념은 영지주의에서와는 다르다. 그리고 그가 형상이라는 말을 사용하는 방식도 역시 영지주의와는 다르다. 제벨이 계속해서 다음과 같이 말하는 것은 옳다(216) : '신적인 영광은……하느님이 존재하고 행동하는 방식이다. 즉 하느님 자신이다. 만일 그리스도의 영광이 언급되었다면 그것은 하느님 자신이 그리스도 안에 현존한다는 것을 의심한다.' 그러나 제벨은 바울로서신들에서만 시사적인 자료들을 찾는데 그치지 않고 불행하게도 이것을 요한복음 서언과 히브리서에 관련시켜 계속 해석한다. 따라서 그는 다음과 같은 결론에 도달한다 (218) : '우리가 고린토후서 4장 1—6절에서 볼 수 있듯이 그리스도가 하느님의 형상이라는 사실은 사람들이 그리스도의 신성(Göttlichkeit)을 깨달아야 한다는 결과를 가져온다.' 이것은 하느님의 형상인 그리스도를 통해 사람들이 하느님의 하느님 됨을—즉 하느님의 존재가 실제로 무엇을 의미하는가를— 깨닫게 된다고 말하는 것이 바울로의 생각에 보다 가까울 것이다. Barth, *C.D.* Ⅲ i. 202—2와 비교하라. 컴멜(*Theologie*, 145)은 지혜서 7장 26절을 언급하면서 다음과 같이 설득력있게 말한다. '이 개념의 기원에 비추어 볼 때 하느님의 아들과 하느님을 거의 동일시 할 수 없다. 그리고 바울로는 이 개념에 의해서 하느님의 아들 안에서 하느님 자신을 만나지만 동시에 하느님은 여전히 보이지 않는 분으로 남는다는 사실을 분명히 말할 수 있었기 때문에 이 개념을 사용했다는 결론이 나온다.' 바울로의 글들에서 다양한 방식으로 나오는 형상이라는 말의 단일한 의미를 제시하기는 불가능하다. 바울로는 구약성서의 창조설화와 지혜 문헌에서의 이 말의 용법을 알고 있었다(이 말의 용법은 에제키엘 1장에 기초하고 있다는 프로크취의 제안을 제벨이 반박하는 것은 옳다 : 제벨의 책 215—216면 주 165). 그리고 바울로가 원시 그리스도교의 찬양문에 영향을 끼쳤던 영지주의 자료들을 몰랐을 리는 없지만 그에게 영향을 끼쳤던 것은 주로 성서적 자료들이었다. 가령 고린토전서 11장에서 그가 염두에 두고 있는 것은 창조설화이다. 그리고 여기 고린토후서 4장(그리고 골로사이서 1장 15절)에서 그는 알려지지 않았던 하느님이 계시되는 수단으로서 지혜 개념을 구사한다. 6절에서 볼 수 있듯이 바울로는 창조의 유비("어둠 속에서 빛이 비쳐 나오라")와 그 자신의 회심에 관한 이야기("우리 마음 속을 비추셔서")를 동시에 생각하고 있다. 지혜는 창조 때의 하느님의 대행자이며(잠언 8, 22·30 ; 지혜 7, 21), '거룩한 영혼들 안으로 들어가서 그들을 하느님의 친구들과 예언자로 만든다' (지혜 7, 27). 즉 지혜는 회심을 일으키게 하는 분이기도 하다. 그러나 바울로는 이러한 것들을 암시하기 전에 더 대답해야 할 것이 있었다.

[5] 그는 그리스도에 대해서 이러한 방식으로 말해야 했는데 왜냐하면 그것은 우리가 전하는 것은 우리들 자신이 아니기 때문이라는 것이다(리츠만은 "우리들 자신"은 "전하다"에 연결되지 않으며, 다른 동사—λογιζόμεθα"생각하다"—로 이해해야 한다고 본다. '우리는 우리들 자신을 주가 아니라 종으로 생각합니다'). 3장 1절, 5장 12절과 비교하라. 이 귀절들에서는 바울로가 (스스로 인정하듯이) 스스로를 추천하고 있는 것처럼 보일 수도 있다. '그의 적대자들은 바울로가 스스로를 전한다고 비난하는데 그것은 전적으로 옳지 못하다' (Bousset, *Kyrios Christos* [1913], 155). 바울로의 입장은 사실 곤란한 것이어서 동일한 전제로부터 출발하지 않는 사람에게 설명하는 것은 거의 불가능했음에 틀림없다. 이러한 전제들은 어느 정도 그로 하여금 영지주의적 언어로 말하게 하기는 했지만 결코 영지주의적이지는 않았다(Schmithals, 150). 즉 바울로는 사도로서 활동할 수 있는 은혜를 받았다(예. 로마 12, 3). 사도직이 그에게 주어졌다(로마 1, 5). 그러나 사도직에 대한 바울로의 이해에 의하면 이것은 그가 설교하도록(갈라 1, 16) 복음이 그에게 맡겨졌다는 것을 의미한다(갈라 2, 7). 그리고 바울로나 또 다른 어떤 사람이라도 하느님의 사랑을 받을 만하지는 못하지만 인간됨에는 상관없이 자유롭게 그러한 사랑이 십자가에 못박히고 부활한 그리스도 안에서 주어졌다는 바로 그 사실 안에 복음이 존재한다. 바울로는 복음을 포기하지 않는 한 자신의 직무를 부인할 수 없었다. 그리고 자신의 인간적인 지위나 혹은 특권을 부인하지 않는 한, 사도로서의 자신의 직책을 수행할 수 없었다. 그의 사도로서의 권위는 일반적으로 권위의 표징으로 인정되는 모든 것들을 포기함으로써만 드러날 수 있었다. 따라서 다음의 두 절이 이어진다. "우리가 전하는 것은 우리 자신이 아니라" 주되시는(관사 없는 κύριον은 서술적인 성격을 띨 것이다) 그리스도 예수이기 때문입니다. 그리고 우리들 자신은 예수를 위하여 여러분을 섬기는 종들입니다. 이러한 몇 안 되는 단어들로 그리스도교 선교활동을 이보다 더 이해하기 쉽게 서술하기는 힘들 것이다. 바울로의 주된 일은 설교자로서의 직무였다. 그렇다고 해서 이것은 결코 목회자로서의 책임(비교. 11, 18)을 배제하는 것은 아니

다. 목회활동의 목적은 그리스도가 교회의 참된 주임을 깨닫게 하는데 있다. 그러나 이와같은 목회활동은 바울로가 세례와 같은 일에는 거의 관심이 없었음을 의미한다(고전 1,14—17). 그리스도교 신조의 요약문인 "예수는 주이시다"에 대해서는 로마서 10장 9절, 고린토전서 12장 3절과 주석을 참조하라. 여기에는 교리적인 암시가 있기는 하지만 교리보다는 신뢰와 순종을 나타내고 있다. 그리스도교 선포의 내용으로서 이것은 십자가에 달린 메시야가 하느님에 의해(부활을 통해 비교. 로마 10,9) 하늘의 주권자의 위치로 올리워졌음을 의미한다. 속죄의 제물이며(로마 3,25 ; 고후 5,19 이하), 하느님의 사랑의 증거(로마 5,8)이신 분이 이제 이 세상의 자비로운 지배자이며, 모든 악한 세력들에 대한 승리자이다. 따라서 그의 존재를 받아들이는 것은 죄와 죽음, 율법으로부터의 자유를 의미한다. 또한 그것은 그의 종이 되는 것을 의미하며, 바울로는 스스로를 그리스도의 종이라고 소개한다(로마 1,1 ; 필립 1,1). 그러나 그리스도의 종이 된다는 것은 구체적으로 그리스도의 사람들의 종이 되는 것을 의미하며 기꺼이 그들을 위하여 스스로를 쓰는 것, 또 쓰이는 것(12,15)을 의미한다. 바울로는 자기 자신이 고린토인들의 신앙의 주라는 생각을 이미 거절했다(1,24 : 여기서는 "주"κύριος라는 명사와 동일어원의 동사인 κυριεύειν "지배하다"를 사용한다). 여기서 그는 자신과 고린토인들과의 관계를 긍정적으로 표현한다. 이것은 아마 고린토 사람들도 만족스럽게 받아들인 관계였을 것이다(비록 그들은 자신들을 거칠게 다루는 사도라도 존경했지만 말이다—11,20). 그리고 바울로가, 자신은—그들이 좋은 주인이라거나 혹은 그들이 자신에 대해 어떤 권리가 있기 때문이 아니라—예수를 위하여 그들을 섬긴다고 덧붙여 말하는 것은 매우 현명하다. 예수는 할례받은 자의 종이 되었기에(로마 15,8 : 참조. 주석) 그의 사도도 그와 비슷한 일을 하게 된다.

[6] 바울로의 사도직의 기초가 다음 귀절에서 서술된다. **그것은 "어둠 속에서 빛이 비쳐 나오라"**(참조. 창세 1,3. 그러나 거기 나오는 말—"빛이 있으라"—은 다르다 : 칠십인역 시편 111,4을 보라)**고 말씀하신 하느님께서 우리 마음 속을 비추셔서 그리스도의 얼굴에 나타난**(이 말은 그리이스어 본문에는 없다) **하느님의 영광을 아는**("~의 지식" τῆς γνώσεως를 동격을 나타내는 속격으로 본다) **지식에 있는 빛을 비쳐주셨기**("비쳐주려고" πρὸς) **때문입니다.** 바울로는 여전히 지혜와 하느님의 형상(비교. 4절)으로서의 그리스도에 관한 주제를 염

두에 두고 있다. 이것은 첫 번 창조와 새로운 창조(참조. 17절)를 쉽게 비교할 수 있게 해준다. 그러나 여기서 중심이 되는 주제는 불트만이 올바르게 보았듯이(*Exeg.* 374—5) 구원이 창조와 병행한다는 것이 아니라 바울로의 사도 활동이 빛의 창조와 같다는 것이다. '따라서 여기서 병행을 이루는 것은 창조와 사도직이다.'

한 분 하느님이 모든 빛에 대해 책임이 있다. 바울로의 마음 속에 빛을 "비쳐주고"(λάμπειν: 사도행전 26장 13절의 바울로의 회심에 관한 이야기에서는 복합어 형태인 περιλάμπειν"주변을 비추다"가 사용되었다. 그러나 사도행전 9장이나 혹은 22장에서는 사용되지 않았다) 그에게 그리스도를 계시해주며(갈라 1, 16—이것은 바흐만과 헤링이 느꼈던 문제, 즉 아버지는 내재할 수 없다는 문제에 대답해준다) 그가 설교할 복음을 보여준 것은 바로 창조자였다. 창세기 1장에 나오는 빛의 창조는 세상을 밝히기 위한 것이었다. 그러나 바울로의 회심에 있어서 빛의 계시는 바울로의 사도 활동을 통해서 지식(γνῶσις)을 전파하려는 것이었다(참조. 2, 14과 그에 대한 주석). 여기서 '지식은 복음 외에 다른 것이 아니다'(Jervell, 218 주 172). 바울로는 (아마도 고린토에서) 자주 쓰이던 이 말을 논쟁적으로 바꾸어서 사용했을 것이다. '빛을 비추는 것'도 역시(신비종교보다는—Bausset, *Kyrios Christos* [1913], 203) 영지주의적인 배경을 암시한다(비록 저스틴 때부터 '빛을 비추다'라는 말이 세례에 대한 용어로 사용되기는 했지만 이 말이 이 때 벌써 세례 용어로 되었을 것 같지는 않다. Michel에서 히브리서 6장 4절에 관한 부분을 참조하라). 필로는 불을 붙이는 것과 지식(ἐπιστήμη; *De Gig.* 25)을 전해받는 것을 비교했다. 바울로는 자신의 선교활동을 세상에 빛을 가져오는 수단으로 본다. 즉 영적인 의미에서 세상에 빛을 비쳐주는 것은 지식이다. 지식은 하느님의 영광(단순히 위엄이 아니라 구원하는 행위)을 아는 지식이다. 그리고 이것은 그리스도의 "얼굴에", 즉 그의 인격(2장 10절에서의 ἐν προσώπῳ의 용법과 대조하라—Moule, *Idiom*, 184. 그러나 3장 7절에서의 모세도 참조하라)에 나타난다. 하느님의 형상으로서의 그는 보이지 않는 하느님 자신이 알려지는 장소이기도 하다.

그래서 바울로의 사도직을 정당화하는 말들로 시작했던—이것은 5절까지 계속된다고 할 수 있다—이 단락은 복음의 내용에 대한 설명으로 끝맺는다. 창조 때에 어둠으로부터 빛이 나와서 세상에 빛을 비쳤던 것처럼 바울로의 사도 활동을 통해서 하느님을 아는 지식이 영광 가운데 전해졌다. '하느님에 의해 창조된 빛은 사도직이 무엇인지를 암시적으로 가르쳐준다. 즉 그것은 세상의 한가운데에 있는 하느님 자신에 대한 표징이며 증거이다' (Barth, *C.D.* Ⅲ i. 120 : 참조. Ⅱ. i. 42). 그리스도 안에서 하느님의 영광이 계시되었다. 바울로는, (5절에서 볼 수 있듯이) 이러한 영광은 그 자신과 같이 약하고, 때로는 악담을 듣기도 하는 사람들에 의해 계시된다는 사실을 결코 잊지 않았다. 그는 다음 단락에서는 그러한 영광을 전하는 질그릇에 대해서 말을 계속 해야 할 것이다.

8. 선교활동—보물이 담겨 있는 질그릇 4장 7—18절

**7 그러나 우리는 이 보물을 질그릇들에 가지고 있읍니다. 이것은 헤아릴
수 없는 능력이 하느님의 것이요, 우리에게서 난 것이 아니라는 것을 보이
기 위한 것입니다. 8 우리는 어느 때고 사방으로 괴로움을 당해도 눌리지
않습니다. 우리는 당황하는 일이 있어도 아주 실망하는 일이 없으며 9 박해
를 당해도 버림을 받지 않고 거꾸러뜨림을 당해도 망하지 않습니다. 10 우
리가 언제나 예수의 죽으심을 몸에 짊어지고 다니는 것은 예수의 생명이 우
리 몸에 나타나게 하려는 것입니다. 11 살아 있는 우리가 예수를 위하여 계
속해서[12] 죽음에 내맡겨지는 것은 예수의 생명이 우리 죽을 몸 안에서 나타
나게 하려는 것입니다. 12 이리하여 죽음은 우리 안에서 일하고 생명은 여
러분 안에서 일합니다. 13 성경에 "내가 믿었다. 그러므로 내가 말했다"고
한 말씀대로 우리에게도 바로 그와 같은 믿음의 영이 있기 때문에 우리도
역시 믿으며 또 말하는 것입니다. 14 그것은 예수를[13] 다시 살리신 분이 예
수와 함께 우리들도 다시 살리시고 여러분과 함께 그의 앞에 서게 하시리라
는 것을 우리가 알기 때문입니다. 15 이 모든 일은 다 여러분을 위한 것이**

---

12) "계속해서"는 ἀεί이며, 문장 맨 처음에 나오는 것이다. 이것 대신에 P[46] G pesh Irenaeus Tertullian Ambrosiaster에서는 εἰ("만일")라고 되어 있다. 아마도 이것이 옳을 것이다. "계속해서"는 10절의 "언제나"에 동화된 것이리라. 만일 εἰ로 읽는다면 번역은 다음과 같이 될 것이다. '만일 살아있는 우리가 예수를 위하여 죽음에 내맡겨진다면 그것은 예수의 생명이……'

13) 이것은 P[46] B 33 vg Origen Tertullian의 독법이다. 대부분의 사본들에는 "주 예수"라고 되어 있다—보다 경건하게 확대시킨 것이다.

며, 더 많은 사람을 통하여 은혜가 더욱 풍성하여 감사가 넘치고 하느님께 영광이 되도록 하려는 것입니다. 16 그러므로 우리는 우리 의무를[14] 게을리 하지 않습니다. 비록 우리의 겉사람은 낡아지고 있으나 속사람은 나날이 새로와지고 있읍니다. 17 그것은 일시적이고 가벼운 환난의 짐은 비교할 수 없을 정도로 영원한 영광(의 짐)을 우리에게 가져오기 때문입니다. 18 우리는 보이는 것이 아니라 보이지 않는 것에 우리의 눈을 향하고 있읍니다. 보이는 것은 순간적이요, 보이지 않는 것은 영원하기 때문입니다.

바울로의 선교활동은 많은 비난에 직면했다. 그러나 그는 결코 자기 자신을 전하지 않았으며 위대하기는 하지만 사라져버릴 율법의 광채를 설교하지도 않았고, 오직 그리스도의 얼굴에 나타난 하느님의 영광만을 설교했다. 그래서 그는 사람들에게 참된 지식을 비쳐주었다. 그러나 그 영광은 전적으로 설교된 복음에 속하는 것이지 결코 그것을 설교한 사도에게 속하는 것이 아니었다.

[7] 사실 하느님이 우리의 마음 속을 비쳐주었다. 그러나 우리는 이 보물을 질그릇에 가지고 있읍니다. 이러한 은유는 드물지 않다. 그러나 이것은 다양한 의미로 사용된다. 질그릇이 성전에서 사용되었다는 사실과는 관련이 없는 것 같다(레위 6, 28 ; 11, 33 ; 14, 50). 디모테오후서 2장 20—21절에서 문제되는 것은 금그릇이건 은그릇이건 질그릇이건간에 주인이 귀하게 쓸 만한 깨끗한 것이냐는 점이다. 이사야 64장 8절에서는 질그릇이 스스로를 빚을 수 없다는 사실을 강조하고 있다. 말하자면 하느님은 도공과 같고 그의 백성은 도공의 질그릇과도 같다. 애가 4장 2절(비교. 예레 19, 11)에서는 질그릇의 깨지기 쉬운 속성에 대해서 말하고 있다. 이 은유는 쿰란 문헌에서 이 귀절에 대한 병행구로 간주되는 것들과도 특별한 관련성이 없다(1 *QS* 11, 22 ; 1 *QH* 3, 20—21 ; 4, 29 ; 10, 5 ; 11, 3). 헬레니즘적 용법에 의하면 이 은유에서 일반적으로 몸은 영혼을 담는 질그릇으로 표현된다. Cicero, *Tusc. Disp.* I 22, 52 : '몸은 실상 그릇과도 같으며 어떤 영혼들의 안식처이기도 하다.' Marcus Aurelius viii. 27과 비교하라. 비슷한 용법이 필로의 글에서도 나타난다(*De Migr. Abr.* 193 ; *Quod Det. Pot.* 170 ; *De Somn.* i. 26). 그러나 빈디쉬가 (이 단락에 관한 부분에서) 관찰한 것과 마찬가지로, 필로는 몸 안에 들어 있는 영혼이 독립된 인간 존재가 아니라 하느님과의 관계를 통해 존재하는

14) 동일한 변형이 4장 1절에도 나온다. 이 책 171면의 주 8을 참조하라.

것이라고 하는 점에서 헬레니즘적 용법보다는 바울로에 더욱 가깝다 ('우리의 정신이 몸을 창조한 것이 아니다. 오히려 우리의 정신은 다른 분의 작품이다. 따라서 정신은 마치 그릇 안에 담긴 것처럼 몸 안에 담겨 있다' : *De Migr. Abr.* 앞의 인용문 참조). 이러한 일련의 해석들 중 어느 것도 바울로가 이 은유를 구사한 용법과 꼭 들어맞지는 않는다. 5장에서 바울로는 몸에 대하여 죽음에서도 살아남는 존재의 외피라고 말하고 있는데 거기서 사용한 그의 언어가 어느 정도 헬레니즘적 용법의 영향을 받은 것은 사실이다(참조. 해당 주석). 그리고 이 단락에서 멀리 떨어져 있지 않은 부분인 4장 16절에서 그는 외적 인간과 내적 인간을 대조시키고 있다. 그러나 이 귀절에서의 바울로의 주된 관심은 질그릇이 깨지기 쉽다는 것을 강조하는 데 있는(Allo) 것이 아니라, 복음의 무한하고 값진 보물(참조. 47,6)과 그것을 전하는 인간을 대조시키는 데 있다. 바호만은 이것을 올바르게 간파했다. 그리고 48(신명 11,22에 관한) *Sifre Deut.* (84a)에는 상당히 밀접한 병행구가 나온다 : '포도주를 금그릇이나 은그릇에 보관할 수 없고, 그릇 중에서 가장 보잘것없는 질그릇에 보관해야 하는 것처럼 토라의 말씀도 스스로를 낮추는 사람만이 지킬 수 있다.' 복수형 '질그릇들'은 바울로가 그 자신뿐만이 아니라 그의 동료들까지도 생각하고 있음을 암시한다. 맨슨은 4장 6절을 상기시키면서(T.W. Manson, *Studia Paulina*, 156), 질그릇으로 된 고대의 작은 등불에 대해서 언급하는데 이것도 틀린 제안은 아닌 것 같다. 그러나 2장 14절까지 소급해들어갈 수는 없으며, —아이밀리우스의 승리에서 상당히 많은 양의 돈이 "항아리에"(ἐν ἀγγείοις) 운반되었다는 사실을 알 수 있는— Plutarch, *Aemilius* 32를 인용할 수도 없다. 꼴랑쥐(Collange, 146)는 k^{e}li라는 말을 인간 존재에 대해 사용하는 구약성서의 어법에 주목한다.

복음의 존귀함과 그것을 전하는 사람의 대조는 하느님의 뜻에 의한 것이다. **이것은 헤아릴 수 없는 하느님의 능력이 하느님의 것이요, 우리"에게서"(ἐξ) 난 것이 아니라는 것을 보이기 위한 것입니다.** 바울로라는 보잘것없는 한 인간을 바라보는 사람은 그가 구원을 향하는 능력의 근원이라고는 결코 생각하지 않을 것이다(로마 1,16). 그러므로 이것은 본래의 근원에 속할 것이다. '빛', '지식', '영광'이라는 말을 이제 '능력'이라는 말이 대신한다. 모든 것이 바울로의 복음 이해와 긴밀하게 관련되어 있다.

이어지는 귀절들은 다음과 같은 두 가지 사실을 표현하고 있다. 즉 바울로는 무력하게 고난받는 자에 불과하므로 그 자신이 신적 능력의 참된 근원이라고는 결코 생각되지 않지만, 다른 한편 그와 같은 능력이 그가 받는 고난의 당연한 결과로부터 그를 구해내듯이 그 자신이 신적 능력이 현시되는 곳이기도 하다는 것이다.

[8—9] **우리는 어느 때고 "사방으로"**(이어지는 네 가지 대조들에 적용되는 ἐν παντί를 수정한 것이기는 하지만 반드시 필요한 번역이다—Windisch 참조. 동일한 표현이 7장 5절에 나온다) **괴로움을 당해도 눌리지 않습니다. 우리는 당황하는 일이 있어도 아주 실망하는 일이 없으며**(바울로는 "당황하다"에 해당되는 말인 ἀπορούμενοι를 앞에 ἐξ라는 말을 덧붙여서 반복해 사용한다. 이 말의 완료형의 의미에 대해서는 *M.* i. 237 ; ii. 310 ; Robertson, 596을 참조하라) **박해를 당해도 버림을 받지 않고 거꾸러뜨림을 당해도 망하지 않습니다.** 7절에서의 동사(ἔχομεν "우리는 가지고 있다")를 사용해서 위의 일련의 분사들을 구성할 수도 있을 것이다. 그러나 그 분사들을 독립적인 것으로 보는 것이 더 좋다. 바울로의 사도 활동에 대한 이와 비슷한 설명에 대해서는 고린토전서 4장 9—13절과 고린토후서 6장 3—10절을 참조하라. 사도의 삶에서 특별히 분명해지는 그리스도교인의 존재 양식은 십자가와 부활에 의해서 규정된다. 때로는 (특히 6장에서) 이러한 존재 양식의 두 가지 요소가 동일한 경험의 서로 다른 모습들로 역설적으로 서술되었다. 여기서 그 두 요소들은 매우 단조롭게 결합되었다. 괴로움은 심하지만 치명적이지는 않다. 실제로 당황하지만 바울로는 여전히 자신의 길을 찾을 수 있다. 박해는 가혹하지만 주님은 항상 자신의 종과 함께 계신다. 아무리 파괴적인 공격이라 할지라도 죽음을 가져오지는 못한다. 빈디쉬와 컴멜은 바울로의 언어와 스토아 학파의 언어의 유사성을 올바르게 밝혀주며, 동시에 그 둘의 내용상의 차이점들에 대해서도 근거있는 지적을 한다. 빈디쉬는 Seneca, *Ep.* lxxi. 25 이하에서 특별히 중요한 마지막 문장을 인용한다 : '그가 어디서건 똑바로 서서 생각한다면……자신의 힘을 새롭게 할 것이다' (stat rectus sub quolibet pondere...vires suas novit). 바울로가 알고 있는 것은 그 자신의 힘이 아니라 어려움으로부터 그를 구해내는 하느님의 능력이다. 만일 하느님의 능력이 아니었다면 이러한 어려움은 그에게 너무나 가혹했을 것이다(참조. 1,10). 그러므로 그의 설교와 함께 그의 삶은 복음에 대한 분명한 증거이다.

바울로가 십자가와 부활에 대한 자신의 경험을 변증법적 언어로 뿐만이 아니라 단순한 역사적 언어로도 서술할 수 있었다는 것은 신학적으로 매우 중요하다. 변증법적 언어들은 역사적 언어가 그릇된 영광의 신학(참조. *Signs*, 104—5)으로 발전하는 것을 방지한다. 그러나 한편 역사적 언어는 변증법적 언어가 단순히 지적 추상화로 되는 것을 방지한다. 하느님은 실제로 그의 종을 악의 세력으로부터 구원하신다. 이것은 신화가 아니라 사실이다. 그러나 오늘날에도 믿는 자가 죄와 죽음의 특징을 띠는 세상에 살고 있다는 것은 맞는 말이다. 아마도 바울로는 육을 멸시하고 스스로가 영적인 사람이라고 선언하는 고린토의 영지주의자들에 대항해서 이 점을 분명히 했을 것이다 (참조. Schmithals, 74—8).

하나의 역사적 진술로서 이 말들은 11장 23—27절과 나란히 놓을 수 있을 것이다. 사도행전이, 어떠한 이유로 당하는 박해건 그 박해에 대해 보여주는 것보다 실제로 박해는 더 심했고 바울로는 더욱 심한 고통을 당했다.

[10] 바울로는 보다 명시적인 언어로 삶과 죽음의 유형에 대해서 말한다. **우리는 언제나 예수의 죽으심을 몸에 짊어지고 다닙니다.** 1장 5절, 13장 4절, 로마서 8장 17절, 고린토전서 15장 31절, 필립비서 3장 10절과 비교하라. 바울로는 죽음에 대해서 말할 때 일반적인 그리이스어(*θάνατος*)를 사용한다(11·12절까지 포함해서 45회). 그러나 여기서(그리고 다른 곳에서는 단지 로마서 4장 19절에서만) 그는 다른 단어를 사용한다(*νέκρωσις*). 그러므로 그가 여기서 단순히 죽음을 의미하지는 않았다고 가정하는 것은 타당하다. 이 말(*νέκρωσις*)은 죽는 과정, 죽는 것(*νεκρός*)을 나타낸다. 그리고 아마도 바울로는 여기서 그리스도교 사도로서 자신의 삶을 지켜가는 사람은 (Cerfaux, *Christ* 245—6 : 영어번역판 327. 그는 여기서 바울로가 일반적인 그리스도교인의 경험보다는 사도적 경험에 대해서 말하고 있다고 강조한다) 끊임없이 반복해서 예수의 죽음과 같은 과정을 당하게 될 것을 뜻할 것이다. 비록 신체적인 고통의 배후에는 그것에 의미를 부여하는 '그리스도와 함께 하는 죽음'이 있지만, 박해에 관련된 문맥에서는 문자적으로 이해되어야 할 것이다('그가 예수를 위해 일함으로써 당하게 되는 고통으로 인해 그는 매일매일 죽어가고 있다.'—Denney. 비교. Schweizer, *Beiträge*, 175, 228. 참조. 갈라 6, 17). 불트만은 *E.&.F*, 328에서 예수의 죽음에 대한 바울로의 이해와 이그나티우스의 모방에 대한 사상을 대조시킨다(Ignatius, *Romans* vi. 3). 바울로

가 실제로 페르가에서 돌팔매질을 당하고 매질을 당하며 그밖에도 그와 비슷한 일을 당한 후 십자가에 처형되었다고 주장하는 것은(Turner, *Insights,* 94 : 참조. 12,7) 타당하지 않다. 죽는다는 것, 혹은 거의 그에 유사한 행위는 그리스도교인으로서 바울로가 보통 겪게 되는 경험의 일부였다. 그러나 그러한 것들은 그것 자체로써 끝나버리지 않는다. 우리가 그리스도의 죽음을 함께 하는 것은 예수의 생명이 우리 몸에 나타나게 하려는 것이다. 14절에 기록되어 있듯이 여기서 일차적으로 언급하는 것은 (슈미탈스의 주장과는 달리) 미래의 부활이다(참조. Barth, *C.D.* Ⅲ ii. 494). 즉 우리의 자연적인 몸이 영적인 몸으로 변화될 때 예수의 생명이 현시될 것이다(고전 15,35—49). 그러나 영의 활동을 통해서 그것이 이미 선취되었다는 것은, 이러한 과정에 대해 바울로가 이해한 바에 속한다(참조. 특히 1,22 ; 5,5). 이러한 정도로, 그리고 이러한 방식으로 예수의 생명은 바울로가 앞서 서술한(8—9절) 구원에서, 16절에서 말하는 내적 갱생에서 이미 현시되었다. 질그릇이 깨짐으로써(7절) 그것이 담고 있는 보물이 더욱 분명하게 드러난다.

〔 11 〕 이 귀절에서는 10절의 사상이 약간 변형되어 반복되고 있다. 살아있는 우리가(바울로는 관사를 쓰고 있다. *οἱ ζῶντες*—내림 이전에 죽지 않고 그것을 증거하고자 하는 우리들. 참조. 고전 15,51—52) 예수를 위하여 계속해서 죽음에 "내맡겨지기"(*παραδιδόμεθα.* 비교. 로마 8,32. 그리고 예수가 죽음에 넘겨지는 데 대해서 이 말을 사용한 다른 많은 귀절들을 참조하라. 이 말은 유다의 배반에 대해서도 사용되었다. 그러나 여기서 불성실에 관한 사상을 염두에 두고 있는 것 같지는 않다) 때문입니다. 즉 우리가 그리스도교인이라는 사실은 우리로 하여금 계속해서 더 이상 살아 남을 수 없는 모험을 하게 한다. 바울로는 내림(비교. 4절과 주석) 이전에 죽기를 원하지 않았다. 그러나 그는 분명히 죽을지도 모르는 위험에 자신을 내맡겼다. 이것은 (10절에서처럼) 문자 그대로 "예수를 위해서", 즉 사도직을 수행하는 데서 겪는 고통들로 이해되어야 한다. 그러나 이것은 동시에 십자가에 달린 그리스도와 함께 하는 경험의 공통성—(신비라는 말이 자주 사용되기는 했지만) 신비가 아니라 예수 안에서 제공된 존재양식을 확고히 하는 믿음—을 가리키기도 한다. '예수의 사신으로서 그는 그 자신의 수난에 관해서 이야기했다. 그는 단순히 그것을 말했을 뿐만 아니라 실제로 그것을 경험하기까지 했다. 필립비서 3장 10절과 비교하라' (Schlatter). 10절에서와 같이 그 목적이 표현된다. 예수의 생

명이 우리 죽을 몸 안에서 나타나게 하려는 것입니다. 이것은 "우리 몸"이 "우리 죽을 몸"으로 바뀌었다는 점을 제외하면 10절과 매우 긴밀하게 상응한다. 이에 대해서 컴멜은 여기서 σάρξ("육")는 바울로의 일반적인 어법과는 달리 σῶμα(몸)의 의미로 사용되었다고 기술한다. 즉 10절과 11절의 병행되는 진술에서 σάρξ("육")와 σῶμα("몸")는 부활 때의 σῶμα πνευματικόν("영적인 몸")을 기다리는 개별적인 존재를 의미한다는 것이다. "육"에 대한 바울로의 일반적인 용법에 대해서는 이 책 106—107면을 참조하라. σῶμα를 σάρξ로 바꾸어서 사용한 것이 단순히 문체에 변화를 주기 위해서, 아마도 문체를 더 좋게 하기 위해서 무의식적으로 그런 것이 아닌 한, 그것은 위에서 지적한 점을 강조하기 위한 것으로 이해해야 할 것이다(137—8). 예수의 생명의 현시는 오직 마지막 때의 부활에서만 완전하기는 하지만, 현재의 삶의 죄와 고통을 통해 이미 시작되었으며 빛나고 있다. 그것은 "육" 속에서도 나타난다. 자기중심적이고 인간중심적인 현재의 우리들의 존재도 자유를 가져다주는(3, 17) 영의 변화시키는 능력의 표징을 드러낸다. 바울로가 그리스도와 연합해 있는 한 그는 옛 자아로부터 자유하며(참조. 16절) 오직 하느님을 향한 삶을 살아간다(예를 들어 로마 6, 11 ; 갈라 2, 19).

[12] 이제 새로운 대조가 나타난다. 얼핏보면 바울로가 단순히 10—11절의 내용을 재진술하여 총괄하려는 듯한 인상이 든다. "이리하여"(ὥς τε라고 쓰고 있다. Moule, *Idiom*, 144) 죽음은 우리 안에서 일하고—외부로부터 박해에 의해 죽음이 강요될 뿐만 아니라 십자가에 달린 예수와 우리가 연합함으로써 내부로부터 죽음이 일한다. 한편 계속해서 바울로는 말한다. 생명은 여러분 안에서 일합니다. 지금까지 바울로는 주로 사도로서 자신이 겪는 경험에 대해 이야기했다. 맨슨(T.W. Manson)은 다음과 같이 말하는데 틀린 말은 아닌 것 같다(*P.&.J.* 74) : '그것은 공동체 내에서 영적 엘리트에만 한정되는 것이 아니라 모든 그리스도교인들에게 일반적으로 해당하는 것이다.' 그러나 전체 문맥은 바울로의 사도적 선교활동에 관한 것이다. 그리고 실제로 모든 그리스도교인들에게 타당한 그리스도교의 본질은 사도 안에서 가장 분명하게 나타난다. 그리스도교 운동의 뚜드러진 주도자로서 사도는 가장 힘든 고난의 경험을 스스로 감수한다. 자신 안에서 복음이 현시되는 사람으로서 바울로는 예수의 생명은 마지막 날 부활 때에 계시될 뿐만 아니라 그의 '죽을 몸' 안에서 이미

보이기 시작한다고 말할 수 있었다. 그러나 여기서 그는 자신을 위해서는 죽음을 남겨두고, 자신의 독자들을 위해서는 생명을 남겨두는 것으로 서술된다. 아마도 이것은 바울로가 자신은 내림 이전에 죽을 것이지만 그의 독자들은 살아있는 사람으로서 내림을 경험하게 되리라고 기대했다는 것을 의미할지도 모른다(Dodd, *Studies*, 110). 이것은 (다드가 지적하듯이) 고린토전서 15장 51—52절의 관점으로부터의 중요한 변화를 의미할 것이다. 5장 8절을 고려한다면 이러한 변화가 전혀 불가능하지는 않다. 또 다른 해석으로는 '신체적으로는 나의 선교활동의 결과로 상황이 점점 더 악화되어가지만……영적으로는 그와 똑같은 이유에서 항상 여러분에게 상황이 더 나아지고 있읍니다'라는 해석이 있는데, 리츠만은 이 해석을 받아들이기는 하지만 이 귀절에 하찮은 의미만을 부여하는 셈이라고 한다. 만일 이것을 골로사이서 1장 24절과 비교할 경우 이것이 좀 더 나은 표현이 될 것이다. 바울로는 메시야적 고난의 일부를 (대리적으로—Windisch) 받아서(참조. 이 책 93—94면) 예수가 그랬듯이(마르 10, 45) 자신의 인격 안으로 고난을 흡수함으로써 교회가 반드시 그러한 고난을 겪지 않아도 되게끔 했다. 골로사이서(어떤 학자들은 바울로가 이 편지를 쓰지 않았다고 주장한다)의 귀절은 다른 곳에서, 특별히 이 단락의 15절에서 암시된 것을 단순히 명시적으로 표현하고 있을 뿐이다—'이 모든 일은 다 여러분을 위한 것입니다.' 바호만도 어느 정도 이와 비슷하게 해석하는데 그는 10절b와 11절b(몸, 육)는 생명이 현시되는 장소가 아니라 수단, 다시 말해서 바울로 안에서가 아니라 바울로를 통해서, 즉 여러분 안에서를 뜻한다고 주장한다. 칼빈과 같이 여기서 바울로가 반어적으로 기술하고 있다고 결론내릴 필요는 없는 것 같다.

〔 13 〕 이러한 상황에서 사도로서 활동을 계속하는 것이 가치가 있는가? 그의 활동에는 많은 고통이 뒤따르며, 전체 고린토서의 문맥이 보여주듯이 별로 감사를 받지도 못했다. 이 질문에 대한 대답은, 신앙은 선교활동이라는 의무를 바울로에게 부과하면서(비교. 고전 9, 16) 동시에 현재의 고통이 마지막이 아니라는 사실을 그에게 확인시켜준다는 것이다. 따라서 그는 계속해서 복음을 설교한다. 그러나(여러분은 생명을 얻지만 우리 모두는 죽음으로부터 나온 것으로 보인다는 사실에도 불구하고) 성경에 ~라고 한 말씀대로 우리에게도 바로 그와 같은(바울로가 여기서 12절의 반어적 표현을 수정하고 있다고 보는 스트라챤과 칼빈은, 이 귀절에서 바울로가 '여러분,

고린토인들과 같이'를 뜻했다고 보지만 사실 이것은 '시편 기자와 같이'를 뜻한다. 바울로는 자신으로 하여금 말하게 하는 신앙에 대해서 생각하고 있다) 믿음의 영(즉 믿음을 불러일으키는 동일한 신적인 영: Bultmann, *Theol.*, 326 : 영어번역판 i. 330. 불트만은 영이 신앙에 본래 속해 있다고 생각한다)이 있기(그리스어 본문에 나오는 분사 ἔχοντες —이 말은 문맥상으로 어색하다— 는 아마도 πιστεύομεν과 연결되어야 할 것이다 : 참조. Robertson, 1134) 때문에. 위와 같은 인용 형식을(κατὰ τὸ γεγραμμένον"~라고 기록된 대로") 다른 곳에서 바울로는 사용하지 않는다(그는 보통 καθὼς, 혹은 καθάπερ, γέγραπται라고 쓴다). 이러한 차이는 그다지 중요하지 않다. 이것은 매우 자주 사용되는 라삐적 표현인 "기록된 바에 따르면"(Sheha-kathub, k[e]kathub 등)과 거의 일치한다. 다이스만(G.A. Deissmann, *Bible Studies* [1901], 250)은 파피루스들에서 법적인 병행구들을 발견한다. 성경에서는 이렇게 말한다 : **내가 믿었다. 그러므로 내가 말했다.** 바울로는 칠십인역을 정확하게 인용한다(시편 115,1). 그러나 히브리어(시편 116,10) 성서는 약간 다르다. *S.B.* iii. 517에서는 옛 라삐 문헌에서 이에 관해 언급하는 부분을 발견하지 못했다. 바울로는 문맥에는 아무런 주의도 기울이지 않지만 중요한 단어 두 개를 골라낸다. **그러므로 우리도 역시 믿으며, 또 말하는 것입니다.** '믿음은 증거해야만 한다. 믿음은 결코 침묵을 지킬 수 없다'(Wendland). 바울로는 그가 무엇을 믿으며, 무엇을 말하는지에 대해서 구체적으로 언급하지 않는다. 그것은 언급하지 않아도 아주 분명하다. 그가 믿는 것은 복음이며, 그가 말하는 것도 복음이다. 이 복음이 실제로 효력을 발생하게 되려면 그것은 듣는 자 편에서의 신앙과 만나야 하며(로마 10,14 이하) 동시에 신앙으로부터 더 나아가야 한다.

[14] 신앙과 말하는 것은 둘 다 아는 것과 관련되어 있다. 바울로가 그와 같이 행동하는 것은 **예수를 다시 살리신 분이**(참조. 로마 10,9 ; 고전 15,11—이것은 그리스도교적 삶과 선포의 중심적인 요소이다) **예수와 함께 우리들도 다시 살리시고**(참조. 로마 6,5 ; 8,11 ; 고전 6,14) **여러분과 함께 그의 앞에 "서게"**(참조. 동일한 동사—παρίστημι—를 자동사로 사용하는 로마서 14장 10절과 고린토후서 5장 10절) **하시리라는**(즉 미래에 '여러분과 함께 우리를 서게 하시리라는.' 10·12절과 대조하라) **것을 우리가 알기 때문입니다.** "예수와 함께"는 결코 '동시에'를 의미할 수 없다. 예수의 부활은 과거에 있었다. 그러나 바울로와 그의 독자들의 부활은 물론이고 그들의 죽음조차 아직 미래에 있

다. (이러한 표현들—예수와 함께, 주와 함께 등—이 바울로에게서 일반적으로 그렇듯이) 이 말은 종말론적 미래를 가리킨다. 그리스도교인들은 영원히 예수와 함께 하기 위해서 예수가 일으켜진 것처럼 일으켜질 것이다. 데살로니카전서 4장 17절과 비교하라. 거기서는 이 말이, 바울로와 그의 독자들이 "함께"(여러분과 함께) 있게 될 것이며, 모두가 하느님의 현존 안에 있게 될 것임을 의미한다(이것은 *παρίστημι*의 *παρά*에 의해 이미 암시되었다). (리츠만이 생각하듯이) 하느님의 심판대 앞에 서는 것과 그의 승리에 참여하는 것 중에서 어느 하나를 선택할 필요는 없는 것 같다. 두 가지가 모두 마지막 사건들에서 중요한 요소이다. 그러나 여기서 강조점은 (10절에서처럼) 심판에 있지 않다. 바울로는 지상에서의 고난 뒤에는 하느님의 승리가 있으며(비교. 17절), 우리를 의롭게 해주는 하느님이 또한 우리가 그의 앞에 아무런 부끄러움 없이 설 수 있게 해줄 것이라는 (데전 5, 23) 사실을 알고 담대하게 말한다.

[15] 바울로는 자신의 사도직에 대해서 기술하고 있다는 사실을 잊지 않는다. 그의 믿음과, 말과 고난은 그 자신을 위한 것이 아니다. 이 **모든 일**("모든 일" 일반이 아니라 앞에 나오는 귀절들에서 기술한 일들)은 **다 여러분을 위한 것이며**. 바울로는 1장 6절의 주제로 다시 돌아간다(참조. 5, 13). 1장 6절의 주석을 참조하라. 그의 모든 고난과 위로의 경험들은 백성들을 위한 것으로 볼 수 있다. 그리고 그들을 위해서 그러한 경험들을 하는 것이 선한 선교자의 일임을 그는 알고 있었다. 이것은 "우리들 자신을 여러분을 섬기는 종"(4, 5)으로 선포하는 일에 속한다. 그러나 여기에는 공동체를 세운다는 동기 이상의 것이 있다. 자신의 모든 활동에서 바울로는 하느님의 영광을 구한다. 이렇게 많은 것들이 분명하기는 하지만 부분적으로 1장 11절을 상기시키는 바울로의 언어에는 모호한 점들이 있다. 그의 목적은 **교회의 더 많은 사람을 통하여 은혜가 더욱 풍성하여 감사가 넘치고 하느님께 영광이 되도록 하려는** 것이다. 그리이스어 본문에는 (영어 번역으로도 그대로 나타내려고 했다) 은혜(charis, grace)와 감사(eucharista, gratitude)라는 말에 언어상의 유희가 있다. 바울로는 은혜라는 말로 무엇을 뜻했는지를 이 문맥에서 규정하지 않았다. 그러나 이 서신 안에서 8장 9절과 9장 8절이 함께 이 말을 이해하기 위한 설명을 제공해준다고 볼 수 있다. 즉 "은혜"는 첫째로 예수 그리스도가 기꺼이 스스로를 낮춤으로써 일어난 겸손한 사랑의 행위이다. 그리고

두번째로는 그리스도의 백성에 속하는 사람들의 모든 필요를 신적으로 충족시켜주는 데 있다. 바울로는 인간의 필요를 충족시켜주는 은혜는 전적으로 하느님의 호의로서의 은혜에 의존한다는 사실을 알고 있었지만, 여기서 그는 후자(사람들의 필요를 충족시켜주는 것)의 사상을 염두에 두고 있다. 바울로는 로마서 5장 20절에서 죄를 주어로 썼던 동사(πλεονάζειν: "풍성하여지다")를 은혜에 대해서 사용하여 은혜가 더욱 확대되는 것으로 말한다. 위의 귀절이 보여주듯이 바울로는 여기서 "더욱 풍성해지다"와 "넘치다"(περισσεύειν: 로마서 5장 20절에서는 ὑπερπερισσεύειν이 사용되었다)로 번역된 두 동사들을 분명하게 구별하고 있지 않다. "은혜"는 양적으로 늘어나고 확대된다. "풍성해지다"는 두 가지 의미를 모두 내포한다. 은혜는 보다 넓은 영역을 포괄할 정도로 풍성해진다. 그러므로 이것을 '늘어나는 숫자를 통하여, 즉 개종자의 늘어나는 숫자를 통하여'라고 번역해야 한다는 주장은 설득력이 있다(Moule, *Idiom*, 108 ; 비교. Bent Noack, *St. Th.* xvii. 129—32). 개종자들이 많아질수록 은혜가 더욱 많이 내리고, 따라서 감사하는 마음도 더욱 커진다. 이 주장은 만일 2장 6절(그리고 9, 2 ; 고전 10, 5 ; 15, 6 ; 필립 1, 14 ; 고전 9, 19에서만 다른 의미이다)의 "더 많은 사람"(οἱ πλείονες)이라는 말의 용법만 아니었더라면 설득력이 있을 것이다. 위의 귀절들이 바울로의 용법을 규정하는 것 같다. 대개의 경우 바울로는 이 말로 적어도 교회의 주류를 가리키거나 아니면 교회의 대다수 구성원들을 가리켰다(2장 6절에서 지적한 바와 같다. 강조점에 차이가 있을 뿐이다). 그러나 과연 그렇게 보아도 의미가 통할까? 교회의 구성원 대다수에 의한 책망에 대해서 말하는 것은 충분히 이해할 만하다. 한편 은혜는 원래 교회의 모든 구성원들에게 미치는 것이 아닌가? 여기서 말하는 것은 (로마서 5장 20절에서처럼) 은혜가 양적으로 늘어날 뿐만 아니라 더욱 깊어진다는 것이다. 그리고 만일 교회의 대다수 사람들이 하느님의 은혜에 대한 자신들의 의존성을 깨달았다면 아마도 바울로는 매우 감사했을 것이다. 그리고 만일 그랬더라면 그들도 자신들에 대해서 더욱 솔직하게 생각을 하게 되었을 것이다. "풍성하다"(abound, περισσεύειν)는 여기서 타동사적으로 (즉 "풍성하게 하다") 사용되었으며, 은혜를 주어로, 감사를 목적어로 가지고 있다. 하느님의 은혜를 받고 이해하는 것은 반드시 그에게 감사하는 것이며, 따라서 그를 영광스럽게 하는 것이다. 즉 객관적으로 그의 영광을 크게 하는 것이 아니라—이렇게 하는 것은 불가능하다—

오직 그 영광을 깨닫고 알리는 것이다.

[16] 바울로는 이 장의 첫부분에서 말했던 문제로(참조. 4, 1) 다시 돌아가는데 보다 깊이있게 다룬다. 복음의 보물이라는 빛에서 사도 직분을 수행하는 일은, 보물이 담겨 있는 깨지기 쉬운 질그릇과 관련해서, 그리고 복음 사업을 하는 과정에서 겪게 되는 고난들과 관련해서 사도 직분을 수행하는 것과 별개의 일이다. 4장 1—6절에서 바울로는 실제로 이렇게 말했다. "하느님이 회심 때의 영광 가운데서 자신을 계시하신 뒤로부터 우리는 결코 우리 의무를 게을리할 수 없다." 여기서 그는 몸이 쇠하게 되고 외적인 일들이 낙심을 시켜도 그것이 결코 우리로 하여금 의무를 게을리하게 하지는 않는다고 말하고 있다. 그러므로(하느님이 예수와 함께 우리를 일으키리라는 우리의 믿음에 비추어볼 때) 우리는 우리 의무(4장 1절에서와 같은 말. 본문상의 변형도 동일하다)를 게을리하지 않습니다. 비록 우리 겉사람은(이 은유는 영어에서만큼 그리이스어 본문에서 분명하지 않다. 그래서 번역에서는 이 은유를 그대로 살리고, 의역하기 보다는 주석에서 설명하는 것이 더 낫다) 낡아지고 있으나 속사람은 "나날이"(ἡμέρᾳ καὶ ἡμέρᾳ는 *B.D.* §200, 1과 *M.* iii. 243에서 히브리어적 표현이라고 기술되었다. 이것은 일반적인 히브리어 표현으로는 yom wayom이 아니라 yom yom인데 에제키엘 3장 4절에서 전자의 표현이 나왔을 때 칠십인역에서는 ἡμέρᾳ καὶ ἡμέρᾳ로 번역되지 않았다. 한편 ἡμέρᾳ τῇ ἡμέρᾳ는 현대 그리이스어에서 "나날이"라는 뜻으로 사용된다) 새로와지고 있읍니다. 바울로가 쓴 "나날이"라는 표현이 얼핏 보기에 나타나는 것만큼 그렇게 히브리어적인 표현은 아닌 것처럼 "겉사람"과 "속사람"이라는 표현도 그렇게 그리이스어적이지는 않다. 로마서 7장 22절, 6장 6절과 주석을 참조하라. "속사람"이라는 말은 Plato, *Republic* ix 589A의 귀절을 연상시킨다 : '의의 수호자는 그의 모든 언행에 있어서 자신 안에 있는 사람(ὁ ἐντὸς ἄνθρωπος)을 단련하는 데 목표를 두어야 한다고 대답한다' (Jowett). Epictetus Ⅱ vii. 3과 비교하라 : '내가 내 안에(τὸν μάντιν ἔσω) 선과 악의 본성을 내게 말해주는 선견자를 가지고 있지 않은가?' viii. 14 : '만일 하느님의 형상이 있다면 너는 지금 네가 하는 것과 같은 일을 결코 하지 않을 것이다. 하느님 자신이 안에(ἔσωθεν) 있어서 모든 일들을 보고 듣는다면 너는 이 모든 일들을 생각하고 행하는 것을 부끄러워하지 않겠는가?' *Corpus Hermetium.* xiii. 5 : '죽을 형체는 나날이 변한다.' 헬레니즘적 유다교에서도 비슷한

언어가 사용되었다. 예를 들어 Philo, *Quod Det. Pot.*, 22—3을 참조하라('……우리들 각자의 영혼 안에 거하는 이 사람이……우리에게 안에서부터 죄를 선언한다……' [Colson과 WhittaKer]). 보다 많은 인용문들에 대해서는 빈디쉬의 책을 참조하라. 비그리스도교적이고 비유다교적인 주변세계에 널리 알려져 있던 언어를 바울로가 사용하고 있음은 확실하다. 그러나 그는 이 언어들에 그 나름대로의 그리스도교적 의미를 부여하고 있는데 이 점은 이 표현들 전체를(겉사람과 속사람뿐만이 아니라 옛사람과 새사람까지도—이 귀절에서 "새로와졌다"의 의미에 주목하라) 고려했을 경우에만 확인될 수 있다. 로마서 7장 22절과 고린토후서 4장 16절은 로마서 6장 6절에(그리고 골로사이서 3장 9절. 참조. 에페 3,16 ; 4,22·24) 관련해서 해석되어야 한다. 겉사람과 속사람은 심리학적 이원론의 요소들이 아니라(바울로의 글 전체에서 심리학적 이원론의 흔적은 거의 찾아볼 수 없다) 이 세대의 사람과 올 세대의 사람을 가리킨다(비교. 고전 15,44의 자연적인 몸과 영적인 몸). 따라서 이 말들은 바울로가 자신의 구원교리에서(참조. *Adam* 여러곳. 특히 92—119) 두 가지 흐름들을 결합시킨 방식을 보여주는 분명한 예이다. 즉 유다교와 원시 그리스도교의 종말론에 뿌리를 둔 것으로서 우주론적이고 신화적인 언어들로 표현된 것과, 인간 존재를 실존적으로 다룬 것. 속(혹은 새)사람을 순전히 종말론적 존재로, 즉 미래에 속하는 존재로 보는 것은 불가능하다. 그는 이미 존재하고 있다. 왜냐하면 그는 "나날이 새로와지고 있기" 때문이다. 말하자면 올 시대가 이미 (완전하게는 아니지만) 현재에 도래했다고 주장하는 특수한 그리스도교적 종말론은 바울로로 하여금 헬레니즘 세계로부터 거의 신비주의적인 경향의 언어들을 받아들일 수 있게 했으며, 동시에 받아들여야 하도록 했다. 그러나 이것은 일반적인 의미에서의 신비주의를 뜻하지 않으며, 바울로가 몸을 물질적인 (따라서 악한) 껍질이나 혹은 영혼(비물질적인, 따라서 신적인)을 덮어싸는 덮개로 생각했음을 뜻하지도 않는다. 어느 한 측면에서 보면 바울로는 많은 문제들을 안고 있으며, 죽음의 선고 아래 있는 옛 사람이다(*B.D.* §184에서는 ἡμῶν이 ἔξω에 걸리는 것이 아니라 소유를 나타내는 것이라고 하는데 그것은 옳다). 또 다른 측면에서 보면 전적으로 바울로는 그의 참된 존재는 그리스도(참조. 갈라 2,20 ; 필립 1,21), 즉 천적인 인간(고전 15,47)인 새사람이다. 겉사람은 단지 낡아져갈 뿐인데(바울로의 언어인 διαφθείρεται에 대해서는 고전 15,42·50·53 : 참조. φθορά, φθαρτός) 그것은

8—9절에 기술된 것과 공격들 때문이 아니라 겉사람 자체가 그냥 사라져 버리고마는 이 세상에 속해 있기 때문이다(고전 7,31). 속사람은 계속해서 새로와진다. '라삐적 사상에 따르면 인간의 윤리적 거듭남은 오직 미래에 속하며, 미래만이 약속된 새 영, 혹은 새 마음을 가져다줄 수 있다' (*S.B.* iii. 600—1). 즉 바울로가 말하는 거듭남은 종말론의 선취라는 것이다. "새로와지다"(ἀνακαινοῦσθαι)라는 동사와 로마서 12장 2절(ἀνακαίνωσις)을 비교하라. 그러나 여기서 사상은 서로 다르다. 로마서에 의하면 올바른 도덕적 판단을 하기 위해서는 정신이 인간 본성의 지적 측면이 새로와져야 한다. 여기서 바울로는 그리스도교인의 존재가 날마다 새로와지는 것을 생각하고 있다. 이것은 믿음의 행위나 혹은 과거에 있었던 세례에 의해 보증되는 것이 아니라 주님과의 계속적인 만남에 의해서만 유지될 수 있는 것이다.

나는 여기서 "겉사람"과 "속사람"에 대한 상당히 개연성이 있어 보이는 해석을 제시했다. 다른 학자들은 바울로의 언어를 달리 이해한다. 4장 16절—5장 10절 전체에 대한 해석에 대해서는 J.A.T. Robinson, *The Body* (1952), 75—78을 참조하라. 바흐만에 의하면 이 두 말들은 신체적 경험들과 영적 경험들의 주체가 모두 동일한 '나'임을 분명히 하기 위해서 '몸'과 '영혼'이라는 말대신 사용된 심리학적 언어들이다. 많은 학자들이 "겉사람"과 "옛사람"을 구별한다. 예를 들어 칼빈의 앞의 인용문을 참조하라(또한 참조. Conzelmann, *Theol.*, 202 ; Bultmann, *E.&.F.* 155 ; *Theol.* 198—200 : 영어번역판, i. 200—3 : 속사람은 참된 자아이다). Rissi, 66—7에서는 이 단락과 로마서 7장을 비교하며, 여기서는 인간의 두 부분이 문제되고 있는 것이 아니라 동일한 실재(Wirklichkeit)의 두 가지 측면이 문제되고 있다고 본다. "속사람"은 사고와 의지의 주체로서의 인간이다. "겉사람"은 동일한 주체가 역사적 존재로서 지상에서 현실화된 것이다.

[17] 16절에서 말한 내용으로부터 이 단락의 나머지 부분들이 이어진다. 첫째로 16절에서 말한 바에 의해 현재의 고통과 미래의 영광(참조. 로마 8,8) 사이에 적절한 균형을 이룰 수 있다. "일시적"이고(Bachmann은 이 말 —παραυτίκα— 에 대해서 상세히 설명하고 있다) 가벼운 환난의 짐(직역하면 일시적이고 가벼운 환난—추상명사 환난에 대한 중성형용사 "가벼움" ἐλαφρόν)은 영원한 영광(의 짐)을 비교할 수 없을 정도로(원래 이중적인 표현인데 그대로 직역할 수는 없다. 바울로는 이 말의 전반부 καθ' ὑπερβολὴν을 로마 7,13 ; 고전

12,31 ; 고후 1,8 ; 갈라 1,13에서 쓰고 있다) 우리에게 가져오기 때문입니다. 고난은 영광과 비교했을 때 가벼운 것으로 나타난다. 고난은 그 자체로서는 아주 심했다(참조. 1,8 : "우리는 우리의 힘으로 감당할 수 없을 만큼(καθ' ὑπερβολὴν)눌렸읍니다"). "짐"(βάρος : 영광의 짐)이라는 말은 아마도 환난에 대한 서술과 적절하게 대조시키기 위해서 채택된 것 같다. 이 말은 '풍부함'(참조. *L.S.* 해당란 Ⅵ)이라는 의미로 사용되었을 수도 있으며, 영광에 해당하는 히브리어로서 본래는 "무거움"을 의미했던 말(kabod)에 의한 언어유희를 바울로에게 시사해주었을 수도 있다(Moule, *Idiom*, 186). "가져오다"(κατεργάζεται)는 단순히 미래적인 현재시제가 아니다. 영광은 속사람이 나날이 새로와지는 데서 이미 부분적으로 현존한다. 이것은 다음 귀절을 해석하는 데도 관련이 있다.

[18] 미래의 영광은 예비되었으며, 부분적으로 경험되었다. 우리는 보이는 것이 아니라 보이지 않는 것에, 즉 보이지 않는 것들을 목표로 하여(Denney. 비교. Schlatter) 우리의 눈을 향하고(이 구문은 어색하다. 속격독립구문이 17절 마지막에서 여격 ἡμῖν에 이어진다. D* F G 사본들에 의한 독법인 주격 σκοποῦντες는 *B.D.* §423,5에서 올바르게 이해된 것 같은데 이것도 문제를 해결해 주지는 못한다) 있읍니다(분사절은 '우리가~있기 때문에', 혹은 '우리가 ~하고 있다면'으로 번역될 수도 있다. 여러 해석의 가능성들을 열어두는 것이 좋을 것 같다). '겉사람, 속사람'과 같이 이 문장은 얼핏 보기에는 물질적인 것과 영적인 것 사이의 이원론적 구별을 암시하고 있는 것 같다. 그러나 바울로는 그가 나날이 경험하는 일들의 가시적인 부분을 이루고 있는 고난과, 앞으로 올—그러나 오직 신앙의 눈에만은 이미 보이는—영광에 대해서 생각하고 있다. 로마서 8장 24—25절과 비교하라. 그는 이러한 의미에서 계속해서 말한다. 보이는 것은 순간적이요, 보이지 않는 것은 영원하기 때문입니다. 이것은 형이상학이 아니라 종말론이다(그리고 "시간적"이라고 번역하는 것보다 "일시적, 순간적"이라고 번역하는 것이 더 좋다 : Hughes). 바울로의 관찰은 추상적인 생명이 아니라 믿음의 삶에로 나아가고 있다(참조. 5,7). '여기서도 역시 보이는 외적 세계와 보이지 않는 내적 세계 사이의 대조처럼 헬레니즘적인 것이 아니라 일시적인 현 세대와 희망 가운데 이미 현재하는 영원한 올 세대 사이의 대조가 문제되고 있다. 신앙은 이처럼 *아직 아니*와 종말론적 성취에 대한 확실한 희망 가운데 살고 있다' (Kümmel). 로마서 8장 18절, 지혜서 3장 5절, 제2 바룩서 44장 9·12절.

81장 3절과 부세, 그레스만이 제시하는 다른 귀절들을 참조하라. *Acts of Peter and Paul*, 84도 보라 : '여기서는 모든 일들이 일시적이다 (πρόσκαιρα). 그러나 그 곳에서 일어나는 일들은 영원하다.'

9. 보물을 담고 있는 질그릇이 상대적으로 중요하지 않음을 말하는 여담 5장 1—10절

1 땅에 있는 우리의 장막집이 무너지면 하느님께서 우리에게 주시는 집이
있다는 것을 우리가 알기 때문입니다. 그 집은 우리의 손으로 지은 집이 아
니라 하늘에 있는 영원한 집입니다. 2 그렇기 때문에 우리는 이 하늘에서
오는 우리가 살 집을 우리 몸 위에 덧입기를 사모하면서 이 장막집에서 신음
하고 있읍니다. 3 우리가 그것을 입을 때에는[15] 우리는 벌거벗은 사람이 되
지 않으리라고 희망합니다.[16] 4 이 장막집에 사는 동안 우리는 무거운 집에
눌려 신음합니다. 왜냐하면 그것은 우리가 이 장막을 벗기를 원하지 않기
때문에 우리 몸 위에 하늘로부터 오는 집을 덧입기를 원하기 때문입니다.
그리하여 죽을 것이 생명에 삼킨 바 되게 하려는 것입니다. 5 이러한 목적
이 우리에게 이루어지게 예비하시는[17] 분은 하느님이십니다. 그리고 그는
성령 안에서 그의 전체 선물의 첫 보증을 우리에게 주셨읍니다. 6 그러므로
우리는 언제나 마음이 든든합니다. 우리가 육을 따라 살고 있는 동안 주에
게서 떠나 있다는 것을 우리가 알고 있기 때문입니다. 7 (우리가 사물의 보
이는 것으로 살아가지 않고 믿음으로 살아가기 때문입니다.) 8 그래서 우리
는 마음이 든든하며 차라리 육신을 떠나서 주와 함께 살기를 원하기도 합니

15) 서방 본문들(D* G it Marcion; 크리소스톰)에는 "우리가 그것을 입을 때에는"(ἐνδυσάμενοι)대신에 "우리가 그것을 벗을 때에는"(ἐκδυσάμενοι)라고 되어 있다. 이 독법에서는 물론 "그것"이 "하늘에서 오는, 우리가 살 집"이 아니라 "이 장막"이다. Bultmann, *Probleme*, 11에서는 오직 서방의 변형만이 분명한 의미를 제공한다고 본다. 그러나 사실 차이가 있다면 주로 강조점이 어디 있느냐의 차이일 뿐이다.

16) εἴ γε 대신에 P⁴⁶ B D G 사본에는 εἴπερ라고 되어 있다. 이것은 "이 희망이 사실과 일치함"을 보다 강하게 암시한다(*L.S.* εἴπερ 해당란) : '우리가 그것을 입었을 동안에는 우리는……않을 것입니다.' 이 독법은 확실히 옛 것이기는 하지만 아마도 옳을 것이다.

17) 서방 본문들(D G lat)에는 "예비하고 계시는 분"(현재분사 κατεργαζόμενος)이라고 되어 있다.

다. 9 이러한 이유에서 우리는 우리가 머물러 있든지 떠나 있든지 오직 그를 기쁘시게 하기를 원합니다. 10 그것은 우리가 다 그리스도의 심판대 앞에 나타나 각 사람이 육신으로[18] 행한 모든 행위—즉 선한 일이든 악한[19] 일이든 그가 행한 모든 행위—에 대하여 각자가 그대로 보응을 받아야 할 것이기 때문입니다.

이 단락은 난해하기로 유명하다(이 단락의 해석사에 대한 상세한 해설에 대해서는 Allo, 137—55와 Knox, *P.G.*, 136—43을 참조하라). 이 단락에서는 보이는 것과 보이지 않는 것이 다루어질뿐만 아니라 현재와 미래, 즉 속사람이 새로와지는 그 때에 이미 어느정도 현존하게 되는 그 미래가 다루어지고 있는데, 이 단락은 앞단락의 결론을 *γάρ*("~때문이다")라는 말로써 이어받고 있다. 이 단락은 그리스도교인으로서의 존재 전반의 모습에 대해 묘사한다. 4장 전체에 걸쳐서 복음의 보물과 그것이 담겨 있는—사도에게 맡겨졌을 경우라하더라도— 비천하고 부서지기 쉬운 질그릇에 관해서 말했던 바울로는 이 단락에서 그리스도교인의 존재에 대해서 기술하고자 했다. 그러나 여기서는 죽은 뒤의 삶에 관한 문제를 독특한 필치로 다루고 있다. 여기서도 그렇고 고린토전서 15장에서도 바울로는 이 문제를 체계적으로 다루지 않는다. 바울로는 자신의 적대자들의 이원론을 완전히 이해하지 못한 것으로 생각되었다(특히 Schmithals, 227—228에 그렇게 되어 있다. 참조. E. Brandenberger, *Adam und Christus* [1962], 73). 사실 고린토에 보내는 두 서신을 쓰면서 바울로가 실제로 관심을 가졌던 것은 그리스도교인들이 지금, 여기서 어떻게 살아야 하는가(참조. 6—7·9—10절) 하는 점이었다. 그는 현재의 의미를 드러내기 위해 미래에 대한 그리스도교적 희망을 말하며, 그리스도교인들은 '아직 아닌 것에 의해, 그러나 그들이 기다리고 있는 것에 의해' 살아간다고 확언한다(von dem leben, was sie noch nicht sind, was aber ihrer wartet: Bornkamm, *Paulus*, 230).

18) 이 문장의 난점에 대해서는 주석을 참조하라. P[46]과 라틴 사본들에는 *τά ἴδια τοῦ σώματος*라고 되어 있다. 이것은 단지 '을 첨가함으로써 번역된 본문과는 다르다: '육신에 고유한 것들.'

19) ℵ A 사본에는 *φαῦλον*이라는 말이 나오는데 바울로는 다른 곳에서는 오직 로마서 9장 11절에서만 이 말을 사용한다. 대다수의 사본들(P[46] B D G를 포함하여)에는 보다 일반적이고 적극적인 *κακόν*이 나온다(참조. 13, 7). 이것은 아마도 이차적일 것이다. 주석을 참조하라.

[I] 왜 우리는 일시적이고 보이는 것이 아니라 보이지 않고 영원한 것에 온 관심을 집중해야 하는가? 그것은 땅에 있는 우리의 장막 집이("장막의" τοῦ σκήνους를 동격을 나타내는 속격으로 보았다. 초막절이 가까왔기 때문에 이 상징이 사용되었다고 생각할 이유는 없다. 참조. 이사 38, 12 ; 이사야의 승천 9, 1·2·9—13 ; 제2 에녹서 22, 8 이하) 무너지면 하느님께서 우리에게 주시는 "집"(οἰκοδομή "건축" ; 곧 뒤따라 나오는 "집" οἰκία라는 말을 감안한다면 Turner, *Insights*, 130—1에서처럼 집을 짓는 과정을 뜻하는 이 말 οἰκητήριον과 다음 귀절에 나오는 세워진 집과의 대조를 강조할 수는 없다)이 있다는 것을 우리가 알기(바울로는 고린토전서 15장을 쓰게 했던 문제들이 이제는 더 이상 문제시되지 않는다고 가정할 수 있었던 것으로 보인다) 때문입니다. 그 집은 우리의 손으로 지은 집이 아니라(따라서 그 집은 4장 18절의 보이지 않는 것 중의 하나이다 : 비교. 마르 14, 58. 이 서술로부터 다음의 형용사 "영원한"이 이어진다) 하늘에 있는(복수형 heavens에 대해서는 12장 2절 참조) 영원한 집입니다. "우리가 안다"라는 말은, 여기 제시된 가르침이 고린토 사람들에게 전통으로 이미 친숙한 것임을 반드시 의미하지는 않는다. 바울로는 이미 알려져 있는 사실을 상기시킬 때면 습관적으로 질문형식을 사용하기 때문이다. 예를 들어 "여러분은 알지 못합니까?"(로마 6, 3 ; 7, 1). 그러므로 우리는 세벤스터와 같이(Sevenster, *N.T.S.* i, 295) —비록 그의 결론 자체는 옳은 것이라 하더라도— 바울로가 갑작스럽게 그리이스적인 영혼불멸 교리를 끌어들이고 있지는 않다고 결론내릴 수 없다. 고린토전서 15장 11절에서 부활에 관한 일반적인 그리스도교 설교를 상기시킬 때도 바울로는 여기서처럼 표현하지 않았다. 아마도 분명히 영지주의적인 사상과의 논쟁에 의해서 촉진된 새로운 사상조류가 있었을 것이다(예를 들어 Bultmann, *Probleme*). 꼴랑쥐는 바울로가 "우리는 압니다"라고 말했을 때 그는 성전에 관한 예수의 말(참조. 마르 14, 58)을 가리키고 있다고 본다(Collange, 187).

장막이라는 말은 그 말이 시사하는 비영구성이라든지 불안정성으로 해서 지상적인 삶과 또 그 삶이 이루어지는 육체라는 거주지를 묘사하는 말로 자주 사용된다(지혜 9, 15 : 칠십인역에서 유일하게 σκῆνος가 아니라 바울로의 말인 σκηνή가 사용된 곳 ; 베후 1, 13—14 ; 플라톤, 필로, 다른 철학적인 저자들 : Windisch의 참고문헌 참조). 일반적으로 장막은 몸, 불변하는 영혼의 일시적인 거주지를 의미한다. 그리고 장막으로부터 떠나는 것은 좋은 일이었다 : '네가 장막을 무너뜨리려고(*λῦσαι τὸ σκῆνος* ; *Corpus Hermeticum* xiii. 15) 서두르는 것은 잘하는 일이다.' 그러나 앞으로 곧 보게 되겠지만, 모든 육체적인 속박으로부터 영혼(인간의 비물질적 부분)을 해방시키는 것이 바울로가 원하던 바는 아니었다. 만일 장막이 "무너진다면" : 이것은 아마도 죽음에서, 혹은 내림(고전 15, 51) 때에 일어나는 삶의 변화에서 이루어질 것이다. 불트만은 이 두 가능성들 중에서 어느 하나만을 선택해야 한다고 보는 것 같다(Bultmann, *Probleme*). 바울로가 후자의 의미를 더 좋아한다 하더라도 우리는 문맥상 그가 두 가지 의미를 모두 염두에 두었다는 것을 알 수 있다. 어쨌든 하느님 자신에 의해서 더 좋은 집이 예비된다. 원문에 나타나는 어순은 바울로가 "우리는—하느님으로부터—가진다"보다는 "하느님으로부터 —온—집"을 의미했음을 시사해 준다(Bachmann). "손으로 지은 집이 아니라"는 말은 실제로는 "하느님으로부터 오는"이라는 말을 반복한 것이다. 이 집을 "우리는 가지고 있다"(*ἔχομεν* 현재시제). 즉 우리는 희망 가운데 그것을 가지고 있다. 현재시제는 분명히 확실하다는 신념을 표현해준다(Lietzmann, Allo). 그러나 슐라터는 이 동사가 미래를 나타내는 것도 아니며 동시대를 나타내는 것도 아니라고 주장한다. 그것은 '죽음의 순간에 우리는 가집니다'를 뜻한다는 것이다. 엘리스(E.E. Ellis, *N.T.S.* vi, 211—24 ; 고린토후서 5장 1—10절에 대한 논문 전체를 읽어야 한다)는 새 집은 집단적인 몸, 즉 고린토전서 3장 16절, 6장 16절 이하에 언급된 성전이라고 믿는다. 이 견해는 지상의 장막에 대해 설명하는 데 있어서 몇 가지 난점을 제기한다.

[2] 하느님이 주신 집을 가지고 싶어 하는 우리들의 소망 그 자체가, 우리가 그런 집을 가지고 있다는 주장의 진실성을 입증할 수는 없다하더라도 적어도 그 주장의 타당성은 입증될 수 있다. 그래서 그렇기 때문에라는 말로 새 문장이 시작된다. 우리는 이 하늘에서 오는(1절에 의하면 그것은 지금 하늘에서 주어진다. 즉 그것은 이 순간에 하늘로부터 우리에게 올 것이다 : Turner, *Insights*, 130. 터너는 1절의 heaven[복수. 천상]을 2절의 sky[단수. 하늘]와 구별한다. 그러나 실제로 바울로가 이렇게 구별했을 것 같지는 않다) 우리가 살 "집"(habitation: 이 말은 1절의 집 building과 같은 의미로 바울로에 의해 사용되었다 : 참조. 해당 주석)을 우리 몸("우리 몸"이라는 말은 그리이스어 원문에는 없다. 그러나 "덧입다" to pat on over라는 말

은 영어로는 그리이스어 ἐπενδύσασθαι처럼 독립적으로 쓰일 수 없다) 위에 덧입기를 사모하면서 이 장막 집에서(원문에 명사가 나와 있지는 않지만 지시어는 남성, 아니면 중성이고 따라서 유일하게 가능한 선행사는 σκῆνος "장막집"이다. 선행사가 앞 문장 전체라고 보지 않는 한 [비교. 예. 요한 16, 30], 그리고 이 말이 '지금', 혹은 '이러한 바람 가운데', '이러한 이유에서'를 의미한다고 보지 않는 한 그러하다. 4절은 "이 장막집에"를 의미함을 분명히 보여준다) 신음하고 있읍니다. 장막집은 고난의 장소이기 때문에(1, 8 ; 4, 8—12 ; 11, 23—27), 그리고 우리는 하느님이 이 세대를 끝내고 자신의 왕국을 세우는 때가 성취되기를 갈망하기 때문에 신음하고 있다. 바울로가 이곳 외에서 이 동사(στενάζειν)를 쓰는 유일한 곳인 로마서 8장 23절과 비교하라. 현 세대에 대해 그리스도교인들이 할 수 있는 유일한 반응은 그것에 대해 죽는 것이다. 그는 그리스도와 연합한 가운데 죽는다. 그러나 "신음하는 것"은 주로 긍정적인 내용을 지닌다 : 그것은 우리가 무슨 일인가가 일어나기를 갈망하는 것을 의미한다. 이 은유는 잘못 혼합되었다. 즉 "입다"는 옷과 관련되어 있다(헤링은 만데아 본문들에서 천상의 옷에 대한 비유가 사용되었다는 점을 지적한다). 그러나 우리는 "집"을 입지는 않는다. 그렇다고 해서 이 은유가 불분명하다는 뜻은 아니다. 이것은 바울로가 계속해서 진술해감에 따라 점점 분명해질 것이다.

불트만은 4절에 대한 자신의 이해에 근거해서 "덧입다"라고 번역된 말은 사실상 단순히 "입다"를 의미할 뿐이라고 생각한다(*Probleme*, 11). 그러나 4절은 오히려 현재의 번역에서 받아들인 이해를 뒷받침해준다(참조. 해당 주석). 우리는 옷을 입은 사람에 대해서 그가 이미 입은 옷 위에 다른 옷을 더 입기를 원한다고 생각해볼 수 있다. 그리고 집이나 혹은 장막에서 사는 사람에 대해서도 다음과 같이 생각해볼 수 있다. 즉 그는 지금 자기가 살고 있는 집 주위에 다른 더 큰 집이나 혹은 장막을 치기를 원한다. 그래서 바울로는 그가 옛집을 버릴 필요없이 하늘에서 사용할 수 있는 새 거처를 얻게 되기를 갈망한다. 말하자면 그는 죽음으로써 옛 장막집을 무너뜨릴 필요 없이 내릴 때까지 살아남아서 그 위에 새 집을 얻게 되기를, 마치 외투를 걸쳐입듯이 입게 되기를 바라고 있다. 고린토전서 15장 51절의 표현에 의하면 바울로는 죽은 다음에 잠들어서 썩지 않을 영적인 몸의 부활 때까지 땅 속에 있는 사람들이 아니라 그리스도가 돌아옴으로써 그들이 변화될 때까지, 즉 그들이 자신들의 자연적인 몸을 영적인 몸과 바꿀 때까지 아무런 간격 없이 살아남아 있기를 바란다(C.F.D. Moule의 논문을 참조하라. 이것은 이하의 5절에 대한 주석에서 언급할 것이다).

〔 3 〕 바울로는 옷에 관한 상징으로 다시 되돌아가서 이제 자신의 희망을 분명하게 진술한다. 그러므로 우리는 새 집을 입기를 바랍니다. 우리가 그것을 "입을"(ἐνδυσάμενοι. 앞 귀절의 복합동사의 의미를 반복한다—*M.* i. 115. 본문에 대해서는 197면의 주 15 참조) 때에는 우리는 벌거벗은 사람이 되지 않으리라고 "희망합니다"(εἴ γε καί. 이것은 의심보다는 확신을 나타낸다 : 참조. Thrall, 85—91. 본문에 대해서는 197면 주 16 참조). 드럴(Thrall, 82—95)은 "우리가 그것을 덧입을 때에는"이라는 말이 믿는 자가 그리스도를, 새 사람을 덧입게 되는 세례를 가리킨다고 보지만, 이 말은 앞 귀절과 고린토전서 15장 53—54절에 관련시키지 않고서는 해석하기 힘들다 : '우리는 무슨 일이 일어나든지 우리가 벌거벗은 사람이 되지 않으리라고 확신합니다. 왜냐하면 이로부터 우리를 보호하려는 일이 이미 예비되었기 때문입니다' (Thrall, 82—95). 그러나 이 해석은 2절의 "덧입다"(ἐπενδύσασθαι)를 설명해주지 못한다. 이 귀절 전체에 대해서는 J.N. Sevenster, *Studia Paulina*, 202—14을 참조하라.

벌거벗은 사람이 되지 않으려는 바울로의 바람은 벌거벗은 상태에 대한 유다교적 증오의 특징을 나타낼 뿐만 아니라, 그가 이 문맥에서 상당히 많은 헬레니즘적 언어들을 사용하고 있으면서도 결코 그것을 일반적인 헬레니즘적 의미에서 사용하지는 않았음을 나타낸다. 유다교와 그리스도교 영역 밖에서는 영혼의 벌거벗음이 두려움의 대상이라기보다는 바람의 대상이었다. 최소한 철학가들에게 있어서는 그랬다. 아마 보통 사람들의 경우에는 달랐을 것이다 : '여러가지 면에서 사람들은 이 신(하데스)의 능력에 관해서 오해하고 있는 것 같다. 그리고 그를 두려워하는 것은 옳지 않다. 그래서 그들은 우리들 중에 누가 죽으면 항상 거기에 하데스와 함께 있다는 데 대해 두려워한다. 그리고 몸을 "벗은"(γυμνή) 영혼이 그와 함께 지내게 되는 데 대해서도 두려워한다' (Plato, *Cratylus* 403 B ; 비교. *Gorgias* 523, 524 ; *Phaedo* 67 DE; 참조. 81 C ; *Republic* IX 577 B. 이 모든 귀절들에 대한 세심한 연구가 필요할 것이다). Betz, *Lukian*, 84, 93도 역시 참조하라 : '사람들은 벌거벗은 채 죽음의 배 속으로 들어간다.' 하드리안의 유명한 그러나 번역하기가 난해한 시 속에서도 영혼은 벌거벗은 채로 죽는다 :

육체의 손님이자 친구인
떠돌며 방랑하는 너 작은 영혼아,
이제 벌거벗은 채 창백하고 뻣뻣한 모습으로
태양이 웃음 던지지 않는 그곳으로 정녕 가려하는가?

(*Historia Augusta, Hadrian,* XXV)

영혼은 가장 높은 천상에 들어가기 위해서는 반드시 벌거벗어야 한다. '천체들이 자신 속에 이루어놓았던 특성들을 "벗어버리고 나면"(γυμνωθεὶς) 인간은 [일곱 개의 천체를 바깥에, 하느님의 현존을 직접적으로 경험할 수 있는] 8층천의 본성에 도달한다' (*Corpus Hermeticum* i. 26 : 비교. x, 18 : '정신이 지상의 몸으로부터 벗어날 때에는 곧 불로 만들어진, 그것에 적절한 옷을 입는다'). 이 사상은 아마도 페르샤에 기원을 두고 있는 듯하다(F. Cumont, *Oriental Religions in Roman Paganism* [1911—1956], 159—60 주 54). 필로는 영혼의 벌거벗음은 바람직한 것이라는 그리이스적 사고를 하고 있다 : 그는[생애의 마지막에 모세는] 죽을 존재를 떠나서 죽지 않을 생명에로 가기 시작했으며, 차츰 자신을 이루고 있는 요소들이 분리되어 나가는 것을 의식하게 되었다. 마치 조개처럼 그를 싸고 있는 몸은 벗겨지고 영혼은 "벌거벗은"(ἀπογυμνουμένης) 채로 이제부터 자연적으로 이동하게 되기를 "바란다"(ποθούσης : 2절에 나오는 바울로의 말은 ἐπιποθεῖν —*de Virtutibus* 76 [F.H. Colson]: 참조. *Leg. Alleg.* ii. 57, 59). Lucian, *Hermotimus* 7도 참조하라.

그러나 바울로의 견해는 그렇지 않았다. 벌거벗은 상태는 두려워해야 하며, 가능하다면 피해야 한다. 그러나 벌거벗음이라는 말로 그가 의미한 바는 과연 무엇인가? 엘리스(E.E. Ellis, *N.T.S.* vi. 221 : 비교. W. Grundmann, *N.T.S.* viii. 24 이하)에 의하면 바울로는 내림과 심판 때에 폭로됨으로써 느끼는 수치감을 생각하고 있다. 그러나 이 해석은 바울로의 논의와 일치하지 않은 것으로 여겨진다(비교. Schweizer, *C.O. N.T.* 주 288). 고린토전서 15장에 비추어볼 때 바울로가 죽음과 마지막 때 주가 오기까지 그 사이의 기간을 생각하고 있음은 분명해 보인다(특히 Kümmel, *Theologie*, 214에 나오는 논의를 참조하라). 그러나 컴멜에 의하면 바울로는 몸이 없는 존재에 대해서 생각하고 있는 것이 아니라 "그리스도의 나타남을 예비적으로 기다리는 것"에 대해서 생각하고 있다. 그러나 이 기다리는 기간을 바울로가 좋지 않게 보게 되는 것은 바로 몸이 없다는 이유 때문이다. 우리는 살아있는 동안 이미 기다리고 있다. 우리는 몸이 없는 상태로 기다리기를 원하지 않는다. 고린토전서 15장 35절 이하는 바울로에게 있어서 몸이 없는 상태는 바람직하지 못한 것이며, 영원히 지속될 수 없는 상황임을 보여준다. 그러나 그 귀절은 몸이 없는 상태가 전혀 있을 법하지 않은 불가능한 상황임을 보여주지는 않는다. 죽음의 사건에서 "자연적인 몸은 씨가 뿌려지고, 영적인 몸은 일으켜진다"(고전 15,44). 그러나 씨를 뿌리는 일 뒤에 곧 일으키는 일이 뒤따르지는 않는다. 그렇다면 그 사이에는 어떤 일이 일어나는가? 이 때는 기다림의 기간이다(비교. 고전 15,37. "벌거벗은 γυμνόν 씨앗"). 그런데 이 기간을 바람직하지 않게 만드는 것은 자연적인 몸은 죽음에서 소멸되고, 영적인 몸은 아직 주어지지 않았다는 데 있다(비록 4장 16절의 속사람은 영적인 몸을 선취하고 있기는 하지만. 참조. 해당 주석). 컴멜이 지적하듯이 죽음조차도 하느님의 사랑으로부터 우리를 떼어놓을 수 없으며, 오히려 "그리스도와 함께"하는 것을 의미하는 것이(필립 1,23) 사실이다(로마 8,38—39). 그러나 필시 우리는, 바울로가 자신의 종말론적 계획을, 하느님은 생명과 죽음 모두에 대해서 주이시며 그리스도 안에 있는 사람은 그로부터 떨어질 수 없다는 확신과 아직 충분히 결합시키지 못했다고 결론내려야 할 것이다. 그것들이 잘 결합될 수 있느냐는 질문은 정당한 질문이다. 바울로는 이 귀절에서 고린토의 영지주의적 입장을 오해하고 있다는 슈미탈스의 주장(227—8)은 바울로가 자신의 적대자들이 논리적으로 모순되어 있음을 보여주려고(미래의 생명에 대한 사람들의 갈망을 끌어냄으로써, —바울로의 견해에 의하면 미래의 생명은 벌거벗은 상태에 대한 갈망으로는 결코 생각될 수 없는 것이다) 애쓰고 있다는 견해에 의거한 것이다. 그러나 바울로는 그러한 방식으로 논증하지 않는다. 그는 죄와 죽음으로 가득찬 이 세대를 끝내고, 올 세대로 들어가려는 그리스도교인의 갈망에 초점을 두고 기술하고 있다.

〔 4 〕 바울로의 사상에 대한 이러한 해석은 다음 귀절에 의해 입증되는 것 같다. **이 장막집에**(즉 1절의 장막, 지상적인 몸) **사는 동안 우리는 무거운 짐에 눌려 신음합니다**(바울로가 로마서 8장 23절에서 "성령의 처음 열매를 가진 우리 자신들도 속으로 신음하며 하느님께서 우리를 아들로 삼으시고 우리의 몸을 온전히 속량해주시기를 기다리고 있읍니다"라고 말하듯이). **왜냐하면 그것은 우리가 이 장막을 벗기를 원하지 않기 때문에, 우리 몸 위에 하늘로부터 오는 집을**

(이 말은 그리이스어 본문에는 없으나 "덧입다"라는 말의 의미가 통하게 하기 위해서 영어에서는 집어넣을 필요가 있었다: "덧입다" ἐπενδύσασθαι: 비교. 2절) 덧입기를(이 상징에 대해서는 Knox, *P.G.*, 138 참조) 원하기 때문입니다. 이 귀절에 대한 해석은 여기서 "왜냐하면"이라고 번역된 말(ἐφ' ᾧ)의 의미에 달려 있다. 여기서는 이 말 뒤에 현재 시제가 나온다(비교. 로마 5, 12. 이 귀절에서는 단순과거 시제가 뒤따라 나온다). 고전적인 용법에서는 이 말 뒤에 미래가 나오면 '~와 같은 상황에서는'을 의미한다. 드럴(94—5)은 이 귀절에 이러한 의미가 있다고 보며 영지주의에 대해서 경고하고 있다고 한다. 그러나 미래와 관련된 상황의 개념이 현재로 옮겨지면 '~와 같은 상황에서는'은 '~와 같은 사실에 비추어본다면'으로 된다(*M.* i. 107에서도 마찬가지이다: 비교. Robertson, 604, 963; *M.* iii. 272; Turner, *Insights*, 131). 만일 우리가 "왜냐하면"이라는 의미를 받아들인다면 "무거운 짐에 눌려"는 '우리가 기꺼이 제거해야 할 신체적인 몸에 얽매어서'를 의미하지 않는다. 왜냐하면 "우리는 우리 몸을 벗어버리기를 원하지 않기 때문이다." 그리고 바울로가 "우리가 원하기 때문이 아니라"(οὐκ ἐφ' ᾧ θέλομεν)고 말하지 않고, "우리가 원하지 않기 때문에"(ἐφ' ᾧ οὐ θέλομεν)라고 말한다는 점에 주목해야 할 것이다. 바울로는 때때로 어순을 특이하게 배열하기도 했지만 우리는 (바울로가 말한 내용과 반대되는 것이 입증되지 않는 한) 그가 말한 그대로를 의미했으리라고 가정해야 한다. 그러므로 바울로의 견해는 위에서 서술한 헬레니즘적 견해와 제4 에즈라 14장 13—14절과는 근본적으로 다르다. "무거운 짐에 눌려"(βαρούμενοι)를 4장 17절의 영광의 "짐"(βάρος)에 관련시켜 해석하기는 곤란하다. 1장 8절에 소급시켜 해석하는 것이 더 나을 것이다: "우리는 우리의 힘으로 감당할 수 없을 만큼 심한 환난에 눌려(ἐβαρήθημεν) 마침내 살 희망마저 끊어져 버렸었읍니다." "신음하는 것"과 "무거운 짐에 눌리는 것"은 죽음에 대한 두려움을 의미한다. 그러나 앞서 말한 바와 같이 영웅적인 용기를 지닌 사람에게는 두려움이라는 말이 분명히 적절하지 않을 것이다. 바울로는, 일반적으로 그 사람들이 죽음을 두려워하는 것과 같은 이유로 죽음을 두려워하지는 않는다. 그는 다음에 계속해서 말하고 있는 이유로 해서 죽음을 두려워한다. 즉 왜냐하면 내림 때까지 살아있는 것이, 다시 말해 죽어서 묻혔다가 벌거벗은 상태로 얼마 동안을 지낸 후 일으켜지는 것보다는 자연적인 몸을 영적인 몸으로 대신함으로써(고전 15, 44) 즉시

변화되고(고전 15,51) 옛 집 위에 새 집을 덧입는 것이 훨씬 더 좋기 때문이다. 천적인 옷과 천적인 몸의 개념에 대해서, 그리고 벌거벗은 상태에 대한 바울로의 혐오에 대해서는 Windisch, 164—5에 나오는 주를 참조하라.

바울로가 원하는 것은 죽을 것이 생명에 "삼킨 바"(καταποθῇ: 비교. 고전 15,54: "죽음이 이김에 삼킨 바 되었다") 되게 하려는 것이다. 고린토전서와의 병행은 바울로가 여기서 내림 때까지 살아 있는 사람들에게 닥치게 될 일에 대해서 생각하고 있음을 확증해준다. 이미 죽은 사람들에게조차도(바울로는 계속해서 이 가능성을 말한) 결코 죽음이 끝은 아니다("살아있는 자들이 그들을 앞서지 못할 것이다": 데전 4,15). 그러나 그때까지 살아남아서 생명의 승리, 곧 하느님 자신의 승리를 증거하고 그 승리를 함께 나누는 것이 더 좋다. 최후의 적인 죽음을 그리스도가 쳐부수고나면 하느님이 만유의 주가 되실 것이다(고전 15,28). 이사야 25장 8절과 비교하라.

[5] 미래에 대한 바울로의 희망은 과거와 현재에 그 토대를 두고 있다. 이러한 목적이 우리에게 이루어지게 예비하시는(참조. 이 책 197면 주 17) 분은 하느님이십니다(1장 21절에서와 같은 구문이다). 그리고 그는 성령 안에서(1장 22절에서처럼 성령 πνεύματος이 동격을 나타내는 속격이라고 보았다) 그의 전체 선물의 첫 보증을 우리에게 주셨읍니다. 성령을 이렇게 묘사한 것에 대해서는 1장 22절과 주석을 참조하라. 미래에 대한 하느님의 약속을 다루고 있는 이러한 문맥에서는 그와 같은 묘사가 특별히 적절하다. 단순과거 분사들인 κατεργασάμενος("예비하시는")와 δούς("주셨읍니다")라는 말은 하느님 편에서의 결정적인 행위를 가리킨다. 여기서 회심과 세례를 생각하는 것은 자연스럽지만 바울로의 생각을 그렇게 협소하게 한정시키는 것은 바람직하지 않다(비교. 이 책 116—117면).

무울은 부활에 관한 바울로의 가르침을 논의하는 데 있어서 이 귀절을 핵심적으로 다룬다(*N.T.S.* xii. 106—23). 하느님은 우리에게 신체적인 몸의 부패에서 시작되는 과정, 그리고 영적인 새로운 몸이 주어지는 바로 그 죽음에서 완성되는 일련의 과정을 준비시키셨다. 인간은 "덧입혀지기"(ἐπενδύσασθαι)를 원하지만 하느님은 "바꿀 것"을 미리 계획하셨다. 그리고 그처럼 바꿔 입힐 경우에는 하느님이 새로운 영적인 몸을 예비하지 못함으로써 결국에는 자신의 희망이 웃음거리가 되지 않을까 염려하여 인간이 본능적으로 두려워하는 벌거벗은 상

때를 거치게 된다. 이러한 측면에서 고린토전서 15장과 비교해볼 때 고린토후서 5장은 변화를 보이고 있다고 무울은 생각한다. 바울로에 있어서의 이원론에 대한 무울의 연구는 매우 중요하며, 그의 견해는 아마 설득력이 있을 것이다. 그러나 2절을 불신앙에서 나온 돌발적인 말로 보는 것이 과연 만족할 만한 해석일까?

[6] 바울로는 이제 스스로 말했던 것으로부터 실제적인 추론을 해나간다. 복음이 담겨 있는 질그릇은 실로 깨지기 쉽다. 그것은 내림 때까지 깨지지 않은 채로 있을 수도 있고, 또 그렇지 않을 수도 있지만 확실히 내림 이후까지 보존되지는 못할 것이다. 그러나 그 안에 담겨 있는 내용물은 참으로 영광스러우며, 성령 안에서 미리 맛본 하느님의 약속은 실로 확실하다. 그러므로 우리는 실망할 필요가 없다. 반대로 "그러므로"(바울로의 οὖν은 1—5절을 소급해서 가리킨다) 우리는 **언제나 마음이 든든합니다**(이 한정동사는 파격적인 구문을 이루고 있는 그리이스어 분사 θαρροῦντες를 번역한 것이다. 아마도 바울로는 '우리는 확신에 차서 ～한 행동을 합니다'라고 말하려고 했는데 문장이 어떻게 진행되는지를 잊고 8절에서 다시 시작했을 것이다). **우리가 육을 따라 살고 있는 동안 주에게서 떠나 있다는 것을 우리가 "알고 있기"**(또 다른 분사인 εἰδότες는 원인을 나타내는 것으로 사용되었다) **때문입니다**. 바울로는 "마음이 든든하다"(θαρρεῖν)라는 동사를 고린토후서 5장 6·8절, 7장 16절, 10장 1—2절에서만 사용한다. 이 말은 담대함이라는 뜻도 포함한다. 바울로는 이제 더 이상 장막의 비유를 사용하지 않으며, 이 세상에서 우리가 쓰는 신체적인 몸을 뜻하는 것으로서의 몸에 대해 직접 말한다. 우리는 담대하게 이 몸의 소멸을 받아들인다. 그것은 부분적으로는 우리가 하느님이 보다 나은 것으로 우리 몸을 대신해주리라는 것을 알기 때문이며, 또 부분적으로는 몸 안에 있는 생명은 주지된 바와 마찬가지로 불리한 점이 있다는 것을 우리가 알기 때문이다. 사실 구지(Goudge)는 '몸 안이 마치 집처럼 편안하다'고 번역하는 것은 '아주 좋지 못한 번역이며, 현재의 몸은 집이라고 할 만한 가치가 없다'고 말한다. 그러나 한편 몸은 우리가 지금 만족해야만 하는 집이기도 하다. 이 세상에서의 추방생활에 대해서는 Knox, *P.G.*, 140—1과 거기 나오는 여러 문헌들을 참조하라.

[7] 여기서 바울로의 문장은 일단 끊어졌다가 다시 시작된다. **몸 안에 머물러 있는 것은 주로부터 떠나 있는 것이다.** 그러나 바울로는 그리스도교인이 이 세상에서 살면서 그리스도

로부터 떠나 있다는 것을 의미하지는 않았을 것이다. 그는 '그리스도 안에서'와 같은 표현을 상당히 자주 썼다. 그러나 그는 그리스도는 하늘에서 통치한다고 생각한다. 그리스도교인은 이 시대에 지상에서 살고 있는 동안에는 앞으로 그가 죽을 때처럼 완전한 의미에서 "그리스도와 함께" 하지는 못할 것이다(비교. 필립 1,23 : 이것은 "그리스도와 함께"라는 말을 바울로가 특징적으로 사용한 것이다). 이것은 그리스도교적 삶의 본질에 대해 바울로가 이해한 바에 속한다. 우리가 사물의 보이는 것으로 살아가지 않고 믿음으로 살아가기(직역하면 "걸어가기" : 이 관용어에 대해서는 4,2 참조) 때문입니다. 바울로는 "주로부터 떠나 있다"라는 말로 자신이 무엇을 뜻하고자 했는지를 설명한다. 그리스도의 부재 가운데서, 아니 보다 적절하게 말하자면 그리스도가 보이지 않는 가운데서 믿게 되는 것이다. 로마서 8장 24절, "눈에 보이는 희망은 희망이 아닙니다"와 비교하라. 객관적으로 확증되는 그리스도(예를 들어 부활의 사실성에 대한 확증 : 『고린토전서』, 390·399·면)에 근거해서 믿음이 형성되지는 않는다. 믿음이라는 것은, 지금은 부재하며 입증할 수 없는 그리스도, 곧 그의 역사는 이미 과거로 사라지고 그의 도래만이, 알려지지 않은 미래(비교. 고전 11,26)로서 남아 있는 그리스도를 신뢰하는 것이다. 그리하여 그 믿음은 눈에 보이는 것이라곤 오직 죽음밖에 없을 때(로마 4,17—22) 생명을 믿으며, 그리스도의 죽음으로 세례받는 것(로마 6,3)과 예수의 죽음을 몸에 지니고 다니는 것을 만족스럽게 여기고, 하느님이 원할 때 그 뜻에 따라 자신의 생명도 현시될 것이라는 것을 확신한다(4,10 : 참조. 골로 3,4). 이것은 곧 믿음이 비현실적인 것임을 결코 의미하지 않는다. 부재하는 그리스도가 현실적이듯이 믿음도 현실적이다. 이것은 믿음은 참으로 믿음임을 의미한다. 이에 상응하는 부정적인 진술은 우리가 "사물의 보이는 것을" 신뢰하지 않는다는 것이다. 바울로가 쓴 말(εἶδος)을 어떻게 번역해야 할 지 확실치 않다. 이 말은 자주 능동태적 의미("보는 것")를 지니는데 이것이 여기서 적절한 의미를 제공한다. "보는 것"은 "믿음"에 대한 적절한 대응어이다. 그러나 이 말은 일반적으로는 그러한 의미를 지니지 않는다(L.S., 해당란 참조). 컴멜은 이 말이 수동태적 의미를 지니고 있다는 키텔의 제안(*T.W.N.T.* ii. 372 ; Windisch도 참조하라. 그는 민수기 12장 8절을 인용한다 : "나는 얼굴을 맞대고 그와 이야기할 것이다" ἐν εἴδει καὶ οὐ δι' αἰνιγμάτων)에 대해 그리스도교인들은 '아직 그들의 종말론적 영광이 보이게 된

곳을 걷고 있지 않다'(컴멜의 해석)는 의미로 답변한다. 이 말은 그와 같은 반론의 여지가 없는 방식으로, 일반적인 수동태의 의미로 이해될 수 있다: '우리는 보이는 형태대로 봄으로써가 아니라 부재하며, 보이지 않는 그리스도를 믿음으로써 살아간다.' 이것이 아마도 바울로가 의미했던 바인 것 같다(고전 13, 12: 비교. 『고린토전서』, 353—359면의 논의).

[8] 바울로는 분사들로 시작되었다가 중단된 6절의 문장을 이제 다시 언급한다. 그래서 나는—죽음을 마주하고서도: 참조. 6절— **우리는 마음이 든든하다고 말합니다. 그뿐만이 아니라** (아니면 우리가 마음이 든든하기 때문에) **우리는 차라리 육신을 떠나서 주와 "함께"**(전치사 πρός의 용법은 아람어 어법이 아니다) **살기를 원하기도 합니다.** 아니면 단순과거 시제를 강조함으로써 육신을 떠나서 주에게로 돌아가는 것, 즉 죽음을 원한다고 볼 수도 있다. 바울로가 기술했듯이 죽는 것이 유익한(필립 1, 21) 상황이므로 우리는 당연히 기쁘게 죽음을 기다린다. 이 장에서 말하고 있는 것과 고린토전서 15장 및 필립비서와의 유사성을 살피는 것은 중요하다. 여기서 바울로는 시간이 감에 따라 점차 진지하게 자신의 죽음의 가능성을 받아들여야 함을 깨닫고 또 그럼으로써 죽은 자들도 주와 함께 있다는 것의 의미를 진지하게 받아들이는 것 이상으로 이 주제를 발전시키고 있지는 않다.

[9] 산 자나 죽은 자나 모든 사람들에게 있어서 그리스도의 오심이 그들의 존재에 궁극적인 의미를 제공해줄 것이라는 사상은, 위로와 확신으로 가득차 있지만 동시에 그리스도인의 삶에 대한 하나의 도전이기도 하다. 그리스도의 오심은 심판을 의미하며, 이를 위해 준비하고 있는 것이 그리스도인들이 할 일이다. **이러한 이유에서 우리는 우리가 머물러 있든지 떠나 있든지**("육신"이라는 말을 보충하든 "주"라는 말을 보충하든 의미상 별 차이는 없다. 뒤에 나오는 "그들"은 후자를 뒷받침해준다. 그러나 이에 반해서 컴멜은 분사들의 배열에 주목한다) **오직 그를 기쁘시게 하기를 원합니다.** '하늘에 있는 그의 백성들에게도 예수는—순종을 요구하는— 주이시다' (Schlatter). 그에게 순종하는 것은 항상 기쁨이 될 것이다. 인간의 신체적 조건은 살아서든 죽어서든 궁극적으로 중요하지 않다(Conzelmann, *Theologie*, 186; 비교. 데전 5, 9—10; 필립 1, 21). 바울로는 여기서 그리스도를 기쁘게 하는 행동이 어떤 것인지에 대해서는 지적하지 않는다.

그가 관심을 보이고 있는 것은 단지 그리스도를 기쁘게 한다는 그 원칙뿐이다. 미래가 하느님의 손 안에 있다는 사상은 거짓된 안전성으로 그리스도교인을 달래지 않고 그로 하여금 더욱 순종하게 한다. 바울로는 다시 한번, 네 자신이 되라는 친숙한 자신의 주제를 말한 다음, 심판 사상을 가능한 한 분명하게 말하고자 한다. 우리는 그리스도를 기쁘게 하기 위해서 노력한다. 그것은 우리가 다(*M.* iii. 201에서는 어순에 주목한다 : *τοὺς πάντας ἡμᾶς* "우리들 모두"—예외 없이) 그리스도의 심판대 앞에 "나타나"(*φανερωθῆναι*라는 말은 법정에 출정하는 데 대해 사용되는 말이다 : C.F.D. Moule, *The Phenomenon of the New Testament*[1967], 92 ; 비교. Calvin: '이것은 마치 그들을 하늘의 재판정으로 소환하고 있는 것 같다.' 비교. 로마 14, 10 : "우리는 다같이 하느님의 심판대 앞에 서게 될 것입니다 ; 로마 2, 16 : "내가 전하는 복음에 의하면 하느님께서 예수 그리스도를 통하여 사람들의 마음 속 깊이 숨겨진 것들을 심판하실 그 날"). 형식적인 일관성(서신들 사이에서뿐만이 아니라 로마서 내에서도)이 결여되어 있다는 것은 그리스도론적 측면에서 어느 정도 중요하다. 하느님은 심판을 한다. 그러나 그는 예수 그리스도를 통해서 심판을 한다. 또한 예수 그리스도도 심판한다. 그리고 그의 심판은 곧 하느님의 심판이다. 심판은 보편적이며, 그리스도교인들까지도 포함한다(헤링에 의하면 이 귀절은 오직 그리스도교인들에 대해서만 관련이 있다). 심판의 목적은 각 사람이 ("각 사람" *ἕκαστος*이라는 개인주의적인 말은 "우리가 다~ 나타나"라는 보편주의적인 말에 대응한다 : Bornkamm ii, 74) 육신으로 행한 모든 행위—즉 선한 일이든 악한 일이든 그가 행한 모든 행위에 대하여(혹은 "~정도에 따라" : 참조. Moule, *Idiom*, 53) 각자가 그대로 보응을 받아야 할 것이기 때문입니다. 구문은 분명하다. 나는 여기서(레위 20, 17 ; 에페 6, 8 ; 골로 3, 25에서와 마찬가지로) "~을 받다"(*κομίζεσθαί τι*)가 "~에 대한 대가를 받다"를 의미한다는 견해를 받아들였다. 다른 견해(이것도 내용상으로는 동일한 의미를 제시해준다)는 이 문장의 단어들을 다시 정리해서 번역해야 한다는 것인데 그에 따르면 문자적으로 '그가 육신으로 행한 일들에 상응하는 것들(즉 보상)'로 번역된다. 내가 "육신으로"라고 번역한 말(*διὰ τοῦ σώματος*)에는 모호한 점이 있다. 그것은 아마도 '육체적인 삶의 과정 속에서'를 의미할 것이다. 본문에 대해서는 이 책 198면 주 18을 참조하라.

언어학적 관점에서 볼 때는 이러한 난점들이 중요하다. 그러나 바울로가 그리스도가 시행할 심판(그리이스와 유다교의 개인적이고 집단적인 심판 개념에 대한 흥미있는 해설에 대해서는 Windisch를 참조하라)을 위해 모든 사람들이 준비해야 하며, 모든 사람들은 악에 대해서는 악으로, 선에 대해서는 선으로 보상받게 되리라고 가르친다는 사실이 이러한 난점들로 인해 달라지지는 않는다. 그러면 이것은 신앙에 의한 의인 교리와 일치하는가? 이 문제는 Knox, *P.G.*, 141와 Stuhlmacher, *Gerechtigkeit*, 57, 67에 의해 분명하게 표현되었다. 그러나 E. Jüngel, *Paulus und Jesus*(1964), 66 이하도 참조하라. 바울로는 여기서 아무런 모순점도 느끼지 못했다. 왜냐하면 심판에 대한 바울로의 언급들은 너무 자주 나오고, 또 그리스도와 긴밀하게 관련되어 있으므로 그가 이미 포기한 유다인으로서의 과거를 무분별하게 회상하는 것이라고 볼 수는 없기 때문이다. 그는 하느님의 계명에 대한 순종이 그리스도교인들은 물론이고 모든 사람들에게 요구된다는 생각을 결코 포기한 적이 없다. 그와 같은 순종은 폐기된 것이 아니라 의롭다고 인정받음으로써 가능하게 되었다. 이것이 토대이다. 그 위에 사람들은 집을 짓고 그들이 지은 것은 심판대 앞에 세워지게 된다(고전 3, 10—15). 쓸모없는 집은 파괴되지만 집을 지은 사람은 집과 함께 파괴되지 않는다. 바울로가 선이라는 말과 함께 가난, 하찮음, 무가치라는 의미로 악을 뜻하는 말을 사용했다는 사실은 아마도 중요할 것이다(참조. 이 책 198면 주 19 : 대조. 집회서 12,14). 그러나 이러한 관찰은 적절한 설명이 되지 못한다(이 관찰에 의하면 마치 바울로가 '그리스도교인들이 심판을 받을 때 하느님은 반드시 절대적인 선과 절대적인 악을 판단하지는 않고, 선과 완전하지 못한 선을 판단하신다'고 말하고 있는 것 같다). 왜냐하면 고린토전서 9장 27절은 바울로가 자기 자신이, 따라서 어떠한 그리스도교인이라도 그 자신의 삶에 근거해서 거부될 수도 있다는 가능성을 고려하고 있음을 보여주기 때문이다. '신앙의 결단은 심판 때까지 계속해서 새롭게 행해져야 한다' (Rissi, 98).

바흐만은 (칼빈을 따라) 새로운 단락이 5장 11절이 아니라 9절에서부터 시작된다는 견해를 받아들인다. 사실 9절과 10절은 본래 이행구로 간주될 수 있을 것이다.

10. 보물 : 그리스도의 죽음으로부터 일어난 화해와 새로운 창조의 메시지 5장 11—21절

11 우리가 주를 두려워할 줄 알기 때문에 사람들을 권면합니다. 그러나
우리는 하느님 앞에 밝히 드러나 있읍니다. 그리고 나는 여러분의 양심에도
우리가 밝히 드러나기를 바랍니다. 12 우리가 여러분에게 또 다시 우리를
추천하려고 하는 것이 아닙니다. 다만 우리를[20] 자랑할 수 있는 기회를 여
러분에게 주어 마음 속에는 자랑할 것이 없으면서 겉으로만 자랑하는 인간
들에게 대답할 말이 있게 하려는 것입니다. 13 우리가 미쳤다면 하느님을
위하여 그럴 것이요, 정신이 온전하다면 여러분을 위하여 그럴 것입니다.
14 그것은 그리스도의 사랑이 우리 행동을 다스리기 때문입니다. 우리는 한
사람이 모든 사람을 대신하여 죽었다는 데 우리 마음을 두고 있읍니다. 그
것은 모든 사람이 죽은 것을 뜻합니다. 15 그리고 그가 모든 사람을 위하여
죽으신 것은 살아있는 (사람들이) 이제부터는 자기 자신을 위하여 살 것이
아니라 자기를 위하여 죽으셨다가 다시 사신 그분을 위하여 살도록 하기 위
한 것입니다. 16 그러므로 우리는 이제부터 아무도 육적인 표준으로 알려고
하지 않습니다. 전에는 우리가 육적인 표준을 따라 그리스도를 알았지만[21]
이제는 그런 방식으로 그를 알지 않습니다. 17 나아가서 누구든지 그리스

---

20) "우리를"(ὑπὲρ ἡμῶν: "우리를 위하여") 대신에 P⁴⁶ B ℵ에는 "여러분들 자신을 위하여" (ὑπὲρ ὑμῶν)라고 되어 있다. 이 독법은 매우 훌륭한 사본들에 의해 입증되지만 자주 무의미한 것으로 여겨져 삭제되었다. 그것은 "나와 내가 하고 있는 모든 일은 여러분들을 위한 것입니다. 스스로를 추천하는 것처럼 보이지만 그것도 참으로 여러분의 유익을 위한 것입니다. 그리고 그것은 여러분들에게 여러분들 스스로에 대해 자랑할 만한 것을 제공해줍니다"를 의미할 수 있다. ὑπὲρ ὑμῶν αὐτῶν이나 혹은 ὑπὲρ ἑαυτῶν이 나오리라고 기대할 수도 있을 것이다. 그러나 만일 그렇게 볼 경우 가장 오래되고, 훌륭한 사본들에 잘못이 있는 것으로 되는데 그 문제를 어떻게 처리할 수 있겠는가?

21) 이것은 P⁴⁶ B ℵ* D*의 독법인 εἰ καί를 번역한 것이다. 대다수 사본들의 εἰ δὲ καί는 의미상 별다른 차이가 없다. 그러나 G사본과 라틴 사본의 καὶ εἰ("~할지라도")와 K 사본의 εἰ δέ("그러나 만일")는 의미상으로는 아니지만 강조점에 차이가 있다. 플랑쥐(262)는 καί를 비교의 의미로 보고, 다음과 같이 번역한다 : '…마찬가지로 만일 우리가 육에 따라 그리스도를 알지 않는다면 우리는 더 이상 그를 알지 못합니다.'

도 안에 있으면 새로운 창조행위가 있을 것입니다. 옛 것은 모두 지나가고, 보시오, 새 것이 되었읍니다.[22] 18 이 모든 결과들은 다 하느님께로부터 온 것입니다. 그는 그리스도를 통하여 우리를 자기와 화해하게 하시고, 또 우리에게 화해의 직분을 맡겨주셨읍니다. 19 말하자면 그리스도 안에 계셔서 세상을 자기와 화해하게 하시며, 그들의 죄과를 그들에게 돌리시지 않고 오히려 화해의 메시지[23]를 우리에게 맡겨주신 분이 하느님이라고 증거하는 직분입니다. 20 그러므로 우리는 그리스도의 사절이며, 하느님께서는 우리를 통하여 여러분을 권면하고 계십니다. 우리는 그리스도를 대신하여 여러분에게 요청합니다. 하느님과 화해하시오. 21 그는 죄를 알지 못하는 분을 우리를 대신하여 정죄하셨읍니다. 그것은 우리로 그 안에서 하느님의 의에 함께 참여하게 하려는 것입니다.

서신의 중심부 전체에 걸쳐(보다 확실하지는 않지만 실제로는 서신 전체에 걸쳐서) 바울로의 사상은 복음이라는 보물과 그것이 담겨 있는 보잘것 없는 질그릇, 즉 메시지와 메시지를 전하는 자 사이에서 역설적으로 전개된다. 그러나 자기만족적인 고린토인들의 종이 되기를 온순하게 수락한 것과 조화를 이루는 그리스도의 사절의 위엄과 권위를 포괄할 정도로, 그리고 구원을 향한 하느님의 능력이며 그의 아들 안에서 현시된 복음 자체가, 하느님의 아들이 마치 죄인처럼 취급되고 죽임을 당했다는 불가해한 역사적 사건에 초점을 두고 있다는 사실을 포괄할 정도로 동일한 역설이 확대된다. 위에서 말한 세 가지 역설들이 바울로 문헌들 중에서 가장 함축성 있고, 난해하며, 중요한 이 단락에서 설명되고 있다. 이 단락은 앞 부분과 뒷 부분에 분명하게 연결되어 있지만 어느 정도 독립되어 있다. 이 점에서 이 단락의 일부는(이하를 참조하라) 이미 정형화되어 있었고, 어느 정도 정확하게 인용되기도 했다고 볼 수도 있다. 그러나 이것은 매우 불확실하며, 아마도 불필요한 가설일 것이다. 단지 바울로가 자신의 주제를 전개시키는 과정에서 찬양문이나 혹은 예전적인 언어를 반영하는 고상한

22) 대다수의 사본들에서는 τὰ πάντα를 첨가한다. 이것은 "모든 것들이 새롭게 되었읍니다"라는 번역을 요청한다. 이 독법은 마르씨온에 의해서 채택되었는데 아마도 그 독법은 구약성서의 하느님까지도 포함하여 모든 옛것들을 처리해버리려는 욕구에서 생겼을 것이다. 그러나 바울로는 혁신보다는 새로운 창조에 관심을 가지고 있다.

23) P⁴⁶에는 "화해의 메시지"대신 "화해의 복음"이라고 되어 있으며, D G에서는 두 독법을 혼합하고 있다— "화해의 사신의 복음." P⁴⁶에서는 "사신"이라는 의미를 부여하는데 그것은 옳다.

문체로 기술하게 되었다고 말하는 것으로 충분하다.

[11] 그는 바로 앞에서 "우리가 다 그리스도의 심판대 앞에 나타나야 합니다"(10절)라고 말했다. 그리고 나서 그다지 부자연스럽지 않게 계속한다. 우리가 주를 두려워할 줄 알기 때문에라고 계속한다. "주를 두려워하다"에는 잘 알려져 있는 약화된 의미가 있는데 그에 따르면 경건 이상을 의미하지 않는다(예. 욥기 28,28 ; 잠언 9,10). 여기서 문맥에 의하면 이러한 약화된 의미는 맞지 않는다. 우리가 우리의 행위들에 따라 심판받는다면 앞으로 다가올 일에 대해서 두려워하는 것은 당연하다. 바로 이러한 두려움 안에서 우리는 사람들을 설득합니다(아마도 능동적인 의미일 것이다 : 우리는 설득하려고 합니다). 갈라디아서 1장 10절과 비교하라. 우리가 지금 사람들을 기쁘게 하려는 것입니까? 하느님을 기쁘시게 하려는 것입니까? 이 귀절은 아마도 바울로가 나쁜 의미에서 "사람들을 설득"했다고, 즉 하느님 앞에서나 사람들의 양심의 척도로나 타당하지 않은 부주의한 방식으로 사람들을 자기 편에 끌어들인다고 비난받았음을 암시한다. 불트만은 이 말은 바울로의 적대자가 썼던 말임에 틀림없다고 주장한다 (*Probleme*,13 : 참조. Wendland). 바울로는 아마도 "권면하다"(*παρακαλεῖν*: 6,1)를 썼으리라는 것이다. 그러한 비난에 대해서 바울로는 다음과 같이 답변한다 : '우리는 하느님을 두려워하고, 우리가 그의 심판대 앞에 서야 한다는 사실을 충분히 알기 때문에, 사람들로 하여금 우리들이 아니라 그의 메시지를 받아들이도록 설득한다.' 이것이 아마도 이 귀절의 의미일 것이다. 고린토에는 틀림없이 바울로에 대한 많은 비난들이 떠돌고 있었을 것이다. 그러나 이 귀절은 반드시 이러한 의미를 지니고 있지는 않다. 이 단락은 계속해서 바울로를 하느님과 화해하라고 사람들에게 호소하는 그리스도의 사절로 기술한다. 그리고 아마도 바울로는 단순히 사실을 말함으로써 자신의 주장을 해나가고 있는 것 같다 : '우리로 하여금 복음 사업의 길을 재촉하도록 하는 것은 위대한 심판의 날에 대한 생각이다' (Schlatter). 아니면 바울로는 여기서 복음전도에 대해서 생각하고 있는 것이 아니라 자신의 성실성과 사도로서의 지위를 사람들이 믿도록 설득하려고 하는 것일 수도 있다(휴즈도 그렇게 본다). 어떻게 보든 바울로는 '우리는 하느님과 사람들 앞에서의 우리의 책임을 잘 알고 있다'고 주장한다. 사람들이 우리에 대해서 어떻게 생각하고, 또 말하건간에 우리는 하느님 앞에 "밝히 드러나 있읍니다"(5장 10절에서 나온 것과 같은 말이다 : *φανεροῦσθαι*). 우리

는 그의 법정에 서야 하며, 거기서 무죄로 인정되거나 아니면 정죄받는다(비교. 고전 4, 4). '우리는, 사람들이 우리가 원하는 대로 생각하도록 그들을 설득하려고 한다. 그러나 우리는 있는 그대로 하느님 앞에 나아간다' (Bachmann). 그는 우리들의 동기의 순수성에 대해 심판하신다. 그리고 중요한 것은 그의 심판이다. 그러나 고린토 사람들이 (스스로) 바울로에 대해서 올바른 판단을 해야 한다는 것도 실제적인 목적들을 위해서 어느 정도 중요하다. 따라서 나는 여러분의 양심에도 우리가 밝히 드러나기를(여기서는 앞 절에서와 마찬가지로 완료시제가 사용되었고, 이것은 바울로가 합당하게 사람들이 품을 수 있는 의심으로 인해 손상되는 일 없이 완전히 밝히 드러나 있었으며, 지금도 그렇다는 사실을 암시해준다) 바랍니다. 4장 2절과 해당주석을 비교하라. 만일 고린토 사람들이 편견을 버린다면 그들은 자신의 동기가 순수함을 인정하게 되리라고 바울로는 "바란다"(이 말 뒤에는 완료 부정법이 뒤따르는데 이것은 거의 "생각한다"와 같은 뜻이다 : 참조. *B. D.* § 350).

이와는 다른 방향의 해석이 Schmithals, 153—8에 나오는데 그는 바울로가 영지주의적 비판에 대항해서 복음을 전하는 자신의 합리적인 (황홀경을 체험하는 방식이 아닌) 방식을 변호하고 있다고 생각한다. 이 귀절의 "우리는 사람들을 설득합니다"와 "우리는 하느님 앞에 밝히 드러나 있읍니다"는 각각 13절의 "우리는 정신이 온전합니다"와 "우리가 미쳤다면"에 병행하는 말들이라는 것이다. 이 해석에 대해서는 13절의 주석에서 다시 다룰 것이지만 여기서는 다음과 같은 점에 주목할 필요가 있다 : "우리는 밝히 드러나 있읍니다"(πεφανερώμεθα) 라는 말은 고린토전서 12장 7절에 나오는 동일 어원의 명사(φανέρωσις) 에 부가된 어딘가 의심스러운 의미로 이해하기보다는 10절의 "나타나다"(φανερωθῆναι)가 제시하는 의미로 이해하는 것이 훨씬 좋다. 이 장의 나머지 부분과 특히 일인칭 단수형과 복수형의 용법에 대해서는 Cerfaux, *Christ*, 137(영어번역판 176)을 참조하라.

〔 12 〕 바울로가 자신의 편지를 읽는 사람들의 양심에 호소한 것을 우리는 잘못 이해해서는 안 된다. 우리가 여러분에게 또 다시 우리를 추천하려고 하는 것이 아닙니다. 바울로는 이미 이 점에 대해서 분명히 한 바 있다(3, 1 : 참조. 주석). 그는 매우 어려운 처지에 있다. 왜냐하면 그는 복음 자체가 복음을 설교하는 사람에게 부여하는 권위 외에 다른 어떤 추천서도 이용하려고 하지 않지만 사도

로서의 선교활동을 위해서는 그가 세운 교회의 구성원들로부터 그의 훌륭한 믿음을 인정받을 필요가 있었고, 또 적어도 그렇게 하는 것이 바람직했기 때문이다. 현재의 귀절은 다른 노선에서 활동하는 사람들로 인해 이러한 필요성이 생겨난다는 것을 보여주므로 매우 중요하다. 3장 2절, 10—13장의 발전된 논증과 비교하라. 이 네 장들에서 벌어지고 있는, 격렬하고 신랄하게 논의되는 상황은 이미 서신의 앞 부분들에도 배태되어 있다. 알로는 이 귀절들에 대해서 다음과 같이 기술한다 : '이제 독수리는 위에서 제비들과 여우들을 노려다보기 시작한다. 그러나 수직으로 강하해서 달려들 준비태세는 아직 되어 있지 않다.' 고린토전서는 (외부의 영향이 있기는 했지만) 고린토 사람들 자신이 문제를 지닌 사람들이었을 가능성을 보여준다. 그러나 고린토후서에 반영되는 그와는 다른 상황(서론에 나오는 서술을 참조하라. 이 책 26—33면)은 주로 경쟁적인 사도들의 활동으로 인해서 생겨났을 것이다. 그런데 바울로의 행동이 스스로를 추천하는 것이 아니라면(Bultmann, *Probleme*, 14에서 지적하고 있듯이 단지 겉보기에만 스스로를 추천하는 것처럼 나타난다) 그것은 무엇인가? 우리는 **우리를(즉 우리에 대하여.** 비교. 1,14) **자랑할 수 있는 기회를 여러분에게 주어**(바울로는 한정동사를 써야 할 곳에서 분사를 사용하고 있다. 7,5·7 ; 8,19·20·24 ; 9,11 ; 로마 5,11 등에서와 같다 : Moule, *Idiom*, 179) **마음 속에는**("겉보기" πρόσωπον와 "마음" καρδία 사이의 대조에 대해서는 갈라 2,6 ; 데전 2,17을 참조하라) **자랑할 것이 없으면서 겉으로만 자랑하는 인간들에게 대답할 말이 있게**(~에게 할 말이 있게) **하려는 것입니다.** 바울로는 틀림없이 자신이 하고 있는 행동이 스스로를 추천하는 것과 똑같이 보이리라는 사실을 잘 알고 있었다. 사실 그가 자신은 참된 복음의 신실하고, 믿을 만한 설교자임을 알리려고 한다는 점에서는 스스로를 추천한다고 볼 수도 있다. 보다 정확하게 말하자면 그것은 바울로 자신이 말하듯이 복음이 그를 추천하는 것이다. 왜냐하면 추천의 동기가 그 자신 안에 있는 것이 아니라 —다른 사람들이 성실하고 참되게(마음 속으로)가 아니라 외적이고, 단지 겉으로만 진리에 관련된 것으로 보이는 일들을 자랑하는— 고린토의 상황에 있기 때문이다. 그 사람들이 누구였는지에 대해서는 이 귀절만 가지고서 대답할 수 없다. 서신 전체를 통해서 증거들을 수집해야 할 것이다. 증거들을 요약한 것으로는 "바울로의 적대자들"(이 책 서론 54면 이하)을 참조하라. 그들이 자랑하는 근거가 역사적 예수와 직접 접했다는(참조. 갈라 2, 6) 사실에 있다고 주장하는 것은 16절에 비추어 볼 때 어느 정도 타당하다. 그러나 이외에도 예루살렘 교회의 공식적인 추천과 그들의 강한 성격, 자신들이 보았다고 주장하는 환상들, 그리고 그들 자신의 것이 아닌 성과들(10—13장 여러곳을 참조하라)을 자랑의 근거로 덧붙일 수 있을 것이다. 자랑 자체는 유익할 것이 없다(12, 1). 그리고 바울로 자신은 주님만을 자랑하려고 한다(10, 17). 그러나 고린토의 그리스도교인들이 사도에게 절대적으로 충성하지는 않았다 하더라도 허황하고 말재주가 좋은 그의 경쟁자들에게 압도당하지는(그들이 결국에는 그렇게 되었지만 : 11, 20) 않았다는 사실이 고린토의 상황에서 매우 중요한 특징이다. 그들은(고린토의 그리스도교인들) 대답할 말이 있어야 했다. 바울로가 한 대답—그는 그리스도를 주로, 자신을 종으로(4, 5) 선포함으로써 하느님을 두려워하는 가운데 그에게 맡겨진 복음을 신실하게 설교했다는 대답—은 적절한 것으로 생각되지 않았던 것 같다. 11장 6·22—23절과 비교하라.

〔 13 〕 이 단계에서(서신의 뒷부분에서 그는 더욱 깊이 이야기할 것이다) 바울로가 자신을 위해 주장하려고 하는 것은, 자신을 돌보지 않고 있다는 것이다. 그가 하고 있는 일은 모두가 하느님을 섬기는 것이며, 고린토인들의 이익을 위한 것이라고 한다. 우리가 미쳤다면(방언으로 말하거나 〔고전 14, 18〕 혹은 환상을 본다면 〔고후 12, 1—7〕) 하느님을 위하여(고전 14, 2) 그럴 것이요, 정신이 온전하다면 여러분을 위하여 그럴 것입니다. 방언으로 말하는 사람은 하느님과 개인적으로 대화할 수 있는데 이것은 그 자신에게는 이롭지만 공동체에는 아무런 유익이 없다. 이성적인 말이 교회를 가르치고 세울 수 있다(고전 14, 3—4·19). 어떠한 경우든 말하는 사람은 자신을 영광스럽게 하려고 하지 않는다. 그러나 고린토 사람들은 오직 하느님의 영광만을 구하는 사도가 자신들에게 있다는 사실에 대해 자랑할 수 있다(Schlatter). '여기서는 황홀경의 체험에서 절정을 이루는 개인적인 종교적 삶의 영역이 "온전한 정신"(σωφρονεῖν)으로 표현된 공동체에 대한 사도적 봉사의 영역과 두드러지게 구별된다' (Käsemann, "Legitimität", 67/61).

이 귀절에 대한 위의 간단한 해석은 어느 정도 확실하고 유용한 것이라고 말할 수 있을 것이다. 그러나 그것은 몇 가지 문제를 제기한다. "우리가 미쳤다면"은 ἐξέστημεν을 번역한 것인데 이 말은(마르코복음 3장 21절에서처럼) 일상적이고 영속적인 상태나('우리는 정신이 나갔었읍니다. 그리고 지금도 정신이 나간 상태입니다'), 아니면 '우리가 정신이 나갔던' 과거의 특수한 한 사건을 가리킨다. 주석가들은 이 점에서 첨예하게 의견이 갈라졌다. 예를 들어서 메네이는 바울로가 여기서 '영적 긴장을 언급하고 있으며, 그는 항상 그러한 긴장 가운데서 생활하고 활동했다'고 생각한다. 반면 알로는 단순과거형(ἐξέστημεν)은 특수한 한 사건을 가리킴에 틀림없다고 주장한다. 그리고 어떤 학자들은 이것이 "마음 아픈 방문" 때에 일어났던, 바울로가 분노로 거의 미칠 지경이 되었던 한 사건을 가리킨다고 주장하기도 한다. 이에 못지 않게 개연성이 있는 제안으로는 바울로가 스스로를 추천했을 때를 가리킨다는 것이다(Bachmann). "우리가 정신이 온전하다면"은 의문의 여지 없이 지속적인 시제를 나타낸다. 그러나 이 말이 다른 동사를 수반하는지 아니면 대조를 의도한 것인지는 확실히 알 수 없다. 슈미탈스(11절에 대한 주석을 참조하라)는, 오직 몰아적인 말만이 신적 기원을 입증해줄 수 있다는 이유에서 공동체에 대한 바울로의 이성적인 가르침은 사도적 권위를 지니고 있지 않다고 주장하는 데 대해서 바울로가 반박하고 있다고 생각한다. 바울로는 이렇게 대답한다. '아니요, 황홀경은 하느님을 위한 것이고, 여러분에게 필요한 것은 평범한 이성입니다.' 만일 위에서 지적한 주장이 고린토에서 일반적이었다면 바울로는 틀림없이 그것을 반박했을 것이다. 그러나 그의 생각의 중심이 그렇지는 않았다. 아마도 "정신이 온전한 것"은 말과 가르침에 매우 긴밀하게 관련되어 있을 것이다. Plato, *Phaedrus* 244A("한 사람은 미쳤고, 한 사람은 정신이 온전하다" *ὁ μὲν μαίνεται, ὁ δὲ σωφρονεῖ*. 빈디쉬에 의해 인용되었다)는 이 말의 일반적인 용법을 보여준다. 바울로의 주된 핵심은 다음과 같이 의역될 수 있다 : '그리스도인으로서 그리고 사도로서 나의 경험은 몰아적인 것과 이성적인 것으로 나뉘어집니다. 이것들은 각기 하느님과 여러분을 위한 것이며, 어느 것도 나 자신의 이익이나 영광을 위한 것이 아닙니다.' 15절과 비교하라. 적어도 바울로는 이제부터 자신을 위해 살지 않을 것이다. 이런 방식으로 이해하면 이 귀절은 단락 전체와 일맥상통하게 된다.

이제부터 바울로는 자신을 추천하거나 혹은 자신은 그렇게 하지 않는다고 입증하는 일을 그만두고, 그리스도교의 사도로서의 자신의 모든 행위의 동기에 대한 이야기로 화제를 돌린다. 이것은 사적인 것이 아니라 보편적인 동기이며(비록 개인적으로 느껴진 것이기는 하지만),

그리스도교 교리에 대한 기본적인 진술로 이끌어진다.

[14] 왜 우리는 이렇게 우리들 자신을 위해서가 아니라 하느님과 여러분을 위해서 행동합니까? 슐라터가 표현하는 바에 따르면, '왜 바울로의 마음에는 오직 사랑만이 있는가?' 이것은 바울로가 이제 겉으로 자랑하지(12절) 않는 이유를 제시하고 있다는 불트만의 견해(*Probleme*, 14—5)보다 개연성이 있다. **그리스도의 사랑이 우리의 행동을 다스립니다.** "그리스도의 사랑"은 아마도 주격을 나타내는 속격일 것이다(Robertson도 이렇게 본다. 499) : 우리를 위한 그리스도의 사랑. 목적격을 나타내는 속격으로 본다면 '그리스도를 위한 우리의 사랑'이 된다. 리츠만(비교. Allo)은 이 말에는 신비주의적 이중의미가 들어 있다고 생각한다. 스피크(C. Spicq, *St, Th.* viii. 123—32)의 논문을 참조하라. 여기서 기본적인 생각은 우리를 위한 그리스도의 사랑에 대한 것이었음에 틀림없다. 왜냐하면 이렇게 볼 경우에만 이어지는 내용에 대한 적절한 서론을 제공할 수 있기 때문이다. 사람들에 대한 하느님의 (그리스도의) 사랑은 그리스도의 죽음에서 입증되었다(로마 5,8 ; 갈라 2,20). 그리고 바울로는 이 귀절의 두번째 부분에서 즉시 이 점에로 전환한다. 그러나 스피크(Spicq)가 바울로에 대한 그리스도의 사랑이 그리스도에 대한 바울로의 사랑을 불러일으켰다고 관찰한 것은 옳다(124). 이 절의 동사(*συνέχειν* "다스리다")를 바울로는 다른 곳에서는 오직 필립비서 1장 23절에서만 사용했는데 거기서 그의 행동은 두 가지 대립적인 동기들에 의해 속박되는 것으로 나타난다. 여기서 그가 생각하고 있는 것은 확실히 다스림에 관한 것이다(그러나 V.P. Furnish, *Theology and Ethics in Paul* [1968], 167에서는 "지탱하다"를 의미하는 것으로 본다). 이 말을 '~(지나친 황홀경의 체험, 혹은 자기자랑을) 하지 못하도록 우리를 막다'로 번역할 수는 없다.

그리스도에 대한 사랑도 역할을 하기는 한다. 그러나 그와 같이 바울로가 행동을 하게 하는 것은 그리스도의 사랑이다. 그리스도를 사랑하는 행동의 배후에는 예수의 죽음의 의미에 대한 깨달음이 있다. **우리는 한 사람이 —그리스도가— 모든 사람을 대신하여 죽었다는 데 우리 마음을 두고 있읍니다.** 이것은 고린토전서 15장 3절에 표현된 바와 같은 확실히 바울로 이전의, 원시 그리스도교에서 해석된 십자가 처형의 역사적 사실이다. 그리스도께서 성서에 기록된 대로 우리 죄를 위하여 죽으셨다. 여기서는 성서에 대한 언급이 없다. 그리고 "우리 죄를 위하여"

대신 "모든 사람을 대신하여"로 되어 있다. 갈라디아서 2장 20절, 디모데오전서 2장 6절, 마르코복음 10장 45절과 비교하라. 그리스도의 죽음이 인류 전체("모든"이라고 하건 "많은"이라고 하건간에)의 유익을 위한 것이었다는 믿음은 일반적인 토대이다. "~을 대신하여" (ὑπέρ)가 뜻하는 바는 한 사람의 죽음이 다른 사람들에게 유익을 줄 수 있는 방식, 그 이익이 소유될 수 있는 방식이다. 이것들은 해명되어야 할 문제들이다. 다음의 몇 귀절들은 그것들을 해석하는 데 큰 도움이 된다.

그리스도가 "모든 사람을 대신하여 죽었다"고 하는 단순한 진술에서부터 출발하여 바울로는 다음과 같이 계속한다. 그것은 모든 사람이 죽은 것을 뜻합니다(~것을 : ἄρα "그러므로"의 확대된 번역이다). "~을 대신하여"라는 말은 대표하는 것이나 혹은 대체하는 것을 의미한다 (Robertson, 630 이하). 우리는 바울로가 다음과 같이 말하지 않았다는 점에 주목할 필요가 있다. 즉 모든 사람들이 죽은 것과 마찬가지이다, 혹은 모든 사람들이 마치 죽은 것처럼 생각되었다, 혹은 한 사람이 그들을 대신하여 죽었기 때문에 모든 사람들이 죽을 필요는 없었다는 식으로 말하지는 않았다. '대표'건 '대체'건 어느 것도 바울로가 말하고자 한 바를 정확하게 표현하지 못한다. 그리스도의 죽음 때문에 모든 사람들이 다음 귀절에서 서술한 것과 같은 의미에서 잠정적으로 죽게 되었다고 기술하는 것이 아마도 가장 좋을 것이다. '그가 우리를 위하여 죽었으므로 우리는 우리 자신들에 대하여 죽게 되었다' (Calvin). 그리스도의 죽음이 세례를 통하여 죄에 대해 죽는 것을 의미하는 로마서 6장 3절 이하와 비교하라. 이 단락에는 세례에 대한 언급이 나오지 않는다는 점은 주목할 만하다. 큄멜은 다음과 같이 관찰한다(*Theologie*, 192) : '그리스도교인들이 그리스도와 함께 죽고 새롭게 사는 것의 근거를 세례에 두지 않고 하느님의 역사적 구원 행위에 둔 바울로서신들 중의 본문들[고린토후서 5장에 덧붙여서 그는 로마서 7장 4·6절, 갈라디아서 2장 19—20절, 3장 13절, 4장 4절, 5장 24—25절, 6장 14—15절을 언급한다]을 통해서 우리는, 바울로에게 있어서 그리스도와 함께 하는 죽음과 새로운 창조를 가능하게 하는 것은 세례의식이 아니며, 세례는 보다 포괄적인 사건의 가시적인 표현일 뿐임을 알 수 있다.' F. Büchsel, *Theologie des Neuen Testaments* (1937), 107, 그리고 M. Dibelius and W.G. Kümmel, *Paulus* (1951), 113과 비교하라.

[15] 그리스도는 모든 사람을 위하여 죽었다. 그러므로 모든 사람이 죽었다. 그러면 어떤 의미에서 모든 사람이 죽었는가? 죽었다는 것은 "새로운 목표와 목적들을 가지고 새롭게 살기 위해서 자유롭게 된 것"을 뜻한다(Windisch). 바울로는 처음에 말했던 주장을 반복함으로써, 그리고 마지막 절에서는 그 목적을 말함으로써 계속한다. 그가 모든 사람을 위하여 죽으신 것은 살아있는 (사람들이) 이제부터는 자기 자신을 위하여 살 것이 아니라. "사람들", 혹은 "모든 사람들"이라는 말로 충분히 대치할 수 있는 서술적인 주어 "살아있는" (사람들)은 그리스도의 죽음 안에서 모든 사람들의 죽음은 그의 죽음과 같이 신체적인 죽음이 아니라는 사실을 표현한다. (그는 무죄하므로 : 21절) 오히려 그들의 죽음은 신체적인 죽음 훨씬 이전에 있었던 그의 죽음과 같은 종류이다. 아담의 때 이후로(참조. *Romans*, 36—7, 111—19) 일반적인 인간들의 삶은 자신들을 위한 것, 자신들의 이익을 위한 것이었다. 이것이 바로 자신의 창조자를 위하여 사는 대신 스스로, 자신을 위해서 삶을 다스리고자 했던 아담의 죄였다. 이것이 사람들이 살아온 방식이었고, 그것은 죽음을 낳는다(창세 2, 7 ; 로마 6, 23). 따라서 인류의 유일한 희망은 이 옛 삶과 관련해서, 자기 자신들과 관련해서 죽어야 한다는 것이다. 한편 그리스도는 죄에 대하여 단 한번 죽었다(로마 6, 10a). 죄에 대한 그의 유일회적인 죽음은 그들이 그와 함께 죽기를 원하는 한 모든 사람들의 죽음이다. 실제적인 순종과 이타적인 삶의 영역과는 별도로 이러한 변화가 일어나고 있다는 데 대해서는 의문의 여지가 없다.

마지막 절이 이어진다. 사람들은 이제부터 자신들을 위해서 살지 않고 자기를 위하여 죽으셨다가 다시 사신 그 분을 위하여 살 것이다. 십자가처형의 역사적 사실에 부활의 역사적 사실이 덧붙여졌다. 그리스도가 지금 사는 것은 하느님에 대하여 사는 것이다(로마 6, 10b). 그리고 이에 상응해서 그의 죽음 안에서 죽고, 그의 부활 안에서 부활한 사람들이 그의 은혜로 그리스도에게 순종하면서 새로운 삶을 산다. 과거의 한 인물로서 그리스도가 죽고 부활했기 때문에 더 이상 자기중심적이 아니라 그리스도 중심적인 새로운 인간 존재의 보편적인 가능성(그가 모든 사람을 대신하여 죽었다. 모든 사람이 죽었다)이 생기게 된다. 이것은 이 단락의 주관적인 핵심이라고 불리워질 수 있다. 여기에는 우리가 아직 도달하지 못한 객관적인 핵심도 있다. 거기에 이르기 전에 바울로는 16—17절의 결과를 나타내는 두 절들

(둘 다 ὥστε "그러므로"에 의해서 도입된다)에서 주관적인 결과들을 서술한다. 16절을 삽입구로 보는 것은 잘못이다(리츠만이 그렇게 본다. 불트만과 마찬가지로 큄멜은 거기에 반대한다. Bultmann, *Probleme*, 16—7). 두 결과들은 (16—17절에서) 통합되어 있으며, 둘 다 14—15절에서 말한 내용에 의존하고 있다.

[16] **그러므로 우리는 이제부터**(이 편지를 쓸 때부터가 아니라 "한 사람이 모든 사람을 위하여 죽었다는 사실을 깨달은 때로부터"—Denney) **아무도 육적인 표준으로 알려고 하지 않습니다.** 자신에 대하여 죽고, 십자가에서 처형당하고 부활한 그리스도를 위하여 사는 것의 한 결과로서 새로운 종류의 지식을 얻게 된다. 바울로는 (아마도 논쟁적인) 이 귀절의 후반부를 준비하기 위해서 이러한 일반적인 진술을 했을 것이다(이하를 참조하라). 그렇다고 해서 일반적인 진술이 무의미하게 되는 것은 아니다. "육"(σάρξ)의 의미에 대해서는 1장 12·17절과 4장 11절, 그리고 해당 주석들을 참조하라. '육에 의해 규정된 삶을 사는 것은 단순히 육체적인 존재로서의 삶을 뜻하는 것이 아니라(그리스도도 육체적인 존재로서 살았다) "육"이 의미하는 모든 것, 즉 이 세상에 한정되는 것에 중심을 두고 사는 것을 의미한다. 즉 하느님으로부터 떠난 존재에……마음을 두는 것을 의미한다'(*Romans*, 157). 육은 '왜곡된 인간 본성, 그것이 물질이기 때문에 왜곡되었다는 것이 아니라 총체적으로 하느님으로부터 떠난 존재로서 인간중심적으로 살아가기 때문에 왜곡된 것이다'(『고린토전서』, 182면). "육"의 의미가 이러하다면 '육에 따른 지식'이 무엇인지를 알기는 쉽다. 그것은 평가의 기준이 순전히 인간적이고, 특히 이기적인 지식을 의미한다. 그러한 방식으로 자신의 동료들을 아는 사람은 거기에 따라서 그들을 대할 것이다. 바울로가 여기서 고린토의 영지주의를 공격하고 있다고(참조. 이 책 서론 66—67면) 볼 수도 있다. 그러나 전문적인 의미에서 영지주의임을 시사해주는 증거는 거의 없다. 그러한 영지도 (아무리 그것이 영적인 것으로 보일지라도) 실제로는 육에 따른 지식이다. 왜냐하면 영지주의는 근본적으로 자기중심적인 것이기 때문이다. 그러나 율법주의적이고, 유다화시키는 견해도 역시 "육적인 표준을 따른 지식"을 포함한다. 그리고 바울로가 말한 것은 일종의 목회자적 충고로서 어떠한 맥락에서건 의미가 있다. 더우기 다음 절은 다른 논쟁을 암시해준다.

전에는 우리가 육적인 표준을 따라 그리스도를 "알았지만"(ἐγνώκαμεν: 동사의 변화는 중요하지 않다. 바울로는 이제 완료형을 쓸 필요가 있는데 εἰδέναι는 완료형을 제공해주지 못하기 때문이다. 본문과 번역에 대해서는 이 책 212면 주 21 참조) 이제는 그런 방식으로 그를 알지 않습니다. 이 말들의 의미에 대해서는 상당히 상세히 논의되어왔다. 이러한 논의에 있어서 결정적인 단서는 바울로가 처음부터 이 말들을 염두에 두고 있었지만 대부분 완곡하게 표현했고, 여기서 이 말들은 16절a에서 말한 것의 특수한 경우에 해당한다는 사실을 깨닫는 것이다. 전에는 우리가 모든 (벤드란트가 주장하듯이 그리스도교인들만이 아니라) 사람들을 "육적인 표준을 따라"라고 기술할 수 있는 방식으로 평가했다. 그러나 우리는 이제는 더 이상 그렇게 하지 않는다. 마찬가지로 전에는 우리가 그리스도를 그런 방식으로 평가했다. 그러나 지금은 그렇게 하지 않는다. 여기서 문제되고 있는 말들에 이런 방식으로 접근한다면 "육적인 표준을 따라"는 형용사적으로(명사 그리스도를 수식하는 것으로)가 아니라 부사적으로("알다"라는 동사를 한정하는 것으로) 보아야 한다는 것이 곧 분명해진다. 즉 일반적으로 사람들이 한 역사적 존재(그리스도)를 잃었다는 것이 아니다. 그리고 '바울로는 여기서 우리가 이제는 그리스도의 육을 알 수 없다고 말하는 것이 아니라, 우리가 육에 따라 그를 판단하지 않겠다고 말한다' (Calvin). 바울로가 거부하는 것은 육적인 지식이다. 따라서 이 귀절에 대한 잘못된 해석에 토대를 둔 견해, 바울로는 역사적 예수에게 관심을 갖지 않았다는 견해는 거부되어야 한다. 그러나 '육에 따라(*κατὰ σάρκα*) 안 그리스도는 '육에 따른 그리스도(*Χριστὸς κατὰ σάρκα*)' 라는 불트만의 견해(*Theol.*, 234 : 영어번역판 i. 239)와 '육에 따른 예수는 과거에 속한다' 는 쉡스(Schoeps, *Paulus*, 107 : 영어번역판, 108. 참조. *T.G.F.*, 427)의 견해를 진지하게 받아들일 필요가 있다. 빈디쉬도 역시 "육적인" 지식에서는 궁극적으로 주체와 객체가 구별될 수 없다는 데 동의한다 (185에 실린 그의 주석은 중요하다). Cerfaux, *Christ*, 211(영어번역판, 278)도 마찬가지이다. 위에서 말한 불트만의 지적이 지니는 난점은 "육에 따른 그리스도"가 무엇을 의미하는지가 전혀 분명하지 않다는 것이다. 불트만은, 그리고 쉡스도 마찬가지로 이 말이 "역사적 예수"를 의미한다고 이해하는 것 같다. 실제로는 만일 바울로가 이 표현을 이해했다면(그는 로마서 9장 5절에서 이 말을 쓰지 않는다) 그는 당연히 이 표현이 몇몇 유다인 집단들이 자신들의 민족주의적 갈망을 충족시키기 위해 생각해낸 군사적 메시야—즉 인간중심적으로 이해된 메시야—를 의미한다고 이해했을 것이다. 천적인 사람의 아들의 상도 이와 마찬가지로 육적인 방식으로 이해될 수 있었다고 덧붙이는 것은 타당하다. 이것은 역사적 예수가 아니다. 그리고 (좀더 가깝기는 하지만) 역사적으로 이해된 메시야도 아니다. 바울로가 거부하는 것은 자신의 상상대로 메시야를 만들어내는 인간의 습관(이것은 유다인들뿐만이 아니라 그리스도교인들에게도 영향을 끼쳤다)이다. 이 습관을 거부하는 것은 그렇게 해서 만들어진 메시야상을 거부하는 것과 다름없다. 그러나 이 문장은 어떠한 방식으로 이해되건간에 역사적 예수에 대한 그의 관심이나, 혹은 그러한 관심의 결여에 대해서 우리에게 많은 것을 말해주지 않는다. 언급된 때는 그의 회심 이전임에 틀림없다(위의 "이제부터는"에 대한 주석을 참조하라). 그가 여기서 예수에 대한 자신의 그릇된 평가를 생각하고 있는지, 아니면 오고 있는 메시야에 대한 자신의 희망을 생각하고 있는지는 확실히 알 수 없다. 전자일 가능성이 더 많다 : 그는 예수를 보았던 것이다(고전 9, 1 ; 15, 8).

실제로 뷔셀(Büchsel, 앞글 98—9)이 다음과 같이 말하는 것은 옳다. 바울로가 거부하는 것은 '그리스도의 사랑(14절)에 의한 다스림(Beherrschtsein)에로, 우리를 위해서 죽고 부활한(15절) 그 분을 위한 삶에로 인도하지 못하는, 예수에 대한 잘못된 지식'이다. 그리고 바울로는 복음전도자의 이름으로 그와 같이 말했으리라는 바르트의 논평(*C.D.* Ⅲ ii. 57, 참조. 450)에는 거의 과장이 없다. 마틴은 새로운 지식의 종말론적 측면을 강조한다(J.L. Martyn, in *Christian History and Interpretation*, ed. I.W.R. Farmer, C.F.D. Moule, R.R. Niebuhr, [1967], 269—87). 프레이저는 이 문제에 대한 최근의 논의를 제시하는 논문에서 이렇게 결론짓는다 : '중요한 것은 다른 사람들과 함께 바울로가 성령과 믿음에 의해 "전(全)그리스도"를 새롭고 완전하게 이해했다는 것이다(J.W. Fraser, *N.T.S.* xvii, 293—313). 그는 다른 사람들을 그와의 관계에 따라서, 새로운 종말론적 상황 안에서, "새로운 창조" 안에서 새로운 방식으로 이해한다' (312).

그러나 이것으로 문제가 끝나는 것이 아니다. 리츠만은 이 단락을 갈라디아서 1—2장과 비교하며, 여기서는 갈라디아서에 등장하는 인물들과 동일한 인물들에 대한 암시가 나타난다고 결론짓는다. 라이케는 고린토전서 1장 12절의 그리스도를 생각한다(Reicke, *Diakonie*, 267, 275—8). 리츠만은 다음과 같이 기술한다 : 예수의 제자들로부터 지지를 받은 유다주의자들은 '바울로가 주를 개인적으로 알지 못했다는 이유에서' 그를 공격한다. 이에 대해서 바울로는 '그리스도의 죽음을 통해서 모든 사람이 죽었으므로 이제 그 누구의 지상적인 상황도 나의 관심을 끌지 못한다. 그리스도의 지상생애가 어떠했는지 내게는 별 관심거리가 되지 못한다'고 대답한다. 그러나 엄격하게 하자면 모든 사람을 대신하여 그리스도가 죽었다(하나의 역사적 행위)고 말한 뒤에 곧 바울로가 그렇게 말하려고 했을 것 같지는 않다. 우리가 알고 있는 한, 바울로가 예수의 지상생애의 세부적인 면들에 대해서는 관심을 보여주지 않는다할지라도 바울로는 그리스도가 지금 하늘에 계시는 주라는 사실뿐만이 아니라 그가 지상에서 살고 죽었다는 사실에도 역시 관심을 가졌다. 갈라디아서와 여기서 그가 거부하고 있는 것은 단순히 예수의 지상 생애에 대한 축적된 지식 자체가 믿음을 이룬다는 생각이다. 그러나 이것은 예수의 지상생애에 그의 신학적 권위를 손상시킬 만한 것이 있어서가 아니라 역사에 대한 축적된 지식은 인간의 성취이고, 따라서 신앙을 돕기보다는 방해하기 때문이다.

〔 17 〕 바울로는 지식에 대해서 이야기하는 것은 이쯤으로 그친다. 예수의 죽음과 부활을 통해서 세상에 들어온 새로운 것을 표현하는 데는 보다 근본적인 방식이 있다. 나아가서(ὥστε: 17절을 16절의 결론으로 끌어내려고 하는 것보다는 14—15절과 연결시키는 것이 더 좋다. 알로는 16절과 17절이 병행을 이룬다고 보았으며, 그것들을 동일한 진리에 대한 긍정적 서술과 부정적 서술로 간주했다) **누구든지 그리스도 안에 있으면 새로운**(참조. 3,6) **창조 행위가 있읍니다.** 바울로의 그리스도교 이해에 있어서 매우 중요한 "그리스도 안에"라는 구에 대해서는 *Romans*, 127을 참조하라. *Romans*, 127에서 옹호한, 이 구에 대한 종말론적 해석이 유일하게 이 귀절에 적절한 의미를 제공해준다. 바울로는 신비주의("그리스도 안에" 'ἐν Χριστῷ는 신비주의적인 것이 아니라 종말론적인 정식이다—Bultmann, *Probleme*, 17)나 교회제도에 대해서가 아니라—메시아적인 고난을 겪고 부활의 첫 열매로서 죽은 자 가운데서 현 시대로부터 올 시대에로 부활한—그리스도 안에서 믿음을 통해 변화된 것에 대해 생각하고 있다. 그러한 변화는 새로운 창조행위로 적절하게 기술된다. 왜냐하면 새로운 시대를 도래시키는 하느님의 행위와 비슷한 것으로는 오직 세계에 대한 이야기의 맨 첫부분에 나오는 그의 세계 창조만을 생각해볼 수 있기

때문이다. 갈라디아서 6장 15절과 비교하라. 유다교의 경우 맨처음의 창조와 하느님의 마지막 구원 행위 사이에는 병행성이 있었으므로 이것은 유다교에서도 친숙한 상징이었다. 이러한 병행성은 적어도 제2 이사야의 시대에까지 소급된다(이사 51,9 이하 ; 54,9—10, 제2 이사야에서는 여기서 바울로가 그러하듯이 옛것과 새것을 대조시킨다 : 이사 42,9 ; 43,18—19). 새로운 창조(b^eri'ah ḥ^adashah)라는 말의 라삐적 용법에 대해서는 W.D. Davies, 119—20을 참조하라. 그리고 *S.B.* iii. 519에 제시된 시편 미드라쉬 18§6(69a)에 대한 언급도 참조하라 : '라삐 시몬(약 A.D. 280년)은 말했다 : 시를 짓고 싶은 사람이 모두 시를 짓는 것은 아니다. 오히려 놀랄 만한 일을 경험하고 시를 지은 모든 사람들은 자신들의 죄가 용서되었고, 그들이 마치 새로운 피조물처럼 되었다는 것이 확실하다고.' Schoeps, *Paulus*, 224와 Stauffer, *Theol.*, 121 이하(영어번역판, 141—2), 그리고 W. Grundmann, in *P.&.Q.*, 110도 참조하라. 그러나 바울로의 용법은 때때로 주장되듯이 라삐적 용법과 가깝지는 않다. 왜냐하면 라삐들은 b^eri'ah ḥ^adashah를 '새로운 피조물'이라는 의미로 쓴 반면 바울로에게 있어서 그 의미는 새로운 피조물이 아니라(위의 사역에서처럼) "새로운 창조 행위", 곧 새로운 창조(nova creatio)이기 때문이다. 이러한 고찰을 통해서 볼 때, 단순히 바울로가 라삐적 표현을 빌어왔다고 보기는 힘들다(어쨌든 우리는 바울로와 동시대의 라삐들이 이 표현을 사용했다는 것을 입증할 수 없다). 그리고 바울로가 여기서 최근에 있었던 속죄의 날 기념행사(녹스가 서신의 연대를 옳게 규정하느냐는 것은 별개의 문제이다)를 암시하고 있다는 견해(Knox, *P.G.*, 144에도 불구하고. 참조. 94)도 역시 불가능하다. 비록 바울로가 '용서를 가져다주고, 새로운 창조, 혹은 새 시대의 시작에 해당하는 것은……속죄의 날이 아니었다' (144)는 데 확실히 동의했을 테지만 말이다. 여기서 바울로의 가르침을 쿰란 종파와 관련지으려는 시도도 역시 설득력이 없다(참조. Braun, 해당란). Stuhlmacher, *Gerechtigkeit*, 75(참조. Schweizer, *Beiträge*, 190)에서는 바울로가 여기서 세례 전승에 기초해서 기술하고 있다고 생각한다. 이러한 견해도 가능하다. 그러나 이에 대한 구체적인 증거가 없는 것 같다.

"모든 사람이 죽었다"(14절)는 말이 개개인들의 참여(참조. 이 책 221면)를 통해서 진리가 되는 보편적인 진술인 것처럼 "새로운 창조"도 마찬가지다. 어떤 한 사람이 "그리스도 안에" 들어왔을 때, 즉 그가 회심했을 때 예수 그리스도의 죽음과 부활에서 다른 의미로 일어았던 새로운 창조가 그와 관련해서 실제로 일어나게 된다. 이러한 의미는 바흐만과 헤링이 채택한대로 구두점을 달리 찍음으로써 표현될 수 있다: '누구든지 그리스도 안에서 새로운 피조물이면, 옛것은 지나갔다…….' 아마도 5장 5절의 영에 대한 기술을 상기하게 될 것이다. 그리고 이것이 다음에 나오는 말에서 표현되었다는 것을 알게 될 것이다. 옛 것은 모두(이것은 그리이스어 원문에는 없지만 바울로가 관사를 사용했다는 사실을 표현해준다. 옛 것들 몇 가지가 아니라 옛것 전부, 그런 것들 전체) 지나가고 보시오, 새 것이 되었읍니다(참조. 묵시 21, 4—5). 물질적인 피조물들이 일소되었다거나 혹은 역사가 소멸되었다는 것은 맞지 않는 말이다(그러므로 우리는 바울로의 이 말로부터 그에게 있어서 역사적 예수의 의미가 어떠했느냐에 대한 결론을 내릴 수는 없다). 사라져간 것은 "육적인 표준을 따른 지식"(16절)이라는 특징을 띨 수 있는 관계들의 세계이다. 새로운 방식으로 주변세계를 알고, 의롭다 인정받음을 통해 하느님과 새로운 관계를 맺는 것은 곧 새로운 세계에서 사는 것이다. 즉 일련의 새로운 관계들이 수립되는 것이다. 이렇게 말하는 것은 하느님이 예수의 죽음과 부활에서 행한 일의 객관성을 부인하는 것이 아니다. 그것에 대해서는 바울로가 나중에 이야기할 것이다. 여기서 그는 그러한 객관성을 "그리스도 안에" 들어온 사람들이 주관적으로 그것을 전유한 사실과 관련시키고 있다. 그러한 사람은 더 이상 할례나 무할례같은 것에 관심을 갖지 않는다(갈라 6, 15). 이제는 하느님에 대한 그의 관계가(여기서 우리는 새로운 창조와 의에 관한 사상의 연관성을 볼 수 있다: 참조. 이 책 234—235면) 전혀 다른 토대 위에 선다. 그러나 그는 여전히 겉보기에는 변하지 않은 세상에서 살고, 그 자신도 예전의 죄된 존재로서의 흔적들을 아직 대부분 떨쳐버리지 못하고 있기 때문에 눈에 보이는 것들(7절)이 아니라 신앙의 토대 위에서 자신의 삶을 이끌어가야 한다. 그리스도교적 존재란, 옛 피조물들의 한가운데에서 신앙에 의해 하느님이 예수를 통해 선사한 새 창조와 관련해서 사는 것을 의미한다. 고린토전서 7장 29절과 비교하라. 그리고 『고린토전서』, 212—213에 나오는 "마치 아닌 것같이"에 대한 설명을 참조하라.

이 장의 나머지 부분에서 바울로는 그에게 위임된 사도직분에 관한 주제, 질그릇에 담겨 있는 보물의 주제로 다시 되돌아가서 그 주제를 보다 직접적으로 다루며, 그리스도 안에서의 하느님의 객관적인 행위를 새로운 언어로 표현하려고 한다.

[18] 이 모든 결과들은. 그리이스어 원문으로는 단순히 "모든 것들"(τὰ πάντα)이다. 그러나 벵엘이 '14절에서 말한 이 모든 것들'이라고 한 것은 옳다. 빈디쉬도 마찬가지이다. 이 말은 주로 16-17절을 가리키는 것이다. 헤링과 바르트(*C.D.* Ⅲ i. 33)는 "모든 것들"이 우주와 피조물 전체를 가리킨다고 이해한다. 그리고 화해시키는 분은 창조주라는 주장은 신학적으로 옳다고 생각한다. 그러나 바울로가 여기서 말하는 바는 좀 다른 것 같다. 새로운 지식, 새로운 창조는 하느님께로부터(ἐκ : 참조. 로마 11, 36 ; 고전 8, 6) 온 것입니다. 바오로만은 그리스도에 관해 수없이 많은 진술들을 한 다음에, 이제 어떻게 하느님이 궁극적인 최고의 원인이 되었는가라는 문제에 주목한다. 1장 21절, 2장 14절, 4장 6절, 5장 5절과 비교하라. 지금까지 바울로는 "우리 안에서의"(in nobis) 하느님의 활동, 즉 신앙에 의해서 그리스도 안에 들어온 사람 속에서, 그리고 그를 위해서 작용하는 새로운 창조에 대해서 기술했다. 그러나 이것은 "우리 밖에서", "우리를 위해" 있었던 하느님의 활동으로부터 나온 결과이다. 객관적으로 하느님은 그리스도를 통하여 우리를 자기와 화해하게 하시고. 화해에 대해서는 로마서 5장 10절과 주석을 참조하라. 이것은 인의와 매우 밀접하게 관련되어 있으며, 따라서 21절의 하느님의 의에 관한 언급을 직접 이끈다. 화해시킨다는 것은 적대관계를 끝내는 것이며, 평화와 선의의 관계로 그것을 대체하는 것이다. 이것은 반드시 어느 한 편에만 적대감정이 있다는 것을 의미하지 않는다. 오히려 여기서는 하느님에게, 곧 이러한 경우 자신의 아들의 죽음 안에서(로마 3, 25—26) 죄인에 대한 사랑과 죄에 대한 분노가 조화되어서 그 자신도 의롭게 되고, 예수에 대한 믿음에 의존하는 죄된 인간도 의롭게 되는 길을 발견한 바로 그 하느님에게 화해의 주도권이 있다는 사실을 평이하게 진술하고 있다. 다음 귀절에 상세한 설명이 나온다. 라삐적 언어의 예들에 대해서는("순결한" pis, "사악한" raşah) *S.B.* iii. 519—20을 참조하라.

우리를 (즉 적어도 잠재적으로 모든 사람을—14절) 화해시킨 하느님이 우리에게(이 말은 바울로와 그의 동료들을 가리킬 것이다. 일반적인 그리스도교인들을 가리키는 "우리"라는 말로부터 이렇게 바뀐 것은 갑작스럽고 이해하기 어렵기조차 하다) 화해의 직분을 맡겨주셨읍니다. 우리는 이미 선교활동과 봉사(διακονία)에 대해서 많은 이야기를 들었다(3, 7·8·9 : 참조. Benoit, Ⅱ 23). 4장 1절, 6장 3절을 참조하라. 다른 귀절들은 주로 헌금과 관련되어 있다. 모세와 사도들의 여러 직분들은 율법에 의해서건, 아니면 복음에 의해서건 사람들을 하느님에게 관련시키는 것과 관계가 있다. 이러한 의미에서 쿰란 공동체(혹은 어쩌면 열 두 사람과 세 사제들의 집단)가 땅에 대한(l^ekapper b^{e}'ad ha-'areṣ) 속죄 행위를 하는 1 *QS* viii. 5—10과 어느 정도 병행성이 있다. 바울로는 십자가의 말을 전하는 것을 자신의 임무로 이해한다(고전 1,18). 이 말은 죄인들을 위한 하느님의 사랑의 사신이며(참조. 로마 5,8), 따라서 불가피하게 화해를 제공한다(로마 10,9—10). 만일 화해를 하느님의 법정과 관련시켜서, 법정적인 언어로 표현한다면 인의(認義) —21절의 하느님의 의에 대한 언급을 지시한다— 이다. '선교활동은 말씀을 전한다' (Bengel. 19절도 역시 언급한다). 화해의 선포는 교회가 세상에 대해 해야 할 봉사이다(Büchsel, *Theologie*, 149).

[19] 다음 귀절의 의미는 전체적으로 보면 분명하지만 문법적으로는 여러가지 난점들이 있다. 18절과 연결시키는 서두의 말(ὡς ὅτι)은 논의의 여지가 있다. 바울로는 동일한 복합어를 11장 21절, 데살로니카후서 2장 2절에서 사용하고 있다. 위의 두 절들에서는 그다지 큰 난점이 없다. 왜냐하면 거기서는 이 말이 참이 아닌, 혹은 전적으로 참은 아닌 진술을 도입하고 있기 때문이다 : "우리는 약했읍니다," "주의 날이 벌써 여기 왔읍니다." 바울로는 이러한 진술들 중 어느 것에 대해서도 완전히 긍정할 수는 없었다. 그래서 그는 단순히 ὅτι(영어의 that과 같이 절을 이끄는 접속사)라고 말하지 않고, ὡς ὅτι("마치 ~인 것같이")라고 말함으로써 이 점을 지적한다. 이러한 구문은 20절에서 사용된 구문(분사와 함께 사용된 ὡς)과 유사하다. *B.D.* § 396에 따르면 19절(ὡς ὅτι)도 같은 방식으로 이해해야 한다. 그런데 19절a의 진술에 대해서 바울로가 의문을 제기하고자 하지는 않았으리라는 데 난점이 있다. 불가타역(quoniam quidem "바로~하기 때문에")을 따라서 원인적인 의미를 부여하고, 고대에는 한 단어(ὅτι)를 써서 충분히 표현할 수 있었던 것을 후대의 코이네 그리스어에서는 복합어로 표현했다고 설명하거나(예를 들어 *M.* i. 212; iii. 137에서처럼), 아니면 바흐만의 견해를 받아들여서 첫번째 단어(ὡς)는 비교의 의미('……우리에게 화해의 직분을 맡겨주셨읍니다. 그럴 수 있고, 또 그랬던 것처럼. 왜냐하면……')를 지니고 있다고 보는 것이 좋다. 사역에서는 바울로가 여기서 기존의 표현양식을 사용하고 있다는 제안과 잘 부합한다는 점에 부분적으로 근거해서 전자의 해석을 채택했다(그러나 전적으로 확신을 가지고 주장할 수는 없다).

이것은 19절이 중심귀절 —20절이 19절의 결과인 반면 19절은 18절의 토대이다— 이라는 캐스팅(Kasting, 140—1)의 견해와도 일치한다. 바르트도 마찬가지이다. 19절 이하에 대한 상세한 주석이 *C.D.* Ⅵ i. 73—8에 나온다. 19(18)—21절이 찬가로부터의 인용문이라는 견해에 대해서는 E. Käsemann, *Zeit und Geschichte* (E. Dinkler, 1964편), 47—59와 이에 대한 스툴마허의 비판인 *Gerechtigkeit*, 77—8을 참조하라.

문법적인 난점들은 해결된 것이 아니다. 왜냐하면 그처럼 도입된 말은 현재의 번역에서처럼 그리스도 안에 계셔서 세상을 자기와 화해하게 하시는 분은 하느님입니다, 아니면 '하느님은 그리스도 안에 계셔서 세상을 자기와 화해하게 하십니다', '그리스도 안에 계시는 하느님은 세상을 자기와 화해하게 하고 계셨읍니다' (ἦν καταλλάσσων을 완곡법적인 미완료형으로 이해한다)라고 번역될 수 있기 때문이다. 위의 번역들 중 어느 것도 불가능하지는 않다. *M.* iii. 88에서는 세번째 것을 채택하고 있다. 첫번째 것이 18절의 사상을 계속 잇는 것으로서 아마 더 나을 것이다 : '새 창조는 하느님으로부터 온다. 왜냐하면 화해의 사신에 따르면 ~하는 분은 하느님이기 때문이다.' 여기서(18절에서 19절로 옮겨갈 때) 유일하게 새로운 것은 "우리"가 "세상"으로 확대되었다는 점이다. 그러나 이것은 14절과 같은 것을 말한다. "그는 우리 모두를 대신하여 죽었다." 관사가 없다는 사실(κόσμον καταλλάσσων: "세상을 화해하게")은 동사의 목적어의 특수성보다는 본성을 강조하는 효과를 지닌다. 아마도 골로사이서 1장 19—20절의 적대적인 천상의 세력들까지도 포함하여 세상 전체를 그가 화해시켰다(A. Richardson, *An Introduction to the Theology of the New Testament* [1958], 213).

이제 로마서 4장에서 인의, 혹은 의의 전가에 대해서 설명한 것과 동일한 방식으로 화해에 대해서 설명된다. 하느님은 세상을 자신과 화해시키면서 그들의 "죄과"를(παραπτώματα : 구체적인 행위에서 눈에 보이게 된 죄—참조. *Romans*, 113) 그들에게(복수형 대명사는 "세상"을 받는 말이다) "돌리시지"(λογιζόμενος: 이 동사에 대해서는 로마서 4장 3—8절과 해설을 참조하라) 않습니다. 죄를 계산하지 않는다는 것(즉 용서)은 의롭게 여김, 혹은 의로 돌리는 것을 의미한다(참조. 21절). 인간들에 대해서 더 이상 죄과들이 계산되지 않았으므로(참조. 출애 29,10) 화해의 길이 열렸다. 사람들은 화해를 받아들이기만 하면 되었다. 그러나 그들은 이제 자신들에게 열려진 가능성을 알지 못하는 한 그렇게 할 수 없다. 바로 이 때문에 바울로는 자신의 선교활동의 주제로 다시 돌아간다(19b·20절).

화해를 가능하게 한 다음 하나님은 **화해의 사신**("말씀" *λόγος*: 참조. 고전 1, 18, 십자가의 말, 혹은 사신)**을 우리에게 맡겨주셨읍니다.** 즉 우리에게 위임하고(참조. 갈라 2, 7) 우리 입에 주셨읍니다. 이것은 18절c를 재진술하며, 20절에서 확대된다. "맡기다"라는 말은 사역에서는 한정동사로 취급되었는데 그리이스어 원문으로는 분사이다(*θέμενος*). 이 말은 이 귀절의 서두에 *ἦν*("~하고 있었다")과 함께 쓸 수도 있었을 것이다. 그러나 이 경우 그것이 어떻게 과거완료의 의미를 지닐 수 있는지를 알기란 쉽지 않다(*M.* iii. 89). 몇몇 학자들, 가령 고린도전서 12장 28절과 비교하는 빈디쉬와 콘첼만(*Theologie*, 232)은 이 귀절이 교회에서 설교직무를 제정하는 것을 가리킨다고 본다. 어떤 의미에서는 그럴 수도 있다. 그러나 바울로는 일반적인 언어로가 아니라 특수하게 자기 자신의 선교활동에 대해서 생각하고 있다.

[20] 우리가 이러한 화해의 메시지를 위임받았기 때문에, **그러므로 우리는 그리스도의**(*ὑπέρ*: "그의 이익을 위하여, 거의 그를 대신하여." 이 말은 14—15절의 말을 이해하는 데 중요하다) **사절**(참조. 필레 9; 에페 6, 20. 이 말은 바울로의 활동을 기술하는 것으로서 매우 적절한 것 같다. 그러나 그는 이 말이 그가 그리 달가와 하지 않는 특권과 면제받는 위치를 반영하기 때문에 대개의 경우 이 말을 쓰는 것을 피했다. 바울로가 "사자"라는 말을 쓰지 않는 데 대해서는 디전 2, 7; 디후 1, 11과 나의 주석 참조)**이며, 마치**(분사가 뒤따르는 *ὡς*; 19절의 *ὡς ὅτι*에 대한 주석을 참조하라. 달리 가능한 번역은 "권면하는 분이 하느님임을 깨닫고~") **하느님께서. 그의** 대행자들로(Kasting, 74에서는 유다교의 샬리아 제도를 언급한다) **우리를 통하여 여러분을**(그리이스어 원문에는 대명사가 없다. 빈디쉬는 아직 변화하지 않은 세상을 칭하는 것이라고 생각한다. 그러나 6장 1절과 나중에 나오는 귀절을 참조하라. "받은 것"은 끊임없이 새롭게 되어야 한다. 이하에서 인용된 Bultmann의 글과 *Probleme*, 18—9를 참조하라) **권면하고**(이 동사에 대해서는 이 책 91면을 참조하라) **계시는 것과 같습니다. 우리는 그리스도를 대신하여 여러분에게 요청합니다. 하느님과 화해하시오.** 즉 그가 주는 화해를(이것은 양쪽에서 받아들이지 않는 한 완전해질 수 없다) 받아들이시요.

이 귀절은 이 단락의 신학에 거의 새로운 것을 덧붙이지는 않고 바울로의 사도직에 대한 서술을 요약한다. 한편으로 바울로 자신은 중요하지 않으며, 그 자신의 메시지를 가지고 있지 않다. 그는 자기 자신을 위해서가 아니라 그리스도를 위해서 행동한다. 그의 위치는 그리스도의 종으로서 갖는 위치이다. 그리고 이러한 이유에서 그는 자신의 청중들의 종이기도 하다(4, 5). 그는 그들의 믿음을 지배하려는 것이 아니라 그들의 기쁨을 더하기 위하여 일한다(1, 24). 다른 한편으로는 바울로가 일하는 곳에는 그가 전하는 그리스도도 함께 일한다. 바울로가 말하는 곳에서는 하느님이 말한다. 화해를 가능하게 한 동일한 행위가 바울로에게 화해의 말씀과 직분을 맡겼다. "십자가와 함께 하느님은 화해의 직무와 화해의 말씀을 세웠다"(고후 5, 18—19). 달리 말하자면 설교 자체도 구원사건에 속한다. 그것은 한 번 일어난 과거의 사건에 대한 설화적인 이야기도 아니고 철학적인 (세계관적) 문제들에 대한 가르침도 아니다. 설교는 그 안에서 그리스도와 만나고, 인간을 향한 하느님 자신의 말씀과 만나는 곳이다: '그러므로 우리는 그리스도를 위하여 행동합니다. 그리고 바로 그때 하느님은 우리 입을 통하여 하느님과 화해하라(고후 5, 20)고 설교합니다' (Bultmann, *Exegetica*, 228). 불트만의 이 인용구는 깊이있고 감동적인 내용이 담겨 있다.

[21] 바울로는 십자가에 못박힌 그리스도가 어떻게 화해의 사신이 되었는지에 대해서 아직 스스로 만족할 만한 설명을 하지 못했다. 이에 대한 바울로의 마지막 설명은 균형을 잘 이루는 병행하는 행들의 쌍으로 제시되었는데 이것은 교차대구법을 보여준다(J. Jeremias, *Abba* [1966], 278). 이러한 관찰은 이 귀절이 운문으로 간주되어야 한다거나 혹은 바울로가 기존의 재료를 인용하고 있다는 것을 입증해주지는 않는다(그러나 이것은 가능하다. 위의 163면을 참조하라). Jüngel, *Jesus und Paulus* (1964), 45에서처럼 마지막 말을("그 안에") 성례전적 정식으로 받아들일 이유는 확실히 없다. 그렇게 보기에는 "그리스도 안에서"라는 말은 바울로에게서 너무 자주 나오는 정식이다. Schweizer, *C.O.N.T.* 주 361: '주 그리스도 안에서'는… 십자가 위에서 일어난 일이 오늘날의 교회에 대해서 지니는 정당성을 규정한다. 이 귀절은 우선 산문으로 설명될 수 있을 것이다. 그는 죄를 알지 못하는(즉 '~에 직접 참여하지 않은'; 참조. 로마 7, 7; *Yoma* 22*b*: '죄를 맛보지 않은 한 살 난 아이와 같이') 분을(메시야의 무죄성에 대해서는 솔로몬의 시편 17, 40—41; 유다의 유훈서 24, 1; 레위의 유훈

서 18 ; 9를 보라) 우리를 대신하여 정죄하셨읍니다. 그것은 우리로 그 안에서 하느님의 의에 함께 참여하게 하려는 것입니다. 우리말로는 맞지 않지만 그리스어 순서를 따른다면 이것은 다음과 같이 제시될 수 있다:

|—a—| |—b—| |—c·d—|
죄를 알지 못하는 분을 우리를 대신하여 정죄하셨읍니다.
〔a. b. c. d〕

|—a—| |d—| |—c—| |—b—|
우리로 함께 참여하게 하려는 것입니다. 하느님의 의에, 그 안에서.
〔a. d. c. b〕

이것은 긴밀한 병행을 이루고 있기는 하지만 교차대구법이 불완전함을 알 수 있을 것이다.

'바울로가 아니라면 감히 누가 이렇게 말했겠는가?' (Bengel) 그리스도의 무죄성에 대해서는 로마서 8장 3절(이것은 다른 면에서도 이 귀절과 관련이 있다), 요한복음 8장 46절과 비교하라. 그리스도의 무죄성이 이미 초기에 신앙조항으로 되었다는 사실은 예수의 수세와 관련해서 복음서저자가 보인 당혹감에 의해 알 수 있다. 바울로의 견해에 의하면 그리스도가 다른 사람들의 죄를 짊머질 수 있는 것은 오직 무죄한 자로서만 가능하다. (적어도 상대적으로) 의로운 자의 공적이 죄인의 유익을 위하여 사용될 수 있다는 것은 유다교에서 일반적인 확신이었다. Bousset-Gressmann, 198—9, 387을 참조하라. 바울로는 '교환'과 관련해서 이 사상을 발전시킨다. 그리스도는 정죄받았다. 그것은 우리로 하느님의 의에 참여하게 하려는 것이다. 바울로가 사용하고 있는 말들이 관계를 서술하는 말들이라는 점에 주목하는 것은 중요하다(참조. Calvin : '여기서 의란 특성이나 혹은 습관이 아니라 우리에게 부여된 어떤 것을 의미한다. 왜냐하면 우리가 그리스도의 의를 받았다고 말해지기 때문이다. 그렇다면 죄란 무엇을 의미하는가? 그것은 그로 인해 우리가 하느님의 심판대 앞에서 고발당하게 되는 범죄행위를 의미한다.' *Romans*와 『고린토전서』 여러 곳에 나와 있는 이 말에 대한 논의들을 참조하라). 바울로는—정확히 맞는 말이 아니기 때문에—그리스도가 하느님의 율법을 범함으로써 죄인이 되었다고 말하지 않는다. 또한 그는 모든 신자들이 즉시 자동적으로 도덕적으로 의롭게, 하느님처럼 선하게 되었다고 말하지도 않는다. 왜냐하면 그것은 (고린토에서의 경험은 물론이고) 그의 모든 경험들과 모순되기 때문이다. 오히려 그는 그리스도가 죄가 되었다고 말한다. 즉 그는 일반적으로 죄를 지은 결과로 발생하는 하느님과의 관계에 들어가게 되었으며, 하느님으로부터 소외되고, 그의 분노의 대상이 되었다. 바호만은 여기서 "죄"(ἁμαρτία)가 결코 '속죄제'를 의미하지 않으며, 여기에는 이사야 53장 6절에 대한 분명한 언급이 없다는 사실을 결론적으로 보여주었다(O. Cullmann, *Christologie des Neuen Testaments* [1957], 75 : 영어번역판, 76과는 다른 견해이다). 빈디쉬가 로마서 8장 3절을 지적한 것은 보다 유용하다. 따라서 우리는 그리스도 안에서의 하느님의 사랑의 행위를 통해서 "의"라는 말로 서술할 수 있는 하느님과의 관계에 들어가게 되었다. 즉 우리는 그의 법정에서 무죄선언을 받았으며 의롭게 되고 화해했다. 우리는 이제 재판에서 그의 원수가 아니라 친구이다. 갈라디아서 3장 13—14절의 비슷한 선언과 비교하라 : "그리스도는 우리를 위하여 저주받은 자가 되심으로 [바울로는 자신의 인용문과는 달리 "저주받았다"고 말하지 않는다] 율법의 저주에서 우리를 속량하셨읍니다." '나무에 달린 사람은 모두가 저주받았다'고 기록되어 있기 때문입니다. 그것은 아브라함에게 주신 복을 예수 그리스도 안에서 이방 사람들에게 미치게 하려는 것이었읍니다.

이러한 해석은 "의"(δικαιοσύνη: Bultmann, *Theol.*, 273 : 영어번역판 i. 276—7과 위에서 언급된 *Romans*의 해당부분을 참조하라)라는 말의 법적 의미에 의존한다. 바우어(*Wörterbuch*, 해당란)가 말하듯이 이 귀절에서 "의"(δικαιοσύνη)는 "의롭게 되다"(δικαιωθέντες)에 해당한다. 그러나 케제만에 의해 의에 대한 새로운 해석이 제시되었다(Käsemann, II 181—93 ; Stuhlmacher, *Gerechtigkeit*, 74—8·208·222도 참조하라). 케제만에 의하면 하느님의 의는 본질적으로 그의 능력의 현시이다. '믿는 자들은 다시 하느님의 지배 아래 놓이게 된 세상이며, 하느님의 종말론적인 정의(Recht) 아래 있는 무리이고, 따라서 고린도후서 5장 21절에 의하면 하느님의 의가 지상에서 현시된 무리이다' (193). 이 견해에 대한 비판은 Bultmann, *Exegetica*, 470—5, 특히 472—3을 참조하라. 슈툴마허에 따르면 '바울로는 하느님의 의를 통해서 그의 피조물에 대한 창조주의 성실성을 깨닫는다. 고린도후서 5장 21절은 그리스도가 창조주의 이러한 신실성의 구현임을 보여준다. 이러한 성실성은 존재론적으로는 항상 영적인 능력으로(Pneumatische Dynamis) 생각되었다' (208). 여기서는 적어도 이 귀절과 관련해서 본다면 하느님의 의에 대한 이러한 견해들은 바울로의 구약성서적 배경과도 잘 연결되지 않으며, 여기서 설명되고 있는 것과 같은 바울로의 논증과도 잘 맞지 않는다고 말하는 것으로 충분하다. 17절의 "새로운 창조"와 21절의

"의"는 동의어가 아니다. 후자가 전자의 토대이다. 하느님과의 새로운 관계(의)는 새로운 창조와 그것이 현시된 거듭난 도덕적 삶의 토대이다. 새로운 관계 자체가 거듭난 도덕적 삶은 아니다. 알로가 다음과 같이 말한 것은 옳다: '그리스도가 실제로 죄를 지을 수는 없었지만 사람들은 하느님이 그렇게 하시기만 하면 참으로 의롭게 될 수 있다.' 그러나 반드시 '하느님이 그렇게 하시기만 하면' (Dieu l'opérant)에 강조점을 두어야 할 것이다. 이 단락에서 바울로의 사상은 아직 이러한 단계에까지 이르지는 않았다. 그는 아직도 죄된 인간이 하느님과 관계를 맺는 일차적인 과정에 대해서 생각하고 있다.

이 귀절에 대해서는 특히 M.D. Hooker(*J.T.S.* xxii. 349—61)의 논문을 참조하라. 이 논문에서는 성육과 죽음에서 그리스도의 활동이 지니는 (대리적이라기보다는) 대표적인 성격과 (사도뿐만이 아니라) 그리스도 안에 있는 사람으로부터 다른 사람들에게로 축복이 흘러넘치는 것을 강조한다.

11. 하느님과 그의 사절에게 응답하라는 호소 6장 1—13절

1 우리는 하느님과 함께 일하는 사람으로서 하느님의 은혜를 헛되게 받지
말라고 여러분에게 권면합니다. **2** 왜냐하면 그가 "은혜의 때에 나는 네 말
을 들어주었다. 구원의 날에 나는 너를 건져 주었다"고 말씀하시기 때문입
니다. 보시오, 지금은 은혜의 때요, 지금은 구원의 날입니다! **3** 이렇게 여
러분에게 권면하면서 우리는 이 일[24]이 비난받지 않게 하려고 어떠한 일에
있어서도 걸려 넘어지는 원인이 되지 않게 하려고 합니다. **4** 반대로 우리가
하는 모든 일에 있어서 우리는 하느님의 일군들이 그러듯이 우리 자신을 추
천합니다. 많이 참고, 환난과 고통과 핍박 가운데 있었읍니다. **5** 우리는 매
를 맞고, 옥에 갇히고, 폭동을 겪고, 괴로운 노동을 하고, 잠을 자지 못하
고, 굶주리기도 했읍니다. **6** 그런 때에도 우리는 순결과 지식과 인내와 친

24) 서방 본문(D G lat sy sa)들에는 "우리의" 일이라고 되어 있다. 이것은 결코 무리가 없는 강조어이다. 그러나 그리스도교적 봉사("일, 직분": διακονία)는 바울로의 봉사보다 광범위한 것이다. 그는 자신의 결점들로 인해 보다 광범위한 이 활동에 비난이 가해지지 않을까 염려하고 있다.

결과 거룩한 영과 거짓없는 사랑과 7 진리의 말씀과 하느님의 능력으로 우
리가 하느님의 일군임을 보였읍니다 ; 오른손과 왼손에 의의 무기를 들었읍
니다. 8 우리는 영광도 받고 수치도 당합니다. 우리는 칭찬도 받고 비난도
받습니다. 우리는 속이는 자 같으나 진실합니다. 9 인정받지 못한 것 같으
나 인정받았읍니다. 죽은 것 같으나 보시오, 우리는 살아 있읍니다. 벌 받
은 것[25] 같으나 죽는 데까지는 이르지 않았읍니다. 10 슬퍼하는 것 같으나
늘 기뻐합니다. 가난한 것 같으나 많은 사람을 부요하게 합니다. 아무 것도
없는 것 같으나 모든 것을 가지고 있읍니다. 11 고린토 사람들이여, 나는
여러분에게 숨김없이 말했읍니다. 나의 마음은 넓게 열려 있읍니다. 12 만
일 좁아진 것이 있다면 나 때문이 아니라 여러분 자신의 감정 때문입니다.
13 내가 내 자녀들에게 말하듯이 말합니다. 여러분도 이와 같은 보답으로
내게 마음을 넓히시오.

이 단락 서두의 귀절들은 앞 단락과 긴밀하게 관련되어 있다. 우리는 바울로의 견해를 고려해볼 때, 그의 설교 자체가 그가 선포하는 종말론적 사건의 일부임을 이미 알게 되었다(참조. Bultmann, *E.&.F.*, 164 ; *Exeg.*, 467). 이것은 그의 호소에 긴박성을 부여한다. 그리고 이 새로운 단락 서두를 어떻게 이해해야 할 것인지를 분명히 보여준다.

[I] 우리는 하느님과 함께 일하는 사람으로서(그리이스어 원문에는 하느님이 언급되지 않는다. 그러나 "함께 일하다" συνεργοῦντες라는 동사는 영어로 옮길 때 보충어를 필요로 한다. 그리고 5장 19절 뒤에서 이 보충어는—몇몇 학자들은 이것이 "여러분", 혹은 "일반적인 청중"들을 가리킨다고 보지만— 하느님만을 의미한다. 예를 들어 칼빈이 이렇게 생각한다 : 참조. 고전 3,9) 하느님의 은혜를 헛되게(참조. 고전 15,10) 받지 말라고 여러분에게(즉 우리는 여기서 다른 사람들뿐만이 아니라 그리스도교인들에게 말합니다) 권면합니다. 고린토인들이 지금 할 수 있는 일들이나 혹은 하지 못하는 일들이 그리스도가 모든 사람들을 위하여 죽었고, 따라서 그의 죽음 안에서 잠정적으로 모든 사람들이 죽었다(5,14)는 사실을 바꾸지는 못한다. 이제는 모든 사람들이 자기 자신만을 위하여 살지 않고, 그리스도를 위하여 살 것이라는 결론(5, 15)은 결코 확정된 것은 아니다. 만일 사람들이 그렇게 하지 못한다면 그들과 관련된 하느님의 자유로운 은사는 그들에게 헛되게 주어진 것이 될 것이다. 바울로는 그리스도교인들에

25) 서방 본문(D* G it Ambrosiaster)들에는 "벌받다"(παιδευόμενοι)대신 보다 일반적으로 "심판받다"라고 되어 있다.

게 편지를 쓰고 있으므로 우리는 그들이 하느님의 은혜에 대해서 어떤 방식으로든 응답을 했다고 가정해야 할 것이다. 만일 그들이 그들 자신의 관심을 추구하느라고 하느님의 은혜를 따르지 못했거나 혹은 다른 사이비 복음에 집착했다면(11, 4 ; Denney) 그것은 더욱 슬픈 일이 아닐 수 없다. 5장 20절에 대한 주석을 참조하라.

〔 2 〕 이 호소는 구약성서로부터의(이사 49, 8. 히브리어 성서와는 약간 다른 칠십인역과 언어상으로 일치해서 인용되었다) 인용문에 의해 뒷받침되는데, 이 인용문의 핵심은 구원의 때를 뜻하는 성취의 때가 지금 도래했으므로 바울로가 설교를 통해 하는 호소가 이제 꼭 필요하게 되었다는 것이다. 내가 호소한 것은 그가(즉 하느님이. 주어가 명시되어 있지 않다. '성서가 말한다'고 번역하는 것도 가능하다. 구지는 주어가 종이며, 바울로에 의해 예수와 동일시되었다고 생각하는데 이러한 제안은 납득하기가 어렵다. 이사야서에는 "주께서 이렇게 말씀하셨다"고 되어 있고 따라서 하느님 자신이 자신의 백성에게 말하는 것으로 나타난다) "은혜의 때"(*καιρῷ δεκτῷ*: 직역하면 "받아들여질 만한 때"인데 새번역 성서에는 "은혜의 때"로 의역되어 있다—역자 주. 고대하며, 기쁨으로 인사하게 될 때. 혹은 이 말과 유사한 표현으로 하자면 하느님이 그의 자비 가운데서 사람들을 받아들일 때)에 나는 네 말을 "들어주었다"(*ἐπακούειν*이라는 동사는 기도를 들어주는 것을 표현할 때 쓰이는 전문적인 용어이다: Betz, *Lukian*, 61). 구원의 날에 나는 너를 건져주었다고 말씀하시기 때문입니다. 바울로는 예언이 성취되었다고 선언한다. 보시오. 지금은 은혜(앞서 구약성서 인용문에 나온 "받아들여질 만한" *δεκτός*의 강화된 형태인 *εὐπρόσδεκτος*: 직역하면 "잘 받아들여진")의 때요, 지금은 구원의 날입니다! 로마서 10장 6절 이하와 비교하라. 도달할 수 없는 먼 곳으로부터 그의 아들을 보내달라고 하느님을 조를 필요는 없다. 왜냐하면 하느님은 사람들을 자신과 화해시키기 위해서(5, 20) 그들이 그리스도의 오심을 받아들이기만을 기다리고 계시며, 따라서 오직 필요한 것은 사람들이 그 분이 주시는 것, 즉 은혜를 받아들이는 것(1절)뿐이기 때문이다. 콘첼만은 이 인용문과 루가복음 4장 19절에서 이사야 61장 2절("주의 은혜의—*δεκτός*—해를 선포하기 위해서")을 인용한 것을 대조한다(*Die Mitte der Zeit* [1954], 27 : 영어번역판, 36). 바울로에게 있어서는 그렇지 않지만 루가에게 있어서 은혜의 때는 예수의 선교활동의 때라는 것이다. 이것은 아마도 루가의 사상을 잘못 이해

한 것이리라(참조. I.H. Marshall, *Luke: Historian and Theologian* [1970], 120—1). 콘첼만(*Heil als Geschichte* [1965], 226 : 영어번역판, 254—5)과도 비교하라. 쿨만은 바울로가 여기서 강조하는 "현재의 결단의 때"는 신약성서 메시지에 대한 구원사적 견해와 모순되지 않는다고 주장한다. '우리는 정확히 이렇게 말할 수 있다. 바울로의 구원사적인 믿음은 매 순간 실존적 결단의 토대를 마련해주며, 그러한 결단의 여지는 틀림없이 남아있다는 것이다.' 이러한 주장은 결단에로 부르는 것이 십자가를 통한 화해의 말씀이며, 또한 부활에서 시작되어 종말론적 존재를 향한 길을 열어주는 새로운 종말론적 시대와 이 결단이 관련되어 있다는 의미에서 확실히 옳다.

[3] 빈디쉬는 6장 14절—7장 1절(어쨌든 이 부분은 문제되는 단락이다. 이 책 249면 이하를 참조하라)이 6장 3절 앞에 와야 한다고 주장한다. 그러나 6장 3절의 사상은 5장과 연결되며(Kümmel), 2절은 (적어도 문법적으로 볼 때) 삽입구이다. 그리고 3절의 분사("권면하면서")는 10절까지 이어지는 특이한 목록의 첫 부분이며, 1절의 정형동사("우리는 권면합니다")와 잘 연결된다. 이 분사들에 대해서는 *M.* iii. 343을 참조하라. 나는 그리이스어 원문이 함축하는 대로 필요한 연결을 하기 위해서 3절 서두에 몇 마디 말("이렇게 여러분에게 권면하면서")을 보충해 넣었다. **이렇게 여러분에게 권면하면서 우리는 이 일이 비난받지 않게 하려고, "어떤 일에 있어서도"**(ἐν παντί를 반드시 중성으로 보아야 한다. 불가타역에서는 nemini로 써서 남성으로 본다. 남성으로 볼 경우 '어느 누구도 걸려넘어지지 않게 하려고'가 된다), **걸려넘어지는 원인이 되지 않게**(현재시제를 능동적인 의미로 가정한 것이다 : 참조. 고전 10,32—33과 주석) **하려고 합니다.** 바울로는 "우리가 비난받지 않으려고"라고 말하지 않는다. 중요한 것은 그 자신이 아니라 그의 일(참조. 5,18)이다. 그는 걸려넘어지지 않게 하지 못했다. 그가 전하는 메시지 자체가 공격적이었다(고전 1,23). 그러나 그가 그럴 생각이 있었던 것은 아니었다. 고린토인들은(고린토인들만이 그런 것은 아니다) 복음과 관련해서보다는 인간적으로 생각하려고 했다. 그리고 바울로는 충분이 공격적이지 않았기 때문에(11,20—21) 역설적으로 고린토인들의 기분을 상하게 했다.

[4] 바울로가 앞에서 스스로를 추천하는 일에 대해서 말한 바를 상기해볼 때, 바울로가 다음과 같이 말한 것은 얼른 이해가 가지 않는다. **우리가 하는 모든 일에 있어서 우리는 하느님의**

"일군"(διάκονοι : 주격. 그러므로 '우리는 우리가 하느님의 일군들임을 보여줍니다'가 아니라 '하느님의 일군들처럼 우리는……추천합니다……'이다 : Robertson, 454)들이 그러듯이 우리 자신을 추천합니다. 하느님의 일군은 어떻게 스스로를 추천하는가? 이 서신 전체가 대답이 될 것이다. 스스로를 칭찬하거나 스스로 난폭해지거나 야심을 가지거나 매정해짐으로써도 아니고 인간적인 권위로 씌어진 추천서에 의해서도 아니다. 오직 그는 그 자신의 동기와 행동의 순수성, 다른 사람들을 위해 그가 견디어내는 고난, 그리고 복음을 통해서 그가 사람들에게 안겨줄 수 있는 수많은 것들에 의해 자신을 추천한다. 따라서 여기서 바울로가 강조해서 말하고 있는 자기 추천은 앞에서 그가 썼던 내용과 모순되는 것이 아니다. 하느님의 "일군"(διάκονος)으로서의 바울로에 대해서는 3장 6절, 11장 23절, 고린토전서 3장 5절, 골로사이서 1장 23·25절을 참조하라. 그리고 Epictetus Ⅲ xxiv. 65와 비교하라 : '디오게네스는 사람들을 사랑했다 —어떻게? 제우스의 일군(διάκονος)이 그래야 하듯이 사람들을 돌보면서 동시에 신께 복종(ὑποτεταγμένος)해야 했다.' 사도지에 대한 그리스도교적 개념과 스토아적 현인과 선교자 개념 사이에 내재하는 병행성에 대해서는 W. Schmithals, *Das kirchliche Apostelamt* (1961), 100—3을 참조하라.

이어서 사도로서의 삶이 바울로에게 의미했던 바가 무엇인지에 대한 설명이 나온다(비교. 4, 8 이하 ; 11, 23—29 ; 고전 4,9—13). '고린토후서 6장 4—10절은 감동적이며 거의 서사적인 단락인데, 이 부분의 전치사들을 정확히 해석하는 것은 불가능하다. 왜냐하면 이 목록은 필자로 하여금 전치사를 반복해 쓰도록 해서 어떤 경우에는 평이한 산문에서라면 부자연스러울 정도이기 때문이다' (Moule, *Idiom*, 196). 이러한 설명은(전치사에 관한 한 틀림없이 옳다) 바울로가 여기서도 역시 스토아적 모형을 따르고 있는 것으로 보인다는 관찰에 의해 부분적으로 한정되어야 한다. 특히 Dio Chrysostom viii. 15 이하를 참조하라. 사도로서 바울로는 삶에서 여러가지 일들을 겪었다. 그는 많이 참고(참조. 로마 2,7 ; 5,3과 주석 ; 클레멘스 일서 5장 ; 고후 1,6) 환난(이 말은 고린토후서의 특징적인 용어이다—1, 4·8 ; 2, 4 ; 4, 17 ; 7, 4 ; 8, 2·13. 그러나 이 말이 다른 서신들에서 전혀 쓰이지 않는 것은 아니다)과 고통(이 말, ἀνάγκαις는 복수형이다. 바울로는 가령 로마서 13장 5절에서 일반적인 의미인 '필요성'이라는 뜻으로 이 말을 사용한다. 이 곳과 12장 10절에서 문맥상으로는 어느 정도 자주 쓰이는 고난이라는 의미가 맞는다. '고문'이라고 오는 것도 물론 가능하다. Diodorus Siculus iv. 43, 5의 훌륭한 병행구를 참조하라 : "이러한 고문을 당하고 있는 사람들을" τοὺς μὲν ἐν ταῖς ἀνάγκαις ὄντας)과 **핍박**(참조. 12, 10 ; 로마 8, 35 ; 고후 4, 8. 4장 8절과는 형식상 모순된다. 그러나 바울로는 이 말을 엄격하게 정의하고 있지 않다. 다만 그는 핍박이 견딜 수 없이 고통스럽기는 하나 존재 자체를 아주 없애버리지는 못하리라는 것을 알고 있다)을 당했다.

[5] 바울로는 계속해서 동일한 그리이스어 전치사(ἐν)를 쓰고 있지만 영어 번역상 이제 구문이 바뀐다(영어번역을 보면 14절에서는 전치사 in을 쓰다가[in much endurance, in afflictions, in anguish...] 5절부터는 과거분사[Beaten, imprisoned,...]를 쓴다—역주). 우리는 **매를 맞고**(참조. 11, 23), **옥에 갇히고**(참조. 11, 23), **폭동을 겪고**(직역하면 '[폭력적인] 무질서 가운데 있었고.' 이 말이 고린토전서 14장 33절에서는 다른 의미로 사용되었다. 12장 20절에 대해서는 주석을 참조하라) **괴로운 노동을 하고**(직역하면 '노동 가운데 있었고' : 참조. 11, 23·27. 자신의 생계를 위해 일을 하는 것은 바울로의 습관이었다. 그리고 특히 교회에 재정적인 부담을 지우지 않겠다는 점을 명확히 했던 고린토에서는 더욱 그랬다—11, 7·9·10 ; 고전 9, 12·15). **잠을 자지 못하고 굶주리기도 했읍니다**(직역하면 '지켜보고, 금식하는 가운데 있었읍니다' : 참조. 11, 27. 잠과 음식의 부족은 스스로 원한 영적 훈련으로 인한 것이 아니라 현실적으로 그럴 수밖에 없었던 것으로 보인다).

[6] 지금까지 우리는 바울로의 삶의 외적 상황에 대한 설명을 들었다. 다음 귀절은 바울로의 행동의 도덕적 특징들을 서술하는 것으로 보인다(아마도 한 단어를 제외하고서는). 그는 **순결**(아마도 '결백'. 동일어원의 형용사인 ἁγνός의 용법을 참조하라 : 7, 11. 그러나 명사로 쓰일 수 있는 용법에 대해서는 11장 3절을 참조하고 형용사적 용법에 대해서는 11장 2절과 필립비서 4장 8절을 참조하라)과 **"지식으로"**(ἐν γνώσει) **행동했다**. 이 말(지식)의 용법과 의미는 복잡하며 다양하다(참조. 고전 1, 5 ; 6, 12—13 ; 8, 1 ; 10, 23에 대한 주석). 이것은 이미 고린토후서 2장 14절, 4장 6절에서 바울로가 설교하는 복음에 해당하거나, 적어도 그것과 관련된 의미로 사용되었다. 여기서 이 말이 그러한 의미나 혹은 (특징적인 종교사상으로서의) 영지주의와 보다 밀접하게 관련된 의미를 지녔다고 생각할 수는 있겠지만 그다지 개연성은 없다. 가장 긴밀한 병행구는 베드로전서 3장 7절

인데 여기서는 그리스도교인인 남편들은 "지식을 따라"(κατὰ γνῶσιν) 자기 아내들과 살아야 한다고 말하며, 지식은 '그리스도교적 통찰, 감각, 혹은 하느님의 뜻에 민감한 양심을 뜻한다' (J.N.D. Kelley : 참조. 해당란). 고린토 교회를 다루는 데 있어서 바울로는 이러한 이해를 보여주었다고 주장한다(그런데 이 주장에 대해 논의하기는 힘들 것이다). 다른 견해에 대해서는 빈디쉬를 참조하라 : '영감을 받은, 카리스마를 지닌 자(Pneumatiker)는 지식으로 교회에 말하고 있다.' 바울로가 '지식에는'(τῇ γνώσει) 눌리지 않는다고 주장하는 11장 6절과 비교하라. 그러나 다음에 이어지는 말은 빈디쉬의 견해와 반대된다. 바울로는 인내와 친절로 행동함으로써 자신의 이해를 보여준다. 다음 구인 "거룩한 영으로"(ἐν πνεύματι ἁγίῳ)는 모호하다. 로마서 9장 1절, 14장 17절, 15장 16절, 고린토전서 12장 3절, 데살로니카전서 1장 5절에서는 동일한 표현이 나온다. 위의 각 귀절들에서 이 말은 하느님의 영에 대한 언급으로 이해되어야 한다. 일곱 개의 다른 귀절들에서 바울로는 성령에 대해 말한다 : 로마 1, 4(그러나 여기서는 그리이스어가 다르다—참조. 주석) ; 5, 5 ; 15, 13(19) ; 고전 6, 19 ; 고후 13, 13 ; 데전 1, 6 ; 4, 8. 위의 귀절들에서도 역시 성령은 하느님의 영이다. 그러나 이런 것은 영에 대한 바울로의 언급들 중에서 단지 소수에 불과하다. 영은 바울로에 의해 다른 언어로 더 자주 표현된다(예. 하느님의. 그리스도의). 바울로는 이 말(πνεῦμα)을 인간의, 혹은 인간 행위의 구성 요소로 서술하기도 한다(로마 1, 9 ; 8, 16 ; 11, 8 ; 고전 2, 11 ; 4, 21 ; 5, 4·5 ; 7, 34 ; 14, 14·32 ; 16, 18 ; 고후 2, 13 ; 7, 1·13 ; 12, 18 ; 갈라 6, 1·18 ; 필립 4, 23 ; 데전 5, 23 ; 필레 25). 이 귀절들 중에서 이 서신에 나오는 두 귀절(7, 1 ; 12, 18)은 도덕적인 특징들(더러운 : 고린토에서 활동할 때 바울로와 디도가 지녔던 청렴한 정신)과 관련되어 있기 때문에 특별히 중요하다. 그리고 가장 중요한 것은 고린토전서 7장 34절인데 여기서 "결혼하지 않은 여자들은……주의 일을 염려하여 몸과 영이 함께 거룩하게(ἁγία) 되려고" 한다. 이제 바울로가 인간의 윤리적 특징들(지식, 인내, 친절, 거룩한 영 등……)을 열거하는 가운데 삼위일체 중의 3격에 대해서 갑자기 언급했을 리는 없다. 그리고 다른 곳에서 바울로가 이 말을 사용한 것을 보면 이 귀절에서 "영"(πνεῦμα)은 인간의 영을 의미하며, "거룩한"은 그 영의 윤리적 성격에 대한 서술이라는 견해를 적절하게 뒷받침해주는 것 같다.

[6b·7] 사도로서의 바울로의 행동을 서술하는 또 다른 용어가 있다 : 거짓없는(ἀνυποκρίτῳ) 사랑으로. 같은 말이 로마서 12장 9절에서 사용된다. 다음에 그는 설교자로서의 활동으로 되돌아간다. 진리의 말씀으로(즉 그는 진리의 말씀을 선포하는 일에 종사해왔다). 4장 2절 및 해당주석과 비교하라. 또한 갈라디아서 2장 5·14절, 골로사이서 1장 5절("복음의, 복음 안에 있는 진리", 데살로니카후서 2장 12절에서는 같은 의미로 "진리"라는 말만 나온다)도 비교하라. "진리의 말씀"은 예컨대 화해의 말씀(5, 19)보다 더 일반적인 용어이므로 이 문맥에서는 그 말보다 훨씬 적절하다. 그리고 "진리"라는 말 속에는 그의 적대자들에 대한 논쟁적 태도가 은연중에 들어 있다. 그가 설교하는 내용이 진리라는 것은 그의 설교에 수반되는 신적 능력의 현시로부터, 즉 하느님의 능력으로 나타난다. 그러한 능력의 현시에 대해서는 로마서 1장 16절(설교된 복음 자체가 하느님의 능력이다), 15장 19절, 고린토전서 1장 18절, 2장 4—5절, 고린토후서 4장 7절, 데살로니카전서 1장 5절을 참조하라. 바울로가 청중들에게 죄를 깨닫도록 한 것은 그의 말이 유창해서가 아니라 하느님의 권능의 영이 역사(役事)하시기 때문이다. 바울로가 오른손과 왼손에 의의 무기를 든 것은 이러한 의미에서였다. 이 은유는 일반적이다(참조. 10, 4 ; 로마 6, 13 ; 13, 12). 바울로가 여기서 어떤 의미로 "의"라는 말을 사용하는지가 분명치가 않다. 이것은 복음에 대한 그의 언급("진리의 말씀")을 소급하여 가리키는 것일 수도 있다. 복음은 하느님의 의의 현시이다(로마 1, 16—17). 그러므로 바울로가 복음 설교자로서 활동할 때 그는 마치 의의 병기를 든 병사와도 같다. 아니면 고린토의 상황을 감안해볼 때 보다 그럴듯한 것은, 바울로가 얻게 될 평판에 대한 서술이 이 말 속에 미리 예시되어 있다는 것이다. 바울로는 "정직으로 철저히 무장하고 있었으므로" 사람들은 누구나 그를 인정했다. 그닐카(Gnilka, *P.&.Q*, 57)는 쿰란 종파의 실질적인 의에 대해서 언급한다. 가령 1 *QS* i. 4—5와 단의 유훈서 vi. 10이 있는데 이 귀절들은 어느 정도 유사성은 있으나 직접적인 관련성을 입증해주지는 못한다. 7절에서부터 전치사가 변한다. 18회나 ἐν("～안에")을 사용한 다음 바울로는 διά("～을 통해서")로 바꾸어 3회 사용한다. 리츠만은 "왼손에는 방패, 오른손에는 단검을 들었다"고 지적한다. 비록 단검 대신 창, 혹은 투창을 들 수도 있지만 이 지적은 내용상 옳다. 아마도 바울로는 하느님이 주신 장비의 완전함을 표현하고자 했을 뿐이었을 것이다. 알로(Allo)는 여

기에 바울로는 번영과 곤경을 모두 이용해나갈 수 있었다는 의미를 덧붙일 수 있다고 본다. 그러나 이 제안은 확실하지는 않다.

[8] 사도로서의 바울로의 삶과 활동에 대한 서술은 이제 다른 말로 바뀐다. 4-5절은 외적 상황을, 6절은 바울로의 행동의 도덕적, 영적 특징을, 7절은 복음설교자로서 그가 한 활동을 서술하고 있다. 이제 일련의 짝을 이루는 말들이 우선 그의 선교활동이 직면했던 양면적인 반응을 그려주며, 다음에는 자연스런 전환에 의해 그것의 역설적인 성격을 보여준다. 이 말들을 모두 같은 방식으로 해석할 수는 없다. 바울로는 어느 정도 수사학적인 표현을 쓰고 있는데 우리는 그의 말을 그의 활동에 대한 사실적인 설명으로 간주할 수는 없다.

그러나 서두의 말은 이해하기 쉽다. 바울로는 여러 경험들을 통해 **영광도 받고 수치도 당한다**. 때로는 가령 갈라디아서 4장 14절에서처럼 그는 존경을 받았다. 또한 그는 가령 데살로니카전서 2장 2절에서처럼 거부당한다는 것이 무엇인지도 알고 있었다(참조. 고후 11, 23—33). 그 다음 점도 내용상 동일한 사실을 다시 진술한다. **칭찬도 받고 비난도 받습니다**. 고린토전서 4장 13절과 비교하라 : 바울로가 교회 밖에서는 물론이고 교회 안에서도 나쁜 평판을 받았음은 분명하다. 로마서 3장 8절도 참조하라. 이어지는 구문인, **속이는 자 같으나**(반의어적인 *καί*) **진실합니다**는 다른 언어를 쓰긴 했지만 여전히 앞서 말한 것을 반복하고 있다. 즉 '어떤 사람들은 우리를 사기꾼으로 보지만 어떤 사람들은 우리가 진실을 말한다고 생각합니다.' 바울로는 뒤에 나오는 두 귀절들의 말로 옮겨가고 있다고 보는 것이 더 좋을 것이다. 그 귀절들에서는 쌍을 이루는 각각의 두 진술들이 역설적인 의미에서 진리로 얘기된다. 바울로가 일시적으로라도 자신이 사기꾼임을 인정하는 것은 물론 아니다. 그는 진리를 전하는 사람이다. 그러나 그는 자신을 비난하는 사람들의 말을 통해서 그가 그들에게 어떠한 인상을 주었는지에 대해서도 알고 있다. 가장 심한 비난은 12장 16절 이하, 어쩌면 고린토전서 15장 15절(바울로가 자신은 거짓을 말하고 있지 않다고 열정적으로 단언하는 귀절들인 로마 9, 1 ; 고후 11, 31 ; 갈라 1, 20 참조. '어떤 사람들이 그가 거짓을 말한다고 했을까?)에 나타난다. Schoeps, *T.G.J.*, 128·431도 참조하라. 만일 위—클레멘스서에서 시몬 마구스라는 인물이 바울로를 나타낸다면 그는 확실히 사기꾼이었음에 틀림없다. 일의 성격상 바울로는 이러한 비난에 대해서 단지 거부할 수 있었을 뿐이었다. 그는 그러한 비난이 거짓이라고 입증할 수는 없었다.

[9] 다음 어구는 직역하면 '알려져 있지 않은 것 같으나 잘 알려져 있읍니다'이다. 그 의미는 인정받지 못한 것 같으나 인정받았읍니다이다. 바울로의 적대자들조차도 '그에 대해서는 아무 것도 알려져 있지 않다'고 말할 수 없다(Lietzmann). 오히려 요점은 그가 사도로서 인정받지 못했다는 것이다(참조. 고전 9, 1 ; 15, 8—9과 해당 주석). 특히 10—13장에서는 바울로가, 자신의 사도됨을 인정하지 않는 경쟁적인 사도들이 고린토교회에 자기네들의 견해를 주입시키려고 하는 상황을 언급하고 있음이 분명하다. 그러나 그는 인정받았다. 누구에 의해서? 그의 사도직의 유일한 근원인 하느님으로부터(갈라 1, 1)! 그러나 사실상 그는 소위 예루살렘의 기둥들(갈라 2, 7·9 ; 참조. Schoeps, *Paulus*, 46 : 영어번역판, 68)로부터도 인정받았다. 그리고 확실히 (바울로는 아직도 바라고 있건대) 고린토인 자신들로부터도 인정받았다(5, 11). 그러나 여기에는 보다 깊은 역설이 숨어 있다. 외적으로는 그를 추천할 만한 것이 거의 없음을 바울로가 몰랐을 리는 없다. 그는 박해자였다. 다른 사도들이 부활한 그리스도를 보았을 때에도 그는 보지 못했다(고전 15, 5—8). 그가 전하는 복음은 적어도 널리 비판받았다. 이에 대해서 바울로는 하느님이 그 분의 아들을 계시했을 때 자기를 부르셨다는(갈라 1, 12·16) 인식을 지적하면서, 그의 메시지의 고유한 진리와 그의 선교활동의 열매를 지적한다.

바울로는 이제 그의 역설적인 수사학적 서술을 충분히 구사하기 시작한다. 죽은 것 같으나 보시오, 우리는 살아 있읍니다. 사도로서 그는 마치 죽음의 선고 아래 있는 사람과 같다(1, 9 ; 고전 4, 9). 그는 예수의 죽음을 지니고 다닌다. 죽음이 그 안에서 활동하고 있다(4, 10·12). 이것은 신학적이면서 동시에 역사적인 진리이다. "옛 사람"은 종말론적 산고의 마지막 진동 가운데서 계속 공격받는다. 그리고 믿음에 의한 바울로의 죽음은 역사적 차원에서 작용한다. 그러나 만일 그가 죽었다면 그것은 예수의 생명이 그 안에서 나타나게 하기 위한 것이다(4, 10—11). 또한 이 생각은 신학적이면서 동시에 실천적이다. 바울로는 이제 올 시대 안에서, 올 시대를 위해서 산다. 바울로는 대개 치명적인 것임에 틀림없는 위험과 고통을 거듭(참조. 11, 23—33) 모면한다. 벌 받은 것 같으나 죽는 데 까지는 이르지 않았읍니다. 이 말은 앞절의 실제적인 측면을 강조한다. '하느님이 자신의 종을 위해서 그를 단련시킨다.' 고린토전서 5장 5절, 11장 32절과 비교하라.

[10] **슬퍼하는 것 같으나 늘 기뻐합니다.** "슬픔"(λύπη, λυπεῦσθαι)에 대해서는 이 서신에서 이미 언급되었다(2, 1·3·7 ; 7, 10 ; 9, 7 ; 참조. 로마 9, 2 ; 필립 2, 27). 고린토 사람들 자신이 바울로의 고통에 대해 상당한 책임이 있었다. 그러나 이스라엘의 불신앙에 대한 생각은 물론이고, 다른 개인적인 일들이 그를 슬프게 했다. 그럼에도 불구하고 기쁨을 그리스도인으로서 바울로의 삶의 뗄 수 없는 특징이었다. 2장 3절, 7장 4·7·9·13절, 13장 9절, 로마서 12장 12·15절, 14장 17절, 15장 13·32절, 16장 19절, 고린토전서 16장 17절, 갈라디아서 5장 22절, 필립비서 1장 4·18절 등을 참조하라. 13장 9절은 여기서 특별히 주목해야 한다 : 슬픔과 약함은 만일 그것들이 복음을 나타내고, 교회를 세우는 일에 도움이 된다면 기쁨의 원인이 될 수도 있다. **가난한 것 같으나 많은 사람을 부요하게 합니다.** 이것에 대해서도 같은 말을 할 수 있을 것이다. 바울로는 만일 백성을 부요하게 한다면 기쁜 마음으로 가난을 선택한 것이다. 그래서 그는 예를 들어 고린토에서 사도로서의 권리를 포기하고, 교회를 위해서 좋다고 판단했으므로 복음을 설교하는 데 대한 아무런 보수도 원하지 않는다(11, 7—10 ; 12, 13 ; 고전 9, 12·15·18). 고린토인들의 부요함에 대해서는 9장 11절과 고린토전서 1장 5절을, 그리고 바울로 자신의 행동 뒤에 있는 신학적 사실에 대해서는 8장 9절과 주석을 참조하라.

마지막으로 바울로는 자신에 대해서 아무 것도 **"없는 것"**(ἔχοντες) **같으나 모든 것을 "가지고"**(κατέχοντες) **있읍니다**고 기술한다. 뒤에 나오는 동사는 고린토전서 7장 30절에서 사용되었다. 그러나 문맥상으로는 그 의미가 다르다. 이 세대에 무엇인가를 값을 지불하고 산 사람은 실제로 그것을 소유하지 못했다. 미래의 세대가 도래함으로써 그런 모든 것들이 쓸모없게 될 것이다. 이것이 적어도 부분적으로는 바울로가 여기서 "아무 것도 없는 것 같다"라고 말한 의미이다. 그러나 이 세대에 아무 것도 가진 것이 없고 또 자신도 그렇게 생각하는 사람은 올 세대에서 상속을 받게 될 것이다(비교. 루가 6, 20 ; 마태 5, 3). 고린토전서 3장 22절("모든 것이 여러분의 것입니다")과 주석도 참조하라. '잃어버린 주권을 인류가 되찾게 되는 것은 그리스도 안에서 또 그리스도 안에 있는 공동체 안에서만이 가능하다. 또한 그리스도는 세상을 지배하고 십자가 죽음과 부활을 통해서 생사를 주관하며 이 세대와 올 세대를 다스리는 주님이시기 때문에, 마찬가지로 그의 백성들은 '그리스도 안에서 그리고 그리스도 안에 있는 공동체에서 이제는 더 이상 운명과 타락의 종들이 아니라 모든 것을 지배하는 자유로운 주들이 될 수 있다'(『고린토전서』, 122면). 그러나 바울로는 고린토전서 3장 23절에서 말하기를, "여러분은 그리스도의 것입니다"고 한다. 이 말은 이 귀절의 "아무 것도 없다"에 해당하는 말이다. 그리고 이 말 속에는 다음의 몇가지 깨달음이 분명히 들어 있다. 즉 바울로는 자신의 것이 아니라 그리스도의 것이라는 것, 그는 독립된 자유로운 인간이 아니라 그를 주관하시는 주님의 종이라는 것, 그가 가진 것은 그 자신의 권리에 의해서가 아니라 오직 믿음으로써만 지닐 수 있다는 것, 그리고 그리스도교인은 "모든 것을 가지고 있다"고 말할 수 있다는 것 등의 깨달음이다.

이것은 그 시대의 헬레니즘적, 그리고 헬레니즘적 유다교의 표현법에서 병행을 발견할 수 있는 고상한 문장이다. 리츠만은 Epictetus, II xix, 24를 인용한다 : '아파도 행복하고, 위험에 빠져도 행복하고(참조. 11, 26), 죽어도(ἀποθνήσκοντα) 행복하고, 추방당해도 행복하고, 수치를 당해도(ἀδοξοῦντα) 행복한 사람을 내게 보여주시오. 제발 부탁이오. 나는 스토아 학자를 보기를 원합니다.' 이 문장의 형식은 물론이고 내용도 중요하다. 스토아 학파의 선교사와 바울로의 병행성과 차이점에 대해서는 이 책 185면에서 이미 설명했다. 리츠만이 필로에게서 인용한 인용문(*Qued Det. Pot.* 34)은 이보다는 중요하지 않다. 왜냐하면 거기서는 "자기 자신을 추구하는 사람들"이 행복한 사람으로 나타나고, 덕을 사랑하는 사람은 비천하고 고통받는 것으로 나타나기 때문이다.

[II] 바울로는 그가 단락의 서두에서 말했던 핵심으로부터 상당히 벗어나 있음을 알고 있다. 그러나 그가 그렇게 할 정도로 자유로왔다는 사실 자체는 중요하다. 고린토 사람들이여(참조. 갈라 3, 1 : 필립 4, 15. 바울로는 오직 이 귀절들에서만 그와 같은 호격을 사용한다. 이것은 항상 감정이 격해 있음을 나타내는 표징으로 사용된다), 나는 여러분에게 숨김없이 말했읍니다. 직역하면 '우리의 입은 여러분에게 열려 있읍니다'(완료형 자동사인 ἀνέῳγεν "열려 있었다, 열려진 채로 있다가 사용되었다"). 즉 '나는 여러분에게 완전히 자유롭게 말했읍니다'(참조. 7, 4). 이 용법은 그리이스어적이다. Aeschylus, *Prometheus Vinctus* 609 이하를 참조하라 : '나는, 수수께끼로

감추지 않고 친구들에게 자신의 입을 여는 것(οἴγειν)이 당연하듯이 드러내놓고……라고 말할 것이다.' 에제키엘 16장 63절, 29장 21절, 에페소서 6장 19절과 비교하라. 말하는 데 있어서 바울로가 자유로운 것은 그의 내적 태도를 반영한다. 나의 마음은 넓게 열려 있읍니다. 그의 마음 속에는 아무런 비밀이 없다는 것이다. 즉 '나의 마음 속에는 여러분을 위한 자리가 마련되어 있읍니다. 그래서 나는 여러분이 그곳에 들어오기를 원합니다.' 3장 2절과 7장 3절, 필립비서 1장 7절("나는 여러분을 내 마음 속에 지니고 있읍니다"—Beare)과 비교하라. '나의 마음 속에는 여러분을 위한 자리가 있읍니다'라는 말은 곧 '나는 여러분에게 애정을 가지고 있읍니다'는 말과 같다. 시편 119(118)편 32절의 언어는 비슷하지만 의미는 다르다.

[12] 만일 좁아진 것이 있다면 나 때문이 아니라 여러분 자신의 감정 때문입니다. 이 문장을 자연스러우면서도 그리이스어의 원뜻에 가깝게 번역하기가 곤란하다. 여러분은 (어떤 다른 사람에 의해서) 좁혀진 것이 아닙니다. 이 귀절의 동사가 4장 8절에서는 "눌리다"로 번역되었었다. 그 귀절에서의 의미는 매우 좁은 공간으로 좁혀진다는 뜻이었다. 그러나 여기서 은유의 핵심은 다르다. 바울로는 비좁고 넉넉하지 못한 자신의 애정의 공간 안으로 고린토 사람들을 한정시키거나 거기서부터 내몰지 않는다. 아니 만일 좁아졌다면 그것은 그들 자신의 편에서, 직역하면 그들의 그릇이 좁아진 것이다. 그릇이라는 말은 그리이스어 성서에서 자주 그렇듯이(참조. 7, 15) '마음,' 곧 '사랑에 의해 감동을 받는 자아' (Bultmann, *Theol.*, 218 : 영어 번역본, i. 221—2)라는 의미로 사용되었다. 바울로는 자기가 그들에게 접근한 것이 아니라 자신에 대한 그들의 반응이 좁혀졌다고 말한다.

[13] 따라서 그는 그들에게 호소한다. 내가 내(나의) 자녀들에게 말하듯이 말합니다("나의"라는 말은 그리이스어에는 나와 있지 않다. 아마도 바울로는 단순히 일반적으로 자녀들에게 말하듯이 말한다는 것을 의미했을 것이다. 그러나 참조. 고전 4, 14—15 : 특히 갈라 4, 19). 여러분도 같은 종류의(대격인데 이것은 주절에 암시되어 있는 것에 대한 병렬적 대격이다. 보답으로서 내가 보인 것과 똑같은 개방성을 보여주시오 : Robertson, 486 ; Moule, *Idiom*, 34 이하, 160—1 ; *B.D.* § 154 ; *M.* iii. 245) 보답으로 내게 마음을 넓히시오(참조. 11절). 바울로는 응답할 것을 호소한다. 그러나 그가 사도의 권위로써 그러

한 응답을 강요할 수 있었던 것은 아니다.

7장 2절에서는 이와 비슷한 어조이긴 하지만 동일하지는 않은 말로 호소가 계속된다. 중간에 끼어든 단락(6,14—7,1)을 삽입된 것으로 보아야 할지, 또 그것이 다른 서신으로부터 온 것인지, 아니면 비바울로적인 자료로부터 온 것인지에 대해서는 이 책 249면 이하와 서론 11—12·14·21—25면을 참조하라. 이 귀절 자체는 위의 물음들에 대해서 아무런 판단 근거도 제공해주지 않는다.

12. 하느님께 대한 응답은 배타적이다 6장 14절—7장 4절

6,14 믿지 않는 자들과 이중의 멍에를 함께 메지 마시오. 의와 불법이 어
떻게 함께 하겠읍니까? 또 빛과 어둠이 어떻게 사귈 수 있겠읍니까? **15**
그리스도와 벨리알[26]이 어떻게 조화되며, 믿는 자와 믿지 않는 자가 어떻
게 합작하겠읍니까? **16** 하느님의 성전과 우상이 어떻게 일치되겠읍니까?
우리는 살아계신 하느님의 성전이기 때문입니다.[27] 하느님께서 말씀하셨읍
니다. "내가 그들 가운데 살며, 그들 가운데 다닐 것이다. 나는 그들의 하
느님이 되고, 그들은 내 백성이 될 것이다." **17** 또 주께서 말씀하십니다.
"그러므로 너희는 그들 가운데서 나와 따로 서 있으라. 깨끗하지 않은 것은
만지지 말라. 그리하면 내가 너희를 영접할 것이다. **18** 그리고 나는 너희의
아버지가 되고 너희는 내 아들들과 딸들이 될 것이다. 전능하신 주께서 말
씀하신다." **7,1** 그러므로 사랑하는 이들이며, 우리는 이러한 약속을 가지고
있으니, 육과 영의 모든 더러움에서 떠나 자기를 깨끗하게 하며, 하느님을
두려워하는[28] 생활 가운데서 온전히 거룩하게 됩시다. **2** 마음을 열어 우리
를 받아주기를 바랍니다. 우리는 아무에게도 불의를 행한 일이 없읍니다.
어느 누구를 해친 일도 없으며, 아무에게서도 속여 빼앗은 일이 없읍니다.

---

26) 벨리알(Beliar)이 원래의 본문이다. 벨리알(아마도 대격), 벨리압, 벨리알(Belial. 불가타역의 독법. 히브리어 bᵉ liyya'al에 일치하는 것이다: 참조. 이 책 254면)도 나온다.

27) P⁴⁶ C G와 대다수의 사본들에는 "여러분은…입니다"고 되어 있다. 이것은 고린토전서 3장 16절에 동화된 것이다(참조. 6,19).

28) P⁴⁶에만 "하느님의 사랑 안에서"로 나온다. 흥미는 있지만 잘못된 독법이다(참조. 유다 21).

3 이것은 내가 여러분을 책망하는 뜻에서 하는 말이 아닙니다. 내가 전에도 여러분에게 말한 대로 여러분은 우리 마음 속에서 죽음과 삶을 언제나 함께 하고 있읍니다. 4 나는 여러분을 향해서 자유롭게 말 할 수 있읍니다. 그리고 나는 여러분에 대해서 자유롭게 자랑합니다. 우리의 모든 환난 가운데서도 나는 위로가 가득하고, 기쁨이 넘칩니다.

6장 14절—7장 1절은 고린토후서의 본문에 잘못 끼어들어왔다는 견해가 오랫동안 지배적이었다. 이 견해를 뒷받침해주는 논증은 다음 두 가지다. 첫째, 6장 13절과 14절, 그리고 7장 1절과 2절 사이에 각각 아무런 연결성이 없다는 것이다. 6장 13절에서 바울로는 독자들에게 그들의 마음 속에 자신을 위해 마음을 열어달라고 호소한다. 그러다가 6장 14절에서는 그들에게 믿지 않는 자들과 관계 갖지 말라고 분명하게 말한다. 또한 7장 1절에서는 성서를 인용한 다음에, 하느님을 두려워하는 거룩한 생활만을 생각하라고 그들에게 요구한다. 그리고 나서 7장 2절에서 그는 자기변호와 개인적인 새로운 호소로 되돌아간다. 둘째, 단순히 6장 14절—7장 1절이 앞뒤의 내용과 직접적인 관련성이 없을 뿐만 아니라, 만일 그 부분을 제외시킨다면 6장 13절과 7장 2절이 매우 잘 연결된다는 것을 알 수 있다. 6장 11절 : "나의 마음은 넓게 열려 있읍니다……" ; 13절 : "내가 자녀들에게 말하듯이 말합니다. 여러분도 이와 같은 보답으로 내게 마음을 넓히시오……"; 7장 2절 : "마음을 열어 우리를 받아주기를 바랍니다." 만일 바울로와 같은 류의 저자에게서 항상 보게 되는 이 정도의 문맥상의 이탈에도 불구하고 바울로의 사상적 흐름을 여기서 추적할 수만 있다면, 앞의 관찰은 정당하지 않으며 그 논증도 설득력을 잃게 될 것이다. 이행구들(6장 13절에서 14절, 7장 1절에서 2절)에 대해서는 주의깊게 검토할 것이다(참조. 이 책 서론, 11—2·14·21—25면). 6장 14절—7장 1절을 엉뚱한 삽입문으로 간주하는 사람들은, 그것이 바울로의 다른 편지로부터, 아마도 소위 '이전의 편지'로부터 온 것이라는 생각을 자주 했었다(참조. 고린토전서 5장 9절과 해당 주석 ; 『고린토전서』, 30—35면). 그러나 아주 최근에는 그 자료가 바울로에게서 온 것이 아니라 특히 쿰란 문헌과 관련된 것이라는 주장이 있다(이에 대해서는 38면 주 14에 인용된 문헌을 참조하라. 또한 참조. Schweizer, *Beiträge*, 98 ; *T.W.N.T.* viii. 125 ; Braun의 긴 주석 해당란). 이 가설은 이 단락의 사상과, 그것이 표현된 언어를 귀절 귀절마다 검토함으로써만 입증될 수 있다.

이 단락과 앞 단락간의 연결을 살피기 위해서는 6장 1—13절 전체를 다시 검토하는 작업이 필요하다. 바울로는 가끔 핵심으로부터 벗어나기도 했으며, 그리고 나서는 갑작스럽게 주제로 다시 돌아가기도 했다. 그가 설교하는, 하느님의 화해를 내용으로 하는 복음에 대해서 말하고 난 다음에, 6장 1절에서 그는 고린토인들에게 하느님의 은혜를 헛되이 받지 말라고 호소한다. 이러한 호소에 이어 계속해서 그는 또한 영광과 수치의 역설이 드러나는 자신의 사도적 선교활동에 대해서 이야기하면서, 고린토인들 역시 그네들에 대한 자신의 사랑을 느끼고 자기와 같은 태도로 자신에게 응답하라고 호소한다. (그는 말하기를) 이것이 바로 내가 전하는 소식이며, 나는 이러한 소식을 전하는 사신이었읍니다. 여러분은 저를 사신으로 보낸 분과 저 자신을 모두 받아들이지 않겠읍니까? 이에 대해 고린토인들이 결코 받아들이지 않겠다는 식으로는 대답하지 않았을 것이다. 그러나 동시에 그들은 (바울로를 배척한) 다른 사도들과 관계하고 있었으며 예수를 잘못 전하는(11, 4) 거짓된 복음에 접하고 있었다. 이러한 태도는 바울로서는 참을 수 없는 것이었다. 그래서 바울로가 이 사실을 지적하기 위해서 잠시 주제에서 벗어났어야 했으리라는 추측도 가능하다. '나는 여러분에게 나의 사랑을 보여주고 있읍니다. 그리고 나는 여러분의 사랑으로 보답받기를 원합니다. 그러나 내가 이 일에 대해서 그냥 넘어갈 수 있으리라고는 생각치 마십시오. 만일 여러분이 하느님과, 그 분의 사신인 내게로 돌아선다면 그것은 세상과 단절하는 것을 뜻합니다.' '의롭게 된 사람은(5, 21) 이제는 불의와는 아무런 관계도 갖지 않게 됩니다' (Wendland). 칼빈은 보다 인격적인 방식으로 같은 점을 지적한다 : '그는 아버지에 대해서 순종하듯이 자신에게 순종하라고 그들에게 권면하고 나서 이제는 그들이 저지른 잘못에 대해서 아버지로서의 권위를 가지고 책망한다.' 6장 13절에서 14절로의 이행은, 바울로의 글들 중에서도 특별히 갑작스러운 이행이다. 그러나 이러한 이행이 전혀 불가능하지는 않은 것으로 보인다. 끌랑쥐는 6장 3—13절과 6장 14절—7장 4절이 병행을 이루고 있다는 관찰에 근거해서, 서신의 중간 부분이 2장 14절—6장 13절과 2장 14절—6장 2절, 6장 14절—7장 4절의 두 가지 형식으로 전해졌다고 주장하는데 이러한 주장(283)은 설득력이 없다.

[14] 바울로는 자신의 요점을 분명하게 하기 위해서 아마도 고린토의 이방인 독자들에게는 이상하게 들렸을 비유

를 사용한다. 믿지 않는 자들(ἄπιστοι—비그리스도교인들. 참조. 고전 14, 22—23과 주석)과 이중의 멍에(이중의 마구 : 15절에 대한 주석 참조)를 함께 메지(*B.D.* § 354) 마시오. 이 비유는 미쉬나의 소책자인 케라임 (*Kelaim*) 에서 발전된 "섞는 것"에 대한 구약성서의 금지규정(레위 19, 19. 여기서는 이와 관련된 이중 멍에에 대한 말이 나온다. 또한 신명 22, 9 이하, 특히 22, 10 : "소와 나귀를 한 멍에에 메워 밭을 갈지 말라")에까지 소급된다. '한 종류의 소를 다른 종류의 소와, 한 종류의 들짐승을 다른 들짐승과, 들짐승을 소와, 한 종류의 부정한 짐승을 다른 부정한 짐승과, 한 종류의 정한 짐승을 다른 정한 짐승과, 부정한 짐승을 정한 짐승과, 정한 짐승을 부정한 짐승과 함께 메어서 쟁기질을 하는 것이나 모든 것은 금지되었다' (*Kelaim* viii. 2). 그러므로 고린토의 그리스도교인들은 믿지 않는 자들과 스스로 하나가 되어서는 안된다. 그러나 이것은 과연 바울로가 다른 곳에서 믿지 않는 자들에 관해서 말한 것과 일치하는가? 오히려 이것은 쿰란 종파의 태도가 아닌가? 이와 관련된 고린토전서의 귀절은 다음과 같다. 5장 9—10절, "내가 여러분에게 쓴 편지 가운데 음란한 사람들과 사귀지 말라고 했지만 그것은 결코 이 세상에서 음행하는 사람이나 욕심부리는 사람이나 약탈하는 사람이나 우상 숭배하는 사람들과 전혀 사귀지 말라는 말이 아닙니다. 그렇게 하려면 여러분은 이 세상 밖으로 나가야 할 것입니다" ; 6장 1—6절, "여러분 중의 하나가 다른 형제와 다툼이 생겼을 때 어찌하여 성도들 앞에서 해결지으려 하지 않고 세상 법정에 고소합니까? ……여러분 가운데는 형제들 사이에 생기는 분쟁 사건을 해결해 줄 만큼 지혜로운 사람이 하나도 없읍니까? 그래서 형제가 형제를 고소하고, 또 그것을 불신자 앞에 들고 나가는 것입니까? ; 7장 12—16절, "만일 어떤 형제에게 믿지 않는 아내[자매의 경우도 마찬가지이다]가 있는데 그가 남편과 같이 살기를 원한다면 그대로 살아야 합니다……믿지 않는 아내는 그의 믿는 남편으로 말미암아 거룩해지기 때문입니다.……" ; 39절, "……만일 남편이 죽으면 자기가 원하는 사람과 결혼할 자유가 있읍니다. 그런데 그녀가 믿는 사람이라는 사실만은 기억해야 할 것입니다" ; 8장 10—11절, "만일 지식이 있다고 하는 당신이 우상의 신당에 앉아 제물을 먹는 것을 어떤 사람이 본다면……" ; 9장 21—22절, "율법 없이 사는 사람들과 함께 있을 때에는 나도 율법 없이 사는 사람들처럼 했읍니다. ……그것은 율법 없이 사는 사람들을 얻기 위하여 그러한 것입니다. ……이와 같이 나는 여러 사람에게 여러가지 모양으로 나타났읍니다"; 10장 21절, "여러분이 주의 잔과 귀신들의 잔과를 함께 받아 마실 수는 없읍니다. 그리고 주의 식탁에 참예하고, 또 귀신들의 식탁에 함께 참예할 수는 없읍니다"; 27절, "여러분이 어떤 불신자의 초대를 받고 그곳에 갔을 경우에 자기 앞에 차려놓은 모든 음식을 양심을 위하여 묻지 말고 먹는 것이 좋습니다"; 32절, "유다 사람에게나 헬라 사람에게나 하느님의 교회에나 걸려넘어지게 하는 일이 없어야 하겠읍니다"; 14장 23절 이하, "만일 온 교회가 함께 모여서 모두 방언을 말한다면 교회 밖에 있는 불신자가 들어왔을 때……." 이 자료들을 모두 요약하기란 쉽지 않다. 바울로는 자신이 개종시킨 개종자들에게 세상에서 떠나라고 말하지 않는다. 또한 비록 그는 문제를 야기할 수도 있다는 것을 알고는 있었지만 믿지 않는 자들의 만찬회에 가지 말라고 권하지도 않는다. 그는 단지 한 배우자만이 그리스도교인이 되었다고 해서 결혼이 깨어지는 것을 바라지는 않았다. 오히려 그리스도교인과 비그리스도교인이 (후자가 이의를 제기하지 않는 한) 계속 함께 살아야 한다는 것이다. 그러나 다시 결혼하는 과부는 그리스도교인으로서 배우자를 선택해야 한다. 바울로는 복음을 위하여 이방인처럼 살 수도 있었다. 그리고 믿지 않는 자들이 그리스도교 집회에 들어올 수도 있었다. 반면에 바울로는 독자들에게 우상 신전에서 식사에 참예하지 말라고 경고하였으며, 비그리스도교적인 법정에 고소하지 말고 그들 스스로 문제를 해결하기를 바랐다. 그리고 회심에 의한 도덕적 혁신(고전 6, 9 이하)과 하느님이 세운 공동체로서의 교회의 독립된 존재(고전 1, 1—9)에 대해서 기억해야 할 것이다. 이 입장은 결코 간단하지가 않다. 그리스도교인은 세상 안에 있다. 그러나 이 세상의 겉모습은 사라져가고 있다는 것을 기억해야 한다(고전 7, 29 이하). 그는 불신자들 가운데서 살아갈 수밖에 없다. 그리고 그들과 사귀면서 살아야 한다. 왜냐하면 이렇게 하면서 그는 그들을 구원하기를 희망하기 때문이다(특별한 경우로서 고린토전서 7장 16절을 보라). 그러나 그 자신은 세상을 심판할 거룩한 백성의 구성원이다(고전 6, 2—3).

"믿지 않는 자들과 이중의 멍에를 함께 메지 마시오"라는 말은 이와 같은 것을 의미하는가, 아니면 다른 견해를 표현하는 것인가? 얼핏 보기에 이것은 믿지 않는 자들과는 어떠한 종류의 관계도 가지지 못하도록 하는 것만 같다. 그리고 이 귀절이 실제로, 자기네들은 세상에서 물러나야 한다는 말로 고린토교인들이 잘못 이해했던(고전 5, 9) 편지의 일부로 간주되었다는 것도 있을 법한 일이다. 또한 이 말이, 세상뿐만이 아니라 이스라엘 안에서 믿지 않고 불순종하는 자들로부터도 떨어져 나와야 한다는 쿰란 종파의 요구를 반영하는 것으로(그닐카가 주장하듯이 그리스도교적으로 개작되기는 했지만) 생각되었다는 사실도 놀랄 만한 일은 아니다. 사실 이 단락에서 요구되고 있는 것은, 이 글을 읽는 사람들은 우상숭배와 도덕적인 타락을 피해야 한다는 것이다. 이것은 바울로가 고린토전서에서 요구하는 것과 다름없다. 고린토전서 6장 18절("음행을 피하라")과 10장 14절("우상숭배로부터 떠나라")을 인용하는 것만으로도 충분할 것이다. 그러나 이것이 삽입된 단편일 가능성이나 혹은 고린토인들이 이것을 잘못 이해했을—어떤 사람들은 오해할 것이다. 그러나 이것이 곧 비바울로적인 견해를 나타내지는 않는다— 가능성은 여전히 남는다. 슐라터는 6장 11절—7장 1절의 단락에 "결단해야 할 교회의 의무"("Die Verpflichtung der Gemeinde zur Entschiedenheit")라는 적절한 제목을 붙였다.

필로(*Spec. Leg.* iv. 203—18)는 킨라인 율법의 세부적인 도덕적 알레고리를 구사한다. 바울로는 그것을 일련의 수사학적 질문들로 바꿨다. 의와 불법이 어떻게 함께 하겠읍니까? 또 빛과 어둠이 어떻게 사귈 수 있겠읍니까? "함께 하는 것"(μετοχή)과 "사귐"(κοινωνία)은 여기서 밀접하게 나오는 것처럼 동의어이다. 둘 다 법적 용어(공유권)로 쓰이지만 일반적인 용법으로도 사용될 수 있다. 예를 들어 Euripides, *Iphigeneia in Tauris*, 254("목자가 바다와 무슨 관계가 있읍니까?" *τίς θαλάσσης βουκόλοις κοινωνία*). "불의"(ἀνομία)는 물론 바울로 특유의 언어이다(로마 4, 7 ; 6, 19 ; 데후 2, 3·7). 그리고 "의"(δικαιοσύνη)를 윤리적인 의미로 쓴 것은 바울로의 특징적인 용법은 아니지만 그렇다고 비바울로적이지는 않다. 특히 (불의에 대한 언급과 관련하여) 로마서 6장 19절을 참조하라 : "여러분이 전에 자기 지체를 더러움과 불법의 종으로 삼아 (갈수록 더 불법에 빠졌던 것과 같이) 이제는 여러분의 지체를 의의 종으로 삼아 (거룩하게 되도록 해야 합니다)." 이러한 의의 윤리적 용법이 쿰란 문헌에도 역시 나타난다는 것은 사실이다. 그러나 이것은 바울로와 쿰란 저자가 모두 구약성서의 영향을 받았다는 것 이상을 의미하지 않는다. 그러므로 이 귀절로부터 우리는 (슐라터처럼) 바울로가 고린토에서 직면해야 했던 위험은 율법주의가 아니라 "불의"(ἀνομία)였고, 따라서 고린토에는 유다주의자가 없었다고 결론

깨릴 수는 없다.

빛과 어둠은 쿰란 종파의 은유이기도 하다. 소위 전쟁 두루마리(어둠의 아들과 빛의 아들들의 전쟁)를 언급하는 것만으로도 충분할 것이다. 그러나 바울로도 역시 이 은유를 구사하며(로마 13, 12 ; 고후 4, 6 ; 11, 14 ; 데전 5, 5), 여기에 로마서 13장과는 다른 종류의 이원론이 있다고 의심할 만한 하등의 이유가 없다. 교회와 세상을 각기 빛과 어둠으로 회화적으로 서술한 것은, "구원의 길에 있는 사람들과 파멸의 길에 있는 사람들"(2, 15) 이상의 의미를 뜻하기는 어렵다. 보다 수사학적인 질문들이 계속 나온다.

[15] **그리스도와 벨리알이 어떻게 "조화되며"**($\sigma\upsilon\mu\phi\acute{\omega}\nu\eta\sigma\iota\varsigma$는 음악 용어가 아니다. 그리고 만일 이 말이 다음 귀절에서 필요하지 않았다면 단순히 "일치"라고 번역할 수도 있었을 것이다) **믿는 자와 믿지 않는 자가 어떻게 "합작"**(혹은 "함께하다"—$\mu\acute{\epsilon}\rho\iota\varsigma$)**하겠읍니까?** 그리스도와 악마, 혹은 적그리스도 상 사이의 대조는 놀랄 만한 것이 아니다. 그러나 벨리알(변형들에 대해서는 이 책 248면 주 26 참조)이라는 이름은 중요하다. 이 말은 신약성서의 다른 곳에서는 전혀 나오지 않으며, (벨리알이라는 형태로) 칠십인역에서는 오직 판관기 20장 13절(A)(참조. 판관 19, 22., Theodotion)에서만 나온다. 이 귀절에서는 벨리알이 히브리어 b^{e}ne b^{e}liyya'al("쓸모없는 자식들"), 즉 악한 사람들을 번역한 것인데 이 히브리어는 가끔 사용되는 말이며, 음역되기보다는 대개는 번역되었다. 벨리알은 (변형들과 함께) 성서 이후의 유다교회에서는 사람들의 이름으로 발전되었다. 이에 대해 (1933년까지) 알려진 증거로는 W. Förster, *T.W.N.T.* i. 606에 나오는 논문을 참조하라. 사해사본들에서는 벨리알이라는 말이 악마의 왕의 이름으로 사용되는 예가 상당히 많이 나타나고 있음은 사실이다. 이에 대해 G.R. Driver, *The Judaean Scrolls*(1965), 486—91의 상세한 논의를 참조하라. '벨리알(Belial, 혹은 Beliar)은—원문 그대로 인용—결국에는 사탄과 동일시되었고, 후기 묵시문학[이사야의 승천]에서는 이 두 이름이 서로 바뀌어 사용될 수 있었다. 따라서 벨리알은 신약성서에서는 단순히 사탄의 동의어가 되었다'(앞글, 488). 그러나 이 말 역시 일세기 당시에는 벨리알이라는 말이 상당히 모호한 말이었음을 입증해줄 뿐이다. 따라서 벨리알이라는 말로써 고린토후서와 쿰란 종파 사이의 관련성에 대해서 어떠한 것도 확실히 입증할 수는 없다. '이 신화들 중에서 처음의 둘, 즉 벨리알 혹은 벨리아르 신화와 반(反) 메

시야, 혹은 적그리스도 신화는 각기 A.D. 30—60년 경 생겨난 것으로 보이며, 둘 다 A.D. 75—100년 사이에 세번째 신화, 즉 네로 신화와 독립적으로 혼합되었던 것 같다. 이 신화들에 나타나는 사상들은 신·구약 중간기의 문헌들과 신약성서, 그리고 두루마리(사해사본?)들에서 거의 같은 보조로 발전했던 것으로 보인다' (앞글, 490—1). 14절에 나오는 바울로의 은유에 비추어볼 때 b^{e}liyya 'al이라는 말이 때로는 (*Sifre Deut*, 117[15,7 이하][98b]; *Sanhedrin* 111b) b^{e}li 'ol, "멍에를 메지 않음", 즉 (하느님의) 멍에를 벗어버린 사람으로 해석되었다는 점에 주목할 필요가 있다.

바울로의 수사학적 질문에 대한 대답은 자명하다. 그리스도와 사탄은 결코 조화될 수 없다. 그리고 믿는 자들은 바로 그리스도 안에 있는 믿는 자들이므로 다음의 진술이 이어진다: "믿는 자"와 "믿지 않는 자"는 아무 상관이 없다. "믿지 않는 자"(ἄπιστος)라는 말은 그리스도교인이 아닌 사람을 뜻할 때 바울로가 자주 사용한 말이다(2,14). 그러나 πιστός("믿는 자")라는 말은 믿는 사람을 의미하는 독립적인 방식으로 사용되지 않았다. 이 형용사는 하느님에 대해서("성실한"을 뜻하는 것으로 고전 1,9; 10,13; 고후 1,18; 데전 5,24; 데후 3,3), 그리고 사람에 대해서 술어적으로, 혹은 명사를 한정하는 것으로(고전 4,2·17; 7,25; 갈라 3,9; 골로 1,2·7; 4,7·9) 사용되었지만 이 말만 독립적으로 "믿는 자"라는 의미로 사용되지는 않았다. 이러한 독립된 용법은 제2 바울로 서신들, 가령 디모테오전서 4장 10·12절, 5장 16절에서 나타난다. 그리고 이 사실은 6장 14절—7장 1절이 제2바울로 서신들에 기원을 두고 있음을 지적하는 것으로 이해되었다(참조. Gnilka, 앞책, 57—8). 그러한 주장은 어느 정도 일리가 있다. 그러나 그것 자체가 결정적인 것은 아니다. 그리스교도인을 신실하다고 서술했던 것으로부터 조만간 "믿는 자"라는 말의 반(半) 전문적인 용법이 발전할 수밖에 없었을 것이다. 그리고 바울로가 그러한 발전에 기여하지 않았을 이유가 없다. 그리스도교의 믿음은 배타적인 것이다. 그리고 바울로의 이 질문은 그리스도교인과 비그리스도교인이 서로 접촉해서는 안 된다는 것이 아니라 믿는 자이면서 동시에 믿지 않는 자도 될 수는 없다는 점을 분명히 하기 위한 것이다.

[16] 바울로의 마지막 질문은 그리스도교인들의 공동체를 위한 특수한 은유를 빌린 것이다. 하느님의 성전과 우상이 어떻게 일치되겠읍니까? 우리는 살아계신 하느님의 성전이기 때문입니다.

하느님의 "성전"(*ναός*)으로서의 교회에 대해서는 고린토전서 3장 16절, 6장 19절과 주석 특히 후자의 귀절을 참조하라. 왜냐하면—비록 '하느님은 각 사람 안에 거함으로써만 사람들 사이에 거하지만' (Calvin)—후자의 귀절에서 바울로는 개인적인 내주(內住)보다는 공동체적 내주를 생각하고 있기 때문이다. 스스로를 구약성서의 정당한 상속자로 생각하는 사람들에게는 이것이 자연스러운 발전일 것이다. 그리고 성전의 상징이 쿰란 종파에서 통용된 것(참조. Gnilka, 앞책, 61—2)은 사실이기는 하지만 이 말이 쿰란종파의 상징과 그 신학의 영향을 받았다고 여길 필요는 없다. 바울로는 구약성서뿐만 아니라 자신이 친숙해 있는 유다교, 그리고 어느 정도로는 그리이스의 종교적 상징(이에 대해서는 『고린토전서』, 116·184면 이하)으로부터 이 말을(이 말이 새로운 그리스도교적 용어가 아닌 한) 빌어왔다. 그리고 우상숭배에 대한 바울로의 혐오를 오해할 수는 없다(참조. 고전 5,10·11 ; 6,9 ; 8장 여러 곳 ; 10,7·14·19 ; 12,2 ; 갈라 5,20 ; 골로 3,5 ; 데전 1,9). '그리스도교인은 오로지 그리스도와만 관계를 맺고 있으므로 간음이나 우상숭배를 할 수 없다' (『고린토전서』, 279면 ; 고전 6,18 ; 10,14).

바울로는 "믿지 않는 자들과 이중의 멍에를 함께 메지 마시오"라는 주장을 분명히 하기 위해서 지금까지 일련의 수사학적 질문을 했었다. 그는 여러 구약성서 인용문들을 사용하여 그것을 강조한다. 이것들은 정확하게 인용되지 않았다. 그리고 바울로가 어떤 구약성서 귀절을 염두에 두고 있었는지를 아는 것이 그렇게 용이한 일은 아니다.

하느님께서 말씀하셨읍니다. 이것은 바울로가 흔히 사용하는 인용형식이 아니다. 그는 "기록된 바"라든지, 혹은 이 비슷한 말을 더 즐겨 쓴다(참조. 4,13과 해당 주석). 그닐카(앞글, 58)는 "하느님이 말씀하셨다"는 인용형식은 다마스커스 문서(*CD* vi. 13 : viii. 9 ; xix. 22)에서 사용되었다는 점을 지적한다. 바울로의 다른 글들 가운데서는 로마서 9장 15·25절, 고린토후서 6장 2절(갈라디아서 3장 16절), 고린토후서 4장 6절을 지적할 수 있을 것이다. 이 형식은 자주 나오지는 않지만 바울로가 여기서 특히 하느님 자신의 직접적인 말을 도입하는 의미로 이 말을 쓸 수 있었다는 데 대해서 의심할 정도는 아니다.

내가 그들 가운데 "살며"(*ἐνοικήσω* : 이 동사는 칠십인역에서는 하느님에 대해서 사용되지 않는 것 같다), **그들 가운데 다닐 것이다. 나는 그들의 하느님이 되고, 그들은 내 백성이 될 것이다.** 이 말들은 구약성서의 여러 귀절들을 상기시킨다. 가령 레위기 26장 12절("나는 너희 가운데 다니고 너희 하느님이 되고, 너희는 나의 백성이 되리라"), 에제키엘 37장 27절("나는 나의 집을—κατασκήνωσις—그들 가운데 둘 것이다. 나는 그들의 하느님이 되고, 그들은 나의 백성이 되리라"), 출애굽기 25장 8절, 29장 43절 이하, 사무엘하 7장 14·27절, 이사야 52장 4·11절, 에제키엘 20장 34절과 비교하라. 필로도 레위기 26장 12절을 인용하며, 하느님의 백성은 순수해야 한다는 함축성을 표현한다(*De Somniis* i. 148 ; ii. 248 ; Knox, *P.G.*, 164). 곧 그의 백성과 함께 하리라는 것은 올 시대를 위해서 맺어진, 새롭게 된 하느님의 약속이다. 구약성서는 그의 현존을 때로는 성전 제도와 관련된 것으로, 때로는 어떠한 제도의 중재도 필요 없는 독립된 것으로 제시한다. 즉 그는 자신의 말씀과 행위에서 현존한다. 바울로는 그리스도교 공동체를 성전과 동일시함으로써, 실제로 하느님의 현존이 제도에 의존할 수 있는 어떠한 가능성도 배제하는데 이것은 복음서에 기록되어 있는 예수의 말(마태 18, 20)과도 일치한다.

[17] 하느님의 현존은 백성의 순수성을 요구한다. '바울로에게 있어서는 약속으로부터 성화의 필요성이 나온다' (Wendland). **또 주께서 말씀하십니다. "그러므로 너희는 그들 가운데서 나와 따로 서 있으라. 깨끗하지 않은 것은 만지지 말라.** 이것은 이사야 52장 11절과 매우 유사하다 : "어서 떠나거라. 어서 빠져나가거라. 부정한 것은 아예 건드리지도 말아라. 야훼의 그릇들을 받들고 갈 자들아." 예레미야 51장 45절과 비교하라. 이 인용구는 구약성서의 여러 귀절들이 결합된 것으로 보인다(J. Bonsirven, *Exégèse rabbinique Exègèse paulinienne*[1938], 316). 이사야서는 백성들에게 바빌론으로부터 떠나라고, 그 도시를 그대로 내버려두고 이방인들의 부정한 생활에서부터 멀리 떠나라고 명한다. 그들은 제의를 드려야 할 의무를 이행함으로써 깨끗해져야 한다. 이 예언을 메시야적으로 해석할 수 있는 몇몇 증거들이 있다. E.E. Ellis, *Paul's Use of the Old Testament* [1957], 57에서는 *Exod. Rabbah* xv. 18을 언급하고 있다. 그러나 이것은 기억에 의해 구약성서로부터 새로운 방식으로 끌어온 것 같으며, 비제의적인 새로운 해석이 덧붙여진 것 같다. 그리스도교적 새로운 방식으로 하느님과 관계를 맺는 것은 이전과는 다른 새로운 방식의 순수성을 내포한다. 이에 대해서는 7장 1절에서 서술할 것이다. "만지다" (ἅπτεσθαι)는 여기서 제의적인 의미를 지니고 있지 않다(Betz, *Lukian*, 32). 만일 하느님의 백성이 도덕적인 거룩함에 의해 다른 사람들과

분리되지 않는다면 그들은 더 이상 하느님의 백성이 아니다. 이러한 분리가 무엇을 의미하는지에 대해서는 이 책 251면 이하를 참조하라.

이러한 명령문들 뒤에 "그리고"(καί)로 시작되는 미래시제의 문장이 이어진다. 이 구문은 흔히 사람들이 추측한 바대로, 셈어적인 구문이 아니며 그리이스어에서 그 병행구들이 나타난다(Beyer, 253). 그리하면 (그리이스어 καί를 번역한 것이다) 내가 너희를 영접할(εἰσδέξομαι) 것이다. 그리하여 나는 너희의 아버지가 되고, 너희는 내 아들들과 딸들이 될 것이다. 전능하신(혹은 "모든 것을 지배하는" παντοκράτωρ—신약성서 중 다른 곳에서는 오직 요한묵시록에서만 9회 나온다) 주께서 말씀하신다." 에제키엘 20장 34절과 비교하라 : "나는 너희를 뭇 백성 가운데서 떠나오게 하리라. 그리고 너희가 흩어져 살고 있는 그 여러 나라들로부터 너희를 받아들일(εἰσδέξομαι) 것이다." 또한 사무엘하 7장 14절, "내가 친히 그의 아비가 되고 그는 내 아들이 되리라(바울로가 재구성한 대로는 아니지만 4 *Qflor*. i. 11에서도 이 귀절이 인용되었다). 그리고 7장 27절, "이스라엘의 왕, 전능하신(παντοκράτωρ) 주께서……"도 참조하라. 바울로는 단수형을 복수형으로 바꾸었으며(예. Schlatter; Bonsirven, 앞글, 333) 이사야 43장 6절("아무리 먼 데서라도 나의 아들들을 데려오너라. 땅 끝에서라도 나의 딸들을 데려 오너라")을 떠올리고서는 "딸들"에 대한 언급을 덧붙였을지도 모른다. 다드(Dodd, *A.S.*, 45—6)는 여기서 바울로가 예레미야 31장 9·31절 이하를 언급하고 있다고 본다. 남자들이 그리스도 안에서 믿음에 의해 하느님의 아들이 된다는 것은 바울로에게 있어서 그리스도교인의 본질적인 존재 양식이다(갈라 3, 26 ; 참조. 4, 6 ; 로마 8, 15—16). 그리고 갈라디아서의 동일한 문맥(3, 28)에 나오는, 그리스도 안에서는 남자도 여자도 있을 수 없다는 진술은, 하느님의 아들들은 물론 딸들에 대해 말함으로써 또 다른 방식으로 표현되었음에 틀림없다. 여성들에 대한 바울로의 태도는 흔히 잘못 전달되기도 했는데 그가 구약성서 인용문을 수정해서 하느님의 아들들뿐만이 아니라 하느님의 딸들까지도 포함하도록 했다는 것은 중요하다. 사무엘하 7장 14절의 약속은 원래 왕에게 내린 것이다. 여기서 그 왕은 예수이다. 이제 그 안에서 남자들과 여자들이 하느님 앞에서의 자신의 신분을 비로소 누리게 된다.

그리스도교인들은 하느님의 백성으로서 마치 하느님의 거처인 성전과 같으며, 그들은 하느님의 아들들과 딸들로서 그들 가운데 그 분이 거한다는 사실이 이제 성서에 의해 입증되었다. 이러한 사실의 결과가 거룩한 생활을 통해 나타나야 한다. 『고린토전서』, 116면과 Epictetus로부터의 인용문(Ⅱ viii. 14)을 비교하라: '만일 하느님의 형상이 현재한다면 여러분이 지금 하고 있는 것과 같은 행동을 감히 하지는 못할 것입니다. 하물며 하느님 자신이 여러분 안에 계셔서 모든 것을 보고 듣는데 여러분은 이런 일들을 생각하고 행하는 것이 부끄럽지 않습니까?'

[7,1] 그러므로 사랑하는 이들이여, 우리는 이러한 약속("이러한"은 강조하는 위치에 놓여 있다. 하느님 자신이 우리들 가운데 거하시리라는 이러한 약속들)을 가지고 있으니 육과 영의 모든 더러움(바울로는 다른 곳에서 이 명사를 사용하지 않지만 같은 어원의 동사를 고린토전서 8장 7절에서 사용한다)에서 떠나 깨끗하게 하며(바울로는 여전히 비제의적인 배경 속에서 제의적인 용어를 사용하고 있다. καθαρίζειν ἀπό "깨끗하게 하며"에 대해서는 G.A. Deissmann, *Bible Studies* [1901], 216과 Robertson, 576를 보라). 육과 영이라는 말을 이러한 방식으로 사용하는 것은 바울로적 특색이 아니며, 쿰란 종파를 연상시킨다고 간주되어 왔다(Gnilka, 앞글, 58—9; 다른 측면에 대해서는 Schlatter, 580—1과 Windisch를 참조하라). 바울로에 의하면 육은 본래가 악하므로 그것을 깨끗하게 하기란 불가능하고(브라운은 이 점에 훨씬 강조점을 두지 않는다), 한편 영은 본래가 선하므로 더럽혀질 수 없다는 것이다. 마르시온이 영이라는 말대신 피라는 말을 쓴 것은 아마 이와 같은 생각에서였을 것이다(Tertullian, *Adv. Marcionem* v. 12). 반면 쿰란 종파에 의하면 육과 영이 모두 깨끗해져야 한다(예. 1 *QM* vii. 5—6: '그들은 모두가 싸울 준비가 되어 있어야 하며, 영과 육에 있어서 완전해져야 한다.' t^emime ruaḥ ubasar). 그러나 바울로가 육과 영이라는 말에 충분한 신학적 의미를 담지 않고 사용할 수 없었으리라고 가정하는 것은 잘못이다. 이 말들은 둘 다 이 서신에서 일반적인 의미로 사용되기도 했다. 7장 5절에서 바울로는 "우리 육은 조금도 쉬지 못했읍니다"라고 말하는데 이것은 2장 13절에서 "나의 영은 쉬지 못했읍니다"와 같은 의미이다. 이 각각의 경우들에서 그는 "나는 쉬지 못했읍니다"를 뜻한 것이며, 육과 영은 자아를 나타내는 말들이다. 현재의 귀절에서는 이 말들이 동의어라고 보기는 힘들고, 그것들은 추측컨대 각기 자아의 내적 측면과 외적 측면을 가리킬 것이다. 고린토전서 7장 34절과 비교하라: "……육과 영이 함께 거룩하게 되려고." 즉 외적으로나 내적으로 거룩하게 되려고. 이 말이 고린토인

들의 견해를 인용한 것이라고 해서 의미가 달라지지는 않는다. 데살로니카전서 5장 23절과 비교하라.

자신들 안에 하느님을 모시고 있는 사람들은 그 분이 거룩하듯이(참조. 레위 19,2 ; 베전 1,16) 거룩해져야 하며, 온갖 더러움에서 스스로를 깨끗하게 해야 하고, 하느님을 두려워하는 생활 가운데서 온전히 거룩하게 되어야 한다. 여기서도 바울로는 제의적인 언어를 사용한다. 성전은 거룩한 장소이다. "온전하게 하다"(ἐπιτελεῖν)는 다양한 의미를 지니고 있으며, "종교적 의무들로부터 면제시키다"(*L.S.* 해당란 Ⅱ)는 뜻까지도 포함한다. 그러나 바울로에게 있어서 종교적 의무들은 제의적인 것이 아니라 윤리적인 것이었다(참조. 이 책 53·140—141면). "하느님을 두려워하는 것"은 사변적인 경건이 아니라 구약성서에서처럼(참조. 5,11과 해당 주석) 실천적인 경건이다.

"거룩함"이라는 말이 제의적인 것이 아니라 실천적인 것이라면 이것은 어떻게 표현되어야 하는가? 이 물음이 7장 1절에서 7장 2절로의 이행의 문제를 해결하기 위한 열쇠이다. 이것은 (바울로가 서신 전체에 걸쳐서 이야기하듯이) 쉽게 알 수 있는 문제이다. 왜냐하면 그는 독자들에게 하느님의 은혜를 헛되이 받지 말고(6,1), 그들이 은혜를 받았다는 것을 하느님의 은혜의 사절, 즉 바울로 자신에 대한 태도로 나타내 보이라고 호소하고 있기 때문이다. 이것이 은혜에 대한 참된 응답이다. 그리고 바울로는 그리스도교인의 의무에 대한 주제를 발전시킨 뒤에 새로운 정열을 가지고 6장 11절 이하의 호소로 되돌아간다.

[2] 마음을 열어 우리를 받아주기를 바랍니다. (χωρήσατε ἡμᾶς "받아주다"에 대한) 이 번역은 6장 11절 이하와 7장 2절 사이를 적절하게 연결하기 위한 번역이 아니다(참조. *L.S.*). χωρεῖν이라는 단어를 알로와 헤링은 "이해하다"(참조. 마태 19,11—12)를 의미한다고 본다. 그러나 이 뜻은 이 말이 의미하는 바의 일부일 뿐이다. '여러분은 우리 마음 속에 있읍니다—이제 여러분도 이와 같은 태도를 취하십시오. 즉 우리가 여러분을 사랑하듯이 여러분도 우리를 사랑하십시오.' 바울로는 적어도 그의 편에서는 아무런 장애가 없다고 덧붙인다. 그는 자신에 대한 고린토인들의 신뢰를 저버릴 만한 행동을 한 적이 없다. 우리는 아무에게도 "불의를 행한 일이"(ἀδικεῖν이라는 말은 7,12 ; 고전 6,7—8 ; 갈라 4,12 ; 필레 18에서와 같은 말이다) 없읍니다. 누구를 "해친" 일(금전적으로 : 바우어도 이렇게 본다. 그러나

*φθείρειν*이라는 말은 여러 종류의 해침이나 파괴에 대해서 사용될 수 있다)도 없으며, 아무에게서도 "속여 빼앗은"(*πλεονεκτεῖν*은 2장 11절에서 사탄의 활동을 묘사할 때 사용되었다. 그러나 여기서는 12장 17—18절파의 병행이 중요하다) 일이 없읍니다. 바울로는 자신의 고린토 방문에 대해서 언급하고 있다. 바울로는 그가 여기서 부인하고 있는 것과 같은 행동을 했다고 비난받았으며, 이러한 비난이 그와 교회와의 관계를 악화시켰으리라고 추론하는 것은 타당하다. 만일 10—13장이 1—9장보다 조금 늦게 씌어진 것이라면(참조. 이 책 서론 31면 이하) 처음에는 떠도는 소문이었던 것이 후에는 드러내놓고 하는 공격이 되었다고 볼 수 있다. 그러한 비난은 타당하지 않다(참조. 고전 4, 4). 그러나 바울로는 자신을 비난하는 사람들에게 반박하려고 하지 않는다(비록 그렇게 하고 싶은 마음이 있었다하더라도 말이다).

〔 3 〕 **이것은 내가 여러분을 책망하는 뜻에서 하는 말이 아닙니다.** 고린토전서 4장 14절과 비교하고, 고린토전서 6장 5절, 15장 34절과 대조하라. '나는 여러분을 고발하는 것이 아니라 나 자신을 깨끗하게 하고 있는 것입니다.' **"내가 전에도 여러분에게 말한 대로"**(*προείρηκα*. 13장 2절에서와 같은 의미는 분명히 아니다. 이것은 6장 2절, 혹은 어쩌면 1, 6 ; 3, 2 ; 4, 12을 가리킬 것이다) **여러분은 우리 마음 속에서 죽음과 삶을 함께 하고 있읍니다**(직역하면 '함께 죽고 함께 삽니다'). 바울로는 로마서 14장 7절의 신학적인 핵심을 분명히 하고 있는 것이 아니라 단지 고린토인들에 대한 자신의 애정을 표현하고 있는 것이다. 그는 고마와하는, 혹은 고마와하지 않는 자신의 사람들에게 목자로서 자신을 무조건적으로 내어주었다. 언어에 대해서는 Horace, *Carmina* Ⅲ ix. 24와 비교하라 : (Tecum vivere amem, tecum obeam libens).

〔 4 〕 바울로는 고린토인들이 그리스도인들의 덕행의 모범을 보여주고 있음을 확실히 알아서가 아니라 바로 위에서 말한 관계 안에서 다음 귀절에서와 같이 기술한다. **나는 여러분을 향해서**(참조. 6, 11) **자유롭게 말할 수 있읍니다**(*παρρησία* : 참조. 3, 12. 그리고 이 귀절에 관해서 인용된 문헌을 참조하라). **그리고 나는 여러분에 대해서 자유롭게 자랑합니다.** 즉 바울로는 고린토인들에게 말할 때면 자신의 마음 속에 있는 것을 모두 털어놓을 수 있다는 것이다. 왜냐하면 그의 마음 속에는 그들을 향해서 오직 선의만이 있기 때문이다. 그가 다른 사람들에게 고린토인들에 관해서 이야기할 때면 그는 그들의 장

점에 대해서 자유롭게 말할 수 있고, 또 실제로 그렇게 한다(참조. 7, 14 ; 9, 2). 불행하게도 후자의 경우에는 고린토인들이 그를 저버릴지도 모른다고 두려워할 만한 이유가 있었다. 그러나 바울로는 여기서 이러한 가능성을 고려하고 있지 않다. 우리의 모든 환난 가운데서도 나는 위로가 가득하고(참조. 1, 4—7) 기쁨이 넘칩니다(여격에 대해서는 *B.D.* §195. 2를 참조하라). 어떤 학자들은 여기서 10—13장에 나타나는 문제들이 어느 정도 완화되고 난 뒤에 씌어진(참조. 이 책 서론 32면 이하) 고린토에 보낸 바울로의 마지막 편지의 일부를 발견할 수 있다고 생각한다. 이러한 견해는 2장 14절—7장 4절 안에 (10—13장에 덧붙여지는) "준엄한 편지"의 일부가 들어 있다고 보는 사람들로부터 지지를 받지 못하며, 사실 이 귀절의 어구 자체도 이러한 견해를 시사해 주지 않는다. 바울로의 확신과 기쁨, 그가 경험하는 위로는 "우리의 모든 고난" 후에가 아니라 바로 그러한 고난 한가운데서 경험되는 것이다. 어려움은 결코 끝나지 않았다. 그것은 아직 그 절정에 달하지도 않았다. 그는 여전히 (앞으로 그가 살 동안에도 그럴 것이지만) "예수의 죽음을 몸 안에 지니고 다닌다"(4, 10). 그리고 위로와 기쁨 가운데서 나타나는 예수의 생명은 죽음 안에서의, 죽음을 통한 생명이다. 그러나 이 말은 예수의 생명이 특별한 경우에 특수한 원인들에 의해서 일어난 것임을 뜻한다. 이제 그 예들이 이어진다.

Ⅳ. 바울로의 고린토 방문 7장 5절—9장 15절

13. 다시 시작되는 이야기(참조. 4장): 미래의 문을 여는 회개 7장 5—16절

5 우리가 마케도니아에 이르렀을 때에도 우리는 조금도 몸을 쉬지 못했읍
니다. 오히려 우리는 온갖 종류의 환난을 당했읍니다. 밖에는 싸움이 있었
고, 안에는 두려움이 있었읍니다. 6 그러나 근심에 눌린 사람을 위로하시는
분, 하느님 자신께서 디도가 돌아온 것을 통하여 우리를 위로해주셨읍니다.
7 그가 돌아왔다는 것만이 아니라 그가 여러분에게서 받은 위로가 우리에게
도 위로가 되었읍니다. 여러분이 우리를 사모하고, 마음아프게 잘못을 느끼
고 또 나를 열심으로 변호한다는 소식을 전해 들었을 때 나는 더욱 더 기뻤
읍니다. 8 내가 보낸 그 편지가 여러분을 마음아프게 했더라도 나는 그것을
후회하지 않습니다. 나는 내 편지에 대해서 후회한 일이 있기는 하지만 이
제는 그 편지가 단지 잠시 동안만 여러분을 마음아프게 했을 뿐이고 9 여
러분을 회개하게끔 인도했다는 것을 압니다. 그리고 이것을 보고 이제는 기
뻐합니다. 그것은 여러분이 마음아파했다는 것 때문이 아니라 마음아파함으
로써 회개하게 되었다는 것 때문입니다. 여러분이 마음아파한 것은 하느님
의 뜻을 따른 것이므로 여러분이 우리 때문에 고통당하는 일은 없읍니다.
10 하느님의 뜻을 따르는 근심은 구원에 이르는 회개를 가져오기 때문에 후
회할 것이 없읍니다. 그러나 세상 근심은 죽음을 가져옵니다. 11 보시오!
하느님의 뜻을 따른 근심이 얼마나 여러분에게 진심을 불러일으켰으며, (순
결을) 변호하게 했으며, 의분을 느끼게 했으며, (심판을) 두려워하게 했으
며, 사모하게 했으며, 열심을 내게 했으며, 불의를 징벌하게 했읍니까? 여
러분은 그 모든 일에 있어서 잘못이 없었다는 것을 보여주었읍니다. 12 그
러므로 내가 여러분에게 편지한 것은 남에게 불의를 행한 사람 때문이거나
불의를 당한 사람 때문이 아니라 우리를 위한 여러분의 열성이 하느님 앞에

서 여러분 자신들에게 밝히 나타나게 하려는 것이었읍니다. 13 그래서 우리
는 위로를 받았읍니다. 그리고 우리가 위로를 받는 가운데 디도의 기쁨이
이에 겹쳐서 우리를 더욱 기쁘게 했읍니다. 그의 영이 여러분 모두로부터
환대를 받아 유쾌한 마음으로 쉬었기 때문입니다. 14 내가 디도에게 여러분
을 자랑한 일이 있었는데 여러분이 나를 실망시키지 않았읍니다. 내가 여러
분에게 모든 것을 진실하게 말한 것처럼 내가 디도에게 말한 자랑도 참된
것으로 드러났기 때문입니다. 15 디도는 여러분 모두가 순종하고, 두렵고
떨리는 마음으로 자기를 영접한 것을 기억하고, 그의 심정이 더 큰 사랑으
로 여러분을 향하고 있읍니다. 16 나는 여러분을 온전히 신뢰할 수 있게 된
것을 기뻐합니다.

7장 4절과 7장 5절 사이는 2장 13절에서 2장 14절에로의 이행과 마찬가지로 갑작스러운 이행구를 이루고 있다. 더우기 7장 5절은—2장 13절에서 그대로 방치해두었던,—바울로가 근심스럽게 디도를 기다리는 데 대한 이야기를 이어받는다. 이러한 사실들을 근거로 해서 2장 14절—7장 4절(아니면 6장 14절—7장 1절, 2장 14절—6장 13절 ; 7장 2—4절을 제외하고)이 바울로의 사도직에 대해서 다루는 "준엄한 편지"로부터 삽입된 것이라는 견해가 나온다(참조. 2,13에 대한 주석 ; 이 책 서론 34—35·37면 이하). 이러한 가설이 정당한가 라는 문제는 디도에 관한 이야기를 중단했다가 다시 시작한 데 대해서 적절하게 설명을 할 수 있는가 없는가에 달려 있다. 이 부분의 이행이 갑작스럽다는 데 대해서는 논의의 여지가 없다. 바울로가 대단한 문장가는 아니었고, 갑작스럽게 이야기를 전개하거나 본제를 떠나 옆길로 벗어날 수 있었다는 점도 역시 논의의 여지가 없는 사실이다. 실제로는 2장 13절에서 2장 14절로의 이행에 대해서 제시된 설명을 받아들인다면, 7장 4절에서 7장 5절로의 이행에 대한 설명은 별다른 난점을 제기하지 않을 것이다. 바울로는 그가 받은 위로와 기쁨, 그리고 고린토인에게서 그가 느낀 신뢰감에 대해서(7장 2—4절이 '준엄한 편지'에 속한다고 보는 견해와는 일치하기 힘든 방식으로) 서술했다. 그는 계속해서 7장 5절에서 자신이 겪는 고난들 가운데서 그를 위로해주는 하느님의 능력과 뜻이 두드러지게 나타난 예를 보여주며, 자신으로 하여금 고린토인들에 대해 확신(아마도 잘못된 확신)을 가질 수 있게 해주었던 좋은 소식들을 기술한다. 새로운 단락 서두의 말(καὶ γάρ)은 물론 이행을 좀 더 부드럽게 하기 위해서 편집자가 집어넣은 것이라고 볼 수도 있지만 위의 견해와 일치하며, 실제로 그러한 견해를 요청하기도 한다.

그리고 7장 5절이 2장 13절과 직접 연결된다고 보기에는 반복되는 점과, 동시에 바뀌는 점(이에 대해서는 주석에서 주의를 기울여야 할 것이다)이 너무 많다.

[5] 우리가 마케도니아에 이르렀을 때(2장 13절에서 바울로는 일인칭 단수형을 사용했었다. 여기서도 역시 그는 여러 사람이 아니라 자기 자신을 가리킨다. 그러나 이 서신에서 자주 그러듯이 복수형을 쓴다. 자신의 계속되는 이야기에서 바울로가 자신의 표현양식을 이런 식으로 바꾸었다고 볼 수는 없다). 바울로가 해로로, 혹은 육로로 드로아로부터 마케도니아로 여행을 했고 만일 그가 디도와 여행계획에 대해서 의논하지 않았다면 분명히 그를 놓치게 될 위험이 있었다는 점에 대해서는 이 책 134면에서 지적했다. 드로아에서 바울로를 괴롭혔던 문제는 마케도니아에서까지도 그를 따라다녔다. 우리는 조금도 "몸"(flesh 육)을 쉬지 못"했읍니다"(ἔσχηκεν [ἔχω-영어의 have 동사-의 3인칭 단수 완료형]. 이처럼 완료형을 사용한 데 대해서는 1장 9절에 대한 주석을 참조하라. P[46] B G K 사본에는 단순과거형 ἔσχεν으로 되어 있는데 이것이 옳은 것일지도 모른다). 2장 13절과 비교하라 : "나는 마음(Spirit: 영)이 놓이지 않았읍니다." 이 귀절들에서 육과 영은 바울로의 독특하고 깊은 신학적 의미를 나타내는 것으로 사용되지 않았다(비교. 7, 1과 해당 주석). 여기서 나의 몸(육)은 단순히 "나"를 의미한다(참조. Bultmann, *E.&F.*, 156). 바울로가 외적 어려움들을 생각했기 때문에 몸(육)이라는 말을 썼다는 견해는 "……안에는 두려움이 있었읍니다"라는 말을 고려할 때 불가능하다. 그는 전혀 쉬지 못했다. 반대로 우리는 온갖 종류의(ἐν παντί를 번역한 것이다) 환난을 당했읍니다(바울로는 한정동사가 아니라 분사를 사용했다. "우리는 조금도 몸을 쉬지 못했읍니다"라는 말 뒤에 남성 복수형 분사를 쓴 것은 엄격히 말하자면 파격적인 구문이다. 그러나 "우리는"뿐만 아니라 "우리가 이르렀다"와 연결되는 것을 쉽게 느낌으로 알 수 있다. 참조. 5,12 그리고 *B.D.* §468 ; *M.* iii. 343 ; Robertson, 439, 1135). 1장 4절과 비교하라. 환난이 (여전히 아주 정확하지는 않지만) 보다 구체적으로 얘기된다: 밖에는 싸움이 있었고. 그리스도교인이건 비그리스도교인이건 바울로는 적대자들과 많이 싸웠던 것 같다. 안에는 두려움이 있었읍니다. 아마도 많은 돈을 지니고 다니며(참조. 이 책 134면) 너무 오래 지체하고 있는 디도에 대한 걱정과 고린토에서의 활동이 성공하기를 바라는 마음. 복수형을 사용한 것에 대해서는 Xenophon,

Hiero vi. 5를 참조하라. 빈디쉬는 다른 귀절들을 인용하면서 이 용법이 고전적인 것임을 보여준다.

[6] 환난에 대해서 보다 상세하게 기술할 필요는 없었다. 왜냐하면 이제 환난은 끝났기 때문이다. "근심에 눌린 사람"(τοὺς ταπεινούς: 바울로는 그리스도교적 겸손의 덕이 아니라 "굴욕당함"이라는 의미로 이 말과 같은 어원의 말들을 쓰는 그리이스적 용법을 자주 보여준다—9, 7 ; 12, 21 ; 로마 12, 16 ; 필립 3, 21. 참조. 이사 49, 13)을 위로하시는 분, 하느님 자신께서(요점을 분명히 하기 위해서 좀 뒤에 나온 동격의 주어이다) 디도가 돌아온 것을 통하여(혹은 "돌아왔을 때." 그러나 바울로는 여기서 도구적인 의미로도 생각하고 있다) 우리를 위로해주셨읍니다. 이것은 바울로가 바라던 바였다. 그는 이제 동료와 함께 있게 되었다. 그리고 고린토교회와도 거의 직접적인 접촉을 가지게 되었다. 이 두 가지 점이 다음 귀절에 표현된다.

[7] 바울로는 그가 돌아왔다는 것만이 아니라 —이로써 한 동료가 바울로에게 안전하고 건강한 상태로 돌아온 것이다— 그가 여러분에게서 받은 위로를 통해 위로를 받았다. 디도는 틀림없이 고린토교회에 대한 바울로의 근심을 함께 나누었고, 바울로의 자랑에도(14절) 불구하고 그가 고린토에서 어떤 일을 보게 될지, 그리고 어떤 대접을 받을지에 대해서 의심했음이 분명하다. 그러나 그는 위로를 받았다(아마도 어느 정도로는 그가 상황을 잘못 파악했기 때문에 위로를 받았을 것이다 : 참조. 이 책 서론 31—32면). 상황은 그렇게 나쁘지 않았고, 고린토인들은 그가 두려워했던 것만큼 대단한 잘못에 빠져 있지도 않았다. 바울로는 이러한 보고를 받았고, 당연히 그도 위로를 받았다. 디도는 생각했던 것보다 더 좋은 대우를 받았고, 그러므로 고린토인들도 생각했던 것보다 더 좋은 그리스도교인들임에 틀림없다. 바울로와 디도가 두려워했던 것이 정확히 무엇이며, 디도가 어떻게 위로를 받았는지에 대해서는 다음 절들로부터 추론해야 한다. 여러분이 우리를(이 말은 그리이스어 원문에 첨가된 것이다. 왜냐하면 이 말이 없으면 영어로는 좋지 않은 문장이 되기 때문이다. 이하를 참조하라) 사모하고, 마음 아프게 잘못을 느끼고, 또 나를 열심으로 변호한다는 소식을 전해 들었을 때(한정동사가 아니라 분사 ἀναγγέλλων: 참조. 5, 12 ; 9, 11) 나는 더욱 더 기뻤읍니다. 이 문맥에서 "사모하다"는 고린토인들이 바울로를 직접 만나기를 의미할 수 있을 뿐이다. 바울로는 고린토를 방문할 수 있었을 때(2, 1) 스스로 방문하는 것을 삼가

고 디도를 보냈다. 그들은 이제 바울로 자신을 만나기를 원한다. "마음 아프게 잘못을 느끼다"는 분명하지는 않지만 아마도 바울로가 오지 않은 것에 대해서뿐만 아니라 그가 떨어져 있는 것이 좋다고 생각하는 데 대한 유감스러움을 포함할 것이다. 이것은 반드시 과거의 죄에 대한 슬픔을 뜻하지는 않는다(참조. 이하). 바울로는 그의 두번째 방문 때에 있었던 불행한 사건 때문에 오는 것을 포기했었다(참조. 1,23). 다른 방문 선교자들은 바울로를 공격했고, 고린토인들은 그의 편을 들지 않았거나, 혹은 그의 편을 들은 것으로 보이지 않는다. 그들은 이제 "우리를 위하여 열심을" 보여주었다(디도가 이렇게 보고했다). 이것은 바울로가 불행한 과거를 잊을 수 있었고, 고린토인들에 대해서 미온적으로가 아니라 확신에 차서 미래를 기대할 수 있었다(참조. 16절)는 것을 의미한다—그래서 "나는 더욱 더 기뻤읍니다." 아마도 '고린토인들의 잘못에 대해 마음아파하기보다는 오히려 기뻐했읍니다.' 구지와 빈디쉬가 이렇게 본다.

[8] 바울로는 어려운 상황을 타개하는 데 자신이 올바른 태도를 취했는지 확신이 서지 않았으므로 그 기쁨은 더욱 컸다. 그는 한 편지를 썼다(아마도 디도가 그것을 전해주었을 것이다 : 참조. "Titus", 10). 그리고 그는 그 편지를 보낸 것을 후회했다. 고린토인들이 그것을 읽으면 그들은 마음아파할 것이다. 그러나 그 고통은 일시적인 것이고 좋은 것이다. 그래서 결국 바울로는 자신이 편지를 쓴 데 대해서 후회하지 않게 되었다. 논리적으로는 이처럼 분명하지만 8절b의 언어는 매우 혼란되어 있다. 아마도 이 혼란은 바울로의 당황함을 반영할 것이다. 첫 문장은 구조상 간단하다. **내가 보낸 그 편지가 여러분을 마음아프게 했더라도 나는 그것을 후회하지 않습니다.** 앞으로 드러나겠지만 그 결과는 궁극적으로 선하기 때문이다. 그러나 그 편지는 어떤 것이었는가? 어떤 학자들은 그 편지가 고린토전서였으리라고 생각한다. 그러나 우리가 알고 있는 몇 가지 사실들에 비추어 볼 때 이렇게 생각하기는 힘들다. 고린토전서가 고린토인들의 마음을 아프게 했겠는가? 어쩌면 그랬을 수도 있다. 그러나 이러한 마음아픔이 가장 두드러진 반응이었다고 볼 수 있을 정도는 아니었을 것이다. 바울로는 잘못을 범한 사람 때문에 이 편지를 쓰지는 않았으며, 잘못을 당한 사람 때문에 쓰지도 않았다(12절). 이것은 고린토전서 5장 1절을 암시하는 것으로 이해되어왔다. 그러나 그럴 것같지는 않다(이하를 참조하라). 만일 2장 4절에서도 같은 편지를 언급하고

있는 것이라면(충분히 그럴 수 있다) 바울로는 "큰 괴로움과 걱정에 눌리는 마음으로 많은 눈물을 흘리면서" 이 편지를 썼을 것이다. 이것은 고린토전서에 대한 서술이었으리라고 생각되지 않는다. 그렇다면 "내 편지"는 고린토전서는 아니었을 것이다. 그것은 흔히 '준엄한 편지'로 불리워진다. 이 주석서에서는 채택하지 않았지만 이 편지(준엄한 편지)의 일부를 고린토후서 2장 14절—6장 13절, 7장 2—4절, 10—13장에서 찾아볼 수 있다는 견해에 대해서는 이 책 서론 34—35·38면을 참조하라. 보다 개연성이 있는 것은 이 편지("내 편지")가 분실되었다는 것이다. 편지를 읽고 마음아파했던 고린토인들이 그것을 잃어버렸다는 것이 그다지 이상한 일은 아니다. 바울로는 편지를 쓰고 나서 결국에는 그렇게 한 데 대해 후회하지 않았다. 그는 다음과 같이 직역할 수 있는 문장으로 말을 잇는다 : '나는 그 편지가 잠시 동안이라도 여러분을 마음아프게 했다는 것을 알고 후회하기도 했읍니다. 그러나 지금은 기뻐합니다. 그것은 여러분이 마음아파했기 때문이 아니라 여러분이 마음아파 한 것이 여러분을 회개하게끔 인도했기 때문입니다.' 이것은 문법적으로는 불가능한 문장인데 아마도 바울로가 말하고 싶어 했던 것을 부분적으로 반영하는 여러 문장들의 복합체라고 보는 것이 가장 좋을 것이다. 첫째, '나는 그것을 보낸 데 대해 후회하기는 했지만 그 편지가 여러분을 마음아프게 한 것은 단지 잠시 동안일 뿐임을 알았읍니다.' 둘째, '나는 그것을 보낸 데 대해 후회하기는 했지만 그 편지는 여러분을 마음아프게 하여 회개하게끔 인도했다는 것을 알았읍니다.' 세째, '나는 그것을 보낸 데 대해 후회하기는 했지만 여러분이 단지 잠시 동안만 마음아파했기 때문에 지금은 기뻐합니다.' 네째, '나는 그것을 보낸 데 대해 후회하기는 했지만 지금은 기뻐합니다. 그것은 여러분이 마음아파했기 때문이 아니라 여러분이 마음아파 한 것이 회개하게끔 인도했기 때문입니다.' 이 문장들은 모두가 동일한 조건절을 가지고 있다 : "나는 후회한 일이 있기는 하지만." 첫째와 둘째는 동일한 귀결절, "나는 알았읍니다"를 가지고 있다. 세째와 네째도 동일한 귀결절, "나는 기뻐합니다"를 가지고 있다. 이제 바울로가 머리 속에서 이 문장을 어떻게 생각하고 있었는지를 알 수 있다. 그는 먼저 편지를 쓴 데 대한 후회에서부터 시작한다. 그가 이미 말했듯이 그는 이제는 후회하지 않는다. 이제 그는 디도를 만나서 그 편지의 결과가 어떠했는지를 알게 되었다. 그것은 일시적으로만 마음아프게 했고, 궁극적으로는 회개하게끔 했다. 이것을 알고 그는 이제 기뻐한다. 그가 기뻐하는 것은 그의 편지의 직접적인 결과가 아니라 궁극적인 결과 때문이다. 이것을 염두에 두고, 그의 언어는 물론이고 바울로의 의도까지도 고려한다면 그가 말하고자 했던 바를 다음과 같이 제시할 수 있을 것이다.

〔8—9〕 나는 내 편지에 대해서 후회한 일이 있기는 하지만 이제는 그 편지가 단지 잠시 동안만 여러분을 마음아프게 했을 뿐이고 여러분을 회게하게끔 인도했다는 것을 압니다. 그리고 이것을 보고 이제는 기뻐합니다. 여러분이 마음아파했기 때문이 아니라 그것이 회개에로 인도되었기 때문입니다. 그리고 그리이스어 문자 하나를 덧붙일 경우 문법적으로는 훨씬 좋지 않은 문장이 되리라는 점을 덧붙여 말해야 할 것이다. 만일 일인칭, 단수, 직설법, 능동태 "나는 본다"(βλέπω)대신 현재분사 능동형 "보고 있는"(βλέπων)이라고 읽어야 한다면 이 문장은 어색하기는 하지만 가능할 것이다: '나는 그 편지가 잠시 동안이라도 여러분을 마음아프게 했다는 것을 알고(seeing) 그것에 대해서 후회했읍니다. 그러나 이제는 기뻐합니다. 그것은 여러분이 마음아파했기 때문이 아니라 여러분이 마음아파함으로써 회개하게 되었다는 것 때문입니다.' D[46] 사본에서는 현재분사로 읽었고(그리이스어 사본으로서는 유일하게 이렇게 읽었다) 불가타역에서도 그렇게 가정했다. 그리고 옛 라틴 사본들에서도 현재분사형이 사용된다. 이것이 본래의 본문이고, "나는 알기 때문입니다"(βλέπωγάρ)라는 B D* Ambrosiaster의 본문은 우연적으로 훼손된 것이라는 가정(예를 들어 Westcott & Hort & Moffatt)은 설득력이 있다. 그리고 대다수의 사본들에 "우리가 알기 때문입니다"(βλέπω γάρ)로 되어 있는 것은 혼란스러운 문장을 더 좋게 하기 위한 시도라는 가정도 설득력이 있다. 그러나 바울로는 때때로 자신의 문장들을 혼란스럽게 뒤섞어 놓았는데, 아마 가장 난해한 *B D**의 독법이 옳을 것이다. 이 문제에 대해서는 빈디쉬의 보다 상세한 설명을 참조하라.

위에서 지적했던 바와 같이 다행스럽게도 바울로가 무엇을 의미했는지에 대해서는 심각한 의문점이 없다(8—11절의 사상에 대한 논의로는 Barth, *C.D.* IV i, 361—2를 참조하라). 마음아파했던 것은 단지 잠시 동안이었다(πρὸς ὥραν. 갈라 2,5 ; 필레 15 ; 참조. 데전 2,17). 그러나 염려되는 바이지만 회개도 마찬가지로 잠시 동안뿐이었다. 이것은 또 다른 문제이다(참조. 이 책 서론 30—31면). 회개 자체가 어떻게 표현되었는지는 11—12절에서 알 수 있다. 여러분이 마음아파한 것은 "하느님의 뜻을 따른 것이었다"(κατὰ θεόν : 참조. 로마 8,27 ; 갈라 1,4)는 말은 이처럼 회개하게끔 인도하는 유익한 마음아픔을 달리 기술한 것이다. 바울로는 계속해서 말한다. 여러분이 마음아파한 것은 하느님의 뜻을 따른 것이므로 여러분이 우리 "때문에"(원인을 나타내는 ἐξ ; *M.* iii. 260) 고통당하는 일은 없습니다. 리츠만은 종속절이 결과를 나타내는 것이라고 본다 : '여러분이 고통당한 결과로…….' 그러나 "하느님의 뜻"에 대한 언급은 그것을 목적을 나타내는 것으로 다룰 수 있게 한다 : '여러분이 고통당하지 않아야 한다는 것은 하느님의 뜻이었읍니다…….' 바울로는 아직도 자신의 편지에 대해서 생각하고 있다. 만일 그 편지를 보낸 결과, 고린토인들이 분노하고 마음아파하고 낙담했다면 그들은 상처를 받았을 수 있다. 그러나 사실은 그렇지 않았다. 결과는 좋았다.

[10] 하느님의 뜻을 따르는 근심은 구원에 이르는 회개를 가져오기 때문에 후회할 것이 없읍니다. "후회할 것이 없읍니다"(ἀμεταμέλητον)는 '회개'(Lietzmann와 Héring)나 혹은 '구원'(Schlatter)에 적용될 수 있을 것이다. 또는 둘 다에 적용되거나 아니면 구원에로 향하는 회개라는 복합적인 사상에 적용될 수 있을 것이다. 불트만(*Exeg.*, 402)은 이 곳과 어쩌면 12장 21절에서만 바울로가 그리스도교인의 회개에 대해서 말한다고 지적하며, 킴멜은 회개가 바울로의 사상에서 그다지 중요하지 않다고 관찰한다. 여기서 회개는 구원의 길의 기본적인 한 요소라기보다는 구원의 길로부터 벗어난 후에 다시 그 길로 돌아오는 것이다. 빈디쉬는 바울로가 회개에 대해서 왜 거의 말하지 않는가를 물은 다음 회개라는 개념은 헬레니즘적 주지주의의 색채가 짙고, 바울로가 구원에 있어서의 하느님의 행위에 비중을 두고자 했던 만큼 거기에 비중을 두지 못하기 때문이었다고 대답하는데 이것은 옳은 생각이다. '구원'에 대해서는 로마서 13장 11절과 해당 주석을 참조하라. 바울로는 여기서 주제를 발전시키지 않으며, 고린토인들이 회개함으로써 나타난 실제적인 결과를 표현하기 전에 그 반대의 현상을 지적한다. 그러나 세상 근심(참조. 9절b—"해를 끼치는 근심")은 분노나 혹은 그와 비슷한 감정을 일으킴으로써 죽음을 가져옵니다. 왜냐하면 죄의 댓가는 죽음이기 때문이다(로마 6,23).

[11] 11절 서두의 γάρ는 10절a의 신적인 근심을 소급하여 지시한다. 보시오(ἰδού는 말해진 것을 강조하기 위한 것이다 : 참조. 5,17 ; 6,2·9 ; 12,14)! 하느님의 뜻을 따른 근심이 얼마나 여러분

에게(그들은 이제 문제를 심각하게 받아들이기 시작했다) 진심을 불러 일으켰으며(고발에 맞서서) "변호하게 했으며"(ἀπολογίαν 법률 용어) 추측컨대 바울로를 공격한 사람에 대해서 의분을 느끼게 했으며 나에 대해서 두려워하게 했으며, (나를 보기를 : 참조. 7절) 사모하게 했으며, 열심을 내게 했으며(참조. 7절) 공격자에 대해서 불의를 징벌하게 했읍니까? 이 번역은 아마도 이 귀절의 수사학적 표현을 충분히 나타내지 못했을 것이다. "~뿐만 아니라 ~도"를 나타내는 "그러나"(ἀλλά: 강조하는 이 말의 효과에 대해서는 고린토전서 3장 2절과 Robertson, 1185 ; *B.D.* §448. 6을 참조하라)가 첫째 명사 다음부터 각각의 명사 앞에 반복해서 나온다 : "열심도 그렇고, 변호도 그렇고, 의분을 느끼는 것도……" 라는 식의 번역은 아마 지나친 번역일 것이다. Epictetus Ⅲ ix. 10, IV xi. 19 (Lietzmann)에는 이만큼 광범위하지는 못하지만 병행구들이 나타난다. "진심"(earnestness, σπουδή)은 만일 이 귀절 뒤에 "열심"(zeal)이라는 말이 (아마도 보다 인격적인 의미로) 나오지 않았다면 "열심"이라고 번역되었을 것이다. 이것은 바울로의 편지를 읽기 전까지는 고린토 사람들은 문제의 심각성을 파악하지 못했다는 것을 나타낸다. 그들은 이제 자신들을 변호하며(그들이 자신에 대해서 존경심을 표하지 않았다는 바울로의 비난에 대한 변호일까?), "불의를 징벌하려"(ἐκδίκησις) 한다. 이것은 어떠한 비난을 면하려는 욕구에서 비롯된 것이며, 거의 반격에 해당하는 것이다. 따라서 고린토인들은 자신들의 결백을 입증하기 시작한다. 나아가서 그들은 입증하는 데 성공했다 : 여러분은 그 모든 일에 있어서 결백"했다는"(εἶναι: 바흐만과 알로는 이것이 실제로 현재 시제를 나타내는 말이라고 본다 : '전에는 잘못이 있었지만 지금은 잘못이 없읍니다') 것을 보여주었읍니다. "보여주었읍니다"라는 동사는 이 서신에서 종종 '추천하다'(3,1 ; 4,2 ; 5,12 ; 6,4 ; 10,12·18 ; 12,11)를 의미한다. 그러나 이것은 동시에 '입증하다'(로마 3,5 ; 5,8 ; 갈라 2,18)를 의미할 수도 있으며, 고린토인들은 과거에 일어났던 문제에서 자신들은 "결백했다"(ἁγνοί: 참조. 11,2. 11장 2절에서는 이 말이 순결한 처녀에 대해서 사용되었다)는 점을 적어도 디도로 하여금 믿게 했다는 문맥으로부터 볼 때 "입증하다"를 의미함이 분명하다. "The Injury", 153—154을 참조하라. 이것은 고린토인들이 회개한 것(9—10절)은 그들 자신이 범한 잘못 때문이 아니라 다른 사람이 범한 잘못을 그들이 무관심하게 내버려두었기 때문임을 보여준다. 이 점에 대해서는 다음 귀절에서 확신있게 서술된다. '고린토인들은 그들이 편한 대로 행동했기 때문에 잘못된 일에 관련된 것처럼 보일 수는 있었지만 결코 그들 자신이 잘못을 범하지는 않았다는 데 대한 분명하고도, 진심에서 우러난 증거를 보여주었다' (Calvin).

[12] 그러므로 내가 여러분에게 편지한 것은 남에게 불의를 행한 사람 때문이거나 불의를 당한 사람 때문이 아닙니다. 어느 누구의 이름도 나와 있지 않으며, 그 잘못이 어떤 것인지에 대해서도 기술되지 않았다. 이 문제에 관한 보다 상세한 논의는 "The Injury"를 참조하라. 그것은 두 쌍의 가설에 의해 역설적으로 설명될 것이다.

1. (ㄱ) 공격자는 고린도교회와 긴밀한 관계에 있었고, 실제로 대개는 그 교회의 구성원으로 생각되었다(예를 들어 Kümmel, *Introduction*, 208에서 그렇게 가정한다).
   (ㄴ) 고린도인들은 그 문제에 있어서 결백했다(11절).
2. (ㄱ) 바울로의 '준엄한 편지'는 회개를 불러일으켰다.
   (ㄴ) 고린도인들은 그 문제에 있어서 결백했다(11절).

'이 문제에 대해서는 단 한 가지의 해결책만이 있는 것으로 보인다. 잘못을 범한 사람은 고린도교회와 긴밀한 관계에 있었으나 그 자신이 고린도인은 아니었다. 그는 고린도를 방문한 자로서 스스로 가지고 있는 것보다 우월한 권리를 주장하면서 사도의 위치에 도전하고 사도의 권위를 하찮게 여김으로써 그의 인격에 상처를 입히고 모독했던 것이다. 엄격히 말해서 그는 고린도인이 아니었다. 따라서 그는 결백하지 않았지만 고린도인들은 결백했을 것이다. 확실히 그들은 결백했다. 그러나 그들은 열심과 진심을 가지고 바울로의 편을 들어야 마땅했음에도 불구하고 그렇게 하지 않았다. 그리고 그들은 이에 대해서 회개했다' ("The Injury," 155에서 사용했던 그리이스어 단어를 여기서 생략하거나 번역했다는 점을 제외하면 본문 그대로 인용한 것이다). 이 결론은 '준엄한 편지'에 대한 2장과 7장의 증거들과 잘 맞아떨어진다. 바울로는 다음과 같이 기술한 바 있다(2, 3). "내가 기쁘면 여러분도 다같이 기뻐할 것을 확신합니다." 그는 눈물을 흘리며 편지를 썼지만 그것은 "내가 얼마나 여러분을 극진히 사랑하고 있는가를 여러분에게 알려주기 위한" 것이었다고 말한다(2, 4). (바울로의 말대로라면) 그가 받은 상처는 그다지 심각할 것까지 없다. 위험은 교회나 혹은 실질적으로 교회의 일부가 상처를 받게 되는 데 있다(2, 5). 7장은 바울로가 고린토인들 자신들이 침입자의 행동과 어느 정도로 관련되어 있었는지를 잘 알지 못했다는 것을 보여준다. 그렇다면 그가 너무 심한 편지를 썼던 것인가? 그들은 자신들의 결백함에 상처를 입음으로 해서 그로부터 더욱 멀어질 것인가? 그렇지는 않았다. 그들은 그 편지를 오해없이 받아들였고, 그의 확신도 참된 것으로 드러났다(14절). 편지는 그들을 마음아프게 했다. 그러나 그것은 그들에게 상처를 줌으로써 좋은 결과를 가져왔다. 그들은 자신들이 바울로에게 적대적인 침입자의 말에 귀를 기울인 데 대해 회개했다. '그들은 이제 "내게 대한 열심"(7절)을 보여주었다. ……12절은 "불의를 행한 사람"(침입자)도, "불의를 당한 사람"(바울로)도 일반적인 의미에서 고린토교회의 구성원이 아니었다는 점을 파악할 때, 보다 분명하게 드러난다. 어쩔 수 없이 그들은 그 편지에서 중요한 부분을 차지했으며, 그 때문에 그 편지는 잘못 이해될 수 있었다. 바울로의 실제 목적은 이 떠돌아다니는 사람들이나 자기 자신, 혹은 다른 어떤 사람에게 있었던 것이 아니라 그가 디도에게 자랑했던 한 지역 교회에 있었다' ("The Injury", 156에 인용된 그리이스어를 번역해서 쓴 것이다).

잘못과 그 잘못을 범한 사건에 대해서는 더 정확하게 기술할 수 없다. 흔히 사람들은 바울로가 여기서도 고린토전서 5장 1절에서 언급했던 "음행"에 대해 말하고 있다고 생각했다. 그러나 이제 이 견해는 일반적으로 받아들여지지 않는다. 바울로가 고린토전서 5장 2—5절을 쓴 다음에 그 사건은 단순히 해결되었다고 만족했으리라고는 생각되지 않는다. 또 다른 제안은 "불의를 행하다"(ἀδικεῖν)라는 동사에 충분한 법적 의미를 부여해야 한다는 것이다. 고린토전서 6장의 가르침을 무시하고 어떤 한 그리스도교인이 교회의 다른 동료에 대해서 법적인 행동을 취했다는 것이다. 예를 들어 빈디쉬가 이렇게 본다. 그러나 이러한 한 사건에 의해 바울로의 강한 언어와 계획의 변경을 설명한다는 것은 충분하지 못하다. 바울로가 두번째 방문 때 면전에서 공격을 받았거나, 아니면 그가 없을 때 가령 디모테오와 같은 조력자가 불순종과 항거를 통해 공격을 받았으리라고 가정하는 것이 가장 좋을 것이다. 그의 두번째 방문으로 인한 마음아픔(참조. 2,1와 해당 주석)에 대한 언급들은 아마도 그의 면전에서 공격하는 일이 있었음을 시사한다. 바울로는 이제 그 문제가 해결되기를 바랐다. 그러나 10—13장을 보면 그의 기대가 어긋났음을 알 수 있다. 이 책 서론 30—31면을 참조하라.

바울로는 "남에게 불의를 행한 사람"을 공격하기 위해서나 혹은 "불의를 당한 사람"(디모테오일 수도 있지만 아마도 그 자신)을 변호하기 위해서 편지를 쓰지 않았다. 오히려 우리를 위한 여러분의 열성이 (11절에서와 같다 : 슐라터는 대명사를 뒤바꾸는 변형된 독법을 받아들인다—"여러분을 위한 우리의 열성") 밝히 나타나게 하려는 것이었읍니다. 사실상 목적절인 이 절은(Moule, *Idiom*, 83) 특이한 방식으로 표현되었다(ἕνεκεν 뒤에 관사가 붙은 부정사의 속격이 뒤따른다). 이것은 비슷한 구문들로 이루어져 있다. 'X를 위해서도 아니고 Y를 위해서도 아니며, ∼이 나타나게 하기 위한 것입니다……' (*B.D.* §403 ; *M.* iii. 144). 바울로가, 고린토인들의 "열성"이 여러분 자신들에게 "밝히 나타나기를" 원했다는 것은 중요하다. 그들로 하여금 자신들이 사도에게 얼마나 빚을 지고 있고, 사도에게 근본적으로 충성을 바쳐야 하는가를 알 수 있게 하기 위해서는 그의 편지와 같은 자극이 필요했다. 이것은 단순히 심리적인 반응에 불과하지는 않았다. 그들의 "열성"은 그만이 홀로 공정한 심판관인 하느님 앞에서 밝히 드러나야 했다. '이 귀절은 물론 바울로가 그의 준엄한 편지를 쓴 목적에 대해서가 아니라 실제로 이 편지가 기여하고, 또 하느님이 그렇게 되기를 원했던 목적에 대해서 기술하고 있다' (Goudge).

[13] (우리들로서는 알 수 없는) 과거에 대한 이러한 서술에 뒤이어 바울로는 현재에 대한 서술로 돌아간다. 그래서 우리는 위로를 받았읍니다. —위로를 받았고 지금도 받고 있읍니다(이것이 그리이스어 완료형의 의미이다)— 여기서 바울로는 디도와 협력하기를 간절히 원하고 있다. 그리고 우리가 위로를 받는 가운데 고린토인들의 태도에 의해 분명히 매우 좋은 인상을 받았던 디도의 기쁨이 이에 겹쳐서(바울로는 단어를 많이 나열하고 있는데 영어로는 어딘가 서투른 문장이 될 수밖에 없다 : περισσοτέρως μᾶλλον: 참조. *B.D.* §246 ; *M.* iii. 29) 우리를 더욱 기쁘게 했읍니다. 그의 영이("영"이라는 말을 이처럼 '비신학적'으로 사용한 데 대해서 2,13 ; 17,1과 해당 주석 참조) 여러분 모두로부터 환대를 받아 유쾌한 마음으로 쉬었기 때문입니다(참조. 고전 16,18. 여기서도 역시 "영"이라는 말이 사용되었다. 필레몬서 7절에서는 의미상 "영"과 아무 차이 없이 "속"[창자]이라는 말이 사용되었다). 후에 일어난 일들은 디도가 상황을 잘못 판단했고(참조. 이 책 308—310면). 자신의 고린토 방문이 고무적이고 바람직한 일이라고 생각했음을 보여준다.

[14] 디도의 이러한 경험은 바울로에게까지 전해졌다. 왜냐하면 그것은 그가 디도에게 미리 말했던 것이 사실임을 입증해주었기 때문이다. **내가 디도에게 여러분을 자랑한 일이 있었는데** (직역하면 만일 '내가 그에게 여러분에 대해서 어떠한 자랑을 했다면'—그리이스어로는 훌륭한 구문이다: Beyer, 81). 그것이 거짓으로 드러나지 않았으므로 **여러분이 나를 실망시키지 않았읍니다. 내가 여러분에게 모든 것을 진실하게 말한 것처럼**(직역하면 '우리가 모든 것을 진실하게 여러분에게 말했듯이') **내가 디도에게 말한 자랑도 참된 것으로 드러났기 때문입니다.** 1장 17—20절에서 바울로는 자신의 계획과 판단의 성실성과 정확성을 그가 설교하는 복음의 진리와 신실성에 관련시킨다. 후자가 전자에 달려있는 것이 아니라 진리인 복음에 전념한 사람은 실제적인 일에서 부주의하게 되지 않기 때문이다. 바울로가 디도에게 고린토의 그리스도교인들에 대해 자랑을 하고, 그를 고린토에 보냈다는 (사실 디도는 이전에는 고린토를 방문하지 않았다) 점은 주목할 만하다. 고린토전서는 바울로가 고린토인들의 한계를 잘 알고 있었다는 사실을 보여준다. 그러나 전반적으로 바울로는 그들에 대해 확신했으며, 따라서 그들은 근본적으로 선하다고 디도에게 말했다. 사실 "자랑"이라는 말은 어딘가 불분명한 이러한 칭찬 이상의 의미를 시사해준다. 아마도 이보다 더 약한 의미는 아닐 것이다. 이러한 관찰은 디도가 (아마도 '준엄한 편지'를 무기삼아) 스스로 해결할 수 없었던 적대적인 상황을 무마하기 위해 바울로에 의해 보냄을 받았다는 일반적인 견해를 반증하기에 충분하다. 디도의 방문의 주요 목적은 헌금 모금(8,6)을 조직화하기 위한 것이었다. "Titus", 여러 곳을 참조하라.

[15] 그럼에도 불구하고 바울로는 디도로부터 더 좋은 소식을 들어서 기뻐했다. —그 자신을 위해서, 고린토인들을 위해서, 디도를 위해서. **디도는 여러분 모두가**(결코 소수의 사람도 바울로에게 저항하지는 않았다) **순종하고, 두렵고 떨리는 마음으로 자기를 영접한 것을 기억하고 그의 심정이**(혹은 감정이. 직역하면 '속이': 참조. 6,12와 해당 주석) **여러분을 향하고 있읍니다.** 디도가 저항을 진정시켜야 했던 것은 아니다. 그는 큰 환대를 받았고 바울로는 고린토인들이 복종해야 한다고 주장하지 않는다. 그들은 복종하고 있었기 때문이다. **따라서 나는 여러분을 온전히 신뢰**(*θαρρῶ*: 5장 6·8절에서와 같다. 이것은 아마도 지금의 이 귀절을 소급하여 지시하는 10장 1·2절

에서 밀접하게 관련된 의미이기는 하지만 어딘가 다른 의미로 사용되었다. ἐν에 대해서는 갈라 1,24; 4,20; 필립 1,30을 참조하라)할 수 있게 된 것을 기뻐합니다. 바울로는 디도의 말을 통해서 고린토인들이 사도의 메시지와 선교를 그 자신이 이해하는 것과 똑같은 방식으로 이해하고 있음을 알고 만족해한다. 경쟁적인 사도에 대해 두려워할 것은 아무 것도 없다(그러나 그리스도교적 신앙과 행동이 왜곡되는 데 대해서 교회를 경고할 필요는 항상 있다). 고린토인들은 복종하고 있으며, 그를 위해 열심이다. 이러한 토대 위에서 헌금과 같은 그리스도교 공동체적 활동이 이루어질 수 있을 것이다.

14. 헌금(1) 8장 1—24절

1 형제들이여, 우리는 마케도니아 여러 교회에 내리신 하느님의 은혜를
여러분에게 알리려고 합니다. 2 그들은 큰 환난 가운데서 시련을 받으면서
도 기쁨과 그들의 밑바닥 가난의 충만함이 (단순한) 마음의 넉넉한 선량함
가운데 흘러넘쳤다는 것을 말하려고 합니다. 3 내가 증언합니다. 그들은 힘
자라는 대로 오히려 힘에 겹게 자진해서 구제했읍니다. 4 그들은 성도들을
위한 구호사업에 있어서 자기들에게도 함께 참여하는 은혜를 나누어달라고
우리에게 간청했던 것입니다. 5 그들은 우리의 기대를 만족시켰을 뿐 아니
라 그 이상으로 하느님의 뜻을 따라 먼저 자신을 주께 바치고 또 우리에게
도 주었읍니다. 6 이런 일이 있기 때문에 우리는 디도가 이미 여러분 가운
데 시작한 이 은혜로운 사업도 역시 완수하라고 그에게 권했던 것입니다. 7
여러분은 모든 것에 풍부합니다. 믿음에 있어서나 말과 지식에 있어서나 모
든 열성과 우리로부터[1] 여러분에 이르는 사랑에 있어서나 여러분은 풍부합
니다. 그러므로 은혜로운 이 사업에도 풍부하기를 바랍니다. 8 이 말은 내
가 명령으로 하는 것이 아닙니다. 다만 다른 사람들의 열성을 여러분들에게
보여줌으로써 여러분의 사랑이 얼마나 진실한가를 확인하려는 것입니다. 9
여러분은 우리 주 예수 그리스도의 은혜를 알고 있읍니다. 그리스도는 부요

1) 이것은 P^{46} B와 소수의 다른 본문들의 독법이다. ℵ C D G와 라틴 사본까지도 포함하여 대다수의 사본들에서는 대명사를 뒤바꾼다. "우리에 대한 여러분의 사랑." 이것이 보다 쉽고 분명한 독법이다. 이 사역에서처럼 덜 일반적인 독법을 선택해야 한다.

하나 여러분을 위하여 가난하게 되셨읍니다. 그것은 그가 가난하게 되심으로 여러분을 부요하게 하시려는 것입니다. 10 이 구호사업에 대한 내 충고는 이렇습니다. 이런 일에 참여하는 것은 여러분에게 유익합니다. 여러분은 이 일을 지난해부터 이미 시작했고 또 자원해서 한 것입니다. 11 그러므로 이제는 이 일을 완성합시다. 여러분이 자진해서 했으니 여러분의 소유로도 이 일을 완성할 수 있을 것입니다. 12 여러분이 마음으로 원해서 하는 일이라면 가진 것에서 얼마를 바치든지 하느님께서 기뻐받으실 것입니다. 하느님께서는 없는 사람에게서까지 구하시지는 않습니다. 13 내가 지금 다른 사람들을 안락하게 하고, 여러분을 괴롭게 하려고 이 일을 권하는 것이 아닙니다. 서로 균형이 잡히게 하려는 것입니다. 14 이번에 여러분이 넉넉하게 모금해서 그 사람들의 궁핍을 채워주게 되면 그들의 넉넉한 것이 여러분의 궁핍을 채워줄 때도 올 것입니다. 이리하여 서로 균형이 잡히게 되도록 하려는 것입니다. 15 이것은 성서에 "많이 거둔 사람도 남지 않고 적게 거둔 사람도 모자라지 않았다"라고 기록된 것과 같습니다. 16 여러분에 대하여 같은 열성을 디도에게 주신[2] 하느님께 감사합니다. 17 그는 우리의 요청을 받아들였을 뿐 아니라 자기 자신의 열성을 따라 자진하여 여러분에게로 간 것입니다. 18 우리는 그와 함께 형제 한 사람을 보냈읍니다. 이 형제는 복음 전하는 일에 있어서 모든 교회로부터 칭찬받는 사람입니다. 19 나아가서 그는 하느님 자신의[3] 영광을 나타내고 우리의 열성을 보이기 위하여 우리와 함께 다니면서 이 은혜로운 사업에 수고하도록 모든 교회에서 택해 세운 사람입니다. 20 그를 보내는 것은 우리가 다루는 이 많은 의연금에 대하여 아무에게서도 비난을 받는 일이 없게 하려는 것입니다. 21 우리의 목적은 주님 앞에서뿐만 아니라 사람 앞에서도 일을 바르게 하려는 그것입니다. 22 그들과 함께 또 한 사람의 형제를 보냅니다. 우리는 모든 일에 있어서 여러 번 그의 열성을 확인했으며 지금 그는 여러분에 대하여 큰 신뢰를 가지고 있느니만큼 더욱 더 열심을 내고 있읍니다. 23 디도로 말하면 그는 내 동료요 여러분을 위한 내 동역자입니다. 그리고 그와 같이 가는 다른 형제들로 말하면 그들은 그리스도의 영광을 위하여 보내는 여러 교회의 사자들입니

---

2) 이것은 현재분사 διδόντι를 번역한 것이다. P⁴⁶ D G L에서는 단순과거 δόντι로 읽혀진다. 이것은 의미가 통하며, 이것이 옳은 것일 수도 있다. 고린토인들이 디도에게 준 좋은 인상에 대해서는 7장 7절을 참조하라. 그러나 아마도 7장 7절이 보다 덜 분명한 현재분사 대신 이 독법을 시사할 것이다.

3) B D* C G L에는 "자신의"가 생략되어서 보다 쉬운 본문을 제공한다. 이것은 받아들이기가 어렵다. 바울로가 αὐτοῦ라고 썼다가(받아쓰게 하다가) 이것이 분명치 않음을 깨닫고는 의미를 밝히기 위해서 τοῦ κυρίου를 첨가했을 수 있다. 따라서 "하느님 자신의"가 아니라 "그의, 말하자면 하느님의"라고 번역해야 할지도 모른다.

다. 24 그러므로 사랑으로 그들을 대하여 여러분에 대한 우리의 자랑이 사실 그대로라는 것을 그들과 여러 교회 앞에 드러내 보여주기를 바랍니다.

예루살렘의 가난한 성도들을 위한 바울로의 헌금 사업은 틀림없이 50년대 중반에 있어서 그의 중요한 활동의 하나였다. 이것은 로마서 15장 25—32절과 고린토전서 16장 1—4절에도 언급되어 있다. 이 두 귀절들에 대해서는 주석을 참조하라. 갈라디아서 2장 10절과 비교하라. 그러나 놀랍게도 사도행전에서는—11장 27—30절을 잘못 배열된 언급이라고 보지 않는 한—헌금이 단지 우연적으로만 언급될 뿐이다. 일반적인 문제에 대해서는 D. Georgi, *Die Geschichte der Kollekte des Paulus für Jerusalem*(1965) & K.F. Nickle, *The Collection*(1966) ; Bornkamm, *Paulus*(1969), 61—2·107을 참조하라. 세부적인 관찰들은 8장과 9장에 대한 주석에서 이루어질 것이며 이 책 서론 50—54면에 요약되어 있다.

바울로가 고린토인들에 대한 자신의 확신을 말하는 7장의 마지막 귀절들은 헌금을 호소할 좋은 계기를 마련해주지만(알로도 이렇게 본다) 이러한 새로운 주제를 서신의 흐름에 아무런 무리 없이 끌어오기란 상당히 힘들다. 갑작스럽게 문제가 바뀌는 것은 '이 교회에 헌금을 호소하는 것이 바울로로서는 얼마나 어려운 일이었는가' (Lietzmann)를 보여주지만 7장 16절에서 8장 1절로의 이행은 두 개의 다른 서신들이 결합되었음을 보여주지 않는다.

[I] 바울로는 이렇게 시작한다 : **형제들이여**(참조. 1, 8 ; 13, 11 ; 고전 1, 1에 대한 주석), **우리는 마케도니아 여러 교회에**(아마도 "안에" ; *M*. iii. 264) **내리신 하느님의 은혜를**(χάρις ; 이 말은 다음의 장들에서는 놀랄 만큼 다양한 방식으로 사용되었다—8, 1·4·6·7·9·[16]·19 ; 9, 8·14·[15]를 참조하라. 이것이 하느님과 관련되었을 때에는 언제나 "은혜"로 번역되었다) **여러분에게 "알리려고"**(γνωρίζομεν. 고린토전서 15장 1절에서와 같이 번역되었다. 기본적인 의미는 "우리는 ~가 알게 했다"이다) **합니다.** '고린토인들에게는 여러가지 자극을 가할 필요가 있었지만 마케도니아인들에게는 추천할 필요가 없었다' (Calvin). B.C. 148년 이후부터 마케도니아는 로마의 영토였고, B.C. 27년부터 A.D. 15년, 그리고 다시 A.D. 44년부터는 아카이아 북부에 위치하고, 서쪽으로는 아폴로니아로부터 동쪽으로는 필립비에 이르는, 원로원을 파견할 수 있는 지역이었다. 바울로의 헌금사업에 마케도니아가 참여한 데 대해서는 로마서 15장 26절을 참조하라(참조. 언급들에

대해서는 1, 16 ; 2, 13 ; 7, 5 ; 11, 9 ; 필립 4, 15 ; 데전 1, 7·8 ; 4, 10을 참조). **필립비와 데살로니카는(베레아도 마찬가지다 : 사도 17, 10)** 바울로와 긴밀한 관계에 있는 마케도니아의 도시들이었다. 우리는 다음 귀절들로부터 마케도니아교회의 교인들은 가난함에도 불구하고 많은 기부를 했음을 알게 된다. 바울로가 그들에게 주어진 "하느님의 은혜"에 대해서 말할 때 언급하고 있는 것도 이 점이다. "은혜" 자체는 관대함을 의미한다(참조. *Romans*, 76 ;『고린토전서』, 55면). 신학적으로는 죄인으로서 아무런 자격도 없고, 단지 벌을 받아야 마땅한 사람들에게 자유롭게 베푸는 하느님의 관대함을 의미한다(참조. 9절). 바울로는 아마도 첫째, 마케도니아인들의 관대함은 하느님 자신의 관대함임을 의미하거나 둘째, 하느님은 마케도니아인들에게 은혜를 베풀고(참조. 고전 1, 4. 은혜가 이와 같은 의미로 쓰였다) 그 결과 그들을 관대하게 했음을 의미할 것이다. 그러나 그는 이 두 가지 가능성들을 예리하게 구별하려고 하지 않았을 것이다.

[2] 바울로는 마케도니아에 주어진 하느님의 은혜라는 말로 자신이 무엇을 의미했는지 설명하기 시작한다(그러나 여전히 좀 불분명하게 설명한다). **그들은 큰 환난 가운데서**(Barth, *C. D.* Ⅱ ii. 637에서는 이 부분에서 "환난으로부터 나온 변호"를 본다) **시련을 받으면서도**(*δοκιμή*. 13장 3절에서와 다소간 비슷하다 : 2, 9 ; 9, 13 ; 로마 5, 4 ; 필립 2, 22에서와는 다르다) **기쁨과**(슐라터는 고린토인들의 자기중심성으로부터가 아니라 관대함의 결과로 기쁨이 생겨난다고 지적한다) **그들의 "밑바닥"**(*κατὰ βάθους*. 직역하면 "더 깊이" : 참조. Strabo, ix, 419) **가난의 충만함이 (단순한) 마음의 넉넉한 "선량함"**(*ἁπλότης* 로마 12, 8 [주석 참조] ; 고후 9, 11·13 ; 11, 3 ; 골로 3, 22) **"가운데"**(혹은 "안으로." 그러나 대결과 함께 사용되는 *εἰς*는 헬레니즘 시대의 그리이스어에서 때때로 "안에" [in: 여기서는 "가운데"로 번역했다 : 역주]라는 의미로 사용되었다) **흘러넘쳤다**(위에서 "충만함"이라고 번역된 말과 같은 어원의 동사이다)**는 "것"**(*ὅτι*, 이것은 "왜냐하면"으로 번역될 수도 있다)**을 말하려고 합니다**(이 말은 그리이스어 원문에는 없지만 영어의 draw attention to ["알리려고"로 번역되었다 : 역주] 뒤에 필요한 말이기 때문에 첨가한 것이다). 마케도니아 교회가 당한 "환난"은 필립비서 1장 29—30절, 데살로니카전서 1장 6절, 2장 14절, 3장 3—4절, 데살로니카후서 1장 4—10절에 의해 입증된다. "가난"은 아마도 그리스도 교인들의 특징적인 현상이었으며, 박해의 결과였을 것이다. 왜냐하면

마케도니아는 농업과 광업, 목재산업이 융성한, 전체적으로 번영한 지방이었던 것으로 보이기 때문이다(*C.A.H.* x. 403 ; xi. 568). 이것은 비록 플루머(233)가 다음과 같이 기록하고 있더라도 마찬가지이다 : '로마인들은……풍부한 수입원이었던 금광과 은광을 소유했고, 구리와 철의 제련권에 세금을 부과했다. 또한 그들은 소금을 수입하고 배를 만들기 위해 나무를 베는 일은 자신들의 권한으로 보유했다. 마케도니아인들은 자기들의 나라는 마치 갈갈이 찢기고 흩어진 짐승과도 같다고 말했다' (Livy, xlv. 30). 그러나 리비의 이 말은 B.C. 168년에 일어났던 피드나 전쟁 직후의 시기와 관련된다는 점을 지적해야 할 것이다. 지진이 있으리라는 헤링의 제안은 그가 인정하듯이 잘 입증되지 않는다. 아무리 환난이 일어나고 가난해도 그것은 마케도니아인들을 억누른 것이 아니라 그들의 관대한 마음을 불러일으켰다. 그들은 아마도 자신들이 예루살렘의 상황을 알았다고 생각했을 것이다(데전 2, 14). 필립비서에서 바울로는 독자들이 자신있게 보여주었던 관대함에 대해 감사하며(필립 4, 10—20) 데살로니카인들에게는 형제로서의 사랑에 대해서 그들에게 편지를 쓸 필요도 없다고 말한다(데전 4, 9—10). "단순한 마음의 선량함"에 대해서 부세와 그레쓰만(Bousset-Gressmann, 419)은 12족장 유훈서를 인용하면서 그것은 '유다교 윤리의 기본개념'이라고 말한다. 예컨대 다음과 같다. 르우벤 4장 1절, "주님을 두려워하고, 단순한(ἁπλότητι) 마음으로 행하라." 레위기 13장 1절, "네 온 마음으로 너의 주 하느님을 두려워하고 그의 모든 율법을 따라 순결하게(ἁπλότητι) 행하라." 시므온 4장 5절, "단순한(ἁπλότητι) 마음으로 행하라. 그리하면 하느님이 네게 은혜와 영광과 축복을 줄 것이다." 이싸갈 4장 1절과 5장 1절, Reicke, *Diakonie*, 204도 참조하라. 이 말은 여기서와 마찬가지로 "관대함"이라는 의미를 띠는 경향이 있다. 휴즈는 Josephus, *Antiquities* vii. 332와 Tacitus, *Hist.* iii. 86(단순함 : simplicitas)를 인용한다.

여기서 2절을 번역할 때 채택한 동사 "흘러넘치다"는 본래는 단수형(ἐπερίσσευσεν)이지만 주어가 둘인 것으로 되어 있다. 즉 "그들의 기쁨과 밑바닥 가난의 충만함." 여기에는 아무런 문제가 없다. '그리고(καί)에 의해 여러 단어들이 연결되는 경우, 자유로운 동일한 문법규칙이 고전어에서는 물론 신약성서에서도 적용될 수 있다' (*B.D.* §135). 그러나 이 문장은 다르게 해석될 수도 있다. 즉 '환난의 어려운 시험 가운데서도 기쁨이 흘러넘쳤고, 그들의 밑바닥 가난이 충만했다.……'

그러나 (적어도 이 순간에) 바울로의 관심을 끄는 것은 헌금 모금에 마케도니아인들이 기부하게 만드는 것이었고 이 문장도 그러한 방향으로 끌고나간다.

〔3—4〕 마케도니아인들의 관대함이 서술된다. 내가 증언합니다 (자연스러운 삽입구이다—*B.D.* §465,2). 그들은 힘 자라는 대로, 오히려 힘에 겹게(즉 그들의 상황에서 할 수 있으리라고 기대된 것 이상으로 했다) 자진해서(즉 바울로로부터 아무 자극을 받지 않고서도. 참조. 17절. 여기서는 같은 말이 디도에 대해 사용되었다) "구제했읍니다"(이 동사는 반드시 필요한 보충어는 아니다. 왜냐하면 정형의 주동사가 5절에 나오기 때문이다: "그들은 자신을 주었읍니다." 그러나 보다 의미를 분명하게 하기 위해서는 필요한 말이다). 그들은 성도들을(1장 1절에서처럼 그리스도교인 전체가 아니라 로마서 15장 25·26·31절, 고린토전서 16장 1절, 고린토후서 9장 1·12절에서와 같이 예루살렘에 있는 가난한 성도들이다—주석을 참조하라) 위한 "구호사업"(*διακονία*: 헌금에 대해서 사용한 바울로의 특징적인 말들 중의 하나인 *κοινωνία*와 같다. 참조. 로마 15,31과 주석; 고후 9,1·12·13; Reicke, *Diakonie*, 25. 여기서는 두 단어를 함께 써서 "구호사업의 은혜" [dienende Wohltätigkeit]라고 말한다)에 있어서 자기들도 함께 참여하는(혹은 '함께 나누는' *κοινωνία*: 참조. 9,13; 로마 15,26) 은혜를(*χάρις*. 여기서는 하느님의 사랑의 행위와는 구별되는 인간의 사랑의 행위이다. 그러나 그것과 비교할 수도 있고, 또 그것을 통해 자극을 받을 수도 있다. 히브리어 ḥesed도 비슷한 방식으로 발전된다. 참조. 의인 라삐 시므온의 유명한 말에 나오는 g^{e}miluth ḥ^{a}sadim [Aboth i. 2]) 나누어달라고(이것도 보충어이다: 직역하면 '~라고 간청하며') 우리에게(참조. 5,12) 간청했던 것입니다.

〔5〕 그들은 우리의 기대를 만족시켰을(이것도 보충어이다. 3절의 "그들은 구제했읍니다"를 받는 말이며, 5절b의 "그들은 주었읍니다"를 지적한다) 뿐 아니라(즉 단순히 우리가 기대했던 것뿐만이 아니라. 바울로는 그들이 헌금하기를 바랐다. 그리고 그들은 그렇게 했다) 그 이상으로 (헌금을 하기 전에 무엇보다도 먼저: Robertson, 1152—*καὶ ἡμῖν*과 함께 등위어구를 이룬다) 하느님의 뜻을 따라 먼저 자신을 주께 바치고, 또 우리에게도 주었읍니다. 따라서 경제적인 후원은 그리스도인의 헌신 행위이다. 이것은 바울로가 전례적인 언어를 사용할 때 그것을 일상사에서의 그리스도교인의 봉사에 적용시킨

다는, 앞서 말했던 것과는(참조. 이 책 140면 이하) 역을 이룬다. 그들이 성도들을 돕는 제일 첫 단계는 자기 자신을 그리스도께("주" : P⁴⁶에는 하느님으로 되어 있다) 바치는 것이다. 그들은 자신들을 사도에게 바치기도 했다. 그리고 그렇게 하는 것이 하느님의 뜻이었다. 사도로서 바울로의 위치는 역설적인 것이었다(참조. 이 책 59—60·78—79·313—314면 ; *Signs*, 41—4). 그는 자신의 사람들에게 자신을 그들의 신앙의 주가 아니라(1, 24) 그들의 종으로(4, 5) 보이려고 할 뿐이다. 그러나 하느님은 그에게 권위를 주었고(넘어뜨리기 위해서가 아니라 세우기 위해서 : 10, 8 ; 13, 10) 그는 자신을 본보기로 내세웠다(고전 4, 16 ; 11, 1). 동료 그리스도교인들에게 봉사하는 데 있어서 그를 본보기로 받아들이는 데에는 그에게 아무런 의문의 여지가 있을 수 없었다.

[6] 여기서 마케도니아인들은 얼마 전에 고린토인들에게 소개되었던 헌금에 자신들도 참여할 수 있기를 바라고 있다(고전 16, 1—4 : 참조. 해당 주석). 이런 일이 있기 "때문에"(εἰς τό-가 결과절을 이끄는 예외적 용례로 사용되었다 : 참조. Roertson, 1003 ; Moule, *Idiom*, 141) 우리는 디도가 이미 여러분 가운데 시작한('고린토에서 시작한'으로 가정해야 한다. 10절에서도 같은 말이 동일한 의미로 사용되고 있으나 다른 때를 언급한다. 주석을 참조하라) 이 은혜로운(χάρις: 참조. 1절에 대한 주석) 사업도 역시(이것은 καί를 번역한 말인데 디도가 고린토교회에서 다른 어떤 일도 완수했다고 생각하지 않는 한 불필요한 말인 것 같다) 완수하라고(이 문장은 ἵνα가 요청의 내용을 이끈다) 그에게 "권했던"(헬레니즘 시대의 그리이스어에서 동사 παρακαλεῖν은 이보다 강한 의미를 자주 지니지 않는다. 12장 18절에서 사용된 동일한 동사의 용법에 주목하고, 8장 17절에서는 같은 어원의 명사의 용법에 주목하라) 것입니다. 아마도 '준엄한 편지'(참조. 이 책 30면)를 전했을 디도는 동시에 헌금과 관계된 일을 맡았다(참조. 이 책 32면의 "Titus").

[7] 여기서 바울로는 그가 고린토인들로 하여금 온 마음을 바쳐서 헌금에 참여하도록 권하기 위한 말들을 잠시 동안 멈춘다. 여러분은 모든 것에(직역하면 '모든 것에 있어서', 혹은 '모든 면에서.' 의미는 고린토전서 1장 5절과 똑같다) 풍부합니다(이 말은 2절에서는 "흘러넘치다"로 번역되었다). 믿음에 있어서나(일종의 선물로서의 믿음에 대해서는 고전 12, 9 ; 13, 2·13과 주석을 참조하라) 말과 지식에 있어서나(참조. 고전 1, 5에 대한 주석) 모든 열성(참조. Betz, *Lukian*, 9 ; '나는 지금 7장 11절에서는 피해야 했던 말을 쓰고 있다')과 우리

로부터 여러분에 이르는 사랑(직역하면 '사랑이 우리에게서 여러분에게로': 참조. 9,2과 *M.* iii. 259. 본문에 대해서는 이 책 276면 주 1 참조. Héring: '여러분 가운데 내가 불러일으켰던 사랑')에 있어서나 여러분은 풍부합니다. 그러므로 은혜로운(여기서는 "관대한" 같은 말보다 이 번역이 더 낫다. 왜냐하면 이 번역은 고린토인들이 헌금에 대해 어떠한 태도를 취하건간에 이러한 종류의 봉사가 지식이나 말처럼 하느님의 선물이라는 점을 분명히 해주기 때문이다) 사업에도 "풍부하기를"(여기서는 명령법적인 ἵνα임이 분명한데 이러한 용법은 때때로 이 말이 쓰이지 않은 곳에서도 발견된다: 참조. Moule, *Idiom*, 144; Robertson, 994; *M.* i. 179; iii. 95; Turner, *Insights*, 147; *B.D.* §387. 터너는 여기서 현재형 명령법 περισσεύετε "풍부하기를"가 직설법으로 간주될 수도 있으므로 애매하다는 점을 지적하는데 일리가 있다) 바랍니다.

[8] 이것은 마치 명령처럼 들릴 수도 있다. 그러나 그런 식으로 이해해서는 안 된다. 이 말은 내가 명령으로(참조. 고전 7,6과 5절에 대해 주석. 바울로는 교회의 독립성을 존중한다—Bachmann) 하는 것이 아닙니다. 다만 다른 사람들(마케도니아인들)의 열성을 여러분들에게 보여줌으로써 여러분의 사랑('내가 부탁한 것을 여러분이 행함으로써 보여주는, 나를 위한 여러분의 사랑. 보다 일반적으로 말하면 그리스도교인으로서의 여러분의 사랑.' 즉 '여러분은 행동으로 사랑합니까, 말로만 사랑합니까?')이 얼마나 진실한가(바울로는 추상명사에 대해서는 중성 형용사를 사용한다: 참조. 고전 1,25와 주석. 이 귀절에 대해 *B.D.* §263.2; *M.* iii. 14; G.A. Deissmann, *Bible Studies* [1901], 250을 참조)를 확인하려는 것입니다.

[9] 마케도니아인들은 고린토인들이 그리스도교인으로서 베푸는 사랑이라는 측면에서 자신들이 한 일을 평가할 수 있는 유용한 척도를 제공할 것이다. 그러나 그 이상의 것이 있다. 여러분은 주 예수 그리스도의 "은혜"(이것도 χάρις이다. '관대함'이라는 말은 그럴듯한 번역이지만 '비신학적'이다)를 알고 있읍니다(명령법이 아니라 직설법이다: '만일 여러분이 그리스도교인이라면 반드시 이것을 알아야 합니다'). 그리스도는 부요하나 여러분을 위하여('여러분을 대신하여' [ὑπὲρ ὑμῶν: 5,21]가 아니라 신학적으로는 덜 정확한 '여러분 때문에' δι' ὑμᾶς이다) "가난하게 되셨읍니다"(동작의 시작을 나타내는 단순과거이다). 말하자면 '이것이 그에 관해서 여러분이 알고 있는 것이고, 은혜도 이러한 면에서 주어진 것입니다.' 그것은 그가 가난하게

되심으로 여러분을 부요하게 하시려는 것입니다. 의미는 로마서 15장 3절에서와 비슷하다. 그리고 거기서와 마찬가지로 여기서도 그리스도의 이야기는 처음의 예에서처럼 본보기로 사용되었다. 만일 고린토인들이 다른 사람들의 유익을 위하여 스스로 가난해지도록 부탁을 받았다면, 이것은 바로 주님 자신이 행한 일을 하도록 부탁받은 것이다. 비록 "그리스도는 부요하나"(πλούσιος ὤν)라는 말이, 그는 가난해졌을 때에도 어떤 의미에서 여전히 부요하다는 것을 뜻한다고 볼 수 있을지라도 마찬가지이다. 필립비서 2장 6절의 "하느님의 본체이셨으나"(ἐν μορφῇ θεοῦ ὑπάρχων)와 비교하라. 그러나 바흐만은 이에 대해 분명하게 반대하며, 고린토인들이 부요하게 된 것은 바로 그리스도가 하늘에서 내린 부요함을 포기했기 때문이라고 주장한다. 이 귀절에서는—필립비서 2장 6—11절의 그리스도론적 단락보다는 덜하지만—바울로의 말로부터 현대적인 의미에서의 자기비허적 그리스도론(Kenotic Christology)을 끌어낼 수 있다. 영원한 하느님의 아들은 성육하기 전에 천적인 삶을 살았고, 바울로에게 있어서 이것은 모든 면에서 바람직한 것이었음에 틀림없으며, 부요함이라는 말에 의해 의인적으로 서술될 수 있었다. 여자에게서 나고 율법 아래 있는 것(갈라 4, 4)은 어느 모로 보나 낮아지는 것이었다. 예수는 신적 능력을 모두 빼앗기지 않았다. 바울로는 결코 드러내놓고 예수가 기적들을 행했다고 말하지 않는다. 그러나 바울로는 자기 자신이 그러한 표징들을 행했다고 믿었으므로 예수는 기적들을 행할 수 없었다고 바울로가 생각했다고 보기는 힘들다. 그러나 예수의 지상 생애는 본래 천적인 상황과는 전혀 달랐다. 그것은 십자가의 죽음이라는 절대적이고 적나라한 가난으로 끝났다. 바울로가 여기서 예수가 지상에서 살았던 삶, 즉 새들이나 여우들보다도 편안하지 못했던(마태 8, 20 ; 루가 9, 58) 그의 삶에 대해서 어떤 지식을 전하려는 데 관심을 가지고 있지 않다는 점은 잘 관찰되었다. 그러나 만일 예수가 복음서에 서술된 것과는 전혀 다른 종류의 삶을 산 것으로 알려졌다면, 바울로가 여기서처럼 살 수 없었으리라는 점을 당연히 덧붙여 말해야 할 것이다. 바울로는 '결코 (역사적인) 사건들에 호소하지 않는다. 그것은 그가 그것을 몰랐기 때문이거나 혹은 무시해서가 아니라 그리스도에게 호소하는 것이 가장 능력있고 효과가 크기 때문이었다' (Denney). 그는 "여러분을 부요하게 하기 위하여" 자발적으로 가난을 떠맡았다. 의와 죄의 교체에 대해서는 5장 21절과 비교하라. 그러나 여기서는 5장에서와 같이 신학이 작용하지는 않는다. 리츠만은 루터의 찬송을 인용한다(바하는 크리스마스 오라토리오에서 이 찬송을 적절하게 사용했다).

그는 가난한 모습을 하고 이 땅에 오십니다.
그는 우리를 불쌍히 여기시고,
하늘에서 부요하게 하시며,
사랑하는 자신의 천사들과 같게 하십니다.

물론 루터는 바울로의 사상을 활용하고 있다. 그리스도교인들은 부요하며(참조. 고전 1, 5와 4, 8. 바울로와 마찬가지로 루터도 잘못된 '영광의 신학'을 두려워하고 있다), 앞으로 더욱 부요하게 될 것이다. 이레니우스와 알렉산드리아의 씨릴에 대한 언급에 대해서는 Cerfaux, *Christ*, 133(영어번역판, 169—70)을 참조하라. 필립비의 행전 141도 참조하라 : '그는 크셨으나(*μέγας*) 우리를 위하여 작게(*μικρός*) 되셨읍니다.'

바울로가 여기서 (필립비서 2장 6—11절에서 그랬던 것처럼) 그리스도론적 찬가를 인용하고 있다고 볼 만한 확실한 근거는 없는 것 같다. 그러나 마찬가지로 부요함과 가난의 주제가 보다 초기의 몇몇 저자들에 의해 그리스도와 그리스도교인들에게 적용되지 않았다고 볼 만한 근거도 없다. 실제적인 권면을 하는 도중에(로마서 15장과 필립비서 2장에서 그랬듯이) 신학적인 명제를 끌어들이는 것은 바울로에게 있어서 특징적인 것이었다. 이 귀절에서 바울로의 사상이, 내려왔다가 다시 올라가는 구원자에 관한 영지주의적 주제와 어떠한 관련성이 있는가를 묻는 것이 보다 중요하다(참조. Bultmann, *Theol.*, 174 ; :E.T.i 175 ; *E.&.F.*, 149). 이 문제는 겉보기에 이 물음이 시사하는 것보다 훨씬 복잡하다. 왜냐하면 잘 알려져 있듯이 이러한 신화가 그리스도교 이전 시대에 존재했었다는 데 대한 분명한 증거가 없기 때문이다. 그러나 이처럼 증거가 없다고 해서 그러한 신화가 존재하지 않았었다고 결론내리는 것은 잘못이다. 이와 같은 귀절들을 씀으로써 바울로는 발전해가는 한 사상, 즉 예수에 대한 원시 그리스도교의 확신이 (바울로가 선재사상을 받아들일 무렵에) 유다교적, 비유다교적 사변과 결합해서 2세기와 그 후에 발전된 신화들을 탄생시킬 때까지는 결코 완성되지 않았을 하나의 상에 기여했다고 보는 것이 가장 좋을 것이다. 바울로가 자신이 기술하고 있는 내용을 역사 속에서 일어난 일로 주장한다는 점에 주목해야 할 것이다.

[10] 이처럼 기본적인 그리스도교 교리와 그리스도교적 모범을 상기시킨 다음 바울로는 계속해서 말한다. 이 구호사업에 대한 내 충고는 이렇습니다(참조. 고전 7,25). "이런 일에 참여하는 것"(그리이스어 원문으로는 "이것." 리츠만은 그 의미가 '이 명령이 아니라 이 충고'라고 생각한다)은 여러분에게 유익합니다(참조. 고전 7,35. 그리고 고린토전서 7장에 나오는 일련의 병행구에 주목하라—명령[7·25], 충고[25], 유익[35]). 여러분들은(만일 Moule, *Idiom*, 124를 따라서 단순한 관계대명사 οἵ 이상의 의미를 οἵτινες에서 볼 경우 "~한 사람들인 여러분들"이다) 이 일을 지난해(이것은 반드시 "일년 전"을 의미하지는 않는다—이하 참조)부터 이미 시작했고(같은 말이 6절에서는 디도에 대해 사용되었다) 또 "자원해서 한 것입니다"(직역하면 '단순히 한 것이 아니라 원해서 했다'). 9장 2절의 주석과 비교하라. 바울로는 가난한 성도들의 궁핍함, 마케도니아인들과 그리스도의 모범, 그리고 마케도니아인들이 그렇게 하기 전에, 디도가 그들에게 오기 전에 이미 고린토인들이 그 일을 했다(참조. 고전 16,1—4. 이것이 아마도 "시작했다" προενήρξασθε의 의미일 것이다)고 말함으로써, 온 마음을 바쳐서 헌금에 참여할 것을 촉구한다. 고린토인들이 이 일을 시작한 것은 지난해부터였다. "지난해"라는 표현은 바울로가 어떠한 역법(曆法)을 쓰고 있는지를 우리가 알 경우에만 분명해질 수 있다. 그가 어떤 역법을 썼는지에 대해서는 대체로 세 가지 가능성이 있다(빈디쉬와 알로는 보다 여러가지 가능성들을 제시한다). (ㄱ) 1월 1일에 시작되는 로마역법. (ㄴ) 가을부터 시작되는 유다교 역법. (ㄷ) 역시 가을에 시작되는 동방 율리우스 역법. (ㄴ)과 (ㄷ)이 (ㄱ)보다 개연성이 있다. 여기서는 (ㄴ)과 (ㄷ)을 구별할 필요가 없다. 고린토전서는 아마도 54년 초에 씌어졌을 것이다(『고린토전서』, 5면). 그러므로 고린토후서(보다 정확하게 말하자면 고린토후서의 일부)는 54년 10월이 좀 지나서 씌어졌을 것이다. "이미 시작했고"라는 말이 의미하는 바가 고린토인들과 디도에게 있어서 각기 달랐다는 사실을 관찰하는 것은 주석가들이 항상 난점을 느꼈던 이 귀절의 특징을 설명하는 데 있어서 중요하다. "단순히 한 것이 아니라 원해서 했다"는 삽입문으로 보인다(로버트슨에 따르면 무리한 삽입문은 아니다〔425〕. 그러나 좀 뜻밖의 삽입이긴 하다). 확실히 일반적으로 생각하기에는 "원했을 뿐만 아니라 실제로 행했다"라고 말해야 할 것이다. 리츠만은 단지 이렇게 제

안할 수 있었을 뿐이다: '바울로는 부주의하게 기술하거나 혹은 말했다. 그러나 만일 우리가 그 의미를 여러분들은 (디도의 지도 아래서) 헌금을 시작했을 뿐만 아니라 아무런 자극을 받지 않고도 이미 지난 해부터 스스로 헌금에 참여할 결심을 했었읍니다로 본다면 —이것은 타당한 것 같다— 모든 것이 분명하다' ("Titus", 11). 고린토전서 16장 1—4절은 고린토인들이 헌금에 대한 이야기를 이미 들었고, 먼저 바울로에게 자신들이 어떻게 해야 할지를 물었다는 사실을 보여준다 (참조. 해당 주석). 칼빈은 그들의 '자발적인 열광주의'에 대해서 말한다.

[11—12] 그러므로 이제는 이 일을 완성합시다(같은 말이 6절에도 나온다). 여러분이 자진해서 했으니 여러분의 소유로도(Xenophon, *Anabasis* IV ii. 23에서와 같은 ἐκ이다. 그러나 ἐκ τοῦ ἔχειν은 특이한 표현이다. *B.D.* §403에 따르면 이것은 12절의 καθὸ ἐὰν ἔχῃ와 같은 말이다. Robertson, 1073—4도 참조하라) **이 일을 완성할 수 있을 것입니다. 여러분이 마음으로 원해서 하는 일이라면 가진 것에서 얼마를 바치든지 하느님께서 기뻐 받으실 것입니다. 하느님께서는 없는 사람에게서까지 구하시지는 않습니다.** 직역하면 마지막 문장은 다음과 같다: '……그것(즉 헌금, 혹은 헌금하는 사람, 마음으로 원함)은 그가 가지지 않은 것에 따라서가 아니라(οὐ καθὸ οὐκ ἔχει) 그가 무엇을 가졌건간에 가진 것에 따라서(καθὸ ἐὰν ἔχῃ—가정법과 명령법의 차이에 주목하라: 참조. Robertson, 967) 받아들여집니다.' 이 원칙에 대해서는 루가복음 12장 47—48절, *Menahoth* xiii. 11과 비교하라. *Menahoth* xiii. 11: '만일 그가 자신의 마음을 하늘로 향하게 한다면 [무엇보다도 제물에 관련해서] 그가 많이 바치건 적게 바치건 마찬가지이다.'

[13] "가진 것"과 "가지지 않은 것"은 보다 깊은 사상을 암시해준다. **내가 지금 다른 사람들을 안락하게**(이 말은 2,13; 7,5에서 사용되었다) **하고 여러분을 괴롭게 하려고**(ἵνα에 목적적인 의미를 부여한 것이다. 어떤 학자들은 이것을 명령법적인 것으로 본다. 즉 '다른 사람들을 안락하게 하고 여러분을 괴롭게 하라는 것이': 참조. Moule, *Idiom*, 145) **이 일을 권하는 것이 아닙니다.** (ἵνα를 달리 이해할 수도 있다는 점을 제외하며) 여기까지 문장은 분명하다. 여기서 말하는 내용은 고린토인들과 예루살렘의 가난한 성도들이 서로 처지를 바꾸어야 한다는 것이 아니다. 즉 고린토인들은 가난해지고 예루살렘 성도들은 부요해져야 한다는 뜻이 아니다. 바울로는 이 주제

를 발전시킨다. 그러나 그의 말에 구둣점을 어떻게 찍어야 하는지는 확실치 않다. 두 가지 가능성이 있다. 첫째, 13절 끝에(ἐξ ἰσότητος 뒤에) 마침표를 찍어야 한다. 만일 이렇게 한다면 여러 말들이 보충되어야 한다: '그 의도는 ~이 아니며, 문제는 균형에 기초해서 해결되어야 합니다.' 이 경우에는 바울로가 상당히 많은 부분을 생략한 것이 된다. 그러나 바울로는 쉽게 그 정도는 생략할 수 있었다. 한편 이 경우에는 14절의 새로운 문장이 아무런 연결어 없이 시작하게 된다. 따라서 이 사실은 구둣점을 다르게 찍고, 달리 번역할 필요성을 느끼게 한다. 둘째, '다른 사람들을 안락하게 하고, 여러분을 괴롭게 하려는 것이 아닙니다.'

〔13—14〕 서로 균형이 잡히게 하려는 것입니다. 이번에 여러분이 넉넉하게 모금해서 그 사람들의 궁핍을 채워주게 되면(καὶ) 그들의 넉넉한 것이 여러분의 궁핍을 채워줄 때도 올 것입니다. 이리하여 서로 균형이 잡히게 되도록 하려는(바울로는 여러번 ἵνα를 사용하고 나서 의미상으로는 아무 차이 없이 ὅπως를 쓴다) 것입니다. 두번째 나오는 "균형"(평등)이라는 말은 좀 어색하지만 전혀 불가능하지는 않다. 바울로는 여기서 로마의 15장 27절의 논증을 발전시키고 있지 않다('이방사람들이 그들에게서 영적인 것을 나누어받았으니 육적인 것으로 그들에게 봉사할 의무가 있읍니다'). 그가 뜻하는 것은 단지 만일 앞으로 고린토인들이 궁핍해졌을 때 예루살렘의 그리스도교인들이 그들보다 형편이 낫다면 그들은 자신들의 이방인 형제들과 함께 나누리라는 것이다. '바울로는 고린토인들이 다른 여러 곳들 중에서 특별히 예루살렘으로부터 영적 양식을 원한다고는 결코 생각하지 않았을 것이다' (Lietzmann).

Georgi, *Kollekte*, 62—6에서는 "균형"(ἰσότης)에 대한 바울로의 말을 전혀 다르게 해석하고 있다. 죠지는 *Quis Rer. Div Her.* 141—206에 나오는 필로의 논의를 지적하면서(빈디쉬도 역시 그것을 언급한다. 덧붙여서 G. Stählin, *T.W.N.T.* iii. 343—56, 특히 355—6을 참조하라) 균형이라는 말은 헬레니즘 철학에서 친숙한 용어였을 뿐만 아니라 신적인 능력이었다고 주장한다. 따라서 바울로가 "균형이 잡히게 하려는 것입니다"(ἐξ ἰσότητος)라고 말했을 때 실제로 그것을 "하느님으로부터"(ἐκ θεοῦ), "은혜로"(ἐκ χάριτος)에 해당하는 말이라는 것이다. 이것은 확실히 겉보기에 어색하기도 하고 반복되는 두 귀절들의 난점을 해결해준다고 그는 주장한다. 이처럼 조화되고, 카리스마적이며, 신비적인 특징들에 ("균형"에 대한 위의 이해가 이러한 특징들을 이끈다) 덧붙여서 "의"(δικαιοσύνη)에 대한 관계도 있는데, 바울로는 조화되고 신비적인 요인들을 이것에 종속시킨다는 것이다. 이러한 견해는 물론 설득력이 없다. "균형"은 말 그대로 기본적으로 도덕적인 개념이었다. 필로와 같은 사상가들은 이것을 쉽게 조화와 신비적인 방향으로 인격화시키는 경향이 있었다. 그러나 바울로는 그러한 사상가가 아니었다. 그리고 이 귀절들에서 바울로가 관심을 가지고 있는 것은 공정한 처사이다.

[15] 실제로 바울로가 호소하고 있는 것은 상식적인 것이며 그리스도교적 자선이다. 덧붙여서 그가 제안하는 것은 성서에서도 말하고 있다. 이것은 성서에 "많이 거둔('일반적인 그리이스어 관용구에 따라서' [Robertson, 1202], '바울로적인 사상과 관련시켜서' [Lietzmann] ἔχων을 보충시킨 것이다) 사람도 남지 않고 적게 거둔 사람도 모자라지 않았다"라고 기록된 것과 같습니다(바울로는 어순을 약간 바꾸어서 칠십인역 출애굽기 16장 18절을 인용하고 있다. 이것은 필로에 의해서도 *Quis Rer. Div. Her.* 191에 인용되었다). 그러나 만나 이야기는 각자가 모은 만나의 양이 기적적으로 모두 같았음을 의미하는 반면, 바울로가 뜻한 바는 운이 좋아서 많이 받은 사람도 남는 것을 포기하고, 적게 받은 사람이 그것을 받음으로써 모두가 평등하게(13—14절) 받았고, 또 평등하게 받아야 한다는 것이다. 그는 여기서 자신의 충고(8절)를 권위있게 하기 위해서라기보다는 예증하기 위해서 구약성서를 인용하고 있다. 그러나 그 예증은 자체로서 이미 권위를 가지고 있다.

[16—17] 위의 권고로부터 이제 바울로는 6절에서 암시했던 계획에로 되돌아가며, 특별히 열성적인 지원자로 나타난 디도의 역할에 대해 말한다. 여러분에 대하여 같은 "열성"(σπουδή: 참조. 8절. 즉 '내가 가지고 있는 것과 같은 열성. 방금 앞에서 말한 것과 같은 열성')을 디도에게 주신(본문에 대해서는 이 책 277면 주 2 참조) 하느님께 "감사합니다"(χάρις를 다른 의미로 사용한 것이다 : 참조. 1절에 대한 주석. 그러나 이것은 바울로에게 있어서 관용적인 용법이므로 여기서 별다른 의미를 지니고 있지는 않다). 즉 6절에 따르면 바울로는 디도에게 고린토의 헌금문제를 처리하도록 부탁했다. 그러나 시간이 감에 따라 그에게는 부탁할 필요조차 없음이 드러났다. 그는 우리의 요청(6절에서 "권하다"로 번역된 말과 같은 어원의 명사)을 받아들였을 뿐

아니라(마케도니아인들이 그런 것처럼 : 3절) **자기 자신의 열성을 따라,** 헌금사업을 완수하기 위해서 **"자진하여"**(*σπουδαιότερος*: 직역하면 '보다 열성을 내어.' *B.D.* §244. 2 ; *M.* iii. 30에 따르면 우등 비교급인데 어쩌면 원급의 의미를 지닌 비교급일지도 모른다. 혹은 단순히 "나 스스로 기대했던 것보다 훨씬 열심을 내어") **여러분에게로 간 것입니다.** 엄격히 말하자면 디도가 그 자신의 열성이나 남의 요청에 따라서 행동했을 리가 없다. 추측컨대 바울로는 그가 디도에게 부탁을 했고 나중에 그것이 불필요함을 깨달았다고—디도는 이미 가기를 원하고 있었기 때문이다— 말하고자 했을 것이다. 바울로는 요청한 것이지 결코 명령한 것이 아니다. '자신과 함께 여행하는 사람들을 대할 때에도 그는 결코 주인으로서 행세하지 않았다. 그는 한 사람의 지도자, 즉 자유인들의 한 지도자였다' (Schlatter).

[18] **우리는 그와 함께 형제**(즉 형제 그리스도교인 : 참조. 고전 1,1과 주석) **한 사람을 보냈읍니다**(거의 편지투의 단순 과거형이다 : "우리는 지금 보냅니다." 편지를 받은 사람의 시점에서 과거시제가 사용되었다). **이 형제는 복음 전하는 일에 있어서 모든 교회로부터 칭찬받는 사람입니다.** 즉 그는 복음전도자로서, 복음설교자로서뿐만 아니라 헌금사업과 같은 그리스도교적 사업을 수행하는 사람으로서 복음에 헌신하고 있다는 것이 널리 알려져 있다. 리츠만은(참조. 빈디쉬) 원래의 편지에는 그 형제의 이름이 분명히 나와 있었을 것이며, 그 이유는 "이름조차 말하지 않고 사람을 끌어들이거나 추천하는 일이 단지 예의바르지 못할 뿐만 아니라 절대 그렇게 할 수 없기 때문이다"고 주장한다. 물론 그럴 수도 있다. 그러나 이것은 디도가 모여 있는 회중들 앞에서 아마도 큰 소리로 편지를 읽었을 것이고, 적절한 때에 그들 앞에 그 "형제"가 등장했으리라는 점을 간과한 것이다. 그러나 이것은 다른 편지를 통해 소개받은 세 사람이 이미 고린토에서 활동하고 있었다는 견해(Allo)보다는 더 개연성이 있다. 만일 "형제"라는 말 앞의 관사를 소유대명사에 해당하는 것으로 받아들인다면(참조. Robertson, 770) 난점이 제거될 것이다. 디도는 그 자신의 형제와 동반했다. 그러나 "형제"라는 말은 매우 일반적으로 "그리스도교인"이라는 의미로 사용되므로 이러한 견해는 그다지 설득력이 없다. 만일 원래 본문에 이름이 나와 있었다면 그것을 생략시켰을 만한 별다른 이유가 없는 것 같다. 알로와 헤링, 휴즈, 그리고 또 다른 학자들은 그가 누구인지에 대해서 여러 사람들의 이름을 제시하고 있다.

[19] 그 형제는 단순히 일반적으로 좋은 평판을 받은 것만이 아니었다. 나아가서("~뿐만 아니라"를 의역한 것이다. 이것은 앞 문장과 연결된다) 그는……우리와 함께 다니면서 이 은혜로운(여기서도 1절에서와 같은 의미이다) 사업에 수고하도록(바울로에 의해서가 아니라) 모든 교회에서 택해(단순과거 수동태 분사 χειροτονηθείς. 여기에는 한정동사가 나오리라고 생각되었을 것이다 : 참조. 5,12 ; 7,7 ; Radermacher, 167 ; *B.D.* §468.1) 세운 사람입니다. 이 사람은 아마도 마케도니아의 교회들로부터 그들의 대표자로 택함을 받았을 것이다. 그는 아마도 사도행전 20장 4절에서 언급된 집단의 한 사람이었을 것이다: 베레아 사람 소바드로, 데살로니카 사람 아리스다르코. χειροτονεῖν("택해 세운")이라는 말은 손으로 가리켜서 선택하는 것을 의미한다. 그러나 이 말(χειροτονεῖν)은 안수와는 아무 관련이 없다. 이렇게 택해 세운 것은 하느님 자신의(그 형제는 하느님을 위해서 일할 것이다. 본문과 번역에 대해서는 이 책 277면 주 3을 참조) 영광을 나타내고, 우리의 열성을 보이기 위하여였고 우리의 열성적인 뜻과 일치한 것이었다. (컴멜은 이러한 번역은 거의 불가능하다고 보고 다음과 같이 번역한다 : '그렇게 택해 세운 것은 하느님의 영광을 위해서였고, 그것은 우리들의 열성을 증가시켰다'). 실제로 이것은 그가 재정적인 면에서 헌금 문제를 처리하는 데 대해 어떠한 비난도 하지 못하도록 사전에 방지하기 위하여 바울로가 취한(20절) 조처이다. 그가 조심한 것은 아무 소용이 없었다(참조. 12,16 이하). 그러나 그는 최선을 다하고 있다.

[20—21] 그를 보내는 것은 우리가 다루는 이 많은 의연금에 대하여 아무에게서도 비난을 받는 일이 "없게 하려는"(이 말은 18절의 "우리는 보냈읍니다" συνεπέμψαμεν에 연결시키지 않는 한 분사 στελλόμενοι는 파격구문을 이룬다 : Robertson, 431, 1134 ; *B.D.* §468.1 ; *M.* iii. 343) 것입니다. 바울로는 아마도 자신이 부유해지려고 선교활동을 한다는 비난을 피하기가 힘들었을 것이다. 복음전도자들은 대개가 이러한 비난을 면하지 못했다. 15절에서와 마찬가지로 여기서도 바울로는 자신의 행동을 확고히 하기 위해 성서에 호소한다. 우리의 목적은 주님 앞에서뿐만 아니라 사람 앞에서도 일을 바르게 하려는(이 동사에 대해서는 Xenophon, *Cyropaedia* IV i. 6을 참조하라) 그것입니다. 바울로는 이것을 하나의 인용문으로서 말하고 있지는 않다. 그러나 잠언 3장 4절(칠십인역)을 사용하고 있음은 분명하다 : '주님과 사람들로부터 좋은 평판을 받도록 노력하라'(비교. 로마 12,17). 오직 주의 심판만이

중요한 것임은 사실이다(고전 4, 4). 그러나 불명예스러운 평판은 복음 사업을 방해할 것이다(비교. 고전 10, 32). 이 말의 실제적이고 신학적인 중요성에 대한 칼빈의 언급을 참조하라.

[22] 바울로는 이미 또 한번 본론에서 벗어난 바 있다. 그리고 이제 다시(참조. 16·18절) 실제적인 문제에로 돌아온다. 그들(디도와 한 형제)과 함께 (18절에서처럼) 또 한 사람의 형제(여기서도 이름이 언급되지 않았다 : 참조. 18절에 대한 주석)를 보냅니다. 우리는 모든 일에 있어서 여러 번 그의 열성을 "확인했으며"(ἐδοκιμάσαμεν: 참조. 예를 들어 로마 12, 2 ; 고전 16, 3). 지금 그는 여러분에 대하여 큰 신뢰를 가지고 있느니만큼 더욱 더 열심을 내고 있읍니다. "그는 여러분에 대하여 큰 신뢰를 가지고 있느니 만큼"은 "내가 여러분에게 큰 신뢰를 가지고 있느니 만큼"이라고 읽을 수도 있다(왜냐하면 그리이스어 원문에는 소유대명사가 없기 때문이다). 만일 그렇게 읽는다면 그것은 "우리는 보냅니다"와 함께 부사구로 보아야 할 것이다.

[23] 바울로의 동료들은 모두가 어떠한 시험이든 견뎌낼 것이다. 디도로 말하면(직역하면 "디도에 관해서라면"— περί의 의미로 쓰인 ὑπέρ. *B.D.* § 231, 1—Titus) 그는 내 동료요, 여러분을 위한 내 동역자입니다. 그리고 그와 같이 가는 다른 형제들로 말하면(그런데 여기서 바울로는 전치사 ὑπέρ와 그것이 지배하는 속격을 쓰는 것을 잊어버리고, 단순히 주격을 썼다. '만일 우리 형제들에 관해서 묻는다면'이라고 번역할 수도 있을 것이다. 그러나 반드시 그렇게 귀에 거슬리는 문장으로 번역할 필요는 없다) 그들은 그리스도의 영광을 위하여 보내는 "여러 교회의"(ἐκκλησιῶν에는 관사가 없는데 그것은 "사자들" ἀπόστολοι와 함께 쓰일 때는 반드시 관사를 쓰지 않기 때문이다) 사자들입니다. 우리는 어떤 교회들을 말하고 있는지 알지 못한다. 그러나 위의 19절에 대한 주석에서와 비슷하게 추측할 수 있을 것이다. 사도와 형제들은 같은 위치에 있지 않다. 디도는 바울로가 이끌었던 선교활동의 동역자들이자 바울로가 편지를 쓰는 데도 동참했던 디모테오와 실루아노를 포함하는 소규모 집단의 한 사람이었다. "형제들은" "여러 교회의 사자들", 곧 사도들(ἀπόστολοι)이다. 그러나 바울로가 사도인 것과는 다른 의미에서 사도들이다. 바울로는 어떠한 인간적인 권위를 통해서도 선택받지 않았고, "하느님의 뜻에 의한 그리스도 예수의 사도"이다(1, 1 ; 비교. 갈라 1, 1). 그러나 "사도"라는 말은 바울로의 시대 이후부터 지니게 되었던 전문적인 의미를 아직 바울로

의 시대 당시에는 지니지 못했다. 이 말의 일반적인 의미는 "대리자"였고, 여기에 "선교자"라는 의미를 부여한 것은 누구보다도 바울로 자신이었다. 그 "형제들"은 현대적인 의미의 목회자나 선교자로서가 아니라 헌금사업을 수행하는 사람들로서 여러 교회들로부터 선택받았다. 그러한 사람들로서 그들은 자신들을 세운 사람들이 자신들에게 위임한 권위를 행사했다. 원시 그리스도교의 사도직에 대해서는 *Signs*, 23—81과 거기서 언급된 문헌들을 참조하라. 이 사람들은 준(subordinate) 사도들이었으며, 헌금운동의 재정적인 면을 관리하는 지역교회의 대리인들이었다. 그러나 그들은 "그리스도의 영광을 위한" 사람들이다. 왜냐하면 그들은 자신들에게 맡겨진 사랑과 봉사의 활동을 성실하게 수행하고 있기 때문이다.

[24] 그러므로 사랑으로 그들을 대하여 여러분에 대한 우리의 자랑이 사실 그대로(이 말은 문장을 분명하게 하기 위해서 첨가해야 했다)라는 것을 그들과 여러 교회 앞에(직역하면 '여러 교회의 면전에서') 드러내 보여주기를 바랍니다. "여러 교회 앞에"는 "우리가 한 자랑"에 연결시킬 수도 있다. 그러나 그리스어 원문에서는 "여러 교회 앞에" 바로 뒤에 "드러내 보여주다"가 나온다. 따라서 그것은 "드러내 보여주다"와 연결시켜야 할 것이다. "드러내 보여주다"는 그리스어 원문에는 명령형이 아니라 분사이다(ἐνδεικνύμενοι : 많은 사본들에 ἐνδείξασθε [명령형]로 되어 있다. 그러나 보다 난해한 독법을 채택해야 할 것이다). 분사의 명령법적 용법에 대해서는 *Romans*, 239 이하를 참조하라. 그러나 이 귀절은 거기에 제시된 설명으로 쉽게 해명되지 않는다. 왜냐하면 "그들에게 보여주시오," 즉 그들이 방문했을 때 사랑과 존경으로 그들을 대하라는 것은 어떤 법전에 나와 있는 것이 아니라 직접적인 명령이기 때문이다. 다우베는 E.G. Selwyn의 *The First Epistle of St. Peter*(1946)에 그가 첨부한 설명에서 독법에 관련한 의문점을 표시하고, 다음과 같이 덧붙여 말한다 : 만일 분사로 읽는다면 '그것은 22절의 εἰς ὑμᾶς("여러분에 대하여")와 느슨하게 연결된다고 보는 것이 가장 훌륭한 설명일 것이다' (481). 특히 19·20절의 잘 조화되지 않는 분사들과 관련해서 더 좋은 설명을 찾기는 힘들다.

고린토인들에 대한 바울로의 자랑에 대해서는 7장 14절과 9장 3절을 참조하라. 그는 "교회들"(복수형)이라는 말을 로마서 16장 4·16절, 고린토전서(4, 17) 7장 17절, 11장 16절, 14장 33절, 고린토후서 8장 18·24절, 11장 28절, 데살로니카후서 1장 4절에서 보편적인 교회

(혹은 이와 비슷한 어떤 것)을 의미하는 것으로 사용한다. 이러한 의미를 표현하기 위해서 순수한 바울로 서신에서 단수형이 사용된 경우는 매우 드물다. 바울로는 총체적인 교회 개념이란 여러 지역교회들이 합쳐서 이루어진 것임을 결코 잊지 않는다.

15. 헌금(2) 9장 1—15절

1 왜냐하면 성도들을 위한 구호사업에 대해서는 새삼스럽게 여러분에게
이렇게 편지할 필요가 없기 때문입니다. 2 나는 이에 대한 여러분의 열성을
알고 있읍니다. 그리고 "아카이아에서는 벌써 일 년 전부터 준비가 되어 있
다"고 마케도니아 사람들에게 여러분의 열성에 대하여 자랑까지 했읍니다.
여러분의 열성이 많은 사람을 분발시켰읍니다. 3 그러나 내가 이 형제들을
보내는 것은 내가 여러분을 자랑한 것이 헛소리가 되지 않게 하기 위하여
여러분이 내 말대로 준비해두게 하려는 것입니다. 4 그렇게 하지 않았다가
만일 마케도니아 사람들이 나와 함께 그리로 가서 여러분이 준비없이 있는
것을 보게 된다면 여러분은 고사하고 이런 확신을 가졌던 우리까지도 부끄
러움을 당하지 않을까 염려됩니다. 5 그래서 나는 그 형제들에게 부탁하여
나보다 먼저 여러분에게로 가서 전에 여러분이 약속한 선물을 준비해놓도록
하는 것이 필요하다고 생각했읍니다. 이것은 그것이 강제로가 아니라 마음
에서 우러나오는 선물이 되게 하려는 것입니다. 6 기억하시오. 이것은 진실
입니다. 적게 뿌리는 자는 적게 거두고 많이 뿌리는 자는 많이 거둡니다. 7
각각 마음에 정한 대로 하고 아까와하면서 내거나 마지못해 하는 일이 없도
록 하시오. 하느님께서는 기쁜 마음으로 내는 사람을 사랑하십니다. 8 하느
님은 여러분에게 모든 은혜를 풍성하게 하셔서 모든 일에 언제나 여러분을
충족하게 하시며 온갖 선한 일을 넘치도록 행할 수 있게 하실 능력을 가지
신 분입니다. 9 이것은 성경 말씀에 "그가 가난한 자들에게 아낌없이 뿌려
주셨으니 그의 의로우심이 영원토록 있도다"라고 기록된 것과 같습니다. 10
씨뿌리는 자에게 뿌릴 씨와 먹을 식량을 공급해주시는 하느님께서 여러분에
게도 씨를 마련해주시고 번식하게 하시고 여러분의 의의 열매를 더하게 해
주실[4] 것입니다. 11 이리하여 여러분은 모든 일에 부요하게 되어 완전히 순

4) 대다수의 사본들에서 이것과 앞의 두 동사들을 기원법으로 기술한다. "마련해주시고 번식하게 하시고……더하게 해주시기를." P^{46}에서는 물은

수하게 될 것이요, 우리를 통하여 전해지는 여러분의 선물 때문에 많은 사람이 하느님께 감사하게 될 것입니다. 12 이와 같은 봉사의 실천은 성도들의 궁핍을 채워줄 뿐만 아니라 많은 사람의 감사를 통하여 하느님께 대한 감사가 차고 넘치게 합니다. 13 그들은 하느님께 영광을 돌릴 것입니다. 왜냐하면 여러분이 그리스도의 복음 안에서 믿음을 고백함으로써 보여준 순종이 이 봉사에 의해 증거가 되었기 때문입니다. 그것은 여러분들이 그들과 모든 사람들에게 순수한 우애를 보내기 때문입니다. 14 그들은 또한 여러분에게 주신 하느님의 넘치는 은혜를 보고 여러분을 사모하며 여러분을 위하여 기도할 것입니다.[5] 15 말로 다 할 수 없는 선물을 주시는 하느님께 감사합니다.

여기서 예루살렘의 가난한 성도들을 위한 헌금 이야기는 새로운 전환을 이룬다. 이러한 전환은 매우 뚜렷해서 어떤 학자들은 새로운 단락이 아니라 8장에 들어 있는 편지와는 다른 편지의 일부가 여기서 시작된다고 생각한다(참조. 이 책 서론 35면). 어떤 학자들은 그 편지는 8장을 보낸 때와는 다른 때에 고린토에 보내진 것으로 생각하며, 또 다른 학자들은 같은 때에 보내졌지만 아카이아의 다른 교회들에 보내진 것이라고 생각한다. Windisch, 286 이하에서는 주의깊게 이 문제를 논의하고 있다. 그러나 이 전환은 때때로 추측되는 것만큼 그렇게 뚜렷하지 않으며, 9장에서는 8장에서와 같은 상황을 다루고 있지만 내용을 그대로 반복하지 않는다는 점이 앞으로의 주석과정에서 밝혀질 것이다. 그러므로 이것을 8장의 연속부분으로, 그리고 1—8장과 같은 편지에 속하는 것으로 보는 것이 가장 좋다.

[I] "왜냐하면"(γάρ: 이 말은 8장 24절의 자랑과 연결시킨다 —'나는 여러분에 대해서 확신있게 자랑할 수 있읍니다. 왜냐하면……,' 아니면 구지와 같이 '나는 책임자들에 대해 말해왔읍니다. 왜냐하면 헌금 자체에 대해서는 말할 필요가 없기 때문입니다'라고 볼 수도 있다) 성도들(8장 4절에서와 같은 말이다 : 참조. 9, 12·13)을 위한 구호사업에 대해서는 새삼스럽게 여러분에게 이렇게 편지할 필요가 없기 때문입니다. "이렇게"라는 말은 부정사와 함께 관사를 쓰는

기원법으로, 하나는 직설법으로 나온다 : "마련해주시고 번식하게 하시기를. 그리고 그는……더하게 해주실 것입니다." 이것들은 바울로의 자신있는 단언을 약화시키는 데 있어서의 최종적인 단계와 중간 단계를 반영한다.

5) "여러분을 위하여" 대신 B ℵ*과 소수의 다른 사본들에는 "우리를 위하여"라고 되어 있다—이것은 보다 쉬운 독법이므로 인정할 수가 없다.

바울로의 용법(τὸ γράφειν)을 반영한다. 비슷한 표현이 관사 없이 필립비서 3장 1절, 데살로니카전서 4장 9절, 5장 1절에 나온다. 관사를 사용한 것("여러분에게 이렇게 편지하는 것")은 8장과 9장이 모두 한 편지에 속해 있다는 데 대한 유력한 증거가 된다. 데네이는 "나처럼 여러분에게 편지를 쓰고 있을"이라고 번역한다. 이 문장에는 이러한 생각이 어느 정도 한계를 지닌다는 점을 시사함으로써 3절(ἔπεμψα δέ "내가 보내는 것은")을 미리 예기하는 불변화사(μέν)가 들어 있다('나는 여러분에게 다시 상기시킬 필요가 없다는 것을 압니다……그러나 나는……을 보냅니다").

〔 2 〕 한편 1절의 확신의 근거가 2절 서두에서 제시된다. 더 이상의 권고는 불필요하다. 나는 이에 대한 여러분의 열성을 알고 있읍니다. 이것은 동일한 말("열성" προθυμία)을 사용함으로써 8장 10절 이하를 재진술한 것이다. 그러한 열성을 알기 때문에 나는 마케도니아 사람들에게 (여러분의 열성에 대하여) 자랑까지 했읍니다. 추측건대 바울로는 마케도니아에 있을 것이다(7,5). 만일 고린토인들이 거기에 있었다면 그들은 스스로 자랑할 기회를 가질 수 있었을 것이다. 바울로는 "아카이아(고린토가 아카이아 지역 전체이거나 혹은 아카이아의 유일한 교회는 아니었다 : 참조. 로마 16,1. 그러나 고린토는 가장 큰 도시였고 그 교회는 아마도 가장 큰 교회였을 것이다 : 참조. 1,1과 해당 주석)에서는 벌써 일 년 전부터(8장 10절에서와 같은 표현—ἀπὸ πέρυσι—이다 : 참조. 주석) 준비가 되어 있다"고 그들에게 말함으로써(이 말들은 그리이스어 원문에도 없고, 영어 문장상으로도 반드시 필요한 것은 아니지만 이어지는 ὅτι의 의미를 밝혀준다) 자랑한다. (헌금을 할 용의가 있다는 의미에서) 열성이 있는 것과 시작하는 것(8,10), 그리고 준비가 되어 있는 것(그 일을 이미 완수했다는 의미)은 각기 매우 다르다. 이것은 바울로가 8장을 쓴 뒤에 얼마 지나서 9장을 쓰고 있음을 의미하는 것이 아니라 그가 지금 고린토인들을 격려하기 위해서 마케도니아인들의 관대함에 대해 말했듯이(8,1·8) 전에는 마케도니아인들을 격려하기 위해서 고린토인들의 의욕에 대해 말했음을 의미한다. 문맥상으로는(3—4절) 바울로가 이미 좀 당황했고, 앞으로도 더 당황하게 되지 않을까 두려워하고 있음을 알 수 있다. 아마도 냉정하게 판단한다면 바울로가 실제로 진리를 왜곡시키지는 않았더라도 과장하고 있다고 말할 수 있을 것이다. Windisch, 270—1에서는 이 문제에 대해 주의깊게 논의하고 있다. 사실은 그들이 야기시켰던 모든 문제

들에도 불구하고 바울로는 자신의 사람들을 최대한으로 좋게 보려고 했고, 또 그들에 대해 다른 사람들에게도 그렇게 이야기했다. 고린토인들은 매우 훌륭하게 시작했다—그들은 분명히 그 일을 잘 완수할 것이다! 그러므로 그들이 그렇지 못하다는 것을 알았을 때에는 어느 누구보다도 바울로에게 충격이 컸을 것이다. 그러나 아마도 지나치게 낙관적으로 바울로는 고린토인들에 대해 자랑했다. 그리고 여러분의 열성이 많은 사람을(참조 2,6과 Moule, *Idiom*, 108) 분발시켰읍니다. "분발시키다"는 좋은 의미로 쓰였다. 그 결과는 8장에서 기술된 것처럼 헌신적인 기부로 나타나야 한다. 그러나 상황이 좋지 않게 될 것임은 분명하다. 그리고 만일 고린토인들이 처음에는 아무리 열심이었더라도 그 일을 포기했다는 것이 드러나면 마케도니아인들은 단순히 마음을 바꾸는 데서 그치지 않을 것이다. 그러므로 고린토인들이 최선을 다하고 있다는 사실을 확실하게 하는 것이 바울로로서는 매우 중요한 일이었다.

〔3—4〕 "그러나"(δέ:1절의 μέν에 상응하는 말이다. 이에 대해서는 주석을 참조하라 : '나는 여러분에 대해서 확신하고 있읍니다. 그러나……') 내가 이 **형제들을** 보내는(참조. 8,17·18·22. '아마도 편지를 주어서 이 사람들을 지금 보내고 있다') 것은. 이것은 분명히 8장 6·17—24절을 가리킨다. 그러나 이름과 사람 수가 명시되지 않았으므로 "이 형제들"이 디도와 익명의 두 형제들인지, 아니면 이 세 사람들 중에서 두 사람들인지 분명치 않다. 아마도 이 세 사람 모두를 의미했을 것이다("한 형제"로서의 디도에 대해서는 2,13 참조). 디도는 바울로의 대리인인 반면 다른 두 형제들은 헌금사업이 아무런 부정 없이 진행되는지를 조사하기 위한 독립된 증인들이었다는 점에서 그들은 구별된다. 그러나 그들은 모두가 고린토인들이 헌금을 하도록 자극하는 동일한 목적에 기여할 것이다. 따라서 바울로는 그 형제들을 보낸다. 그것은 **내가 여러분을**(참조. 2절) **자랑한 것이**(그리이스어 원문에는 단수) **이 면에서**(바울로는 고린토인들에 대해서 다른 자랑도 했다 : 7,14) **헛소리**(이 말에 대해서는 고전 9,15 참조)**가 되지 않게 하기 위하여 여러분이 내 말대로 준비해두게 하려는**(이 두번째 ἵνα "위하여"는 첫번째 것과 마찬가지로 "내가 보내다"에 연결된다) 것입니다. **그렇게 하지 않았다가 만일 마케도니아 사람들이 나와 함께 그리로 가서**(바울로는 세번째 방문에 대해서 생각하고 있다. 그러나 그것에 대해서 12장 14절에서와는 달리 생각하고 있다 : 13,1. 10—13장이 1—9장

보다 후기의 것이라는 데 대한 암시이다 : 참조. 이 책 서론 33·46면) 여러분이 준비없이 있는 것을 보게 된다면 여러분은 고사하고(*B.D.* 495에는 이 귀절에서 바울로의 미묘한 감정에 대한 예리한 설명이 제시된다) 이런 확신(참조. 11, 17 ; Hatch, *Essays*, 88—9)을 가졌던 우리까지도 부끄러움을 당하지 않을까 염려됩니다.

[5] 그래서(총괄하고 반복하는 말. 그러나 동시에 논의를 한 단계 더 진전시키기도 한다) 나는 그 형제들에게(참조. 3절) 부탁하여(이 동사의 약화된 의미에 대해서는 8, 6 참조) 나보다 먼저(분명히 바울로는 멀지 않아 자신도 곧 따라가게 되기를 기대하고 있다 : 참조. 4절) 여러분에게로 가서 전에 여러분이 약속한 선물을 준비해놓도록(προκαταρτίσωσιν : 영어의 prepare에서 pre[미리 · 먼저]를 강조할 필요가 있다. 한 문장에 "전에"[in advance]라는 말을 두 번 쓰는 것은 좋지 않기 때문이다) 하는 것이 필요하다고 생각했읍니다. "선물"로 번역된 그리이스어 단어(εὐλογία)는 일반적으로 이러한 의미로는 잘 사용되지 않는다(*L.S.*에서는 성서 귀절들만을 인용하고 있다—여호 15, 19 ; 고린토서신들에 덧붙여서 4 *Kdms* 5, 15). 빈디쉬는 아마도 이 말은 "헌금"(λογία)을 대치하는 말로 바울로의 머리 속에 떠올랐을 것이라고 주장한다. G.A. Deissmann, *Bible Studies*(1901), 144도 참조하라.

이 모든 일이 행해져야 한다. 이것은 그것이(선물) 강제로가 아니라 마음에서 우러나오는 선물—참된 선물—이 "되게"(대격과 부정사 [ταύτην ἑτοίμην εἶναι]를 목적적인 의미로 본 것이다. 그러나 Moule, *Idiom*, 141에 따르면 그것은 결과를 나타내는 것이다) 하려는 것입니다. "강제로"는 πλεονεξία를 번역한 것인데 이 말은 다른 곳에서는 바울로가 로마서 1장 29절("탐욕"으로 번역되었다 : 참조. 주석), 골로사이서 3장 5절(여기서는 이것이 우상숭배에 해당하는 것으로 말해졌다), 데살로니카전서 2장 5절에서 사용하고 있다. 그것은 탐욕, 탐식을 의미한다. 동일어원의 설명사(πλεονέκτης)가 고린토전서 5장 10·11절, 6장 10절("탐욕스러운 사람들")에 나온다. 동사(πλεονεκτεῖν)는 이미 2장 11절, 7장 2절에서 나왔다. 그러나 여기서의 의미를 위해서 결정적인 것은 12장 17·18절에 나온 것들인데 거기서는 바울로가 고린토인들로부터 돈을 얻어내는 수단으로 헌금을 남용했다고 비난을 받는 것으로 나타난다. 바울로가 자신의 헌금사업을 위해서 고린토인들로부터 얻기를 바라는 선물은 순수한 선물이 될 수도 있고, 아니면 강제적으로 사기를 치거나 혹은 도덕적인 면을 이용해서 공갈을 침으로써('여러분은 여러분들 자신보다 마케도니아인들이 더 나를 기쁘게 하도록 내버려 두어서는 안 됩니다!') 그들로부터 갈취해낸 것이 될 수도 있다. 이러한 견해는 근본적으로 헌금을 걷는 사람의 편에 "소유욕"이 있다고 보는 것이다. 이것은 탐욕을 "인색"으로 바꾸는 것보다 더 좋은 것 같다. 그러나 여러 주석자들이 "인색"함으로 본다.

[6] 이 장의 나머지 부분들에서는 보다 일반적인 말로 관대함을 보여줄 것을 호소하고 있다. 기억하시오. 이것은 진실입니다(τοῦτο δέ "그러나 이것은"을 확대시켜서 번역한 것이다. 바울로는 이제 자신이 확신하고 있는 주장을 독자들도 받아들일 것이고, 그것이 그들의 태도를 결정해야 한다고 말하려고 한다. 생략법에 대해서는 *B.D.* §481과 고전 7, 29 ; 15, 50 참조). 적게 뿌리는 자는 적게 거두고 많이(5절에서 "선물"이라고 번역된 명사 εὐλογίᾳ에 근거한 부사구) 뿌리는 자는 많이 거둡니다. "적게"는 분사로부터 발전된 부사이다. 이에 대해서는 Radermacher, 54(참조. Plutarch, *Alexander* 25)를 참조하라. 이 말은 격언의 형태를 지니고 있다. 그러나 정확한 병행구가 전혀 나타나지 않는다. 바울로 자신은 갈라디아서 6장 7절에서 씨뿌리고 거두는 상징을 사용한다. 그리고 이 상을 갈라디아서에서처럼 보다 일반적으로 사용한 데 대한 병행은 매우 많다(Schlier, 해당란 참조). 예를 들어 Aristotle, *Rhetoric* Ⅲ 3.4 : '너는 이것들을 수치스럽게(αἰσχρῶς) 뿌렸고, 악으로(κακῶς) 그것들을 거두었다.' Cicero, *De Oratore* ii. 65(261) : '너희들은 씨를 뿌린 대로 거둔다'(Ut sementem feceris, ita metes) ; 제3바룩서 15, 2—3 : '가득찬 바구니들을 가져온 천사들에게 그는 (미카엘) 기름으로 그 바구니들을 채워주면서 말한다. 이것을 가져가서 우리 친구들과 열심히 좋은 일을 하는 자들에게 백배로 보상하라. 덕으로 씨를 뿌린 자들은 덕으로 거둔다. 그리고 그는 반이 빈 바구니들을 가져온 천사들에게도 말했다. 너희들도 이리로 오라. 너희가 가져온 대로 상을 가져가라. 그리고 그것을 사람의 아들들에게 나누어주라.' 씨를 뿌리고 거두는 데 대한 상은 매우 자명하므로 그것은 어느 때, 어느 곳에서든 사용되었음에 틀림없다. 그리고 추수량이 (다른 것들도 마찬가지이다) 씨를 뿌린 양과 비례한다는 사상은 그다지 이해하기 어렵지 않다.

[7] 추수에 대한 이러한 호소는 (여기서 말한 원칙에 비추어 볼 때) 각 사람이 자신에 적절하다고 생각하는 만큼 씨를 뿌려야 한다는 것을 의미한다. 이러한 결론은 분명하게 진술

된다. 각각 마음에(그의 외적인 행동은 칭찬받고 싶은 욕망이나 비난에 대한 두려움보다는 내적인 확신을 보여주는 것이어야 한다) **정한대로 하고**(이 말은 반드시 보충되어야 했다) **아까와하면서**(즉 주기를 싫어하는 마음으로) **내거나** (도덕적인, 혹은 다른 압력 때문에) **마지못해 하는 일이 없도록 하시오. 하느님께서는 기쁜 마음으로 내는 사람을 사랑하십니다**(격언적인 현재형. Moule, *Idiom*, 8). 여기서 바울로는 잠언 22장 8(9)절a(칠십인역 : "하느님은 명랑하고 활달한 사람을 축복하신다." 히브리어 성서 : "관대한 눈을 가진 사람은 축복받을 것이다")의 말을 인용하고 있다. 로마서 12장 8절 및 해당 주석과 비교하라. 거기에 포함된 *Leviticus Rabbah* xxxiv. 9(131b)에 대한 언급도 비교하라 : "희사할 때에는 기쁜 마음으로 해야 합니다" ; Sirach xxxv. 11. 빈디쉬가 말하듯이 '이 사상은 철저하게 구약성서, 유다교적이다.' 이 말은 베드로의 순교 9장에도 나온다 : '하느님은 기쁘게 바치는 것을 좋아하신다.' "사랑하십니다"라는 말은 물론 여기서 "인정하다", "가치있게 여기다"라는 의미로 사용되었다. 이것이 하느님을 기쁘게든, 어떻게든 결코 아무것도 바치지 않으려고 하는 죄인을 사랑한다는 믿음—어느 누구보다도 바울로가 가장 강력하게 주장한 믿음이다—과 모순된다고 생각하는 것은 어리석다.

[8] 하느님은 "기쁜 마음으로 내는 사람을" 이렇게 "사랑하신다"는 것은 하느님이 그에게 보상한다는 것을 의미한다. **하느님은 여러분에게**(참조. 필립 4,19) **모든 은혜를**(혹은 "관대함"—*χάρις* : 참조. 8,1과 해당 주석) **풍성하게 "하셔서"**(여기서 동사 *περισσεύειν*은 4장 15절에서와 같이 타동사로 사용되었다 : 페전 3,12) **모든 일에 언제나 여러분을 충족하게 하시며 온갖 선한 일을 넘치도록**(여기서 동사 *περισσεύειν*은 8장 7절과 9장 12절에서처럼 자동사적으로 사용되었다) **행할 수 있게**(여기서 *ἵνα*는 목적적인 의미와 결과적인 의미의 중간 위치에 있다) **하실 능력을 가지신 분입니다.** "온갖 선한 일"에서 "온갖"이라는 말은 영어로는 all kinds보다 every kind라고 번역하는 것이 더 나을 수도 있다(*πᾶν ἔργον ἀγαθόν*). 나는 "모든"(all: *πᾶς*는 네번 나오고 연결된 말인 *πάντοτε*는 한 번 나온다)이라는 말의 총체적인 의미를 영어로 나타내기 위해서 all kinds라고 번역했다. 이 귀절의 의미는 만일 사람들이 기꺼이 내려고 한다면 하느님은 그들이 언제나 낼 수 있도록 해주신다는 것이다. "충족"(*αὐτάρκεια*: 참조. 필립 4,11)은 스토아적인 언어이다(Sevenster, *Seneca*, 113). '견유—스토아학파의 철학에서 이

말은 자신의 내적인 잠재력 안에서 만족하고 따라서 그 자신으로서 완전하고(in sich selbst ruht) 다른 사람을 필요로 하지 않는 독립된 인격을 의미했다' (G. Kittel; *T.W.N.T.*, i, 466). "만족"에 대해서 세네카는 다음과 같이 말한다(키텔은 그리이스어 동사 *ἀρκεῖσθαι* "만족하다"에 대해서 설명하고 있다) : '운명이나 혹은 신에 의해 자신에게 주어진 자연적인 것들에 만족하라. 인간은 그가 가진 것에 만족해야 하며(*ἀρκεῖσθαι τοῖς παροῦσι*), 주어진 것 이상을 결코 바라서는 안 된다' (464). 비록 위의 것들과 관련이 있기는 하지만 바울로가 의미한 바는 그러한 것이 아님이 분명해질 것이다. 스토아적인 "충족"은 자기 자신으로부터 온다. 그러나 바울로가 말하는 충족은 하느님의 선물이며, 그의 은혜(*χάρις*)의 결과이다. 스토아적인 충족은 반드시 자기 스스로 얻는 충족이다. 왜냐하면 그것은 외적인 물질의 양을 통해서가 아니라 내부로부터 생기는 것이기 때문이다. 즉 그것은 많든지 적든지 간에 주어진 외적인 물질에 만족하는 것을 의미하기 때문이다. 한편 바울로는 그리스도교인들이 외적인 물질의 일부를 선행을 통해 다른 사람들에게 줄 수 있을 정도로 외적인 물질을 소유하는 것에 대해 생각하고 있다. 그러나 바울로의 생각과 스토아 학파의 생각 사이에는 관련성이 있다. 확실히 바울로는 그리스도교인들은 항상 남에게 자선을 베풀 수 있을 정도의 생활수준을 보장받는다고 말할 만큼 미숙한 사상가가 아니었다. 그는 자기 자신의 경험을 통해서(11, 23—33 ; 참조. 필립 4,12) 그렇지 않다는 것을 알고 있었다. Schweitzer, *Mysticism of Paul the Apostle* (1931), 313에서는 이러한 면에서 예수와 바울로 사이의 차이를 과장한다. 그러나 그리스도교인은 자신의 내부로부터가 아니라 하느님의 은혜에 의해 충족하게 되므로 항상 그가 할 수 있는 선행이 있을 것이다. 이제 "온갖 선한 일"이라는 말에 주목해야 한다. 인간이 율법에 복종하여 행한 일들에 근거해서 의롭게 될 수 있다는 사상(예. 로마 3,20)에 대해 바울로보다 더 열렬히 반대한 사람은 아마도 없을 것이다. 그러나 인간은 하느님께 복종하여 그가 보시기에 선한 일들을 행해야 한다는 엄격한 요구를 함께 고려하지 않는다면, 그러한 사상에 대한 바울로의 반대는 완전히 오해되고 말 것이다(예를 들어 로마 2,7 참조). 그처럼 선행을 하는 사람은 그가 의롭게 되기 위해서 그렇게 하는 것이 아니라 이미 의롭게 된 결과로서 선행을 하는 것이다.

[9] 바울로는 구약성서를 통해 이러한 견해를 뒷받침한다. 이것은 성경 말씀에 "그가 가난한 자들에게 아낌없이 뿌려주셨으니 그의 의로우심이 영원토록 있도다"라고 기록된 것과 같습니다. "뿌렸다, 주셨다"(διεσκόρπισεν, ἔδωκεν)라는 단순과거 동사를 격언적, 속담적인 것으로 보고 실제로는 현재시제에 해당하는 것으로 볼 수도 있다. 바울로는 습관적으로 그렇게 쓴다. 이 인용문은 칠십인역(111, 9)의 시편 112편 9절을 인용한 것이다. 리츠만에 의하면 바울로는 "의로우심"이라는 말을 마태오복음 6장 1절에서와 같은 의미로 이해하고, 아마도 자선을 베푸는 것을 의미했다고 한다. 히브리어에서 ṣᵉdaqah(참조. 아람어 ṣidqatha)는 "자선"을 의미하게 되었고, 시편 112편 9절에 대한 후대의 라삐적 해석(*S.B.* iii. 525를 참조하라)에서도 이 의미를 채택했음은 사실이다. 그러나 이것이 마태오복음 6장 1절에 나온 "의"의 의미인지는 전혀 확실치 않다. (빈디쉬에 의하면) 크리소스톰도 여기서 바울로가 의미한 바를 "자선"(φιλανθρωπία)이라고 이해했지만 이것이 실제로 바울로가 여기서 이 말을 사용한 의미인지는 의심스럽다. 그보다 이 말은 일반적인 도덕적 의미로 사용되었을 (6장 14절에서처럼) 것 같다. 그리고 이것이 특징적인 법적 의미를 지녔으리라는 것도 불가능하지는 않다. 가난한 사람들을 돌봄으로써 하느님의 뜻에 순종하는 사람은 하느님에 대한 자신의 의로운 관계를 유지한다. 이 주제의 발전에 대해서는 Georgi, *Kollekte*, 69—72를 참조하라. 헌금은 유다인들에 대해서는 이방인들이 의롭게 되었다는 데 대한 하나의 표징이다.

[10] 바울로는 계속해서 구약성서를 사용한다. 그러나 정확하게 인용하지는 않는다. 씨뿌리는 자에게 뿌릴 씨와 먹을 식량을 공급해주시는 하느님께서 여러분에게도 씨를 마련해주시고 번식하게 하시고(즉 여러분을 번영하게 하시며, '봉사할 수 있도록 남는 것을 더욱 더 많이 주신다' : Goudge. 바흐만도 비슷하게 본다. 씨의 은유는 문맥 전체에 걸쳐서 나타난다. 그리고 여기서 특별한 의미를 찾아서는 안 된다) 여러분의 의의 열매를 더하게 해주실 것입니다. 이 귀절의 본문에 대해서는 이 책 294면 주 4를 참조하라. 이사야서 55장 10절과 비교하라. "하늘에서 쏟아지는 비, 내리는 눈이 하늘로 되돌아가지 아니하고, 땅을 흠뻑 적시어 싹이 돋아 자라게 하며, 씨뿌리는 사람에게 씨앗과 먹을 양식을 내주듯이, 내 입에서 나가는 말도……." 호세아 10장 12절 : "정의의 씨를 뿌려라(εἰς δικαιοσύνην). 생명의 열매

를 거두니라. 너희들은 지식의 빛으로 빛나리라. 의의 열매가 너희들에게 주어질 때까지 주님을 찾으라." 바울로가 위의 귀절들로부터 어떻게 단어들과 어구들을 결합시켰는지를 세부적으로 설명할 필요는 없다. 여기서는 인용형식이 나오지도 않고, 성서의 권위에 호소하지도 않는다. 하느님은 모든 좋은 것들을 주시는 분이다. 그는 여러분의 사업이 번성하게 해줄 것이고, 따라서 여러분이 하느님 앞에서 올바른 위치에 서 있다는 것을 나타내게 해주실 것이다(9절의 "의"에 대한 주석을 참조하라). 그리스도교적으로 성찰되고 있는 구약성서 귀절은 바울로의 의도를 설명하기에 충분하다. 그러나 "불멸의 열매"에 대해 말하는 *Corpus Hermeticum* xiii. 22a와 비교하라(Knox, *H.E.*, 94).

그러므로 고린토인들에게 헌금에 참여하게 해달라고 하는 바울로의 호소는 고린토인들과 예루살렘의 가난한 성도들의 유익을 모두 (각기 다른 방식으로) 고려하고 있다. 그러나 이것으로 끝난 것이 아니다. 왜냐하면 단순히 이러한 인간적인 물질들을 바치는 것으로 그치지 않고 하느님에 대한 감사와 점점 더 증가하는 그의 영광이 있기 때문이다(Kümmel, 참조. Georgi, *Kollekte*, 74—7. 그리고 Kümmel과 Georgi가 각기 언급하는 G.H. Boobyer, *Thanksgiving and the Glory of God* [1929]; 12·13절에 대한 주석들 참조).

[11] 이리하여 여러분은 모든 일에 "부요하게 되어"(이 한정동사는 13절의 분사처럼 파격구문을 이루고 있는 그리이스어분사 πλουτιζόμενοι를 번역한 것이다. 이것은 아마도 바울로가 문장진행을 잊어버리고 그것을 제대로 쓰지 못했음을 의미할 뿐이다. *B.D.* §468.2; Turner, *Insights*, 166; 5,12). 의미에 대해서는 고린토전서 1장 5절과 비교하라: "그러나 여러분이 부요해지는 것은 여러분 자신의 유익을 위해서가 아니다." 그것은 여러분이 완전히 "순수하게"(ἁπλότης라는 말에 대해서는 8장 2절에 대한 주석 참조) 될 경우에만 여러분 자신을 위한 것이다. 그리고 우리를 통하여 전해지는 여러분의 선물 때문에 많은 사람이 하느님께 감사하게 될 것입니다. 그리스도교적 의무에 대한 고린토인들이 보여준 순수한 헌신은 우리를 "통하여" 이루어진다. 왜냐하면 바울로의 헌금사업은 그러한 헌신을 할 수 있는 적절한 출구를 마련해주었고, 또 일차적으로 그것을 통해서 가장 분명하게 이익을 얻은 사람들로 하여금 "감사하게" 했기 때문이다. "감사"(εὐχαριστία)에 대해서는 12절과 13절에 대한 주석을 참조하라.

[12] 이와 같은 "봉사"(λειτουργία. 필립 2, 17·30 ; 같은 어원의 동사가 로마 15, 27에서 바울로에 의해 사용되었다. 로마 13, 6 ; 15, 16 ; 필립 2, 25에서는 실명사로 쓰였다)의 **실천**(διακονία ; 이것은 8장 4절에서처럼 대개 "봉사"라고 번역되었다. 그러나 여기서는 "봉사"라는 말이 또 나오므로 그렇게 번역할 수는 없다. 이 말은 때로는 목회나 봉사보다는 관리라는 의미로 사용되었다. 참조. Georgi, *Kollekte*, 74, *Durchführung*)은 **성도들**(8장 4절에서와 같다)의 **궁핍을 채워줄**(완곡법적 현재형. 아마도 "……채워주게 될"을 의미할 것이다. 참조. 골로 1, 24 ; *Corpus Hermeticum* xiii. 1 ; Knox, *H.E.*, 92) **뿐만 아니라**(그럼으로써) **많은 사람의 감사를 통하여 하느님께 대한 감사가 차고 넘치게 합니다**(참조. 8, 2). διακονία("실천")와 λειτουργία("봉사" : 참조. G.A. Deissmann, *Bible Studies* [1901], 144)는 거의 동의어일 수도 있다. 그러나 따로 씌어졌을 때에도 완전히 같은 말은 아니다. 후자는 바울로가 헌금을 어떻게 생각했는지에 대해서 특별히 빛을 비춰줄 수 있을 것이다. 그것은 고린토 교인이나 또 다른 이방 그리스도교인들이 치루어야 할 의무가 있는 일종의 세금같은 것은 아니었다. 그것은 자발적인 봉사의 행위였다. 그것은 도성—즉 교회—전체의 유익을 위해서 행해진 것이었다. λειτουργία라는 말은 때로는 신들의 봉사에 대해서 종교적인 의미로 쓰였다. 만일 이렇게 본다면 바울로는 궁핍한 사람들을 돌보는 데서 신적인 봉사의 행위를 발견한 것이다(참조. 이 책 140—141면). 리차드슨(Richardson, *Theology*, 297)처럼 여기에 성만찬 때 하는 선물이나 혹은 헌금에 대한 암시가 들어 있다고 볼 만한 근거는 없다. "예전적인" 행위는 은혜를 받은 사람들에 의해 보다 직접적으로 행해진다. 그들로부터 "하느님께 대한 많은 감사"가 나온다. 바울로는 실천이 없는 신학을 전개하지 않는 것처럼 자신의 교회들로 하여금—그들의 자선행위에 의미를 부여하는—신학적인 맥락으로부터 벗어난 자선행위를 하도록 하지 않는다. 이 사실은 이 장의 나머지 귀절들에서 변조된 형태로 분명하게 나타난다.

[13] 이방 교회들의 관대함은 "하느님께 대한 감사"가 나오게 한다. 그러나 이러한 "감사"는 단순히(부분적으로는 틀림없이 돈을 받은 데 대한 것이기는 하지만) 돈을 받은 데 대한 것만이 아니다. **그들은**, 즉 은혜를 받은 가난한 성도들은 **하느님께 영광을 돌릴 것입니다**(파격구문을 이루는 분사이다. 참조. 11절과 주석). **왜냐하면 여러분이 그리스도의 복음 안에서 믿음을 "고백함으로써"**(명사-

ὁμολογία가 전문적인 용어로 사용된 데 대해서는 디모데오전서 6장 12·13절과 나의 주석을 참조하라) 보여준 "순종"(ὑποταγή; "여러분들 스스로 ~에게 굴복하다": 슐라터는 로마서 1장 5절과 16장 26절의 "믿음의 순종"과 적절하게 비교한다)이 이 봉사(여기서 바울로는 διακονία라는 말의 보다 일반적인 의미로 되돌아가고 있다: 참조. 8, 4)에 의해 증거가 되었기 때문입니다(직역하면 "증거를 통하여," 혹은 "증거 때문에." διά와 속격이 원인적인 의미로 사용되는 데 대해서는 Radermacher, 118과 로마서 8장 3절을 참조하라). 이방 교회들이 가난한 성도들에게 봉사한 것은 그들이 복음 안에서 믿음을 고백하는 행위의 일부이거나 혹은 한 측면이다. 그리고 그것은 이러한 고백이 단순히 말로써 하는 것이 아니라 복음의 창시자인 하느님께 순수하게 순종하는 것임을 보여준다. 이것이 바로 그 성도들이 하느님께 영광을 돌리는 이유이다. 그들은 다른 사람들이 이미 다른 방식으로 하느님께 영광을 돌린 데 응답하여 그렇게 한다. 마찬가지로 그들도 하느님께 영광을 돌린다. 그것은 여러분들이 그들과 모든 사람들에게(즉 모든 그리스도교인들에게. 바울로는 여기서 그리스도교 공동체의 한계를 넘어선 자선에 대해 생각하고 있지 않다. 그리스도교 공동체 안에 특수한 상호적인 사랑이 있는 것이다: 비교. 갈라 6, 10) "순수한"(ἁπλότης에 대해서는 8장 2절 참조) 우애(혹은 [헌금에의] 참여. 바울로는 8장 4절과 로마서 15장 26절에서 헌금에 대해 말하면서 이 말[κοινωνία]을 사용한다)를 보내기 때문입니다. 즉 그들은 단순히 고린토인들의 재물을 함께 나누었기("우애"라는 말 뒤에는 이러한 의미가 있다) 때문이 아니라 그 행위 안에 본보기로 나타난 그리스도교인의 삶의 좋은 품성으로 인해 하느님께 영광을 돌린다. 고린토인들이 이러한 좋은 품성을 단지 그들에게만 보여주었기 때문이 아니라 그것을 보편적으로 보여주었기 때문이다(비록 모든 경우에 똑같은 방식으로, 즉 돈을 줌으로써 그러한 품성을 보여준 것은 아니지만 말이다). 여기에는 로마서 15장 30—31절에서처럼 탐탁치 않게 헌금을 받게 될 가능성에 대한 암시가 전혀 없다. 바울로는 고린토인들의 관대한 마음을 낙심시키지 않을까 염려하여 여기서는 그런 가능성에 대해 언급하려 하지 않는다(Windisch).

[14—15] 가난한 성도들은 감사한다. 그리고 기도를 한다. 그들은 또한 여러분에게 주신 하느님의 넘치는(이 말은 3장 10절에서 "영광"이라는 말과 함께 사용되었다) 은혜(혹은 관대함. χάρις: 8장 1절에 대한 주석 참조)를 보고 여러분을 사모하며(5장 2절에서와 같

은 동사가 사용되었다 : 로마 1,11. 같은 어원의 명사가 7장 7·11절에서도 사용되었다. 7장 11절에서와 마찬가지로 여기서도 한정동사가 아니라 분사가 사용되었으며, 이 경우에는 속격으로 쓰였다), 즉 여러분과 직접적인 교우관계를 가지기를 갈망한다. 이것은 매우 인간적인 욕망이다. 그들은 자신들에게 도움을 준 사람들을 만나게 되기를 바란다. 그러나 그 동기는 신학적인 것이다("여러분에게 주신 하느님의 넘치는 은혜를 보고 여러분을 사모하며"), 여러분을 위하여 기도할 것이다. 은혜를 베푸는 자로서 고린토인들의 참된 의미는 그들 자신에게 있는 것이 아니라 하느님에게 있다. 그들의 관대함은 하느님의 은혜의 표징이다. 따라서 바울로는 다음과 같은 결론으로 그가 하려고 하는 일 전체를 마무리짓는다. **말로 다 할 수 없는 선물을 주시는 하느님께 "감사를 드립니다"**(*χάρις* : 이 말의 마지막 용법에 주목하라). 여기서 말하는 선물은 우선 14절의 은혜를 가리킨다. 그러나 여기서는 총괄적인 의미로 쓰였으므로 8장 9절도 가리킨다고 보아야 하며, 바울로의 설교와 헌금사업이 함께 이루어지고 있는 그리스도교적 삶과 교우관계의 전체 틀을 세운 하느님의 일차적인 선물을 가리킨다고 보아야 한다. Georgi, *Kollekte*, 78—9에서는 역대기상 29장에 대한 암시가 있다고 본다. 이것은 의심스럽지만 그의 결론(79)은 인용할 만하다. '헌금사업이 추진되어감에 따라 헌금은 바울로에게 있어서 그의 신학의 모형(Modellfall)이 되었다. 이 사실은 역으로 인의론까지도 포함하고 있으며, 묵시문학적 사변은 물론이고 신비주의와도 거리가 멀다는 것을 보여준다.' 바울로의 사상은 확실히 묵시문학적 사변과는 다르다. 그러나 기본적으로 법적인 개념인 인의론은 본래 묵시문학 영역에서 형성된 사상적인 틀에 의해 적지 않은 영향을 받았다.

이제부터는 앞서와는 다른 어조로 말하는 부분들로 넘어가게 된다 (참조. 이 책 308면과 서론 31·32면). 9장 끝부분과 10장 서두 사이에는 틀없이 차이점이 있다. 그러나 1—9장의 어조를 너무 밝게 보거나 혹은 10—13장의 어조를 너무 어두운 것으로 봄으로써 그 차이를 강조하는 것은 좋지 않다. 9장에서 바울로는 실제로 고린토와 예루살렘에서 일어난 일에 대해서가 아니라 그가 일어나기를 바라는 일에 대해서 기술하고 있다. '바울로가 여기서 과장되게 고린토인들을 칭찬하고 있다는 결코 지울 수 없는 인상은……12—15절에서 바울로가 고린토인들이 그의 기대대로 따라올 경우에 가능한 미래의 상황에 대해서 기술하고 있다는 것을 염두에 둔다면 약화될 것이다' (Lietzmann). 바울로는 디도가 전해준 보고를 받고 거기에 입각해서 기술하고 있다. 앞으로는 물론이고 지금도 모든 것이 잘 되어가고 있다. 그리고 이것은 고린토인들도 헌금에 참여하게 되리라는 것을 의미한다. 아카이야와 마케도니아는 서로 경쟁하게 되기를! 그들은 각기 상대방이 더 관대한 행위를 하도록 자극할 수 있을 것이다. 그러나 바울로가 고린토로부터 예루살렘으로 전할 돈을 한푼이라도 받았다는 암시는 전혀 없다. 아마도 고린토인들의 충성의 표현은 비현실적이고 비영속적이며 헌금에 대한 열광도 빨리 사그라들고 말리라는 것이 곧 드러날 것이다. 하느님의 은혜와 인간의 관대함 사이의 관계에 대한 바울로의 관찰은 고린토인들이 하느님의 은혜를 받아들이지 못하고, 관대함을 보여주지도 못했다는 사실로 인해 반증되었다기보다는 확증되었다.

V. 위협당하는 미래　　10장 1절—13장 10절

16. 완전한 순종에 대한 호소　　10장 1—6절

1 나 바울로는 그리스도의 온유하심과 관대하심을 힘입어 여러분을 권면합니다. 나는 여러분과 마주 대해 있을 때에는 온순하나 떠나 있을 때에는 담대합니다. 2 그러나 우리가 육을 따라 산다고 생각하는 어떤 사람에게는 내가 대담하게 될 수 있는데 여러분에게 가서는 그렇게 과감하게 할 필요가 없게 되기를 바랍니다. 3 우리가 육신을 입고 살기는 합니다만 육정을 따라 싸우는 것은 아닙니다. 4 우리가 싸우는 데 쓰이는 무기는 육적인 무기가 아니라 견고한 성이라도 무너뜨리는 하느님의 강한 무기이기 때문입니다. 우리는 허황한 이론과 5 하느님의 지식에 대적하여 일어나는 모든 교만을 쳐부숩니다. 모든 생각을 사로잡아 그리스도에게 복종시킵니다. 6 그리고 여러분이 완전히 복종하게 될 때에는 벌써 모든 복종하지 않는 자를 처벌할 준비가 되어 있을 것입니다.

여기서 서신의 새로운 단락이 시작되고 있음은 의심할 여지가 없으며, 그것은 앞의 두 장들에서는 바울로가 조직화하고 있는 헌금사업을 희망적인 어조로 다루었다는 사실에 의해 더욱 강조된다. 10—13장에는 헌금에 대한 말이 한 마디도 없다(12장 16—17절의 부정적인 언급을 제외하고). 서신의 보다 앞 장들로 거슬러 올라가도 차이점이 있기는 하지만 여기서처럼 두드러지지는 않는다. 1—7장에는 스스로를 추천하는 자들에 대한 암시가 들어 있고, 지금은 거의 재구성하기 힘든 어떤 비난에 대한 열렬한 자기변호, 그리고 무엇보다도 사도직을 바울로가 어떻게 이해했는가에 대한 설명이 나온다. 이 주제들은 10—13장에서 다시 나온다. 이 사실은 2장 14절—7장 4절이 원래는

10—13장과 같은 편지의 일부였다고 믿게 했다. 그러나 실제로는 이 사실은 그러한 견해를 반증한다. 왜냐하면 바울로가 같은 편지 안에서 다음과 같은 방식으로 한 주제를 반복했으리라고 보기는 힘들기 때문이다. 즉 그가 같은 주제를 처음에는 독자들로 하여금 진리를 확고히 받아들이도록 하기 위해서 그 진리를 그들에게 단지 상기시키기만을 바라는 마음으로, 그리고 나중에는 자신의 주장이 설득력이 없다는 판단 하에, 자신에게 남은 것이라고는 절망적인 반격밖에 없다는 것을 알고 반복했으리라고 보기는 힘들다는 것이다. 고린토후서에는 주제상 통일되어 있을 뿐만 아니라 그것을 다루는 데에도 통일성이 있다. 그러나 그 어조나 바울로의 응답의 양상에는 차이가 있으며, 그가 독자들에게 바라는 응답에도 차이가 있다. 이 서신의 문학적인 통일성을 받아들이기 힘들게 하는 것도 바로 이러한 차이점들이다. 리츠만은 바울로가 잠을 자지 않고 밤을 새웠기 때문에 1—9장과 10—13장 사이에는 차이가 있다고 간단히 설명하지만, 데네이는 이 문제를 좀 더 중요하게 다룬다. 그 단절은 "만일 바울로가 9장을 다 쓴 날로 편지쓰기를 멈추었다면—아니 어떻게 이야기를 전개시켜야 할지 생가하기 위해서 잠시 동안만이라도 편지쓰기를 중단했다고 생각한다면…" 설명될 수 있다(Denney). 아마도 그와 같은 지연으로 인해 어조상의 차이가 생겨났으리라는 것이다. 그로 해서 "우리—서신"으로부터 "나—서신"으로 바뀌었을 수도 있다는 것이다(Bachmann). 그러나 그로 인해 새로운 반응이 생기거나, 혹은 희망적인 태도로부터 절망적인 태도로 바뀔 수는 없었을 것이다. 10—13장이 새로운 어조로 시작되는 데 대한 유일하고 적절한 설명은 바울로가 고린토로부터 다른 소식을 더 들었다는 것이다. 즉 상황이 완전히 달라졌다는 것이 아니라 좀더 진전되었다는 소식을 들었다는 것이다. 그러한 소식은 그가 편지를 쓰고 있을 당시 들려왔을 것이다. 아마도 그는 쓰고 있던 것을 중단시키고 단순히 더 보충시키도록 했을 수도 있다. 그러나 그가 그러한 방식으로 편지를 쓰는 데 만족했으리라고 생각하기는 힘들며, 그보다는 그가 이미 1—9장을 보냈으리라는 것이 더 그럴 듯하다. 그는 아마도 이미 보낸 편지를 취소할 수는 없었을 것이다. 설령 취소할 수 있었더라도 그가 그렇게 하지는 않았을 것이다. 그러나 새로 편지를 쓸 필요가 있었다. 앞으로 세부적인 주석에서도 나타나겠지만 중요한 차이는 주제에 있는 것이 아니다. 1—9장에서는 바울로가 고린토인들이 자신의 충고에 귀를 기울이리라는 데에 대해 어느 정도

확신을 가지고 특정한 잘못이나 특정한 사람들에 대해 경고하고 있는 반면, 10—13장에서는 고린토인들이 거짓 사도들과 그네들의 거짓 복음을 편들고, 바울로와 그의 복음은 거부했다는 것을 바울로 자신이 알고 있다는 사실에 중요한 차이가 있다. 이러한 어조상의 변화는 10—13장을 일종의 "반복"으로 간주하는 베이츠(W.H. Bates, *N.T.S.* xii. 56—69—설득력 있는 또 다른 논의가 될 수 있다)의 견해와는 반대된다.

위에서 제시한 견해에 의하면 1—9장의 편지는 마무리를 짓지 못했고, 10—13장의 편지에는 서두가 없다는 결론이 나온다. 이러한 결론에는 아무런 난점도 없다. 시간적으로 짧은 간격을 두고 씌어진 이 두 편지들을 별다른 무리 없이 적절하게 연결시키는 것은 물론 자연스럽다. 은혜에 대한 말이 9장 15절 바로 뒤에 따라나올 수도 있고, 또 10장 1절은 "그리스도 예수의 사도인 바울로는 고린토에 있는 하느님의 교회에……"라는 관례적인 편지서두 양식을 앞세울 필요가 있을 수도 있다. 이러한 추측은 (아마도 2장 14절—7장 4절과 함께) 10—13장이 1—9장(혹은 이것의 어떤 한 부분이나 여러 부분들)보다 일찍 씌어진 준엄한 편지의 일부라는 일반적인 견해보다 훨씬 자연스럽다. 이 일반적인 견해에 대해서는 이 책 서론 35면 이하를 참조하라.

10—13장과 또 이 장들이 내포하는 역사적 상황을 이해하기 위해서는 다음의 세 집단들을 구별하는 것이 근본적으로 중요하다. (ㄱ) 고린토인들 자신. 바울로는 이들이 그릇된 길로 빠진 데 대해 슬퍼한다. 바울로는 때때로 이들에게 분노를 터뜨리기도 하지만 결코 이들이 주모자가 아니라는 것, 또한 이들의 배은망덕과 불충성이 전적으로 그들 자신의 잘못만은 아니라는 사실을 잊지 않는다. (ㄴ) 거짓 사도들. 이들은 "다른 예수"와 "각기 다른 복음"을 가지고 바울로의 선교 영역 안으로 침입했다. 사도적 선교활동에 대한 이들의 새로운 개념은 고린토인들을 유혹했으며, 그들과 바울로 사이의 관계를 깨뜨렸고, 그들의 그리스도교적 존재를 위협했다. (ㄷ) 탁월하게 인정받은 사도들. 이들은 거짓 사도들과 모종의 관계가 있거나 혹은 있는 것으로 보이지만 그래도 그리스도의 사도들로서 받아들여졌음에 틀림없다. 그러나 바울로는 자신이 어느 면에서건 이들보다 못하지 않다고 주장한다. 이 세 집단들의 존재는—바울로는 그 중 한 집단에 대해서는(무비판적으로는 아니지만) 변호하고, 또 한 집단에 대해서는 공격하며, 나머지 한 집단에 대해서는 대등하게 대한다—분명히 바울로를 당황하게

만들었을 것이며, 그가 편지를 상당히 모호하게 쓴 원인이 되었을 것이다. 그들의 존재는 (예를 들어 ㄴ과 ㄷ을 같은 것으로 보고, 거짓 사도들은 헬레니즘적—영지주의적 유다 그리스도교를 대변한다고 보는 불트만과는 반대로—*Probleme*, 23—30) 앞으로 주석 과정에서 밝히 드러날 것이다. 그 결과 "바울로의 사도직은 고린토후서 10—13장의 논쟁의 실제적인 주제라는 점이 인식될 것이다"(Käsemann, *Legitimität*, 50/31). (알로와 같이) 이것이 바울로의 개인적인 변호를 내포한다고 해서 이 장들을 바울로의 "변증론"으로 기술하는 것은 적절치 못하다. 개인적인 것들도 어느 정도 역할을 하기는 한다. 그러나 여기서 문제되고 있는 것은 사도적 복음의 성격과 그 뒤에 있는 사도적 권위이다(참조. Käsemann, *Legitimität*, 50/33과 F.C. Baur로부터의 인용문).

〔 1 〕 갑자기 새로운 단락이 시작된다. 그러나 전체적으로 바울로는 비약적이고 강한 어조로 기술하고 있다. 그러므로 서두의 말 앞에 분실된 다른 어떤 말이 있었다고 가정할 필요는 없다. 나 바울로는 여러분을 "권면합니다"(*παρακαλεῖν*는 8장 6절에서 "권하다"로 번역되었다. 그러나 이 말은 문맥에 의해 그 의미와 어조가 결정된다. 그리고 여기서는 보다 강한 어조의 말이 필요하다). 바울로의 부탁의 내용은 5절에서부터 비로소 나타난다. 그러나 그가 열성적으로 부탁하고 있다는 것은 이미 알 수 있다. 바울로가 독자들에게 말을 걸기 위해서 이처럼 자기 자신의 이름을 사용한 경우는 오직 갈라디아서 5장 2절, 데살로니카전서 2장 18절뿐이다. 이 두 경우에 모두 바울로는 강한 확신을 가지고 기술한다. 여기서 바울로는 두 개의 강조적인 대명사로 자신의 이름을 강조한다(*αὐτὸς δὲ ἐγὼ Παῦλος*). 어떤 학자들은 이것이 여기서부터 바울로가 직접 편지를 쓰기 시작했다는 것을 시사해준다고 보았다(갈라디아서 6장 11절에서처럼). 그러나 갈라디아서와 비교해보면 반드시 그렇지는 않다는 사실이 잘 드러난다. 편지의 진정성을 입증하기 위해서 친필로 쓰려고 한 경우는 없다(참조. 고전 16, 21 ; 골로 4, 18 ; 데후 3, 17).

바울로는 그리스도의 온유하심과 관대하심을 "힘입어"(*διά*) 그의 독자들을 "권면한다"(비교. 로마 12, 1 : "형제들이여, 나는 하느님의 자비를 힘입어〔역시 *διά*이다〕 여러분에게 권합니다"). 이 병행구는 (8장 9절의 회상과 바울로가 예수가 아니라 "그리스도"를 말하고 있다는 사실에 의해 강화된다) 바울로가 여기서 예수의 지상 생애의 특징들이 아니라 예수가 지상 생애 전체의 조건들을 온유하고 겸비하게 받아들였음을 언급하고 있다는 사실을 시사한다(비교. 필립 2,6 이하). 이 견해를 뒷받침해줄 만한 것들이 있다. 그러나 만일 예수의 행동이 교만하고 난폭했다고 알려졌다면 그것이 신학으로 될 수는 없었을 것이고, 또 예수를 온유하고 관대한 사람으로 그린 전승이 없었다면 그것은 단지 형식적으로 딱딱하게 화해버리고 말았을 것이다. 컴멜은 (빈디쉬도 마찬가지인데) 여기서 마태오복음 11장 29절이 관련되어 있는 듯이 보이는 이유가 있다고 생각한다. 바울로는 때때로 복음서 전승을 매우 분명하게 연상시키는 재료(예를 들어 로마서 13장 1—7·8절 이하)를 제시하지만 그것을 알고 있다는 암시를 전혀 주지 않는다. 여기서 바울로의 관심은 예수의 지상 생애에 대해 어떤 지식을 전하는 데 있는 것이 아니라 예수의 행동과 그 자신의 행동 사이의 유사성에 있다. 그리스도교인의 존재는 예수에 의해 신학적으로나 윤리적으로 규정된다. 예수의 사도로서 그는 어쩔 수 없이 온유하고 관대한 것과는 반대되는 열성적이고 엄한 태도(참조. 고전 4,21)로 행동했을 수도 있다. 그러나 만일 그렇게 행동했다면 그것은 무엇인가가 잘못 되었다는 데 대한 분명한 표징이다. 따라서 바울로는 가능한 한 그런 일이 일어나지 않도록 하기 위해서 이미 행동을 취하고 있다. "온유하심"(πραΰ[ό]της : 참조. Aristotle, *Nicomachean Ethics* Ⅳ v [Ⅱ] 1125b)과 "관대하심"(ἐπιείκεια : 참조. Betz, *Lukian*, 209)은 헬레니즘적 윤리 사상에서 아마도 잘 알려진 짝말이었을 것이다. 이 말들은 Plutarch, *Pericles* 39, *Sertorius* 25, *Caesar* 57에서도 나란히 나온다. 필립비서 4장 5절에서 바울로가 형용사 "관대한"(ἐπιεικής)을 사용한 용법과 비교하라. 바울로는 "온유함"을 그리스도교의 특징적인 덕목, 혹은 은사로 생각한다(갈라 5,23 ; 6,1 ; 골로 3,12). 두 말을 모두 합하면 다른 사람들에 대한 관용스러운 태도를 나타낸다. 이러한 덕들을 지닌 사람은 화를 내거나 참을성 없이 되지는 않을 것이다. 이것은 2절과 일치한다.

"온유하심"과 "관대하심"은 유감스럽게도 잘못 이해될 수 있다. "관대하심"이라는 말은 바울로가 일인칭 단수형을 쓰고 있으므로 인용문으로 규정하기 힘들다. 그러나 여기서 바울로가 —그가 고린토에 있었을 때 한 행동과 고린토교회에 보낸 편지는 일치하지 않는다고 주장하고, 바울로는 안전하게 멀리 떨어져서만 속을 털어놓을 수 있는 겁장이라고 추측했던— 그의 적대자들의 언어를 반영하고 있다는 것은 매우 개연성이 있다. **"나는 여러분을 권면합니다." 나는 여러분과**

"마주 대해 있을 때"(*κατὰ πρόσωπον*은 셈어적인 표현이 아니다—*B.D.* § 217. Ⅰ)에는 온순하나 떠나 있을 때에는 담대합니다. "온순한"(*ταπεινος*)에 대해서는 7장 6절과 11장 7절, 12장 21절과 비교하라. 이 말은 그리스도교적 덕을 기술하는 말로 아직 충분히 인정되지 않았다. 여기서 (바울로가 다른 사람들의 언어를 채택하고 있다는 점도 기억해야 할 것이다. 따라서 견유학파에 의한 이 말의 재평가에 관한 베츠의 흥미있는 설명〔특히 앞 책 51면〕도 엄밀히 말하면 타당성이 없다) 이 말은 "고결함"(*μεγαλοπρεπές*)과 "위엄"(*ἐλευθέριον*)에 대하여 "노예근성"(*ἀνελεύθερον*)과 함께 반대어 쌍을 이루는 Xenophon, *Memorabilia* Ⅲ x. 5(여기에서는 추상명사대신 중성형용사가 사용되었다)에서와 같은 의미를 지니고 있다. 바울로는 그와 맞설 태세가 되어 있는 사람들과 마주할 때면 아첨하는 태도를 취했다(참조. 고전 2, 3)고 억지 주장들을 했다. "온유하심"과 "관대하심"이라는 말은 이러한 방식으로 오해될 수 있었다. 그러나 자리에 없을 때, 즉 편지를 쓰거나 그의 동역자들을 통해 소식을 전할 때면 그는 담대한 태도(참조. 5, 6·8 ; 7, 16과 이에 대한 주석)를 취한다(고 그들은 말한다). 이것은 어떤 편지, 혹은 어떤 소식을 가리키는가? 고린토전서 4장 19절 이하에서는 여러가지로 위협을 하고 있다. 그러나 이 귀절들이 서신 전체의 특징을 대변한다고 말하기는 어렵다. 이것은 바울로로 하여금 쓰면서 눈물을 흘리게 했고, 고린토인들이 그것을 읽을 때 상처를 받았던(2, 4 ; 7, 8) '준엄한 편지'를 가리킨다고 보는 것이 더 개연성이 있으며, 아마도 비난을 받았던 디도의 태도를 가리킨다고 보는 것이 좋을 것이다. 만일 이렇게 본다면 10—13장은 '준엄한 편지'가 아니며, 그 편지의 일부도 아니다.

귀트게만스(Güttgemanns, 135—41)는 이 귀절에서 관계사(*ὅς*)에 의해 도입되는 절은 분명히 직접적으로 그리스도가 아니라 바울로에게 관련되지만 그리스도론적 고백(비교. 필립 2, 6 ; 골로 1, 15 ; 디전 3, 16)의 형태를 지니고 있다고 역설적인 관찰을 하였다. 귀트게만스가 '사도의 "약함"은 이처럼 그리스도론적 선포이기 때문에 바울로는 자신의 사도적인 "약함"에 의해(durch) 직접 고린토인들을 권고할 수 있다. 왜냐하면 이 "약함"이 십자가에 달린 자가 현존하고 있다는 표징이기 때문이다' (이 책 188면)고 말할 때 오류를 발견할 수는 있지만 그래도 바로 앞에서는 "그리스도의 온유하심과 관대하심"에 대해 말하고 있고 사실 귀트게만스가 전혀 엉뚱한 말을 하고 있는 것은 아니다.

다른 곳에서와 마찬가지로 고린토에서의 바울로의 행동은 그리스도의 십자가 설교의 일부였다(참조. 데전 2,1—12). 그래서 그는 개종자들에게 "내가 그리스도를 본받는 것같이 여러분은 나를 본받기를 바랍니다"라고 권고할 수 있었다(고전 11,1 : 참조 해당 주석). 또한 그렇기 때문에 고린토전서 4장 9—13절, 고린토후서 4장 7—10절, 6장 4—10절에 서술된 사도의 선교활동은 오해를 받을 수 있었다. 이 귀절은 고도로 다듬어진 정확한 문체로 볼 만한 특징을 가지고 있지 않으며, 아마도 격한 심정으로 급하게 써나간 문장일 것이다. 그러나 "조잡한 반어법"이라고 보는 것은 적절치 못하다. 노예근성을 가지고 있어서 그런 것이 아니라 겸허한 그리스도에 대한 자신의 봉사의 필수적인 한 부분이다. 그러므로 바울로가 독자들에게 다른 태도를 취하도록 자신에게 강요하지 말라고 부탁한 것도 바로 "그리스도의 온유하심과 관대하심"을 힘입은 것이었다. 그가 다른 태도를 취할 필요가 있을지도 모른다. 그러나 그럴 경우 그것은 복음을 가로막게 될 것이다. 바울로는 진퇴양난에 빠져 있다. 이 사실은 10—13장 전체를 규정하며, 그것을 잘 설명해준다.

[2] 그러나 우리가 육을 따라(참조. 고전 3,3 : 여기서는 비슷한 말이 사용되었다. "육을 따라"에 대해서는 다음 귀절을 참조하라) 산다고 생각하는 사람에게는 내가 대담하게 될 수 있는데(참조. 고전 6,1과 주석) 여러분에게 가서는 그렇게 과감하게(직역하면 '확신을 가지고 [1절에서처럼] 담대하게'이다) 할 필요가 없게 되기를(이 말은 그리이스어 원문에는 없지만 고린토인들에 대한 바울로의 부탁의 의미를 드러내준다. 문자적으로 번역한다면 '나는 [여러분이] 있을 때 과감하게 되지 않기를 바랍니다'이다. 구문에 대해서는 *B.D.* §399. 3 참조) "바랍니다"(*δέομαι*라는 새로운 동사가 여기서는 1절의 동사—"권면하다"—를 다시 말하는 것으로 이해되었다. 그리이스어 원문에는 "여러분에게"라는 말이 없으므로 '기도로 부탁합니다'를 의미한다고 볼 수도 있다 : '나는 내가 ～을 보이지 않게 되기를 기도합니다.' 바호만이 그렇게 본다). 문맥상으로는 기도보다는 고린토인들에 대한 호소를 시사한다. "온유하심과 관대하심"이 그리스도의 특성으로 인정될 수 없는 경우가 있다. 그리고 이것은—바울로는 언급하지 않았지만—예수에 관한 역사적 전승은 예수의 온유하심에 대해 언급하기도 하지만(예. 마태 11,29) 그가 화를 냈다고(예. 마르 3,5) 전하기도 한다는 사실과 일치한다. 예수 자신에게 있어서, 그리고 사도에게 있어

서 이 두 가지 태도는 오해받을 수 있었다. 그러나 만일 오해받을 수밖에 없다면 화를 냈다는 것보다는 온유했다고 오해받는 것이 더 낫다. 바울로는 얼마든지 대담하게 행동할 수도 있었고, 또 그렇게 할 것을 고려할 수도(λογίζεσθαι) 있었지만 꼭 대담하게 행동해야 할 필요가 없기를 바란다.

그는 자신의 행동을 오해하고 잘못 평가하며(여기서도 λογίζεσθαι라는 말이 사용된다), "온유함"을 약함이나 아니면 교활함으로 잘못 이해하는 사람들에 대해서는 담대함을 보일 수도 있다. 이 단락의 마지막 귀절을 보기 전까지는 이 사람들이 누구인지에 대해 분명한 실마리를 찾을 수 없다(참조. 6절에 대한 주석). 그러나 바울로가 "어떤 사람들에게는 대담하게 될 수 있다"고 주장한다는 것에 주목할 필요가 있다. 그는 "나는 여러분 앞에서 이런 담대함을 보일 필요가 없게 되도록 여러분이 회개하기를 바랍니다"라고 말하지 않는다(그렇게 말하기 쉬웠을 텐데도 말이다). 이 문장은 중간 부분에서 바뀐다. "어떤 사람"은 "여러분들 중의 몇몇 사람"일 수도 있다. '여러분들 전체가 내가 소수의 사람들을 엄하게 대하지 않아도 되도록 행동하시오.' 만일 바울로가 이렇게 말하려고 했다면 쉽게 그렇게 할 수 있었겠지만 그는 여기서도 이렇게 말하지 않는다(참조. 2장 6절의 "몇몇 사람들"). 바울로의 언어는 문제가 되고 있는 사람들이 고린토인들과는 구별되어야 한다는 견해를 반드시 요구하지는 않지만 그러한 견해와 일치한다(참조. 이 책 310—311면). Gouge와 비교하라 : '첫째, 불확정적인 몇몇(some) 사람들(어떤[certain] 사람들이라는 말이 더 낫다)이라는 말은 그가 고린토인들을 언급하고 있지 않다는 점을 시사한다. 둘째, 반대로 이 귀절의 호소는 성 바울로가 엄하게 행동해야 하는가 그렇지 않은가가 고린토인들의 행동에 달려 있음을 전제한다.' 문제가 되고 있는 여러 사람들 사이에 밀접한 관계가 있다는 사실은 바울로의 부탁에 의해서도 알 수 있다. 고린토인들은 바울로가 단호한 행동을 취하지 않아도 좋도록 행동할 수 있다(혹은 바울로가 부탁할 필요가 없게 될 수도 있다). 그들은 아마도 바울로의 적대자들을 뒤에서 지원하거나 신임하기를 그만둠으로써 그렇게 할 수 있었을 것이다. 그러나 고린토인들의 지원과 신뢰는 이미 도가 지나쳤다(11, 20). 아마도 디도는 바울로의 교회가 부패한 정도를 과소평가했던 것 같다(7, 11).

로마서 8장 4—8절과 같은 귀절들에 비추어볼 때 바울로는 자신의 행동이 "육을 따른 것"이라고 생각하는 사람들과 의견이 다를 수밖에,

없었다. 그러나 그들이 이 말(κατὰ σάρκα "육을 따른")로 의미한 바는 바울로가 뜻한 바와 달랐을 수 있다. 바울로에게 있어서 "육에 따라 산다"는 것은 자기중심적이고, 적어도 인간중심적인 존재를 영위하는 것을 의미하며(참조. 이 책 222면), 하느님이 아닌 것에 몰두해서 어떠한 위치전간에 하느님을 종속적인 위치로 격하시키는 것을 의미한다. 10—13장의 전체 문맥으로부터 볼 때 바울로의 적대자들에게 있어서 "육에 따라 사는 것"은 환상을 보지 못하거나 황홀경을 체험하지 못하는 것을 의미했음을 알 수 있다. 어쩌면 영적 권위나 우월성의 표시로 생각되었던 권위적이고 독단적인 행동을 하지 않는 것을 의미했을 수도 있다. 이 사람들에 대해서는 바울로가 이들에 대해 설명할 만한 재료가 되는 말을 할 때, 보다 상세하게 설명해야 할 것이다. 예를 들어 329·345—348면 이하·365—366면을 참조하고 서론 54면 이하와 "Paul's Opponents"를 참조하라. 표현상의 차이는 어느 정도 설명을 필요로 하는데 유감스럽게도 (우리의 관점으로 볼 때) 바울로는 거기에 대해 체계적으로 설명해 주지 않는다. 그러나 분명히 우리는 "육"과 "영"을 이해하는 데 있어서 근본적으로 다른 두 가지 방식을 다루어야 할 것이다. 칼빈은 비슷하기는 하지만 같지는 않은 견해를 채택한다. "육"은 "대개 거짓 사도들이 스스로를 추천하는 유일한 표준이었던 외적 허세나 과시"를 의미한다.

[3] 우리가 육신을 입고 "살기는"(2절에서와 같이 περιπατεῖν 이다) 합니다만 육정을 따라 싸우는 것은 아닙니다. 바울로는 전치사 ἐν("∼안에")을 썼다가 κατά("∼을 따라")로 바꾼다. 그러므로 여기서 "육에 따라"를 로마서나 고린토전서 주석에서처럼 의역하는 것은 현명하지 못한 것 같다. 바울로는 "육 안에서"라는 말을 일관되게 사용한다(*Romans*, 158). 로마서 8장 9절에서 바울로는 그리스도교인들은 육 안에 있지 않다고 단언한다. 갈라디아서 2장 20절에서는 육 안에서 사는 삶에 대해 말하는데, 의심할 바 없이 그것은 그리스도교인으로서의 삶을 의미한다. 왜냐하면 그것은 신앙에 의해 사는 삶이기 때문이다. 지금의 이 귀절은 갈라디아서의 귀절과 유사하다. 슐라터에 의하면 ἐν은 원인적인 의미를 지니고 있다. 즉 바울로는 자신이 몸소 하는 봉사가 필요하다는 것을 의미했다는 것이다. "육 안에서"라는 말로 바울로가 "세상 안에서"(참조. 고전 5, 10), "인간 존재의 일반적인 상황 안에서"를 의미했으리라고 보는 것이 더 개연성이 있다. 비록 그가 때때로 삼층천이나 혹은 낙원(12, 2·4)을 경험했다

고 할지라도 그것이 그의 정상적인 경험은 아니었다. 이것은 10—13장에서 계속해서 반복되며, 사실 고린토후서가 다른 어떤 서신보다도 더욱 분명하게 선포하고 있는 십자가의 신학(참조. 이 책 서론, 71—73·78면 이하와 *Signs*, 41—4, 80—1 ; 비교. 이 책 145—146면)의 기본적인 주제 중의 하나이다. 바울로는 "죽은 것 같으나 보시오, 살아 있읍니다"라고 말할 수 있는 그리스도교적 존재 이외에 다른 어떤 그리스도교적 존재도 알지 못한다(6, 9). "육 안에서"는 죽는 것을 의미한다. 그러나 이것이 전부는 아니다. 여기서 바울로는 단순히 "우리는 이제 영에 따라(κατὰ πνεῦμα) 삽니다"라고 말하지 않는다. 왜냐하면 그는 자신의 사도적 삶의 특수한 측면을 다루고 있기 때문이다. 그는 적대자들과 싸워야만 한다. "육에 따르지 않고" 그들과 싸우는 것은 (위에서 말한 바에 비추어볼 때) 자기 중심적인 동기에 의해서, 말하자면 자신의 위치를 세우고, 자신의 힘을 증대시키기 위하여 싸우는 것을 의미하지 않으며, 자신이 가진 것들에 기초해서 싸우는 것을 의미하지도 않는다. 이 싸움의 적극적인 측면이 4·5절에서 진술된다.

[4] 우리가 싸우는 데 쓰는 무기는(바울로는 데살로니카전서 5장 8절에서처럼 개별적인 무기들을 특수화하고 알레고리화하는 데 관심을 가지고 있지 않다 : 비교. 에페 6, 14—17) 육적인 무기가 아니라(말하자면 "우리는 육정을 따라 싸우지 않습니다"—3절b를 반복하는 말이다) 하느님의 강한(직역하면 하느님께 능력 있는, 혹은 하느님을 위한 δυνατὰ τῷ θεῷ) 무기이기 때문입니다. "하느님"(여격)이라는 말을 어떻게 이해해야 하는지는 확실치 않다. 그것은 단순히 히브리어 구문에 기초해서(창세 10, 9 ; 요나 3, 3에서처럼 ; 비교. 사도 7, 20) 최상의 어떤 것을 표현한 것이다. Moule, *Idiom*, 184(비교. *M.* ii. 443)에서는 이러한 견해를 따르는 것으로 보인다. 이것은 현대 그리이스어에는 단순히 최상급을 의미하는 하느님(θεο-)이라는 말과 결합된 단어들이 많다는 사실에 의해서도 뒷받침된다(예를 들어 θεόγυμνος "완전히 벌거벗은" ; θεόκωφος "완전히 귀머거리인" ; θεότυφλος "완전히 장님인"). 이 견해에 따른다면 "매우 강한"이라고 번역해야 할 것이다. 다른 견해는 이 말을 편의의 여격(dativus commodi)으로 보는 것이다 : "하느님을 위하여", "하느님을 대신하여"(비교. 11, 2). 이것이 보다 개연성이 있다. 바울로가 고린토인들이 칠십인역의 조야한 말투를 이해하리라고 기대했을 리는 없으며, "하느님"이라는 말이 무엇을 의미하는지 생각하지도 않은 채 건성으로 그 말을 썼을 것 같지는 않기 때

문이다. 그 무기들은 육적인 것이 아니다. 즉 그것들은 영적인 것이다. 그러므로 그것들은 능력이 있다(Lietzmann). 바울로는 위의 중간 단계의 말을 생략했다.

사실 바울로는 그 무기들로 무엇을 하는지를 말하기 위해 서두른다. 그것들은 강하다. **왜냐하면 "견고한 성"**(ὀχόρωμα의 형식에 대해서는 *M.* ii 71을 참조하라)이라도 무너뜨리기 때문입니다. 이것은 잠언 21장 22절을 암시할 수도 있다. 지혜가 있어야 강한(ὀχυράς) 성을 공격하고, 불경건한 자들이 기대는 (나는 칠십인역의 단순과거형들을 격언적인 것이라고 이해한다) "요새"(ὀχύρωμα)를 허문다. 빈디쉬는 Philo, *De Conf. Linguarum*, 129—31과 비교한다. 거기서는 궤변론자들을 공격하는 데 비슷한 상징을 사용한다. 빈디쉬는 바울로가 고린토의 영지주의를 공격하고 있다고 생각한다. Betz, 68, 140—1에서는 궤변론자들에 대한 공격이라는 주제를 강조한다. 사실 우리에게는 바울로의 공격 대상이 누구인지를 밝힐 만한 근거가 없다. 이것은 바울로가 이야기를 계속 전개해감에 따라 드러날 것이다.

〔4b•5〕 구문은 갑자기 바뀌며, 일련의 주격 복수형 분사들로 이루어진 문장이 나온다(남성형이다. 따라서 중성인 "무기들" ὅπλα와는 일치하지 않는다). 9장 11절과 비교하라. 분사들은 영어의 한정동사들로 번역되어야 한다.

우리는 허황한 "이론"(λογισμοί. 혹은 계획들. 2절의 동사 "생각하는" λογίζεσθαι에 대한 일종의 언어유희를 하고 있다)**과 하느님의 지식에 대적하여 일어나는 모든 교만을 "쳐부숩니다"**(동사 καθαιροῦντες는 앞 절의 명사 "무너뜨림" καθαίρεσις [우리말 새번역성서에는 동사로 의역되었음. 역주]로부터 나온 것이다). **모든 생각을 사로잡아 그리스도에게 복종시킵니다.** 바울로가 그의 적대자들, 즉 침입한 사도들에 대해서 생각하고 있다는 주장(Lietzmann)은 아마 옳을 것이다. 이것은 "허황한 이론"이라는 말에 대해서는 아주 분명하다. 이외에 이 명사가 나오는 곳은 유일하게 로마서 2장 15절인데 거기서 이 말은 중성적인 의미를 지니고 있다. 그러나 아마도 여기서는 복합명사의 의미로 사용되었을 것이다(διαλογισμός). 그리고 로마서 1장 21절, 고린토전서 3장 20절, 필립비서 2장 14절에서는 부정적인 의미로 사용되었다. "생각"(νόημα)이라는 말은 필립비서 4장 7절에서는 긍정적인 의미로 사용되었다. 그러나 고린토후서에서는 부정적인 의미 혹은 잠정적으로 부정적인 의미를 지니고 있다(2, 11 ; 3, 14 ; 4, 4 ; 11, 3). 그러므로 이 두 말들은 모두 인간의 지혜 속에 담긴 것으로 생각되는 영리함을 시사한다. 그리고 인간의 지혜는 스스로 만족하고 하느님을 필요로 하지 않거나 아니면 그것 자체의 신을 가지고 있으며, 그것 자체의 형상을 만들어 간다. "모든 교만"(ὕψωμα, 이것은 로마서 8장 39절에서는 다른 의미로 나온다)이라는 말을 처리하는 것은 결코 쉽지 않다. 크리소스톰(증거들에 대해서는 Lietzmann을 참조하라)은 이것을 "높은 왕"으로 설명한다. 그러나 그리이스 어법에서는 이 말의 이러한 의미를 찾아볼 수 없다. 아마도 그 명사에 붙여진 분사가 제공하는 해석이나 교만하게 행동하는 상황을 지적하는 것 이상으로 더 세부적으로 해석할 필요는 없을 것이다. 그것은 스스로 다른 사람들에 대해서 뿐만 아니라 (이 경우에는) 하느님보다도 우월하다고 생각하는 교만함(참조. 로마 12, 16)을 의미한다. 그리고 이것이 바로 죄의 정의이다(로마서 1장 18—23절과 주석을 참조하라). 그리고 비록 그것이 본질적으로 종교적인 형태로 나타날지라도 그리스도교에 대한 바울로적인 이해에 의하면 그러한 것이 들어올 여지가 없다(참조. 12, 7). 그러나 바울로는 단순히 하느님에 대해서가 아니라 하느님의 지식에 대적하여 일어나는 교만에 대해 말한다. 바울로가 로마서 1장 28절에서 뜻했던 바 이상을 의미했을 것 같지는 않다 : "그들이 하느님에 대한 참 지식을 마음에 받아들이지 않았으므로"(τὸν θεὸν ἔχειν ἐν ἐπιγνώσει), 즉 그들은 하느님을 알기 보다는(이것은 자기를 낮출 때에만 가능하다) 스스로 교만해졌다. 그러나 "지식"(γνῶσις: 참조. 『고린토전서』, 225면 이하)이라는 말은 고린토교회에서 유행하던 말이었다. 그리고 이것은 다음의 두 가지 점들 중에서 어느 하나나 혹은 그 둘 모두를 시사해주었을 것이다. (ㄱ) 바울로는 하느님에 대한 참된 그리스도교적 지식은 십자가에 달린 그리스도 안에서만 얻을 수 있다는 점을 분명히 했다(『고린토전서』, 35—36면). 사람들이 교만해지는 것은 이러한 참된 지식에 대적하는 것이다. 왜냐하면 참된 지식은 그들의 이성과 관습을 공격하기 때문이다(고전 1, 23). 그들은 우리가 하느님에 대해서 알고 있는 진리를 거부한다. (ㄴ) 아마도 바울로는 자신의 적대자들이 "지식"이라는 말을 사용했기 때문에 그 말을 사용했을 것이다. 그의 적대자들은 그들 자신의 지식(gnosis)을 추구하기 위해서 바울로가 하느님의 지식에 의해 이해한 것을 거부했다. 고린토에서의 "지식"에 대해서는 "고린토의 그리스도교"(275—86)와 이 책 서론, 65—66면을 더 참조하라. "사로잡아 복종시킵니다"는 '전쟁포로로 삼아 복종시키다'를 약간 확대시킨 번역이며, "그리스도의 복종"이라는 말을 목적적인 속격으로 이해한 것이다. 인간의 생각들은 사로잡혀서 새로운 권위로 넘겨진다. 그들은 이제부터 다른 관심들을 추구하지 않고 오직 그리스도에게 복종할 것이다. 만일 여기서 속격이 목적적인 의미와 주격의 의미를 모두 지니고 있다는(참조. 로마 5,19. 그리고 예수를 "하느님의 종"으로, 즉 하느님께 복종하게 하는 자로 서술한 것을 참조하라) 바르트의 견해(*C.D.* Ⅳ i. 194)를 받아들인다면 반드시 달리 번역해야 할 것이다. 그리스도가 그의 지상 생애에서 보여준 복종에 대하여 바르트가 말한 내용은 옳으며 또 중요하다. 그러나 모든 생각을 그리스도에게 복종시킨다고 말하는 현재의 문맥은 그러한 것을 시사하지 않는다. 사람들은 이제부터 자기중심적인 방식으로 생각하거나 계획하지 말고 그리스도에게 복종하여 생각하고 계획해야 할 것이다. 바울로가 자신의 목적을 이런 방식으로 기술한다는 것은 주목할 만하다. 그는 필요하다면 싸울 준비가 되어 있다. 그러나 그는 자기 자신을 위해서 싸우지 않으며, 사람들이 자신을 중요한 사도로 인정하고 자신에게 복종하도록 만들려고 하지도 않는다(11,20과 대조). 여기서 중심은 그 자신이나 그의 경쟁자들에게 있는 것이 아니라 오직 그리스도에게 있다.

[6] 이제 더욱 진전된 바울로의 논전이 나온다. 우리는 여러분이 완전하게 복종하게 될 때에는("완전해졌을 때에는" πληρωθῇ: 참조. Delling, *T.W.N.T,* vi. 296) 벌써 모든 복종하지 않는 자들을(즉 그리스도에게 복종하지 않는 자들 : 이것은 5절b에 대한 위에서 채택한 견해를 확증해준다) "처벌할"(ἐκδικεῖν. 이 단어의 의미에 대해서는 Schrenk, *T.W.NT.* ii. 441을 참조하라) 준비가 되어 있을 것입니다. 바울로가 다음과 같은 것을 의미했으리라고 생각하기는 어렵다: '여러분 고린토 교인들이 완전히 복종하게 될 때에는 나는 과거의 여러분 모두의 불복종을 처벌할 것입니다.' 즉 지금은 처벌을 연기한다는 것이다. 그러나 만일 바울로가 그러한 것을 뜻하지 않았다면 그는 분명히 다음과 같은 것을 의미했을 것이다 : '여러분이 완전히 복종하게 되면 나는 거기에 근거해서 다른 사람들의 불복종을 처벌할 것입니다'(참조. "Paul's Opponents," 230 : 다른 몇몇 주석자들과는 달리 헤링은 여기서 πληρωθῇ를 기동起動동사로 보는 데에는 문제가 있다고 생각한다). 이 복종하지 않는 사람들은("모든 복종하지 않는 자들"이라는 말은 10장 7—11절에도 불구하고 바울로가 어느 한 사람을 가리킨다고

한정하기에는 매우 일반적인 표현이다. 10장 7—11절에 대해서는 주석을 참조하라) 고린토인들이 아니므로 외부로부터 고린토와 고린토교회에 들어왔을 것이다. 그리고 10장 12—18절에 비추어서 그들에 대해 설명하는 것은 당연하며, 또 확실히 옳다. 즉 그들은 예루살렘에서(갈라 2, 9) 합의를 본 선교활동 영역 구분에 불복종했고 자신들에게는 아무런 권한도 없는 바울로의 선교 영역에 침입한 사람들이다. 복종과 불복종은 각기 신앙과 불신앙에 연결된다(Bornkamm, *Paulus*, 154). 그러나 이 말들은 여기서 그것들과 완전히 동의어는 아니다. 왜냐하면 여기서 말하는 사람들은 모두가 그리스도교인들이기 때문이다(바울로의 견해에 의하면 그들 중의 몇몇 사람들은 매우 좋지 않은 그리스도교인들이었지만 말이다). "복종"은 바울로에 대한 충성까지도 포함하며(이러한 충성은 실제로 바울로의 불행한 고린토 방문 때에는 보이지 않았다 : 참조. 7—8·89·93·212—213면), 불복종은 —비바울로적인 그리스도교인들에게 있어서는 바울로에 대한 불충성을 의미할 수 없었겠지만— 바울로도 동의했던 합의점을 무시하는 것을 의미한다. 그러나 이러한 여러가지 가능성들에도 불구하고 그는 부분적으로는 이 말이 "복종"이라는 말과 쉽게 짝을 이루기 때문에 그 말을 사용했다. 만일 "복종하지 않는 자들"이 고린토인들이 아니었고, 갈라디아서 2장 9절의 합의점(혹은 적어도 그와 같은 합의점)을 위반함으로써 잘못을 범했다면 아마도 어떤 의미에서 그들은 예루살렘에 기초하고 거기로부터 지시를 받았다고 볼 수 있을 것이다.

여기서 본문상의 증거들을 넘어서서 논증하는 것은 잘못이다. 그러나 이 책 309면에서 세 집단을 구별했던 것을 회상할 수 있을 것이다. 이제 바울로는 고린토인들이 전적으로 자신의 편이었던 것은 아님을 1—9장에서보다 분명하고 확고하게 깨닫는다. 그러나 그는 여전히 고린토인들이 완전하게 복종하게 될 것을 목표로 삼고 있다. 그가 이 목적을 이루었을 때에는 그 다음 단계로 자신의 활동을 방해할뻔했던 침입자들을 처벌할 것이다.

17. 적대자들에 대항하여 싸울 것을 선언함 10장 7—18절

7 여러분 앞에서 일어나고 있는 일들을 보십시요. 누구든지 자기가 그리스
도의[6] 사람이라는 확신을 가졌다면 그가 그리스도의 사람인 것처럼 우리도 그
리스도의 사람이라는 것을 다시 한번 스스로 생각해야 할 것입니다. 8 주께
서 우리에게 주신 권위를 내가 그 이상으로 자랑했다 하더라도[7] 내가 그 권위
를 가지고 여러분을 넘어뜨리려 한 것이 아니라 세우려 한 것이므로 나는 부
끄러울 것이 없읍니다. 9 나는 편지를 가지고 여러분을 위협하는 것처럼 보
이지 않기 위해서 이렇게 하는 것을 삼가합니다. 10 "바울로의 편지는 무게가
있고 힘차지만 그의 외모는 약하고 말하는 것도 별것 없다"고 그가 말하지
만[8] 11 그런 말을 하는 사람은 똑똑히 알아두시오. 우리로서는 떠나 있을
때 편지로 쓰는 말에나 같이 있을 때 행하는 일에 아무 다른 것이 없읍니
다. 12 우리는 자기를 내세우는 사람들 축에 들거나 그들과 자신을 견주어
보려고 하지 않습니다. 그러나 그들은 자기 자신들의 표준으로 자기를 재고
또 남에게 견주어봅니다. 그들은 참으로 어리석다 하겠읍니다. 13 그러나[9]
우리는 아무 표준 없이 자랑을 하려고 하지 않습니다. 우리가 여러분에게로
가서 선교하는 것도 오직 하느님께서 우리에게 전해주신 한계 안의 영역에
서 된 일입니다. 14 그러므로 우리는 여러분에게로 가지 못할 사람이 아닙
니다. 우리가 한계를 지나 무리하게 손을 벌치고 있는 것이 아닙니다. 사실
그리스도의 복음을 가지고 처음으로 여러분에게로 간 사람은 우리들입니다.
15 우리는 우리의 한계를 넘어서 다른 사람들이 수고한 일을 가지고 자랑하

---

6) 서방 본문들(D* G Ambrosiaster)에는 "…자기가 그리스도의 종이라는"으로 되어 있다. 이차적으로 확대시킨 것이기는 하지만 올바른 의미를 제공한다. 11장 23절과 비교하라.

7) P46 B사본과 τε "지나친 감정표현"이라고 생각한 다른 사본들에서는 τε를 생략했지만 바울로는 ἐάν τε γάρ라고 썼던 것으로 여겨진다. 그러나 더 나아가서 Radermacher, 5와 특히 *B.D.* §443.3, 그리고 Thrall, 96—7과 Aristotle, *Politics* 1318b 33으로부터의 인용문을 참조하라.

8) 몇몇 권위있는 사본들에는 "그들이 말한다"로 되어 있다. 주석을 참조하라.

9) 12절 마지막 말과 13절 서두의 말은 몇몇 사본들에 의해 생략되었다. 이 책 332—333면을 참조하라.

는 것이 아닙니다. 다만 여러분의 믿음이 자라 우리의 선교 영역이 여러분 가운데서 더 넓게 확장되어 우리에게 주어진 한계 안에서 더욱 풍성하게 되기를 바라는 것뿐입니다. 16 이리하여 우리가 여러분의 지역을 넘어서 더 넓은 지역에 복음을 전하게 될 것이요, 남의 지역에서 이미 이루어진 일을 가지고 자랑하는 일은 있을 수 없는 것입니다. 17 자랑하는 자는 주를 자랑할 것입니다. 18 참으로 인정받는 사람은 스스로 자기를 내세우는 사람이 아니라 주께서 내세워주시는 사람입니다.

바울로는 이제 매우 복잡하고 난해한 이 그리이스어 문장으로 밝힐 수 있는 한에서 고린토에서 무슨 일이 일어나고 있으며, 그가 지금 진정시키기 위해서 편지를 쓰도록 한 문제가 어째서 일어났는지를 분명히 밝히고 있다.

[7] 바울로는 그의 독자들로 하여금 지금 그들 앞에서 무슨 일이 일어나고 있는지를 똑똑히 보도록 한다. 여러분 앞에서 일어나고 있는 일들을 보십시요. '여러분은 여러분 앞에서 일어나고 있는 일들을 보고 있읍니다'라고 번역할 수도 있을 것이다(왜냐하면 "보십시요" βλέπετε가 명령법이거나 아니면 지설법인 수 있기 때문이다. 단지 문맥과 의미상으로만 어느 것인지를 결정할 수 있다). 만일 후자의 번역을 채택한다면(J.A.T. Robinson, *The Body* [1952], 26) 그 의미는 '여러분은 인간적인, 육적인(10, 2—3) 관점으로부터 사물을 보고 있읍니다—여러분은 외적으로 보이는 것에 만족하고 있읍니다(Calvin)'일 것이다. 그러므로 여러분은 상황을 오해했읍니다. "여러분 앞에서 일어나고 있는 일들"(τὰ κατὰ πρόσωπον)이 단순히 말 그대로를 의미한다면 그것은 위의 견해를 반증한다. 그리고 여러분 앞에서 일어나고 있는 일들을 보라는 것이 반드시 여러분은 육적인 관점에서 사물을 보고 평가한다는 것을 의미하지는 않는다. 문제의 동사 형태(βλέπετε)가 자주, 그리고 특징적으로 바울로에 의해서 명령법으로 사용되었다는 사실은 결코 결정적인 것은 아니지만 염두에 둘 필요가 있다(고전 8, 9 ; 10, 18 ; 16, 10 ; 갈라 5, 15 ; 필립 3, 2 ; 골로 2, 8 ; 4, 17 ; 비교. 에페 5, 15. 고린토전서 1장 26절은 아마 포함되지 않을 것이다. 해당 주석을 보라).

베츠(132—137)가 훌륭하게 설명하고 있듯이 고린토에는 "증거 문제"(Evidenzproblem)가 도사리고 있었다. 고린토인들이 눈을 뜨고 올바르게 본다면 그들은 자신들이 생각했던 것처럼 상황이 그렇게 일방적이지는 않음을 깨닫게 될 것이다. 누구든지(이것이 일반화시키는 말인지 아니면 막연하게 특정한 한 사람을 가리키는지가 분명치 않다. 10·11절과 주석을 참조하라. 그것은 후자의 가능성을 시사한다) 자기가(어쩌면 자신 안에—ἑαυτῷ) 그리스도의 사람이라는 확신을 가졌다면 그가 그리스도의 사람인 것처럼 우리도 그리스도의 사람이라는 것을 다시 한 번 스스로(ἐφ' ἑαυτου : 비교. Herodotus iii. 71의 훌륭한 병행구 [ἐπ' ὑμέων αὐτῶν βαλόμενοι]. "다시 한 번"은 아마도 재귀대명사를 수식할 것이다. 즉 '또 다시 자신을 돌아보게 하시고') 생각해야 할 것입니다. "그리스도의 사람"(Χριστοῦ εἶναι)이라는 말이 뜻하는 바가 무엇인지 논의해야 한다. 빈디쉬는 이 구를 네 가지 방식으로 이해할 수 있다고 한다. 첫째, 이것은 단순히 "그리스도교인인 것"을 의미할 수 있다. 둘째, 이것은 나자렛 예수와의 특수한 역사적 관계를 가리킬 수도 있다. 세째, 그것은 사도의 신분을 가리킬 수 있다. 네째, 이것은 천적인 그리스도와의 신비주의적이고 영지주의적인 관계를 가리킬 수도 있다. 슈미탈즈(162 이하)는, "나는 그리스도에게 속한다"는 말은 고린토의 영지주의자가 "나는 영적인 사람이다"(πνευματικός)라고 말하는 것과 같다고 생각한다. 빈디쉬는 아마도 둘째 항과 결부시켜서 세째 항을 택한다. 이 문제는 결코 간단하지가 않다. 모든 그리스도교인들이 그리스도에게 속한다. 그러므로 첫째 항의 의미가 가능하다는 데에는 의심의 여지가 없다 : '누구든지 자신이 그리스도교인이라고 확신한다면 나도 역시 그리스도교인이라는 사실을 알아야 합니다. 부정적으로 보면 이것은 중요한 비난을 함축하고 있다. 즉 바울로는 그리스도교인이 아니라는 비난이다. 그러나 적극적으로 보면 이것은 매우 온건해서(침입자는 "나는 그리스도교인이다"라고 온당한 주장을 하고 있을 뿐이다) (기껏해야) 이것은 이 귀절이 뜻하는 바의 일부에 불과하다고 볼 수 있다. 그 사람은 어떤 특수한 의미에서 자신은 그리스도에게 속한다고 주장했음에 틀림없다. 이것은 11장 23절을 상기시킨다 : "그들이 그리스도의 일군입니까?" 그리고 다음에 이것은 11장 15절을 지시하는데 거기서 "사탄의 부하들"과 "의의 일군들"이라는 말의 배후에는 특수한 의미에서 그리스도의 종(그리고 사도—11, 13)이라는 동일한 주장이 있다. 이것은 아마도 고린토에서 행해졌고 고린토인들에게 영향을 끼쳤던 주장을 가리킬 것이다. 아마도 바울로에 대해 부정적 암시를 드러내놓고 하지는 않았겠지만 "나는 그리스도의 사람입니다"라는 주장을 들은 사람들은, "바울로가 아니라 바로 이 사람이 정당하고 권위있는 사도이다"라고 그들 스스로 추측하게 되었을 것이다. 이로부터 쉽게 다음과 같이 덧붙여 생각할 수도 있었을 것이다 : '바울로가 (그릇되게도) 자신은 사도라고 주장하니 아마도 그는 거짓 사도임에 틀림없을 것이다. 그리고 만일 그가 거짓 사도라면 그는 결코 그리스도교인이 아닐 것이다.' 그러므로 케제만(*Legitimität*, 36/11. 퀸멜은 설득력 있게 답변하지 못했다)이 여기서 사도로서의 바울로의 지위뿐만이 아니라 그리스도교인으로서의 그의 위치까지도 공격을 받았다는 증거를 본 것은 적어도 완전히 틀리지는 않다. 이 귀절과 고린토전서 1장 12절에서 언급된 집단, 즉 "나는 그리스도 편이다"라고 내세웠던 집단 사이에 특정한 관련성이 있다고 보는 것은 개연성이 적은 것 같다. 소위 그리스도당이 어떤 사람들이었는지, 그리고 고린토의 다른 집단들과 어떻게 구별되었는지는 전혀 분명치 않다(『고린토전서』, 64—67면). 그러나 그들은 전체 고린토교회에서 여러 분파들, 혹은 이제 분파를 이루기 시작하는 것들 중의 한 파에 속해 있다. 반면 여기에 나오는 사람들은 외부로부터 고린토에 들어와서 자신의, 혹은 자신들의 특수한 규정을 교회가 그대로 준수하도록 요구했던 사람이거나 혹은 사람들이다. 이밖에도 바울로는 자신도 역시 그리스도에게 속한다고 주장하고 있으나 이것이 그가 그리스도당의 일원임을 의미하기는 힘들다. 그리스도와 특수한 관계를 맺고 있다는 주장은 단지 그리스도의 탁월한 종임을 주장하는 것 이상을 뜻하지 않을 것이다(위를 참조하라). 또한 이것은—바울로는 그렇지 못했지만—역사적 예수를 안다는 주장까지도 포함할 수 있다. 5장 16절과 주석을 참조하라. 그는 자신도 그리스도에게 속한다고(*Χριστοῦ*) 주장할 수 있고 또 주장했다(비교. 고전 7, 40). 이러한 관계는 우연적인 역사에 의존하는 것이 아니라 신앙과 영에 의존한다. 갈라디아서 2장 20절, 로마서 8장 9절, 요한복음 20장 22절과 비교하라.

[8] 극단적으로 말하자면 여기서 제기된 문제는 바울로가 그리스도교인이냐 그리스도교인이 아니냐 하는 것이다. 그러나 다음 귀절에서 분명하게 이어받는 문제는 이것이 아니라 그가 사도로서의 권위(이 말이 의미하는 바가 무엇으로 드러나든지간에)를 지닌 사도인가 아닌가 하는 것이다. **주께서 우리에게 주신 권위를 내가 그 이상으로 자랑했다**(즉 '나를 공격하는 사람들과 마찬가지로 그리스도에게 속해 있다고 주장하는 데서 그치지 않고 더 자랑한다면') **하더라도**(본문에 대해서는 이 책 322면 주 7 참조) **내가 그 권위를 가지고 여러분을 넘어뜨리려**(13장 10절에서 실제로 같은 말이 사용되었

다. 참조. 예레 1,10 ; 24,6) 한 것이 아니라 세우려 한 것이므로 나는 부끄러울 것이 없읍니다. 같은 표현이 7장 14절(참조. 9,3)에서는 과거시제로 나온다. 그 자랑은 진실임이 입증될 것이다. "넘어뜨리다"는 10장 4절을 연상시킨다. 이것은 교회가 아니라 하느님에게 대적하는 데 적용된다. "세우다"(건축하다)라는 은유는 바울로가 자주 쓰는 것이다(참조. 12,19 ; 13,10 ; 고전 10,23 ; 14,4·17 ; 갈라 2,18 ; 데전 5,11). 5장 1절에서 οἰκοδομή("집", "건축")는 이미 세워진 것이라는 의미로 사용되었다. 여기서 이 말은 세우는 과정을 가리킨다. 이 과정은 1장 24절에서는 다른 언어로 기술되었으며, 사실 서신 전체에 걸쳐서 나온다. 사도로서 바울로는 권위를 가지고 있다. 그러나 그 권위는 복음을 선포하고, 그럼으로써 교회를 세우며, 교회가 세워지고 나면 그들의 성장을 지켜보는 권위이다. 그는 하느님의 활동을 가르칠 권위를 가지고 있지 않다. 이것은 누구든지 교회를 위험에 빠뜨리고, 교회에 해를 입힌다면 그가 스스로 어떤 지위를 주장하건간에 그에게는 아무런 권위도 없으며, 그는 결코 사도가 아니라는 것을 의미한다. "만일 누구든지 하느님의 성전을 파괴하면 하느님께서도 그 사람을 멸망시키실 것입니다"(고전 3,17 : 이 문맥에서도 건물의 상을 사용하고 있다).

8절의 "내가 그 이상으로 자랑했다 하더라도"라는 말은 달리 이해할 수도 있다 : '만일 내가 우리의 권위를 좀 지나치게 자랑했다 하더라도.' 그러나 바울로의 어법에 의하면 περισσότερόν τι "그 이상으로"라는 말은 실제적인 비교를 내포한다(고전 12,23·24 ; 15,10 ; 고후 1,12 ; 2,4 ; 7,13·15 ; 11,23 ; 12,15 ; 갈라 1,14 ; 필립 1,14 ; 데전 2,17). 그리고 만일 여기서 비교를 하고 있다고 보아야 한다면 그 의미는 다음과 같다 : '나는 그리스도에게 속한다고 자랑할 수 있다(매우 역설적인 자랑의 방식). 그리고 나는 그 이상으로 자랑할 수도 있다. 말하자면 나의 권위를 자랑할 수 있다.'

[9] 앞 귀절과의 사상적인 연결은 이해하기가 매우 어렵다. 직역하면 9절은 다음과 같이 시작된다 : '……그것은 내가……처럼 보이지 않기 위해서입니다"(……that I may [might] not seem…… 혹은 ……lest I should seem……). 그러나 '~않기 위해서입니다'를 "자랑했다 하더라도"나 "주신"과 연결시켜야 하는지, 아니면 "나는 부끄러울 것이 없읍니다"와 연결시켜야 하는지가 분명치 않다. 어떻게 하든지 의미가 잘 통하지는 않는다 : '만일 내가 자랑한다

면……그것은 내가 위협하는 것처럼 보이지 않기 위해서 입니다', 혹은 '주께서 주신 것은……내가 위협하는 것처럼 보이지 않기 위해서 입니다.' 또는 '나는 위협하는 것처럼 보이지 않도록 하기 위해서 부끄러움에 처하게 되지 않을 것입니다.' 아마도 9절을 '그 권위를 가지고 여러분을 넘어뜨리려 한 것이 아니라'와 연결시키는 것이 좀 더 나을 것이다 : '나의 권위는 넘어뜨리기 위해서 주어진 것이 아니라 내가 위협하는 것처럼 보이지 않기 위해서 주어진 것입니다.' 그러나 이것도 결코 만족스럽지는 못하다. 이 문제는 9절 서두의 ἵνα를 명령법적인 불변화사로 봄으로써 해결될 수 있다(Moule, *Idiom*, 145) : '내가 여러분을 위협하는 것처럼 보이지 않도록 하십시오.' 이것은 반어적인 것으로 이해될 수도 있지만 여전히 연결은 잘 되지 않는다. 리츠만은 바울로가 자신의 권위에 호소하지 않겠다는 진술(이것은 실제로 중요한 생각이었을 것이다)을 생략했다고 실제로 가정한다. "다른 사람들이 그리스도에게 속한 것과 같이 나도 그리스도에 속해 있읍니다"(7절). 만일 내가 나의 적대자들이 주장하는 것과 같은 주장에서 그치지 않고 나에 대해서 더 자랑을 한다면, 즉 내가 주로부터 특별한 권위, 사도로서의 권위를 받았다고 자랑한다 해도 나는 부끄러움을 당해서는 안 됩니다(왜냐하면 실제로 그것은 사실이기 때문입니다—12, 6). 그러나 그는 여러분을 넘어뜨리기 위해서가 아니라 여러분을 세우기 위해서 내게 이러한 권위를 주셨읍니다(13, 10). 그러므로 나는 내가 편지로 여러분을 위협하고자 한다는 의심을 받지 않기 위해서 이 권위를 행사하지 않을 것입니다.' 이것이 추측컨대 가장 그럴 [illegible]한 제안일 것이다. 바울로는 특히 여기서처럼 감정적으로 격해서 글을 쓸 경우에는 그다지 주의깊은 저술가가 못 되었다. 그러므로 우리는 다음과 같이 번역할 수 있다. **나는 편지를 가지고 여러분을 위협하는 것처럼**(바울로는 단순 동사 φοβεῖν "위협하다"을 사용하지 않고, 강의어 복합동사 ἐκφοβεῖν을 사용한다) **보이지 않기 위해서 그렇게 하는 것을**(이 말은 그리이스어 원문에는 없지만 위에서 설명한 것처럼 문맥을 연결시켜 준다. 어떤 학자들은 10절을 삽입귀절로 보고 9절을 11절과 연결시킨다) **삼가합니다**. 아마도 번역은 정확할 테지만 여기서도 구조는 분명치 않다. 바울로는 단순히 '……위협하는 것처럼 보이다'라고 기술했을 것이다. 그러나 다음에 "보이다"와 부정사 사이에 하나의 불변화사, 혹은 한 쌍의 불변화사를 썼을 것이다. 이것은 대체적으로 고전적인 구문(ἄν과 부정사를 함께 쓰는 구문)이라고 볼 수 있지만 전적으로 그렇지는 않다(참조. Robertson, 1095와 969, 1040). 무울(*Idiom*, 152)은 이 문장이 *ἵνα μὴ δόξω ἐκφοβεῖν ὑμᾶς*("내가 여러분을 위협하는 것으로 보이지 않기 위하여")와 *ἵνα μὴ δόξω ὡς ἐὰν ἐκφοβεῖν ὑμᾶς βούλωμαι*("내가 여러분을 위협하려고 하는 것처럼 보이지 않기 위하여")가 융합된 것으로 보인다고 말하는데 아마도 옳은 것 같다.

(우리가 이 구문을 어떻게 설명하든지간에) 바울로가 아무 근거 없이 이러한 언급을 하지는 않았을 것이다. 다음 귀절이 보여주듯이 사람들은 바울로의 편지들에 대해서 이미 평을 했었다. '준엄한 편지'를 이미 보냈고, 고린토 사람들이 그것을 읽었다고 가정하지 않는 한 이에 대해서 설명하기가 쉽지 않다. 그러나 그렇다고 해도 10—13장이 '준엄한 편지'였거나 혹은 '준엄한 편지'의 일부였던 것은 아니다. 플루머는 일반적으로 이 장들을 '준엄한 편지"(참조. 이 책 서론, 35면 이하)로 보는 데에는 그와 같은 난점이 있다고 생각하며, 고린토전서 5장이 이 문제를 충분히 설명해준다고 주장한다(이 주장은 설득력이 없다).

[10] 고린토 사람들 모두가 바울로의 편지들에 대해서 이처럼 적대적인 평을 하지는 않았다. 준엄한 편지를 받은 것에 대한 7장 9절 이하의 설명은 (디도가 그것의 좋은 결과들을 너무 과장했다고 할지라도) 완전히 잘못된 것은 아니다. 적대적인 평은 이 귀절에서 암시하기는 했지만 이름을 밝히지는 않은 특정한 한 사람으로부터 시작되었던 것 같다. 이것은 개연성이 있기는 하지만 확실치는 않은 해석이다. **"바울로의 편지는 무게가 있고 힘차지만"이라고 그가 말하지만.** "그가 말하지만"이라고 번역된 그리이스어(*φησίν* : 복수형 *φασίν* "그들이 말하다"는 B의 독법이기는 하지만 주로 번역과정에서 단순화시킨 것이다. 라틴어와 시리아어 사본들에서 그러한 독법이 나타난다)는 때때로 일반적인 의미에서 "말해지다", "말한다"를 뜻하는 것으로도 사용되었다. 여기서도 그러한 의미로 사용되었을 수 있다: '고린토에서 이렇게 말해지고 있다.' 그러나 (리츠만처럼) 고린토전서 6장 16절에서도 이 동사의 비슷한 용법이 나타난다고 말하는 것은 옳지 않은 것 같다. 아마도 거기서는 "성서"(혹은 "하느님")라는 말을 주어로 보충해야 할 것이다. 거기서 인용된 말들은 일반적인 견해가 아니라 구약성서 본문이기 때문이다. 무울(*Idiom*, 29)은 *B.D.* § 130. 3을 인용하면서 이 귀절이 논쟁양식을 지니고 있다고 본다: "어떤 사람들은……라고 말할 것입니다. 그러나 이것은 상황에 잘 맞지 않습니

다". 그러나 바울로는 막연하게 어떤 반응에 대해서 말하고 있는 것이 아니라 이미 일어났고, 이제 다시 그가 대처하려고 하는 반응에 대해서 말하고 있는 것이다. *M.* iii. 293에서도 역시 논쟁양식에 대해 언급하면서 '나의 적대자가 말하다'라고 번역한다(비교. Robertson, 392, "of his opponent"). 데네이와 구지도 이와 비슷하다. 바울로가 특정한 한 사람의 말을 인용하고 있다는 이러한 견해는 7절과 11절에 의해 강력하게 뒷받침된다. 어떤 사람의 이름도 언급하지는 않았다. 여기에 나온 말들은 일반화될 수도 있다. 그러나 다른 여러 언급들(참조. 11, 4)이 바울로가 반대파의 한 지도자를 염두에 두었을 가능성을 더해준다. 비록 12—13절과 11장 12—15절은 또 다른 사람들이 그 지도자와 관계가 있었음을 보여주지만 말이다. 베츠(참조. 이 책 8면과 여러 곳)는 이것이 바울로의 적대자들의 '공식적인 발언'(Gutachten)의 일부였다고 본다.

바울로의 편지들(그는 이미 적어도 네 통의 편지를 고린토에 썼다. 그러나 특별히 '준엄한 편지'를 염두에 두고 있음은 의심할 여지가 없다)은 무게가 있고 힘차다는 평을 들었다. 따라서 바울로는 9절에 암시되어 있는 비난, 즉 편지로 사람들을 위협하려고 한다는 비난을 받기가 쉬웠다. 그러나 적대자들은 오로지 더욱 심하게 빈정거리기 위해서 그렇게 말한 것이다. 그의 "외모"(그가 왔을 때 직접 대해 보면. παρουσία라는 말이 사용되었다)는 약하고 말하는 것(그가 말하는 내용과 방식을 모두 의미한다)도 별것 없다. 아마도 바울로는 질병에 시달렸을 것이다(참조. 12, 7에 대한 주석). 그러나 여기서 "약한"의 의미는 "인상적이지 않은"이다. 그의 경쟁자들과는 달리(참조. 10—13장 여러 곳) 그는 위압적인 행동이나 혹은 말로 자신을 교회에 드러낼 줄 몰랐다. 혹은 그것을 알았다 해도 그는 그러한 술수를 쓰려고 하지 않았다. 이것은 영감을 받은 말이나 혹은 인상적인 말을 함으로써, 환상의 영기(靈氣)를 보임으로써, 그리고 사도의 의지를 다른 사람들에게 부과함으로써 성령의 증거와 사도됨의 증거를 보여야 한다고(참조. Wilckens, *Weisheit*, 46—7, 218 ; Schmithals, 142—5) 생각하는 사람들에게서 바울로에 대한 신뢰를 떨어뜨렸다. 바울로는 자신을 종이라고 말했으며(4, 5) 보수를 요구하지도, 받지도 않았다(11, 7—11 ; 12, 13 : 비교. 고전 9, 12·18). 그리고 그는 이미 오래 전에 인간의 지혜를 포기했다(고전 2, 1—5). 고린토 사람들과 바울로의 교회에 침입한 경쟁적인 사도들에게 있어서는 위압적인 성격이나 멋진 말을 할 줄 아는 것이 일반적으로 매우 중요한 평가기준이었다(참조. 이 책 310—311면 ; 서론, 54면 이하 : 참조. "Paul's Opponents," 250—3). 설교자로서의 바울로에 대해서는 11장 6절과 주석을 참조하라. 바울로는 흥분해서 말할 때면 이 귀절에서처럼 문법적인 혼란에 빠지곤 했던 것 같다.

[11] 바울로는 이제 대답할 때가 되었다고 판단한다. 독자들은 이것이 잘못된 판단이 아닌지, 오히려 그리스도 안에서 약함을 계속 고수하는 것이 낫지 않을까, 그리고 수반되는 모든 모욕과 조롱을 감당하는 것이 오히려 낫지 않을까 하고 생각할 수도 있다. 그러나 우리가 바울로를 믿는다면 그리스도를 위하여 어리석은 자가 된다는 것이(고전 4, 10) 10—13장에서 말하는 어리석은 자가 되는 것, 즉 어리석은 자들에 대해서는 그들의 어리석음에 따라 대답하는 것까지도 포함할 경우가 있다. 즉 계속해서 약하고 온유한 태도를 견지하는 것이 열렬한 변호나 반격이기보다는 오히려 오해를 받을 경우가 있다. 그런 말을(직역하면 10절을 소급하여 지시하는 "그런 사람은") 하는 사람은 똑똑히 알아 두시오(7절의 말 "스스로를 생각해야 한다" *λογίζεσθαι*가 반복되고 있다). 우리로서는 떠나 있을 때 편지로 쓰는 말에나 같이 있을 때(바울로는 지금 세번째 방문을 기대하고 있다: 참조. 12, 14 ; 13, 1 : 비교. 1, 23 ; 2, 1) 행하는 일에 "아무 다를 것이 없읍니다" (*τοιοῦτοι-οἷοι*). 간단히 말하자면 바울로는 일관적이며, 또 그렇게 되고자 한다는 것이다. 그의 편지들이, 그리고 특별히 그것들 중의 하나가 가혹해 보였다 해도 그것은 그가 대놓고 심한 말을 하기 싫어하거나, 혹은 두려워해서가 아니다. 그가 떠나 있을 때에는 편지로 말을 할 수밖에 없었다. 그러나 이제 그는 그들을 직접 대하려고 하며 그가 편지를 썼던 것과 관련해서 행동을 한 것이다. 단지 동일한 한 인물 바울로가 있을 뿐이다. 그는 숨김없이 말할 필요가 있을 때에는 편지로건, 면전에서건 그렇게 했다.

[12] 그는 반어적으로 반격을 가한다. 그는 자신의 교회에 침입해서 자신을 따르는 사람들의 충성심을 그릇된 길로 인도한 사람들을 높이 평가하지 않는다. 우리는 자기를 내세우는 사람들 축에 들거나 "그들과"(*τισιν* 어떤 사람들—고린토인들은 바울로가 경쟁적인 사도들, 아마도 11장 13절 이하의 거짓 사도들을 언급하고 있었음을 알았을 것이다) 자신을 견주어보려고(바울로의 언어유희를 영어로 표현할 수는 없는 것 같다 : "~가운데서 우리들 자신을 판단하다" *ἐγκρῖναι*. 이 말은 Josephus, *War* ii. 138에서 에쎄네파에 입회하는 데 대

해서, 혹은 "~과 견주어서 우리들 자신을 판단하다" συγκρῖναι라는 의미로 사용되었다) 견주어보려고 하지 않습니다. 바울로는 스스로를 추천할 의도가 없으며(참조. 3,1 ; 5,12과 주석), 다른 사람들을 추천할 의도도 거의 없었다(그러나 그는 자신의 교회들로부터 추천받는 것을 기쁘게 생각했다. 교회의 존재 자체가 그를 추천한다 : 3,2 ; 고전 9, 2). 그는 사람들의 사도가 아니다(갈라 1,1). 그리고 그리스도의 추천은 4장 8절 이하, 6장 8절 이하, 고린토전서 4장 10—13절에 기술된 것처럼 역설적이다. 그러나 경쟁하는 사도들은 추천받기 위해서 많은 애를 쓴다는 것이 바울로의 반어적인 말 속에 분명히 암시되어 있다. 바울로는 자신이 그들 가운데 속한다고 생각하지 않으며, 자신을 그들과 비교하지도 않는다. 고린토인들은 바울로를 그들과 비교하고 있었다. 그러나 그는 결코 그들과 같이 그런 짓을 하지 않을 것이다.

스스로를 추천하는 사람들은 그렇게 함으로써 객관적인 판단기준을 잃게 되며, 따라서 자신들이나 혹은 자신들의 상황을 이해할 수 있는 수단을 잃게 된다. 그들은 자기 자신들의 표준으로 자기를 재고 또 남에게 견주어 봅니다. 그들은 참으로 "어리석다 하겠읍니다"(οὐ συνιᾶσιν. 직역하면 '이해하지 못한다.' 이 동사는 목적어 없이 사용될 수도 있다. 슐라터는 마태오복음 13장 19·23절과 비교한다). 이 난해한 문장은 다른 식으로 파악할 수도 있다. *M.* iii. 160에서는 분사들("재고" μετροῦντες 와 "견주어봅니다" συγκρίνοντες)이 "이해하지 못하다"(인식행위를 나타내는 동사 : 위의 사역에서는 "그들을 참으로 어리석다 하겠읍니다" 로 번역되었다)에 의존하는 것으로 보고 "그들은 자신들이 자신들의 표준으로 스스로를 재고 있다는 것을 깨닫지 못합니다"로 번역한다. 이렇게 볼 수도 있다. 그리고 이것은 분사들과 주동사 사이의 관계를 바꾸는 것이기는 하지만("그들은 그렇게 행동하기 때문에 이해하지 못한다" ; "그들은 자신들이 그렇게 행동한다는 것을 이해하지 못한다") 내용상으로는 전체적으로 비슷한 의미를, 즉 위에서 간략히 말한 이 귀절에 부여한다. 그들의 행동은 원인으로서건, 아니면 결과로서건 간에 그들이 이해하지 못하는 것과 관계가 있다. 사실 현재의 분사들을 사용한 것도 우리가 그 둘을 너무 선명하게 구별할 필요가 없다는 것을 의미한다. 그러나 바울로의 경쟁자들은 바울로도 사도적 표준에 의해 자신들을 잴 의도가 없었다고 말하는 것이 타당할 것이다. 그리고 이러한 이유에서 위의 사역에서 채택한 번역이 더 좋다.

그들은 자신들이 그들 자신의 표준을 사용하고 있다는 것을 잘 알았다. 그리고 다른 어떤 표준들도 사용하려고 하지 않았다. 그들이 이해하지 못했던 점은, 자기 자신들의 표준들로 잰다는 것은 실제로는 아무 표준도 사용하지 않는 것을 의미한다는 사실이다. 이것은 다음 귀절의 생각을 이끈다. 12절에서 13절로 전개되는 데 포함된 본문 상의 문제에 대해서는 이하를 참조하라.

〔 13 〕 다음에 나오는 말들에서 바울로의 경쟁자들이 자신들의 사도 신분에 대해서 자랑했다는 것이 암시된다. 사람이란 자기 자신을 평가할 경우 스스로 잘못했다고 평가하기가 매우 어렵다. 그러므로 그들의 자랑에는 기준도 한계도 없다. **그러나 우리는 아무 표준 없이, 혹은 어떤 한도 이상으로 자랑을 하려고 하지 않습니다.** 바울로의 사도적 삶과 활동을 재는 유일한 척도, 혹은 한계, 표준은 오직 예수 그리스도 한분이므로(예. 4,10 ; 갈라 2,20 ; 고전 11,1의 중요한 한정절) 그가 그러한 측정의 범위를 넘어설 가능성은 없었다. 그러나 그가 "아무 표준 없이……않습니다"라고 쓴 것은(특히 그리이스어로, *εἰς τὰ ἄμετρα*. 이에 대해서 Moule, *Idiom*, 71에서는 다음과 같이 주장한다 : '우리가 사용할 권리가 없는 표준에 따라서.' 그러나 어떻게 그처럼 번역할 수 있는지, 그리고 정확히 그것이 무엇을 의미하는지가 분명치 않다) 이 단락 나머지 부분의 사상과 언어를 매우 복잡하게 만드는 새로운 사상을 시사한다. 이 점을 더 발전시키기 전에 이러한 논증에 다른 방향을 제공하는 변형된 독법에 주목해야 할 것이다. 12절 마지막 말과 13절 서두의 말, "참으로 어리석은 일이라 하겠읍니다. 그러나 우리는"(*οὐ συνιᾶσιν. ἡμεῖς δέ*)은 D* G 사본과 소수의 다른 그리이스어 사본들, 그리고 옛 라틴어 사본과 부분적으로 불가타에서는 생략되었다. 짧은 본문은 강력한 지지를 받고 있다(예. *B.D.* § 416. 2 ; Windisch ; Käsemann ; Bultmann ; Hering). 만일 짧은 본문을 채택한다면 다음과 같이 번역될 것이다 : '그러나 우리들 자신은 우리들 자신의 표준으로 스스로를 판단하고 비교하는데(혹은 '우리는 우리들 자신의 표준으로 스스로를 판단하고 스스로를 비교하지만') 결코 아무 표준 없이 자랑을 하려고 하지 않습니다.' 바울로의 경쟁자들에 대한 언급은 이제 사라지고(그래도 암시는 되고 있다 : 이하 참조) 자기 자신의 표준으로 측정하고 비교하는 데 대해서도 다른 의미가 부여되어야 한다. 바울로 자신이 그런 일을 했으므로 (그의 입장에서 보면) 그것은 좋게 이해되어야 한다. 추측컨대 그것이 의미하는 바는, 그의 표준은

사실 그대로(말하자면 예수의 객관적인 표준)에 기초하고 있으므로 그는 아무 표준 없이 자랑하게 될 가능성에 대해서(어쩌면 그는 이에 대해서 암시하고 있을 수도 있다. 몇몇 학자들이 그렇게 보듯이) 두려워하지 않는다는 것이다. 그러나 그것은 무리한 해석이다. "우리들 자신이 스스로를 재다"라는 말의 적절한 의미를 찾기가 어렵다. 고린토전서 2장 15—16절을 언급하더라도 마찬가지이다(큄멜은 케제만의 견해에 반대한다). 그러나 이 논증은 역전될 수 있다. 왜 서방 본문들은 난점을 끌어들여야 했는가? 아마도 이 질문에 대한 답변은 짧은 본문을 지지하는 모든 증거들이 라틴어나 혹은 그리이스—라틴어로 되어 있다는 관찰에 달려 있을 것이다. (고전적이 아닌) 헬레니즘 시대의 그리이스어에서는 복수형 재귀 대명사(ἑαυτούς)가 모든 인칭에 일반적으로 다 해당된다. 그러나 라틴어에서는 인칭이 구별된다. 아마도 번역자는 12절 중반부에서 바울로가 어느 인칭 대명사를 쓰려고 했는지를 선택해야 했을 것이다. 근시안적인 번역자는 아마도 그릇되게 일인칭을 선택해서 이렇게 썼을 것이다: '그러나 우리는 우리들 자신에 의해 우리들 자신을 재고 우리들 자신을 견주어 보지 않습니다'(sed ipsi in nobis nosmet ipsos metientes et comparantes nosmet ipsos nobis). ; 이제 그 번역자는 "그들은 참으로 어리석다 하겠읍니다"(οὐ συνιᾶσιν)라는 말의 3인칭을 납득할 수 없게 되자 그것을 생략했을 것이다. 다음에 나오는 말인 "그러나 우리는"(ἡμεῖς δέ)은 불필요하기는 하지만 무의미하기까지는 않다. 몇몇 라틴 사본들은 그 말(nos autem)을 보유하고 있지만 어떤 사본들은 보유하고 있지 않다. 이 귀절의 본문사에 대해서 이처럼 설명하는 것이 전적으로 타당하다고 주장할 수는 없지만 다른 어떤 설명보다도 설득력이 있을 것이다(다른 주석가들은 거의 설명을 하려고 들지 않는다). 그리고 긴 본문을 지지하는 가장 강력한 논증은 이 단락의 흐름과 맞는다. "바울로는 그의 적대자들에 대해서 그들이 스스로를 추천하고, 자기 자신들과는 독립해 있는 하느님의 척도로 자신들을 재는 대신 스스로의 척도로 자신들을 재며, 이처럼 아무 표준 없이 영광을 구함으로써 자신들이 어리석다는 것을 드러낸다고 반발한다. 바울로 자신은 스스로 자신을 평가하지 않고, 하느님이 그에게 주신 척도로 자신을 평가한다(13절)"(Kümmel). (ㄱ) 12절의 대명사("그들은" αὐτοί)를 불필요하게 하고, (ㄴ) 스스로 자신을 평가하는 것은 아무 표준 없이 자랑하는 것을 피하는 길이 아니기 때문에 짧은 본문은 받아들일 수 없다는 바호만의 논증과 비교하라.

이어지는 매우 난해한 문장을 이해하기 위한 실마리는 위에서 "우리는 아무 표준 없이 자랑을 하려고 하지 않습니다"에 대해 관찰한 바에서 찾을 수 있을 것이다. 이 말은 우선 '우리는 지나치게 자랑하지 않을 것입니다'를 의미한다. 그러나 "표준"(εἰς τὰ ἄμετρα "아무 표준 없이"라는 말에 내포되어 있다)이라는 개념은 생각을 더 진전시킨다. "표준"은 가령 재는 자(그리이스어로는 κανών)와 같은 측정의 도구까지도 포함한다. 그리고 바울로는 13·15·16절(비교. 갈라 6,16 : 고린토후서 이외의 신약성서 중 유일하게 이곳에서 사용되었다)에서도 계속해서 이 말을 사용한다. 이 말은 일반적인 용법에서는(참조. Aristophanes, *Birds* 992—1021. 여기서는 여러가지 "자" κανόνες를 가진 메톤이 계속해서 이상향을 잰다 μετρεῖν) 길이나 넓이를 재는 것을 의미한다. 이 말은 자주 다양한 의미로 사용되었다(휴즈는 경주에서 각각의 경주자들에게 할당된 코스 혹은 레인을 의미한다고 생각한다. 참조. Schweizer, *C.O.N.T.* 주 779와 H.W. Beyer, *T.W.N.T.* iii. 603—4). 그러나 바울로는 (이 문맥에서 범위나 정도, 혹은 그와 비슷한 것을 시사하는 여러 말들이 보여주듯이) 이 일차적인 의미를 알고 있었으며, 결코 잊지 않았는데, 그것은 16절에서 매우 분명히 나타난다. 하느님은 사도적 행동과 사도적 설교의 표준을 제공해주셨다. 나아가서 그는 여러 사도들에게 그들에게 적절한 활동 영역을 맡겨주셨다(갈라 2,9 : 이것은 반드시 지리적인 영역을 가리키지는 않는다—불행하게도 그 합의는 모호한 것이었다). 그리고 여기서도 역시 표준이라는 개념이 적절하다. 바울로가 이 귀절들에서 이 그리이스어 단어를 쓴 여러가지 목적들을 다 나타낼 수 있는 단 하나의 영어 단어를 찾기란 아마도 불가능할 것이다. 나는 여기서 "영역"(*Shorter Oxford English Dictionary*. 해당란 Ⅱ : 사람이나 혹은 사람의 신체의 활동 범위 ; 직분, 직무, 사업, 기능, 부분)이라는 말을 가장 문제가 적은 것으로 선택하였다.

"우리는 아무 표준 없이 자랑을 하려고 하지 않습니다." 우리가 여러분에게로 가서 선교하는 것도 **"오직"**(이러한 의미의 ἀλλά에 대해서는 *L.S.* 해당란 1. 3과 ἀλλα' ἤ ; *M.* i. 241 ; *B.D.* §448.8 ; *M.M.* 해당란 참조) **하느님께서 우리에게 정해주신 한계 안의 영역에서 된 일입니다.** 이 문장에서 "한계"와 "영역"이라는 두 말의 용법에 비추어본다면 '한계(측정, 정도 μέτρον)는 척도(κανών)를 가지고서만 잴 수 있다'는 슐라터의 말(624)은 옳다고 보기 힘들다. 그리고 "영역"이라는 말은 단순히 "한계"라는 말의 좀 더 정확한 정의일 뿐이라는 바흐만의 견해도 설득력이 없다. 이제 바울로가 자랑을 하려고 한다면 그는 자기 자신이 한 일에 대해서가 아니라 하느님이 그를 통해 이제까지는 아무도 가지 않았던 지역을 복음화시킨 데 대해서 자랑할 것이다: "그렇다면 이것이 그리스도 예수 안에서, 하느님과 관련된 것들 안에서 나의 영광(혹은 자랑 καύχησις)이다. 왜냐하면 나는 그리스도가 이방 사람들을 순종시키기 위해서 나를 통해 행한 일 외에 다른 어떤 것에 대해서도 말하려고 하지 않기 때문이다. ……마침내 나는 예루살렘에서 일리리쿰까지 두루 다니며 그리스도의 복음을 다 전했다. 그때 내가 가졌던 포부는 그리스도의 이름이 아직 불리지 않는 곳에 복음을 전하는 것이었다. 그것은 내가 남의 터에 집을 짓고 싶지 않았기 때문이다"(로마 15, 17—20). 이처럼 하느님이 맡긴 일을 수행하는 과정에서 바울로는 고린토에 도착했고, 여기서 그의 선교활동이 성공을 거두고 교회를 세우게 된 것은 그가 자신의 직무를 옳게 이해했으며, 하느님이 그의 일을 승인하셨다는 증거이다. 그러므로 케제만이 다음과 같이 말한 것은 옳다(*Legitimität*, 60/49—50 뭐멜도 이에 동의한다). '고린토인들이 그리스도교인이 된 것은 그의 선교활동에 의한 것이므로 그들이 만일 그의 정당성을 시험하려고 한다면 그들은 자신들이 그리스교인이 아님을 인정해야 할 것이다. 그들이 사도의 척도인 것처럼 사도는 그들에게 맡겨진 척도가 되었다.' 그러나 사도 활동을 위해서 지정된 영역에 대한 언급을 도외시하는 것은 옳지 않다. 그는 바울로에게 있어서는 상당한 중요성을 지닌 문제였다. 이 귀절에서 "우리가 여러분에게로 가서(ἐφικέσθαι는 "정해주신" ἐμέρισεν과 느슨하게 연결되는 부정사이다) 선교하는 것도"라는 말은 우선 바울로의 순회활동과 관련된다. 16절은 의심할 여지 없이 이것에 대해 말한다.

이 귀절의 그리이스어는 불규칙적인 견인(attraction: 문장 중의 어떤 낱말이 다른 낱말의 영향으로 수·격 따위에 변화를 일으키는 일[역주]. 관계사 οὗ의 선행사는 μέτρον이지만 그것은 κανόνος의 격으로 견인되었다. 그래서 반드시 μέτρου가 이어져야 한다: 참조. *M.* iii. 324; Robertson, 719; *B.D.* §294·295)에 의해서 더 명료해지지는 않았다.

[14] 그러므로(13절 마지막의 주장을 하고 있는 것이다) 우리는 여러분에게로 가지 못할 사람이 아닙니다. 우리가 한계를 지나 무리하게 손을 벋치고 있는 것이 아닙니다. 사실 그리스도의 복음을 가지고(즉 복음 선교자로서, 사신으로서 복음을 설교하면서) 처음으로

(즉 우리 경쟁자들 중의 어느 누구보다도 먼저) 여러분에게로 간 사람은 우리들입니다. 여기서 하고 있는 주장에는 바울로의 경쟁자들이 "한계를 지나 무리하게 손을 뻗치고 있다"는 것이 암시되어 있다. 알로의 지적은 인용할 만하다 : '바울로는 이 사람들의 주장을 서술하기 위해서 실제로 우스운 (그리고 잘 이해되지 않는) 상을 끌어들인다. 그들은 추천서들을 가지고 있고, 자기자랑을 하며 고린토인들의 마음을 사로잡기 위해 책략을 꾸미고, 또 고린토인들 가운데 거함에도 불구하고 참으로 고린토인들과 만나고 있다는 느낌을 스스로 갖지는 못했던 것으로 보인다. 그들은 마치 키가 작은 사람이 자신의 키로는 도저히 닿지 않는 높이에 있는 물건을 잡기 위해서 발끝으로 서서, 있는 힘을 다해 팔을 뻗치고 있는 것과 같은 모습이었다.' 알로가 그린 상은 정확하지만 그의 추론은 정확하지 못하다. 키가 작은 사람들은 고린토인들에게 매우 깊은 영향을 끼쳤던 것이다. 그들이 하지 못했던 것은 자신들의 주장에 대한 기초를 세우는 일이었다. 이러한 의미에서 바울로는 고린토에 "갈" 수 있었다(그리고 이것이 현재분사 ἐφικνούμενοι의 의미일 것이다).

이 귀절 후반부("처음으로 여러분에게로 간 사람은 우리들입니다")에서 바울로가 13·14절a(ἐφικνεῖσθαι)에서 쓴 동사와는 다른 동사(φθάνειν)를 쓴 것은 결코 우연이라고 보기 힘들다. 바울로가 때때로(로마 9, 31 ; 필립 3, 16 ; 데전 2, 16) 이 동사를 "앞서다"라는 의미없이 단순히 "도착하다"라는 의미로 쓴 것은 사실이다. 그러나 "앞서다"라는 의미는 이 동사의 그리이스적 용법과 대체로 일치하며 데살로니카전서 4장 15절에서도 나타난다. 그리고 여기서도 이러한 의미로 이해해야 한다. 경쟁자들이 이미 고린토에 왔다는 사실을 부인할 수는 없을 것이다. 그들은 이 편지를 쓸 당시에 거기에 있었다. 그러나 바울로가 처음으로 (먼저) 거기에 갔었다. 이것은 후에 일어나는 일들에 의해서 간단히 무시될 수 있는 단순한 차이점이 아니었다 : 그것은 고린토는 자신의 특수한 선교 영역이라고 바울로가 주장했던 처녀지의 일부였음을 의미한다(위에서 인용된 로마서 15, 17—20 참조). 그는 자기 자신을 위해서가 아니라 복음을 위해서 확고한 주장을 했고, 이상한 복음을 가지고 왔던 침입자들(11, 4)은 여기에 개입할 권리가 전혀 없다. 케제만(*Legitimität*, 56/43 이하)과 불트만(*Probleme*, 20—23)은 12절 이하의 의미에 대한 논의에서 이 중요한 점을 간과했다. 그러나 Betz, p. 130 이하를 참조하라.

[15] 이 귀절 서두에서 바울로는 자신의 입장을 재진술한다. 우리는 우리의 한계를 넘어서(참조. 13절) 다른 사람들이 수고한 일을 가지고 자랑하는 것이 아닙니다. 로마서 15장 20절과 비교하라. "한계를 넘어서"는 '하느님이 우리에게 할당해준 복음전도 영역 밖에서 행해진 일에 관해서'라는 의미로 되었다. 만일 어느 면에서 ("한계가") 확대된 것이 있다고 하더라도 그것은 바울로 자신의 과거업적을 너무 과장되게 평가하거나 혹은 다른 사람들의 영역을 침범함으로써 그렇게 된 것이 아니다. 그것은 이미 바울로가 개종시킨 사람들의 믿음이 증가함으로 인한 것이었고, 선교활동이 새롭고, 지금까지는 손대지 않았던 영역에로 확대됨으로 인한 것이었다.

[15b—16] 이것은 15b·16절에서 좀 모호하게 표현되었다. 우리는 여러분의 믿음이 자라(속격 독립 구문) 우리의 선교 영역이 "여러분 가운데서"(ἐν ὑμῖν. 이 말은 앞 절과 연결될 수 있지만 그럴 경우 동어반복이 될 것이다—Kümmel) 더 넓게 확장되어 우리에게 주어진 한계 안에서 더욱 풍성하게 되기를 바라는 것뿐입니다. 이리하여 우리가 여러분의 지역을 넘어서 더 넓은 지역"에"(ἐν과 여격은 쓰는 대신 εἰς의 대격을 썼다) 복음을 전하게 될 것이요, 남의 지역에서 이미 이루어진 일을 가지고 (어떤 사람들이 그러는 것처럼) 자랑하는 일은 있을 수 없는 것입니다. 이 사역(여기서는 접속사를 집어넣고, 분사들과 부정사들을 한정동사들로 바꿈으로써 문장을 보충했다)이 바울로가 전하고자 한 의미를 잘 표현해준다는 데 대해서는 별달리 의심할 필요가 없다. 그러나 여러가지 세부적인 점들은 불확실하며 논의할 필요가 있다.

"여러분의 믿음이 자라"라는 말은 바울로가 고린토를 떠난 뒤부터 고린토인들의 믿음이 보다 높은 단계로 성장했다는 주장을 반영할지도 모른다. 바울로가 그들을 떠났을 때 그들은 더 훌륭한 교사들에게서 가르침을 받을 수 있었으므로 바울로가 그들을 만나려고 해서는 안 된다는 것이다. '그렇습니다. 우리는 여러분의 믿음이 자라기를 바랄 것입니다(참조. 고전 4,8). 그러나 그와 함께 우리도 자랄 것입니다.' 바울로의 말은 "칭찬받다", "영광을 받다"(필립비서 1장 20절에서와 같이)라는 의미에서 "확대되다"를 뜻하거나 아니면 실제로 "커지다"를 뜻할 것이다. 사역은 후자의 의미에 가까우나 두 가지 의미를 모두 담고 있다. 이러한 성장은 고린토 안에서 일어난 일이므로 "우리의 선교 영역"과 관련된 것이다. 하느님이 바울로에게 그의 사도직을 수행하라고 위임한 지역, 혹은 환경인 비복음화된 이방 지역.

바울로는 이것이 더욱 "풍성하게 되기를"(εἰς περισσείαν: 8, 2 ; 바울로의 다른 서신으로는 오직 로마서 5장 17절에서만 이 말이 나온다) 바란다. 이것은 바울로 자신이, 사실 이상으로 평가받거나 칭찬받는(참조. 12, 6 ; 13, 7) 의미에서가 아니라 그의 영향, 아니 그보다는 복음의 영향이 그의 사도적 활동영역인 고린토를 넘어서 더 확대된다는 의미에서 그렇게 되기를 바라는 것이다. 바울로는 이것을 분명하게 진술해나간다. 그리고 16절a에 대한 가장 훌륭한 주석은 로마서 15장 23—24절이 하고 있다. 그 귀절은 추측컨대 고린토나 혹은 고린토 근처에서 씌어졌을 것이다(참조. *Romans*, 7—4). 바울로가 지금 생각하고 있는 것은 현재의 아카이야 지역으로부터 로마, 그리고 스페인까지 미치는 복음전도 여행이다. 여기 나오는 지리적인 언급은 "한계"와 "영역"(μέτρον과 κανών)에 대해서 위에서 케제만(Käsemann, 56—61/43—51)에 반대하여 받아들였던 견해를 확증해준다. 그러나 이 말들을 처음에 쓴 사람들은 바울로의 적대자들이었다고 생각하는 점에서는 케제만이 옳다. 그리고 아마도 그들은 이 말들을 다른 방식으로 사용했을 것이다. 지도상에서 로마나 혹은 스페인으로부터 고린토에 이르는 정확한 선을 긋거나 이 귀절이('준엄한 편지'가 그랬던 것처럼) 에페소에서 씌어졌는가 아니면 1—9장과 같이 마케도니아에서 씌어졌는가를 알기 위해서 동쪽으로 그 선을 긋는 것은 무익한 짓이다. "여러분의 지역을 넘어서"라는 말은 지리적으로가 아니라 선교 전략과 관련해서 생각되었다 —"계획 상의 다음 장소들."

아마 로마는 예외겠지만 바울로는 여기서 말하는 것처럼 선교영역을 확대해가는 과정에서 다른 사람들(가령 베드로나 그의 예루살렘 동료들과 그들이 파견한 자들)의 선교영역을 침범치 않을 수 있었을 것이다. 그리고 "이미 이루어진 일"(εἰς τὰ ἕτοιμα : "쉽게 손에 쥘 수 있는 것들")을 가지고 자랑하는 것이 아니라 아마도 출발점부터 다시 시작해야 했을 것이다. 여기에는 경쟁적인 사도들이 다른 사람(특히 바울로)의 선교영역에서 일하고, 그가 이룩한 성과들을 자신들의 것으로 취하며 (동시에 더럽힌다), 자신들과는 직접적인 관계가 없는 성과들을 자랑하기 좋아한다는 데 대한 암시가 들어 있다(그리고 이 주제는 이 단락 전체에 걸쳐 나타난다). 이 책 서론, 54면 이하를 참조하라.

[17] 바울로는 성서를 인용하고, 자신이 한 말을 요약함으로써 정곡을 찌르는 말을 한다. 자랑하는 자는(혹은 영

광을 구하는) 자는 주를 자랑할(혹은 영광을 구할) 것입니다. 바울로는 고린토전서 1장 31절(참조. 주석. 여기서도 인용문이 또 나온다는 사실은 고린토전서에서 바울로가 아빕월 9일의 하프토라로부터 인용하고—설교하고—있다는 견해를 분명히 약화시킨다. 이 귀절에서는 그가 구약성서로부터 얻은 것을 총괄해서 말하고 있다. 하프토라 : 안식일 예배에서 낭송되던 율법서 성구집—역주)에서도 (불변화사 δέ는 제외하고) 같은 말을 사용했다. 예레미야서 9장 22—23절(칠십인역)은 다음과 같다 : "현자는 지혜를 자랑하지 말아라. 용사는 힘을 자랑하지 말아라. 부자는 돈을 자랑하지 말아라. 자랑하는 사람은 내가 자비와 심판과 공의를 땅 위에서 행하는 주임을 자신이 깨닫고 안다는 것을 자랑하라." 인용된 귀절은 자랑의 적극적인 내용에 대해서도 진술하는데 베츠는 이것을 좋게 받아들였다(96). 그러나 합당하게 자랑할 것이 있는데, 자랑이 잘못 적용될 수도 있다고 해서 그것을 자랑하는 일을 게을리 해서는 안 된다(참조. 이 책 103—104면). 그러나 바울로가 여기서 관심을 가지고 있는 것은 그 말에 암시되어 있는 소극적인 점들이다. 그러나 그것들은 고린토전서 1장 31절에서만큼 그렇게 분명하게 나타나지 않는다. 왜냐하면 여기서는 정당하지 않게 자랑하고 있는 사람들이 지혜나 (일반적인 의미에서) 힘, 혹은 부를 소유한 사람들이 아니라 몰래 침입한 사도들이기 때문이다. 그들은 고린토인들에게 자신들을 그리스도의 종으로, 참된 교회의 권위 있는 대표자들로 추천했던 것이다. 그럼에도 불구하고 이 귀절은 그들에게 적용된다(왜냐하면 그것은—칼빈이 지적하듯이—우리가 서고 넘어지는 것은 오직 주님의 심판에 달려 있다는 것을 의미하기 때문이다).

[18] **참으로 "인정받는"**(δόκιμος. 시험받고, 또 인정받는 : 참조. 13,7 ; 로마 14,18 ; 16,10 ; 고전 11,19과 주석) **사람은 스스로 자기를**(참조. 3,1 ; 5,12) **내세우는 사람이 아니라 주께서 내세워주시는 사람입니다.** 사람들은 스스로를 내세움으로써 영향력 있는 사람이 될 수 있다. 그러나 이것은 사도직과는 맞지 않는다. 만일 어떤 사람이 주께서(여기서는 틀림없이 예수 그리스도이다—"주님"이라는 말이 하느님을 뜻하는 구약성서 귀절을 인용한 점에 비추어볼 때 이것은 중요하다 : Bousset, *Kyrios Christos* [1913], 122) 내세우는 사람이 누구인지를 어떻게 알 수 있느냐고 묻는다면 바울로는 참된 사도는 참된 복음을 증거하고(11,4 ; 참조. 갈라 1,8—9), 가르침에서는 물론이고 자신의 삶에서도 주님의 죽음의 모습을 따른다(4,10 ; 13,4 ; 필립 3,10)는 대

답 외에 달리 할 말이 없었을 것이다. 그러나 아직까지 이 문제에 대한 그 자신의 주장을 하지 못했다.

18. 경쟁적인 사도들에 의해 위협당하는 고린토 교회 11장 1—15절

1 여러분은 내가 조금 어리석다 해도 나를 참아주기를 바랍니다. 물론 참
아줄 줄 압니다. 2 나는 하느님이 질투하시는 것처럼 여러분을 위하여 질투
합니다. 그것은 내가 여러분을 순결한 처녀로 오직 한 남자인 그리스도에게
바치려고 약혼을 시켰기 때문입니다. 3 그러나 내가 두려워하는 것은 마치
하와가 뱀의 간사한 속임수에 빠진 것처럼 여러분의 생각이 부패해져서 그
리스도에 대한 애정의 진실성[10]을 저버리지나 않을까 하는 것입니다. 4 그
것은 여러분을 방문한 자가 우리가 전하지 않은 다른 예수를 전하거나 여러
분이 전에 받은 일이 없는 다른 영을 받거나, 또 전에 받아들인 일이 없는
다른 복음을 받아들이는 일에는 여러분이 무던히 너그럽기[11] 때문입니다. 5
왜냐하면 나는 저 위대하다는 사도들보다 조금도 못할 것이 없다고 생각
하기 때문입니다. 6 내가 말에는 능하지 못할른지 모르지만 지식에는 그렇
지 않습니다. 오히려 그것을[12] 우리가 모든 일에서 여러가지로 여러분에게
나타내 보였읍니다. 7 여러분을 높이기 위하여 내가 나 자신을 낮추고 하
느님의 복음을 값없이 여러분에게 전한 것이 내게 죄가 됩니까? 8 나는 다
른 교회들로부터 보수를 받음으로써 다른 교회들을 강탈했읍니다. 그것은
여러분을 돕기 위한 것입니다. 9 내가 여러분과 같이 있을 때에 빈곤했지만
여러분 중 어느 누구에게도 누를 끼친 일이 없읍니다. 마케도니아에서 온

10) 옛 사본들은 대부분(P^{46} B ℵ D G it를 포함) "그리고 정절"(혹은 "진실성과 정절"이라고 되어 있다)이라는 말을 덧붙인다. 그것이 옳을 수도 있다. 그러나 필시 2절의 "순결한"으로부터 암시를 받아 그말을 첨가하게 되었을 것이다(Lietzmann). "정절"이라는 말의 위치가 다양하다는 사실은 그것이 원래의 말이 아님을 확증해준다.

11) 위의 사역은 P^{46} B D* 33 sa의 본문(ἀνέχεσθε)을 번역한 것이다. ℵ G vg를 포함하는 대다수의 사본들에 ἀνείχεσθε라고 되어 있는데, 이것은 ἄν이 없기는 하지만 추측컨대 잠정적인 것을 의미한다 : "만일 그가 오면 여러분은……할 것입니다." 이것은 바울로가 기술한 바를 약화시키는 것이다 : '고린토인들은 이미……를 받아들였다.'

12) 본문에 대해서는 주석을 참조하라.

형제들이 내게 필요한 것을 온전히 보충해주었읍니다. 나는 모든 일에 여러
분에게 짐이 되지 않으려고 애썼고 앞으로도 그렇게 할 것입니다. 10 내 안
에 있는 그리스도의 진실을 걸고 말합니다만 아카이아 지방에서는 아무도
나의 이 자랑을 막아내지 못할 것입니다. 11 왜 그렇겠읍니까? 내가 여러
분을 사랑하지 않기 때문입니까? 그것에 관해서는 하느님께서 진실을 알고
계십니다. 12 나는 앞으로도 지금 하고 있는 대로 하겠읍니다. 그것은 우리
와 똑같이 자랑할 수 있는 이유를 찾으려고 기회를 노리고 있는 사람들에게
서 그런 기회를 끊어버리기 위한 것입니다. 13 이런 사람들은 거짓 사도요
부정직한 일군들이어서 그리스도의 사도로 변장한 데 지나지 않습니다. 14
그러나 놀랄 것은 없읍니다. 사탄도 빛의 천사로 변장합니다. 15 그렇다면
그의 부하들이 의의 일군으로 변장한다 해서 이상할 것은 없읍니다. 그들의
마지막은 그들이 행한 대로 될 것입니다.

10장 12—18절은 본제를 벗어난 단락이다. 그러나 바울로가 주제에서 이탈할 경우 대개가 그렇듯이 그것은 중심 주제와 관련되어 있다. 왜냐하면 여기서는 자기자랑과 그것에 반대되는 하느님 자랑, 자기추천과 하느님의 추천에 대해서 다루고 있기 때문이다. 10장 11절에서 바울로는 자신의 지위에 도전하는 사람들에게는 개인적으로 강한 반격을 가하겠다고 경고하고 있다. 이제 그는 고린토인들—이들은 바울로와 그의 적대자들과의 대결에 참여하기 보다는 그것을 보고 증거할 것이다—의 마음을 바로잡음으로써 개인적인 대결을 예비한다. 그는 고린토인들에게 관심을 가지고 있으며, 그리스도교인으로서의 그들의 위치를 위험스럽게 하는 사람들에 대해 분노하고 있다.

[1] 여러분은 내가 "조금"(μικρόν τι는 정도를 나타내는 대격이다 : Robertson, 486) 어리석다 해도 나를 "참아주기를"(ἀνέχεσθαι는 11장 19절, 골로사이서 3장 13절에서처럼 속격—μου—을 취한다) "바랍니다"(ὄφελον과 함께 이 구문은 고린토전서 4장 8절, 갈라디아서 5장 12절에서와 같다 : *B.D.* §359. 1). 바울로는 여기서 앞으로 11장과 12장에서 전개시킬 논증에 대해 "어리석다"고 말한다. 그는 계속해서 독자들에게 이 사실을 상기시킨다(참조. 11, 1·16·17·19·21 ; 12, 6·11). 그는 어리석게 될 수밖에 없었다. 고린토인들은 억지로 바울로를 어리석게 만들었다(12, 11). 말하자면 그는 자신이 어리석게 되는 것만이 고린토인들로 하여금 진리를, 즉 바로 자신들 눈 앞에 있는 것을 제대로 보도록(10, 7) 하는 유일한 길임을 깨달았다. 이런 종류의 어리석음은 교회 질서와 마찬가지로(사실상 교회 질서도 이처럼

어리석은 것 중의 하나이다) 세상 안에서 교회의 삶이 수행하는 하나의 기능이다. 그리스도교인들이 항상 후회스럽고 동시에 불필요한 어리석음과 후회스럽지만 반드시 필요한 어리석음, 즉 하느님의 지혜를 바울로처럼 훌륭하게 구별해내지는 못했다. 다음 귀절의 동사(ἀνέχεσθε "참아주기를")는 직설법인지 명령법인지 확실히 말할 수 없다. 만일 명령법으로 본다면, 접속사("그러나" ἀλλά)는 연계사가 된다 : '나는 여러분이 하기를 바랍니다. 물론 여러분은 그럴 것입니다.' 만일 직설법으로 본다면 접속사는 반의적으로 된다 : '나는 여러분이 ~하기를 바랍니다. 그러나 사실 여러분은 이미 그렇습니다.' 리츠만의 견해에도 불구하고—그는 명령법을 채택할 수 없다고 본다—명령법으로 보는 것이 이어지는 내용과 더 잘 연결되므로 명령법을 택해야 한다(*B.D.* §448. 6 ; Robertson, 1186).

[1b·2] **물론 참아줄 줄 압니다. 나는 하느님이 질투하시는 것처럼 여러분을 위하여 질투합니다.** 바울로는 고린토인들이 자기 자신뿐만이 아니라 그가 가르친 그리스도교 신앙까지도 저버리지 않았을까 매우 두려워한다. 그는 자기 자신을 위해서가 아니라 그들을 위해서 침입자들은 질투한다. "하느님이 질투하시는 것처럼"이라는 말은 단지 최상급을 표현하기 위한 것일 수도 있다(10장 4절과 주석을 참조하라). 그러나 여기서는 문맥상으로 이 말 그대로의 의미가 맞다. 즉 바울로의 질투 뒤에는 하느님의 질투가 있다는 것이다(가령 구지도 그렇게 본다).

"질투"는 결혼으로부터 이끌어낸 비유에 의해 자연스럽게 이어진다. **그것은 내가 여러분을**(집단적으로—고린토교회 전체가 신부이다. '따로 따로가 아니라 한꺼번에' : Bengel) **순결한 처녀**(신부—참조. 고전 7,36과 해당 주석)**로 오직 한 남자**(고린토인들이 충성을 바쳐야 할 분이 한 분 있으며, 오직 그분에게만 충성을 바쳐야 한다는 데 강조점이 있다)**인 그리스도에게**—즉 마땅히 신실함을 바쳐야 할 분에게—**바치려고 "약혼을 시켰기"**(바울로는 여기서 보다 일반적인 ἁρμόσθειν의 능동태를 쓰지 않고 중간태를 쓰고 있다. 아마도 이것은 이 일에 있어서의 개인적인 관련성 때문일 것이다. *M.* i. 160—말하자면 그는 신부의 아버지인 셈이다[12,14 ; 고전 4,15]. 그러나 필로도 중간태를 사용한다 : *Leg. Alleg.* ii. 67 : *De Abr.* 100) **때문입니다.** 그리스도에게 바치는 것은 아마도 그가 오실 때에 가능할 것이다. 따라서 약혼은 고린토인들의 회심과 그들의 교회를 세우는 것을 가리킨다. 한편 약혼 기간 동안 고린토인들은 자신들과 하나가 될 분에게 완전한 충성을 바칠 의무가 있다. 바울로의 비유에 의하면 순결을 지킬 의무가 있다. 바울로가 이렇게 편지를 쓰는 것은 그들이 그처럼 충성을 바칠 뜻이 있는지, 그리고 그런 능력이 있는지를 그가 의심하기 때문이다. (구약성서에서 이미 친숙한) 결혼의 상을, 혹은 아담과 하와, 뱀에 대한 이야기를 새롭게 알레고리적으로 해석하는 것이 그의 의도는 아니었다. 그것들은 단지 우연적인 예로 끌어들여졌다. 그리고 3절의 상이 혼란스러워진 것도 바로 그러한 이유 때문이다. 또한 이러한 이유에서 3절에 접근하는 가장 좋은 방법은 그 역사적 상황을 고찰하는 것이다. (바울로가 보는 바에 의하면) 자신들의 모든 잘못에도 불구하고 순수한 그리스도의 복음을 그에게서 받아들였던 그리스도교인들이 —그가 보기에는 단지 에덴 동산의 뱀과도 같고 사탄의 종이거나 아니면 사탄이 변장한 것 같은(13절 이하) 사람들이 전하는—(겉보기에는 비슷하지만) 전혀 다른 복음에 의해 정복당하고 있었다.

에덴 동산 이야기는 인간의 순수성의 상실에 대해서 말한다. 그리고 이 이야기에서 뱀은 실제로 하와를 유혹했다고 믿어졌으며, 그녀는 불순종하게 되었을 뿐만 아니라—자신이 그의 배우자가 되기 위해서 창조되었던— 남자에 대한 신실성을 저버림으로써 자신의 처녀성을 잃었다는 의미로 이 이야기가 잘 다듬어졌다(아마도 그랬던 것으로 보인다). 이 이야기의 이러한 발전(주석서들과 함께 Bousset-Gressmann, 408 ; Schoeps, *Paulus*, 29 : 영역본, 39 ; W.D. Davies, 32 ; E.E. Ellis, *Paul's Use of the Old Testament* [1957], 129 ; E. Brandenburger, *Adam und Christus* [1962], 44, 50)은 라삐적(Yebamoth 103b ; Abodah Zarah 22b ; Shabbath 146a)이지만 초기 묵시문학에서도 역시 암시되었다. 제1에녹서 lxix. 6 : '가드릴은 하와가 길을 잃게 했다'(이것은 유혹을 의미할 수 있지만 반드시 그렇지는 않다). 제2에녹서 xxxi 6 : '그는 하와를 꾀어서 유혹했다. 그러나 아담을 건드리지는 않았다.' 아브라함의 묵시록 23 : '이제 다시 환상을 보라. 하와를 유혹한 자는 누구이며, 그 열매는 무엇인가.' "속였다"(ἐξαπατᾶν)라는 의미로 3절에서와 같은 말이 사용된 디모테오전서 2장 14절에도 이에 대한 암시가 있을 수 있다. 하느님의 신부로서의 이스라엘이라는 상징은 호세아서 1—3장, 에제키엘서 16장, 이사야서 50장 1절, 54장 1—6절에 나온다. 에페소서 5장 22—33절, 요한묵시록 19장 7절, 21장 2·9절, 22장 17절과 비교하라. C. Chavasse, *The Bride of Christ* (1940)와 그리스도의 신부로서의 교회에 대한 빈디쉬의 긴 해설을 참조하라(320 이하). 이것들은 세부적으로는 결코 일치하지 않는다. 여러 저자들이 하느님이 이스라엘을 선택한 것과 그들을 사랑한 것, 그리고 이스라엘은 이방의 우상들을 섬겨서는 안 될 의무가 있다는 것을 표현하기 위해 매우 분명한 한 상징을—아마도 독립적으로— 사용했을 것이다. 언어에 대해서는 *Sotah* iii. 3과 비교하라. 거기서는 간음의 혐의가 있는 부인이 '나는 부정하다'라고 자백한다.

〔 3 〕 내가 두려워하는 것은. 이것은 11장 28절에 언급된 목회적인 관심의 일부이며, 이 편지를 쓰는 동기이기도 하다. 10—13장 전체와 또 다음의 몇 귀절들의 어조에 비추어서 판단한다면 바울로는 자신의 감정을 억제하면서 말하고 있다. 적어도 그는 고린토에서의 자신의 업적이 무로 돌아갈지도 모르며, 교회가 무너져 버릴지도 모른다는 현실적인 위험을 알고 있었다(그러나 이에 대한 Barth, *C.D.* Ⅲ. ii. 302—5의 언급을 참조하라). 고린토전서 9장 27절, 10장 1—13절이 보여주듯이 그는 자신이나 혹은 동료 그리스도교인들이 하느님 앞에서 결코 안전하다고 생각하지 않았다. 그들이 세례나 주의 만찬에 참여한다고 해서, 혹은 그들의 믿음이 처음에는 순수하고 순결했다고 해서 그것이 그들을 타락하지 않도록 지켜주는 보루가 되지는 못했다. "교회는 끊임없이 개혁되어야 한다." 교회는 항상 타락할 위험에 처해 있으므로 항상 사도의 훈계에 귀를 기울여야 한다. 바울로가 두려워하는 것은 마치 하와가 뱀의 간사한 속임수(ἐξηπάτησεν : 참조. 창세 3, 13 ; Philo, *Leg Alleg.* iii. 59 ; 로마 7, 11)에 빠진 것처럼 여러분의 "생각"(νοήματα. 3, 14 ; 4, 4에서와 같고 2, 11 ; 10, 5과는 다르다)이 부패해져서 "그리스도에 대한 애정의"(직역하면 그리스도에 대한 그들의 애정으로부터. εἰς Χριστόν) 진실성을(ἁπλότης ; 8, 2과 주석 참조 ; 이 곳의 본문에 대해서는 340면 주 10 참조) 저버리지나 않을까 하는 것입니다. 바울로가 뱀이 하와를 유혹했다고 말하는지는 확실치 않다. 그의 말 —이 말의 복합어 형태가 창세기 3장 13절에서 사용되었다— 은 이러한 의미를 입증할 수도 있지만(예를 들어 Herodotus, ii. 114에서처럼) 반드시 그렇지는 않다. 그것은 단순히 '길을 잃게 하다, 하느님의 명령에 불순종하게 하다'를 의미할 수 있다. 바울로로서는 이 점을 더 발전시킬 필요가 없었다. 왜냐하면 그가 처한 상황에서는 하느님에 대한 불순종이나 신랑(그리스도)에 대한 불성실이 하나였고 또 같은 것이었기 때문이다. 사탄의 대리인(어쩌면 변장한 사탄 : 참조. 14절 : 비교. 지혜 2,

24)으로서의 뱀은 "간사함"의 가장 전형적인 것이었다(4, 2 ; 비교. 고전 3, 19). 그리고 특히 Betz, 104 이하를 참조하라. '인용된 귀절은 욕하는 말인 πανοῦργος("간사한")가 특히 반소피스트적인 논쟁이나 종교적인 미신에 대항하는 논쟁에서 사용되었다는 결론을 정당화해준다' (105). 따라서 베츠의 견해에 의하면 이 말은 바울로의 변론에 적합한 말이다. 12장 16절에 의하면 바울로는 고린토인들을 속여서 그들의 돈을 얻어내므로 간교하다는 비난을 받았다. 그것은 쉽게 여기저기서 할 수 있는 비난이었다. 그리고 다음에 나오는 귀절들이 보여주듯이 바울로는 뱀의 간교함에서 그의 적대자들의 행동과 비슷한 것을 보았다(참조. 특히 13절 ; "거짓 사도들"). 만일 그들의 활동이 성공한다면, 바울로가 두려워하듯이 그 결과는 고린토인들의 도덕심(바울로가 이에 대해서 두려움을 표하지 않는다는 것은 주목할 만하다. 이것은 침입자들이 영지주의적 당파가 아니라 엄격한 유다주의자들이었다는 견해와 일치한다 : 참조. 이 책 서론 54면 이하)을 타락시키는 것이 아니라 그들의 생각, 즉 복음에 대한 그들의 이해를 부패시키는 것이다(바울로는 그렇게 되지 않을까, 아니 아마도 이미 그렇게 되지 않았을까 두려워한다). 바울로가 이 문제를 순전히 지적인 방식으로 받아들이지 않는다는 사실은 함축적인 형태로이기는 하지만 이 귀절의 마지막 구에서 알 수 있다. 여기서 문제가 되고 있는 것은 현대적인 의미에서의 정통주의가 아니라 그리스도에 대한 순정과 정절이다. 이것은 고린토전서 12장 3절의 표준과는 다른 형태이다(참조. 로마 10, 9). 진지하게 "예수는 주라"고 말하는 것은 그리스도교 신앙의 적절한 표징이다. 지성이 해야 할 역할은, 주(主)로 선포된 예수가 참된 사도적 선포의 현실적인 예수인지(참조. 고전 15, 3—4) 아니면 다른 예수인지를 검증하는 일이다.

〔 4 〕 다음 귀절로써 우리는 고린토에 나타났던 적대자들에 대해서 이해할 수 있는 핵심부에 도달하게 된다(Käsemann, *Legitimität*, 38/14). 그것은 여러분을 방문한 자(직역하면 [여러분에게] '온 자' ὁ ἐρχόμενος)가 우리가 전하지 않은 "다른"(ἄλλον) 예수를 전하거나 여러분이 전에 "받은"(ἐλάβετε) 일이 없는 "다른"(ἕτερον) 영을 받거나 또 전에 "받아들인"(아마도 동의어이기는 하지만 다른 동사인 ἐδέξασθε이다) 일이 없는 "다른"(ἕτερον) 복음을 받아들이는 일에는 여러분이 무던히(καλῶς ; 이 말의 반어적 용법에 대해서 마르 7, 9 참조) 너그럽기(본문에 대해서는 이 책 340면 주 11 참조) "때문입니다"(γάρ: 이것은 두 가지를

연결해준다. 3절에 표현된 두려움과 1절에 표현된 호소—"여러분은 나를 참아주기 바랍니다"—에 근거를 부여한다. 바울로는 불변화사 μέν을 앞에 덧붙였다. 이에 상응하는 δέ[B사본에서는 5절에 이 말은 보충해넣었다]가 나오지는 않지만 바울로는 그것을 암시하고 있다 : '여러분은 그에 대해서는 너그럽게 참아주지만 나를 참아주지는 않습니다'—단순히 온 사람과는 함께 하고 보낸을 받은 사도와는 대적한다). 이 귀절 자체는 많은 문제점을 제기한다. 다음 귀절들과의 관계에 대해서는 이 책 349면 이하를 참조하라. "Paul's Opponents", 242 이하와 Schoeps, *Paulus*, 74(영역본 79)를 보라. 바울로 자신이 바로, 다른 예수와 다른 복음을 설교한다고 비난받았다는 쉡스의 견해는 아마도 정당할 것이다.

"여러분을 방문한 자"는 순전히 일반화시킨 말일 것이다—"누구든지 새로운 복음을 가지고 온 자"(Allo: "처음에 온 사람"). 갈라디아서 5장 10절과 비교하라 : "누구든지 여러분을 교란시키는 사람." 그러나 이 해석이 전적으로 만족스럽지는 못하다. 그러나 이 귀절에는 갈라디아서 5장 10절의 "그가 누구든지간에"(ὅστις ἐὰν ᾖ)에 해당하는 것이 없으며, 10장 7(τις)·10(φησίν)·11(ὁ τοιοῦτος)절의 단수형들을 무시할 수도 없다. 바울로가 고린토에서 여러 명의 적대자들과 마주해 있었음은 확실하다. 그러나 그들에게는 주모자가 있지 않았나 의심해 볼 만한 적어도 몇 가지 이유가 있다(위에서 언급한 귀절들에 덧붙여서 2,5—8 ; 7,12과 주석을 참조하라). 여기서 방문자는 예루살렘으로부터 온 "판결자"였고 바울로는 반어적으로 쓰고 있지 않다는 ('여러분은 만일 방문자가—아마도 베드로—침입자들의 편에 서기로 한다면 아마도 그들을 잘 참아줄 것입니다') 슐라터의 견해는 그다지 추천할 만하지 못하다.

바울로가 ἄλλος(other)와 ἕτερος(different)를 구별할 수 있었다는 사실은 갈라디아서 1장 6—7절에서 알 수 있다. 그러나 그가 여기서 이 둘을 구별하고 있는 것으로 보이지는 않는다. 그러므로 *M.* iii. 197은 옳다('변화를 주기 위해서 이 두 가지 말이 사용되었다'). 로버트슨(Robertson, 747 : '여기서 두 가지 말을 사용한 것은……단지 변화를 주기 위한 것이다. 그러나 바울로가 자신이 전하는 예수와 비록 같은 모습일지라도 다른 ἄλλον 예수를 인정하기는 꺼려했던 반면 유다주의자들의 복음과 그들이 전하는 영을 ἕτερον[참조. 갈라 1,6]이라는 말로 낙인찍었다고 볼 수도 있다')의 견해는 설득력이 없다. 바울로의 경쟁자들은 같은 예수를 다르게(즉 육에 따라 : 5,16) 이해해서 전했고, 이것은 다른 복음과 다른 종교적 경험을 낳았다고 보는 것이 아마도 사실에 보다 가까울 것이다(바울로의 언어가 이렇게 보도록 요구한다고 주장할 수는 없지만 말이다). Schmithals, 54와 비교하라. 이 귀절을 갈라디아서 1장 8절로부터 구별하려는 칼빈의 시도와 바울로가 여기서 거짓 복음이 아니라 단지 다른 설교자들이 전한 복음에 대해서 말하고 있다는 그의 주장은 설득력이 없다.

갈라디아서 1장 6절의 "다른 복음"이란 —갈라디아서에서는 매우 일반적인 말로 씌어졌지만— 유다주의자들의 잘못을 시사한다. 그리고 같은 의미가 고린토후서에도 적용된다고 생각하는 것은 자연스럽다. 이것은 침입자들이 예루살렘 교회의 유다주의적 사절들이었다는 견해와 일치한다. 그러나 이것은 그들에 대한 다른 견해들과는 일치하지 않는다("다른 복음"에 대한 견해들을 일목요연하게 요약한 것으로는 Goppelt, 128 참조). 적대자들이 누구였는지에 대해서는 이 귀절만을 토대로 결론을 내릴 수 없다(참조. 이 책 서론 54면 이하와 "Paul's Opponents"). "다른 복음"과 함께 "다른 예수"와 "다른 영"이 있었다는 점에 주목하는 것은 정당하다. 죠지의 *Gegner*에 따르면 이 부차적인 말들("다른 예수"와 "다른 영")은 새 복음과 바울로의 복음 사이의 구별점이 어떤 것인가를 보여준다. '무엇보다도 그 둘의 차이는 그리스도론에 있다'(285면). 죠지는 단순히 예수라는 이름을 사용한 것은 영지주의적 그리스도론이 아니라 지상의 예수에 대한 해석을 지시한다고 생각한다. 그리고 그 실마리가 4장 5절에 제시되어 있다고 한다. 그리스도가 주라는 데 대한 참된 증인으로 적대자들로부터 바울로를 구별하는 것은, 그의 겸손한 행동이다. 그러므로 바울로가 여기서 거부하고 있는 지상의 예수에 대한 해석은 그의 적대자들이 사용한 전통과 그들 자신의 영적 권위의식과 결부되어 있는 것이다. '바로 이 마지막 관찰이 바울로의 적대자들은 예수가 뛰어난 영적 인간[Pneumatiker], 즉 "신적 인간"[θεῖος ἀνηρ]으로서 등장했다는 그리스도론을 주장했음을 시사해준다'(앞 책 286면). 뤼트게르트(Lütgert)도 "다른 영"이라는 말에 기초해서 침입자들에 대해 어느 정도 이와 비슷한 견해에 도달한다(Käsemann, ***Legitimität***, 39—40/17).

죠지의 논증은 증거가 부족하다. 첫째, 이 논증은 바울로가 "다른 예수"에 대해서 뿐만이 아니라 "다른 영"에 대해서도 언급한다는 사실에 적절한 중요성을 부여하지 않았다. 둘째, 바울로에게 있어서 예수라는 단순한 이름이 반드시 지상적 예수를 지시한다고 말하는 것은 정확하지 않다. 세째, 바울로의 반대자들이 자신들이 "신적 인간"의 부류에 속한다고 생각했는지는 논의의 여지가 있는 문제이다(참조. 이 책 서론 55—56면). 그러나 죠지가 다른 복음과, 한편으로는 다른 복음의 예수 이해, 그리고 다른 한편으로는 다른 복음을 주장한 사도들의 도덕적 특징 사이에 긴밀한 관련성이 있다고 본 것은 옳다. 그리고 4장 5절은 이에 대한 좋은 암시이다. 궁극적인 문제는 바울로의 사도적 설교와 실천을 통해 제시된 예수에 대한 해석이 정당하느냐는 문제이다(참조. *Signs*, 77—81). 만일 바울로의 해설이 정당하다면 자신들이 "신적 인간"이라고 여기는 사도들이 주장하는 "신적 인간"으로서의 예수에 대한 해설은 잘못된 해설이라고 합당하게 추론할 수 있다. 그러나 여기서 고린토의 반대자들이 자신들과 예수에 대해 그렇게 생각했다고 추론하는 것은 현재의 귀절에 토대를 두지 않은 지나친 해설이다. 영에 대한 바울로의 유일한 표준은 고린토전서 12장 3절의 표준이다. 그리고 "다른 복음"을 설교하는 자들에 대한 그의 불만은 그들이 십자가에 달린 예수를 주로서 인정하지 않는다는 데 —비록 그들이 예수에 대해 그런 식으로 생각은 한다고 공언하고 있다하더라도— 있다.

그러므로 다른 복음, 다른 예수, 다른 영, 그리고 다른 사도는 함께 속하는 말들이다. 그리고 그러한 사도이면서 동시에 그러한 복음을 설교하는 한 방문자가 나타나면 고린토인들은 그를 받아들이고, 그를 잘 참아준다. 이것은 특정한 상황에서 고린토인들이 하게 될 행동을 가정한 것이 아니라 실제로 그들이 하고 있는 행동이다. 방문자는 이미 와 있고, 고린토인들은 그의 말을 듣는다. 바울로는 여러 심한 말들을 하면서도 고린토인들에게 그렇게 행동하지 말라거나 혹은 그의 경쟁자를 축출하라고 말하지는 않는다. 여기서 바울로가 부탁하는 것은 잘못된 교사를 잘 참아주었던 것만큼 자신에 대해서도 참아달라는 것이 전부이다. 바울로가 "다른 믿음을 가지고 있으므로 구원에서 제외된다고 사람들이 확신하게 되는 그리스도교인"이라는 의미에서(W. Bauer, *Rechtgläubigkeit und Ketzerei* [1934], 236) "이단자"를 알고 있었다고 보기는 힘들다. 오히려 그는 참아달라고 부탁한다.

[5] **왜냐하면 나 자신은 저 위대하다는 사도들보다 "조금도"(*μηδέν* 은 강조적으로 쓰였다) 못할 것이 없다고 생각하기 "때문입니다"(*γάρ*).** 이 귀절에서 맨 처음 받게 되는 인상은 바울로가 자신

은 그 방문자보다 못하지 않으므로 방문자를 잘 대해주었듯이(4절) 자신도 잘 대해 달라고 부탁하고 있다는 것이다. 말하자면 그 방문자(이것은 복수를 나타낼 수도 있는 일반적인 용어이다)는 "위대하다는 사도들"과 동일시되었다. 나중에는 "방문자"나 그와 비슷한 사람이 사탄의 종(13절 이하)이라고 말해지므로 "위대하다는 사도들"을 예루살렘 사도들, 즉 베드로나 그의 동료들과 동일시할 수는 없다. 이 견해는 여러 학자들에 의해 주장되지만 이 주석서에서는 채택하지 않았다. 그에 대한 증거들은, 이 중 몇 가지는 10장에서 이미 언급된 바 있는데, 이제부터 계속해서 나올 것이다. 이 책에서는 그 문제가 나올 때 다시 논의할 것이다. 이 책 서론, 54—59면과 "Paul's Opponents"를 참조하라.

'4절로부터 5—6절(γάρ)로의 이행은 전혀 분명치 않은 것 같다' (Windisch). 확실히 처음에 보는 것보다는 훨씬 덜 분명하다. 왜냐하면 5절 서두의 "왜냐하면"이라는 말은 실제적인 연결점인 1절에 나온 호소의 세 가지 이유 중 세번째 것을 제시하기 때문이다. 즉 '나는 여러분이 나를 참아주기를 바랍니다. 첫째, 왜냐하면 나는 여러분에 대해서 참으로 관심을 가지고 있으며, 또 그럴 만한 이유가 있기 때문입니다. 둘째, 왜냐하면 여러분은 거짓 복음을 설교하는 거짓 사도에 대해서도 잘 참아주었기 때문입니다. 세째, 왜냐하면 나는 가장 높다는 사도들과 동등하기 때문입니다.' 이와 같이 보면 바울로의 생각의 흐름을 적절하게 잘 알 수 있다. 그리고 바울로가 이 단락에서(13절 이하) 사탄의 종이라고 서술한 사람들보다 자신이 못하지 않다는 온건한 주장을 하는 데서 그쳤을 것 같지는 않다는 논증을 덧붙여 말할 수 있을 것이다. '그것은 조롱이라고 설명할 수도 없다. 사탄의 종과는 어떠한 비교도 할 수 없다' (Käsemann, *Legitimität*, 42/21). 불트만(참조. *Probleme*, 26—79 ; Schmithals, 53, 주 1)은 —케제만과는 반대로— 만일 바울로가 고린토인들로 하여금 진리에 대해 눈을 뜨게 하기 위해서 거짓 사도들과 자신을 비교했다면 그것은 잘 이해된다고 답하며, 6절의 "말"과 "지식"에 대한 언급도 이미 고린토에 있어서 고린토인들이 잘 알고 있는 사람과 자신을 바울로가 비교하고 있음을 보여준다(12장 11—12절의 비슷한 비교에 주목하라)고 주장한다. 그러나 "말"과 "지식"은 바울로의 경쟁자들이 한 주장이 아니라 고린토인들이 사용한 표준을 가리킨다고 보는 것이 가장 좋다. 따라서 여기서는 바울로가 그 표준들을 사용한 것이다. 여러가지 개연성에 비추어볼 때 케제만의 견해 쪽으로 기우는 것 같다. 헤링의 견해와 비교하라 : '위대하다는 사도들은……예루살렘의 사도들 외에 다른 사람일 수가 없다.'

위대하다는 사도들이라는 말은 반어적인 표현(Betz, 121에는 흥미있는 병행구들이 제시되어 있다)이며, 바울로가 소위 예루살렘의 "기둥들"에 대해서 기술할 때 사용했던 반어법을 연상시킨다(참조. *Studia Paulina*, 1—19). 고펠트(126)는 이 반어적인 표현을 예루살렘 사도들 자신들이 아니라 그들과 그들의 권위에 대한 호소를 가리키는 것으로 생각하는데 이것은 아마 옳을 것이다. 그러나 예루살렘 사도들과 적어도 어느 정도의 관련성은 있을 것이다. 실제로 갈라디아에서는 고린토후서에서 나타난 것과 똑같은 태도를 보여준다. 즉 거짓 사도들 혹은 거짓 형제들(갈라 2,4)에 대한 열렬한 공격(13절), 갈라디아에서는 "기둥들," 그리고 야고보와 게바와 요한이라고 분명히 규정된 다른 집단에 대한 냉정하기는 하지만 비공격적인 태도말이다. 갈라디아와 고린토후서에 반영되는 태도가 동일하므로 거기에 관련된 사람들도 동일하다고 볼 수 있는 가능성이 어느 정도 있다. 고린토전서 15장 9절에서 바울로는 자신은 사도들 가운데서 가장 작은 자라고 단언한다. 그러나 그를 비판하는 사람들의 관점에서 그렇게 말한 것은 아니다(참조. 『고린토전서』, 여러 곳). 그는 박해자였고, 그리스도 자신의 적이었다. 그런 적대자인 자신을 사도로 변화시킨 것은 오직 하느님의 은혜였다. "그러나 내게 베푸신 하느님의 은혜는 헛되지 않았읍니다. 오히려 나는 어느 사도들보다도 더 많이 수고했읍니다." 바울로가 위대하다는 사도들보다 조금도 못하지 않은 것은 바로 그런 뜻에서다.

[6] 바울로는 여기서도 역시 고린토전서 15장 9절에서와 마찬가지로 지나친 자랑을 많이 하려고 하지 않는다.

내가 말에는 능하지 못할른지 모르지만 지식에는 그렇지 않습니다. "능하지 않다"는 형용사가 아니라 "특별한 활동이나 혹은 직무에 대해서 문외한인 사람", 따라서 그 활동이나 직무에 적합한 기술을 훈련받지 못한 사람을 의미하는(참조. 고전 14,16·22·23과 주석, 특히 14,16에 대한 주석) 명사(ἰδιώτης)이다. 바울로는 자신은 언변이 부족하다고 한다(참조. 10,1·10 ; 고전 2,3—4과 해당 주석). Plato, *Ion* 532D와 비교하라 : '너희 음영시인들과 배우들, 그리고 너희가 읊는 시를 쓴 시인들은 현명하다. 그러나 나는 단지 진리를 말할 뿐인 보통 사람(ἰδιώτην ἄνθρωπον)

이다' (바울로와 소크라테스의 반어법에는 어딘가 비슷한 점이 있다). 바울로의 글은, 그 나름대로 매우 유창한 그의 말과 상당히 유사하다. 따라서 바울로가 말할 때 언어장애로 고생했거나(이것이 아마도 12장 7절에서 언급하는 신체적인 약함일 수 있다—주석을 참조하라) 아니면 지금 자신은 언변에 능하지 못하다고 지나치게 겸손하게 말하고 있는 것일 수 있다는 결론은 매우 설득력이 있다. 보다 개연성이 있는 것은 바울로 자신은 가지고 있지 않은 전제들에 기초해서 그의 언변에 대해 내린 판단을 그가 지금 받아들이고 있다는 것이다. 그리고 이렇게 받아들인 것은 계속해서 반어적인 것이다. 케제만(*Legitimität*, 35/9)에 의하면 바울로는 방언을 잘 하지 못한다고 생각되었으며, 또 이러한 이유에서 그가 영을 소유했는지도 문제시하게 되었다(비교. Reicke, *Diakonie*, 278). 라이케는 바울로에 대해서 좋지 않은 평가를 내린 사람들은 고린토전서 1장 12절의 그리스도당이었다고 생각한다. 베츠(특히 59면)는 바울로의 말보다 더 훌륭한 말은 소피스트들의 말이었다고 생각한다. 바울로는 형식(말)과 내용(지식)을 구별함으로써 견유학파적인 방식으로 답변한다. 베츠에 의하면 이 둘은 서로 다르기는 하지만 동일한 것의 상이한 측면이다. 고린토인들은 바울로가 말하고자 하는 것을 알아들을 것이다. '바울로는 자신의 언변이 부족하다는 판단을 견유학파인 방식으로 받아들임으로써(11, 6) 자동적으로 철학자(견유학파)의 편에 섰다. 반면 언변이 부족하다는 점을 일종의 무능함으로 생각하는 사람들은 자동적으로 소피스트의 편에 서게 된다. 견유학파의 가두설교자들의 주장과 논지는 아마도 잘 알려져 있었을 것이므로 바울로는 고린토인들이 자신의 말을 이해해 줄 것을 기대할 수 있었으리라고 가정할 수 있다. 그리고 우리가 고린토전서나 클레멘스 일서에서 알 수 있듯이 견유학적인 특징들이나 혹은 견유학파와 관련된 특징들은, 고린토교회의 삶의 특징들이었으므로 바울로는 교회가 자신의 그러한 주장을 동정적으로 받아들여주리라고 기대할 수도 있었을 것이다' (Betz, 66).

바울로가 단순히 형식과 반대되는 내용이라는 의미로 지식(γνῶσις)이라는 말을 사용했을지는 의심스럽다. 이 말은 함축성을 내포하고 있다. 그러나 이 말에 지나치게 세부적인 의미를 부여해서는 안 된다. 10장 5절에 대한 주석과 문헌들을 참조하라. 여기서 이 말을 사용한 것은 바울로의 경쟁자들이 말과 함께 지식이 자신들의 가장 가치 있는 소유물이자 가장 높은 자질이라고 여겼음을 보여준다고 흔히

들 생각했다. 즉 그들은 특별한 종류의 영지자라는 것이다. 그러나 그 말은 고린토후서에서(6회)보다 고린토전서에서(10회) 더 많이 나온다. 본래의 고린토인들은 적어도 자신들을 방문한 사람들이 지식에 대해 관심을 가진 정도로 지식에 관심이 있었을 것이다. 그리고 여기서 바울로의 언급은 적대자들의 특징보다는 고린토인들이 사도들을 판단하던 표준을 반영할 것이다(참조. 13,3). 고린토의 영지주의는 상당한 행동의 자유를 누릴 수 있는 사변적이고 합리적인 토대를 마련해주었을 것이다. 고린토전서 8장 1절과 주석을 참조하라. 현재의 귀절에 근거해서 바울로의 신학에 있어서 영지주의의 원리가 상당히 중요한 역할을 했다고 결론내리는 것은 정당하지 못하다. 그와 반대의 결론도 마찬가지로 입증되지 않는다. 우리는 여기서 바울로의 신학이나 아니면 고린토교회의 신학을 재구성할 만한 재료를 가지고 있지 못하다. 우리는 여기서 단지 지식(gnosis)이라는 말이 퍼져 있었다고 결론내릴 수 있을 뿐이다. 그러나 이 사실은 결코 무시되어서는 안되며, 우리가 바울로의 말을 계속 읽어나가는 동안 염두에 두어야 할 것이다.

다음에 나오는 말들은 실제로 번역할 수 없으며, 아마도 훼손되어 있는 것 같다. 나오는 말 그대로 번역한다면 다음과 같다: '그러나 모든 일에서 우리가 여러분에게 나타내보인 모든 것에서.' 우리는 바울로가 때때로 한정 동사를 써야 할 곳에서 분사를 쓴다는 사실을 이미 관찰했다(참조. 5,12; Moule, *Idiom*, 180). 그러나 그러한 점을 인정한다 해도 '모든 일에서 우리가 여러분에게 나타내보인 모든 것에서' 라는 말은 이해되지 않는다(그리이스어 원문참조). 본문상의 여러 변형들은 이 문장을 조금 더 다듬어주고 있다: '우리 자신들을 나타내보였읍니다' (0121), '나타내 보여졌읍니다' (복수: 대부분의 사본들에서 그렇다), '나타내 보여졌읍니다' (단수: D* Ambrosiaster). 이것들은 모두가 다음과 같이 요약될 수 있다: '여러분은 내가 어떤지, 내가 어떤 종류의 사람인지 알고 있읍니다.' 그러나 위의 변형들은 이것을 아주 분명하게 말하지 않는다. 그리고 그것들은 난해한 본문을 수정하기 위한 시도들이며, 받아들여질 수 없다. 가장 간단하고 아마도 가장 좋은 방법은 옮겨쓰는 과정에서 우연적으로, 아니면 바울로가 쓰는 것을 빠뜨렸기 때문에 본문에서 무슨 말인가가 빠졌으리라고 가정하는 것이다: "지식"을 소급해서 지시하거나 아니면 "진리"(τὴν ἀλήθειαν), 혹은 "우리들 자신"(ἑαυτούς)을 가리키는 "그것"(αὐτήν)이라는 말을 빠뜨렸을 것이다. 아마도 그 중에서 "지식"을 가리킨다고 보는 것이 가장 간단하고 좋을 것이다. 그러면 이 귀절은 이렇게 쓸 수 있다 : '내가 말에는 능하지 못할는지 모르지만 지식에는 그렇지 않습니다.' 오히려 그것을 우리가(이것은 틀림없이 편지투의 말일 것이고, 분명히 필자 자신만을 가리킬 것이다—Moule *Idiom*, 119) 모든 일에서 여러가지로 여러분에게 나타내 보였읍니다. 그러나 이렇게 보더라도 "모든 일에서, ……여러가지로"라고 반복되는 것을 피하지 못한다(사역에서는 이러한 반복을 완화시켜서 표현했다). 그리고 아마도 이 구들(ἐν παντί 혹은 ἐν πᾶσι: 아마도 전자일 것이다) 중에서 하나는 "모든 것을"(τὰ πάντα 혹은 πάντα)이라는 목적어가 훼손된 것이리라 : '여러가지로 우리는 모든 것을 여러분에게 나타내 보였읍니다.' 아니면 바울로가 자신이 전하는 지식은 부분적인 것이 아니라 완전한 것임을 이중적으로 (어딘가 어색하게) 강조하고 있는 것일 수도 있다.

[7] 고린토인들은 바울로가 대단한 연설가(우리가 필사자들의 탓으로 돌리지 않는 한 확실히 바울로의 글에도 그들이 불만을 가질 만한 것이 있었을 것이다)가 아니라고 생각할 수는 있지만 지식이 부족하다고 불평할 수는 없다고 바울로는 말한다. 아마도 불평을 하는 데에는 다른 이유가 있었을 것이다. 여러분을 높이기 위하여 내가 나 자신을 낮추고 하느님의 복음을 값없이 여러분에게 전한 것이("내가 복음을 전한 것이" ὅτι……εὐηγγελισάμην) 내게 죄가 됩니까? 바울로는 여기서 매우 심하게 반어법을 구사하고 있다. 처음에 보냈던 서신에서(참조. 『고린토전서』, 237—248면) 바울로는 사도들에게는 그들이 세우고 봉사하는 교회들로부터 지원을 받을 권리가 있으며, 자기 자신은 그런 권리를 주장할 생각이 없다고 분명히 밝혔다(참조. 고전 9, 4—18 ; 고후 12, 13). 우리는 왜 바울로가 다른 곳에서는 그렇지 않았으면서 —그렇지 않았던 것으로 보인다(10절의 아카이아에 대한 특별한 언급과 12장 13절의 "다른 교회들"에 대한 언급을 참조하라)— 아카이아에서만 그런 방식을 택했는지 알지 못한다. 고린토전서 9장 16절 이하에서 제시된 이유들은 모든 선교 영역에 똑같이 적용된다. 단지 우리는 바울로가 고린토와 그 주변 지역에서는 교회로부터 재정적인 지원을 받지 않는 것이 복음사업의 발전을 위해서 더 좋다고 판단했다고 결론내릴 수 있을 뿐이다. 그가 그렇게 판단한 이유들은 서술되지 않았다. 구지는 바울로가 '직업적인 소피스트들이나 수사학자들'과는 자신이 다르게 보이기를 원했다고 주장한다. 이것은 10—13

장에 대한 베츠의 견해를 부분적으로 예시한 것인데 베츠는 구지의 견해를 알지 못했다. 현재의 귀절은 이 문제에 대한 바울로의 판단이 —적어도 피상적으로는— 잘못된 것이었음을 시사한다. 고린토인들은 바울로가 그들의 짐이 되기를 거절했기 때문에 그를 좀 좋지 않게 생각했던 것 같다. 일반적으로 그리이스의 교사들은 자기 손으로 일해서 먹고 살지 않았으므로 고린토인들은 안티폰이 소크라테스에 대해서 생각했던 것과 같은 식으로 바울로에 대해서 생각했을 것이다: '만일 당신이 속한 사회를 가치있는 것으로 여긴다면 당신은 그 일에 대해서도 역시 적절한 대가를 계속 받아야 합니다. 당신은 탐욕(πλεονεξία) 때문에 사람들을 속이지는 않으니 당신이 의로운 사람이라는 것은 당연합니다. 그러나 당신의 지식은 쓸모없는 것이므로 당신이 현명할 수는 없읍니다' (Xenophon, *Memorabilia* I vi. 12). 다른 사도들은(참조. 특히 11,20) 다르게 행동했으며, 그만큼 더 좋은 인상을 주었다. 자기 자신을 위해서는 아무런 주장도 하지 않는 바울로는 만일 사도라고 해도 지위가 낮고 능력도 모자라는 사도이며, 따라서 그가 전해주는 그리스도교의 진리도 믿을 만한 것이 못된다는 것이다. 그러나 비록 오해를 받았다고 해도 바울로가 잘못하지는 않았다. 그는 낮아지고 그로 인해 개종한 개종자들은 "높아지는"(ταπεινοῦν과 ὑψοῦν이라는 동사는 모두 어느 정도 문자 그대로의 의미를 지니고 있다. ταπεινοῦν의 그리이스적 용법에 대해서는 7,6 ; 10,1과 주석을 참조하라) 것은 복음의 전형이며(참조. 예를 들어 4,12) 이런 행동보다 복음을 더 분명하게 나타내보이는 것은 없다. 바울로는 물질적으로 가난하게 살지만 그의 청중들은 영적으로 부유해질 것이다(참조. 6,10 ; 9,11 ; 고전 1,5). 바울로가 더욱 더 주님 자신과 같이 되려고 하는 면(8,9)은 나타나지 않는다. 사도적 삶과 메시지의 참된 본질이 드러났고, 이와 함께 사도됨의 의미가 드러났다(참조. *Sings*, 85—92). 교회론과 그리스도론이 이제 밀접한 관련성을 가지게 된다. 세르포는 이렇게 말한다: '그리스도론적 주제가 소리없이 울려 퍼져나오고 있다' (*Christ*, 295 : 영어번역판, 393). 바울로는 자신의 설교는 물론이고 삶의 방식을 통해서 "하느님의 복음"을 선포하고 있다. 이 문구에 대해서는 로마서 1장 1절(주석)과 15장 16절, 데살로니카전서 2장 2·8·9절을 참조하라: "하느님의 복음"이 거리끼는 것으로 나타난다 해도 그것은 결코 예상 밖의 일이 아니다(고전 1,18·23).

[8—9] 원칙은 이미 서술되었다. 바울로는 자신이 그 원칙을 어떻게 수행했는지를 서술하기 시작한다. **나는 다른 교회들로부터**(이 말은 그리스어 원문에는 없다) **"보수"**(*ὀφώνιον*이라는 말이 사용되었다. 일반적인 그리스어 용법에 따르면 고린토전서 9장 7절에서처럼 군인에게 급료를 지불하는 것을 뜻한다. 데네이는 비유를 사용해서 말한다—'그는 일찌기 그리스도를 위하여 헌신함으로써 얻은 전리품들을 아카이야에서 새로운 운동을 하는 데 기부했다') **를 받음으로써 다른 교회들을**(이 때 그는 다른 교회들을 위하여 일하고 있지 않았다) **"강탈했읍니다"**(*ἐσύλησα*: 참조. 각기 로마서 2장 22절과 사도행전 19장 37절에 나오는 복합어 *ἱεροσυλεῖν*과 *ἱερόσυλος*. 복합형태가 아닌 단순형태로는 성전모독을 뜻하지 않으며, 순전히 세속적인, 주로 군사적인 은유를 제시한다). **그것은 여러분을 돕기 위한 것이었읍니다**(직역하면 '여러분의 섬김을 위하여'—목적어를 나타내는 속격). **내가 여러분과 같이 있을 때에 "빈곤했지만"**(단순과거 분사 *ὑστερηθείς*) **여러분 중 어느 누구에게도 "누를 끼친 일이"**(바울로는 이 문맥에서만 *καταναρκᾶν*이라는 동사를 사용한다. 12, 13·14 ; *L.S.*에서는 '～에게 소홀해지다'를 선택하는 것 같다. 그러나 *κατεβάρησα*와 동일시하는 Hesychius와 Bauer의 해당란, 그리고 불가타역의 '아무에게도 짐이 되지 않았읍니다'를 참조하고 Jerome, *Epistle* CXXI. 4와도 비교하라) **없읍니다**. 사도행전 18장 3절에 의하면 바울로는 먹고 살기 위해서 스스로 직업을 가지고 일했다. 아마도 이 일만으로는 먹고 살기에 충분치 못했다고 가정해야 할 것이다. 그것이 좋은 직업이 못 되었거나 아니면 그가 복음 전도에 너무 많은 시간을 써서 충분히 벌이를 할 수 없었을 것이다. 바울로가 왜 자신의 직업에 대해서 언급하지 않느냐는 문제(빈디쉬에 의해서 제기되었다)는 아마도 위에서와 같은 측면에서 대답되어야 할 것이다. 이러한 상황에서 최근에 그가 세운 교회들이 그를 돕겠다고 했고, 바울로는 그들의 넉넉치 못한("빼앗아가다"라는 말이 이 점을 시사한다) 돈에서 도움을 받기로 허락했다. 그러나 그는 고린토인들에게서는 (그들이 준다고 해도) 아무 것도 받지 않겠다고 했으며, 그들에게는 계속해서 아무런 주장도 하지 않았다. **마케도니아에서 온 형제들이**(참조. 2, 13 ; 7, 5 ; 8, 1 ; 9, 2·4) **내게 필요한 것을 온전히 보충해주었읍니다**(필립비서 4장 15절에서는 아마도 이 일을 언급하고 있는 것 같다—데살로니카서 [4, 16]에는 여전히 바울로가 마케도니아에 있는 것으로 되어 있다). **나는 모든 일에 여러분에게 짐이 되지**(위에서 말한 *καταναρκᾶν*

이라는 말이 아니다. 그러나 바울로가 여기서 말하는 내용은 이 말에 대한 위의 해석을 재확인해준다) 않으려고 애썼고, 앞으로도 그렇게 할 것입니다.

[10] 고린토인들은 바울로의 독립심을 죄로 여겼을 수 있다(7절). 그러나 그에게는 그것이 자랑거리였으며 그것도 유일한 자랑거리였다. 왜냐하면 그것은 약한 것을 자랑하는 것이고, 따라서 주를 자랑하는 것이기 때문이다(12, 9 ; 10, 17 : 참조. 갈라 6, 14). 그가 이보다 더 중요하게 생각한 일은 아마도 없었을 것이다. 이제 그는 격정적인 말로 이 문제에 관한 논의를 마무리짓는다. 내 안에 있는 그리스도의 진실을 걸고……. 불트만이 이것을 맹세 형식이라고 본 것은 아마도 옳을 것이다(*Exeg.*, 138 ; 여러 다른 학자들도 그렇게 본다). 마태오복음 5장 34·37절에 비추어볼 때 이것은 문제를 제기하며, 이 문제는 "정당하고 거룩한 맹세"에 대한 칼빈의 언급에 의해서도 잘 해결되지 않는다. 무울(*Idiom*, 112)은 "내가……라고 말할 때 나는 그리스도교의 진리를 말하고 있는 것입니다"라는 의미를 제안하지만 한편 그는 만일 그러한 의미로 본다면 '그것은 ἀλήθεια("진실")의 의미를 훨씬 협소화시키고 특수화시켜서 그리스도와 관련시키고 있다'고 옳게 덧붙여 말한다. 바울로가 복음의 진리와 자기 자신의 순수성을 관련시키는 데 대해서는 1장 17—22절과 비교하라. 아카이아 지방(참조. Bauer, κλίμα 해당란)에서는 아무도 나의 이 자랑을 "막아내지"(직역하면 '내게 있어서는 이 자랑이 멈춰서는 안 됩니다.' φράσσειν이라는 동사는 로마서 3장 19절에서 "모든 입을 막는다"는 의미로 사용된 것이다) 못할 것입니다. 바울로가 그렇게 행동하는 이유는 이미 7절에서 제시되었다. 그것은 복음 자체를 드러내는 것이다. 왜냐하면 그것은 다른 사람들을 부요하게 하기 위해서 그리스도가 자발적으로 가난하게 된 것을 반영하기 때문이다. 그러나 물론 그것은 오해받을 것이다. 겸손이나 자기희생은 자주, 특히 스스로 그렇게 행동하지 않는 사람들에 의해서 오해받는다.

[11] 이 귀절은 고린토인들의 오해를 반영한다. 왜 그렇겠읍니까? 내가 여러분을 사랑하지 않기 때문입니까? 고린토인들은 틀림없이 바울로의 행동은 자신들을 사랑하지 않는다는 것을 보여준다고 말했을 것이다. 그러나 그것에 관해서는 하느님께서 진실을 알고 계십니다(직역하면 '하느님께서 아십니다'). 사도의 재정적인 지원 문제 전반에 대해서는 Betz, 100—117을 참조하라. 베츠는 이렇게

결론짓는다 : '요약해서 말하자면, 바울로가 고린토인들의 재정적인 지원을 거절한 것은 빈곤에 대한 금욕주의적 이상을 원칙적으로 고수하려고 했기 때문은 아니다. 지금 우리는 알 수 없지만 바울로로 하여금 지원받을 권리를 포기하도록 한 구체적인 이유들이 분명히 있었을 것이다. 고린토후서 10—13장에서는 그러한 상황이 전제된다. 그것은 바울로에게 반—소피스트적인 입장을 취할 기회를 제공하였으며 그렇게 함으로써 그는 안심하게 되었고, 그의 적대자들은 탐욕적인 사기군들처럼 행동하게 되었다' (117).

[12] 그러나 지금까지 바울로는 자신의 재정적인 자립 문제를 자기 자신과 고린토인들 사이의 문제로만 다루었다. 그러나 이 상황에 관련된(참조. 이 책 345—350면, 이 책 서론 54면 이하) 다른 사도들도 있었다(베츠에게서 인용한 말에서 이미 지적된 바와 같다). 이 집단은 바울로가 그런 태도를 취하게 된 가장 큰 동기였을 것이다. **나는 앞으로도 지금 하고 있는 대로 하겠읍니다. 그것은 우리와 똑같이 자랑할 수 있는**(직역하면 '~하는 것으로 발견되기 위해서' ; 두번째 ἵνα가 두번째 "기회" ἀφορμήν에 의존한 것으로 본 것이다. 빈디쉬가 관찰한 바와 마찬가지로 그것을 "나는 앞으로도 하겠읍니다" ποιήσω에 연결시키면 실제로 의미가 달라진다) **이유를 찾으려고 기회를 노리고 있는 사람들에게서 그런 "기회"**(ἀφορμή. 참조. 로마7, 8[주석]·11)**를 끊어버리기 위한 것입니다**(혹은 구둣점을 달리 찍으면 '**내가 지금 하고 있는 일을 앞으로도 계속 하는 것은 ~하기 위한 것입니다.**' 알로는 9절의 병행구 때문에 이것을 선택한다. 의미상으로는 별 차이가 없다). 이 문장은 "우리와 똑같이 자랑할 수 있는"이라는 말부터 시작해서 보면 가장 잘 이해될 것이다. 지금 자랑을 하고 있는 바울로는 아무 사심 없이 보수도 받지 않고 복음과 자신의 사람들을(4, 5) 위해서 봉사하는 사도이다. 그의 경쟁자들도 그와 동등한 사도임을 자랑하고자 했을 것이다. 그러나 바울로가 앞서 기술한 바와 같이 계속해서 보수를 받지 않는 한, 그들은 바울로와 똑같이 아무 사심 없는 사도의 범주에 들어갈 기회를 가지지는 못할 것이다. 즉 그들이 아무 보수도 받지 않고 복음을 전파하는 바울로의 방식을 그대로 따르지 않는 한 그렇다는 것이다. 이것은 도덕적인 관점에서 제기한 유력한 주장이다. 고린토에서는 그 주장이 효과가 있었으리라고 생각할 수 있다. 그러나 그것은 논리적으로는 효과가 없는 것이다. 왜냐하면 침입자들은 자신들이 게파와 다른 사도들의 모범을 따르고

있다고(고전 9, 5—6) 주장할 수 있었을 것이고, 이것은 그들을 적어도 바울로와 같은 정도의 지위에 올려놓을 수 있었기 때문이다. 그러나 그렇다고 해도 그들은 바울로와 같은 종류의 사도라고는 결코 주장할 수 없다. 그리고 교회는 다른 사도들보다는 바울로의 목회활동에 보다 더 많이 은혜를 입고 있다고 보는 것도 결코 틀리지는 않을 것이다.

[13] 고린토전서 9장에서는 바울로 자신이 사도들은 지원을 받을 권리가 있다는 원칙을 주장하고 있다는 사실을 결코 잊어서는 안 될 것이다. 실제로 중요한 것은 자기희생의 요구(게파도 자기희생이 요구되는 상황에서는 틀림없이 그렇게 스스로를 희생했을 것이다)가 참된 사도를 거짓 사도로부터 구별한다는 것이다. 그것은 여기서도 마찬가지이다. 앞서 말한 것과 같은 이런 사람들은 "거짓 사도"요(ψευδαπόστολοι: 아마도 바울로가 만들어낸 말일 것이다. 이 말과 문맥에 대한 세부적 논의는 "False Apostles"를 참조하라), 부정직한 "일군들"(ἐργάται. 바울로가 다른 곳에서 이 말을 사용하는 것은 유일하게 필립비서 3장 2절인데 거기서도 역시 좋지 않은 의미로 쓰였다. 그것은 아마도 순전히 우연일 것이다. 왜냐하면 바울로는 자기 자신과 같이 주의 일을 하는 사람—ἔργον—에 대해서도 말하기 때문이다 : 참조. 고전 16, 10 ; Georgi, *Gegner*, 49 이하)이어서 그리스도의 사도로 "변장한"(μετασχηματίζειν. 이 동사에 대해서는 고전 4, 6과 주석 참조. 이 동사는 능동태라는 필립비서 3장 21절에서처럼 "변화시키다"를 의미하고, 중간태로는 여기서와 다음 귀절들에서처럼 "스스로 변화하다", 즉 "변장하다"를 의미한다) 데 지나지 않습니다. "변장하다"라는 말의 배경과 그 말 자체는 "거짓 사도"의 일차적인 의미가 "사도라고 주장하지만 사실은 그렇지 않은 사람들"임을 시사해준다. 그러나 (3절만으로도 충분히 알 수 있듯이) 바울로는 그들이 거짓, 즉 "다른 복음"을 전하는 사도, 혹은 사절이라는 생각에로 곧 옮겨간다. 그 배경과 상황을 검토한 결과들은 다음과 같다("False Apostles", 395—6—그리이스어 단어들은 번역해서 인용했다) : (ㄱ) 만일 제일 먼저 바울로에 대해서 거짓되다는 비난이 있었다면 그것은 이해할 만하다. 왜냐하면 바울로는 자신의 삶과 교리로 조상 대대의 종교에 대해서 거짓을 행하고 있다는 것이다. 일단 그런 비난이 한 번 행해지고 나면 그것은 당연하고 쉽게 할 수 있는 비난이 되며, 그런 비난은 한 사람에게로 되돌아간다. 하느님이 그의 백성들에게 정해준 운명에 반

항하는 것은 바울로가 아니라 그의 적대자들이라는 것이다. 그러나 이런 비난을 받을 가능성이 있는 사람은 오직 유다인들 특히 유다적 그리스도교인들이다. ……이 경우 실제문제가 되는 것은 유다교의 성취이다……(ㄴ) 이것은 고린토후서 11장 13절의 "거짓 사도들"이 유다주의자들임을 의미한다. 따라서 고린토에서의 문제는 유다주의자들의 문제였다는 결론이 나온다. 다음에 이것은 유다주의의 문제가 할례의 문제만이 아니고, 고린토후서와 갈라디아서 사이에는 긴밀한 관계가 있다는 것을 의미한다. 바울로와 유다주의자들 사이의 토론은 두 종교의 토대를 문제삼는 것이다. (ㄷ) 바울로는 유다교에서의 복음의 거부와 복음의 왜곡, 그리고 "거짓 사도들"을 일종의 종말론적인 현상으로 보았다. 분명히 서로 상대방에 대해서 가지게 되었을 격한 감정에 대해 달리 설명하기는 힘들 것이다.

사도라는 말은 이러한 배경에서 광범위한 의미로 사용되었다. 그리고 여기서 자신이 열 두 제자 중의 한 사람인 것처럼 행동하는 것이 유익할 리도 없다. 그것이 거짓임이 곧 드러날 것이기 때문이다. 그러나 사도들(참조. 고전 15, 7과 해당 주석)은 보다 큰 집단이었다. 이 칭호를 지녔던 것으로 보이는 다른 부류의 사람들에 대해서는 *Signs*, 71 이하를 참조하라. 바울로는 사도라고 주장하는 그 사람들을 "부정직" (δόλιοι)하다고 말한다. 12장 16절에 의하면 바울로가 "속임수"(δόλος)를 쓴다고 비난받고 있는데 그것은 주목할 만하다.

〔 14 〕 이 사람들이 고린토에서 속임수를 쓰고, 변장을 한 데에는 이미 선례가 있었다. 그들은 단지 그들의 스승, 우두머리 사기꾼의 선례를 따르고 있을 뿐이다. 그러나 놀랄 것은 없읍니다. 그들이 그렇게 행하는 것은 전혀 놀랄 만한 것이 못 됩니다. 사탄도(참조. 2, 11 ; 12, 7) **빛의 천사로 변장합**니다. 이 생각은 하와를 속인 데 대한 이야기와 관련이 있으며, 3절에 나오는 그것에 대한 언급을 바울로는 틀림없이 염두에 두었을 것이다. 모세의 묵시록 17장 1절에서는 하와가 스스로 그 사건을 회상한다 : '천사들이 하느님을 예배하기 위해서 올라갔을 때 사탄은 천사의 모습으로 나타나서 천사처럼 찬송을 불렀다. 그리고 나는 허리를 굽혀 마치 천사와도 같은 그를 보았다.' 이와 관련된 "아담과 하와의 생애" 9장 1절 : '사탄은 분노해서 빛의 천사로 변장했다. 그리고 티그리스강의 하와에게로 갔다.' 슬라브 본문 38장 1절에는 이렇게 되어 있다 : '악마는 빛의 천사의 모습을 하고 내게 왔다.' 빈디쉬는 이외에 다른 신화들의 예를

제시한다. 사탄에 관한 신화의 세부적인 것들보다 더 중요한 것은 바울로가 자신의 일에 대적하는 것은 사탄에게 기원을 두고 있다고, 즉 그렇게 하는 것은 직접적으로 하느님을 대적하는 것이라고 생각한다는 점이다. 이것은 갈라디아서 4장 9절과 일치한다 : "이방인들에게 있어서 유다화한다는 것은 이교도로 다시 되돌아가는 것, 즉 원시종교로 되돌아가는 것을 의미했다." 5장 4절 : "유다교적인 법령을 통해서 의롭게 되려는 것은 그리스도에게서 끊어지고, 은혜에서 멀어지는 것이다."

[15] 바울로는 사탄으로부터 사탄의 부하들에로 화제를 다시 바꾼다. 그렇다면 그의 부하들이 의의 일군으로 변장한다 해서 이상할 것은 없읍니다. "의의"는 아마도(14절의 "빛의"와 마찬가지로) 서술적인 속격일 것이다. 이것은 직접적인 의미에서 셈어적이라고 간주할 필요는 없다. 부정직함에도 불구하고(부정직하기 때문에) 그들은 자신들을 그리스도의 정직한 종으로 나타내려고 한다. 이 속격은 목적격을 의미한다는 주장도 있었다. 즉 그들은 율법에 대해 순종할 것을 주장하면서 의에 봉사한다. 혹은 의에 봉사한다고 공언한다. 그러나 이것은 바울로가 말하고자 하는 바를 분명히 해주지 못한다. 유다주의자들은 (만일 침입자들이 유다주의자들이라고 한다면) 이러한 의미에서 "의의 일군"으로 변장한다. 그들은 율법적인 의의 일군들이다. 그리고 바울로는 바로 그것에 대해서 반박한다. 이 귀절들을 지나치게 신학적으로 읽는 것은 잘못이다. 바울로는 도덕적인 언어로 말하며, 그의 경쟁자들은 사기꾼들이라고 주장한다. 그들은 사탄이 빛의 천사가 아니듯이 그들 자신이 주장하는 올바르고 정직한 사람이 아니다. 신학적으로 바울로는 결코 그들과 타협할 수 없었다. 만일 그가 옳다면 그들은 악마이며 옳지 못하다. 그리고 그런 사람들에게 닥쳐오는 운명은 오직 한 가지이다. 그들의 마지막은 그들이 행한 대로 될 것입니다. 5장 10절과 비교하라 : "사람들은 그들이 행한 대로 심판 때에 보응을 받을 것입니다"(참조. 로마 3, 8 ; 필립 3, 19). 바울로는 이 주제를 더 발전시키지 않는다. 그러나 그는 그들의 행동이 고린토교회에서 이루어지는 하느님의 일을 파괴할 위험이 있다(참조. 고전 3, 17)는 사실을 숨기지 않는다.

13절 이하에서 서술한 사람들은 아마도 여전히 고린토에서 활동하고 있었을 것이며, 자신들이 사도이며 의의 종이고, 선교자이고 그리스도의 종(참조. 11, 23)이라고 주장했을 것이다(Käsemann, *Legitimität* 37/

13). 그들은—바울로가 온건하게 반어적으로 표현하며, 결코 이 귀절에서처럼 맹렬하게 공격하지 않는—"위대하다는 사도들"과 구별되어야 한다. 그들은 예루살렘 사도들이 아니라 유다주의자들이다(위를 참조하라). 그리고 그들은 아마도 예루살렘 교회의 권위자들과 가장 높은 사도들에게 호소했을 것이다. 그들이 이런 호소를 하는 것이 어느 정도로 정당화될 수 있는지를 이제 우리가 판단하기는 어렵다(참조. "Paul's Opponents", 252—3). "유다주의"에는 여러가지 종류가 있었다. 바울로에게는 고린토의 유다주의자들과 같은 사람들이 아마도 보다 위험스럽게 보였을 것이다. 왜냐하면 이들은 (갈라디아의 유다주의자들처럼) 모든 이방 그리스도교인들이 할례를 받아야 한다거나 고린토에서 제시된 사도됨의 표준에 모두가 순응해야 한다는 식으로 눈에 띄는 유다교적 요구를 하지 않았기 때문이다.

19. 어리석은 자들에게는 그들의 어리석음에 맞게 대답한다: (ㄱ) 자격 11장 16—33절

16 거듭 말합니다. 아무도 나를 어리석은 자로 생각해서는 안 됩니다. 그
러나 나를 어리석은 자로 생각하거든 나를 어리석은 자로 다루어도 좋습니
다. 그것은 내게도 잠시동안 자랑할 기회를 주는 것이기 때문입니다. **17** 지
금 내가 하는 말은 주의 종으로서 하는 말이 아니라 어리석은 자처럼 자기
자랑에 대하여 확신을 가지고 하는 말입니다. **18** 많은 사람이 육에 따라 자
랑하니 나도 자랑하렵니다. **19** 여러분 자신들은 매우 슬기로와서 어리석은
자를 즐겁게 용납하고 있읍니다. **20** 어떤 사람들이 여러분을 종으로 삼아도
착취해도 함정에 빠뜨려도 멸시해도 뺨을 때려도 여러분은 관대하게 참습니
다. **21** 나는 부끄럽지만 이렇게 말합니다. 우리는 너무 약했읍니다. 그러나
(나는 어리석게 말하고 있는 것입니다) 어떤 사람이 용감하게 자랑한다면
나도 역시 그렇게 할 수 있읍니다. **22** 그들이 히브리 사람입니까? 나도 그
렇습니다. 그들이 이스라엘 사람입니까? 나도 그렇습니다. 그들이 아브라
함의 자손입니까? 나도 그렇습니다. **23** 그들이 그리스도의 일군입니까?
내가 정신빠진 사람같이 말합니다만 나는 더욱 그리스도의 일군입니다. 나
는 더 심한 고역을 했으며, 감옥에도 더 많이 갇혔고, 매는 수없이 맞았으

며 여러 번 죽을 뻔했읍니다. 24 유다 사람들로부터 사십에서 하나를 감한
매를 다섯 번이나 맞았고 25 몽둥이로 맞은 것이 세 번이요, 돌로 맞은 것
이 한 번이요, 파선을 당한 것이 세 번이요, 그리고 나는 한 낮과 한 밤 동
안을 아득한 바다 위에서 헤매었읍니다. 26 자주 여행하는 동안 강물의 위
험과 도둑의 위험과 나 자신의 민족의 위험과 이방인의 위험을 당했읍니다.
사람이 많은 도시의 위험과 한적한 시골의 위험을 당했고 바다의 위험과 거
짓 형제의 위험을 당했읍니다. 27 노동과 고역에 시달리며 여러 밤을 새
우고 주리고 목말랐으며 여러 번 굶고 추위에 떨고 헐벗었읍니다. 28 이런
외부적인 일 외에도 모든 교회에 대한 걱정이 날마다[13] 내 마음을 누리고
있읍니다. 29 누가 약해지면 내가 약해지지 않겠읍니까? 누가 넘어지면 내
가 애타지 않겠읍니까? 30 내가 꼭 자랑해야 한다면 나는 나의 약한 것을
자랑하겠읍니다. 31 영원하도록 찬양을 받으실 주 예수의 아버지 하느님께
서 내 말이 거짓말이 아님을 아십니다. 32 내가 다마스커스에 있을 때 아레
다 왕의 장관이 나를 잡으려고 성문을 지키고 있었으나 33 나는 광주리에
담겨 들창문으로 줄을 타고 성벽을 내려가 그 손에서 벗어났읍니다.

[16] 거듭 말합니다. 바울로는 이 서신이나 고린토에서 보낸 다른 어느 서신에서도 다음 절에 나오는 것과 같은 말을 전에 한 적이 없다. 그러나 그는 11장 1절의 생각을 이어가고 있으며, 거기서부터 여러가지 생각들이 그에게 떠오른다. 그는 반어적으로 자신도 역시 자랑을 좀 하게 해달라고 한다. 다른 사람들이 자신들의 자격에 대해서 자랑을 하니까 말이다. 우리는 이 서신 전체로부터 그 자랑이 높은 권위자들로부터 받은 추천서, 인상적인 언변과 행동, 성령의 현시 등에 대한 것임을 알 수 있다. 그리고 바울로는 고린토 교회의 위험을 알고서는 자신의 뜻과는 다르지만, 그들 자신이 하는 주장대로, 즉 그들의 어리석음에 따라 대답했다. 그가 느끼는 어려움은 그리스도교적 관점에서 보면 그가 스스로 어리석은 자가 되고 있다는 사실을 그 자신이 알고 있다는—그들은 모르지만—점이다. 그리스도교인은 강압에 의하지 않고는 결코 그렇게 행동하거나 말하지 않는다. 그러나 때로는 그렇게 인간적으로 주장할 필요가 있다. 그리고 만일 문제가 되고 있는 사람이 어리석은 자라면 이것은 반드시 어리석게 주장할 필요가 있음을 의미한다(불가타역에서는 이 부분에서 ad insipientem "어리석게"라는 말을 사용한다). 그러나 아무도 나를 어리석은 자로 생각해서는 안 됩니다. 여기에는 하느님 보시기에 현명한 자가

13) 이 부분의 본문에 대해서는 주석을 참조하라.

되려면(고전 3, 18) 자신이 참된 지혜가 없는 어리석은 자임을 거리낌 없이 인정해야 한다는 의미가 들어 있다. 여기서 바울로가 의미하는 바는, 그 누구도 바울로를 스스로의 지혜와 권위를 과시할 수 있다고 믿는 고집센 사람이라는 의미에서 어리석은 자로 생각해서는 안 된다는 것이다. 그러나 고린토인들은 쉽게 그를 어리석은 자로 생각했을 것이다(Robertson, 853에서는 δόξῃ의 시제가 "물론 아무도 그렇게 하지 않았다"는 것을 암시한다고 말한다. 다음 절은 바울로의 두번째 생각을 반영한다). 그러나 나를 어리석은 자로 생각하거든("만일 그렇지 않다면" εἰ δὲ μή γε. 고전적인 구문이며 바울로서신에서는 이곳에서만 나온다) 나를 어리석은 자로 다루어도 좋습니다(Moule, *Idiom*, 151의 번역을 확대시킨 것이다. 거기서는 κἄν[영어의 even에 해당함]의 용법이 옳게 설명되었다). 그것은 내게도(거짓 사도들이 그들의 방식 대로 그렇게 하듯이) "잠시 동안"(μικρόν: 이 단어를 11장 1절에서와 같은 의미로 볼 경우 "약간"이라는 뜻이 된다. 그러나 바울로는 단지 조금만 자랑하려고 하지 않는다. 그는 그가 할 수 있는 만큼 자랑할 것이다. 그러나 자기 스스로 용납할 수 있는 동안만 그렇게 할 것이다) 자랑할 기회를 주는 것이기 때문입니다. 쉡스(*Paulus*, 74 : 영어번역판, 79)는 고린토인들이 바울로에 대해서 "어리석다"(ἀφροσύνη)는 비난을 했다고 생각한다. 그리고 19절은 그러한 견해를 더욱 뒷받침해준다고 본다. 그러나 13절은 고린토인들이 자신들의 손 안에 들어올 수 있는 무기라면 어느 것이든 사용할 태세가 되어 있음을 시사한다. 바울로는 지나치게 환상적일 수도 있고 지나치게 합리적일 수도 있었다. 그러나 그들의 생각은 결코 옳지 않았다. 그는 여기서(고린토인들이 바울로의 경쟁자들로부터 기꺼이 받아들인) 자랑은 참으로 어리석은 짓이라는 점을 분명히 하며, 그들에게 자신으로부터 좀 다른 자랑을 받아들이라고 권한다. 그가 몰아적인 현상들에 대해서 직접적으로 말하지 않는다는 점에 주목해야 할 것이다. 그런 현상들에 대해서는 나중에 12장에서 다룰 것이다. 반어적인 어조와 엄격히 말하자면 일시적이고, 편파적으로 자신의 위치를 방어하는 내용이 다음 몇 귀절에까지 계속된다. 몇몇 학자들이 이 부분에서 인용하는 Plato, *Symposium* 212는 기껏해야 아주 거리가 먼 병행구일 뿐이다.

[17] 지금 내가 하는 말은 주의 종으로서 하는 말(직역하면 "주님에 따라서", 즉 그의 명령과 권위에 따라서 : 참조. 고전 7, 12. 바울로는 아마도 "주님의 겸손한 행동을 본받아서"를 의미

했을 것이다. 그러나 그가 이런 것을 염두에 두었다고 볼 만한 암시가 전혀 없다)이 **아니라 어리석은 자"처럼"**(ὡς: 참조. 21절. 바울로는 자신이 얼마나 진지한지, 그리고 자신이 얼마나 반어적으로 말하고 있는지를 밝히는 것이 결코 쉽지 않다고 생각했다) **"자기 자랑에 대하여"**("자랑의" τῆς καυχήσεως라는 말을 형용사적인 속격으로 본 것이다) **확신을 가지고 하는 말입니다.** "확신"이라고 번역된 말은 9장 4절에서 나온 말이다(ὑπόστασις : 참조. 주석). 현재의 귀절에서는 "이 자랑하는 일에 있어서"라고 번역할 수도 있을 것이다. 그러나 아마도 두 귀절들은 같은 방식으로 이해해야 할 것이다(바울로는 다른 곳에서는 이 말을 사용하지 않는다 : 참조. 히브 11, 1).

[18—19] **많은 사람이 육에 따라 자랑하니,** 즉 하느님을 도외시하는 가치체계에 따라 자랑하니(참조. 이 책 222면) **나도 자랑하렵니다. 여러분 자신들은 매우 슬기로와서 어리석은 자를 즐겁게 용납하고 있읍니다**("슬기로운"이라는 말 뒤에 나오는 "어리석은"이라는 말은 "슬기롭지 못함"이라고 번역할 수도 있을 것이다. 왜냐하면 그리이스어로는 어원상 관련성이 있기 때문이다. 그러나 전체적으로는 다른 곳에서도 사용했던 "어리석은"이라는 말을 그대로 쓰는 것이 더 나아 보인다). 고린토전서 4장 10절과 비교하라 : "우리는 그리스도를 위하여 어리석은 자(다른 말이다)가 되었고 여러분은 그리스도 안에서 지혜 있는 자가 되었읍니다." 고린토전서 4장 10절의 반어법은 이 귀절의 반어법과 비슷하다. 자신들의 위치가 우월하다고 생각하는 고린토인들은 그리스도를 위해서 우스꽝스럽고 좋지 않은 지위도 감수하는 어리석은 사도들을 무시한다. 또한 그들은 마음이 내키면 그러한 사도들에게 관용을 베풀기도 했다. 바울로의 관점에서 보면 그리스도교인들이 동료 그리스도교인들에 대해서 우월한 태도를 취하거나 자기들 마음대로 그들을 판단하는 것은 참을 수 없는 일이었다(참조. 로마 14, 4). 그러나 그는 계속 그런 행동을 참으며, 개종자들에게도 참으라고 권한다. 겸손한 표현과 신랄하고 보복적인 반어법을 뒤섞어 쓴 것은 매우 미묘하면서도 놀라운 서술방식이다.

[20] 바울로는 이제 계속해서 새로운 주제를 끌어들인다. 여러분은 여러분 자신이 우월하다고 생각하며, 다른 사람들을 판단할 수 있는 위치에 있다고 생각합니다. 여러분이 그런 태도를 취하면 그 결과로 여러분들 자신들이 쓸모없는 자들보다 못하게 됩니다. 나는 여러분에게 어리석은 자들을 참아주라고 권합니다.

어떤 사람들이 여러분을 종으로 삼아도(참조. 갈라 2, 4) "착취해도"(κατεσθίει를 고린토전서 9장 4절 이하에 기초해서 해석한 것이다[참조. 마르 12, 40]—바울로와는 달리 여기서 "착취하는 사람"은 자기 자신뿐만 아니라 자기 아내를 위해서도 교회로부터 생활비 보조를 받는 특권을 누린다. Reicke, *Diakonie*, 280에서는 그는 식사 때 '여러분의 음식을 먹는다'라고 본다. 아니면 이 말은 갈라디아서 5장 15절에 비추어서 해석할 수도 있다. 즉 공격적이고 싸우기 좋아하는 행동) 함정에 "빠뜨려도"(λαμβάνει. "잡다", 혹은 "받다." 이 말은 다양한 의미로 사용된다 : 참조. 로마 7, 8·11 ; 고전 10, 13—모두 은유적으로 사용되었다. 고후 12, 16도 비슷하다. C. Lattey, *J.T.S.* xliv. 148에서는 이 말이 폭력의 의미도 함축한다고 본다—"여러분을 덮치다") "무시해도"(ἐπαίρεται는 10장 5절에서 비슷한 의미로 사용되었다 : 참조. Betz, *Lukian*, 129) 뺨"을" (ἐπί대신 εἰς가 사용되었다 : 참조. *M.* iii. 256) 때려도(은유적으로 사용된 비슷한 표현에 대해서는 고전 9, 27 참조) 여러분은 관대하게 참습니다. 이 귀절의 말 중에서 몇 가지는 확신 있게 번역하기가 쉽지 않다. 그리고 어느 말에 대해서도 정확한 함축의미를 제시하기가 어렵다. "어떤 사람들"(τις)이라는 말에 10장 7·10·11절, 11장 4절에서 요구되는 것 같은 단일한 해석을 제시하기는 거의 불가능하다. 바울로는 일반적인 언어로 기술하고 있다. 그러나 바울로가 지금 기술하고 있는 행동을 하는 사람들 가운데 반드시 주모자가 없었다고 볼 이유는 없다 (참조. 이 책 328·346면). "어떤 사람들이 여러분을 종으로 삼아도"는 아주 자연스럽게 "여러분을 자신의 종으로 삼다"를 시사하며, 4장 5절에서와는 반대되는 태도를 분명히 염두에 두고 있는 것이다. 이러한 행동 배후에서 신학적으로 노예로 만드는 행동은 갈라디아서 2장 4절, 4장 9절에 나타난다. 유다주의자들의 "복음"을 받아들이는 것은 이교주의의 멍에를 다시 메는 것이다. 다른 동사들도 어느 정도 분명하게 "노예로 삼는다"는 의미를 표현한다. 주인은 노예의 소유물과 노예의 수고로 호화롭게 살 것이다. 주인은 자신의 권력으로 노예를 잡고, 자신의 뜻을 그에게 강요할 것이다. 그리고 그는 자기 마음대로 노예를 때릴 것이다. 맨 마지막 동사를 어느 정도로 은유적으로 받아들여야 할지는 분명하지 않다. 아마도 완전히 은유적이지는 않을 것이다. 26절(주석 참조)에서 바울로는 "거짓 형제들"이 겪은 위험을 약탈자들이 겪은 위험이나 강물에 빠지는 위험과 동일한 부류로 취급한다. 그리고 고린토의 침입자들은—그들을 거짓 형제들과 동일시할 수 있건 없건 간에—자신들의 목적에 부합한다면 폭력에 대해서도 부정적인 태도를 취하지 않았을 것이다(비교. 사도 23,2). '만일 어떤 사람이 여러분을 이렇게 대하면 여러분은 관대하게 참습니다'—즉 '이 사람의 행동은 그의 지위가 어떤 것인지를 입증해주며, 그가 사도적 권리를 남용하는 것을 정당화해준다고 생각하면서 여러분은 관대하게 참습니다.' 고린토인들은 목회자의 허식이나 외적 상황에 대해서 결코 초연한 사람들이 아니었다. 천박하게 그런 행동을 추종하는 것도 원래 그런 교만한 행동을 하는 것에 못지 않는 악한 행동이다.

[21] 거짓 사도들과 경쟁하는 과정에서 바울로는 실패한다. 그래서 그는 냉소적으로 다음과 같이 그것을 인정한다. 나는(내가 : 이 대명사는 그리이스어 원문에는 없다. "여러분이"로 보충할 수도 있을 것이다. 그러나 "내가"라는 반어적인 표현이 문맥과 잘 부합된다) **부끄럽지만 이렇게 말합니다 : 우리는 너무 약했읍니다 !** 바울로가 빈정거리는 투로 말하는(그러나 어떤 의미에서는 이 진술이 사실이다) 진술을 끌어들이는 구문(ὡς ὅτι)에 대해서는 5장 19절에 대한 주석을 참조하라. 데살로니카후서 2장 2절과 비교하라. 자신들의 회중들에게 폐를 끼치면서도 스스로를 주장하는 위엄있고, 정열적인 사람들과 비교해볼 때 그는 너무 약했다. 즉 그는 그들이 강한 부분에서 그렇게 강하지 못했다. 그것은 권력을 장악하고 행사하기 위해서 일시적인 방편으로 취한 교묘한 굴종이 아니라 순수한 약함이다. 그러나 그것은 순수하게 인간적인 약함으로서 신적인 능력이 이루어지는 장소이다(비교. 12장 9—10절과 주석). 인간의 강함은 그 결과들을 통해서 알려진다. 위엄이나 영향력은 그것을 소유하고 행사함으로써 얻어진다. 신적 능력도 역시 그 결과들을 통해서 알려진다. 즉 사람들의 회심이나 그들이 새로운 그리스도교 공동체를 형성하는 것을 통해서 알려진다.

우리는 너무 약했읍니다. 그러나 이제는 고린토인들이 정신을 차리도록 하기 위해서 방법을 바꾼다. 그러나(나는 어리석게 말하고 있는 것입니다) **어떤 사람이 용감하게 자랑한다면 나도 역시 그렇게 할 수 있읍니다**(직역하면 '어떤 사람이 담대하면 나도 역시 담대합니다.' "자랑하다"라는 말은 그리이스어 원문에는 없지만 문맥상 그런 의미가 암시된다). "어떤 사람"이라는 말로 바울로는 직접적인 그의 경쟁자들, 즉 고린토에서 사람들을 멸시하고 고린토인들을 위협하는(인간의 본성이 왜곡되어 있기 때문에 그렇게 위협받으면서 오히려 기뻐한다) 침입자들이 아니라 그들 배후에 있으면서 그들에게(옳게, 혹은 그릇되게) 권위를 부여하는 사람들을 생각한다. 지금은 부하들과 흥정을 할 때가 아니다. 바울로는 그 우두머리와 비교되는 것을 두려워할 필요가 없었다. 비록 그는 그처럼 비교하는 것이 어리석은 짓이라고 계속 주장하기는 했지만 말이다. 이 사람들이 누구인지는 다음 귀절과 그 다음 귀절 상반부에서 상당히 분명하게 제시된다.

[22] **그들이 히브리 사람입니까? 나도 그렇습니다.** 신약성서에서 "히브리 사람의"(*'Eβραῖος*)라는 형용사는 이곳과 사도행전 6장 1절, 그리고 바울로가 자신은 "히브리인 부모에게서 난 히브리인"이라고 주장하는(Beare의 번역 : *'Eβραῖος ἐξ 'Eβραίων*) 필립비서 3장 5절에서만 나온다. 이 말이 두 가지 의미로 사용된다는 사실은 예를 들어 Bauer의 해당란, 리츠만, 컴멜, 폰 라드, 쿤, 굳브로트(*T. W. N. T.* iii. 356—94)에 의해서 결론적으로 입증되었다. 일차적인 의미는(필립비서 3장 5절에서 분명히 이러한 의미로 사용되었다) 순수한 혈통의 유다인이라는 것이다. 단지 이차적으로 "히브리"라는 말이(사도행전 6장 1절에서처럼) 다른 유다인들과 대조되는 문맥에서는 가령 히브리 언어(그리이스어를 말하는 데 반해서 히브리어를 말하는)를 생각해 볼 수 있다. 어쨌든 일차적인 의미에서 히브리인인 사람은 비록 상황으로 인해 어쩔 수 없이 상당한 기간 동안 다른 언어를 사용할 수밖에 없더라도 아마도 히브리어나 아랍어를 알고 있을 것이다. 그리고 적어도 팔레스틴과 접촉을 할 것이다(만일 사도행전의 보도를 믿는다면 바울로도 마찬가지이다. W.C. van Unnik, ***Tarsus of Jerusalem*** [1952 ; 영어판, 1962]). 그러나 고린토에서 발견된 그리이스어로 된 회당비문 "히브리인들의 회당"(*Συναγωγὴ 'Eβραίων*: 참조. 아 책 서론 23면)에 의해서 "히브리"라는 말이 다른 언어적 관련성 없이 단순히 "유다인"이라는 의미로 씌어졌음이 매우 분명하게 알려졌다. 따라서 바울로는 자신이 조상의 유전으로도 완전한 유다인이라고 주장하고 있는 것이다. 그리고 그는 자신이 지금 비교하고 있는 사람들이 그런 주장을 하는 데 대해서는 논란하지 않는다.

그들이 이스라엘 사람입니까? 나도 그렇습니다. "이스라엘 사람"은 하느님의 백성인 이스라엘의 구성원이다. 리츠만은 즉시 유다교 카타콤의 한 비문을 인용하면서 —그 비문에서는 개종한 한 여인이 자신은 '유다인이며 이스라엘인' (혹은 '유다인인 이스라엘 사람' *Eἰουδέα 'Iσδραη* λίτης)이라고 기술한다—이 말이 "히브리"라는 말과 동일한 의미를 지녔다고 주장하는데 어떻게 그런 주장을 할 수 있는지 이해하기 힘들다 (H.W. Beyer & H. Lietzmann, *Jüdische Denkmäler I: Die jüdische Katakombe der Villa Torlonia in Rom*] [1930], 37). 바울로의 입장에서 보면 그 말은 동일한 사실을 새로운 각도에서 기술한 것이라고 할 수 있다. "히브리"라는 말은 인종적인 측면에서, "이스라엘 사람"이라는 말은 사회적이고 종교적인 측면에서 기술한 것이다.

그들이 아브라함의 자손입니까? 나도 그렇습니다. 여기서 말하는 사람들은 유다인들이다. 그리고 "아브라함의 자손"이라는 말은 "히브리 사람"이라는 말과 마찬가지로 인종적인 관점에서 그들에 대해 기술하는 것이라고 말하는 것은 자연스러우며 옳다. 이 말은 확실히 아브라함의 후손들을 뜻한다. 그러나 "자손"(σπέρμα, zera')이라는 말은 집단적인 언어이며, 하느님의 부름과 약속에 기초해서 한 집단으로 존재하게 된 사람들로서 집단적인 의미에서의 하느님의 백성을 뜻한다(참조. 1*QM* xiii 7 ; 1*QH* xvii. 14, 그러나 S. Schulz, *T.W.N.T.* vii. 544에서 인용된 이 귀절들이나 다른 어떤 귀절들에서도 아브라함은 언급하지 않는다. 그리고 직접적으로 구약성서에 기초하고 있는 것으로 보이는 바울로의 용법과 긴밀하게 병행하는 귀절은 없는 것 같다). 따라서 이 말은 유다인들을 신학적인 관점에서 기술하는 것이라고 말할 수 있다. 바로 이러한 이유에서 바울로는 이 문구를 받아들여서—신체적으로 그 후손이어야 하느님의 백성이 될 수 있다는 원칙을 부인하면서(로마 9, 6—13)—그리스도(갈라 3, 16·19)와 그리스도의 교회(예. 갈라 3, 29)에 대해 이 문구를 사용한다. 실제로 이 귀절 전체에서 그는 단지 "그들이 유다인입니까? 나도 그렇습니다"라고 말하는 셈이다. 그러나 그는 여러가지 면에 강조점을 두면서 그 말을 한다. 그리고 바울로 자신이 예루살렘 사도들보다 못한 어떤 유다적 자격 조건이 있지 않다는 사실을 밝힌다. 이 모든 것들은 매우 성서적으로 규정되고 동기가 부여되어 있으므로 주인공의 고귀한 출생을 강조하는 "찬양하는 글"(enconium topos)과 긴밀한 관계가 있다고 보기는 힘들다 (Betz, 97). 적대자들에 대한 죠지의 상세한 논의(*Gegner*, 97)는 매우 훌륭하지만 그들이 헬레니즘계 유다인들이었다는 그의 결론은 켐멜의 논증에 의해서 수정되어야 한다. "히브리"라는 말이 뜻하는 바로부터 다음과 같은 결론을 이끌어낼 수 있다 : '고린토에서 바울로의 적대자들은 팔레스틴계 유다인들이었다. 이들은 바울로가 지상의 예수를 개인적으로 알지 못했다는 이유에서 그를 반대했던 팔레스틴 유다인들이었다(5, 16)……우리는 고린토후서 11장 6절, 12장 1절 이하를 통해서 이 적대자들이 고린토에 있을 때 자신들은—바울로가 고린토전서에서 공격했던—"영적인" 영지를 가지고 있다고 주장했음을 알 수 있다. 그러므로 고린토전서에서와는 대조적으로 고린토후서에서 바울로는 이중적인 적과 싸워야 했다.' 컴멜이 거짓 사도들과 위대하다는 사도들을 구별하지 않는다는 점을 제외하면 이것은 올바른 결론인 것 같다.

[23] 바울로는 유다교적 자격에서부터 그리스도교적 자격에 관한 이야기로 화제를 돌린다. 그들이 그리스도의 "일군"(διάκονοι) 입니까? 바울로는 이 사실을 부인하지 않는다. 이처럼 바울로가 인정하므로 여기서 언급하고 있는 사람들은 11장 13절 이하의 사람들과 동일시될 수 없다. 이러한 결론을 예를 들어 리츠만이나 컴멜같은 학자들은 깨닫지 못했다. 그들이 스스로를 사도가 아니라 "일군"으로 표현했다는 사실을 강조하는 것은 아마도 잘못일 것이다. 11장 13절 이하에서도 이 두 말은 매우 긴밀한 관련성을 가지고 있는 말로 사용되었다. 그리고 23—30절에서는 바울로가 근본적으로 그의 사도적 생애의 일부라고 생각하는 경험들을 기술하고 있다. 바울로가 자기 자신에 대해서 "일군"이라는 말을 사용하는 6장 4절과 비교하라. 골로사이서 1장 7절은 "그리스도의 일군"이라는 말에 대한 바울로의 서신 중 유일한 병행구이다. 이 말 자체에는 특히 예수의 지상 선교 활동 기간 중에 따라다녔던 그의 제자들에게 적용된다고 볼 만한 이유가 없다. 그러나 아마도 바울로는 그러한 특권을 가지지 못했다고 몇몇 사람들로부터 공격을 받았을 것이다. 슈미탈스(Schmithals, 172 이하)는 이 귀절이 영지주의자들과 관련되어 있다는 것을 입증하려고 한다. 이것은 "비영지주의적인" 방식으로 표현되었는데 그 까닭은 바울로가 간단히 "그들이 그리스도에게 속합니까? 나는 더욱 그렇습니다"라고 말한 것을(참조. 10, 7) "일군"이라는 말을 끌어들여서 자기 방식대로 표현했기 때문이라고 한다. 이것은 너무 무리한 해석이어서 진지하게 받아들일 수 없다. 죠지의 논의가 보다 핵심적인데 (*Gegner*, 31—8) 그는 견유학파의 "봉사"(διακονία)라는 말이 바울로가 말하는 사도직의 의미와 밀접한 관계에 있음을 상기시킨다. 특히 Epictetus Ⅲ xxii. 69 ; Ⅲ xxiv. 64 이하를 참조하라.

그러나 봉사란 무엇보다도 "봉사" 그 자체를 의미하며, 만일 "일군"

이라는 말을 이러한 의미로 받아들인다면 바울로의 대답은 분명하다. 만일 그들이 "그리스도의 일군"이라면 — 나도 거기에 대해선 부인하지 않습니다 — 내가 정신빠진 사람같이(21절의 말과 다르긴 하지만 관련이 있다. 아마도 보다 강한 의미를 지녔을 것이다) 말합니다만 나는 "더욱"(ὑπέρ의 부사적 용법 : 참조. *B.D.* § 230 ; *M.* iii. 250) 그리스도의 일군입니다. 고린토전서 15장 10절과 비교하라 : 바울로가 그리스도를 위하여 일할 수 있었던 것은 하느님의 은혜에 의해서이다. 바울로가 자신의 주장을 통해서 뜻했던 바가 이어지는 귀절들에서 보다 충분하게 표현된다. 이 귀절들은 그의 생애에 대해서 아주 생생한 모습을 그려주고 있다. 그것들은 동시에 바울로가 선구자적인 선교 활동과 관련해서 자신의 사도직을 이해했음을 분명히 보여준다. 아마도 이것이 유일하게 정당한 "사도"(ἀπόστολος, shaliaḥ) 이해는 아니었을 것이다(참조. 이 책 292면 ; *Signs,* 32—3, 68—9, 77). 그러나 그것은 예수 자신의 활동과 매우 일치하는 것이다. 사도행전은 여기 언급된 전기적 세부사항들에 대한 극히 몇 개에 불과한 병행구를 제공해준다. 바울로에 대한 사도행전의 서술은 (매우 귀중하기는 하지만) 빈약하며 막연한 느낌을 근거로 하고 있다. 그리고 그의 "생애"를 재구성하기에는 매우 부적합하다. 자신의 수고와 고난에 대한 바울로의 서술과 견유학파의 디아트리베 사이의 관계에 대해서는 Betz, 99를 참조하라.

나는 더 심한 고역을 했으며. 이것은 주된 진술을 단지 반복한 것일 뿐이다. 그러나 여기서는 특징적으로 바울로적인 언어로 반복하고 있다. 그가 사용하는 말(명사 κόπος, 여기서는 동사로 의역되었다)은 자주, 특히 그리스도교적 활동(고전 15, 58 ; 고후 6, 5 ; 10, 15 ; 데전 1, 3 ; 2, 9 ; 3, 5 ; [데후 3, 8])을 의미한다. 같은 어원의 동사도 마찬가지이다(κοπιᾶν ; 로마 16, 6·12 ; 고전 [4, 12] ; 15, 10 ; 16, 16 ; 갈라 4, 11 ; 필립 2, 16 ; 골로 1, 29 ; 데전 5, 12). **감옥에도 더 많이 갇혔고.** 이에 대해서 사도행전은 그가 밤 동안에 필립비에서 감옥에 갇힌 사건을 기술하고 있다(16, 23—30). 아무리 과장을 한다 해도 사도행전의 서술로부터 바울로의 진술을 이끌어낼 수는 없다. 고린토전서 15장 32절, 고린토후서 1장 8—9절은 감옥에 갇힌 사건을 암시한다고 볼 수도 있다. 그러나 물론 반드시 그렇다고 볼 수는 없다. 바울로가 에페소에서 겪은 불운에 대한 던칸(G.S. Duncan, *St. Paul's Ephesian Ministry* 1929)의 상세한 (그리고 매우 의심스러운) 설명도 "더 많이 갇혔고"라는 말에 대한 충분한 증거를 제시해주지 못한다. 그러나 클레멘스1서

5장 6절과 비교하라. 거기에 따르면 바울로는 일곱 번 감옥에 갇혔다. 매는 수없이 맞았으며. 이 진술은 다음 귀절에서 확대된다. 나는 여러 번 죽을 뻔했읍니다. 직역하면 '여러 번 죽음 가운데 있었읍니다.' "죽음"(θάνατος)이라는 말은 "내가 죽음의 위험에 처해 있었던 상황"이라는 의미로 사용되었다. 1장 9—10과 비교하라.

[24] 유다 사람들로부터 "사십에서 하나를 감한 매"를 다섯 번이나 맞았고(직역하면 "유다 "사람들로부터 받았고"—이 동사는 라삐적 용법과 일치한다 : 참조. *S.B.* iii. 527). 신명기 25장 2—3절에 따르면 이러한 형벌은 최고로는 매로 사십 대 맞는 것이었다. 이것은 Makkoth 3, 10에서 발전된 형태로 나타난다 : '그들은 한 사람에게 매를 얼마나 많이 때리는가? 사십에서 하나를 감해서 때린다. 왜냐하면 "사십이라는 수로"[bmispar 'arba'im]라고, 즉 "사십에 가까운 수로"라고 기록되어 있기 때문이다.' 그 성서 본문에 대한 동일한 변형구가 Josephus, *Antiquities*. iv. 238, 248에 나타난다. 이것이 1세기의 일반적인 관행을 반영한다는 데 대해서는 의심의 여지가 없다. 회당에서는 특정한 범죄를 저지른 경우 매질을 했는데, 그 범죄들의 다양한 목록이 Makkoth, iii 1—9에 수록되어 있다. 이 범죄들 중의 대부분이 바울로가 범했다고 볼 수 없는 것들, 가령 불법적인 성관계, 불법적으로 성유나 향을 만드는 것, 문신을 새기는 것 등이었다. 사도행전 21장 28절(물론 이것은 고린토후서를 쓸 때보다 후기에 해당한다)에 비추어볼 때 부정한 상태로 성전에 들어가는 것이 벌을 받아야 할 행동이었다는 것은 주목할 만하다(Makkoth iii. 2). 3세기에는(*S.B.* iv. 318 이하) 회당 축출을 당할 학자에게 매를 때리는 것이 (덜 불명예스러운 벌로서) 일반화되었다. 이보다 초기에는 경우에 따라서 때때로 그렇게 했을 수 있다. 바울로가 (광범위하게 말해서) 그리스도교인이라는 이유에서(Schürer, Ⅱ ii. 262) 매를 맞았던 일을 언급하고 있다는 데 대해서는 거의 의심할 여지가 없다. 그러나 가령 이방인들과 어울리고, 먹지 못하도록 금지되어 있는 음식을 먹은 것과 같이(참조. 예. 고전 10, 25·27) 바울로가 그리스도교인이었기 때문에 범한 특수한 범죄들에 대해서 말하는 것이 보다 정확할 것이다. 아마도 매맞는 것은 그의 사도활동의 초기로 소급될 것이다(Goppelt, *Christentum und Judentum*, 87 ; *Apostolic and Post-Apostolic Times* [1970], 74 ; 고펠트도 역시 바울로는 회당에 남아 있고 싶어 했지만 회당으로부터 쫓겨났음에 틀림없다고 지적한다). 그러나 그가 그토록 심한 벌을(세부적인 것에 대해

서는 Makkoth iii. 12 이하……바울로가 매를 때린 사람의 수중에서 죽는다 해도 그는 책임이 없다……) 다섯 번이나 받도록 견뎌냈다는 사실은 그가 쉽게 유다인으로서의 신분과 관계(참조. 로마 9, 1—5 ; 10, 1)를 포기하지는 않았음을 보여준다. 이러한 매맞은 일에 대해서 사도행전은 전혀 보도하지 않는다.

[25] 몽둥이로 맞은 것이 세 번이요. 이것은 로마의 형벌이었다. 사도행전 26장 22절을 참조하라. 사도행전이(16, 37) 입증해주듯이 그것은 (적어도 기술된 상황에서는) 로마 시민에게는 가해지지 않았던 형벌이었다. 사도행전 22장 25·29절과 Cicero, *In Verrem* v. 66(170)를 비교하라 : '그 일은 로마 시민을 붙잡아서 악한 행동에 대해서는 매질을 하고, 존속 살해자는 사형에 처하는 것이다' (Facinus est vincire civem Romanum, scelus verberare, prope parricidium necare). 그러나 헨첸이 말하듯이(사도 16, 37에 관한 부분 ; 키케로에 대한 언급은 수정되어야 할 것이다) 이러한 문구는 저자의 기교적 표현일 뿐이며, 로마 당국자들이 항상 율법 문제에 깊은 관심을 갖지는 않았을 것이다. 같은 키케로의 말을 인용하는 것이 좋을 것이다 (62[162]) : '로마 시민이 메싸나의 광장 한가운데서 매를 맞고 있었다. 그런데 재판관들은 아무런 슬픔도 느끼지 않았고, 매를 맞으며 고통 가운데 있는 그 사람의 "나는 로마 시민이다"라는 말 외에 다른 어떤 말도 듣지 않았다' (Caedabatur virgis in medio foro Messanae civis Romanus, iudices, cum interea nullus gemitus, nulla vox alia illius miseri inter dolorem crepitumque plagarum audiebatur nisi haec, "Civis Romanus sum"). Josephus, *War* ii. 308를 참조하라 : '그 날 플로루스는 이전에 어느 누구도 한 적이 없는 일을 했다. 말하자면 비록 유다인으로 태어났지만 적어도 로마인으로서의 권위를 부여받은 곡마사들을 자신의 재판석 앞에서 매질하고 십자가에 못박았다.' 법적인 문제에 대해서는 (사도행전 16장과 22장에 대한 Haenchen, Conzelmann, Bruce의 주석들에 덧붙여서) H. J. Cadbury의 광범위한 주석 *Beginnings* V, 297—338 ; A.N. Sherwin-White, *Roman Society and Roman Law in the New Testament* (1963), 특히 48—98를 참조하라. 기본적인 법은 포르치아 법(Lex Porcia)이었다 : '그럼에도 불구하고 포르치아 법은 시민들의 등판 위에서 널리 알려졌다. 즉 만일 어떤 사람이 로마 시민을 구타하거나 살해하면 어떠한 중형을 받아야 하는지 잘 알려졌다' (Porcia tamen lex sola pro tergo civium lata videtur: quod gravi poena, si quis verberasset necassetve civem Romanum, sanxit:

Zay ix. 9). 바울로가 세 번이나 매를 맞았다는 사실은 그가 로마 시민이었다는 사도행전(16, 37 ; 22, 25 ; 25, 10)의 주장을 반증하지 않는다. 그것은 로마의 행정장관들이 자신들의 권력을 강압적으로 행사했음을 (아마도 때로는 합당한 고려를 하지 않은 채) 보여준다. 바울로의 죄목은 아마 사회적 소동을 일으켰다는 것이었으리라. 유다에서와 마찬가지로 로마에서도 매를 때리는 형벌은 죄인을 죽게 할 수도 있었다.

돌로 맞은 것이 한 번이요. 여기서 사도행전 14장 19절을 회상하는 것은 자연스러우며 아마도 옳을 것이다. 비록 그 귀절이 (사도행전 7장 57—60절의 이야기와 다름 없이) 돌로 쳐죽이는 유다교의 공적인 형벌(이에 대해서는 참조. Sanhedrin vi. 1—6)과 유사하지 않더라도 말이다. 그러나 이 차이점은 별다른 난점을 제기하지 않는다. 바울로는 그리이스어로 기술하고 있으며, ἐλιθάσθην("돌로 때리다")은 "어떤 사람에게 돌을 던졌다"(참조. 2Kams. xvi. 6)를 의미한다. 추측컨대 사도행전 14장 5절에 기술된 모의는 수포로 돌아갔던 것 같다.

파선을 당한 것이 세 번이요. 파선사건은 사도행전 27장 14—44절에서 어느 정도 세부적으로 기술되었다. 이 일은 고린토후서를 쓸 당시에는 아직 일어나지 않았다. 그 일이 일어날 때까지 사도행전은 다음의 여행들에 대해서 언급하고 있다. 셀류기아로부터 키프로스(13, 4), 바포에서 베르게(아타리아 : 13, 13), 아타리아에서 안티오키아(14, 26), 트로아스에서 사모드라게(16, 11), 베레아에서 아테네(17, 15), 고린토에서 시리아, 에페소 방문(18, 18), 이에 덧붙여서 9장 30절, 11장 26절의 여행은 아마도 부분적으로는 해로를 통한 여행이었을 것이다. 우리는 위의 여행들에 덧붙여서 마음아팠던 두번째 고린토 방문(2, 1)과 트로아스에서 마케도니아로 가는 여행(2, 13 ; 7, 5 주석)을 말할 수 있을 것이다. 헬레니즘문학에서 "파선 주제"에 대해서는 Knox, *H.E.*, 13를 참조하라. 그러나 (사도행전 27장에 대해서 무어라고 말할 수 있건간에) 바울로의 말은 허구가 아니라 실제 일어난 사건이다. 우리가 가지고 있는 자료들은 위에서 언급한 여행에서 일어났을 파선 사건에 대해서 아무런 암시도 주지 않는다. 우리는 바울로의 생애에서 중요한 사건들에 대해서조차도 거의 알고 있지 않다. 적어도 그 중에서 한 번은 매우 심하게 파선을 당했다. 그리고 나는 한 낮과 한 밤 동안을 아득한 바다 위에서—아마도 구조를 기다면서—"헤매었읍니다"(완료형 πεποίηκα를 설명하려는 그리 성공적이지 못한 시도에 대해서는 *M.* i. 144 참조).

파선 사건은 바울로의 여행 전반을 암시해준다. 바울로는 지금 여행 가운데 자신이 당했던 위험한 일들에 대해서 열거하고 있다. 신약성서의 역사에 관한 책들은 자주 로마의 평화에 대해서 언급하며 도로 상태가 좋았기 때문에 복음 전파가 쉬웠다고 언급한다. 만일 이러한 언급을 상대적인 의미에서, 즉 그 이전 세기나 그 이후의 초기 제국 시대와 관련해서 본다면 충분히 타당하다. 그러나 바울로는 자기 시대의 위험들에 대해서 과장하고 있는 것이 아니며, 그러한 위험들이 완전히 사라진 것도 아니다. '1906년 4월 어느 저녁나절에 우리는 밀레투스 가까운 곳에서 길을 잃었다. 그리고 우리는 해가 진 후에 마에안더의 늪 지대를 통과했다. 다음 날 우리는 디디마에 도착해서 얼마 전에 강도의 총에 맞아 죽은 한 그리이스인의 집에 머물렀다. 이 사실은 우리에게 고린토후서 11장 26절의 강과 강도들의 위험에 대해 생생한 설명을 해주었다' (A. Deissmann, *St Paul in the Light of Social and Religions History* [n.d.], 37). 그리고 65년이 지난 지금도 혼자 여행을 할 경우에는 소 아시아의 옛 노상에서 있었던 강도의 위험을 피할 수는 없을 것이다.

[26] 자주 "여행"하는 동안("육로 여행" ὁδοιπορίαις은 해상 여행과 구별되며, 해상여행의 위험은 곧 파선의 위험이었다) 강물의 위험(때로는 강을 건너기가 어렵고, 반쯤 마른 강이 순식간에 급류로 변하기도 했다)과 도둑의 위험(특히 돈을 가지고 다닐 경우: 참조. 이 책 133면)을 당했읍니다. *M.* iii. 212에서는 속격들(ποτάμων, λῃστῶν)이 장소를 나타내는 속격이라고 주장한다: '강에서, 도둑들 가운데서.' 아마도 *B.D.* §166에서처럼 그것들을 기원을 나타내는 속격으로 보는 것이 더 좋을 것이다: '……로부터 생겨나는 위험.' 이 귀절 뒷부분에서 장소를 언급하고자 할 때 그는 "안에"(ἐν)를 쓴다.

다른 위험들이 쌍을 이루면서 계속 언급된다. "나 자신의 민족의"(ἐκ γένους) 위험과 이방인의 위험. 분명히 이것은 개인적인 공격들을 가리키는 말이다. 전자의 경우는 바울로로서는 특별히 더 견디기 어려웠을 것이다. 바울로에 대한 유다인들의 공격에 대해서는 사도행전 9장 23·29절, 13장 8·45절, 14장 2·19절, 17장 5절, 18장 6·12절, 20장 3·19절, 21장 11·27절을 참조하라. 사도행전에는 이방인들의 공격이 훨씬 덜 나온다. 16장 20절, 19장 23절을 참조하라. 이처럼 이방인들의 공격이 상대적으로 덜 나오는 것은 유다인들을 복음의 적으로 제시하고, 로마의 관리들은 복음을 어느 정도 호의를 가지고 대했다는 것을 보여주려는 루가의 의도 때문일 것이다. 그러나 바울로의 말은 이방인들의 공격도 있었고, 때로는 그것이 심한 공격이었다는 사실을 보여준다. 공적인 관리가 보았을 때 그리스도교선교는 사도행전이 전하는 것만큼 그렇게 호감이 가지는 않았을 것이다. 문맥상으로 "위험"은 거의 확실히 "생명의 위험"을 뜻할 것이다. 합법적인 절차를 거쳐서, 그리고 군중들의 폭력에 의해서 유다인들과 이방인들은 똑같이 바울로를 죽이고, 그의 활동을 종식시키려고 했다.

사람이 많은 도시의 위험과 한적한 시골의 위험을 당했고(형용사 "사람이 많은"과 "한적한"은 그리이스어 원문에는 없지만 바울로의 의도를 표현하기 위해서 첨가했다. 도시와 시골은 바울로의 적대자들에게 서로 다른 종류의 기회를 제공했을 것이다) 바다의 위험—추측컨대 파선(위를 참조하라)과 거짓 형제의 위험을 당했읍니다. 아마도 바울로는 거짓 형제들의 위험을 절정으로 하여 서술했을 것이다. 그리고 그것은 바울로가 고린토의 그의 경쟁자들("거짓 사도들" 11, 13 : 22절에서 직접적으로 언급된 사람들은 아니지만 여전히 이들을 염두에 두고 있다)과 그들의 후원자들에 대해서 이야기하는 문맥과도 특별히 잘 부합된다. "거짓 형제들"에 대해서는 갈라디아서 2장 4절을 비교하라. "형제들"이라는 말 자체는 그들이 그리스도교인이거나 아니면 적어도 그리스도교인이라고 주장했음을 충분히 입증해준다. 그리고 이것은 바울로가 이미 "자신의 민족"과 "이방인들"에 대해서 말한 사실에 의해서 확증된다. 남은 것은 단지 그리스도교인들일 뿐이다. 갈라디아서에서는 확실하게, 그리고 아마도 여기서도 그들은 사도들과 구별된다. 문맥상으로 판단하건대 그들은 두 서신들에서 모두 유다교적 그리스도교인들이었으며, 바울로는 전혀 그들을 그리스도교인이라고 생각하고 싶어하지 않는다. 그들은 위험에 관한 목록, 특별히 신체적인 위험에 관한 목록의 절정을 이룬다. 알로와 헤링은, 그들이 적대적인 권위자들에게 바울로에 대해 고자질 했을 것이라고 추측한다. 그렇다면 신체적인 위험과 배신당한 고통이 결합되었을 것이다. 물리적인 직접적 폭력이 배제될 수는 없었을 것이다. 바울로와 그리스도와의 연합은 (신비적 환상을 보는 가운데서가 아니라) 바로 이러한 상황에서 표출된다(Dibelius, 96).

[27] 적대자들의 공격과 폭풍이나 홍수로 인한 일시적인 위험을 제외한다고 해도 바울로의 삶은 결코 편안한 것

이 아니었다(참조. 4,8 이하 ; 6,8 이하 ; 고전 4,9—13). **노동**(이것은 23절의 명사 *κόπος*를 반복하는 것이다)과 고역(바울로는 데살로니카전서 2장 9절, 데살로니카후서 3장 8절에서 이 말, "노동과 고역"을 쌍으로 사용한다. 이 말들은 단지 힘든 일뿐만이 아니라 그에 따르는 고통과 피곤을 암시한다)에 **시달리며**(그리이스어 원문에서는 동사 없이 진행되지만 영어번역시 동사 없이 분명확하게 할 수 없다) **여러 번 밤을 새우고**(고의적으로 잠을 자지 않았기 때문이 아니라 자려고 해도 잘 수가 없었기 때문이다) **주리고 목말랐으며, 여러 번 굶고**("주리고"라는 말 뒤에 중복되어 나오는 이 말은 이 말의 용법이 시사하듯이 자발적인 금식을 가리킴에 틀림없다. 비록 왜 금식을 했는지는 서술되지 않았지만 말이다 : 참조 6,5. 바울로가 고린토인들로부터 돈을 받지 않겠다고 결심했기 때문에 불가피했던 금욕을 가리킬 수도 있다) **추위에 떨고 헐벗었읍니다**(확실히 이것은 돈이 없었기 때문이었을 것이다). 컴멜은 이 목록(23—27절)과 동양의 왕들의 비문, 로마 황제들의 행적(res gestae)을, 그리고 그리이스 소설들과의 역설적 유사성을 지적한다.

[28] 이와 같은 상황에서라면 거의 대부분의 사람들이 죽음을 면치 못했을 것이다. 그러한 고난도 바울로가 진 짐 중에서 일부를 차지했을 것이다. **"이런 외부적인 일 외에도"**(*χωρὶς τῶν παρεκτός*. 빈더쉬는 '내가 빠뜨린 일들을 제외하고도'라고 번역한다. 이에 대해서는 거의 언급할 필요가 없을 것 같다) **모든 교회에 대한 걱정이 날마다 내 마음을 누르고 있읍니다.** 혹은 모든 교회들에 대한 불안이 내 마음을 누르고 있읍니다. 고린토는 물론이고 몇몇 교회들이 바울로에게 많은 근심거리를 안겨주었다. 바울로는 여기서만 유일하게 이 명사(*μέριμνα* "걱정")를 사용한다. 같은 어원의 동사(*μεριμνᾶν*)는 고린토전서 7장 32·33·34절, 12장 25절, 필립비서 2장 20절, 4장 6절에서 사용되었다. 고린토전서 12장 25절과 필립비서 2장 20절이 가장 밀접한 병행구이다. 이 귀절과 서신들 전반, 그리고 사도행전의 이야기에 비추어볼 때 바울로가 자신의 설교를 통해 설립된 교회들을 계속해서 그리스도교적으로 존재하게 하는 데 대해 책임을 느꼈음이 분명하다 : "여러분이 주 안에서 굳게 선다면 이제 우리는 사는 보람이 있읍니다"(데전 3,8). 그러나 바울로가 말하고 있는 것은 걱정어린 관심이다. 그는 여전히 사람들의 믿음을 지배하지 않는다(1,24). 콘첼만(*Geschichte des Urchristentums* [1969], 76)은 이 귀절에서 바울로가 '지도적인 세력을 조직하기에 바빴다는(Des Betriebs in

seinum Organisationszentrum) 에 대한 암시'를 본다. 그러나 이것은 잘못된 상을 그리고 있다. 바울로는 자신의 선교활동 중에 조직화 작업을 하기에 바쁘지는 않았다. 모든 그리스도교인들이, 심지어 문제가 많은 그리스도교인들까지도 바울로의 형제들이었고, 바로 "그들을 위해서 그리스도는 죽었다"(고전 8,11). 그리고 그들이 그에게 가하는 "압력"(ἡ ἐπίστασίς)은 사랑의 압력이었다. 조직이 있었던 것은 사실이며, 그 조직은 상당히 많은 걱정스러운 일과 여행을 필요로 하는 것이었다(디도의 고린토 선교. 2장 13절과 7장 5절을 회상할 수 있을 것이다). 그러나 이처럼 정력적인 활동은 내적인 목회적 관심이 외적으로 나타난 것에 불과했다. 바울로는 "나에 대한 압력"에 관해서 언급하며, 그것 자체가 사람들이나 일들, 의무들의 중압감을 가리킬 것이다. 많은 사본들에 (비록 관련이 있기는 하지만) 다른 명사(ἐπισύστασις)가 나오는데 그것은 보다 특수하게 공격적으로 가해지는 압력을 시사한다. 대명사에도 역시 변형이 있는데(μου 대격, μοι 대신에 속격) 그것은 "나의 잘못", 즉 내가 다른 사람들에게 가한 "압력"이라는 번역을 정당화해 준다. 그러나 위에서 제시한 본문이 거의 확실히 바울로가 쓴 대로일 것이다. 그는 여기서 "모든 교회들"에 대해 말한다. 이것은 그리스도교 교회 전체와 유사한 어떤 것, 말하자면 하느님의 백성 전체로서의 교회를 의미한다. 그는 복수형 "교회들"을 로마서 16장 4·16절, 고린토전서(4장 17절) 7장 17절, 11장 16절, 14장 33·(34)절, 고린토후서 8장 18(19·23·24)절, 데살로니카후서 1장 4절에서 이같은 방식으로 사용한다. "교회"(The Church)는 지방 교회들의 총체이다.

[29] 목회적인 돌봄은 자신들의 목회자를 사랑하고, 그의 선교활동을 높이 평가하는 사람들일 경우에는 상대적으로 쉽다(비록 끊임없이 힘든 일들을 해야 하지만 말이다). 그러나 바울로가 항상 그런 사람들만을 돌본 것은 아니다. 이것은 29절로의 이행을 설명해준다. **누가 약해지면 내가 약해지지 않겠읍니까? 누가 넘어지면 내가 애타지 않겠읍니까?** "약해지다"(ἀσθενεῖν)는 바울로에 의해서 두 가지 중요한 의미로 사용되었다. (ㄱ) 율법과 조문에 의존해서(로마 4,19 ; 14,1—2 ; 고전 8,11·12) 믿음이나 양심이 약해져 있는 사람에 대해서, (ㄴ) 어떠한 면에서건 허약하고, 힘이 없는 사람에 대해서 사용되었다(로마 8,3 ; 고후 11,21 ; 12,10 ; 13,3·4·9 ; 필립 2,26—27). 이 용법들 중에 어느 것도 여기서 적절한 의미를 제공하지 않는다. (ㄱ) 비록 그 자신은 강한 사람이지만(*Romans*. 263, 269 ; 『고린토전서』,

215·240—204면) 자기 교회 안의 약한 사람들에 대해서는 그 자신이 약하게 되었다(고전 9, 22). 이것이 바로 "모든 교회에 대한 걱정"의 의미이다. (ㄴ) 바울로는 이 단락과 다음 단락에서 반복해서 자신은 약하며, 그리스도의 능력이 자신의 약함 가운데서 —그의 겸비하고 겸손한 행동, 가난, 보잘것 없는 외모 가운데서— 알려진다고 선언한다. 만일 어떤 사람이 스스로 자신을 약하다고 말한다면 나는 그보다 더욱 약하다! 이 귀절의 후반부는 (ㄴ)이 (ㄱ)보다 좀 더 정확하다는 것을 시사해준다. "넘어지다"도 역시 목회적 관심에 관한 이 문맥과 부합된다(참조. 예를 들어 로마 14, 13). 만일 그의 사람들 중에 어느 한 사람이 걸려넘어져서 자신의 믿음을 잃게 된다면(로마 14, 1—15, 6 ; 고전 8) 바울로는 걱정으로 마음을 졸일 것이다. 그 자신의 일이, 보다 중요하게는 주님의 사업이 수포로 돌아갈 것이다. 그러나 걸려넘어져서 걱정으로 마음을 졸이는 것이 어떤 것인지를 자신도 알고 있다는 것을 바울로가 뜻했다고 보는 것이 더 낫다.

[30] 바울로는 이제(잠시 동안 : 참조. 12, 1·11) 어리석은 행동을 하는 것을 그만두고 정상적이고 진정한 마음으로 돌아간다. 바울로는 스스로가 자랑할 수 있다고 생각했던 자격들에 대해서 열거했다. 그리고 그렇게 함으로써 그 목록의 성격은 달라졌다. 그는 다른 사람과 마찬가지로 히브리인이었고 이스라엘인이었으며, 그리스도의 일군이었다. 그러나 마지막으로 그는 아무도 그와 함께 나누고 싶어 하지 않을 자격에 대해서 말한다. 즉 그가 육로나 해로로 위험스러운 여행을 했던 것에 대해서 말한다. 이러한 새로운 사태는 다음의 말로 표현된다. 내가 꼭 자랑해야 한다면(아마도 꼭 자랑을 해야 할 것이다) 나는 나의 약한 것을 자랑하겠읍니다. 바울로는 (자랑을 해야 한다는) 고린토인들의 요구를 역설적으로 받아들인다(Betz, 72 이하, 90). 12장 5절, 그리고 12장 9절에 제시된 이유와 비교하라. 틀림없이 고린토인들은 계속해서 오해할 것이다. 그는 오해받을 위험을 감수해야만 한다. 이것이 바울로와 같은 의미로 사도직을 이해하는 사람이 할 수 있는 유일한 종류의 자랑이다. 이 귀절은 "약함"의 의미를 29절에서 채택한 것과 같은 의미로 고정시킨다.

[31] 그런데 그와 같은 것에 대해서 말하고, 또 그런 것을 의미하는 것이 가능한가? 그리고 동일한 그 사람이 22—27절에 기술된 모든 자격들을 주장할 수 있겠는가? 말하자면 그가 우두머리 사도들의 권위를 지녔으면서도 동시에 종처럼 고통을 당

하기도 했다고 주장할 수 있겠는가? 아마도 이것은 사도의 시대에도 믿기가 쉽지 않았을 것이다. 그리고 바울로는 열정적으로 자신의 말이 사실이라고 단언한다(참조. 로마 9, 1 ; 갈라 1, 20). **영원히도록 찬양을 받으실 주 예수의 아버지 하느님께서 내 말이 거짓말이 아님을 아십니다.** 쉡스(Schoeps, *Paulus*, 156 : 영어번역판, 152)는 매우 일반적인 라삐적 표현인 "거룩하신 분, 찬양을 받으옵소서"(ha-qodesh baruk hu')를 상기시키는 축복문이 주 예수에게 적용되었다고 주장한다. 이것은 문법적으로 불가능하다. 왜냐하면 "주 예수"(τοῦ κυρίου 'Ιησοῦ)는 속격이고, "…인 그 분"(ὁ ὢν…)은 주격이기 때문이다. 만일 평이한 이 문장의 구문을 바꿀 만한 강력한 신학적 이유가 있다면 아마도 주어를 바꾸는 것을 정당화할 수 있을 것이다. 그러나 실제로는 바울로가 하느님께 찬양을 드리지 않았다고 보아야 할 타당한 이유가 없다. 이 문제가 훨씬 더 복잡하게 나타나는 로마서 9장 5절과 비교하라. 로마서 1장 25절도 비교하라. 하느님을 예수의 아버지로 서술하는 데 대해서는 1장 3절과 주석을 참조하라.

〔32—33〕 자신의 말이 진실이라는 바울로의 단언은 이 단락의 중요한 부분을 끝마치며, 동시에 새로운 핵심을 끌어들인다. 32—33절과 앞 부분 사이의 연결은 많은 난점을 제기한다. 어떤 학자들은 이 귀절들(32—33절)이 서신의 원래 부분이 아니므로 삭제해야 한다고 주장하기도 한다(이 제안은 누가 그 귀절들을 이곳에 삽입시켰느냐는 문제를 해결하기보다는 더욱 첨예화시킨다). 어떤 학자들은 사람들이 바울로를 웃음거리로 만들고, 그를 겁장이로 보이기 위해서 32—33절의 이야기를 했으므로 바울로는 이제 일어난 일에 대해서 자기 나름대로 설명해야 할 필요를 느끼고 있다고 주장한다. 실제로 그 귀절들(32—33절)은 —바울로가 말하고 자랑하는— 약함과 비천함을 훌륭한 것으로 기술한다. 여러분은 내가 경험한 비천함의 깊이에 대해서 의심합니다? 아니면 내가 그것을 기꺼이 받아들였다는 데 대해서 의심합니까? **내가 다마스커스에 있을 때 아레다 왕의 장관이 나를 "잡으려고"**(πιάσαι, 목적을 나타내는 부정사) **성문을 지키고 있었으나 나는 광주리에 담겨 들창문으로 줄을 타고 성벽을 타고 내려가**(술라터는 여호수아 2장 15절을 바울로가 생각하고 있는 것이 아닌가 의심한다) **그 손에서 벗어났읍니다.** 아레다(비문에 의하면 "그의 백성들을 사랑하는 'Ḥarithath":—*S.B.* iii. 530)는 B.C. 9년부터 A.D. 39년까지 나바테안 아랍의 왕이었다. 따라서 그 사건은 바울로의 생애 초기에 일

어났을 것이다. 다마스커스는 대폼페이에 의해 로마의 지배 하에 들어갔다(Josephus, *Antiquities* xiv. 29; *War* i. 127). 거기서 아우구스투스, 티베리우스, 네로 황제의 동전들이 발견되었고, 칼리굴라(37—41), 클라디우스(41—54) 황제의 동전은 발견되지 않았다. 이것은 그 사이의 기간 동안 다마스커스가 나바테안의 지배 하에 들어갔고, 37년에서 39년까지 아레다의 통치를 받았음을 의미한다. 그러나 이것은 전혀 확실치 않다. 칼리굴라와 클라디우스의 동전이 없는 것은 우연일 수도 있다. 그리고 다마스커스는 이중적으로 통치를 받고, 아레다는 로마의 봉신으로서 통치했을 수도 있다(T. Mommsen, *The Provinces of the Roman Empire* II [1886], 148 이하). 더우기 "장관"(ἐθνάρχης)이라는 말의 의미가 불확실하다. 요세푸스는 시몬(*Antiquities* xiii. 214)과 힐카누스(xiv. 151, 191)에 대해서도 이 말을 쓴다. 바울로를 체포하려고 했던 장관은 아레다의 장관이었거나 아니면 만일 그때에도 로마가 유일한 지배 당국이었다면 그 도시의 아랍 거주민들의 문제를 취급하는 그의 부하였을 것이다. 혹은 어쩌면 도시 밖에서 활동하는 족장이었을 것이다. 이 마지막 것은 "성문을 지키고 있었다"는 말에 의해 뒷받침되며, 그것은 성문 안이 아니라 성문 밖에서 지키고 있는 것을 시사한다. 설사 성문 안에서 지켰다고 해도 "장관"이 그 도시의 군사적인 통치자였다고 가정할 필요는 없다. 소수의 아랍 게릴라들이 효율적으로, 그리고 신중하게 수비 역할을 할 수 있었다. 그러나 충분히 효율적으로 그 일을 해내지 못했다. 바울로는 33절에 서술된 바와 같이 도망했던 것이다.

매우 비슷한 이야기가 사도행전 9장 24—25절에 나온다. 사도행전에서 바울로에 대한 음모를 꾸민 자들은 유다인들이다. 그들은 바울로를 죽이기 (체포하기 위해서가 아니다) 위해서 (도시가 아니라) 성문에서 지켰다(παρατηρεῖν. φρουρεῖν이 아니다). 바울로의 제자들이 나서서 그를 도주시킬 준비를 했다. 그들이 창문을 이용했던(그렇게 했다는 것이 분명하기는 하지만) 이야기는 나오지 않는다. 그리고 광주리는 다른 말로 표현되었다(σαργάνη가 아니라 σπυρίς). 그 외에는 단어들도 고린토후서의 이 단락과 거의 똑같다. 바울로의 글이 옳다는 데 대해서는 거의 의심의 여지가 없으므로 차이점들에 대한 논의는 고린토후서보다는 사도행전을 연구할 때 하는 것이 더 유익할 것이다. 그러나 두 단락들의 분위기상의 차이에 대해서는 주목할 필요가 있다(*New Testament Essays*, 95 이하). 사도행전은 이 이야기에서 하느님이 바울로를 적들의 손에서 구출해낸 첫번째 예를 제시해준다. 그는 하느님으로부터 선택받은 그릇이고, 하느님은 그의 모험들 가운데서 항상 그를 지켜주실 것이다. 하느님은 유다인들의 음모를 수포로 돌아가게 할 것이다. 그러나 고린토후서에는 우리는 바울로가 지닌 겸손과 약함의 두드러진 예를 볼 수 있다. 루가는 "영광의 신학"이라는 측면에서, 그리고 바울로는 "십자가의 신학"이라는 측면에서 기술했다고(*Signs*, 41—4, 104—5) 말하는 것은 루가에게는 공평치 못하게 일반화시키는 것이다. 그러나 그렇게 말함으로써 바울로에게 어느 정도 빛을 비춰줄 수는 있다.

20. 어리석은 자들에게는 그들의 어리석음에 맞게 대답한다 : (ㄴ) 계시 12장 1—10절

1 내가 자랑하지 않을 수 없습니다. 자랑한다는 것이 내게 유익할 것은
없으나 주님의 환상과 계시에 대해서는 내가 자랑할 것입니다.[14] 2 나는 십
사년 전에 그리스도 안에 있는 한 사람을 압니다. 나는 그 사람이 세째 하
늘에까지 끌려 올라갔다는 것을 압니다(그것이 이 몸을 가진 대로 된 일인지
이 몸을 떠나서 된 일인지 나는 알지 못하지만 하느님께서는 아십니다). 3
나는 이같은 사람을 알고 있읍니다. —그것이 이 몸을 가진 대로 된 일인지
이 몸을 떠나서 된 일인지 하느님께서는 아십니다— 나는 그가 낙원으로 끌
려 올라갔던 것을 알고 있읍니다. 4 낙원에 이끌려 올라간 그는 입으로 표
현할 수 없는 말, 인간에게는 말하는 것이 허락되지 않은 말을 거기서 들었
읍니다. 5 나는 이런 사람을 자랑합니다. 그러나 나 자신에 대해서는 약한
것밖에 자랑할 것이 없읍니다. 6 내게 자랑할 생각이 있다 하더라도 진실을
말한 것뿐이므로 그것 때문에 내가 어리석은 사람이 될 까닭이 없읍니다.
그러나 여러분을 용서하려고 합니다. 그것은 사람들이 내 안에서 본 것과
내게서 들은 것 이상으로 나를 평가할까 염려되기 때문입니다. 7 그 계시들

14) 이 사역은 다음과 같은 본문을 번역한 것이다 : *καυχᾶσθαι δεῖ· οὐ συμφέρον μέν, ἐλεύσομαι δέ*…. 많은 변형들이 있다. 그것들 중에서 중요한 것은 다음과 같은 것들이다. 첫째, H vg 사본과 소수의 다른 권위 있는 사본들에서는 *εἰ*를 *καυχᾶσθαι* 앞에 둔다. "만일 자랑하는 것이 필요하다면, 그것이 유익하지는 않지만 나는……할 것입니다."둘째, *δεῖ*

이 너무나도 놀라운[15] 것이었기 때문에 내가 부당하게 교만해지지 않도록
하기 위해서 내 몸 안에 가시가 주어졌읍니다. 내가 부당하게 교만해지지
않도록 하기 위해서 나를 치도록 사탄의 사자가 보내졌읍니다. 8 이 사자에
대하여 나는 이것이 내게서 떠나게 해줍시사고 주께 세번이나 애원했읍니
다. 9 그러나 주께서는 "내 은혜가 네게 충족하다. 내 권능은 약한 데서 완
전해진다"고 말씀하셨읍니다. 그러므로 그리스도의 권능이 내게 머무르게
하기 위하여 나는 오히려 기쁜 마음으로 나의 약한 것들을 자랑하려 합니
다. 10 따라서 나는 그리스도를 위하여 약해지며, 모욕을 당하며, 고통과
박해와 억압을 당하는 것을 기뻐합니다. 그것은 내가 약할 그때가 곧 내가
강한 때이기 때문입니다.

여기서는 10·11장과 12장(10, 8·13·15·16·17 ; 11, 10·12—16·17·18·30 ; 12, 1·5·6·9—그러나 이러한 언어상의 통계조차도 주제에 대한 적절한 설명을 해주지 않는다)에 걸쳐서 계속 나오는 자랑의 주제를 벗어나지 않고 있다. "자랑을 해야 한다"는 것은 고린토인들의 슬로건이었을 수 있다. 그러나 자랑을 해야 할 필요성은 상황으로부터도 역시 생겨난다. 자랑해서 유익할 것은 없지만 자랑하지 않는 것이 더욱 득이 되지 않을 수도 있다. 이 점에서 사도들과 그들을 따르는 교회는 진퇴양난에 빠져 있다. 바울로는 그의 적대자들의 방식대로 자랑함으로써 생기는 문제를 다루고, 그것이 어리석다는 것을 (그러나 그 자신도 그처럼 어리석게 행동해야 했다 ; 12, 11) 보여준다. 그리고 나서

대신 ℵ D*사본에는 δέ라고 되어 있다. 대부분의 후기 사본들에는 δή라고 되어 있다. 만일 그렇다면(그러나 Robertson, 1092 참조) καυχᾶσθαι와 다음에 나오는 동사를 결합시킬 필요가 있다 : '자랑하는 것은 유익하지 않습니다……' 세째, 두번째와 동일한 많은 사본들에서는 다음 절을 "그러나"(δέ)에 의해서가 아니라 "왜냐하면"(γάρ)에 의해 연결한다. 이러한 변형들은 여기서 사역된 본문보다 확실히 오래되지 않은 것들이다. 그리고 대체로 그것들은 난점을 제거하기 위해서 생겨난 것 같다. 이것은 개선하기 위한 것으로 보이는 본문(이에 대해서는 Windisch 참조)의 경우에도 마찬가지이다. 특히 네째, "자랑은 내게는 유익하지 않지만 나는 …할 것입니다…"(καυχᾶσθαι δὴ οὐ συμφέρει μοι, ἐλεύσομαι δέ...), 다섯째, "자랑하는 것은 유익하지 않습니다. 그러나 나는 ∼할 것입니다"(καυχᾶσθαι οὐ συμφέρον μέν, ἐλεύσομαι δέ...).

15) 이 부분의 본문상의 문제에 대해서는 주석에서 논의할 것이다. "…때문에"(διό: 참조. 이 책 313면)는 P^{46} D lat syr Irenaeus Origen과 대다수의 사본들에서 생략되었다. 두번째 나오는 "내가 부당하게 교만해지지 않도록 하기 위해서"는 ℵ* A D G lat Irenaeus와 소수의 다른 사본들에서 생략되었다.

는 그리스도교인이 할 수 있는 유일하게 정당한 자랑, 즉 —주님의 능력을 나타내는— 약함을 자랑한다. 이런 자랑은 실제로는 주님을 자랑하는 것이다(10, 17).

[I] **내가 자랑하지 않을 수 없읍니다**(본문에 대해서는 이 책 381면 주 14 참조). 실제로 침입자들은 자신들이 그리스도의 사도라고 자랑했으며(11, 13), 예루살렘 교회의 이름으로, 그리고 자신들에게 추천서를 주고 권위를 위임했다는 최고의 권위자들의 이름으로 고린토교회를 맡으려고 했다(10, 12—16). 바울로는 그들과 동등하며, 또한 우월하다고도 할 수 있는 자격을 가지고 응답했다. 그러나 그가 그렇게 응답하는 단락(11, 16—33)은 놀랄 만한 전환을 이루고 있으며, 사도가 다마스커스로부터 도주한 이야기로 끝마친다. 바울로의 적대자들도 역시 주님 자신이 나타났던 몰아적인 경험과 환상적인 경험을 했다고 자랑했던 것 같다. Betz, 73에서는 *Corpus Hermeticum* i. 30과 비교한다. 여기서도 바울로는 그들이 하는 대로 따라할 수 있었다. 그러나 역시 그의 자랑은 약함에 관한 원래의 주제(참조. 11, 30)로 되돌아간다. **자랑한다는 것이 내게 유익할 것은 없으나 주님의 환상과 계시에 대해서는 내가 자랑할 것입니다**(이것은 아마도 다른 사람들에 의해서 제기된 특수한 문제로 들어간다는 것을 시사한다). 이 문장은 보통 다르게 이해되었다(본문에 대해서는 381면 주 14 참조). 즉 "내게 유익할 것은 없으나"는 "내가 자랑하지 않을 수 없읍니다"와 "내가 자랑할 것입니다" 사이의 삽입구로 이해되었다. 그러나 이 귀절의 두번째 절과 세번째 절을 상반되는 쌍으로 연결시켜주는 두 불변화사(μέν과 δέ)에 비추어볼 때 여기서 채택된 구문이 요구되는 것 같다: "사실 그것은 유익하지 않습니다. 그러나 나는 그렇게 할 것입니다." "유익한"(συμφέρον: 분사. συμφέρει의 대격 독립 구문 : Robertson, 1130)이라는 말은 바울로의 용법에 의하면 개인들이 아니라 그리스도교 공동체의 유익을 가리킨다(8, 10 ; 고전 6, 12 ; 10, 23 ; 12, 7). 이러한 자랑은 사실 교회를 세우는 길이 아니다. 그럼에도 불구하고 만일 그러한 자랑이 바울로로 하여금 외부로부터 방해를 받지 않고 고린토에서 활동하도록 허락해준다면, 그러한 자랑은 분명히 교회를 세우는 토대가 될 수 있을 것이다. 캄멜은, "주님의"라는 속격은 목적어가 아니라 주체를 나타내는 속격이라고 주장한다. 이러한 구별은 실제와는 다를 것이다. 속격은 "환상"과 "계시" 둘 다에 해당한다. 그리고 이 두 말은 잘 구별되지 않는다. 회심 때에 그리스도가 바울로에

게 나타난 데 대해서 사도행전 26장 19절에서는 "환상"(ὀπτασία)이라고 기술되어 있다. 바울로는 다른 곳에서는 이 말을 사용하지 않는다. 그리고 "계시"(ἀποκάλυψις)라는 말은 종말론적 맥락에서(로마 2, 5 ; 8, 19 ; 고전 1, 7 ; 데후 1, 7) 매우 자주 사용된다. 그러나 그는 자신의 회심과 관련해서도 그 말을 사용한다(갈라 1, 12 ; 참조. 갈라 1, 16에서 동일 어원의 동사의 용법). 특별한 한 계시가 그를 예루살렘으로 보냈다(갈라 2, 2). 그리고 계시, 혹은 묵시가 고린토 교회의 모임에 활기를 주었다(고전 14, 6·26). "환상"은 직접적으로 보여진 것 혹은 보는 경험 자체를 가리키고, "계시"는 그 경험의 이해가능한 내용과 그것의 전달을 가리킨다. 그러나 이것에 기초해서 논의를 전개하는 것은 현명하지 못하며 불필요하다. 왜냐하면 바울로는 상세하게 정의하지 않은 채 한 경험에 대해서 계속 말하고 있기 때문이다(그러나 참조. 7절). *Clementine Homilies*에 나오는 "환상들"과 "계시들"에 대한 논쟁적인 언급에 대해서는 Schoeps, *T.G.F.* 130, 425를 참조하라.

다음의 몇 귀절들의 번역은 원문의 복잡하고 거친 문체를 어느 정도 따르고 있다. 자신이 환상을 본 데 대해서 자랑할 때에도 바울로는 그렇게 직접적으로 자랑하기를 꺼려하며, 그가 3인칭으로 말하고 있는 다른 어떤 사람과 관계된 이야기처럼 말한다. "나"라는 말 대신 가끔 "그 사람"이라는 말을 쓰는 라삐적 용법과 비교할 수 있을 것이다(*S.B.* iii. 531). 그러나 바울로가 자신 안에서 두 사람을 구별하고 있다는 벤드란트의 말도 전적으로 틀린 말은 아니다. 환상을 보는 어떤 "한 사람"이 있는데 이 사람이 사실은 바울로다. 그러나 오히려 바울로는 약한 사람으로, 자신의 약함 외에는 다른 어떤 것도 자랑할 것이 없는 사람으로 생각될 것이다. 2—4절은 어떤 승천 설화(이런 것이 고대 세계에는 적지 않았다)를 풍자적으로 희화시킨 것이라고 보는 베츠의 해설(84—92)에는 유용한 병행구들과 주장들이 많이 들어 있다. 그러나 내가 보기에 이 단락에는 그것 자체를 다른 병행구들과 본질적으로 구별하는 어떤 내적 동기가 있는 것 같다. 바울로는 기존의 어떤 문체로 문학적 작품을 기술하고 있는 것이 아니다. 베츠는 바울로와, 또 그의 논의가 계몽적이라고 주장하지는 않는다. 그러나 그는 바울로의 글에 담겨 있는 생동적인 힘을 보지 못하고 있다. 6절에 주목하라.

[2] 나는 십 사년 전에 그리스도 안에 있는 한 사람(말하자면 한 그리스도교인)을 압니다. 바울로는 "주님의 환상과

계시"의 적절한 예를 제시하기 위해서는 이처럼 십 사년 전으로(즉 A.D. 40년 경으로. 고린토교회의 설립연대로 추정되는 때보다 훨씬 이전으로 : 참조. 이 책 서론, 25면 이하) 거슬러 올라가야 했다. 그러므로 그는 결코 평상시에는 환상가가 아니었다. 그러나 그는 자신의 환상체험 중에서 가장 놀랄 만한 것을 골라냈으며, 그가 주장할 수 있었던 환상 체험이 한 가지 이상이었다는 데 대해서는 의심할 여지가 없다. 벤드란트는 왜 바울로가 다마스커스 노상에서의 경험에 대해 말하지 않는가를 묻는다. 그에 대한 대답은 바울로는 그 경험을 환상으로 여기지 않았다는 것이다. 그 때 그는 우리 주 예수를 객관적으로 보았다.

고린토에서 환상에 큰 흥미를 느꼈던 사람들이 환상의 작용에 대해서, 그리고 신비주의자들이 일상적인 삶과 맺는 관계에 대해서 토론했다고 쉽게 추측할 수 있으며 아마 이 추측은 옳을 것이다. 바울로는 이 문제에 대해 뚜렷하게 밝히지 않았다. 그것이 이 몸을 가진 대로된 일인지 이 몸을(기이하게도 이 귀절과 다음 귀절에서 "몸" σῶμα이라는 말은 첫번이 아니라 두번째 나올 때 관사가 붙는다 : Moule, *Idiom*, 114, 203—out of and apart from ["떠나서"]이 "부적합한" 전치사들이기 때문이라고 설명할 수 있을 것이다) 떠나서 된 일인지 나는 알지 못하지만 하느님께서는 아십니다. 바울로가 여기서 '현재의 삶에서 자아가 "몸" (σῶμα)으로부터 분리될 가능성에 대해서 생각하고 있음은 사실이다. 그리고 이러한 "몸"(σῶμα)은 단지 신체적인 몸일 뿐' (Bultmann, *Theol*, 199 : 영어번역판, i. 202)이라는 것도 사실이다. 그러나 동시에 바울로가 "몸을 가진 대로"와 "몸을 떠나서"라는 두 상태를 구별할 수 없음이 분명하며, 오히려 그는 그러한 구별이 무의미하고 적용될 수 없다고 생각했음도 분명하다. 그는 이 사건에서 자신이 "몸을 가진 대로"였는지, 아니면 "몸을 떠나서"였는지 알지 못한다. 여러가지 종류의 황홀경 체험에 대한 세부적인 묘사가 Windisch, 374 이하에 제시되어 있다. 필로는 천상과의 접촉이 "몸을 떠나는 것"을 의미함을 알고 있었다. '모세가 사십 일 낮과 밤 동안 떡이나 물에 전혀 손대지 않고 그의 몸을 떠났을(ἀσώματον γενόμενον) 때 그는 그 선율(천상의 음악)을 들었다고 말해졌다' (*De Somniis* i. 36 ; Knox, *P.G.*, 102 그리고 Josephus, *War* vii. 349도 참조. 이것은 슐라터에 의해 인용되었다). 그러나 이것은 바울로의 견해가 아니었다. 사실 바울로는 어떠한 견해를 표명하기를 신중하게 삼가고 있는 것 같다. 말하자면 정당한 종교적 경험은 반드시 "몸을 떠나서" 이루어져야 한다는 고린토의 영지주의적 견해나 혹은 직접적으로 그와는 반대되는 견해를 취하기를 삼가했다는 것이다. 그는 몸이 반드시 악한 것이라고 단언하지도 않았으며, 또 그렇게 암시하려고 하지도 않았다. 마찬가지로 그는 영혼이 몸을 떠나서 영적이고, 비—육체적인 존재들과 관계를 맺게 될 가능성도 부인하지 않는다. "하느님께서는 아십니다"라는 말은 "나는 알지 못하지만"을 강조하는 역할을 한다. 그러나 그렇다고 해서 바울로가 진지하게 그런 것을 의미했다는 말은 아니다. 하느님과 인간의 연합에 관한 문제는 안전하게 하느님께 맡겨진다.

나는 그 사람이(직역하면 '그런 사람') 세째 하늘에까지 끌려 올라갔다는 것을("나는 압니다"를 보충하는 말이며, 이 문장은 대격과 함께 쓰이는 분사 구문으로 보는 것이 가장 좋을 것이다) 압니다(이 동사는 그리이스어 원문에서는 반복되지 않는다. 그러나 바울로의 그리이스어를 그대로 따르는 번역에서도 이해하기 쉽도록 하기 위하여 첨가되어야 한다). 바울로는 다른 곳에서는 유일하게 데살로니카전서 4장 17절에서만 "끌려올려갔다"(ἁρπάζειν)라는 말을 쓴다. 거기서는 주님이 오실 때까지 살아남아 있던 그리스도교인들이 그와 하나가 되기 위해서 공중으로 끌려올라가며, 이미 일으켜진 죽은 자들도 공중으로 끌려올라간다. 지금 이 귀절에 서술된 경험은 신자들이 마지막으로 하늘이나 혹은 천국에 옮겨지는 것의 선취로 생각될 수 있다. 신비주의와 묵시문학적—종말론적 종교는 때때로 생각되었던 것처럼 그렇게 거리가 멀지는 않았다. 묵시문학자들은 현재에 자신들에게 허락된 천상의 것들에 대한 통찰에 근거하여 미래를 기술한다(참조. *S.J.T.* vi. 138—9). 바울로의 경험과 유사한 것들은 여러 면에서 인용할 수 있다. 묵시문학으로부터는 다음의 예들을 인용할 수 있을 것이다 : '그 날에 회오리바람이 나를 땅에서 날라다 하늘 끝에 데려다 놓았다. 그리고 거기서 나는 다른 환상을 보았다……' (제1에녹서 39, 3—4 ; 참조. 52, 1). '그리고 이 사람들이 나를 데려다가 둘째 하늘에 올려놓았다. 그리고 내게 지상의 어둠보다 훨씬 더 어두운 어둠을 보여주었다……' (제2에녹서 vii. I : 8장에서 에녹은 계속해서 세째 하늘로 가며, 9장에서는 네째 하늘로, 18장에서는 다섯째 하늘로, 그리고 계속해서 열째 하늘에까지 간다). '그리고 그는 나를 데려다가 첫째 하늘로 인도했다. 그리고 내게……을 보여주었다' (제3바룩서 ii, 2. 이렇게 계속해서 다섯째 하늘에까지 인도된다). 라삐들이 신비주의적 사변을 모른 것은 결코 아니었다. 가장 잘 알려진 단일 귀절은 *Hagigah* 14b이다: '천국에 들어간 사람은 네 사람이 있다. 이들은 벤 아싸이와 벤 조마, 아헤르, 그리고 라삐 아키바이다.' Megillah iv. 10, *Hagigah* ii. 1과 비교하라. 거기서는 불수레에 관한 장(*Merkabah*; 에제 1)을 읽는 것을 금하며, 거기에 생각하는 것도 막는다. 황홀경은 헬레니즘적 신비주의에서는 친숙한 현상이었고, 다른 세상으로 여행을 하는 형태를 지녔다. 예를 들어 플라톤의 에르 신화(*Republic* x. 614—21: '그는 자기 몸을 떠날 때 자신의 영혼이 여행을 한다고 말했다……그는 다른 세상의 소식을 사람들에게 전해주는 사자가 되고자 했다……'), 특히 프로클루스에 의해 해석된 것이 그렇다. 필로는 자신의 황홀경 체험에 대해서 신적 능력이 자신에게 강림한 것이라고도 말할 수 있었고(예를 들어 *De Migr. Abr.* 34—5), 승천이라고도 말할 수 있었다: '나는 천하고 야비한 생각을 하지 않았고, 명성이나 부, 육체적인 안락을 위해서 아첨을 하지도 않았다. 오히려 나는 항상 높은 곳으로 올려지고, 영혼은 하느님이 보낸 영감에 사로잡힌 것처럼 보였으며, 해와 달과 모든 하늘과 우주와 함께 여행하는 자로 보였다. 아! 그리고 나서 나는 공중에서 아래를 내려다보았다……' (*Spec. Leg.* iii. 1—2).

바울로가 하늘에까지 올라간 경험에 대한 선례는 그 시대에도 상당히 많이 있었다(보다 많은 증거에 대해서는 예를 들어 Lietzmann; Betz, *Lukian*, 38, 142, 169를 참조하라). 그리고 놀랄 만한 점은 바울로가 그러한 황홀경을 체험했다는 데 있는 것이 아니라 그가 한 가지 예를 들기 위해서 십 사년이나 거슬러올라가야 했고, 그것의 중요성을 평가했다는 데 있다.

바울로가 여기서 여러 천상들이 있다고 믿었음은 분명하다(아마도 구형이나 반구형의 평면). 바울로가 여기서 "세번째"라고 말했다고 해서 그가 단지 세 개(다섯이나 일곱, 열, 혹은 다른 어떤 수의 하늘이 있다고 믿지 않고)의 하늘이 있다고 믿었다고 추론할 수는 없다. 비록 그의 시대에는 일반적으로 세 개의 하늘이 있다고 생각했던 것 같지만 말이다(*S.B.* iii. 531 이하). 이하의 낙원에 관한 부분을 참조하라. '셋이라는 숫자는 가장 높고 가장 완전한 것을 나타내는 완전수로 쓰였다'는 칼빈의 견해는 옳을 것이다.

[3—4] 바울로는 매우 주저하면서, 그리고 반복적인 문체로 계속 서술해간다. 나는 이같은 사람을 알고 있읍니다(바울로

는 앞 귀절에서 썼던 대격 분사 구문을 다시 쓰고 있는 것으로 보인다. 그러나 삽입구로 인해 이것은 중단된다)—그것이 이 몸을 가진 대로 된 일인지 이 몸을 "떠나서"(ἐκτός가 아니라 다른 말인 χωρίς가 사용되었다. 그러나 아마도 의미상으로는 차이가 없을 것이다) 된 일인지 하느님께서는 아십니다(바울로는 "나는 모른다"는 것을 암시하고는 있지만 이 번에는 그렇게 말하지는 않는다. 여러 사본들에 "나는 알지 못합니다" οὐκ οἶδα가 들어 있는데 아마도 그것은 동화에 의한 것이리라)—나는 그가 낙원으로 끌려 올라갔던 것을 알고 있읍니다(그리이스어 원문에는 없고, 단지 καὶ ὅτι "그리고 ~것을"로 이어진다. 바울로는 분사 ἁρπαγέντα를 썼어야 했다). 바울로는 여기서 대부분 2절의 언어를 반복하고 있다. 그러나 "세째 하늘"대신 "낙원"이라는 말을 쓴다. 의미상으로는 별다른 차이가 없다. 이것은 두번째의 황홀경 체험이 아니라 2절에 그 연대와 함께 제시된 체험과 동일한 체험이다. 제2에녹서 8장에서는 낙원이 세째 하늘에 있는 것으로 말한다. 모세의 묵시록 37장 5절에서 하느님은 미카엘에게 말한다. '그 [죽은 아담]를 세 번째 하늘의 낙원으로 들어올리라. 그리고 내가 이 세상에서 심판할 그 두려운 날까지 그를 거기에 내버려두라.' "낙원"에 대한 여러 언급들에 대해서는 빈디쉬를 참조하라. 원래 이 말(παράδεισος)은 페르샤 귀족의 공원을 뜻했는데 그리이스어로 받아들여져서 에덴 동산을 뜻하는 말로 사용되었다. 이로써 이 말은 (마지막 날들이 처음의 날들과 같을 것이라고 믿는 사상권에서) 죽음이나 혹은 최종적인 심판 이후에 축복받은 자들이 사는 거처로 쓰였다. 낙원에서 그는 입으로 "표현할 수 없는"(ἄρρητα, 로마서 8장 26절의 말이 아니다) 말, 인간에게는 말하는 것이 허락되지 않은 말을 거기서 들었읍니다. 즉 그것은 많은 사람들에게 전해져서는 안 되는 신적 비밀을 전한다는 의미에서 "입으로 표현할 수 없는" 말이다. 이 말은 신비 종교들의 언어이다. 예를 들어 Aurelius, *Metamorphoses* xi. 23을 참조하라 : '아마도 근면한 독자인 당신은 약간 걱정하면서 그 때 무엇을 말했고, 무엇을 행했는지 알고 싶어할 것이다. 만일 말하는 것이 허락된다면(si dicere liceret), 내가 네게 말할 것이다. 만일 듣는 것이 허락된다면(si liceret audire) 너는 그것을 들어야 한다. 그러나 너의 귀와 나의 혀는 모두 똑같은 고통을 받을 것이다. 나의 혀는 불경한 수다로, 너의 귀는 경솔한 호기심으로 고통받을 것이다.' 예전에 아풀레이우스 종단의 입교식을 맡은 사제는 '인간의 언어를 능가하는' 특정한 개념들을 그에게 위임했다

(quae voce meliora sunt). 그러나 바울로가 직접적으로 신비주의에 의존하고 있다고 가정하는 것은 잘못인 것 같다. 필로만이 이미 그러한 언어를 전유(專有)한 것은 아니며(예를 들어 *Leg. Alleg.* ii. 57 : 모든 사람들에게 하느님의 비밀스러운 것들[ἀπόρρητα]을 볼 수 있도록 허락하지는 않았다. 오직 그것들을 감추고 보호할 수 있는 사람들에게만 허락되었다 : 참조. *Quod Det. Pot.* 175), 비밀스런 계시라는 개념이 라삐적 유다교에서만 유행했던 것도 아니다(J. Jeremias, *Jerusalem in the Time of Jesus* [1969], 237—41). 봉인된 계시에 관한 사상은 이미 구약성서에서도 발견된다(이사 8, 16 ; 다니 12, 4 ; 참조. 제2에녹서 17장 ; 묵시 14, 3). 그러므로 바울로의 계시는 친숙한 것이었다. 바울로의 경쟁자들의 자랑이 고린토에서 친숙했던 것과 마찬가지로 바울로의 계시도 틀림없이 친숙했을 것이다. 이에 대해서는 그도 역시 자랑할 수 있었다. 그러나 이 장들 전체에 걸쳐서 그의 자랑은 이상한 형태로 나타난다.

[5] 나는 "이런 사람을"(혹은 τοιούτου를 중성으로 보고 "그와 같은 경험을"이라고 번역할 수도 있다. 그러나 앞에 나왔던 이 말과 이어지는 "나 자신에 대해서는"에 비추어본다면 틀림없이 남성이다. 바흐만도 그렇게 본다) 자랑합니다. 그러나 나 자신에 대해서는 약한 것밖에 자랑할 것이 없읍니다. 계시를 받은 데 대해서 기이하게 3인칭으로 언급하는 것이 계속된다. 그리고 그것은 계속되는 1인칭에 의해 강조된다. 리츠만에 의하면(참조. Wendland. 1절에서 언급되었다) 이 본문은 "묵시문학자로서의 바울로"와 "인간 사도 바울로"를 구별하고 있다. 이러한 견해는 위의 한도 내에서는 옳다. 케제만(*Legitimität,* 63—71/54—66)은 —컴멜도 케제만을 따른다— 바울로가 방언으로 말하는 것(고전 14, 19)이나 황홀경 체험(고후 5, 13)에 대해서 말할 때와 마찬가지로 천상으로 자신이 올리워졌던 경험에 대해서 말할 때에도 교회를 위한 자신의 봉사와 관련하여 그것을 평가한다는 점을 분명히 한다. 단지 자신과 하느님의 개인적인 관계에 있어서만 중요할뿐인 세번째 하늘로 올라갔던 일의 세부적인 점들은 교회를 위해서는 아무런 의미도 없다. 그러므로 그는 그것들에 대해서 자랑하거나 그것들을 억누를 이유를 느끼지 못한다. 이것도 역시 올바른 관찰이다. 그러나 다음 귀절이 분명히 해주듯이 바울로는 자신이 올바르게 평가받아야 한다는 것뿐만이 아니라 올바른 기준에 의해 평가받아야 한다는 데 대해서도 관심을 가지고 있었다. 자주 이

귀절들로부터 바울로의 적대자들, 고린토의 침입자들은 자신들의 커다란 "영적" 은사들에 대해 자랑하고 환상이나 황홀경을 체험한 데 대해서 자부심을 가지고 있었던 사람들이라고 추론되었다(참조. 이 책 서론. 55—56면). 그보다는 아마도 "영적이고 황홀한 현상들을 사도직의 표징으로 주장하는 일이 고린토에서 일어났다고 보는 것이 더 타당할 것이다(참조. "Paul's Opponents", 251—2). 비록 방문 사도들이 그러한 표징들이 요구된다는 것을 깨닫고, 계속해서 그러한 현상들을 일으켰지만 말이다. 그러나 바울로에게 있어서 유일하고 타당하고 가시적인 사도의 표징은 자신 안에서 그리스도의 능력이 나타나게 하기 위해서 받아들일 준비가 되어 있었던 "약함"이었다. "약함"의 주제는 다음의 몇 귀절들을 통해서 발전되었다. 그가 이 주제를 선택한 것은 의도적이며, 다른 재료가 궁했기 때문에 그렇게 한 것은 아니다.

[6] 내게 자랑할(말하자면 나의 약함이 아닌 다른 것들에 대해서) "생각이 있다 하더라도"(θελήσω, 이 동사는 신중하게 선택한다는 의미를 적절하게 표현해준다) 진실을 말한 것뿐이므로 그것 때문에 내가 어리석은 사람이 될(거짓된 주장들에 사로잡힐) 까닭이 없읍니다. 여기에는 고린토인들의 요구에 못이겨 자신들이 본 적도 없는 환상들에 대해서 자랑하는 사람들에 대한 공격이 들어 있다. 진리를 말해야 한다는 것은 바울로의 편에서 보면 단순히 상식적인 의미에서의 정직뿐만이 아니다. 즉 자신의 약함을 깨달아야 한다는 것은 사도적 복음 현시의 일부였다. 환상이나 그 비슷한 것들에 대해 말할 때에도 그는 진리를 말할 것이다. 그러나 나는 여러분을 "용서하려고" (φείδομαι, 이것은 대개 "나는 나 자신을 용서합니다"를 뜻하는 것으로 받아들여졌다. 그러나 참조. 1,23; 13,2; 로마 8,32; 11,21; 고전 7,28) 합니다(현재형을 능동적인 의미로 보았다. 고린토인들은 바울로의 환상에 대한 이야기를 마치 자기들의 이야기인 것처럼 한 데 대해 스스로를 책망해야 한다). 그것은 사람들이 내 안에서 본 것(직역하면 '그가 나를 본 것 이상으로'--관계를 나타내는 대격?)과 "내게서"(혹은 "나로부터." ἐξ ἐμοῦ) 들은 것 이상으로 나를 평가할까 염려되기 때문입니다. 바울로는 자신에 대해서 높이 평가하는 견해가 유행하게 되기를 바라지 않는다. 왜냐하면 그렇게 될 경우 사람들이 주의를 기울여야 할 것은 바울로가 아니라 그의 복음이며, 만일 그가 고통과 수치를 잘 참아낸다면 십자가에 달린 그리스도에 대한 보다 유능한 증인이 되리라는 사실을 흐려놓을 것이기 때문이다. '그것은 단지 그가 자신의 봉사

(diakonia)에 근거해서만 이해되기를 바란다는 것을 의미한다' (Käsemann, *Legitimität*, 69/94: 참조. 70/65. 뎅스토르프에 대한 언급도 참조. 바울로는 사도직을 위한 '열광주의적'인 토대를 거부한다).

다음 귀절은 아마도 바울로가 기술하거나 구술한 형태 그대로일 테지만 바울로가 의도했던 형태라고 보기는 힘들다. 본문상의 변형들에 대해서는 이 책 382면 주 15를 참조하라. 여기서는 다음과 같은 견해를 채택했다 : 본문이 난해하기 때문에 많은 추측들을 하게 되었는데 그것들 중 어느 것도 실제로 본문을 더 쉽게 해주지는 못하며, 처음에 나오는 다섯 개의 그리이스어 단어들(*καὶ τῇ ὑπερβολῇ τῶν ἀποκαλύψεων*. 직역하면 '그리고 훌륭한[참조. 4,7] 계시에 의해서')이 6절 끝에 붙여져서는 안 된다는 것이다. 이 귀절 전체를 문자적으로 번역하면 다음과 같다 : '그리고 놀라운 계시들에 의해(계시들 때문에) 내가 부당하게 교만해지지 않도록, 내 몸에 가시를 주었읍니다. 그리고 사탄의 사자가 나를 쳐서 내가 부당하게 교만해지지 않도록 했읍니다(보내졌읍니다).' 이 귀절의 대체적인 의미는 분명하다. 하느님은 바울로의 몸 안에 가시를 주셨다(수동태는 신적 행위를 암시한다). 혹은 달리 말하자면 그가 그처럼 놀라운 계시를 받음으로써 부당하게 교만해지지 않도록 하기 위하여 사탄의 사자를 보내어 그를 치게 했다. 가시, 혹은 사자가 그를 겸손하게 할 것이다. 이것이 바울로가 뜻했던 바라는 데 대해서는 거의 의심할 여지가 없다. 그러나 일반적인 구문 법칙을 적용시킴으로써 본문에서 벗어날 수는 없다. 본문이 전승 과정에서 매우 훼손되었거나 아니면 바울로가 그 문장에서 한 가지 이상의 시도를 했을 것이다. 그는 이렇게 기술하기 시작했을 것이다 : '그 계시들이 너무나도 놀라운 것이었기 때문에 하느님은 내가 부당하게 교만해지지 않도록 해야겠다고 생각하셨읍니다. 그러나 바울로는 하느님의 행위 자체를 기술하기 전에 그 행위의 목적에 대해서 말한다.' "그러므로"(*διό*)는 불필요하기는 하지만 난해하지는 않다. 왜냐하면 그것은 단순히 마지막 절(~이유 때문에, 즉 ~하기 위해서)을 예기하는 것이기 때문이다. 하느님의 행위의 이유와 목적은 간단하게 서술된다 : '계시들이 너무나도 놀라운 것이었기 "때문에" 내가 부당하게 교만해지지 않도록 하기 위해서…….' 아마도 바울로로 하여금 이 문장 앞에서 하느님의 목적에 대해서 기술했다는 사실을 잊게 하고, 다시 그것을 반복하도록 한 것은 수동태를 사용했고, "가시"라는 말 뒤에 "사자"라는 말을 덧붙였기 때문일 것이다. 그는

이렇게 반복한다 : '내가 부당하게 교만해지지 않도록 하기 위하여 내게 가시가 주어졌읍니다. ……사자가……그것은 내가 부당하게 교만해지지 않도록 하기 위해서입니다.' 이제 우리는 아마도 번역이라고 하기는 어렵지만 바울로의 의미와 그가 쓴 말들을 가능한 한 잘 반영해주는 다음과 같은 문장에 도달하게 된다.

[7] 그 계시들이 너무나도 놀라운 것이었기 때문에 내가 부당하게 교만해지지 않도록 하기 위해서 내 몸 "안에"(여격 *τῇ σαρκί*에 대해서는 Radermacher, 106과 Robertson, 538 참조) **가시가 주어졌읍니다. 내가 부당하게 교만해지지 않도록 하기 "위해서"**(마지막 절을 어느 정도 정당화하기 위해서 두번째 *ἵνα*는 첫번째 *ἵνα*에 의존하는 것으로 보았다) **나를 치도록 사탄의 사자가 보내졌읍니다.**

하느님은 바울로에게 천상의 진리의 놀라운 계시를 허락해주었다. 그것은 결코 전달될 수 없는 것이었다. 그러나 하느님은 그러한 계시들로 인해 사도가 흥분하기를 원하지는 않았다. 아마도 실수로 씌어진 것이기는 하지만 이중절이 그 사실을 강조한다. 그리고 이 이중절은 아첨으로 인해 우쭐해져서 그 결과 스스로 "교만해진"(*ὑπεραίρονται*) 다른 사람들에 대해서도 언급한다. 바울로는 계속 겸손하게 행동하려고 한다. 그리고 자신의 약함을 알고 있다. "내 몸 안의 가시"라는 말의 의미에 대해서는 상당히 많이 논의되었다. 여러 해석들 중에서 Hughes와 Windisch 해당란, Allo의 *Excursus*(313—23), H. Clavier(*Studia Paulina*, 66 ; 클라비에는 자신의 목록이 의학 사전처럼 해석된다고 말한다), P.H. Menoud (*Studia Paulina*, 163—71)를 참조하라. 바울로가 암시하고 있는 고통이나 무력함이 어떤 종류의 것인지에 대해서도 의견의 일치가 이루어지지 않고 있다. 칼빈은 여기서 몸은 '거듭나지 않은 영혼의 한 부분'이라고 지적한다. 따라서 그는 다음과 같이 의역한다. '내 몸에는 찌르는 막대기가 주어졌읍니다. 그것은 내가 아직 영적이지 못해서 육에 따른 유혹에서 벗어나지 못하기 때문입니다.' 매우 소수의 현대 저자들만이 이 견해를 받아들인다. 모두는 아니지만 많은 학자들이 신체적인 질병이 언급된 것으로 간주한다. 티어리(J.J. Thierry, *Nov. T.* v. 301—10)는 바울로가 '사탄의 사자가 내 몸 안에 찌르는 가시로서 주어졌읍니다'를 의미했다고 본다. 따라서 여기서 신체적인 질병에 대해 언급하고 있다고 볼 필요는 없다고 한다. 메누드(앞글, 168)는 '바울로에게 닥쳐온 커다란 고통은 그가 복음을 위하여 유다인들을 얻을 수 없었다는 것이다'라는 관찰을 한다. 칼라

(E. Kamlah, *Z.N.T.W.* liv. 219)는 동료 그리스도교인들을 증오하게 되는 유혹에 대해서 생각한다. 클라비에는 "환상과 계시에 뒤따르는 병적인 상황"과 관련하여 순전히 신체적인 측면에서 접근한다. 실제로 바울로가 십자가에 못박혔다고 추측하는 것은(4장 10절에 대한 주석 참조) 거의 확실하게 잘못이다. "가시"(σκόλοφ, 이것은 σταυρός "십자가"에 해당하는 말일 수도 있다)가 십자가를 의미할 수도 있다는 슐라터의 관찰은 더 나은 점이 있다. 그리고 슐라터의 말은 갈라디아서 5장 24절에 대한 이러한 관찰에 기초하고 있다. 갈라디아서 4장 13절 이하는 바울로가 눈병으로 고생했다는 추측을 자주 불러일으켰으며, 때때로 그런 의미로 이해되기도 했다. 그러나 리츠만이 말하듯이 갈라디아서 4장 15절은 '여러분은 나를 돕기 위해서 여러분의 가장 소중한 부분을 바치려고 했읍니다'를 뜻할 뿐이다. "내 몸 안에"라는 말은 반드시 신체적인 어려움(참조. 민수 33, 55 : "그들이 너희 눈에 가시가 되고, 옆구리에 박힌 바늘이 되어 너희가 살아갈 그 땅에서 너희를 괴롭힐 것이다." 참조. 에제 28, 24—Héring)을 가리키지는 않으며, "나를 치도록 사탄의 사자가 보내졌읍니다"(엄격히 말하자면 머리를 치도록)라는 말이 반드시 바울로가 간질병으로 고통을 당한 것을 의미하지도 않는다(그러나 참조. Schoeps, *T.G.J.* 43, 여기서는 *Clementine Homilies* xx. 19를 언급한다=*Recognitions* x. 64 [61을 말하고자 했던 것 같다]). 분명한 것은 바울로의 신체적 건강(대체로 그는 매우 건강했음에 틀림없다. 만일 그렇지 않았다면 11장 23—33절에 서술된 고난이나 위험들에서 결코 살아남지 못했을 것이다 : 참조. 이 책 서론 60—61면)이나 "가시"나 "사자"라는 말의 정확한 의미에 대한 견해들이 단지 추측일 수밖에 없다는 사실이다. 만일 여기서 특수한 신체적 결함을 찾으려고 한다면 바울로가 언어장애로 고생했다는 것도 한 가지 제안이 될 수 있을 것이다. 만일 그렇게 본다면 그가 처음에 매우 좋지 않은 인상을 주었고(갈라 4, 13 이하), 외모나 언변으로는 보잘것 없으나 편지로는 인상깊었다는 사실(10, 1·9·10·11 ; 11, 6)을 인정하게 될 것이다. 편지들은 매우 유창하므로(『고린토전서』, 88면) 바울로가 언어장애로 고생했다고 보지 않는 한 바울로가 말을 잘 못하는 사람이었다고 믿기는 힘들다. 그러나 이것은 단지 추측일뿐이며, 결코 그 이상은 못 된다(참조. W.K. Lowther Clarke, *New Testament Problems*[1929], 136—40). 사도행전 14장 12절의 말은 이러한 제안에 반대된다. 그러나 (ㄱ) 루가가 오류를 범했을 수 있으며, (ㄴ) 몸 안의 가시는 아마

도 리스드라 방문 이후에 특별한 사건에서 바울로에게 생겼을 것이다(단순과거 ἐδόθη, 이것은 바호만에 의해 강조된다).

가시(σκόλοψ)는—고문이나 혹은 사형집행을 위해 쓰이던 막대기까지도 포함하여—"막대기"를 뜻할 수도 있다. 그러나 민수기 33장 55절(위에서 인용되었다)에서 이 말은 sek를 번역한 것인데 그것은 가시를 뜻하는 것으로 보인다. 그러나 그 말은 단지 한 번 나올 뿐이며, 의문의 여지가 있다. "사탄의 사자들"에 대해서는 마태오복음 25장 41절과 요한묵시록 12장 7·9절, 그리고 *S.B.*i. 136, 983—4를 참조하라. "사탄의 사자들"이나 '사자들", 혹은 '악마의 영들'이라는 표현은 고대 유다교 문헌들에서 잘 나타나지 않는다'(983). 그러나 그것들은 때때로 언급되기도 했으며 빌러벡이 알고 있는 귀절들 외에도 이제 *C.D.* xvi. 5(mal'ak ha-masṭema; "마스테마의 사자")를 덧붙일 수 있을 것이다. 더우기 ἄγγελος("사자, 천사")라는 말이 "사자"(messenger)를 뜻한다는 점을 기억해야 하며, 따라서 순전히 전문적인 용어라고 여길 필요는 없다. 그러므로 하느님에 의해 사탄의 사자가 보냄을 받았다고 바울로가 암시했다는 사실은 (실제로 바울로가 그렇게 말하지는 않았다) 더욱 놀랍다. 사탄은 단지 제한된 활동의 자유만을 지니고 있을 뿐이다. 사탄도 역시 하느님이 다스린다는 것이다.

[8] 이 사자(그리이스어로는 "이 문제"를—중성 τούτου—뜻할 수도 있다. 그러나 분명히 "사자"가 주어인 다음 절은 "이"라는 말을 어디에 적용시켜야 할지를 규정한다)에 "대하여" (περί 대신 1장 8절에서처럼 ὑπέρ) 나는 이것이 내게서 떠나게 해줍시사고 주께 세 번이나(이것은 아마도 열성적이고, 반복하는 기도를 뜻하는 것으로 이해되어야 할 것이다. 그러나 빈디쉬와 다른 학자들은 이 수를 문자적으로 이해한다. 참조. 게쎄마니 동산에서의 예수의 기도: 마르 14, 35—41) 애원했읍니다(이것은 "간절히 원하다" παρεκάλεσα를 보다 강한 어조로 번역하고자 한 것이다—"내가 애걸했다": 그러나 참조. 8, 6; 9, 5. 그리고 이 말 전체에 대해서는 *Sylloge* 804, 30—1[3판 1170, 31—2]: καὶ περὶ τούτου παρεκάλεσα τὸν θεόν "그리고 이 일에 관하여 하느님께 부탁했읍니다." 이 귀절은 바호만에 의해 인용되었다).

[9] **그러나 주께서는 "내 은혜가 네게 충족하다. 내 능력은 약한 데서 완전해진다"고 말씀하셨읍니다**('완료형은 단번에 올바르게 내린 결단을 뜻한다'—Bachmann. 참조. Moule, *Idiom*, 15). 벵엘은 '매우 친절한 거절'이라고 말하며, 말하자면 주께서 이 말을 바울

로의 입에 넣어주셨고 따라서 그는 '주여, 당신의 은혜가 내게 족합니다' (Sufficit mihi, Domine, gratia tua)라고 말했으리라고 추측한다. 칼빈은 기도에 대한 응답에는 두 가지 종류가 있으며, 우리는 목적과 수단을 구별해야 한다고 지적한다 : '주께서는 우리가 합당하게 추구하는 목적을 허락하시지만 우리가 원하는 수단대로 허락하시지는 않는다.' "은혜"라는 말은 이 서신에서 매우 자주 광범위하게 쓰였으므로(예. 1, 2·12 ; 4, 15 ; 8장 여러 곳 ; 9, 8·14) 여기서 그것이 바울로로 하여금 사도가 되게 한 특수한 은사를 의미하는 것 같지는 않다. 그러나 인간이 그와 같은 그리스도교인이 되고, 그가 하는 것과 같은 봉사를 하는 것은 (6, 1 ; 로마 12, 6 ; 고전 1, 4) 바로 은혜에 의해서라고 덧붙일 수 있을 것이다. 바울로의 경우 이것은 사도가 되고, 사도의 활동을 하는 것을 의미한다(로마 1, 5 ; 12, 3 ; 고전 15, 10). 그러나 근본적으로 "은혜"는 그리스도 안에서 작용하는 인간에 대한 하느님의 사랑의 행위이다(8, 9). 은혜를 통해서 인간은 하느님과 자신과의 관계를 확신하게 되며, 살아서나 죽어서나, 현재에나 미래에나 결코 아무 것도 그리스도 안에 있는 하느님의 사랑으로부터 인간을 떼어놓지는 못한다(로마 8, 38—9). 이것이 가장 심한 고통이나 가장 낮은 비천함을 견딜 수 있게 해준다. 그리고 바울로로 하여금 그의 사도적 선교활동을 수행할 수 있게 해준다. 그뿐만 아니라 그것은 고난 가운데서도 기뻐할 수 있다는 것을 의미한다(로마 5, 2 이하). 왜냐하면 인간의 약함이 하느님의 능력이 나타날 수 있는 가장 좋은 자리이기 때문이다. 바울로가 경쟁해야만 하는 교회 실력가들의 인상적인 활동 안에서는 하느님의 능력이 "완전해"지기는 커녕 찾아보기도 힘들다. 하느님의 능력이 나타나는 것은 그가 약할 때, 정말로 약해 있을 때, 세상으로부터 조롱받을 때는 물론이고 가난하고 아프고 비천하고 멸시받고 자신의 영적 자녀들로부터도 사랑받지 못하는 바로 그때이다. 그것은 하느님의 어리석음이 사람들의 지혜보다 현명하고, 하느님의 약함이 사람들의 강함보다 강하기 때문이다(고전 1, 25).

이제부터는 자랑의 문제에 대한 바울로의 태도가 옳았다는 것을 최종적으로 입증한다. 그러므로 그리스도의 권능이 내게 머무르게 하기 위하여 나는 오히려 기쁜 마음으로 나의 약한 것들을(말하자면 '다른 것보다 이것들을' —Robertson, 664이 이렇게 본다. *B.D.* § 246에서는 "오히려" μᾶλλον이 "기쁜 마음으로" ἥδιστα와 함께 이해되어서는 안 된다고 본다. 그러나 비교급의 대상이 표현되지 않은 것은 어색하다) 자랑하려

합니다. 둘 중에 어느 하나를 선택하는 것에 대해서는 *sifre Deuteronomy* 32(6장 5절에 대한 해석)(73b) (*S.B.* 3,798)를 참조하라 : '좋은 일보다는 고통을 더욱 기뻐하라.' 그러나 *sifre Deuteronomy*에서 제시된 이유는 고통 속에서 회개가 나오기 때문인 반면, 바울로는 "그리스도의 능력이 그 위에 머무르기" 위하여 강함보다는 약함을 자랑하려고 한다. 이 동사("머무르다" *ἐπισκηνοῦν*)는 신약성서 안에서 오직 여기서만 사용되었다(그러나 5장 1절 이하의 *σκῆνος* "장막"의 용법을 참조하라). 이것은 하느님의 현존에 의해 이스라엘이 보호되는 것을 시사한다(Schlatter).

[10] **따라서 나는 그리스도를 위하여 약해지며 모욕을 당하며(참조. 데전 2,2), 고통(참조. 6,4)과 박해와 억압(참조. 6,4)을 당하는 것을 기뻐합니다. 그것은 내가 (인간적인 표준으로) 약할 그 때가 곧 내가 강한(나 자신이 아니라 내게 머무는 그리스도의 능력 안에서) 때이기 때문입니다.** 이것이 이 서신 안에서 거듭 반복되었던 사도적 삶의 모습이다. 예를 들어 4장 10절 이하와 *Signs*, 41—44를 참조하라. 이것이 곧 보는 것에 의해서가 아니라 믿음으로 살아가는 의미이다. 그리스도의 능력은 가령 가망없어 보이는 죄인들의 회심(고전 6,9 이하)에서 눈에 보이게 나타난다. 그러나 그것은 인간의 지배 아래 있는 것이 아니므로 인간의 자랑의 주제가 될 수는 없다. 필로는 *Vit. Mos.* i. 69에서 비슷한 언어('너의 약함이 너의 강함이다.' *τὸ ἀσθενὲς ὑμῶν δύναμίς ἐστιν*)를 사용한다. 그러나 그 의미는 다르다. 베츠(Betz, 92—3)는 여기서 또 다른 희화를 본다(참조. 2—4절에 대한 주석). 바울로는 신들이 자신들에게 탄원하는 사람들을 위해서 행하는 놀라운 치유를 그 나름대로 제시하고 있다는 것이다. 그는 적절한 형태로 구원받기를 기도했다. 그러나 그가 받은 응답은 일반적으로 알려진 치유보다 못한 것이면서 동시에 더 나은 것이기도 했다. 2—4절에서와 마찬가지로 인용된 병행구들도 중요하다. 그러나 역시 바울로의 말에는 강렬한 신학적 동기와 일관성이 있으므로 희화적 요소를 주변적이고 우연적인 것 이상으로 판단할 수는 없다.

바르트는 *C.D.* I ii. 332에서 1—10절에 대해 짧지만 통찰력 있는 주석을 하고 있다.

21. 반론들에 대한 답변 12장 11—18절

11 나는 어리석은 사람이[16] 되었읍니다. 그것은 여러분이 억지로 그렇게
만든 것입니다. 그러나 나는 여러분에게 인정을 받았어야 합니다. 그것은
내가 비록 '보잘것없는' 사람이라 할지라도 저 대사도라는 사람들보다 못한
것이 하나도 없기 때문입니다. 12 적어도 여러분 가운데서 모든 고통과 모
욕을 견디며 사도의 표적을 나타냈읍니다. 나의 인내에는 표징과 기사와 이
적이 뒤따랐읍니다. 13 나 자신이 여러분에게 폐를 끼치지 않았다는 것 외
에 내가 다른 교회들보다 여러분을 더 못하게 대접한 점이 무엇입니까? 나
의 이 불공평을 용서하시기 바랍니다. 14 지금 나는 이렇게 세번째 여러분
에게로 갈 준비를 하고 있읍니다. 그러나 나는 여러분에게 부담이 되는 일
은 하지 않겠읍니다. 내가 구하는 것은 여러분 자신들이요, 여러분이 가진
물건은 아니기 때문입니다. 자식이 부모를 위하여 재산을 모아두는 것이 아
니라 부모가 자식을 위하여 그리하는 것이기 때문입니다. 15 나는 여러분의
영혼을 위해서라면 기쁜 마음으로 내 편에서 쓰겠고 내 몸까지도 희생하겠
읍니다. 내가 여러분을 더 많이 사랑하면[17] 할수록 여러분은 나를 덜 사랑

---

16) 많은 사본들에서 καυχώμενος를 덧붙인다 : '나는 이렇게 영광스럽게 함으로써 어리석은 자가 되었읍니다.' 이것은 올바른 해석이지만 2차적인 본문이다.

17) P⁴⁶ B ℵ에서는 εἰ("만일…한다면")로 읽었다. 대다수의 사본들에서는 εἰ καί("…함에도 불구하고")로 읽었다. 이 말이 D it Ambrosiaster에는 생략되었다. 단지 소수의 사본들만이, 특히 ℵ* A에서 ἀγαπαῶ("내가 사랑한다")로 읽는다. 나머지 사본들에서는(P⁴⁶ B D G와 Latin) 현재분사 ἀγαπῶν으로 나온다. 이러한 변형들은 이 귀절의 구두점을 달리 찍도록 요구한다. 그리고 사역에 제시된 것 외에 다음의 세 가지 방식으로 생각할 수 있게 한다. 첫째, "여러분을 더욱 많이 사랑하면서 내가 덜 사랑받습니까?" 이것은 여기서 제시된 사역과 의미상 별다른 차이가 없다. 둘째, "여러분을 더욱 많이 사랑하면서 나는 더욱 덜 사랑받습니다"— 사실에 대한 서술. 세째, "비록 내가 여러분을 더욱 많이 사랑해도 더욱 더 사랑받지 못한다 할지라도 나는 여러분의 영혼을 위해서 기쁜 마음으로 쓰겠고……희생하겠읍니다." 세번째는 후기의 본문형태이며, 원래적인 것일 리가 없다. 아마도 바울로는 첫번째 형태로 썼을 것이다. 그러나 여기서 채택된 본문이 더 생생하며 바울로적이다. 이에 대해 주석을 참조하라.

하겠읍니까? 16 좋습니다. 내가 여러분에게 짐이 된 일이 없읍니다. 그런 때 어떤 사람들은 내가 간교한 속임수로 여러분을 붙잡는 사기군이라고 말합니다. 17 내가 여러분에게 보낸 사람들 중에서 어느 누구를 통하여 내가 여러분을 갈취한 일이 있읍니까? 18 내가 디도에게 여러분에게로 가라고 권했고, 또 그와 함께 형제 하나를 보냈는데 디도가 여러분을 갈취한 일이 있읍니까? 우리가 다 같은 영의 인도로 살았고 같은 발걸음으로 걸어오지 않았읍니까?

이제 더 이상 자랑해서는 안 될 것이다. 바울로는 어딘지 모르게 꺼려하면서도 역설적으로 자랑하는 데 의식적으로 열중했었다(10, 8 ; 11, 16·17·18 ; 12, 5·6·9). 그리고 바울로는 복음을 수호하기 위해서는 자랑할 수밖에 없으나 동시에 복음을 수호하는 것은 그의 자랑을 무효화시키는 결과를 가져오는 딜레머에 빠졌다. 자랑은 어쩔 수 없이 해야 했으나 동시에 유익하지도 않았다(12, 1). 무엇보다도 이 점에서 교회가 파괴되었다(참조. 이 책 서문 30—31면).

[II] 바울로 개인으로 말하자면 이처럼 무익하고 궁극적으로 그리스도교적이지 못한 자랑을 해야 한다는 필연성은 다음과 같은 것을 의미한다. 나는 어리석은 사람이 되었읍니다(참조. 본문에 대해서는 이 책 397면 주 16). 그것은 여러분이 억지로 그렇게 만든 것입니다. "나는 어리석은 사람이 되었읍니다." 그것은 내가 비난했던 다른 사람들의 행동에 합세해서 내가 그들보다 더 나은 유다인이고 더 열성적인 그리스도의 종이라고 주장했으며, 나중에는 역설적으로 약함을 자랑하게 되었기 때문입니다. 여러분은 나를 위해서 말하지 않고, 나를 위해서 자랑하지 않음으로써(참조. 7, 11) "억지로 그렇게 만든 것입니다"(다음에 나오는 말이 이 사실을 알려준다). 이 귀절은 고린토의 상황을 이해하는 데 있어서 매우 중요하다(참조. 이 책 서론 54면). 바울로의 적은 예루살렘 사도들도 아니고(이하 12절을 참조하라) 고린토인들도 아니며 거짓 사도들이다(11, 13). 고린토인들의 잘못은 그들이 침묵을 지켰다는 점이다. 그들은 적극적으로 바울로의 적대자들의 편을 들지도 않았지만(참조. 7, 11과 해당 주석) 그렇다고 바울로의 편에 서지도 않았으며, 마땅히 그들이 그랬어야 함에도 불구하고 그를 추천하지도 않았다. 따라서 바울로는 자신을 위해서 말해야만 했다. 그리고 그렇게 함으로써 (그 자신의 판단에 의하면) 스스로를 어리석은 자로 만들었다. 그는 그렇게 할 수밖에 없었다. 나는

여러분에게 인정을 받았어야 합니다. 그러나 고린토인들은 자신들이 해야 할 바를 하지 못했다. 고린토인들이 아무리 그를 인정한다고 해도 그것이 그를 사도로 만들어주지는 못한다(참조. 3,1. 그러나 바울로는 고린토인들에게 그들이 그의 경쟁자들에 대해 했던 것과 똑같은 종류의 추천을 자신에게도 해달라고 요청함으로써 모순에 빠지지는 않는다). 그의 사도직은 인간적인 기원으로부터 나온 것이 아니다(갈라 1,1). 그리고 그것은 인간적인 판단을 받지 않으며, 그 자신의 판단도 받지 않는다(고전 4,3—4). 그러나 고린토인들은 그가 사도라는 데 대한 확실한 표이다(고전 9,2). 그것은 그리스도교인으로서의 그들의 존재 자체가 그들을 개종하게 했던 바울로의 사도적 선교 활동을 정당화해주기 때문이다(고전 3,6·10 ; 4,15). 단지 그들이 있는 그대로 그들 스스로를 인정하는 일이 필요할 뿐이었다. 그렇게 하면 바울로를 사도로 인정하게 될 것이다. 그러나 그들은 그렇게 하지 못했다. 그리고 오만한 그의 경쟁자들과 비교해볼 때(11,20) 보잘것 없고(11,7—11 ; 12,13 이하) 언변이 모자라는(10,1·10 ; 11,6) 자신들의 사도를 부끄럽게 생각했다. 실제로 바울로는 어느 면에서건 인정받을 권리가 있었다. **그것은 내가 저 대사도라는 사람들보다 못한 것이 하나도 없기 때문입니다.** 대사도가 누군지에 대해서는 11장 5절과 주석을 참조하라(참조. 이 책 서론 57면 이하와 *Signs*, 37—40). 11장 5절에서는 "못하다"(ὑστερεῖν)라는 말이 완료형으로 표현되었지만 여기서는 단순과거형(ὑστέρησα)으로 표현되었다. 이것은 고린토인들이 바울로와 그의 경쟁자들을 비교할 기회를 가졌을 때 고린토에서 일어났던 특수한 사건을 가리킨다고 이해되었다. 만일 옳다면 이것은 대사도들이 고린토에 있었고, 따라서 이들은 예루살렘 사도들이 아니라 거짓사도들(11,13)과 동일시되어야 한다는 것을 입증해준다. 그러나 자명하게 그렇게 결론내릴 수 있는 것은 아니다. 그리고 단순과거형은 지속적인 의미로 쓰였으며, 그것은 고린토에 대한 바울로의 태도의 본질을 단일한 한 지점에서 총괄하고 있다. 만일 그가 대사도들과 동등하다면 그는 결코 침입자들보다 못하지 않다.

바울로의 생각은 여전히 역설적이며, 그는 자기 스스로 다른 사람들—경쟁자들과 고린토인들—의 말을 쓴다. 그는 비록 **'보잘것없는' 사람이라 할지라도.** 대사도들보다 못하지 않다. 여기 찍혀 있는 인용부호는 다른 사람들이 바울로를 '보잘것없는'—고려할 가치가 없는—사람으로 말했다는 것을 암시한다. 이것은 결코 10장 1·10절(ταπεινός

"온순한", ἀσθενής "약한", ἐξουθενημένος "보잘것없는"과 고린토전서 15장 8·9절(ἔκτρωμα "달이 차지 못해서 난 자", ἐλάχιστος τῶν ἀποστόλων "사도들 중에 가장 작은 사도")의 표현보다 심한 표현이 아니다. Plato, *Phaedrus* 234 CDE(이상한 표현인 τῆς ἐμῆς οὐδενίας "아무 것도 아닌 나의"까지도 포함된다—Betz, 122) ; Epictetus, Ⅲ ix, 14(οὐδὲν ἦν ὁ Ἐπίκτητος "에피테투스는 아무 것도 아니다"), Ⅳ viii. 25와 비교하라. 바울로는 인간적인 사람이었으므로 그런 말에 피로와했다. 그러나 어느 편에서 그는 기꺼이 그 말이 옳다고 주장할 수도 있었다. 그는 그리스도가 보다 잘 나타나고 그의 사람들이 유익을 얻도록 하기 위해서 기쁘게 그 자신은 "보잘것없는" 사람이 될 수도 있었다(참조. 예. 12, 9 ; 13, 7·9).

〔 12 〕 그러나 여기서 중요한 점은 바울로가 대사도들보다 못하지 않다는 것이다. "적어도"(이것은 아마도 μέν이 단독적으로 쓰였을 경우의 "한정적 의미"일 것이다—Robertson, 1151. "그것이 아니라 [Allo] 실제로 표적들이 있읍니다"[그러나 여러분은 그것을 깨닫지 못합니다]) 여러분 가운데서 모든 고통과 모욕을 견디며(직역하면 '모든 일에 참으며', 그러나 서신 전체에 비추어볼 때 바울로가 견뎌야 했던 일이 무엇인지는 분명하다) '사도의(Betz, 70—100에는 광범위한 논의가 실려 있다) 표적'을 나타냈읍니다(그는 '내가 그것들을 나타냈읍니다'라고 말하지 않는다 : 참조. 마르 16, 17·20).

"사도의 표적," 즉 사도임을 나타내는 표적이라는 말은 바울로가 다른 사람들이 사용했던 말을 빌어온 것일 수도 있다. 이것은—자신들의 사도적 신분을 입증해주는 표적들을 보여줄 수 있다고(아마도 바울로는 보여줄 수 없겠지만) 주장했던—고린토에 있는 바울로의 경쟁자들이 쓰던 말이라고 자주 주장되어왔다. 그러나 바울로가 자신의 반대자들의 말이 아니라—선교사로서 자신들에게 오는 사람들에게서 적절한 표적을 구했던—고린토인들의 말을 사용하고 있다고 보는 것이 더 개연성이 있다. '고린토인들은 사도들이—표적들과 이적들을 행함으로써 영을 계시하는 자의 능력을 확증하는—특수한 영의 담지자(Pneumaträger)임을 보기 원했다. 사도들은 그러한 능력을 자유 자재로 무한정하게 행사할 수 있어야 했다' (Wilckens, *Weisheit*, 218). 그들은 다른 사람들을 시험하는 재판관들이었다(참조. 13, ·3·5과 해당 주석). 그리고 이 시험에는 기적에 대한 요구도 들어 있었다. 본래 유다적—그리스도교의 입장에 서 있었던 바울로의 경쟁자들은 이러한 요구를 따르는 데 아무런 어려움도 없었다(따라서 어느 면에서는 "신적 인간 θεῖοι ἄνδρες임을 주장한다는 인상을 주기도 했다 : 참조. 이 책 서론 55—56면 ; "Paul's Opponents", 251—2). 바울로 자신도 다른 곳에서 기적 행하는 것에 대해 말한다(로마 15, 19 ; 갈라 3, 5). 이런 현상들에 대한 다른 설명들이 옳은 것으로 보이든, 보이지 않든간에 초대 교회는 기적이 일어난다는 것을 믿었다는 사실에 대해서는 의심할 여지가 없다. 대부분의 동시대인들과 마찬가지로 기적을 받아들이는 데 대해서 아무런 어려움도 느끼지 않았던 바울로는, 자신도 기적을 행했다는 주장에 의해서가 아니라 "모든 것을 견디며"라는 말을 덧붙임으로써 자신 앞에 있는 문제를 새롭게 이해한다. 기적들은 그가 선포하고 행했던 '십자가의 신학'과 결코 모순되지 않는다. 왜냐하면 그러한 기적은 승리하는 성공과 번영의 상황에서가 아니라 견뎌야만 했던 압박과 모욕 가운데서 행해졌기 때문이다. 주님은 바울로를 치기 위해서 보냈던 사자를 없애는 기적을 행하지 않았다(12, 8—9). 케제만(*Legitimität*, 63/53)도 역시 11장 23절 이하를 지적한다. 그러나 기적의 이러한 양 측면(신적 인간임을 나타내는 측면과 견뎌야 한다는 측면)이 모두 중요하고 정당하다. 그리고 만일 참고 견디는 가운데 표적들이 행해졌다면 다음과 같은 그의 말은 타당하다. **나의 인내에는 표징과 기사와 이적이 뒤따랐읍니다**("나의 인내에는 뒤따랐읍니다"라는 말은 그리이스어 원문에는 없지만 이어지는 세 명사들의 여격에 암시되어 있는 것 같다). 이 복합적인 표현과 사도행전 2장 22절, 데살로니카후서 2장 9절을 비교하라. "표징과 기사"라는 짝말은 훨씬 더 일반적이다. "기사"(τέρας)라는 말은 사도행전에 9회 나온다. 이외에는 신약성서에 7회 나온다. δύναμις이라는 말은 공관복음서에서 예수의 기적에 대해 일반적으로 사용되는 말이다. 우리는 서신들로부터 바울로가 어떤 기적을 행했는지를 추론할 수 없다. 사도행전 13장 11절, 14장 10절, 15장 12절, 16장 18절, 19장 11—12절, 20장 10절 이하, 28장 3—6·8절을 참조하라.

고린토인들에게도 기적이 일어났었고, 바울로도 역시 그들에게 기적을 행했다. 그렇다면 그들의 불만은 무엇인가? 바울로는 두 고린토 서신들에 반영되어 있는 문제, 즉 그가 교회에서 보수받기를 거절한 문제(11, 7—11 ; 고전 9, 4—18)로 되돌아간다. 이 문제에 대해서는 바울로나 고린토인들이나 모두가 매우 예민했던 것으로 보인다.

바울로가 자신의 의도가 잘못 이해되었다고 느꼈음은 분명하다(15절). 그리고 고린토인들도 똑같이 느꼈을 수 있다. 그들은 다른 교회들이 그러듯이(11, 9—9 ; Georgi, *Gegner*, 238에서는 영감을 받은 자[Pneumatiker]에 대한 일종의 보상이 아니라 개인적인 우애의 표시로 재정적인 보조가 이해되었을 때에만 바울로가 그것을 받아들였다는 점을 잘 지적한다) 사도의 비용을 보조할 수 있기를 바랐다. 그리고 그들은 왜 하필이면 자신들이 마케도니아인들보다 책임감이 부족하고 믿을 만하지 못하다고 낙인찍히는 듯한 대우를 받아야 하는지 그 이유를 알 수 없었다. 그러나 직접적으로 상황을 잘 알고 있던 바울로가 고린토인들의 태도는 사도직을 잘못 이해한 데서 비롯되었다고 판단한 것이 근본적으로 틀렸다고 가정할 만한 이유는 없다. 그들은 사도란(반드시 '신적 인간'은 아니더라도—위를 참조하라—확실히) 능력있고 위압적인 사람이어야 하며, 그가 주장할 수 있는 모든 권리들을 관철하고, 기적들을 행하고, 그가 영향을 끼칠 수 있는 모든 사람들로부터 아첨과 지원을 받아야 한다고 생각했다. 초기 교회에 그런 사람들이 생겨났다는 사실은 11장 20절에 의해 입증된다. 그런 사람들이 2세기까지도 존속했다는 사실은 거짓 예언자인 페레그리누스나 알렉산더같은 사람들(비록 이들이 루시안이 풍자적으로 그린 인물들이라 할지라도)에 의해 예증된다. 그들이 내세웠던 "영광의 신학"(예를 들어 304면. 참조. *Signs*, 104—5)이 그리스도교에 대한 영속적인 위협이었다는 사실은 교회사의 매 페이지마다 씌어 있으며, 그것만으로도 고린토후서를 끊임없이 연구해야 할 충분한 이유가 된다.

[13] 나 "자신이"(강조어 αὐτὸς ἐγώ. 아마도 '다른 사람들은 어떻든간에 나는') 여러분에게 "폐를 끼치지"(κατενάρκησα. 이 말에 대해서는 11장 9절 참조) 않았다는 것 외에 내가 다른 교회들(바울로는 다른 교회들에 대해서는 자신을 지원하는 것을 허락했다)보다 여러분을 "더 못하게"(ἡσσώθητε라는 동사와 변형들인 ἡττήθητε, ἐλαττώθητε에 대해 알고 싶으면, 로마서 11장 12절에서 나온 같은 어원의 명사 ἥττημα의 용법을 이 해설과 비교하라) 대접한 점이 무엇입니까?(이 문장에서 γάρ는 번역할 수 없다. 이 말은 "갑작스러운 질문"에서 사용되었다—*L.S.* 해당란 I. 4). 바울로는 신랄하게 풍자하면서 이렇게 덧붙인다. 나의 이 불공평(참조. 2, 10 ; 7, 12. 이 귀절에 관련되어 있는 사람들은 바울로에게 상처를 주었었다 : 참조. 7, 2)을 "용서하시기"(χαρίζεσθαι. 바울로에게 있어서 신학적인 말은 아니다 : 참조. 2, 7, 10) 바랍

니다. "사도의 표징"을 원하는 교회에 대해 소홀히 대한 것을 용서하시기 바랍니다.

[14] 그들은 그를 용서하고, 그가 이 이해할 수 없는 행동을 하도록 내버려두어야 한다. 왜냐하면 그가 자신의 태도를 바꾸려고 하지 않기 때문이다. 지금 나는 이렇게 세번째 여러분에게로 갈 준비를 하고 있읍니다. 그리이스어 구문은 모호하다(Beyer, 280은 이것을 셈어적인 절로 본다 : '내가 준비를 하고 있지만……나는……않을 것입니다.' 그러나 그의 견해는 설득력이 없다). 이것은 '나는 지금 갈 준비를 세번째로 하고 있읍니다'이거나 아니면 '나는 지금 세번째로 갈 준비를 하고 있읍니다'이다. 13장 1절은 바울로가 의도한 바는 후자였음을 실제로 확인해준다. 이전에 그는 세번째 방문을 하는 것을 참았었다(1, 23 : 참조. 2, 1). 그러나 이제 그는 세번째 방문을 해야 할 시기에 와 있다. 고린토의 문제는 근본적으로 해결되어야 할 것이다. 그리고 그는 자신의 방침을 바꾸지 않을 것이다.

그러나 나는 여러분에게 부담이 되는(13절에서와 같은 말이다) 일은 하지 않겠읍니다. 그 이유는 분명하다. 내가 구하는 것은 여러분 자신들이요, 여러분이 가진 물건은 아니기 때문입니다. Cicero, *De Finibus* Ⅱ. 26, 85와 비교하라('그러므로 만일 우리가 참된 친구가 되려면 내가 가진 것이 아니라 나 자신을 사랑해야 합니다' : Me igitur ipsum ames oportet non mea, si veri amici futuri sumus). 빈디쉬는 다른 귀절들도 인용하고 있다. 바울로가 보수받기를 거절하는 동기는 의문시되었었다. 그러나 교회로부터 보수를 받는 목회자는 항상 자신의 동기(아마도 이것에는 잘못이 없을 것이다)가 의심받게 되리라는 생각을 한다. 즉 그는 자기가 개종시킨 개종자들의 호주머니를 노리고 있는 것이 아닌가 의심받게 된다. 그러나 아무도 바울로와 고린토와의 관계에 대해서 그렇게 말할 수는 없었다(그리고 고린토에서 쓰기 위해서 가령 필립비에서 돈을 받는 것은 이보다 비난을 덜 받을 것이다). 그는 부분적으로는 그들로부터 보답하는 애정의 표시를 받고 싶어 한다는 의미에서 그들 자신을 구했다(15절뿐만이 아니라 6장 13절과 7장 2절). 그러나 그는 무엇보다도 그리스도를 위해서 그들을 얻는다는 의미에서 그들 자신을 구했다(고전 9, 19—22. 동사 "얻다" κερδαίνειν의 용법에 대해서는 고전 9, 19—22 참조 : 『고린토전서』, 249면). 간단한 인간적인 유비가 바울로의 원칙을 확인시켜준다. 자식이 부모를 위하여 재산을 모아두는 것이 아니라(말하자면 자식들에게는 그러한 의무가 없다) 부모가 자식을 위하여 그리하는 것이기 때문입니다. 복음전도자와 그의 개종자들 사이의 부모—자식 관계에 대해서는 고린토전서 4장 15절과 주석을 참조하라. 바울로는 복음을 통해서 그들을 그리스도교인으로 낳았다(참조. 필레 10). 따라서 그는 그들의 그리스도교적 삶에 대해서 책임이 있으며, 그들이 그러한 삶을 계속할 수 있도록 해주어야 한다. 결코 그들이 바울로에 대해서 책임이 있는 것은 아니다. 그렇다면 바울로와 필립비 교회와의 관계에 대해서는 무어라고 말해야 하는가? 그리고 교회로부터 지원을 받는 다른 사도들에 대해서는 무어라고 말해야 하는가? 바울로가 고린토교회를 대하는 태도로부터 이 문제에 대해 부정적인 답을 이끌어내는 것은 아마도 잘못일 것이다. '그가 한 행동은 아버지로서 그렇게 한 것이었다. 그러나 그가 달리 행동했다고 해도 그것은 아버지로서 그렇게 행동한 것이다' (Calvin). 아버지와 자식 사이의 관계에 대한 세부적인 규정들은 나와 있지 않다.

〔 15 〕 바울로는 부모로서의 책임을 충분히 받아들일 준비가 되어 있다. 나는 여러분의 영혼을 위해서라면—즉 여러분을 위해서라면—기쁜 마음으로 내 편에서(그리이스어 원문에서 이 문장은 강조어인 "이제 나는" ἐγὼ δὲ로 시작된다) 쓰겠고(바울로가 별로 가지지 못한 돈뿐만이 아니라 시간, 정력, 사랑) 내 몸까지도 "희생하겠읍니다"(여기서는 단순동사 δαπανᾶν이 아니라 복합동사 ἐκδαπανᾶν이다. 이 동사에서 ἐκ의 완전한 의미에 대해서는 Robertson, 596 참조: 비교. 4, 8). "여러분"이라는 의미에서의 "여러분의 영혼"에 대해서는 1장 23절을 비교하라(참조. Conzelmann, *Theologie*, 201). 바울로가 가장 중요한 일인 고린토인들의 구원을 위해서 하지 못한 일이라곤 없다. 이것은 그들에 대한 그의 사랑의 결과였다. 그리고 거기에는 응답이 있어야 했다(참조. 이 책 398—399면; 6, 11 이하). 그러므로 내가 여러분을 더 많이 사랑하면 할수록 여러분은 나를 덜 사랑하겠읍니까? 11장 11절과 비교하라. 고린토인들은 바울로의 사도적 독립성을 그가 그들을 사랑하지 않는다는 표징으로 이해하였다. 본문에 대해서는 397면 주 17을 참조하라. 알로는 분사(ἀγαπῶν)로 보고, "내가 여러분을 더 사랑한다고 해도 나는 덜 사랑받아야 합니다"라고 번역한다.

〔 16 〕 이것은 심각한 비난이었다. 그러나 이보다 더 심한 것도 행해졌다. 다음 귀절에서 바울로는 그가 진리로 인정하는 것에 대해서가 아니라 고린토에서 적어도 몇몇 사람들이 했던 고발에 대해서 서술한다. "좋습니다"(ἔστω δέ, 직역하면 '그렇게 하십시

요.' Robertson, 392에서 말하듯이 이 동사의 주어는 앞 문장이다). 내가 여러분에게 "짐이 된"(κατεβάρησα. 13·14절의 말이 아니다. 그러나 참조. 11,9의 ἀβαρής) 일이 없읍니다. 그런데 어떤 사람들은 내가 간교한 "속임수로"(δόλῳ. 동일어원의 동사가 4장 2절에 나온다) 여러분을 "붙잡는"(ἔλαβον : 참조. 11, 20) 사기꾼(참조. 동일어원의 한정명사의 용법[4, 2 ; 11, 3]. πανοῦργος라는 말은 지혜문학에서 자주 나온다. 견유학파적 배경에 대해서는 Betz, 105 참조)이라고(분사 ὑπάρχων의 일반적인 용법 : Moule, *Idiom*, 103) 말합니다. 다음의 두 귀절들은 그 주장이 어떤 것이었는지를 보여준다 : '바울로는 돈을 받지 않는다고 큰소리쳐 놓고서는 예루살렘의 가난한 성도들을 위한 헌금이라며 돈을 거뒀다. 그리고 그는 그 돈을 자기 주머니에 집어넣었다.' 8—9장에 이러한 비난에 대한 언급이 나오지 않는다는 사실은 10—13장보다 후에 그 장들을 썼다고 믿기 어렵게 한다는 점에 주목하라(참조. 이하와 이 책 서론, 35—41면). 이러한 비난이 바울로 자신뿐만 아니라 그의 조력자들을 향한 것이라는 사실은 결코 사소한 일이 아니었다. 그러나 바울로는 그들 모두의 순수성을 변호할 수 있었다.

[17] 내가 여러분에게 "보낸"(완료형 —ἀπέσταλκα— 은 "내가 때때로 보냈던 사람들"을 의미한다. *M.* i. 144 ; iii. 70. 참조. Robertson, 893, 896) 사람들 중에서 어느 누구를 통하여 내가 여러분을 갈취한(참조. 2, 11 ; 7, 2) 일이 있읍니까? 영어로는 좋지 않은 이 구문은 그리이스어의 파격구문을 그대로 따른 것이다(참조. *B.D.* §466 ; Robertson, 436 ; Moule, *Idiom*, 176). 그러나 이처럼 파격구문을 이룬 데 대해서는 셈어적인 방식으로 대명사들을 다루었기 때문이라기보다는 바울로가 편지를 쓸 당시의 감정적인 상태 때문이었다고 설명하는 것이 더 개연성이 있다. 이 귀절은 고린토인들을 향한 것이다 : '그들로 하여금 그 일을 조사하게 하시오. 그리고 입증할 수도, 반증할 수도 없으면서 다른 사람들에게까지 일반화시키지 말고 올바른 비난을 하도록 하시오.'

[18] 이제 디도에 대해 특별히 이야기한다. 내가 디도에게 여러분에게로 가라고("여러분에게로 가라고"라는 말은 그리이스어 원문에는 없지만 함축되어 있다) "권했고"(παρεκάλεσα. 참조. 8, 6·17), 또 그와 함께 형제(참조. 8, 18·22—23과 해당 주석. 리츠만은 이름—'형제 아무개'—하나가 본문에서 빠졌다고 생각한다) 하나를 보냈는데. 바울로가 여기서, 가령 리츠만이나 슐라터가 주장하듯이 보다

이전의 방문이 아니라 8장에서 계획했던 방문을 회상하고 있다는 사실은 내용뿐만 아니라 언어상의 일치에 의해서도 실제로 확실해진다. 따라서 8장은 12장보다 먼저 씌었음에 틀림없다(그러므로 10—13장으로 이루어진 단락보다 먼저 씌어졌을 것이다. 따라서 빈디쉬는 10—13장을 바울로가 고린토에 쓴 다섯번째 편지라고 본다. 13장 마지막 부분에서 그의 결론적인 해석을 참조하라). 유일한 차이점은 8장에서는 디도와 함께 두 형제가 보내졌다는 사실이다. 그 이유는 아마도 두 명 중에서 한 명만을 바울로가 지명했기 때문일 것이다(참조. "Titus", 12). 다른 사람은 "교회에 의해서 임명되었을 것이다"(8, 19). 그리고 그의 순수성에 대해서 논란이 되지도 않았을 것이다. 만일 그랬다고 해도 여기서 문제가 되고 있는 것과는 상관이 없다. 어쨌든 셋 중에서 바울로와 가장 가까왔던 디도에게 관심이 집중된다. 디도가 여러분을 갈취한 일이 있읍니까? 이 의문문(μήτι가 쓰였다)은 "아니오"라는 대답을 예상한 것이다 : '여러분은 그가 결코 그런 행동을 하지 않는다는 것을 아주 잘 알고 있읍니다.' 우리가 다 같은 영의 인도로 "살았고"(직역하면 "걸었고"), 같은 발걸음으로 걸어오지 않았읍니까? 이 수사학적인 질문에서 "우리"라는 말은 서신의 다른 곳에서와 마찬가지로 상이한 방식으로 이해될 수 있다. (ㄱ) '내가 나 자신의 일에서도 산 것과 같은 방식으로 살지 않았읍니까? 여러분도 그것을 인정할 것입니다.' (ㄴ) '우리가, 즉 디도와 내가 같은 방식으로 살지 않았읍니까?' 이 둘은 의미상으로는 별 차이가 없다. 바울로는 자신을 디도와 관련시킨다. 그리고 자신과 자신의 동료는 완전히 결백하게 행동했다고 주장할 뿐만 아니라 고린토인들은 만일 정직하다면 그 사실을 인정해야만 한다고 주장한다. 여기서 "영"은 성령을 가리킨다 : '우리의 행동은 다 같은 하느님의 영에 의해 이루어지고, 인도받지 않았읍니까?' 그러나 "발걸음"이라는 말과의 병행은 이 말이 비신학적으로 사용되었음을(참조. 6, 6 ; 7, 1) 시사한다. '우리들은 각기 다 같은 순수한 영을 나타냈읍니다.'

이 문제에 대해서는 더 이상 말할 것이 없다. 만일 고린토인들이 바울로가 헌금을 훔칠 수도 있다고 생각한다면(그리고 이런 의심을 씻을 만한 결정적 수단이 있었던 것도 아니다) 상호 신뢰와 목회자의 관계는 깨어지고 말 것이다. 바울로는 그것을 받아들일 수 없었고 따라서 계속해서 말한다.

여기서 디모테오는 언급되지 않는다. 그래서 플루머는 디모테오가 아직 고린토에 도착하지 않았다고(고전 16, 10) 추론한다. 그러나 이 논증은 전혀 설득력이 없다.

22. 사도와 교회 : 진리 12장 19절—13장 10절

12, 19 아마도 여러분은 우리가 지금까지[18] 여러분 앞에서 자기 변명을 하고 있는 줄로 생각했을 것입니다. 여러분은 틀렸읍니다. 우리는 그리스도 안에서, 하느님 앞에서 말한 것입니다. 사랑하는 이들이여, 우리가 하는 이 모든 것은 여러분에게 덕이 되게 하려는 것입니다. **20** 내가 염려하는 것은 내가 가서 여러분을 만나볼 때 여러분이 혹시 내가 원하는 대로의 여러분이 되어 있지 않거나 나도 여러분이 원하는 대로의 내가 되어 있지 못하지나 않을까 하는 그것입니다. 또 여러분 가운데에 다툼[19]과 시기[20]와 분노와 당파심과 비방과 모략과 교만과 무질서가 있지나 않을까 하는 것을 염려하고 있읍니다. **21** 그리고 내가 나시 살 때에 나의 하느님께서 나를 여러분 앞에서 부끄럽게 하실까 두려워하고 있읍니다. 많은 사람들이 전에 죄를 지었는데 그들이 범한 부정과 음란과 방탕에 대해서 그 사람들이 회개하지 않고 있다면 나는 그 많은 사람 때문에 슬피 울게 되지 않을까 염려하고 있는 것입니다. **13, 1** 나는 지금 세번째로 여러분을 방문하려고 합니다. 모든 사건은 두 세 증인의 말에 의하여 확정될 것입니다. **2** 여러분 중에서 전에 범죄한 사람들과 또 그밖에 모든 사람에게 내가 경고했고, 또 지금 경고합니다. 그것은 내가 두번째로 여러분을 방문했을 때와 지금 내가 떠나 있을 때 하고 있는 것입니다. 내가 이번에 가면 범죄한 그들을 용서없이 대할 것입니다. **3** 여러분은 그리스도가 내 안에서 말씀하고 계시다는 증거를 구하고 있기

18) P^{46}에는 πάλαι("지금까지") 대신 οὐ πάλαι(아마도 질문하는 것이리라. 즉 "여러분은……라고 생각했을 것입니다. 그렇지 않습니까?")로 되어 있다. 그리고 D를 포함하는 대다수의 사본들에는 πάλιν("다시")로 되어 있다. 후자의 변형은 아마도 3장 1절과 5장 12절에 동화된 것이리라. P^{46}의 οὐ는 아마도 5장 12절에서 온 것이리라.

19) B D G와 대다수의 사본들에 복수형 ἔρεις("다툼들, 혹은 다툼 사건들")로 나온다. 아마도 이것은 목록의 다른 복수형 낱말들에 동화된 것이리라.

20) ℵ과 대다수의 사본들에 복수형, ζῆλοι("시기하는 구체적인 경우들")로 나온다. 아마도 이것은 이 목록의 다른 복수형 낱말들에 동화된 것이리라.

때문에 이제 그 증거를 나타내어 보일 것입니다. 그리스도는 여러분을 대할
때에 약하시지 않습니다. 그는 여러분 가운데서 강한 권능을 행하십니다. 4
사실 그는 약하셔서 십자가에 달려 죽으셨읍니만 하느님의 권능으로 살아
계시기 때문입니다.[21] 사실 그리스도와 연합한[22] 우리도 약합니다만 여러분
과의 관계에서 하느님의 권능으로 그와 함께[23] 살 것입니다. 5 여러분은 자
기가 믿음 안에 있는지 자신을 반성하고 자기를 시험해보아야 할 것입니다.
예수 그리스도께서 여러분 안에 계시다는 것을 알지 못합니까? 모른다면 여
러분은 버림받은 것입니다. 6 그러나 우리는 버림받은 것이 아니라는 것을
여러분이 알게 되기를 바랍니다. 7 우리는 여러분이 아무런 악행도 하지 않
게 하려고 하느님께 기도합니다. 이것은 우리가 정당하다는 것을 드러내려
는 것이 아니라 우리는 버림을 받은 자같이 될지라도 여러분만은 옳은 일을
하게 하려는 것입니다. 8 왜냐하면 우리는 진리를 거슬러서는 아무 것도 행
할 힘이 없기 때문입니다. 다만 진리를 위해서만 힘이 있읍니다. 9 우리는
약하더라도 여러분이 강하면 그것으로 우리는 기뻐합니다. 우리는 여러분이
완전하게 되기를 바라며 기도합니다. 10 내가 떠나 있는 동안에 이것들을
쓰는 것은 내가 가서 주께서 주신 권능을 가지고 사건들을 처리할 때 너무
엄하게 되지 않도록 하려는 것입니다. 주께서 이 권위를 주신 것은 넘어뜨
리려는 것이 아니라 세우려는 것입니다.

[19] 바울로가 이 서신에서, 특히 10·11·12장에서 쓰려고 했던 것은 과연 무엇인가? 그가 쓴 내용들은 어느 정도 오해의 여지가 있었고, 바울로는 고린토인들이 자기가 쓴 내용을 오해할지도 모른다는 사실을 바울로 자신도 잘 알고 있었다. 아마도

21) 많은 그리이스어 사본들과 불가타, 마르씨온에 καὶ γάρ εἰ로 나온다: '왜냐하면 그는 십자가에 못박혔지만……그는 살아 있읍니다.' 이 변형구는 여기 제시된 번역의(εἰ가 없는 본문) 격정적 의미를 결여하고 있다. 여기 제시된 번역은 십자가에 못박히고 부활한 그리스도 안에서 나타난 약함과 권능 모두를 똑같이 강조하고 있다. 앞서 언급한 많은 그리이스어 사본들과 불가타, 마르씨온에 καὶ γὰρ εἰ로 나온다: '왜냐하면 그는 십자가에 못박혔지만……살아 계시기 때문입니다.' 이 변형은 —십자가에 못박히고 부활한 그리스도 안에서 나타난 약함과 능력 모두를 똑같이 강조하는— 여기 제시된 번역(εἰ가 없다)의 결정적인 의미를 결여하고 있으며, 바울로의 특징이 더 결여되어 있다.

22) ℵ A G it pesh에는 "우리는 그와 함께 살 것입니다"에 동화해서 "함께"(σύν)로 나온다.

23) P⁴⁶ D*에는 "안에"(ἐν)라고 되어 있으나, 그리스도와의 영화로운 연합에 대한 바울로의 일반적인 표현은 "함께"가 맞음을 확인해준다(참조. 이 책 337면).

여러분은 우리가 지금까지(본문에 대해서는 이 책 407면 주 18 참조) **여러분 앞에서 자기 변명을 하고 있는 줄로 생각했을** 것입니다. *M.* i. 119(참조. Robertson, 879)에서는 이 구문("지금까지" πάλαι와 현재진행형)이 영어의 완료형에 해당한다고 보지만 이것을 의문문으로 이해한다 : '여러분은 계속해서 생각해왔읍니까?' 이것은 옳을 수도 있다. 그러나 바울로는 고린토인들을 잘 알고 있었다. 그들의 견해가 전혀 근거없는 것도 아니다. 고린토전서 9장 3절에서 바울로는 자신을 비판하는 사람들에게 그가 하려고 하는 "변호"(ἀπολογία)에 대해서 말한다. 그리고 비록 그가 (그 자신의 표준에 의하면) 스스로 어리석은 자가 되었지만 10·11·12장에서 그는 타락한 행동들에 대해 자신은 결백하며, 모든 면에서 그의 경쟁자들과 적어도 동등하다고 주장했다. 그러나 그것은 결코 변호가 아니다. 왜냐하면 변호란 자기 자신을 위하여 글을 쓰는 것이며, 필자 자신의 이익을 더욱 증진시키려고 하는 것이며, 심판자의 위치에 있는 사람에게 ("여러분 앞에서") 스스로를 추천하는 것이기 때문이다. 그리고 바울로의 의도는 전혀 그런 것이 아니었다. 그는 결코 고린토 법정의 피고석에 서 있는 것이 아니다(참조. 고전 4, 3). **여러분은 틀렸읍니다**(이 말은 그리이스어 원문에는 없지만 함축되어 있다. 그리고 이 말은 문장의 흐름을 좋게 해주며, 더 분명하게 해준다). **우리는 그리스도 안에서 하느님 앞에서 말한** 것입니다. 같은 말이 2장 17절에 나온다. 바울로는 좋은 평판을 얻기 위해서 애쓰는 사람으로서가 아니라 책임있는 신학자로서 기술하고 있다. 바울로가 심판을 받는 것은 고린토인들 앞에서가 아니라 "하느님 앞에서"(참조. 5, 10 ; 로마 14, 10)이다. 그는 고린토인들이 아니라 하느님의 표준에 만족해야 한다. 그는 자기 자신의 순수성에 입각해서, 그리고 그것을 변호하기 위해서 독립된 한 개체 인간으로서 말하고 있는 것이 아니라, "그리스도 안에서" 말하며 그의 존재 자체가 그리스도의 사건에 기초하며 규정되기 때문에("그리스도 안에서"라는 용어에 대해서는 2장 17절과 주석 참조) 하느님의 표준에 만족할 수 있다. 더우기 바울로는 자기 자신의 유익을 위하여 행동하지도 않았다. **사랑하는 이들이여**(7장 1절에서와 같다), **우리가 하는 이 모든 것은**(직역하면 '모든 것들은' ; 플루머는 "하는"이 아니라 "말하는"을 보충한다. 그러나 바울로는 고린토 전체와 자신과의 관계를 염두에 두고 있다) **여러분에게 덕이 되게 하려는 것입니다.** 즉 그들 보기에 바울로가 정당화되기 위해서가 아니라 그들이 더 나은 그리스도교인이 되기 위해서이다. "세우다"(building "덕이 되다")라는 은유는 특별히 고린토전서의 특징이다(3, 9 ; 8, 1·10 ; 10, 23 ; 14, 3·4·5·12·17·26 ; 이 단락에 대한 주석을 참조하라). 이 서신에서 5장 1절은 거의 관련이 없는 병행구이다. 그러나 10장 8절, 13장 10절을 참조하라. 그 귀절들에서는 바울로의 권위, 따라서 사도로서의 그의 기능은 교회를 세우는 것이라고 강조한다. '그의 자기변호의 목적은 단순히 자신에 대한 비방을 반박하려는 데 있는 것이 아니라 교회를 세우려는 데 있다'(Strachan). 그러므로 바울로가 수사학적 변증 형식을 거부했다고 주장하는 것은 옳다(Betz, 39). 그러나 신학적 내용이 형식적인 것보다 중요하다.

[20] 바울로가 그와 같이 편지를 쓴 것은 자기 자신을 염려해서가 아니라 고린토 교회가 어떻게 될지 두려워했기 때문이다. 내가 염려하는 것은 내가 가서 여러분을 만나볼 때 여러분이 혹시 "내가 원하는"대로의(θέλω. 이 동사에 대해서는 『고린토전서』, 192면 참조) 여러분이 되어 있지 않거나 나도(그리이스어로는 '내가 여러분에게 보여지도록'이라고 되어 있다. 그러나 다음과 같이 바꾼 것은 의미상으로는 차이가 없으며, 문장을 더 좋게 해준다) 여러분이 원하는 대로의 내가 되어 있지 못하지나 않을까 하는 그것입니다. 다음 문장에서는 바울로가 고린토인들에게서 발견하게 되지 않을까 두려워하는 좋지 못한 품성들이 열거된다. 혹은 적어도 예시된다. 그 자신의 경우 그는 자신이 사랑과 부드러운 심정이 아니라 채찍을 가지고 고린토를 방문하게 되지나 않을까 두려워한다(참조. 고전 4, 21). 그는 다음 번 방문 때에는 그들을 결코 용서하지 않을 것이라고 맹세한다(13, 2). 그는 편지를 쓸 때나 만났을 때나 똑같이 임할 것이다(10, 11). 그는 고린토에서 행사할 수 있는 적극적인 권위를 가지고 있다(10, 8 ; 13, 10). 그리고 그의 행동은 고린토인들의 요구에 맞지 않을 것이다.

보다 구체적으로 말하자면 또 여러분 가운데에 다툼(본문에 대해서는 이 책 407면 주 19 참조)과 시기(본문에 대해서는 이 책 407면 주 20 참조)와 분노와 당파심과 비방(이 말은 복수형으로서 널리 공격이 행해지고 있음을 나타낸다)과 모략과 "교만"(φυσιώσεις. 이 명사는 신약성서 중 여기서만 나온다. 그러나 동사는 특히 고린토전서의 특징적인 언어이다[4, 6·18·19 ; 5, 2 ; 8, 1 ; 13, 4—주석 참조]. 그리고 이러한 잘못은 아마도 고린토교회에 특징적인 것이리라)과 무질서가 있지나 않을까(필요한 동사를 보충해 넣었다) 하는 것을 염려하고 있읍니다(이 말은 그리이스어 원문에서는 반복되지 않는다). "당파심"이라고 번역된 말에 대해서는

Romans, 47—8에서 논의되었다. 전혀 다른 문맥인 로마서 2장 8절에서 지녔던 의미와 똑같은 의미를 여기서도 지녔을 리는 없다. 그러나 둘 다 마찬가지로 자기 자신의 이익을 추구하고, 편협하게 음모를 꾸미는 것을 뜻한다. 여기서 열거한 죄들은 '경쟁적인 사도들의 침입으로 인해 야기된 상황과 관련이 있다. 싸움과 분노와 모략은 바울로의 편과 그의 경쟁자들의 편으로 편이 갈라진 상황에서는 당연히 일어날 수밖에 없는 일들이다. 시기와 비방과 무질서도 마찬가지이다. 그리고 대부분의 경우 —아무리 가능성이 없더라도— 고린토인들은 스스로 자만할 만한 구실을 찾을 수 있었던 것 같다. 고린토후서 12장 전체를 읽으면 이러한 죄들은 경쟁적인 선교의 결과를 시사한다는 것을 알 수 있다. 그리고 고린토전서 1장 11절에서 언급된 분열의 시기에 그러한 모든 죄들이 있었다는 데에는 의심할 여지가 없지만, 바울로가 자신이 다음 번에 고린토를 방문할 때에도 여전히 그런 죄들을 그대로 짓고 있지 않을까 두려워한다는 사실은 그가 지금 편지를 쓸 당시에도 그들이 그러한 죄를 짓고 있다고 생각했음을 보여준다' ("Paul's Opponents," 247). 12장 21절과 13장 2절에 비추어볼 때 이 점에 주목하는 것은 중요하다(주석 참조).

[21] 그러므로 바울로는 그의 세번째 고린토 방문 때에 자신의 선교와는 반대되는 방식의 선교 활동으로 인해 고린토가 분열되고, 고린토인들 자신들도 두 사도들의 권위에 대해 서로 분노하면서 토론을 벌이고 있지나 않을까 두려워하고 있다. 그런 일이 일어날지도 모른다는 가능성은 더욱 큰 두려움을 안겨주었다. **그리고 내가 다시 갈 때에 나의 하느님께서 나를 여러분 앞에서 부끄럽게 하실까 두려워하고 있읍니다.** 이 문장은 해결할 수 없는 문법적인 난점을 포함하고 있다. "다시"(*πάλιν*)라는 말이 "갈 때에"에 연결되어야 하는지, 아니면 "부끄럽게 하다"에 연결되어야 하는지에 관한 문제이다. 두 가지 주문이 모두 가능하다는 데에는 의심의 여지가 없다. "다시"와 "가다"라는 말이 그리이스어 원문에 나란히 나온다는(*πάλιν ἐλθόντος*) 사실은 전자일 가능성을 높여주며, "가다"라는 말은 부차적인 반면(속격—*ἐλθόντος μου*—으로 읽혀져야 한다. 그리고 속격 독립 구문의 용법은—엄격히 말하자면 부정확하지만—"가다"라는 생각이 삽입된 것임을 보여준다) "부끄럽게 하다"는 문법적으로뿐만 아니라 실질적으로도 주동사라는 사실은 후자일 가능성을 높여준다. 두 가지 해석이 다 문법적으로 가능할 뿐만 아니라 의미상으로도 맞는다. 바-

울로는 앞서(20절) 고린토로 가는 데 대해서 말했다. 그는 틀림없이 이전에 거기에 있었다. 그러므로 그는 다시 간다고 말했을 수 있다. 나아가서 그는 고린토에서 불쾌한 일을 겪었었다. 특히 고린토인들은 바울로에 대해서 그들과 함께 있을 때에는 "온순하다"고 말할 수 있었다(10장 1절과 주석을 참조하라). 이것은 그가 한 경쟁적인 사도가 그에게 상처와 모욕을 주었을 때 온순하게 받아들였던 일을 언급하는 것일 수 있다(7,12과 주석 : 참조. 2,1). 그때 고린토인들은 지켜보기만 하고 바울로의 편을 들지 않았었다. 아마도 그들은 보복보다는 온유함이 그리스도교적, 사도적 태도라는 것을 충분히 깨닫지 못한 그리스도교인들이었을 것이다. "여러분을 만나볼 때"라는 말은 비슷한 상황을 시사한다. 고린토인들은 스스로 공격자의 역할보다는 우월한 재판관의 역할을 맡고자 하며, 자제심보다는 고압적인 권위에 의해 더 영향을 받기가 쉽다. 이러한 상황에서 바울로는 그보다 더 큰 소리로 말하는 반대 발언으로 인해 부끄러움을 당할 것이고, 그 자신의 개종자들에게 그의 복음의 정당성과 권위를 입증하지 못함으로 해서 결국에는 그가 고린토에서 땀과 눈물을 흘린 댓가로 이루었던 일들이 수포로 돌아감으로써 부끄러워할 것이다. 그러나 "부끄럽게 하다"라는 동사의 주어는 하느님이라는 점에 주목해야 한다. 경쟁적인 사도들과 우월한 고린토 교인들은 패배한 바울로에 대해 마음껏 의기양양해질 수 있다. 그러나 그들은 하느님이 허락하시지 않고 뜻하지 않은 일은 아무 것도 하지 못할 것이다. 사탄의 사자가 바울로를 치고(그가 반복해서 간구했음에도 불구하고) 하느님이 사탄의 사자를 없애주지 않은 것이(12,8—9) 하느님의 뜻이었던 것과 마찬가지로 그런 일이 일어나는 것도 하느님의 뜻이다. 바울로가 그의 몸에 예수의 죽음을 지니고 다녀야 했던 것도 하느님의 뜻이었다(4,10). 이 모든 것은 사도 바울로가 자신의 설교는 물론이고 자신의 인격 가운데서도 십자가의 말을 나타내도록 하기 위한 것이었다(고전 1,18). 바울로가 그처럼 부끄럽게 되지 않을까 두려워하는 것은 그것이 하느님의 뜻에 의한 것이라는 데 대한 그의 깨달음과 결코 모순되지 않는다. 예수는 죽음을 두려워했다(마르 14,33). 그리고 바울로는 사탄의 사자를 없애달라고 기도했다(12,8). 불트만은(*Probleme*, 30—1) 바울로가 두려워하고 있는 것은 고린토인들의 무질서와 불순종에 대해서 자신이 강압적인 행동을 해야 하지 않을까라는 것이었다고 주장한다. 불트만은 계속해서 다음과 같이 말한다 : "고린토에서 엄한 처벌을 해야 할지도 모른다는 가능성을 바울로가 고린토인들 "앞에서"(πρὸς ὑμᾶς) 하느님이 그를 부끄럽게 하는 것이라고 여겼을 리는 없다. 그리고 이러한 처벌이 바울로 안에서 말하고, 고린토인들에게 스스로를 능력있는 자로 나타내실(13, 3) 그리스도의 "증거"(δοκιμή)일 리도 없다. 그러므로 아마도 μου("나의")와 ταπεινώσῃ("부끄럽게 하다") 사이에 οὐ("아니다")가 빠졌다고 가정할 수 있을 것이다 : 바울로는 교회 앞에서 하느님이 자신을 (다시) 부끄럽지 않게 하실까 두려워하고 있다. 바울로가 부끄럽지 않게 되는 것을 두려워하며, 결코 바라지 않는다는 사실은 그에게 있어서는 "교회를 세우는 것"(οἰκοδομή)이 무엇보다도 중요했음을 보여준다. 그의 이전의 고린토 방문에 대해서 언급할 때 그가 스스로에 대해서 '나는 여러분과 마주 대해 있을 때에는 온순하나'(κατὰ πρόσωπον ταπεινὸς ἐν ὑμῖν: 10, 1)라고 기술한 것도 이것과 일치한다. 그는 다음 번 방문 때에는 결코 그러지 않을 것이다'(31). 이것은 흥미있는 추측이기는 하지만 반드시 그렇지는 않다. 왜냐하면 본문은 추측된 부정형을 첨가하는 것보다 지금 상태로 더 훌륭한 신학적 의미를 (본문상으로) 제공해주기 때문이다. 컴멜도 이렇게 본다.

부끄럽게 되는 것은 좋지 않은 일이다. 그리고 이것은 현재의 상황을 넘어서 고린토교회의 보다 이전의 역사로 거슬러 올라간다. 보다 상세하게 말하자면 **많은 사람들이 전에 죄를 지었는데 그들이 범한 부정**(참조. 로마 1, 24 ; 6, 19)**과 음란**(참조. 고전 5, 1 ; 6, 13·18 ; 7, 2)**과 방탕**(로마 13, 13)**에 대해서 그 사람들이 회개하지 않고 있다면 나는 그 많은 사람 때문에 슬피 울게**(참조. 고전 5, 2) **되지 않을까 염려하고 있는 것입니다.** 바울로는 단지 사람들이 이런 죄를 짓고, 회개하지 않는 데 대해서 슬피 울 것이다. 본문상으로는 그들을 그리스도교 공동체로부터 결국 축출하는 데 대해 바울로가 슬피 울 것이라고 암시해주는 바가 전혀 없다(비록 그런 일이 뒤따르게 될지라도 말이다 : 참조. 고전 5, 11). 미래의 하느님 나라로부터 떨어져 있는 죄들 자체가 보다 심각한 문제였다(고전 6, 9—10). 두 분사들(προημαρτηκότων: 완료형. μετανοησάντων: 단순과거형)에 대해서는 Robertson, 1117를 참조(비교. 621)하라. 이전부터 이미 죄를 짓기 시작했고 지금도 죄를 짓고 있다. 더 이상 죄를 짓지 않게 해줄 회개는 일어나지 않았다. 분사들은 속격으로 나와 있는데 잘못된 것이다. 회개를 하지 않는 죄인들이 몇 명 있는데 그들에 대해서 슬피 울지는 않을 것임을 바울로가 뜻하지는 않는다(그러나 그의 말을 엄격하게 받아들이면 그러한 뜻을 함축하고 있다).

죄들은 20절과는 놀랄 만큼 대조적인 형태로 기술되었다. 이 사실은 죠지(*Gegner*, 232 이하)에 의해 주목되었다. 그러나 적절치 못하게 설명되었다. 포괄적으로 말하자면 21절의 죄들을 (무리하게 알레고리화하지 않는 한) 모두가 신체적이고 성적인 범죄들이며, 20절의 죄들과는 거의 관련이 없다. 이처럼 예기치 못한 형태로 바뀌어지는 데 대해서는 어떻게 설명할 수 있는가? *προαμαρτάνειν*("전에 죄를 짓다")이 회심 이전에 범한 죄를 가리킨다는 제안은 거부되어야 할 것이다. 회심을 했다는 사실 자체가 이러한 죄들에 대해서 회개했다는 것을 의미하기 때문이다. 두 귀절들은 아무 관련이 없다는 견해 —20절에서는 침입한 거짓 사도들과 관련된 죄들에 대해서, 그리고 21절에서는 그와는 완전히 다른 상황, 가령 고린토전서 5장에서 언급한 상황에 대해서 바울로가 생각하고 있다는 견해— 도 역시 받아들이지 않아야 할 것이다. 그러나 이 견해는……올바른 방향을 지시해줄 것이다. 바울로가 고린토전서를 쓸 때에는 고린토에서 유행하던 잘못들 중의 하나가 방종주의의 방향으로 나갔다. 배가 음식을 위한 것이고, 음식이 배를 위한 것이듯이 몸은 음행을 위한 것이고 음행은 몸을 위한 것이라는(고전 6, 13) 주장을 하는 사람들이 있었다. 고린토의 영지주의는 이러한 방향으로, 천박한 우상숭배로 이끌어졌다. 영지주의와 성적 부도덕에 관한 주제가 고린토후서에는 빠져 있다. 교리적이고 도덕적인 새로운 문제들이 이미 일어났다. 그러나 전적으로 그렇지만은 않았다. 바울로는 그가 고린토를 다시 방문할 때 두 가지 종류의 새로운 죄인들을 만나게 되지 않을까 두려워하고 있다. 즉 침입한 거짓사도들을 받아들임으로써 다툼과 시기 등에 빠지게 된 죄인들과, 자신들의 음행에 대해서 회개하지 않는 영지주의적 방종에 빠진 옛 "죄인들"(*προημαρτηκότες*)이 있지나 않을까 두려워하고 있다' ("Paul's Opponents", 247—8).

〔13, 1〕 바울로는 고린토교회에 무서울 정도로 악이 많이 누적되어 있지 않을까 하고 두려워한다. 그의 생각은 결코 틀리지 않았을 것이다. 확실히 그는 자신의 목회적 과업을 예비하고 있었다. **나는 지금 세번째로 여러분을 방문하려고 합니다**(비교. 12, 14과 주석 ; 1, 23 ; 2, 1 ; 이 책 서론 26—34·38—46면). 첫번째 방문은 교회를 세우기 위한 방문이었다. 이것은 교회의 존재에 의해서 암시되며(고전 4, 15 ; 9, 1 등등), 사도행전 18장 1—18절에 기술되어 있다. 두번째 방문은 바울로가 마음아파하면서 회상하는 방문이다. 왜냐하

편 그는 경쟁적인 선교사들로부터 공격을 받았기 때문이다(그랬던 것으로 보인다). 이제 그는 세번째 방문에 대해서 생각하고 있다. 이 사실은 빈디쉬가 관찰한 바대로 이 부분이 결코 "마음아픈 편지"일 리가 없음을 보여준다. 왜냐하면 그 편지를 썼을 때 바울로는 방문을 피하고, 대신 디도와 편지를 보냈기 때문이다. 바울로는 다음 번 방문을 법적이고, 법정적인 관점에서 본다. **모든 사건은 두 세 증인의 말에 의하여 확정될** 것입니다. 바울로는 신명기 19장 15절을 인용하고 있는데 칠십인역 본문을 거의 그대로 따르고 있다(히브리어 본문과 칠십인역 본문에는 각각의 숫자들과 함께 "증인"이라는 말이 계속 나온다). 그러나 실제로 언어는 마태오복음 18장 16절에 더 가깝다. 신약성서뿐만 아니라 유다교에서 이 말의 용법에 대해서는 H. van Vliet, *No Single Testimony: a study on the adopting of the law of Deut. xix.* 15 *par. into the New Testament* (1958)를 참조하라. 그가 고린토후서 13장 1절에 대해서 다음과 같이 말한 것은 아마도 옳을 것이다 : '신명기 19장 15절을 이처럼 격언 형태로 사용한 것은 '이 규칙이 바울로의 생각에서는 실제로 효력이 있는 것이었음을 보여준다' (88). 그리고 다음과 같은 그의 견해도 옳다 : '바울로는 구전 율법에 의하면 정당한 불만을 표하기 위해서는 반드시 필요한 두 세 증인의 경고가 그의 반복되는 방문에 의해 행해졌음을 이 인용문을 통해서 말하고 있다(참조. 2절). 이제는 결단할 시기가 이르렀다' (96). 이 두 귀절들에서 "세번째"와 "두번째"라는 서수들은 인용문의 "둘"이나 "셋"이라는 기수들과 관련이 없을 리가 없다. "증인"의 개념이 "경고"의 개념으로 발전한 데 대해서는 van Vliet, 43—62를 참조하라. 그리고 2절에서 "경고"의 용법에 주목하라. 바울로는 그의 인용문을 증거로 사용하지 않는다("기록된 바"라는 말이 없다—4, 13 ; 8, 15 ; 9, 9와 대조하라). 그러나 실제로는 이렇게 말한다 : '여러분은 이미 기록된 바와 같이 타당한 경고를 받았읍니다. 나는 이제 행동을 취할 것입니다.' 이것은 바울로가 '나는 율법의 타당한 형식을 따라 재판을 할 것입니다'라고 말했거나, 아니면 '한 사람이 세 번 방문한 것은 세 증인들과 같은 효과를 가지게 될 것입니다'라고 말했다고 보는 해석보다 더 훌륭한 해석이다.

[2] **여러분 중에서 전에**(참조. 12, 21 : 옛날에 지은 죄들로 인해 간음이나 그와 비슷한 죄들에 빠진 사람들) **범죄한 사람들과 또 그밖에 모든 사람들에게**(거짓 사도들이 옴으로써 야기된

상황에 대해서 반응할 때 파당을 짓고 질투나 증오 그 비슷한 죄를 지은 사람들) 내가 "경고했고", 또 지금 경고합니다. 바울로가 여기서 사용한 동사(προλέγειν)는 단순히 "미리 말하다", "앞서 말하다"를 뜻할 수도 있지만 "경고하다"를 의미하는 것으로 보는 것이 가장 좋다(참조. *L.S.* 해당란 Ⅱ 3). '나는 여러분들에게 미리 말했고 지금도 미리 말하고 있읍니다'라고 볼 수도 있지만 어딘지 어색하다. 동사의 두 시제, 즉 완료형과 현재형은 이어지는 부사절에 일치한다. 그것은 내가 두번째로(위를 참조하라) 여러분을 방문했을 때와 지금 내가 떠나 있을 때 하고 있는 것입니다. 바울로는 이미 직접 말로 경고를 했고, 이제는 편지로 경고를 하고 있다. 내가 이번에 가면(참조. Moule, *Idiom*, 69) 범죄한 그들을 용서없이 대할 것입니다(그리이스어 원문에는 목적어가 없다. 목적어 없이 동사가 사용되었을 것이다. 그러나 만일 목적어가 함축되어 있다면 분명히 그것은 번역에서 제시된 바와 같을 것이다). 바울로는 여기서 실제로 그가 두번째 방문 때 했던 말을 다시 하고 있는 것이다(예를 들어 플루머와 알로가 그렇게 본다). "용서하다"(φείδεσθαι)는 일차적으로 전쟁에서 용서하는 것을 의미한다. 즉 죽일 수도 있는데 죽이지 않을 것을 의미한다. 이것을 자연스럽게 확대 해석하면, 특히 칠십인역에서는(참조. *L.S.* 해당란 V) '~에 대해 자비를 베풀다'를 뜻하게 된다(이 때에는 대개 전치사와 함께 사용한다). 바울로가 지금까지 참아왔던 것이 무엇이며(1, 23), 또 고집센 고린토인들에게 지금 무슨 일을 하려고 하는지를 묻는 것은 자연스럽다. 이에 대한 대답은 오직 고린토전서 5장 5절과 관련해서만 얻을 수 있다. 그들은 사탄에게 넘겨질 것이다. 『고린토전서』, 155면 이하의 이러한 징계행위에 대한 논의를 참조하라. 고린토전서에서는 공동체 전체가 그와 함께 한 공격자를 물리쳐야 한다는 것이 바울로의 중요한 의도였다. 그러나 새로운 상황에서는 그렇게 할 수 없을 것이다. 실제로 바울로는 고린토의 공동체로부터 자기 자신이 소외되었다고 느꼈을 것이다. 왜냐하면 문맥상으로는 대다수의 사람들이 그에 대해 적대적인 입장을 취했으며, 만일 그가 교회 집회를 소집했다면 거기서도 그에게 등을 돌렸으리라는 인상을 받게 되기 때문이다. 사실 바울로는 진리와 상황에 적용되는 복음 외에는 어떠한 무기도 가지고 있지 않았다. 그는 십자가의 말씀에 의해 성립된 복음을 고린토에서 이미 선포했으므로 (고전 1, 18 ; 2, 2) 이제 말과 행동으로 복음을 부인하고 있는 사람들은 그렇게 함으로써 자비로운 하느님으로부터 밀려났고, 사탄의 영역으로 떨어졌다고 선언할 수 있었다. 이것은 축출도 저주도 아니며, 하느님이 인간을 대하는 유일한 방식인 자비로운 진리에 대한 철저한 성실성이다(로마 11, 30 이하). 바울로는 자신의 성실성 때문에 (인간적으로 말하자면) 자신과 자신이 그렇게 많은 사랑과 노력을 쏟았던 교회가 파멸하게 되리라는 것을 틀림없이 알았을 것이다. 그러나 다른 대안은 없었다. 그리고 '그리스도가 다시 올 때 그는 결코 용서하시지 않을 것이다.' 냉혹하기는 하지만 비바울로적이지는 않은 직접적인 표현이다(Denney).

[3] 여러분은 그리스도가 내 안에서 말씀하고 계시다는 증거를 구하고 있기 때문에 이제 그 증거를 나타내어 보일 것이다. 슐라터는 하바꾹 2장 1절, 즈가리야 1장 10절과 비교한다. 이 귀절은 바울로의 사도직과 그리스도를 위해서, 그리고 그리스도의 이름으로 말할 수 있는 그의 권리가—사도직에 대해 자신들이 조건을 요구할 수 있다고 느낀 고린토인들에 의해서—문제시되었다고 말할 수 있는 다른 측면을 제공해준다(참조. 이 책 서론 57면; "Paul's Opponents," 251). 고린토인들은 자신들이 심판자가 되고자 했다. Betz, 133에서 바울로는 신학적인 기본 원리들(grundsätzlich-theologisch)을 끌어들임으로써 이러한 상황에 대해 반응하고 있다고 말한 것은 옳다. 고린토인들이 이 문제를 제기한 것은 정당하다(이 문제에 대한 칼빈의 중요한 논의를 참조하라). 단지 그 문제에 답할 때 그들이 적용시켰던 것으로 보이는 표준이 잘못된 것이다. 어떠한 선교활동의 정당성을 검증하는 유일한 척도는 그것이 그리스도의 사람들에게 그리스도의 말씀을 전해주느냐는 데 있다. 그러나 가장 목청이 높고 인상적인 말이 하느님의 말씀을 잘 증거한다든가 아니면 "신적인 인간들"의 영감받은 말만이 하느님의 말씀을 구성할 수 있다고 가정해서는 안 된다(참조. Georgi, *Gegner*, 293 이하). 두 개의 고린토 서신들(예. 고전 2, 2; 고후 1, 5)과 다른 바울로 서신들도 역시 그리스도, 즉 부활한 그리스도가 십자가에 달린 그리스도로서 그의 백성들 가운데 현존하며, 그의 음성은 십자가의 말에서 들린다는 사실을 강조한다. 그러나 바울로 안에서 말하는 그리스도는 여러분을 대할 때에 약하시지 않습니다. 그는 여러분 가운데서(혹은 "여러분 안에서." 그러나 교회 안에서의 그리스도의 활동에 대해서 생각하고 있다) 강한 권능을 행하십니다라는 말도 역시 타당하다. 이미 충분히 나타난 바울로 자신의 약함은 그리스도 안에서의 하느님의 능력이 활동하는 장소이다. 이것이 바로 바울로가 자

신의 약함에 대해 기뻐하고, 자랑하며, 단지 하느님의 능력을 흐리게 할 뿐인 인간의 능력의 과시를 두려워하는 이유이다(11, 30 ; 12, 5). 그리스도의 능력은 기적들 안에서(12, 12 ; 로마 15, 19 ; 갈라 3, 5), 바울로의 설교 가운데서(고전 2, 4), 그리고 죄인들이 씻겨지며 거룩하게 되고 의롭게 되는 회심에서(고전 6, 11), 눈에 보이게 된다. 그리스도는 악의 세력을 이겼고, 그것은 더 이상 하느님으로부터 그 안에 있는 사람들을 끊어내지 못한다(로마 8, 35—39). 약함과 강함, 그리스도와 사도와의 관계에 대해서는 더 설명할 필요가 있다. 전자에 대해서는 강력하다고, 후자에 대해서는 약하다고 말하는 것은 지나치게 단순화시키는 것이다.

[4] "사실"(*καὶ γάρ*. 본문에 대해서는 이 책 408면 주 21 참조) 그(그리스도)는 약함 "때문에"(ἐκ) 십자가에 달려 죽으셨읍니다만 하느님의 권능"으로"(ἐκ) 살아 계시기 때문입니다. "때문에"("~으로"라고 번역되기도 했다)라고 번역된 전치사는 원인적인 의미가 부여된 것이다(*M.* iii. 260). 그러나 이 번역은 부적절하다. 바울로는 단순히 그리스도가 약했기 때문에, 즉 불행한 운명으로부터 벗어날 수 있을 만큼 강력하지 못했기 때문에 십자가에 못박혔음을 뜻하지는 않는다. 혹은 하느님이 죽음을 극복하고 그를 일으킬 수 있을 만큼 강력했기 때문에 그가 다시 살아났음을 뜻하지도 않는다. 십자가 처형은 그에 관한 진리의 일부의 극단적인 표현이다. 그는 진리의 이 부분이 진실이었기 때문에 십자가에 못박혔다. 그가 가난하게 된 것은 그의 은혜였으며, 그의 일차적인 특성이었다(8, 9). 그리고 그의 십자가 처형에서 나타난 약함, 그의 은혜의 표징은 불행하게도 그가 능력이 없어서가 아니라 하느님이 그의 아들 안에서 하고자 했던 행위의 한 측면이다. 역사적으로 그는 특정한 종류의 능력을 행사하기 보다는 십자가 처형을 선택했다. 그는 팔레스틴 사회의 소외된 집단을 버리기 보다는 십자가 처형을 선택했으며, 그들의 사회적, 종교적 약함과 자신을 동일시했다. 이와 마찬가지로 부활이 하느님의 능력의 두드러진 현시였다고 말하는 것은 타당하지만 동시에 부적절하다. 부활을 통해서 그리스도는 살아났으며, 능력으로 활동한다. 능력은 약함과 마찬가지로 그의 특징이며, 가난과 마찬가지로 부요함도 그의 특징이다(8, 9). 이것은 신약성서의 그리스도론의 기본 형태이다. 그리스도는 약하면서 동시에 강하다. 이 두 가지 속성은 신약성서의 그리스도론의 다른 기본 주장—그리스도는 이 시대에 속하면서 동시에 올

시대에 속한다—과 동일하지는 않지만 유사하다. 이 두 가지 동적이고 기능적인 주장들이 "두 가지 본성"에 관한 그리스도론의 본질적으로 이중적인 가설에 의해 적절하게 반영되느냐는 문제는 어느 정도 난점을 지니고 있으나 동시에 중요하다. 그리고 여기서는 그 문제를 다루지 않을 것이다. 그러나 서신의 이 부분에서 (그리고 다른 곳에서도) 바울로가 하는 주장을 그 그리스도론적 기본 토대를 파악하지 않은 채 이해하기는 불가능하다(참조. Wilckens, *Weisheit*, 48—9, 217 이하. 그러나 여기서는 "영적인" 약함 이상을 의미하고 있다 : Betz, 56—7, 99—100). 이 귀절은—"약함"이 십자가 처형을 당할 수 있는 "능력"으로 간주되는—"영지주의적 신학"(gnostic theologumenon. in Güttgemans, 151)을 바울로가 수정한 것이라고 볼 필요는 없다. "약함"과 "능력"은 그의 아들 예수 그리스도 안에서 알려진 한 분 하느님에 대한 도덕적이고 신학적인 진리이다.

바울로와 그의 선교활동에 상응하는 진술이 뒤따른다. "사실"(*καὶ γάρ*; 앞 문장과 똑같은 형식으로 새로운 문장이 시작된다) 그리스도와 (본문에 대해서는 이 책 408면 주 22 참조) 연합한 우리도(아마 "우리도 역시", 그리스도와 마찬가지로) 약합니다만 여러분과의 관계에서(이 구를 어색한 첨가문으로 보고 B D³ 사본은 잘못 생략했을 것이다) 하느님의 권능"으로"(*ἐκ* : 위를 참조하라) 그와 함께(본문에 대해서는 이 책 408면 주 3을 참조) 살 것입니다. 그리스도교인의 존재는 "그리스도 안에"(이 어구에 대해서는 2장 17절과 주석을 참조하라) 있고, 사도직은 특별히 그리스도교적 존재에 집중하는 것을 의미하기 때문에 바울로가("여러분과의 관계에서"라는 말은 여기서 "우리"가 일차적으로 사도 자신을 의미함을 보여준다) 그리스도의 특징인 약함과 능력을 모두 나타내리라는 것이 기대된다. 이 서신 4장 10절에서 이미 주장했듯이 이것은 사실이다. 바울로는 동료 그리스도교인들과 마찬가지로 이 시대에, 죽음 이편에 살기 때문에 그의 그리스도교적 존재의 중심적 표징이 '약함'일 것이라고 —즉 그리스도 자신이 받아들이기로 선택한 약함과 같은 것이라고— 기대된다. 바울로도 역시 섬김을 받기보다는 섬길 것이며, 받기보다는 줄 것이다(4, 5 ; 12, 15 : 참조. 마르 10, 45). "그와 함께", 즉 그리스도와 함께 사는 것은 일차적으로 미래에 속하는 일이다(J. Dupont, *ΣΥΝ ΧΡΙΣΤΩΙ*: *L'Union avec le Christ suivant S. Paul* [1952]). 그리스도 자신은 잠든 자들의 첫 열매로서 죽음으로부터 일으켜질 것이다(고전 15, 20 ; 주석 참조). 그리고 나머지 인간들의 경우 부활은 미래의 사건으로 남는다. 그러나 그것은 어느 정도로 선취되었다(4, 10 이하 ; 로마 6, 4—5 ; 골로 3, 1). 그리고 여기서 바울로는 그것이 "여러분과의 관계에서" 선취될 것이라고 말한다. 하느님은 그에게 고린토의 상황을 충분히 처리할 수 있을 정도로 부활의 생명을 허락하실 것이다. 그의 약함 안에서 하느님의 능력이 완전히 드러날 것이다(12, 9).

[5] 고린토인들이 바울로를, 그리고 사도 신분에 대한 다른 주장들을 시험해왔다는 것은 분명해 보인다. 또한 적어도 바울로는 자신들의 자질과 장점들을 알리기 위해서 보다 많은 노력을 했던 다른 선교사들에 비해 훨씬 영향력이 없는 선교사로서 배척받은 위험에 처해 있었다는 것도 틀림없어 보인다. 이제 바울로는 고린토인들이 시험할 사람들을 잘못 택했다고 답한다. 그들은 자신들 스스로를 시험해야 한다. **여러분은 자기가 믿음 안에 있는지** 다른 사람들이 아니라 **자신을**(이 대명사는 강조하는 위치에 나와 있다) **반성하고.** "믿음 안에"(관사와 함께 쓰였다—*ἐν τῇ πίστει*)에 대해서는 고린토전서 16장 13절과 주석을 참조하라. 만일 "믿음"이라는 말이 "그리스도교적 종교"와 같은 것을 뜻하는 말로 사용되었다면 그것은 인간적인 측면에서는 신뢰와 순종을 특징으로 삼을 수 있는 종교를 의미할 것이다. 바울로는 "여러분이 참으로 그리스도교인인지 생각해 보시오"라고 말하고 있는 것이다("믿음"이 특별히 영의 경험을 가리킨다고 생각하는 리츠만에 반해서 컴멜을 참조하라. 컴멜도 역시 이 문장은 더 이상 그리스도교인일 수 없다는 것을 의미한다고 지적한다 : 참조. 갈라 5, 2 이하 ; 고전 9, 27 ; Betz, 135). **자기를**(위의 "자신을 반성하고"에 대한 주석을 참조하라) **"시험해보아야"**(*δοκιμάζειν*. 동일 어원의 형용사 *δόκιμος*와 *ἀδόκιμος* —시험받고 인정받은, 시험받고 인정받지 못한— 가 나중에 사용된다. 언어적 관련성을 지시하려는 시도가 있다) **할 것입니다.** 베츠(Betz, 89)는 플라톤의 *Charmides* 158D, *Alcibiades* I, 124C를 인용하면서 청중들로 하여금 스스로를 시험하도록 하는 소크라테스의 반어법을 비교한다. 다음에 나오는 말들은 적어도 반어적이다. 왜냐하면 바울로는 고린토인들이 그와 같은 시험의 결과에 대해서 거의 의심하지 않으리라는 것을 알고 있기 때문이다. **예수 그리스도께서 여러분 안에 계시다는 것을 알지 못합니까?** 즉 여러분이 그리스도교인이라는 것을 알지 못합니까? 무울(C.F.D. Moule, *The Phenomenon of the New Testament* [1967], 24)은 "여러분 안에"보다 "여러분 가운

데"를 택한다. 그리고 확실히 그렇게 번역할 수도 있다(ἐν ὑμῖν에 대한 번역). 그러나 여기서 바울로의 주장은 독자들의 그리스도교인으로서의 실제적인 존재, 즉 그들과 그리스도 사이의 관계, 그들 안에서의 그리스도의 존재와 그리스도 안에서의 그들의 존재에 의존하고 있는 것 같다. 여러분이 이러한 여러분의 신분을 포기하지 않는다면 물론 여러분은 그리스도가 여러분 안에 있다는 것을 인정해야 합니다. 모른다면 여러분은 "버림받은"(ἀδόκιμοι—시험받고, 모자라다고 판정된) 것입니다. 고린토인들은 아마도 이러한 결론에 도달하지 않았을 것이다. '바울로는 여기서 "믿음 안에 있다"와 "그리스도가 여러분 안에"라는 두 가지 표현을 동의어로 사용하고 있다. 믿음은 그리스도의 현존의 현실성이며, 믿는 자들 안에서의 그리스도의 생명이다. 달리 말하자면 믿음은 그리스도 안에 있는 것을 의미한다' (Wendland). 그러나 칼빈의 부정적인 추론('자신들 안에 그리스도가 있으며, 자신이 그의 몸의 일부임을 의심하는 자들은 하느님으로부터 버림받은 자들이라고 바울로는 선언하고 있다')은 따르기가 힘들다.

[6] 그러나 만일 고린토인들이 자신들이 그리스도교인이며, 그리스도가 자신들 안에 있다는 것을 확신한다면 그들은 반드시 당연한 결론에 도달해야 한다. 그러나 우리는 "버림받은 것"(ἀδόκιμοι. 이 말—참조. 5절—은 성서적인 신학 영역에 속한다. 헬레니즘적인 마술사[γοητής; Betz, 예. 132]와의 유비는 기껏해야 2차적일 뿐이다)이 아니라는 것을 여러분이 "알게 되기를"(ἐπιγινώσκειν이라는 의미에서의 γινώσκειν이 5절에서 사용되었다. 복합동사는 자주 단순동사의 형태로 반복된다—*M.* i. 115) 바랍니다. 만일 고린토인들이 그리스도교인이라면 그것은 바울로의 선교 활동을 통한 것이다. 그의 사도직과 사도직 사신에 의심을 품는 것은 그리스도교인으로서의 그들 자신의 존재에 대해 의심을 품는 것이다. 그들 자신의 믿음을 확고히 하는 것이 곧 자신들로 하여금 신자가 되게 해준 설교자를 옹호하는 것이다(참조. 고전 9, 1—2 : 『고린토전서』, 238—239면). 이것이 바로 바울로가 고린토인들에게 자신들을 시험해보라고 권하는 이유이다.

[7] 바울로는 이제 12장 19절의 문제로 되돌아간다. 위의 마지막 두 귀절은 바울로의 목적이 스스로를 변호하고, 자신은 적어도 그러한 시험을 견디어낼 수 있다는 것을 입증하는 데 있음을 다시 한번 시사했을 수도 있다. 그러나 결코 그렇지 않다. 그는 여전히 자기 자신보다는 그의 독자들에게 관심을 가지고 있다.

우리는 여러분이 아무런 악행도 하지 않게 하려고 하느님께 기도합니다. 이 문장에서 "여러분이 아무런 악행도 하지 않게 하려고"(μὴ ποιῆσαι ὑμᾶς κακὸν μηδέν)라는 말을 달리 번역한다면(리츠만이 이 다른 번역을 채택한다) '그(하느님)가 여러분에게 아무런 해도 끼치지 않도록 하기 위해서', 즉 '시험에 견디지 못한 사람들인 여러분을 벌하지 않도록 하기 위해서'이다. 이것은 '우리가 여러분에게 해를 끼치지(해를 끼쳐야 하지) 않도록 하기 위해서'라는 번역과 마찬가지로 매우 개연성이 없는 번역이다. 아마도 바울로는 고린토인들이 심판받지 않도록 기도했을 것이다. 그러나 바울로가 '하느님이 여러분에게 아무런 해도 끼치지 않도록'이라는 이상한 표현을 써서 그러한 기도를 했을 것 같지는 않다. 보다 중요한 것은 첫째, 컴멜이 (바우어에 동조하여) 지적하듯이 그리이스어로 "해를 끼치다"(κακὸν ποιεῖν)라는 말은 2인칭 속격을 취하지 않으며, 둘째, 이 문장 뒷 부분에서는 "여러분이 옳은 일을 하도록" 기도를 하는데, 이것은 확실히 "여러분이 아무런 악행도 하지 않게 하려고"와 균형을 이루기 위한 것이라는 점이다(비교. 9절b). 바울로는 자신의 교회가 도덕적, 영적 건강을 회복하게 하는 데 관심을 가지고 있다. 그리고 이것은 그 자신을 위한 것이 아니라 오직 교회를 위한 것이다. 이것은 우리가 "정당하다"는(우리가 δόκιμοι하다는 것을, 시험을 견디어낸다는 것을) 것을 드러내려는 것이 아니라 우리는 "버림을 받은"(ἀδόκιμοι) 자같이 될지라도 여러분만은 옳은 일을 하게 하려는 것입니다. "우리는 버림을 받은 자같이 될지라도"는 느슨하게 연결되어 있다(직역하면 '그러나 우리가 잘못된 것처럼 되도록'). 그러나 바울로의 생각의 흐름은 분명하다. 그는 자신의 평판에 대해서는 관심이 없다. 고린토에 있는 개종자들이 옳은 일을 행한다면 그가 잘못되고 배척당하고 그의 사도직에서 쫓겨나도 상관이 없다. 사실 바울로가 여기서 그런 일을 당하는 것만큼 그가 예수 그리스도의 사도이며, 위임받은 대리인이라는 것을 잘 드러내주는 것은 없다. 왜냐하면 그는 다른 사람들의 죄를 떠맡을 각오가 되어 있으며, 다른 사람들이 의롭게 되도록 하기 위해서 스스로는 범법자가 될 각오가 되어 있기 때문이다. 그는 이렇게 말할 수 있었다: "내가 그리스도를 본받는 것같이 여러분은 나를 본받기를 바랍니다"(고전 11, 1).

[8] 앞서 바울로가 말한 것은 오해받지 않으려면 상당한 수정과 적어도 설명을 필요로 한다. 바울로가 잘못된 것으로 드러나고, 거부당하는 것은 하나의 현실적인 가능성이지(고전

9,27) 그가 지금 그런 일이 일어나고 있다고 단언하는 것은 아니다. **"왜냐하면"**(γάρ: 이 절은 앞 절의 "드러내다", "~같이"를 설명한다) **우리는 진리를 거슬러서는 아무 것도 행할 힘이 없기 때문입니다. "다만"**(ἀλλά의 이러한 의미가 반드시 셈어적인 영향으로 인한 것은 아니다. 그러나 Beyer, 138을 참조하라) **진리를 위해서만 힘이 있읍니다.** 여기서 "진리"는 아주 일반적인 의미로 쓰였다. 바울로가 어떻게 해서든 자신에게 유리한 판결을 받으려고 하지 않는 것은 아니다. 다만 그는 자신에게 유리하든 불리하든 간에 진리가 승리하기를 바랄 뿐이다. 그러나 이 말은 (바울로와 다른 신약성서 제자들에 의해서) 복음을 뜻하는 것으로도 사용되었다(참조. 예를 들어 4,2 ; 6,7 ; 11,10 그리고 주석들). 그리고 불트만(*T.W.N.T.* i. 244 ; *Exeg.*, 143. 그는 보다 포괄적인 해석을 제시하고 있는 것 같다 : '하느님이 뜻하고 원하는 것의 본질')이 여기서 11장 4절의 "다른 복음"에 반대되는 참된 교의라는 의미를 발견한 것은 옳다. 바울로의 전 생애는 그에게 맡겨진 복음과 떨어질 수 없는 관계에 있다(참조. 1,17—20). 그가 다른 사람이 되지 않는 한 다른 복음을 설교할 수 없다.

[9] 바울로가 자주 말했듯이(예. 4,7—12) 그의 약함도 복음에 대한 봉사에 포함된다. **우리는 약하더라도 여러분이 강하면 그것으로 우리는 기뻐합니다.** 4절과 비교하라. 두 가지 속성이 결합되었다. 고린토인들이 도덕적으로 강해지는 것은(아무런 악행도 하지 않고, 옳은 일을 하게 되는 것) 그리스도 안에서의 바울로의 약함, 그의 끊임없는 봉사와 스스로를 낮추는 것을 통해서이다. 이것이 다음 절의 의미이다. **우리는 여러분이 완전하게 되기를 바라며 기도합니다.** κατάρτισις("완전하게 됨")는 13장 11절에서 사용된 한 동사(καταρτίζειν)로부터 나온 명사이며, 그 동사는 가령 마르코복음 1장 19절에서는 그물을 고친다는 의미로 사용되었다. 다른 곳에서는 잘못 놓여져 있는 손이나 발을 바로잡는 것(참조. *L.S.* 해당란 I)에 대해서, 그리고 잘못을 저지르는 형제를 바로잡는 데(갈라 6,1) 대해서 사용되었다. 이 말은 단순히 "준비하다"(로마 9,22)라는 의미로 쓰이기도 했지만 잘못되어가던 것은 옳게 바로잡는다는 의미로 자주 쓰였다. 고린토 교회 안에는 바로잡을 필요가 있는 일들이 많았다. 그리고 바울로가 여기서 이 말을 사용하는 의미도 아마 그러한 것이리라. 그는 고린토전서 1장 10절에서 "같은 마음과 생각으로 완전하게 되기를"(κατηρτισμένοι) 기도한 것처럼 여기서도 고린토인들이 합당한 그리스도교적

삶을 이루어 완전하게 되기를 기도한다.

[10] 이처럼 완전하게 되는 것이 이 서신의(혹은 적어도 10—13장의 : 이하 참조) 목적이다. 내가 떠나 있는 동안에 이것들을("이것들을"은 1—9장이 아니라 10—13장 전체를 가리킬 것이다. 빈디쉬가 지적하듯이 이것은 서신의 두 부분을 분리시킬 수 있는 좋은 이유이다) 쓰는 것은 (문장 서두의 *διὰ τοῦτο*는 여기 나오는 *ἵνα*를 예기하는 것으로 보았다) 내가 가서 너무 엄하게 되지 않도록 하려는 것입다. 2절과 비교하라 : "내가 이번에 가면 용서없이 대할 것입니다." '즉 내 편지로 인해 개선된 것이 아무 것도 없다고 생각하고 용서없이 대할 것입니다.' 용서없이 엄하게 되는 것(이 말—여기서는 부사 *ἀποτόμως*—에 대해서는 로마서 11장 22절 참조)은 바울로에게 결코 즐거운 날이 아니었다. 만일 혹독한 편지를 써서 그 일을 피할 수 있다면 그는 아마 그렇게 할 것이다. 그러나 만일 그 일을 해야만 한다면 그는 할 것이다. 주께서 이 권위를 주신 것은 넘어뜨리려는 것이 아니라 세우려는 것입니다. '연약한 바울로는 물러나고 이제 강한 바울로가 다시 말한다' (Windisch). 동일한 말이 사용되는 10장 8절과 비교하라. '주님의 뜻 안에 있지 않은 목표를 위해 내가 나의 권위를 사용할 필요가 없다는 사실을 아는 것은 여러분에게 달려 있읍니다' (Lietzmann; Wendland와 비슷하다). 주님의 뜻—주님의 뜻을 위해서 그는 그의 사도직과 함께 이 서신 안에서 계속 반복되어 나타나는 약함 안에서의 역설적인 권위를 부여받았다—은 복음에 기초하고, 자신들의 상호적인 사랑으로 그리스도교적 존재를 표현하는 그리스도교인의 공동체가 고린토에 세워져야 한다는 것이었다. 그러나 만일 고린토에서 스스로 그리스도교인이라고 공언하는 자들이 다른 복음에로 돌아서고 헌신적인 사랑을 실천하는 것이 아니라 자기중심적인 교만을 드러낸다면 그들을 바른 정신과 주님의 뜻에로 바로잡기 위해서는 어느 정도 "엄격할" 필요가 있게 된다.

Ⅵ. 결론 13장 11—13절

23. 마지막 말과 인사 13장 11—13절

11 끝으로 말합니다. 형제들이여, 안녕히 계십시오. 온전하게 되기를 힘쓰시오. 서로 격려하시오. 마음을 같이하여 화평하게 지내시오. 그리하면 사랑과 평화의 하느님께서 여러분과 함께 계실 것입니다. 12 거룩한 입맞춤으로 서로 인사하시오. 모든 성도가 여러분에게 문안합니다. 13 주 예수 그리스도의 은혜와 하느님의 사랑과 성령에의 동참이 여러분에게 있기를 빕니다.

이제 서신은 결미 부분으로 접어든다. 현재의 이 서신이 혼합된 것이라는 주장은 가능하며, 또 개연성이 있다(참조. 이 책 서론 33—39면). 10—13장의 보다 많은 부분들이 하나의 통일체를 형성하고 있다. 그러나 이 통일체가 어디서 끝나는지는 확실히 알 수 없다. 11절은 바로 앞의 단락과 연결되는 것으로 보인다. 12절은 일반적인 말이어서 어떠한 서신의 결론에서나 볼 수 있다. 그러나 그렇다고 해서 이것이 10—13장의 결론이 아니라고 할 이유는 못 된다. 13절은 여러 단편들을 결합시켰을 때 작문을 마무리짓기 위해서 덧붙여졌을 것이다. 이것은 바울로 서신의 다른 어떤 곳에 나오는 것보다도 잘 다듬어진 결론 형식이다. 이 책 428—430면을 참조하라.

[11] **"끝으로"**(이 말 λοιπόν에 대해서는 Thrall, 25—30 참조. 서신의 맨 마지막 부분인 여기서 이 말의 의미에 대해서는 거의 의심할 여지가 없다) **말합니다. 형제들이여**(이 말은 1장 1절에서는 디모테오에 대해서, 1장 8절에서는 독자들을 부르는 말로 사용되었다 : 참조. 8,1 ; 『고린토전서』, 50면) **안녕히 계십시오**(χαίρετε, 직역할

경우 '기뻐하시오'이다. 그러나 이 말은 일반적으로 그리이스어의 인사말이며, 필립비서 4장 4절에서 바울로에 의해서도 아마 그렇게 사용되었을 것이다. 신약성서의 서신들 중 다른 곳에서는 사도 15, 23 ; 23, 26 ; 야고 1, 1에서 부정사 *χαίρειν*이 사용되었다. 그러나 빈더쉬는 이 귀절의 다른 명령형들에 비추어볼 때 이것도 역시 단순한 명령형으로 이해되어야 하다고 생각한다). 여기까지 이 인사말에는 고린토인들의 상황과 특수하게 관련된 것이 없다. **온전하게 되기를 힘쓰시오.** 이 동사("온전하게 되다" *καταρτίζειν*의 중간태, 혹은 수동태)는 "완전하게 되는 것"(참조. 13, 9와 해당 주석)과 같은 어원의 말이다. 수동태는 직역하면 '온전해지다'가 될 것이다. 그러나 바울로는 고린토인들이 (하느님 아래서) 자기 자신들에게, 그리고 자기 자신들을 위해서 할 어떤 일에 대해서 생각하고 있다. 그리고 이 번역은 중간태를 관용적으로 번역하려고 한 것이다. 다음 말도 마찬가지이다. **서로 격려하시오** (참조. 데전 5, 11). 고린토인들은 서로 권면하고 의지하는 상호협동적인 목회활동을 해야 한다. 아니면 이 동사는 수동태이고 '나의 권면을 받아들이시오'를 의미할 수도 있다(비교. 히브 13, 22). 이 말(*παρακαλεῖν*)은 "격려하다", 혹은 "위로하다"를 의미할 수도 있다. 이 말은 단순히 "부탁하다"(2, 8 ; 8, 6 ; 9, 5 ; 12, 18)에서부터 "탄원하다", "권면하다", "고무하다", "위로하다"(1, 4·6 ; 2, 7 ; 5, 20 ; 6, 1 ; 7, 6·7·13; 10, 1 ; 12, 8)에 이르는 광범위한 의미를 지니고 있다. **마음을 같이 하여.** 로마서 12장 16절, 15장 5절, 필립비서 2장 2절, 4장 2절과 비교하라. 이 말의 유다적 배경에 대해서는 D. Daube, *The New Testament and Rabbinic Judaism* (1956), 344를 참조하라. 그러나 그리스도교 공동체는 물론이고 어떠한 공동체에서건 당연히 구성원들 사이의 조화를 바랐을 것이다. **화평하게 지내시오.** 이 말도 같은 생각을 계속 표현한다. 이것은 '같은 마음을 가진' 결과를 표현하고 있다(Calvin). 로마서 12장 18절, 데살로니카전서 5장 13절의 비슷한 권면들과 비교하라. 마르코복음 9장 50절도 비교하라.

명령형들에 이어 *καί*("그리하면")와 미래 직설법이 나온다. **그리하면 사랑과 평화의 하느님께서 여러분과 함께 계실 것입니다.** 만일 이것이 조건절의 문장을 대신 표현한 것이라면('만일 여러분이 온전하게 되기를 힘쓴다면 사랑과 평화의 하느님께서……') 셈어적인 구문법에 의존한 것일 수도 있다. 그러나 반드시 그렇지는 않다. 왜냐하면 그리이스어로 된 병행구들도 있기 때문이다(Beyer, 253). 그러나 여기서 이러한 조건절 형태의 문장(6장 17절에서는 분명히 나타난다)이 쓰였는지는 확실치 않다. 바울로는 마지막 말에서 따로 떨어져 있는 주장들을 단순히 한데 합치고 있을 뿐이다: '이렇게 하시오. 저렇게 하시오. 하느님께서 여러분과 함께 계실 것입니다.' 기이하게도 "사랑의 하느님"이라는 말은 신약성서의 다른 곳에서는 나오지 않는다. "평화의 하느님"은 로마서 15장 33절, 16장 20절(고린토전서 14장 33절), 필립비서 4장 9절, 데살로니카전서 5장 23절(데살로니카후서 3장 16절), 히브리서 13장 20절에 나온다. 이것은 분명히 일반적인 바울로의 결론 형식이다. 여기서는 하느님 자신의 특징이 사랑과 평화라는 것뿐만이 아니라 그는 사랑(참조. 로마 5,5)과 평화(참조. 로마 5,1; 14,17)를 주시며, 그렇게 함으로써 바울로가 지금 말하고 있는 것들을 이루어준다는 것을 의미하는 것 같다.

[12] 거룩한 입맞춤으로 서로 인사하시오. 로마서 16장 16절, 고린토전서 16장 20절과 비교하라. 그리고 주석들도 참조하라. '바울로의 편지들은 교회의 모임에서 큰 소리로 읽혀짐으로써 교회의 구성원들에게 전달되었을 것이다. 바울로는 만일 자신이 그 자리에 있었다면 그들에게 보냈을 인사를 서로 나누라고 권한다. 이 입맞춤은 당시에 이미 제의적 행위였을 수도 있다'(『고린토전서』, 450면). 저스틴의 시대에는 이미 그러했다(*I Apology* lxv. 2: 그러나 사도적 교부들에게서는 이 입맞춤이 언급되지 않는다—Windisch). 이하를 참조하라. 신비종교들에서의 배경에 대해서는 Betz, *Lukian*, 115를 참조하라.

모든 성도가 여러분에게 문안합니다. 고린토전서 16장 20절과 비교하라: "모든 형제들이 문안합니다." 이 두 표현에는 차이점이 없다. "성도들"과 "형제들"은 모두 그리스도교인을 뜻하는 말이다. "성도들"에 대해서는 1장 1절, 로마서 1장 7절, 고린토전서 1장 2절과 주석을 참조하라. 아마도 바울로는 자신이 편지를 쓰고 있던 장소에 모여 있었던 그리스도교인들을 가리켰을 것이다(참조. 이 책 서론, 32—33면). 그가 모든 성도들, 즉 거기 있던 그리스도교인의 이름으로 고린토에 말할 수 있다고 생각했으리라는 것이 불가능하지는 않다. 다른 모든 그리스도교인들의 집단과 하나라는 의미는 지역 공동체들에 대해 격려와 동시에 자극의 역할을 했을 것이다.

12절과 13절의 연결에 대해서 리츠만은 다음과 같이 기술하고 있다: '고대 제의에서는 평화의 입맞춤 다음에 항상 세 가지 종류의 인사가 뒤따랐다(13절). 그러므로 이 두 귀절 사이의 연결은 예전부터 있었고, 바울로 교회들의 제의에서부터 생겨났다고 가정하는 것이 자연스럽다. 편지는 교회의 집회에서 읽혀졌고, 다음에는 13절의 제의적인 인사와 함께 평화의 입맞춤과 주의 만찬이 행해졌다.' 리츠만의 말과 같았을 수도 있다. 그러나 이 제의적인 관습은 이차적인 것이고, 이 서신의 평화의 입맞춤과 이 서신의 3중적인 문안형식(13절)이 결합됨으로써 생겼을 수도 있다. 그리고 그렇게 보는 것이 더 개연성이 있는 것 같다. 나아가서 삼위일체론적인 형식은 보다 초기의 더 단순한 형식에 기초 한 후기 바울로적인 형식일 수도 있으며, 편집자가 두 개나 혹은 그 이상의 단편들을 결합시킨 잡다한 이 서신을 결론짓기 위해 첨가했을 수도 있다.

[13] **주 예수 그리스도의 은혜와 하느님의 사랑과 성령에의 동참이 여러분에게 있기를 빕니다.** 고린토전서 16장 23절(참조. 로마 16, 20)에는 보다 단순한 인사말이 나온다: "주 예수의 은혜가 여러분과 함께 하시기를 바랍니다." '바울로의 어법에서 은혜란 매우 특징적 의미로 행위이자 선물이다. ……이러한 말들을 통해서 바울로는 고린토 교회에서 이미 행해졌고 주어진 것이 지속되고 심화되기를 기도한다"(『고린토전서』, 452면). 역사 속에서 관찰 가능한 사건으로 알려진(참조. 8,9) "주 예수 그리스도의 은혜" 뒤에는 "하느님의 사랑"이 있다. 이것은 비록 시간 속에 맡겨지기는 했지만 예수의 행위와 특히 그의 죽음(로마 5,8)에서 영원한 사실로 되었다. 세번째 절의 "동참"은 고린토전서 10장 16절에서 "함께 참여함"이라고 번역되었던 그리이스어 단어(*κοινωνία*)를 번역한 것이다. 이 서신의 6장 14절과 8장 4절, 9장 13절에서는 다른 번역어를 사용해야만 했다. 그리고 이 귀절에서 그 단어를 어떻게 번역하느냐에 대해서는 열띤 논쟁이 있었다. 그리이스어에 나타나는 이 말의 다양한 구문에 대해서는 하우크가 분명하게 설명해주었다(*T.W.N.T.* iii. 798—9). 그 자신의 결론에 의하면(807) 현재의 귀절에는 공유되고 있는 것이 목적격인 속격(*τοῦ ἁγίου πνεύματος*)이 쓰였다. 그리고 이것은 가장 그럴 듯한 견해인 것 같다. 처음 두 절의 속격이 주격으로 보인다는 사실—주 예수 그리스도에 의해 나타난 은혜, 하느님이 보여준 사랑—은 이러한 견해와 반대된다. 그리고 몇몇 주석자들(예. 플루머, 슐라터, 벤드란트)은 세번째 속격도 역시 주격이며, 따라서 "성경에 의해 생겨나고 주어진 사귐"으로 번역해야 한다고 주장한다. 그러나 다른 학자들(예. 빈디쉬와

하우크 *T.W.N.T.*)은 '영이 하느님이나 그리스도와 아주 비슷한 한 요소로서 나란히 나올 수는 없다는 점에서' (Hauck) 세번째 절이 처음 두 절과 완전히 병행하는 것은 아니라고 주장한다. 리츠만과 컴멜도 참조하라. 고린토전서 10장 16절("그리스도의 피에 동참하는 것"), 로마서 15장 27절, 필립비서 3장 10절("그리스도의 고난에 동참"), 필립비서 2장 1절, 필레몬서 6절과 비교하라. 확실하지는 않지만 이것이 가장 그럴 듯한 견해인 것 같다. 더우기 "~에 의해 주어진 사귐"을 마지막 말인 "여러분에게 있기를 빕니다"와 결합시키기는 어렵다. 반면 만일 '동참'이라는 번역어를 택한다면 위의 첫번째 절과 두번째 절에 대해서 설명할 때 제시한 방향으로 이것을 쉽게 이해할 수 있을 것이다. 바울로는 독자들이 "성령에의 동참"을 계속 유지하고 심화시키기를 바란다. '동참' (κοινωνία)이라는 말에 대해서는 렉시콘들과 주석들 외에도 Reicke, *Diakonie*, 25—6를 참조하라. 여기서는 원심적 의미(어떤 것과 사귀거나 혹은 동참하는 것)와 구심적 의미(공유, 줌, 나눔 : 참조. 8, 4 ; 9, 13)를 구별한다.

어기서 세례고백문을 조심스럽게 언급하고 있다고 여길 만한 확실한 이유는 없다(J. Jeremias, *Jerusalem zur Zeit Jesu* [1958], Ⅱ B 109). 제의적인 축복문들은 세례가 아닌 다른 목적들을 위해서 사용되었을 수도 있다. 그리고 우리는 이 귀절이 전형적인 의전적 형태로 생겨났는지 알지 못한다. 컴멜이 이 귀절에 대해 '역사적이고 종말론적인 하느님의 구원 행위에 대한 믿음을 고백하는 적절한 표현 형식'이라고 서술한 것은 옳다. "하느님이 그의 아들을 보내셨다(갈라 4, 4), 하느님이 영을 주셨다(갈라 3, 5). 그리고 그렇게 함으로써 하느님은 스스로가 신자들에게 궁극적인(endzeitliche) 구원자임을 보여주신다." 그러나 그가 이 귀절이 "삼위일체론적 신앙고백으로 향하는 첫 걸음"임을 부인하는 이유는 분명치 않다. 만일 그가 부인하는 것이 바울로는 아직 후의 정통주의 삼위일체론의 "한 가지 본질과 세 위격"에 대해서 알지 못했다는 것을 의미한다면 그것은 옳으며, 동시에 분명하다. 그러나 여기 나타나는 이 삼중적인 형식은(참조. 베전 1, 1—2) 그러한 사변적인 사고와 신조 형식이 발전할 수 있는 출발점을 제공한다. 한 문장 안의 균형잡힌 절에 나타나는 그리스도, 하느님, 성령은 동일한 신적 차원에 속해 있음이 분명하다(비록 바울로 자신이 그것들을 이런 방식으로 보지는 않았더라도 : 위를 참조하라). 그렇다면 (신학자들은 조만간에 틀림없이 이렇게 물을 것이다) 그것들은 어떻게 서로 관련되며, 구약성서 신학과 그리이스의 철학적 사변의 한 분 최고의 하느님과 어떻게 관련되는가? 바울로는 (초보적인 방식으로) 하느님의 아들로서의 예수와 그를 보낸 아버지와의 관계에 대해서 그리고 성령과 아들과의 관계에 대해서 다룬다. 그는 결코 삼위 일체의 교리를 발전시키지는 않는다. 그러나 그는 아버지, 아들, 성령과 관련하여 표현함으로써 삼위일체 신학이 필연적으로 가능하게 했으며, 이어지는 4세기 동안의 그리스도교의 장을 마련했다. 그러나 그는 자기도 모르게 그렇게 했다. 그에게 있어서 궁극적으로 중요한 것은, 구별되지만 동질인 세 가지 위격이 아니라 은혜와 사랑과 동참이다. 바르트는 설명어인 두 개의 "그리고"에 대해서 언급한 다음, '하느님의 사랑이 활동하고, 성령의 연합이 나타나고 전해지는 주 예수 그리스도의 은혜가 여러분 모두와 함께 있기를 빕니다'로 번역해야 한다고 말한다(*C.D.* Ⅳ. ii. 766).

색인

편집자 주
1. 색인에 제시된 쪽수는 이 책 각 쪽 상단 좌우 측에 /123/와 같이 "/ /"로 삽입한 원서의 쪽수를 뜻합니다.
2. 색인에 실린 쪽수 n은 해당 쪽의 각주를, f.는 해당 쪽의 다음 쪽을, ff.는 해당 쪽에 이어지는 여러 쪽을 가리킵니다.
3. 성경의 각 책 이름은 한국신학연구소에서 공동번역판의 것을 이용했으므로, 그대로 따릅니다. 전체 약어 목록은 11쪽에 있는 약기표를 참고하기 바랍니다.
4. 성경을 제외한 색인 표제어들은 원서에 있는 그대로 표기합니다.

인명 및 주제 색인

그리스어 색인

고대 자료 색인

구약

신약

고전

요세푸스

필론

사해문서

외경(제2정경)

구약 위경

탈무드와 랍비 문헌

그리스-로마 문헌

초기 기독교 문헌

國際聖書註釋을 내면서

이번 韓國神學研究所에서는 한국 교회의 오랜 숙원이었던 건전한 신학에 근거한 성서 주석을 여러분에게 선보이게 되었읍니다.

본 주석서를 내게 된 동기는 성서에 대한 세밀한 것, 가령 단어 하나에 이르기까지 정확하게 알 수 있는 주석서의 결정판을 냄으로써 성서를 바르게 이해하려고 소원하는 한국의 많은 그리스도인들에게 보답하며, 특히 제목 설교의 풍조 아래서 성서를 앞세운다고 하면서도 실제로는 성서를 가장 등한시 하는 경향이 지배하는 한국 강단의 잘못을 시정하고, 한국 교회에 하느님의 말씀이 올바르게 선포되도록 하려는 데 있읍니다.

國際聖書註釋이라고 이름붙인 것은 국제적으로 가장 정평있는 주석서를 선정한 이유도 있지만, 언제까지나 외국의 주석서에만 의존할 수는 없고 앞으로 이 주석 전집에 이어 한국 성서 학자들의 독자적인 힘으로 이루어질 韓國聖書註釋의 출간을 전제하고 있기 때문입니다.

國際聖書註釋이 나오기까지에는 세계에서 가장 정평있는 주석들 가운데서 엄선한 한국의 신구약 성서 학자들의 노고와 미래가 촉망되는 본 연구소 번역실 직원들의 의욕적인 번역 그리고 이 일을 사명으로 아는 편집실 직원들의 수고가 있었읍니다.

이 주석 전집이 한국 성서학의 초석이 되며 한국 교회의 강단에 통일된 성서 지식을 전달하는 길잡이가 되기를 기원합니다.

韓國神學研究所長

알맹e 출간 목록

2025년 9월 현재 목록입니다. 각 책에 관한 상세 정보와 더 나올 책들은 www.rmaenge.com에서 확인할 수 있습니다(e=전자책 / p=종이책).

쁘띠 알맹e

- 신약학 부문(편집장 김선용)

병행구절광증. 새뮤얼 샌드멜. 김선용 역. 2022-01-04. ("Parallelomania," *JBL* 81 [1962]: 1-13) e.

초기 기독교의 가족, 개정판. 캐롤린 오시에크. 임충열 역. 2024-02-25. ("The Family in Early Christianity: 'Family Values' Revisited," *CBQ* 58/1 [1996]: 1-24) e.

왜 신약성경을 연구하는가. 웨인 믹스, 리처드 헤이스. 김선용, 임충열 역. 2022-08-23 e.

헬레니즘계 종교로서의 기독교의 출생. 한스 디터 벳츠. 진규선 역. 2023-06. ("The Birth of Christianity as a Hellenistic Religion," *JR* 74.1 [1994]: 1-25) e.

기억, 역사 이론, 그리고 예수 수용. 옌스 슈뢰터. 임충열 역. 2023-11. ("Memory, Theories of History, and the Reception of Jesus," *JSHJ* 16 [2018]: 85-107) e.

왜 신약성경을 연구하는가 외: 넌쁘띠 알맹e 신약학 I. 김선용 외. 2024-02-28. (상기 5권의 전자책을 묶은 책) p.

왜 로마제국은 바울에게 중요치 않았는가. 존 M. G. 바클레이. 임충열 역. 2024-3. ("Why the Roman Empire Was Insignificant to Paul") e.

"Paul and Jewish Apocalyptic Eschatology." Martinus C. de Boer. 임충열 역. 근간 e.

- 신학 부문(편집장 민경찬, 차보람)

현대 영국 신학의 흐름. 데이비드 F. 포드. 권헌일 역. 2023-08-02. ("British Theology" and two other articles from *the Christian Century*) e.

아돌프 폰 하르낙의 치명적 단순함. 로완 윌리엄스. 양세규 역. 2023-12-17. ("The Deadly Simplicities of Adolf von Harnack," *Legatum Lecture Transcript*) e.

알맹e 크리티카 성경 주석

마태복음 1-3장 주석. W. D. 데이비스, 데일 C. 앨리슨. 2024-10. (*Matthew* 1 앞 절반 부분, ICC, T&T Clark / Bloomsbury Academic, 1988) p&e.

마태복음 4-7장 주석. W. D. 데이비스, 데일 C. 앨리슨. 예정. (*Matthew* 1 나머지, ICC, T&T Clark / Bloomsbury Academic, 1988) p&e.

누가복음 1 & 2. I. 하워드 마샬. 강요섭 역. 2023-10-13. (*Luke*, NIGTC, Eerdmans, 1978) p&e.

요한 복음 1 & 2. C. K. 바레트. 한국신학연구소 번역실 역. 2023-12-1. (*John*, 2nd ed. SPCK, 1978) p&e.

로마서: 로마인들에게 보낸 바울의 편지에 대한 성경 주석. 에른스트 케제만. 한국신학연구소 번역실 역. 2023-12-25. (*An die Römer*, HNT, Mohr Siebeck, 1980) p&e.

갈라디아서: 갈라디아 교회에 보낸 바울의 편지에 대한 주석. 한스 디터 벳츠. 한국신학연구소 번역실 역. 2023-06-

17. (*Galatians*, Hermeneia, Fortress, 1979) p&e.

고린도전서 주석. C. K. 바레트. 한국신학연구소 번역실 역. 2025-09-22. (*1 Corinthians*, BNTC, Black/Bloomsbury, 1971) p&e.

고린도후서 주석. C. K. 바레트. 한국신학연구소 번역실 역. 2025-09-22. (*2 Corinthians*, BNTC, Black/Bloomsbury, 1973) p&e.

알맹e 성경 주석서 가이드

갈라디아서 주석서 가이드. D. A. 카슨, John F. Evans 외. 맹호성 편집. 2023-06-17 p&e.

알맹e 클라시카 텍스트

b (한국어 & 원어 대역본)

디오그네토스께 드리는 편지 · 디다케: 열두 사도의 가르침 . 조재천 해제 김한원 역. 2025-2-28. p&e.

신행사전

1 개혁신학 용어 사전. 켈리 M. 캐픽, 웨슬리 밴더 럭트. 송동민 역. 2017-10-31. (*Pocket Dictionary of the Reformed Tradition*, 미국 IVP, 2013) e / 도서출판 100p 출간. 2018-03-01.

2 성서학 용어 사전. 아서 G. 팻지아, 앤서니 J. 페트로타. 하늘샘, 맹호성 역. 2019-08-23. (*Pocket Dictionary of Biblical Studies*, 미국 IVP, 2022) e / IVPp 출간. 2021-10-28.

3 윤리학 용어 사전. 스탠리 J. 그렌츠, 제이 T. 스미스. 이여진 역. 2018-03-25. (*Pocket Dictionary of Ethics*, 미국 IVP, 2003) e (p는 알맹e 복간 예정).

4 신학 용어 사전. 스탠리 J. 그렌츠, 데이비드 거레츠키, 체리스 피 노들링. 진규선 역. 2018-10-29. (*Pocket Dictionary of Theological Terms*, 미국 IVP, 1999) e / IVPp 출간. 2022-03-28.

5 교회사 용어 사전. 네이선 P. 펠드머드, 이재근(한국 교회사 부분 저자 및 번역 감수). 송동민 역. 2022-08-15 (*Pocket Dictionary of Church History*, 미국 IVP, 2008) e / IVPp 출간. 2022-08-29.

6 철학 변증학 용어 사전. C. 스티븐 에반스. 김지호 역. 2018-05-31. (*Pocket Dictionary of Apologetics and Philosphy of Religion*, 미국 IVP, 2002) 도서출판 100p&e.

신행신학

원시 그리스도교에 대한 사회학적 연구, 개정판. 게르트 타이센. 김명수 역. 2024-5-15. (*Studien zur Soziologie des Urchristentums*, 3e, Mohr Siebeck, 1989) p&e. M어게인.

일하는 사도 바울의 사회적 배경과 맥락: 천막짓기와 사도직. 로널드 F. 호크. 이성하 역. 2023-8-21. (*The Social Context of Paul's Ministry: Tentmaking and Apostleship*, Fortress, 1980) p&e. M어게인.

바울의 신학과 윤리. 빅터 퍼니쉬. 김용옥 역. 2022-02-28. (NTL *Theology and Ethics in Paul*, Westminster John Knox, 2009) 2009년 리처드 헤이스 개관 포함. p&e. M어게인.

바울, 율법, 유대인. E. P. 샌더스. 김진영, 이영욱 역. 2021-08-18. (*Paul, the Law, and the Jewish People*, Fortress, 1983) 종이책은 감은사 출간. 2021-08-25. M어게인.

바울과 팔레스타인 유대교. E. P. 샌더스. 박규태 역. 2018-07-10. (*Paul and Palestinian Judaism*, SCM Press; Fortress, 1977, 2017) p&e.

바울과 팔레스타인 유대교 간추린판. E. P. 샌더스. 박규태 역. 김선용 편집. 2020-10-29. e / 비아토르p.

하나님과 성의 수사학. 필리스 트리블. 유연희 역. 2022-07-18. (*God and the Rhetoric of Sexuality*), Fortress, 1978) p&e. M어게인.

수사비평: 역사, 방법론, 요나서. 필리스 트리블. 유연희 역. 2021-05-26. (*Rhetorical Criticism*, Fortress, 1995) e / 한국기독교연구소p 출간. 2007-10-20. M어게인.

히브리성서 개론. 존 콜린스. 유연희 역. 2021-05-26. (*A Short Introduction to the Hebrew Bible*, Fortress, 2007) e / 한국기독교연구소p 출간. 2011-03-20. M어게인.

예수와 유대교. E. P. 샌더스. 이정희 역. 2022-05-05. (*Jesus and Judaism*, SCM; Fortress, 1985) p&e. M어게인.

이야기 마태복음 개정증보 2판. 잭 딘 킹스베리. 권종선 역. 2021-08-13. (*Matthew as Story* 2nd ed., Fortress, 1988) p&e. M어게인.

이야기 마가복음 개정 3판. 데이비드 로즈·조안나 듀이·도널드 미키. 양재훈 역. 2022-10-12. (*Mark as Story* 3rd ed., Fortress, 2012) e / 이레서원p. M어게인.

요한복음 해부. R. 앨런 컬페퍼. 권종선 역. 2021-12-25. (*Anatomy of the Fourth Gospel*, Fortress, 1987) p&e. M어게인.

성경해석의 역사. 개정증보판. 로버트 M. 그랜트, 데이비드 트레이시. 이상훈, 임충열 역. 2022-12-17. (*A Short History of the Interpretation of the Bible*, Fortress, 1984) p&e. M어게인.

현대 영국 신학자들과의 대담. 이승구. 2023-09-11. p&e. M어게인.

신 계시 권위 1-4권. 칼 헨리. 맹용길 & 이상훈 역. 2022-01-21. (*God, Revelation and Authority* Vols. 1 -4, Crossway Books, 1999) p&e. M어게인.

복음주의자의 불편한 양심. 칼 F. H. 헨리. 리처드 마우, 러셀 무어 서문. 박세혁 역. 2024-02-28. (*The Uneasy Conscience of Modern Fundumentalism*, Eerdmans. 1947, 2003; Crossway, 2022) e / IVPp.

기후 변화와 신학의 재구성. 샐리 맥페이그. 김준우 역. 2021-05-26. (*New Climate for Theology*, Fortress, 2008) e / 한국기독교연구소p 출간. 2008-09-25. M어게인.

예수와 창조성. 고든 카우프만. 김진혁 역. 2021-05-26. (*Jesus and Creativity*, Fortress, 2009) e / 한국기독교연구소p 출간. 2009-06-30. M어게인.

하나님의 말씀에 사로잡혀. 미로슬라브 볼프. 홍병룡 역. 2021-08-09. (*Captive to the Word of God*, Eerdmans, 2010) e / 국제제자훈련원p. 2012-12-05. M어게인.

태초에 창조성이 있었다. 고든 카우프만. 박만 역. 2021-05-26. (*In the Beginning… Creativity*, Fortress, 2000) e / 한국기독교연구소p 출간. 2013-10-01. M어게인.

윗필드 씨! 제발 좀 마이크 내려놓고 쉬세요! 아놀드 A. 댈리모어. 오현미 역. 2021-12-31. (*George Whitefield: God's Anointed Servant in the Great Revival of the Eighteenth Century*, Crossway, 2010) e / 이레서원p. M어게인.

알맹4U

동성 끌림을 경험하는 친구를 위하여: 기독교인인 나는 어떻게 해야 할까? 브래드 햄브릭. 맹호성 역. 2024-5-15. (*Do Ask, Do Tell, Let's Talk: Why and How Christians Should Have Gay Friends*, Cruciform Press, 2016) e.

도널드 밀러는 인생 편집 중 – 〈천년 동안 백만 마일〉 일러스트레이션 한정판. 도널드 밀러. 윤종석 역. 2022-12-25. (*A Million Miles in a Thousand Years*, Thomas Nelson, 2009) p&e.

도널드 밀러의 오색사막 순례 이야기. 도널드 밀러. 허진 역. 2022-07-04. (*Through Painted Deserts*, Thomas Nelson, 2005) e / 잉클링즈p. 2022-06-30.

천년 동안 백만 마일. 도널드 밀러. 윤종석 역. 2021-09-03. (*A Million Miles in a Thousand Years*, Thomas Nelson, 2009) e / IVPp 출간. 2010-10-27.

메리에게 루이스가. C. S. 루이스. 이종태 역. 2021-07-23. (*Letters to an American Lady*, Eerdmans, 1967, 2014) e.

버거킹에서 기도하기. 리처드 마우. 강봉재 역. 2023-11-10. (*Praying at Burger King*, Eerdmans, 2007) e / IVPp.

아름다운 '안녕'. 매럴린 매킨타이어. 오현미 역. 2024-02-28. (*A Faithful Farewell: Living Your Last Chapter with Love*, Eerdmans, 2015) e / 이레서원p. 2019-06-12..

KCBS

Frederick William Danker ed. *A Greek-English Lexicon of the New Testament and Other Early Christian Literature, 3rd. ed.*, The University of Chicago Press, 2000. 한국 공인 reprint판. p. 2024-9-19.